U0901004

庆祝中国科学院50周年纪念活动

● 1999年11月1日，是中国科学院建院50周年纪念日。党和国家领导人江泽民、李鹏、李瑞环为中国科学院建院50周年题词。

攀登科学技術高峰
為我國經濟發展國防建設和社會進步作出基礎性戰略性前瞻性的創新貢獻

江澤民
一九九九年八月二十二日

五十年碩果累累
新世纪任重道远

李鹏
一九九九年八月二十四日

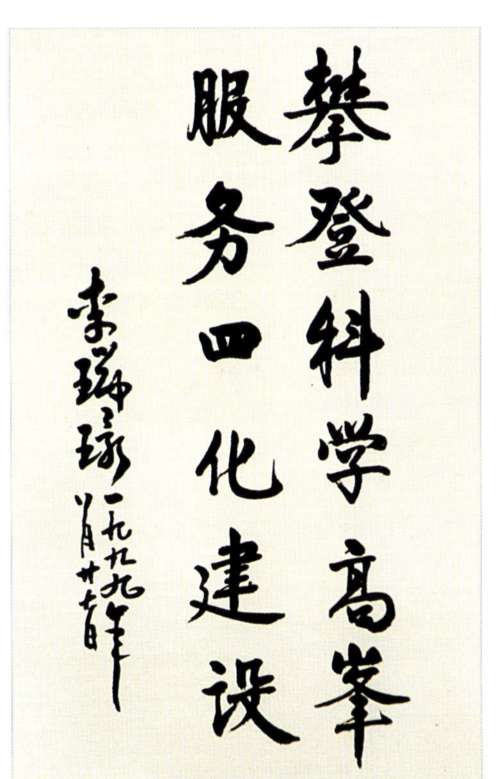

11月1日，中国科学院在人民大会堂隆重举行了庆祝建院50周年茶话会。朱镕基总理出席并作了重要讲话，对我院建院50周年来所取得的成就和知识创新工程试点工作进展给予了高度评价，并对我院的未来发展提出了殷切期望。

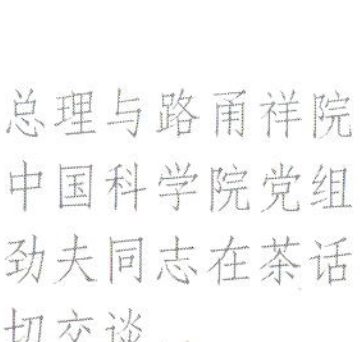

朱镕基总理与路甬祥院长、原中国科学院党组书记张劲夫同志在茶话会上亲切交谈。

党和国家领导人朱镕基、温家宝、丁关根、李铁映、曾庆红、周光召、卢嘉锡、宋健、朱光亚、胡启立、陈锦华，部分老同志宋平、刘华清、张劲夫及国务院部门领导出席茶话会。

路甬祥院长在茶话会上致辞。

为庆祝建院50周年，中国科学院举办了一系列联谊会和座谈会。图为现任领导与在中国科学院工作过的老同志在庆祝建院50周年联谊会上。

庆祝建院50周年之际，中国科学院举办了4场学术报告会，邀请包括6位诺贝尔奖获得者在内的11位中外著名科学家作学术报告。图为朱镕基总理在人民大会堂接见国内外著名科学家。

科研人员在庆祝中国科学院建院50周年的《科学·足迹·风采》大型群众性文艺汇演上表演自编节目。

建院50周年之际出版的《中国科学院辉煌50年》纪念画册等出版物及纪念邮品。

知识创新工程试点工作

上海生命科学研究院是中国科学院从世界生命科学和生物技术发展趋势和我国经济社会发展的重大需求出发，在上海地区8个生物学研究单位的基础上组建的。图为新组建的神经科学研究所大楼。

知识创新工程试点之一上海高技术研究发展基地由上海冶金所、上海硅酸盐所、上海有机所、上海光学精密机械所、上海技术物理所等5个高技术研究所组成。图为该基地“上海长宁科学园区”改造工程奠基开工仪式。

1999年4月，在北京天文台、紫金山天文台、上海天文台、云南天文台、乌鲁木齐天文站、长春人造卫星地面站和南京天文仪器研制中心研究部的基础上，组建了中国科学院国家天文观测中心。

在北京信息科学技术研究发展基地建设中，继启动了联想集团与计算所的整体改革和调整之后，又启动了自动化所、软件所、半导体所、微电子中心、电子所、声学所等研究所的知识创新工程试点工作。图为自动化所模式识别国家重点实验室开展的机器人视角研究。

在北京地球科学研究基地建设中，对地质所和地球物理所进行整合，组建地质与地球物理研究所；对地理所与综考会进行整合，组建地理科学与资源研究所。图为地理科学与资源研究所外景。

在东北高性能材料与先进制造技术研究发展基地建设中，沈阳计算所相关工作整合进入沈阳自动化所，金属所和腐蚀所进行整合。长春光机所和长春物理所整合成集高科技创新研究和高科技企业为一体的长春光机与物理研究所。图为路甬祥院长在沈阳自动化所视察先进制造基地建设进展情况。

在西北资源环境与可持续发展研究基地建设中，水土保持研究所、兰州冰川冻土所、兰州沙漠所、兰州高原大气所进行改革或整合，西安黄土与第四纪地质国家重点实验室建成地球环境研究所。图为水保所在半干旱黄土丘陵区小流域科学建造的多类型复层混交植被。

在昆明植物所、昆明动物所、西双版纳热带植物园和成都生物所的基础上组建西南生物多样性研究基地。图为西南生物资源与生物多样性研究定位站观测塔。

作为第一批试点，北京软件工程研制中心等10个单位整体转制为公司制企业。图为中国科学院软件园区。

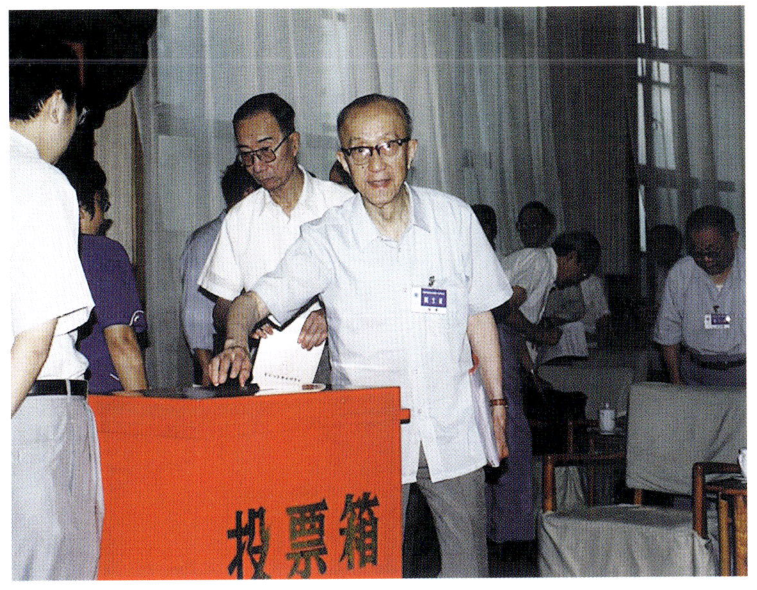

1999年11月，院士们在增选工作评审暨选举会议上进行投票选举。

1999年12月4日，陈宜瑜副院长宣布1999年中国科学院院士选举结果。

中国科学院学部举行弘扬研制“两弹一星”精神，大力促进科学技术发展座谈会。图为获“两弹一星功勋奖章”的部分中国科学院院士，左起：陈能宽、杨嘉墀、王大珩、屠守锷、吴自良、任新民。

1999年11月10日，中国科学院外籍院士毛河光应学部邀请在北京科技会堂作学术报告。

1999年9月1日，中国科学院学部咨询评议工作委员会在京举行“关于中国西北地区可持续发展问题”报告会。

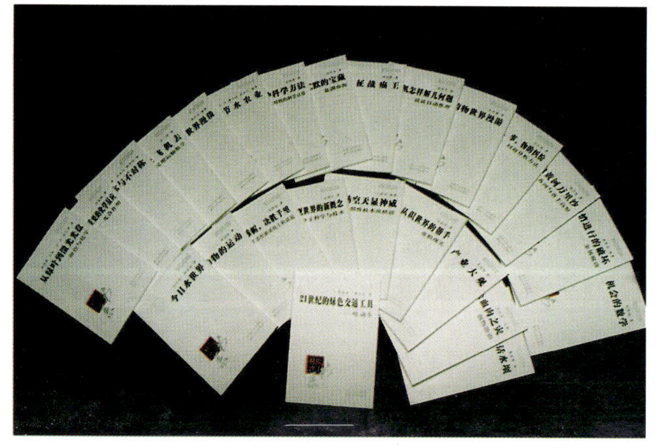

1999年6月，院士科普书系在北京出版。

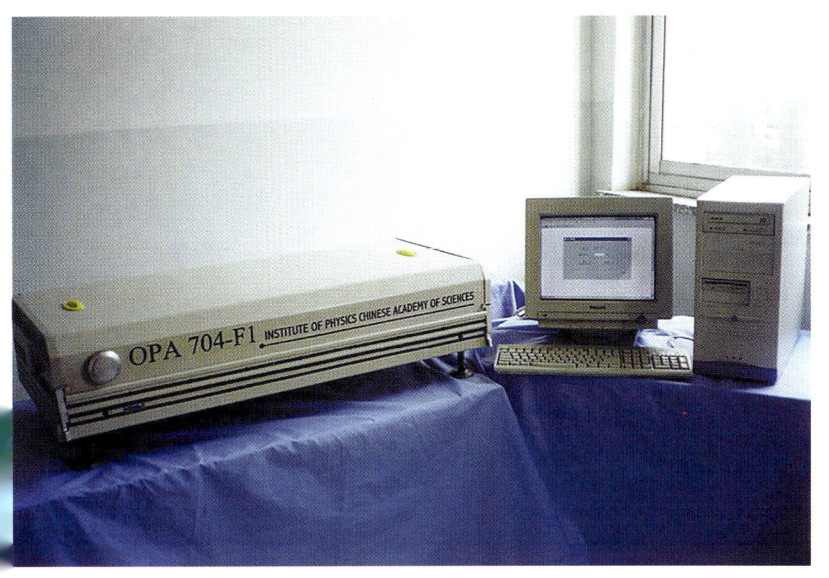

由物理所研制成功的宽调谐高功率飞秒光参量放大器实用化样机，利用我国发明的人工晶体，采用新延迟补偿及全自动操作等多种光、机、电优化设计，综合性能目前国际最佳。其元器件全部国产化，具有多项专利和知识产权。

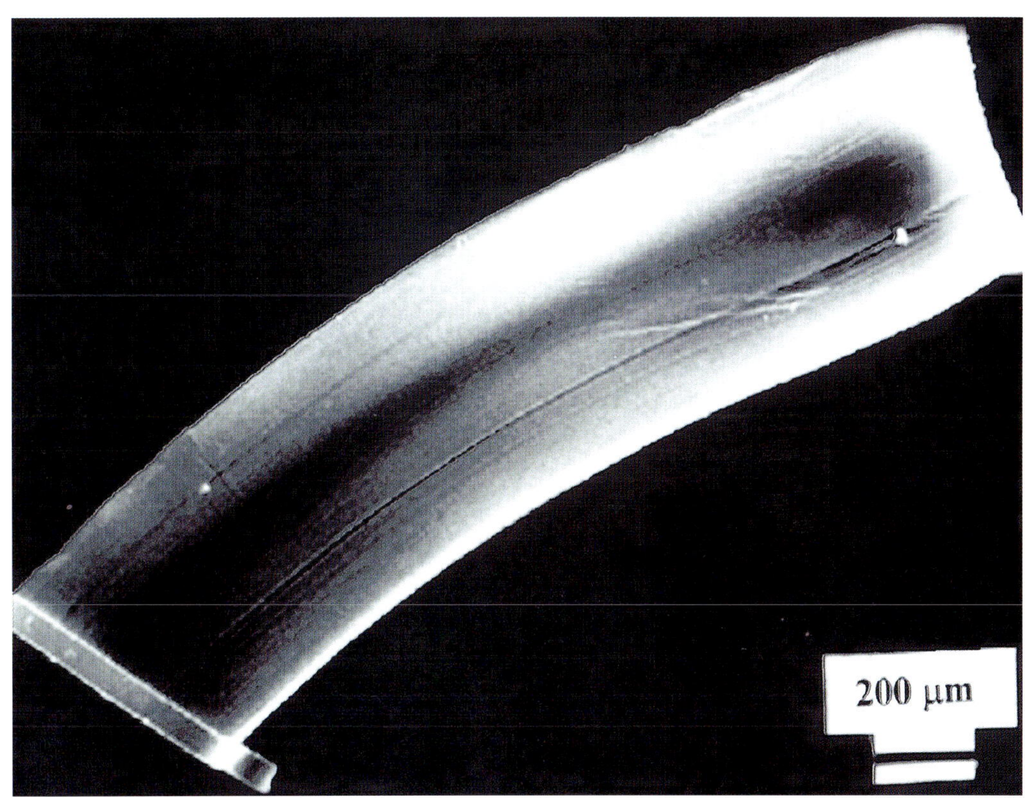

物理所利用改进后的基底和生长工艺，成功地控制了碳纳米管的顶端生长模式，大批量地制备出大面积、高密度的碳纳米管的列阵，长度可达2mm，比国际上现有的碳纳米管提高了1~2个数量级。

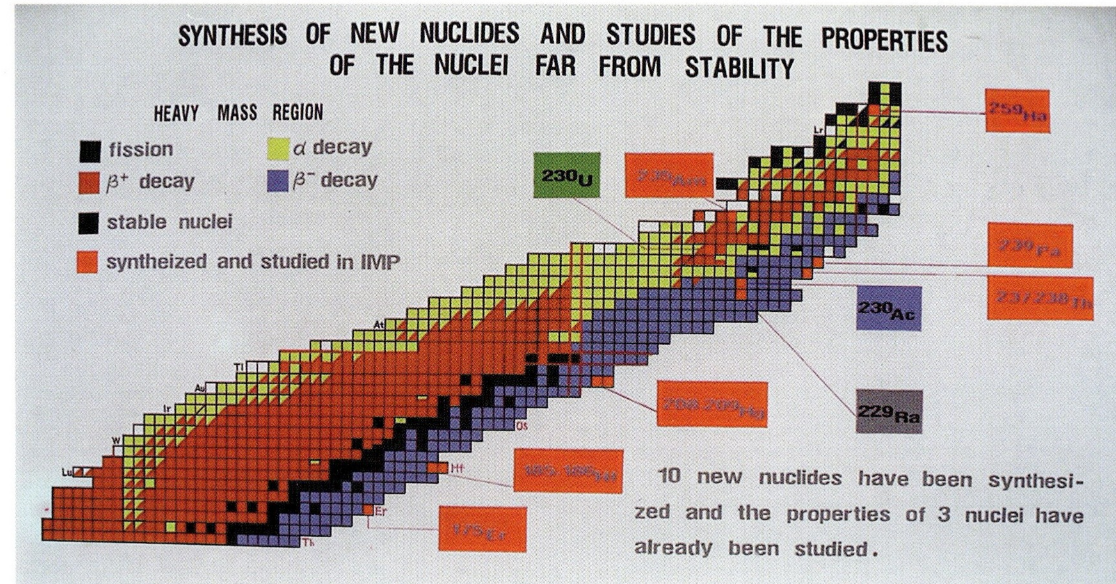

近代物理所在新核素合成和研究领域取得重要突破。在重质量区，首次合成和研究了10种新核素，研究了3种核素的奇异衰变性质；在稀土区，首次合成和研究了8种新核素，建立了11种核素的衰变纲图；在轻质量区，研究了6种核素的奇异衰变性质。

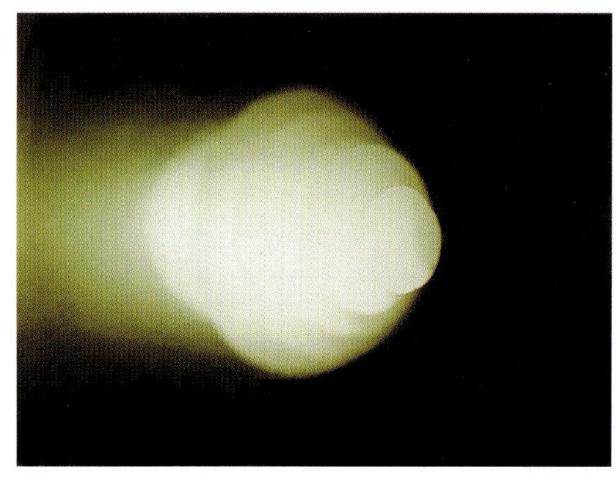

近代物理所重离子治癌技术的研究取得重要成果。该技术可以人为控制离子束的能量沉积，使剂量集中到肿瘤病灶上，一片片地杀灭癌细胞，而其周围健康组织所受损伤大大减小。

感光化学所利用光化学法生产维生素D_3中试成功，获得了合格的维生素D_3结晶与油剂。图为光化学中试基地一角。

紫金山天文台研制的90～115 GHz SIS超导接收机，噪声温度降低了一个数量级，与国际上同频段统性能相当。

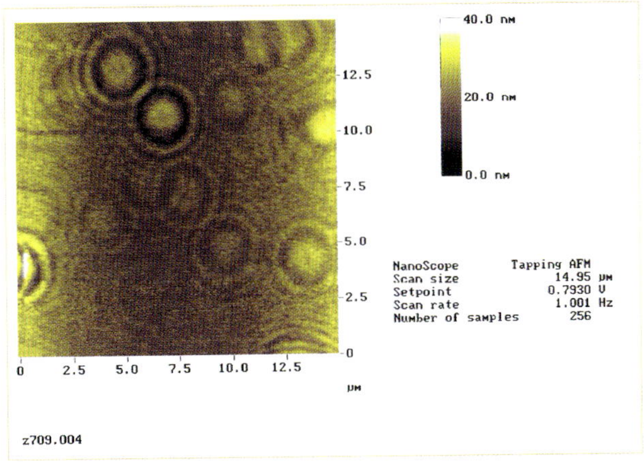

软X射线全息显微术近年来在国家同步辐射实验室取得了突破性进展，全息图像的横向分辨率达到亚微米（0.17～0.25 μm）水平，标志着我国在此领域的研究已步入世界先进行列。

乌鲁木齐25m射电望远镜系统的建立使我国在国际VLBI网中占有一席之地。

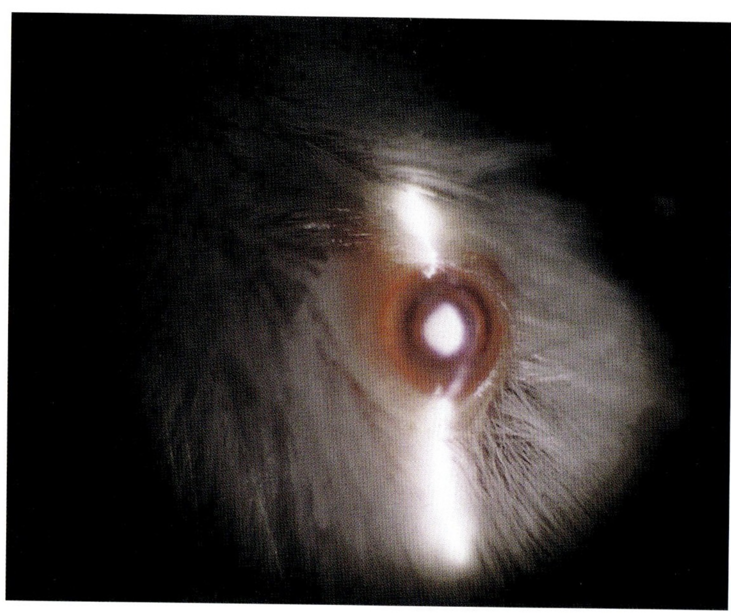

人类基因组研究取得多项重要进展，定位克隆了一些重要家族遗传病基因，取得令人满意的结果。动物实验显示，通过定位克隆策略，发现Crygs基因突变导致白内障的发生。

国家基因研究中心在洪国藩院士的领导下，根据自己构建的物理图谱，正在顺利地开展着大规模水稻基因组测序。

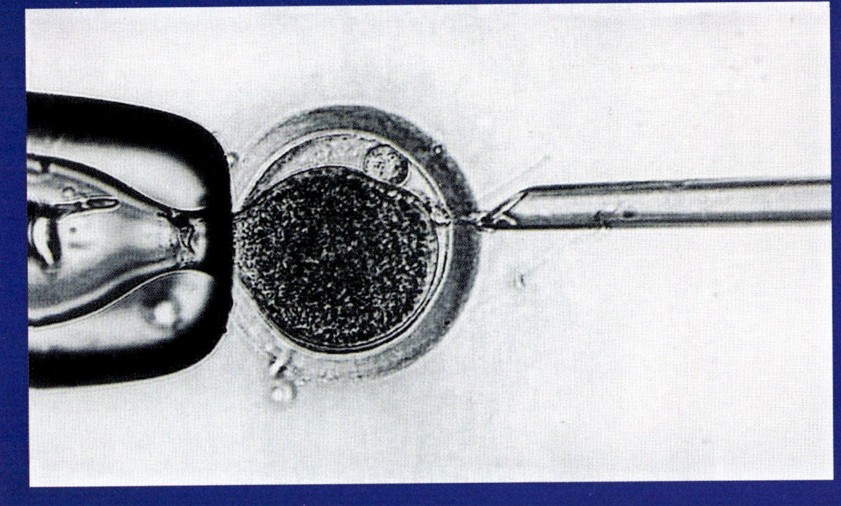

动物所通过将大熊猫体细胞植入去核兔卵母细胞中，在世界上最早克隆出一批大熊猫的重构胚胎，意味着克隆大熊猫的关键之一异种亲和问题已得到解决。

趋化因子受体介导的细胞信号转导研究克隆并成功表达了在炎症和艾滋病传染中起重要作用的趋化因子受体。这个系统为筛选有效的抗炎和抗艾滋病病毒感染的药物提供了一个良好的模型。

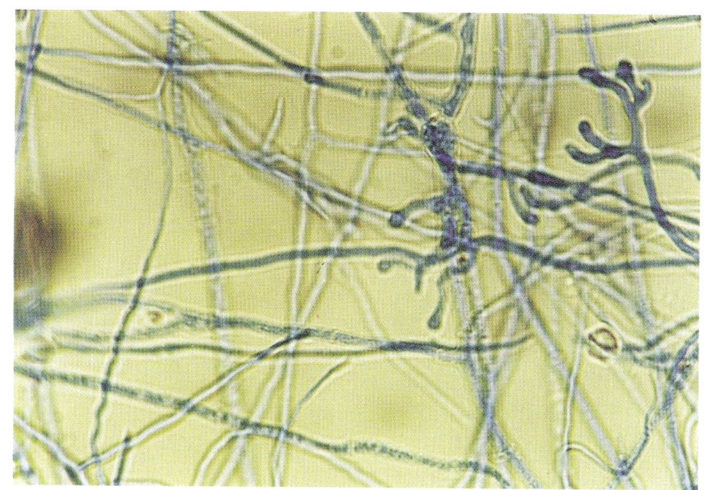

成都生物所利用现代生物技术进行诱变育种以及原生质体遗传学构建等，获得了脱落酸高产菌株，并创造性地建立了该菌株的发酵生产工艺系统。研究成果达到国际领先水平。

上海生化所研制的“注射用重组人粒细胞巨噬细胞集落刺激因子”和“外用冻干重组人表皮生长因子”已通过新药评审获得新药证书。

新药证书

（正本）

编号：国药证字（1999 ）S-39 号

根据《中华人民共和国药品管理法》，经审查，下述新药符合新药审批的有关规定，准予注册，特发此证。

药品名称：注射用重组人粒细胞巨噬细胞集落刺激因子

主要成分：重组人粒细胞巨噬细胞集落刺激因子

正本持有者：中国科学院上海生物化学研究所

副本持有者：

新药证书

（正本）

编号：国药证字（2000）S－11号

根据《中华人民共和国药品管理法》经审查，下述新药符合新药审批的有关规定，准予注册，特发此证。

药品名称：外用冻干重组人表皮生长因子

主要成分：

正本持有者：军事医学科学院生物工程研究所

中国科学院上海生物化学研究所

副本持有者：

遗传所植物生物技术实验室通过基因工程和分子标记辅助选择成功地将克隆的Xa21基因引入生产上大面积使用的杂交稻，培育出广抗高抗白叶枯病杂交水稻新组合，保持了我国在该领域的国际领先地位。图中显示转基因杂交稻“创新63”对毒性最强的白叶枯病菌P6有高度抗性。

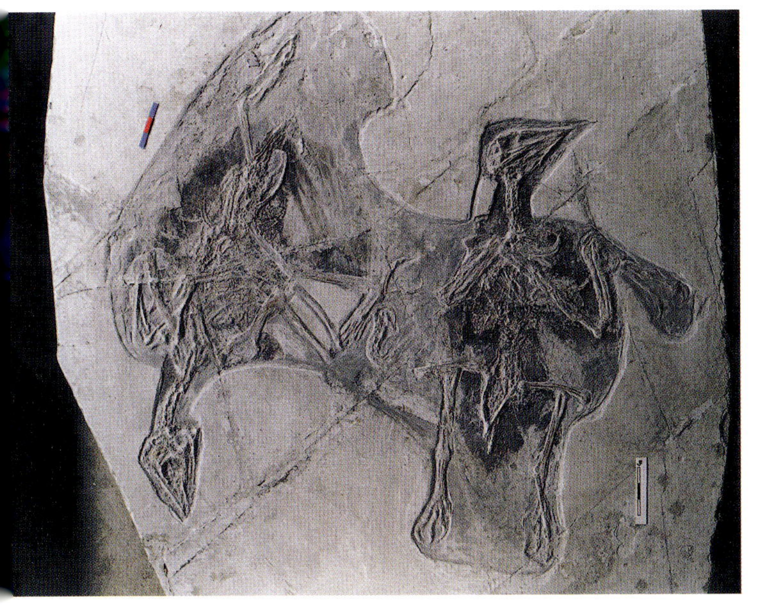

资源环境科学研究

古脊椎所、南京地质古生物所辽西中生代鸟类及鸟类早期演化研究取得重大进展。图为在辽西地区发现的一对保存完好的距今约1.25亿年前的圣贤孔子鸟化石。它在原始性方面仅次于德国发现的最古老的鸟类始祖鸟。

地球环境所与高层次、多学科科学家进行国际合作研究，在亚洲季风气候变迁与全球变化研究方面取得重要成果。图为该项目首席科学家安芷生院士与德国马普学会副秘书长Barbara Spielmann博士讨论中德合作事宜。

南京地质古生物所发现5.2亿年前的海口虫化石，改写了脊椎动物起源和早期演化的历史。

中国科学院南沙海区综合科学考察队首次在南沙岛礁区实施海底岩石拖网，在3个站获得海底岩石样品，经鉴定均为第三纪礁灰岩，对研究沉积环境的变化有重要意义。

1999年7 9月，中国科学院参加了中国首次北极科学考察。图为8月24日考察队员和“雪龙”号船在本航次的折返点。

"高优503"小麦是石家庄农业现代化所采用远缘杂交和细胞工程技术培育而成的优质小麦品种。已推广50万公顷，平均亩产425公斤，成为我国目前优质小麦中产量最高的品种。

由地理研究所主持编制的《中华人民共和国国家自然地图集》全面系统地展示中国自然环境、资源、灾害与利用保护，是20世纪中国地学调查研究成果的系统总结，是近十年出版的优秀地图集的典范。

贵阳地化所开展的"成岩成矿低温地球化学研究"率先指出了我国西南地区大面积低温成矿域的存在，首次提出了分散元素独立矿床的概念并对其进行了系统研究。图为科研人员在云南考察浅变质碎屑岩型金矿。

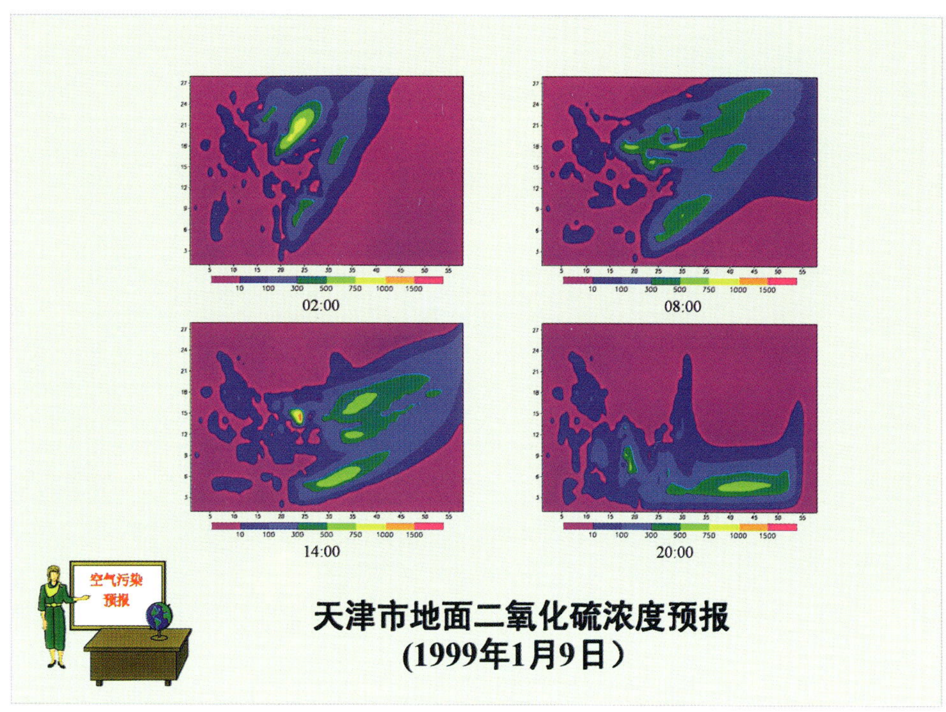

大气物理所开展的大气污染预测理论和方法研究在国内率先研制出城市和区域大气污染预报系统。图为天津市地面二氧化硫浓度预报图。

在八五和九五期间，地质与地球物理所在新疆地区开展了“金矿地、物、化综合研究及找矿靶区优选”工作，取得了丰硕成果。图为科研人员对阿尔金地区的次火山岩体边部蚀变岩中的金矿化进行认真分析研究。

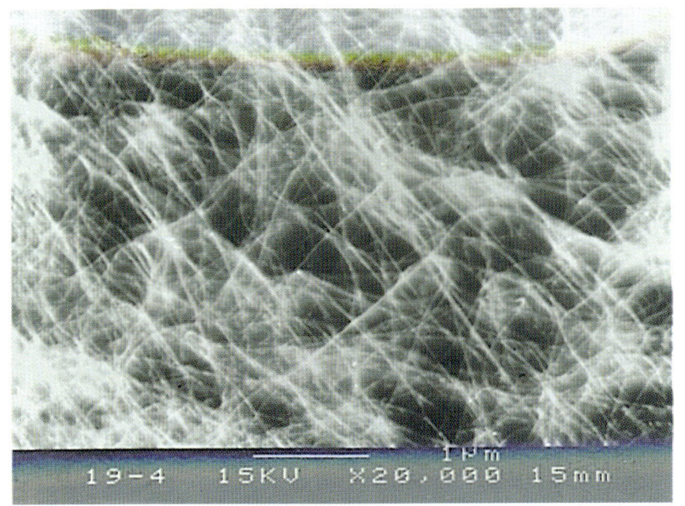

金属所在单壁纳米碳管的制备与储氢研究方面取得突破性进展，成果在《Science》上发表后被认为是“迄今为止该研究领域中最令人信服的结果”。

高技术研究与发展

风云一号扫描辐射计

1999年5月10日，实践5号科学试验卫星和风云一号C星由长征-4B火箭一箭双星成功发射。上海技物所研制提供了具有多光谱对地观测功能的十通道扫描辐射计和卫星姿态测量控制用的红外地平仪。

计算所研制的曙光2000-Ⅱ超级服务器是国内目前性能最高的商品化的超级服务器产品，峰值浮点运算速度为每秒1117亿次，在整体上达到了国际同期同类产品的先进水平。

由电工所提供核心冷却技术，东方电机厂制造的李家峡电站400 MW蒸发冷却水轮发电机已于1999年12月开始发电，标志着蒸发冷却技术已跨上大容量机组台阶，为向超大容量机组迈进铺平了道路。

1999年3月，国家计委批准“中国高速互联网络示范工程项目”立项，7月成立“中国网络通信有限公司”。图为京郑汉、京济光缆工程开工典礼。

山西煤化所的煤转化实验室凝练了科技目标，并按照知识创新工程试点工作的要求，对实验室进行了大幅度的改革。图为中共山西省委书记田成平考察煤转化实验室。

以长春光机与物理所液晶科技队伍为技术支撑的北方液晶工程研究开发中心，为吉林省液晶产业的建立发挥了重要作用。

沈阳自动化所“工业机器人研究、开发及工程应用”项目获得了院科技进步特等奖。图为用于长春一汽红旗轿车总装线上的自动导引车。

高技术产业化

1999年7月，中国科学院分院工作研讨会在京召开，就院地合作、企业管理等问题进行了研讨。

1999年10月，中科院与经贸部、科技部、信息产业部和深圳市人民政府在深圳联合主办了中国（深圳）国际高新技术成果交易会。图为路甬祥院长、严义埙副院长在交易会上与美国朗讯集团总裁亲切交谈。

联想集团于1999年11月推出联想天禧电脑，是集电脑、信息服务、因特网三位一体的全新家用电脑，满足用户在21世纪日益增长的因特网应用的需求。该款电脑共获得了42项专利，荣膺英特尔公司一年一度的“创新电脑产品奖”。

软件所与宁波市共建中科院软件研究所宁波开发中心，主要面向沿海开放城市进行企业管理决策咨询、产品创新技术咨询、软件产品开发以及企业信息等业务，现已成为宁波市骨干高新技术企业。图为软件所冯玉琳所长和宁波市领导在科技合作项目上签字。

上海生化所十分重视科研成果的产业化，与上海双龙高科技开发有限公司、上海康达药材医药公司组成上海中科生龙达生物技术（集团）有限责任公司，以解决从实验室到产业化之间的瓶颈问题。

沈阳自动化所与苏州机械控股(集团)公司合作成立苏州沈苏自动化技术开发有限公司，致力于机器人应用、卫生防疫等领域的开发以及产业化发展工作。

近年来，上海技术物理所在江苏省昆山市周庄古镇相继办起了产学研一体化的科尼公司和苏州尼赛拉电子有限公司。其中尼赛拉公司1999年生产用于相机系统的光电传感器8000万只，在国际市场同类产品中位居第二。随着中科昆山高科技产业园协议的签订，中科院新疆分院、合肥分院将把热敏传感器、压力传感器项目迁至周庄镇，这里将形成我国传感器的产业基地。

1999年7月，路甬祥院长在第14届国际自动控制联合会上发言。

1999年10月13日，中国科学院与俄罗斯科学院西伯利亚分院签署科学合作协议。

首届数字地球国际会议于1999年11月在北京召开。

1999年5月，芬兰科学院院长 Rejio Vihko 教授率团访问我院，拜会路甬祥院长。

路甬祥院长与德国巴登－符腾堡州科技部长特罗塔先生签订共同支持上海生命科学研究院及马普青年科学家小组协议。

1999年10月14日，许智宏副院长会见福特基金会北京代表处首席代表华安德生。

1999年10月，白春礼副院长会见马来西亚科学院院长。

人才培养与队伍建设

1999年7月25日，中国科学院、教育部、安徽省人民政府三方签署协议，重点共建中国科学技术大学，支持其创办世界知名的高水平大学。图为路甬祥院长、陈至立部长、王太华省长在签字仪式上。

1999年12月，国家烟草专卖局所属合肥经济技术学院并入中国科技大学。

白春礼副院长会见回国参加建国50周年庆典的部分海外留学人员。

美国宝洁公司向我院捐赠200万元人民币建立“宝洁科教奖励基金”，全国政协副主席卢嘉锡出席捐赠仪式。

高能物理研究所获奖人员胡素敏在中国科学院1999年度优秀博士后暨王宽诚博士后工作奖励基金颁奖仪式上作报告。

中国科学院人才培训工作成效显著。图为管理人员赴港培训班在香港特别行政区生产力促进局参观学习。

留日学者吴南健在1999年度“百人计划”新设学科答辩会上进行量子通讯学科的答辩。

“西部之光”首批入选者胡虹（女）在指导学生进行花卉培育。

科学出版社在北京图书大厦举办图书百日联展活动。

路甬祥院长、中宣部龚心瀚副部长等领导视察科学出版社。

1999年11月，第六届德国施普林格出版社科技图书巡回展在院文献情报中心举行开幕式。

1999年9月，路甬祥院长、陈宜瑜副院长、郭传杰副书记与北京市副市长汪光焘一起为中国科学院图书馆档案馆工程奠基。

随着知识创新工程试点工作的深入开展，园区建设和改造取得初步成效。图为中国科学院天地园区一角。

中国科学院北京中关村生活区一角。

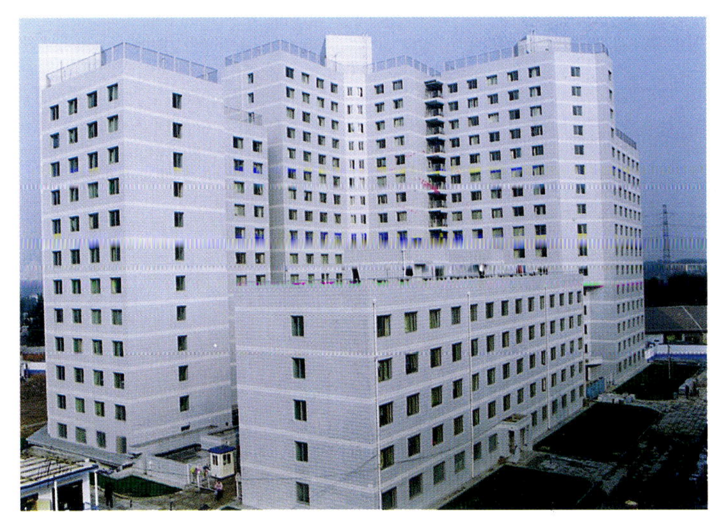

座落在北京中关村的中国科学院青年小区公寓（一期工程）。

思想政治工作与精神文明建设

中国科学院、中国工程院联合召开两院院士座谈会，揭批"法轮大法"

为庆祝中国科学院建院50周年，民主党派、院侨联、无党派人士召开座谈会。

全国妇联主席顾秀莲、中国科学院党组副书记郭传杰等领导接见中国科学院十杰青年之一、双目失明的研究生院青年优秀教师杨佳同志。

中国科学院年鉴

(2000)

中国科学院办公厅　编

科学出版社

2001

内 容 简 介

《中国科学院年鉴（2000）》集中反映了中国科学院1999年各方面的工作情况，包括学部和学部工作，基础研究，生命科学与生物技术，资源环境研究与发展，高技术研究与发展，高技术产业发展工作，人才培养与队伍建设，国际交流与合作，综合计划，基本建设，科研装备与技术监督，出版与图书情报，思想政治工作与精神文明建设等。同时还登载了有关统计资料。对院属各科研单位也作了比较详尽的介绍。

本年鉴各种资料的截止时间为1999年12月31日。

中 国 科 学 院 年 鉴（2000）

中国科学院办公厅 编

科 学 出 版 社 出 版

北京东黄城根北街16号

邮政编码：100717

中国科学院印刷厂印刷

科学出版社出版发行

*

2001年3月第 一 版　　开本：787×1092 1/16

2001年3月第一次印刷　　印张：25　插页 18

印数：1—2 100　　字数：615 000

ISBN 7-03-008987-1/N · 107

定价：68.00元

（如有印装质量问题，我社负责调换〈科印〉）

中国科学院年鉴(2000)编辑委员会

目　　录

综合情况

院属各单位情况

综 合 情 况

综　　述

1999 年是极不平凡的一年。以江泽民同志为核心的党中央领导全国人民顺利地举行了建国 50 周年庆祝活动，成功地恢复了对澳门行使主权，胜利地进行了反对美国轰炸我驻南使馆、反对“法轮功”邪教组织和反对李登辉分裂国家等重大政治斗争。党的十五届四中全会和全国技术创新大会的召开以及西部大开发战略的部署，标志着党中央高度重视落实科教兴国战略并取得了重大进展。我院广大科技工作者在院党组的坚强领导和统一部署下，认真学习邓小平理论，深入学习贯彻十五大和十五届四中全会精神，认真学习和领会江泽民总书记对我院的三次重要批示、题词及党和国家其他领导同志为我院建院 50 周年的重要题词和讲话精神，认清形势，明确定位，改革创新，扎实工作，知识创新工程试点第一阶段工作全面展开，开局良好，进展顺利，得到了党中央、国务院的充分肯定和社会的广泛认同。完成为期三年的结构调整和分类定位工作，为试点工作和深化改革打下良好基础。顺利完成院机关的机构改革，人员有较大幅度精减，职能初步优化，管理水平和工作效率有了一定提高。科研工作取得新的进展，获得一批具有国际先进水平的重大科研成果，争取“973”等国家重大科研任务取得令人振奋的成绩。创新队伍建设和人才吸引、培养工作得到进一步加强。围绕中心任务抓好党的建设和精神文明建设，按照党中央的要求认真完成“三讲”教育工作，成功地组织开展了丰富多采的建院 50 周年庆祝活动，全面展示我院 50 年的光辉成就，激发了全院同志的自豪感和自信心，在国内外产生了良好影响。根据院总体部署，其他各项工作也取得了新的进展，为知识创新工程试点工作实施和院的改革与发展提供了有力保障。

一、知识创新工程试点工作开局良好，进展顺利

实施知识创新工程试点工作一年多来，全院同志以高度的政治责任感和使命感，发奋努力，锐意进取，在创新战略目标调整、体制改革、机制更新、队伍建设、基地建设和创新文化建设等方面都取得了良好的进展。1999 年 6 月召开的国家科教领导小组会议以及 11 月 1 日朱镕基总理在纪念我院建院 50 周年茶话会上的讲话中对我院开展知识创新工程试点工作所取得的成绩都给予了充分肯定。

1. 凝炼科技创新目标，提高我院科技创新的战略层次

从新世纪初我国社会经济发展的战略需求出发，充分考虑世界科技前沿的发展动态与趋势，按照明确重点领域、优选领域前沿和战略方向、组织重大项目的方式，在院和研究所两个层次上凝炼和提升科技创新目标。通过领域前沿、重要方向和重大项目的实施，要在未来 5～10 年，使我院在一些重点领域前沿和重要战略方向的研究水平跻身国际先进行列，使我院科技创新工作更具有基础性、战略性和前瞻性。

在明确重点领域和领域前沿方面，以我国经济、社会发展和国家安全等重大战略需求为导向，确定了农业高新技术、人口与健康、能源、新材料、信息与自动化、空间科学与技术、生态与环境、地球科学、重大交叉学科前沿等9大领域；初步选择了脑智科学、纳米科技基础、量子物理与信息、生物信息学等领域前沿。

在优选战略方向方面，从战略需求和世界科技发展态势出发，既注意发挥已有优势，又注意部署新的战略方向，目前已初步选定诸如转基因育种技术、动物克隆及转基因技术、智能化农业技术、重大疾病基因组学、异质复合薄膜材料及其多功能化、材料制备新方法和新技术、汉语识别与自然语言理解、智能制造系统、热功转换过程非定常流动机制、光电子转换输运和复合机理、超导电力及电能储存输送新技术、高性能工程塑料、空间材料科学、海洋-大气-陆地相互作用、区域地表界面过程与环境演化趋势等重要研究方向。

在基础科学布局方面，重点部署了信息科学、生命科学、物质科学、地球科学、数学科学、交叉科学等重点学科领域，并与基地建设和结构调整结合进行。

我院进行的科技创新战略目标凝炼是一次深层次、大范围的战略布局调整。按照江泽民同志“有所为，有所不为”的指示精神，突出重点，对一些陈旧、分散、重复的学科布局进行了坚决的调整。另一方面，开始部署了一批面向21世纪的新的科技生长点。这是国家面向21世纪在科技方面的一项重要战略部署和基础性建设。预计经过3年试点可初见成效，再经五年展开后将会更见成效。

2. 加大改革力度，调整组织结构，转变运行机制

（1）进一步深化结构性调整与改革

在数学、生命科学等基础科学领域，逐步将研究所调整为学术组织单元，若干研究所整合组成以研究院为法人的国家研究基地。在高技术领域，通过组织重大项目牵引，强化研究所之间、研究所与企业之间的联合，形成创新基地。在资源环境领域，根据区域特色和学科优势，采取所际整合和与地方合作共建的方式，形成了北京、西南和西北3个创新基地。此外，还选择大连化学物理研究所等4个研究所进行研究所整体改革试点。改革预算拨款制度，推行岗位聘任制度，扩大研究所的自主权，强化评价机制，实现制度创新和机制转变，探索具有我国特色的现代科研院、所制度。

（2）扩大开放、促进联合，建设面向全国的国家科研机构

在试点工作中，特别强调建设国家知识创新基地。保证充分的开放度和公正性，吸引国内外最优秀的科学家来院开展科学研究，发挥优势，创新突破。积极推动与大学、企业、地方的合作和共建，继续发展与提高国际科技交流与合作的层次，形成我院更加开放的创新格局。

（3）推进转制，建立知识创新与高技术产业化的有机结合机制

按照“人才＋项目”的方式，鼓励科技人员带着成果创办或领办高技术企业；积极引导研究所与地方、企业合作和共建企业研究发展中心；推动部分技术开发机构整体转制，使其真正成为能在市场竞争中独立生存与发展的高技术企业或中介机构。目前，已确定北京软件工程研制中心等6个单位和4个科仪中心作为1999年整体转制的试点单

位。与此同时，在制度建设上积极探索建立国家知识创新基地与高技术产业有机结合的机制，如在计算研究所的改革中，以组成理事会的方式引入联想集团参与所的管理，一方面瞄准国家战略性、前瞻性计算科学技术发展目标，同时又保证该所的科研方向始终与产业发展和市场相衔接。

目前，我院正在进行的结构调整涉及到50多个研究所（台、站、中心），对其中30多个所进行了所际调整，初步形成了适应知识创新工程需要的科研机构新格局。

3. 完善制度建设，加强宏观指导

院出台了一系列政策文件，如《1999年知识创新工程试点工作实施原则》(试行稿)、《知识创新工程试点专项经费管理办法》、《关于知识创新工程试点单位人事、人才管理的指导意见》、《关于知识创新工程的价值导向和评估原则》(试行稿）等，并设计了一套包括年度评价和阶段评价的评价体系。年内对数学与系统科学研究院等8个试点单位进行了评价，进一步加强了宏观指导，确保试点工作的健康发展。

二、完成研究所分类定位

1997年，我院正式启动了以研究所定位、重点实验室分类管理（以下简称分类定位）为重点的结构性调整工作。这是我院为完善发展规划，调整学科布局，确定科学、合理的宏观结构体系采取的重大举措。三年来，在院党组的统一领导下，在全院范围内严格按照规定的程序，认真组织进行了研究所的定位认定试点工作。此项工作已于1999年底顺利完成，共有86个科研单位被定位为科研基地型研究所或进入创新工程。(个别未被定位认定的单位，院将根据具体情况个案处理。)

经过三年的分类定位工作，我院绝大部分研究所进一步明确了自身的定位，理清了自身发展的思路，并据此调整学科方向，加快研究所改革的步伐。研究所的分类定位工作加强了我院前沿创新的能力，为知识创新工程试点工作的实施奠定了良好的基础。

三、做好学部工作，充分发挥国家科技咨询机构的作用

1999年，学部根据我院知识创新工程试点工作的发展目标，紧密围绕建设国家科学思想库，充分发挥国家最高科技咨询机构的作用展开工作。一年来，学部积极主动地承担了多项重大咨询任务，对国家的经济安全、科技教育与社会可持续发展提供了高层次高水平的科技咨询；在重要科技规划，重大项目评估，学术带头人遴选，科研成果、基地建设与试点方案评价等方面发挥了积极作用。同时，进一步加强了学部与院部之间的合作与联系。许多院士在报刊上发表文章，参加科普宣传工作，为提倡科学精神、科学道德，普及科学知识，提高全民科学意识，深入揭批“法轮功”的反动实质，反对封建愚昧做出了贡献。

1. 规范并顺利完成院士增选工作

1999年增选了55名新院士，其中数学物理学部10名，化学部8名，生物学部11名，地学部10名，技术科学部16名。在此次增选过程中，地学部成功地进行了第一轮评审的通信评审试点，在确保准确率的同时，节省了经费，提高了效率。各学部均对候选人中的中青年学者予以关注，在各学部正式候选人中，60岁以下（含60岁）的占32.1%，新当选的院士中60岁以下（含60岁）占当选人数的30.9%。

2. 大力开展国家重大科技问题的咨询评议工作

1999年，各学部共组织开展了21项咨询项目，已完成7项。为响应江总书记“要把加快大西北开发作为一个重大的战略问题来实施”的号召，1999年学部主动将咨询工作的重点放在西北地区可持续发展的战略研究上，已陆续上报了“关于建立我国钾肥资源稳定供应体系的建议”、“关于新疆农业与生态环境可持续发展的几个问题”、“关于把塔里木河列入国家大江大河治理计划的建议”、“关于21世纪初期加快西北地区发展的若干建议”和“黄土高原农业可持续发展”等关于西北地区发展的咨询报告，受到国务院领导和有关部门的重视。此外，还向国家经贸委报送了“中国科学院化学部大型企业调研咨询报告”，完成了中国科学院委托的“知识创新工程领域方向和重大项目研究报告”咨询项目，为政府的科学决策提供了依据，为国家经济、社会和科技的发展提供了宝贵的建议。

3. 结合院庆50周年活动，广泛开展学术交流工作

结合院庆50周年活动，成功地举办了四场“中外著名学者学术报告会”，弘扬科学、宣传真理，为社会树立了榜样。

四、完成院机关机构改革工作

1999年3月至6月，根据国务院机构改革的总体部署，对院机关机构进行了改革和人员精减。局级机构从原来的17个减少到13个，人员总数由486人减少到316人，精减35%。制定了“竞争上岗、人员聘用、公开招聘、考核激励”等办法，建立了一套新的用人机制，顺利完成了未上岗人员的转岗分流工作。经过机构改革，院机关人员更为精干，人员结构和机关职能得到初步优化；进一步完善了院机关的各项规章制度，实现科学规范管理，为进一步提高宏观管理水平创造了条件。

五、科研工作成效显著，为国民经济与社会发展做出重要贡献

1999年，全院共有45项科研成果获国家级奖励。其中，获国家自然科学奖20项、国家发明奖7项、国家科技进步奖18项。在评出的10项国家自然科学奖二等奖中（1999

年国家自然科学奖和发明奖未评出一等奖），我院获得 7 项；在评出的 8 项国家发明奖二等奖中，我院获得 2 项（以国家正式公布为准）。全院共评出获“三大奖”的成果 132 项，其中自然科学奖 63 项、发明奖 6 项、科技进步奖 50 项（特等奖 1 项）。获得院科技进步奖特等奖的项目分别为“工业机器人研究开发及工程应用”和“氧碘化学激光器”。

1. 开拓进取，勇于创新，取得一批重大科研成果

在基础研究领域，研制出具有国际领先水平的宽调谐高功率飞秒光参量放大器实用化样机，其综合性能达国际先进水平，在医学、聚变能源研究等应用领域具有重大意义。成功制备出超长、定向生长碳纳米管阵列，比现有国际水平提高了 1～2 个数量级，使我国在“超级纤维”碳纳米管的研究，特别是合成方法上达到国际领先水平。新核素合成和研究取得重要突破，两次实验合成 8 种稀土区质子滴线核，是国际上迄今为止该滴线附近第一批谱学信息，在激烈的国际竞争中进入了前列。重离子治癌技术的研究成果在国际上引起了很大反响，为早日实现临床应用奠定基础。光化学法生产维生素 D_3 中试成功，为生产维生素 D_3 走向产业化铺平了道路。北京正负电子对撞机为北京谱仪提供稳定束流 1548 小时，测量精度大大提高，为国际高能物理学界所关注。软 X 射线全息成像空间分辨率达到亚微米水平，使我国在此领域的研究与国际最好水平的差距大大缩小。研制的 90-115GHz-SIS 超导接收机噪声温度降低了一个量级，能够满足长时间天文观测的要求，使我国的毫米波低噪声探测技术达国际先进水平。乌鲁木齐 25m 射电望远镜系统的建立使我国在国际 VLBI 网中占有一席之地。

在生命科学和生物技术研究领域，以 BAC 物理图为依据的水稻基因组大规模测序目前仍保持相对优势，完成测定的原始顺序已达数千万个核苷酸，完善 DNA 顺序达 300 万个核苷酸。人类基因组研究取得多项重要进展，定位克隆了一些重要家族遗传性疾病基因，建立的 cDNA 阵列芯片在国内外多个实验室使用中取得令人满意的结果。微生物基因组的泉生热鞘菌全基因组测序工作即将完成。大熊猫异体克隆研究取得异体克隆囊胚的重要阶段性进展。趋化因子受体介导的细胞信号转导研究、tRNA 结构与功能研究等一批高水平基础研究成果在国际著名学术刊物发表，其中指导神经细胞运动方向的导向分子研究论文在“Nature”杂志上发表，在神经生物学领域具有创新意义。

在资源环境科学研究领域，被国际专家称为是革命性发现的辽西中生代鸟类及鸟类的早期演化研究取得进展，填补了从始祖鸟到现代鸟的缺失。新的脊索动物海口虫的发现，为研究脊椎动物最早祖先的生活习性和起源提供了可能性。亚洲季风气候变迁与全球变化研究、南沙综合科学考察、北极科学考察等研究均取得了有重要科学研究价值的成果。历时 40 年之久、全书 125 卷册的《中国植物志》编研和出版工作即将全部完成，这将是对世界生物区系研究的重大贡献。《中华人民共和国国家自然地图集》的出版为我国经济建设和社会发展的全面布局、统筹规划与宏观决策提供了重要的科学依据。

在高技术研究与发展领域，单壁纳米碳管储氢研究取得显著成果，为清洁能源的开发提供了广阔的前景，受到全世界的重视。与高功率激光发展相关的系列单元支撑技术项目已取得重要进展，将为解决困扰人类长期发展的能源问题做出贡献。

2. 积极投入国民经济建设，为社会可持续发展做出贡献

在农业、生物、新药研制等方面，新疆棉花可持续优质高产技术集成示范工程研究取得较大进展，1999年亩产皮棉达到266.8公斤，并在棉田虫害防治技术、长效肥料、水肥调控、优良品种引进与推广、农用新材料、宏观战略研究等方面取得一批重要成果。首次成功应用原生质体诱变技术选育得到ABA（脱落酸）高产菌株，并实现5吨罐的真菌发酵生产天然脱落酸的生产性实验，形成了具有我国自主知识产权的、应用高新技术生产脱落酸的技术体系。区域农业试验示范研究也突破原来的中低产田改造为主的模式，向低耗、高效、优质的方向发展，其中，禹城持续高效农业技术试验示范课题全部采用国产开发的设备，为我国的灌溉设施自动化研究和开发提供了经验。“高优503”小麦在河北种植，取得每亩增收人民币80元的效益，体现出良好的可推广性。内蒙古多伦试区研究工作使农业生态环境有了较大的改善，耕地减少但粮食产量逐年增加，在特大旱情下仍取得较高产量。水稻Xa21抗白叶枯病基因工程研究获得重要进展，第一次将克隆的Xa21基因引入生产上大面积使用的杂交稻，将对促进我国水稻生产发挥积极作用。在珠母贝多倍体育种及养殖研究、全雌牙鲆遗传育种技术研究、主要鱼虾病害的致病机理防治技术研究等项目的理论基础和关键技术方面都取得了可喜的进展。注射用重组人粒细胞巨噬细胞集落刺激因子、人重组人表皮生长因子外用药、手性药物及中间体的合成与拆分左旋氨氯地平已分别获得新药证书和生产许可证。人重组人表皮生长因子眼用药、抗艾滋病中药复方SH胶囊已完成1～2期临床试验。天然止痛药物复方克痛宁已生产上市，年销售额达数千万元。

在生态、环境、地球科学领域，成岩成矿低温地球化学研究率先指出了我国西南地区大面积低温成矿域的存在，首次提出了分散元素独立矿床的概念并对其进行了系统研究，在金、银、铂族元素的低温成矿以及有机质对低温成矿的制约等方面取得了重要创新成果。大气污染预测理论和方法研究在国内率先研制出城市和区域大气污染预报系统，取得了一定经济效益，受到国家环保总局的高度评价。在阿尔金地区开展了地球物理剖面的观测试验，为探讨青藏高原深部状态与隆升的动力学机制提供了翔实的数据和资料。在清洁生产与污染治理、汽车尾气催化净化器、水厂高效絮凝技术集成系统、农业专家决策与信息技术系统研究、农业资源高效利用与管理技术、黄土高原水土流失综合治理与农业可持续发展、中国生态系统研究网络等项目的高技术研究和产业开发等方面为国家的可持续发展做出了实质性贡献。

在信息、自动化、能源、新材料及空间科学领域，曙光2000-Ⅱ超级服务器达到了国际同类产品的先进水平，标志着我国高性能计算机的技术和产品化水平迈上了一个新的台阶。开放系统中文信息处理软件开发与集成及开放系统中文API框架与多平台联接系统进展顺利，具有广阔的市场份额和良好的前景。研制出国内第一台能够同实际公用通信网络相连接、完整的大气光通信端机，在无线激光通信方面迈出新的步伐。5kW质子交换膜燃料电池组获得试验成功，已具有16项中国发明专利。李家峡400MW蒸发冷却水轮发电机组已正式并网发电。成功研制了1999年5月10日升空的“实践五号”科学试验卫星应用系统和全部有效载荷，以及“风云一号”C星10通道扫描辐射计和卫星姿态测量控制用的红外地平仪，两颗星上的有效载荷运行正常。研制的空间粒子探测器高空探测也获得成功，其探测器性能达到了世界先进水平。我院有近40个研究单位参加了我国载人航天工程的研制任务，为1999年11月20日升空的“神舟号”第一次飞行试验的圆满成功做出了贡献。在超导技术、纳米材料、材料的环境行为与失效机理研究等方面均取得突破性进展。

在农业预测和灾情预报监测领域，资源环境信息系统建设共收集汇总了1000个地学模型，完成了网络地理信息系统的开发与完善，形成自主版权的Geobean软件。在农作物长势监测与遥感估产方面，建成了多种农作物统一的“全国农情遥感速报和农作物估产系统”，实现了1999年度全国范围内7种主要农作物的种植面积估算和总产量预报，得到了各有关部委的重视和温家宝副总理的关注。在洪涝灾害遥感监测方面，建成了基于网络的洪涝灾情遥感速报系统，这是国内唯一的利用遥感对洪水进行连续性跟踪监测的系统，具备大范围、全天候、快速、准确的洪涝灾害速报能力。在技术前沿方面，开展了CCD数字相机的研制与试验研究，开发了极化雷达地物识别分类器，探索了地球信息图谱理论。

3. 发挥科技优势，促进高技术产业化及企业发展

促进高技术产业化是我院知识创新工程试点工作的重要组成部分。1999年，我院高新技术企业在发展规模、经济效益等方面取得了新成绩。全院企业营业收入达到272.54亿元，增长17.5%，利润总额11.04亿元，增长23.4%，上交税金12.1亿元，创汇3.06亿美元，增长13.3%。目前东方公司、三环公司、大连凯飞公司、上海中科合臣公司、沈阳新松公司等一批企业基本完成公司制改造工作，联想集团公司、地奥集团公司、中科集团公司、中生公司、中自公司等企业的改制工作也在积极进行。各研究所积极探索实现高新技术产业化的途径。如上海生化所所属的7家公司与上海双龙高科技开发公司、上海康达药材医药公司共同投资1.1亿元，组建了上海中科生龙达生物技术（集团）有限公司，依托生化所的技术力量，产、学、研三者在高技术产业发展中建立了利益紧密型战略联盟。6个技术开发型研究所和4个科仪中心整体转制的工作已批准启动。稀土材料产业化及应用开发、农用肥料高技术产业化、城市轨道交通、先进发电设备、汽车尾气净化催化剂、中国高速互联网络示范工程等产业化项目已经启动，形成良好的发展态势。在抗菌剂及抗菌塑料、气体辅助注塑成型技术的产业化方面取得了重大突破，推动了我国家电行业抗菌技术的应用。我国首套自行研制开发的炼厂气膜法氢回收工业装置一次性开车成功，投入工业运行。丝绸后整理技术联合攻关项目取得阶段性进展，为提高丝绸的质量和档次，满足绿色纺织品要求做出了贡献。

八、争取承担国家科研项目和任务保持良好势头，重大项目进展顺利

1. “国家重点基础研究发展规划”立项工作成绩喜人

在国家科技部组织的第二批“国家重点基础研究发展规划”（“973”）项目立项工作

中又获重要进展。在1999年启动的41个项目中，由我院作为依托部门的项目为16.5项（10+13×0.5。有两个依托部门的，各作为0.5项），涉及项目23项，占批准总项目数的56%；我院科学家有26人作为项目首席，涉及项目也有23项；以科学院作为依托部门或科学院的科学家为首席科学家的项目共计25项，显示了我院科研工作的优势和实力。

2. 承担国家“九五”攀登项目等取得重要成果

攀登计划项目（B类）是国家工程与技术科学重大基础性研究的重点。经过5年的努力，我院组织实施的5个攀登计划（B类）项目取得多项优异的、国际水平的阶段性成果。据统计，5个项目共获得国家一等奖1项，二等奖1项，三等奖2项；部委一等奖7项，二等奖7项，三等奖5项。5年来发表论文约977篇，其中被SCI收录163篇，申请专利28项。以我院为主组织实施的20个“九五”攀登计划预选项目（含11个攀登计划延续项目、8个新列预选项目和1个专项）进展顺利。

争取或实施国家自然科学基金项目、国家基础性工作项目、国家高技术产业化项目、“九五”科技攻关项目、“863”高技术计划项目、国际合作项目的工作持续保持良好势头。

3. 大科学工程进展顺利

国家在“九五”期间部署的大科学工程项目，都按照计委的要求和建设计划顺利开展。合肥同步二期工程大部分加工及订货正在进行。HT-7U工程顺利通过可行性研究论证和初步设计论证，关键技术的预研获得满意的结果。兰州重离子加速器冷却储存环（HIRFL-CSR）已通过初步设计论证。上海光源（SSRF）预研工作进展良好，选址工作已告一段落。LAMOST项目已取得第一块镜坯，光纤定位机构单元的样机已经完成。同时，积极推动跨部门、跨学科网络式的“东半球空间环境地面综合监测子午链”项目，争取2000年正式启动。

4. 完成“九五”院重点项目部署，多数项目取得进展

1999年是重大项目执行的关键一年。截至1999年底，我院“九五”重点项目已全部部署完成。按照重大、重点项目管理办法对第二批重大项目进行了中期评估，大多数项目进展顺利，取得了一定的成果。院对项目评估检查方式进行了改革，采用了更加科学合理的评价体系，体现“科学、规范、严格、公正、公开”的原则，引导项目负责人和课题承担者更加重视产出、重视项目管理，初步探索了一套量化的科研项目管理评价办法。

七、凝聚和吸引优秀人才，创新队伍建设和人才培养迈出新步伐

1. 调整创新队伍结构，形成开放、流动和竞争的机制

制定了《中国科学院知识创新工程创新队伍建设规划纲要》和《关于知识创新工程试点单位人事、人才管理的指导意见》，明确了当前至2010年我院领导干部、科技人员、

管理人员、流动人员等多支队伍建设的目标和措施。目前，全院已有54个单位实行了全员聘用合同制，在试点单位建立“按需设岗、按岗聘任”的用人制度和“绩效优先、兼顾公平”的结构工资制度。目前已有7000多名科研人员被遴选进入知识创新工程试点，科技队伍的结构得到了显著优化，平均年龄40岁左右。年龄在45岁以下的占60%以上，到2000年将达70%以上。以知识创新工程试点引进300～600名优秀人才为目标，一年多来，已从国外引进了167名青年科学家作为“百人计划”入选者，其中50%在国外科研机构有较高研究职位。16位首批“西部之光”入选者接受了院与中组部、各有关地方共同进行的阶段性评估，评估结果表明他们的研究工作在为解决地方国民经济建设上取得了初步成果。1999年度共吸引了129位院级高级访问学者来我院工作，其中来自国(境)外35人、国内高校及院外单位94人；教授级68人、副教授级57人，为实现科技目标，促进学科发展和学术交流注入了新的生机和活力。1999年，派遣科技副职工作进一步加强，院制定了《进一步加强科技副职工作的若干意见》，并向江苏、浙江、山东、河北、河南、江西等6个省派出28名科技副职；向烟台、济南、济宁、扬州等地派出科技顾问38人；选派了2名博士参加博士服务团赴江西、四川任职，受到了地方政府的欢迎。

2. 加强领导班子建设，促进领导队伍年轻化

制定了《1999至2003年中国科学院院管领导班子建设规划纲要》，提出了领导班子建设的目标、政策与措施。1999年共完成了52个单位的领导班子换届、整合重组和新组建工作。新换届的领导班子平均年龄49.5岁，比去年有明显下降。如古脊椎所形成了以年轻人为主富有活力的领导班子，平均年龄为38岁；物理所领导班子平均年龄已从58岁降到41岁。目前，全院所级领导干部中的党员比例为89%，45岁以下的领导干部的比例为35.8%。

3. 研究生培养和高等教育工作取得新进展

通过全院上下共同努力，1999年我院研究生招生超额完成国家计划，招生数量创历史最高水平。共计招收硕士研究生2366人，博士生1927人。目前，在学研究生达到11 000人，2000年预计可达到15 000人。我院在全国知名的20所高校设立了“中国科学院奖学金”，加强了我院与各高校的交流与合作。建立多种模式的研究生培养基地。如广州分院与广东省共建“资源环境研究生教育基地”；在上海分院进行建立集中式的研究生课程教学基地试点；在武汉分院建立研究生培养基地；在沈阳金属研究所建立“东北工科（工程）研究生教育基地”等。修订了中外联合培养博士生的管理办法，将联合培养的审批权下放到研究所。加强博士后管理工作，评出优秀博士后10人。批准联想集团依托计算技术研究所接收博士后，使之成为联想公司的高层次人才培养和新技术开发基地，同时也使计算技术研究所博士后流动站在企业技术创新中发挥更大的作用。

中国科学技术大学进入建设重点大学的行列。我院与教育部、安徽省人民政府做出了共建中国科学技术大学的决定，自1999年至2001年期间内，三方各出资3亿元人民币，支持中国科学技术大学创建成世界知名的高水平大学。启动了建立包括中国科技大学、合肥分院及各研究所在内的合肥科教基地的工作，并完成了国家烟草专卖局所属合肥经济技术学院并入中国科技大学的工作。进一步加强了中国科学技术大学北京研究生院和院管理干部学院的建设。

4. 留学工作推出了新思路、新举措

建立了我院“海外评审专家系统”，已有33位海外杰出学者被聘为首批海外评审专家。共有116人获得“留学经费择优支持基金”资助，总资助金额达354.40万元人民币。共有83人获得留学回国人员教育部启动基金共计269.60万元的资助。共有120位海外优秀留学人员回国参加了各种青年学术会议和研讨班，加强了海内外青年学者的沟通与联系，成为海外优秀人才回国工作的一种行之有效方式。

5. 做好管理干部的继续教育工作

加强了对不同层次管理干部的培训。进一步加强所级领导上岗培训工作，改进培训办法，以适应知识创新工程试点工作的需要。先后组织了赴美国、香港、韩国的管理人员培训班，并举办了数期国内管理人员培训班，并与北京大学光华管理学院合作开办了首期MBA研究生课程班。

八、院地合作与国际交流拓展新领域，出现新气象

1. 加强与省市、行业合作，通过产学研联合共建，多模式、多渠道地推进高技术成果产业化

大力发展共同建设、共同支持、共同管理的新模式。以共建研究和产业基地作为院与省（市）合作的重要内容，推动科技成果转化和产业化工作取得积极进展。目前，已经形成了以江、浙、沪、京、辽、滇为重点，东西部并举的合作格局，增强了地方技术创新和产业化的能力，促进了我院自身的改革发展和知识创新、技术创新的工作。

精心组织、参与举办各种不同类型的科技交易会、洽谈会。1999年，我院积极参与举办首届中国（深圳）国际高新技术成果交易会、第十二届全国发明展览会、浙江投资贸易洽谈会、重庆高新技术成果及其产品展示交易会。上述活动均产生了较好的经济和社会效益，为促进科技与经济结合，加强院地合作创造了良好环境。

积极组织推荐国家“产、学、研”项目，为加速我院科研成果转变为现实生产力创造条件。联想集团的“联想Internet高速缓存器”、金属所的“乙炔裂解炉扭曲热管改制新技术”、华建集团的“网上智能翻译技术”和沈阳自动化所的“先进制造技术”等项目获得国家经贸委670万元的经费支持。我院还作为主办单位之一，在青岛成功地举办了首届全国“产、学、研”联合洽谈会暨展示会。

2. 与港、澳和台湾地区的科技交流有了新进展

1999年，院领导有9人次访问港、澳、台，参加了多个专业会议，广泛会晤当地教育、科技和企业界的重要人士，密切了我院与港、澳、台地区的联系，并获得了香港知名人士的资助。与香港学术交流中心联合举办了“科技产业合作论坛——发展香港重要

现代化产业”，组织 11 个研究所参加了在香港举办的“香港创新博览会-2000”，均获得好评。台湾工业技术研究院科技、环保中心和香港新鸿基地产集团等访问了我院。我院派驻澳门生产力暨科技转移中心的工作人员积极组织有关项目与澳门的企业进行合作，以实际行动迎接澳门回归。

3. 国际合作与交流异常活跃

今年适逢建院 50 周年，外事交流频繁且层次高、重大活动多。重要外宾除杨振宁、李政道、丁肇中等 6 位诺贝尔奖获得者外，欧洲核子中心主任、德国马普学会副主席、德国联邦基金会主席、欧空局局长、俄罗斯科学院副院长以及美、澳 5 所大学校长等也都来我院访问。与此同时，我院领导也进行了多次出访和高层次的互访，在更高的层面上促进了国际合作，扩大了我院的国际影响，为院的改革与发展创造了良好的国际环境。

利用我院优势，开展了多渠道、多层次的合作交流。紧密围绕实施知识创新工程，加大了与重点国家在重点项目上的国际合作。在路院长陪同江主席访问俄罗斯后，着重开展了与俄罗斯等独联体国家的交流与合作。路院长率大型代表团赴日进行了中日学术产业合作交流，提出了中日合作的多种模式。我院和日本学术振兴会签署了 5～10 年在世界科学前沿领域的大科学合作协议。举行了中美两国科学院高层会晤，召开了第二届中美前沿科学研讨会，促进和推动了知识创新和前沿科学的发展。建立“中法催化、生命科学联合实验室”的形式已被法方接受，并有大企业加入合作，显示其具有较强的生命力。与此同时，我院与第三世界发展中国家也开展了广泛的交流，重视与国际组织的联系。先后有 17 人次出访国际组织，获得了 ICIMOD、UNDP、UNESCO 等国际组织的资助。通过外国政府渠道，与美国的 NAS、NSF，澳大利亚的 CSARO、AAS，日本的 JICA 等开展了合作。加强了与国外企业界的合作，直接为国家经济建设服务。1999 年，我院与日本日立公司、松下公司等大企业的合作有了实质性进展。加拿大 17 位中小企业和美国 20 多家小公司代表也访问了我院。在院地合作中，引进了国际合作的新内容。中日科技与经济交流协会与日本民间机构在能源、信息等领域展开了实质性的交流。

九、大力加强党的建设和精神文明建设，为顺利推进知识创新工程试点工作提供有力保障

1999 年是非同寻常的一年，国际风云变幻，霸权主义和强权政治有新的发展；国内大事多，喜事多，突发事件也多。在 1999 年与“法轮功”等的严重政治斗争中，我院各级党组织和广大党员经受了锻炼和考验，一年来，全院各级党组织高举邓小平理论伟大旗帜，认真贯彻落实十五大和十五届四中全会及中央一系列重要指示精神，紧紧围绕院的中心工作，大力加强自身建设，开拓进取，为推进知识创新工程试点工作提供了有力的思想、政治和组织保证，在院的全局工作中发挥了重要作用。

1. 党的思想建设和组织建设有了新的进展

立足于全局和长远，着力抓好领导班子和领导干部的思想政治建设。根据中央部署，

高度重视、认真抓好“三讲”教育工作。院和各单位党组织成立了“三讲”教育领导小组及其办公室，明确职责，制订工作方案，选择试点单位，广泛发动群众，落实整改措施，高标准、高质量地完成“三讲”教育工作。进一步推进理论学习。针对知识创新工程试点工作中整合任务较重和研究所领导班子换届调整的实际，建立健全党委学习中心组，认真抓好学习计划和各项制度的落实。党的十五届四中全会结束后，院党组及时就贯彻全会精神提出六条意见，要求各单位党委结合本单位实际认真落实。院党组组织编写了《邓小平与中国科学院》一书，对推动全院学习邓小平理论发挥了积极作用。

认真探索新时期党建工作规范化、制度化的有效措施，切实加强党的基层组织建设。院党组提出了《院党组关于进一步加强和改进研究所党建工作的若干实施意见》，就加强党建工作有针对性地提出要求，制定可操作性的具体措施，对新形势下加强党的建设起到了重要的指导作用。组织发展工作严格遵循“坚持标准、保证质量、改善结构、慎重发展”的十六字方针，服务于创新人才队伍建设的总体目标，以青年科研骨干为重点，积极慎重地做好发展工作。同时加大对入党积极分子和新党员的教育培养力度，使组织发展工作继续保持了较好的态势。

2. 加强思想政治工作和创新文化建设，为改革和发展营造良好氛围

按照中央的部署，坚决开展了同“法轮功”邪教组织的斗争。1999 年 7 月 26 日，我院召开了首都科技界揭批“法轮功”大会，率先在社会上开展批判“法轮大法”的活动，并先后召开了院士和青年科技工作者揭批“法轮功”邪教座谈会，产生了良好的社会影响。同时，本着团结、教育大多数的原则，耐心细致地做好“法轮功”练习者的教育转化工作，慎重、稳妥地做好组织处理和行政处理工作。经过各级党组织和有关行政部门的共同努力，与“法轮功”邪教组织的斗争取得了决定性胜利。

高度重视做好稳定工作。在以美国为首的北约悍然轰炸我驻南使馆的事件发生后，各级党委以高度的政治责任感，加强正面疏导，在充分表达我院广大科技工作者正义呼声的同时，注意把各种抗议活动严格纳入到有领导、有组织和法制化的轨道，有效地防止了其他事端的发生，为维护社会的稳定做出了贡献。

积极抓好创新文化建设。成立了创新文化理论研究课题组，起草了《关于加强我院创新文化建设的指导性意见》及《考核实施办法》，并将下发各单位试行。继续抓好精神文明创建活动，评选出我院第二届“双文明”建设先进集体和标兵。

3. 精心组织，周密策划，大力协同，圆满完成纪念建院 50 周年庆祝活动

江泽民、李鹏、李瑞环等党和国家领导同志为建院 50 周年亲笔题词，提出殷切期望。在隆重举行院庆 50 周年茶话会上，朱镕基总理代表党中央、国务院对我院 50 年成就给予高度评价。召开了国内外著名科学家学术报告会，编辑出版了《中国科学院辉煌五十年》等 8 种图书、画册，组织了一系列群众性庆祝活动。各大新闻媒体对我院 50 年辉煌历程进行了大量的报道，多层次、多角度、全方位地展示了我院建院 50 年所取得的巨大成就。院庆 50 年活动的成功举办，扩大了我院影响，树立了我院作为科技国家队的形象，增强了全院同志的自豪感、自信心和凝聚力，极大地激发了落实科教兴国战略，做好知

识创新工程试点工作的积极性。

4. 加强领导，充分发挥民主党派、工会、妇委会、共青团等群众组织的积极作用

结合国家和我院的中心工作，通过多种形式，广泛听取民主党派的意见和建议，充分调动其参与的积极性。各级工会组织本着“服务于基层、服务于职工”的原则，千方百计为群众办实事、办好事，自觉为改革发展的大局服务。各级妇女组织通过深入开展“巾帼建功”活动，教育和激励广大女职工奋发进取、自强自立，立足岗位做贡献。加强团的建设和青年教育工作。继续开展了院杰出、优秀青年评选活动，成立了中国科学院青年联合会和京区研究生联合会，为促进我院青年工作的发展创造了有利条件。

5. 纪检监察工作得到进一步加强

1999 年，我院各级纪检监察部门认真学习贯彻中纪委三次全会、国务院廉政工作会议精神和院党组的工作部署，按照中央确定的反腐败工作的指导思想、基本原则，紧紧围绕我院科技体制改革和知识创新工程的总目标，紧密配合全院的“三讲”教育活动，狠抓了党风廉政建设和反腐败工作，切实加强了信访和案件查办工作，开展了执法监察工作，并在全院纪检监察系统开展了创优评先活动。

离退休干部工作以维护稳定，促进发展为大局，研讨新时期离退休干部工作面临的新情况、新问题，加强离退休干部的政治思想工作和党支部建设，取得了较好的成绩。

十、充分发挥科学院的优势，向社会普及科学知识，弘扬科学精神，宣传科学方法

1. 以现代科学为武器，在揭批“法轮功”邪教的斗争中发挥重要作用

我院组织召开了一系列各种类型、多层次的报告会、座谈会，组织专家学者撰写专题批判文章，从科学的基本原理出发，有针对性地深入揭批李洪志及其“法轮大法”违反科学规律的歪理邪说的本质，普及科学知识，捍卫科学精神。1999 年 8 月，李岚清副总理在我院揭批“法轮功”的简报上做了重要批示，高度评价了我院在揭批“法轮功”的斗争和科普工作中取得的成绩。

2. 充分利用我院的科普设施和信息资源，开展丰富多彩的科普活动

继续向社会逐步开放研究机构，将科学研究与科普工作相结合，向公众宣传科学知识。1999 年 10 月，我院正式开通了基于科学数据库开发的《中国科普博览》网站，为国内外用户提供网上服务，将有几十个学科的科普内容陆续上网，形成网上“中国虚拟科普博物馆群”，使其成为中国最大的科普网站，为普及科学知识提供新手段，开辟新形式。

3. 编辑、出版和制作了大批科普书刊、音像制品和科普宣传节目

我院编辑出版的《简明中国科学技术史话》获“全国优秀科普作品”奖；《21 世纪 100 个科学难题》获全国第七届“五个一工程”奖。与电视台和新闻媒体合作，制作了一批

科普教育电影、电视以及广播宣传节目，如：《国家重点实验室》、《植物王国》（中科院12个植物园）、《龙的腾飞》等专题系列片。这些科普作品产生了广泛的社会影响，对弘扬科学精神，普及科学知识，加强社会主义精神文明建设发挥了重要作用。

4. 开展多层次和多形式的活动，在全社会开展科普宣传与教育

继续组织院士科技系列报告会，深入地方、学校和部队，介绍当代科技前沿的最新动态，受到社会各界的好评。组织老科学家科普演讲团，就当代科技发展的前沿和热点问题面向社会和学校师生开展科普讲座活动，受到学校师生的欢迎和好评。

在今年召开的全国科普大会上，我院有7个单位被评为全国科普工作先进集体，12人被评为先进个人，14个单位被授予“国家青少年科技教育基地”称号，数目之多，居全国首位。

十一、为适应知识创新工程试点的需要，进一步改善科研支撑条件

1. 集中资金，突出重点，加快科研园区改造工程的步伐

重点抓了科研基地和统一园区的规划设计审定工作。北京的“联想园区”、“北郊天地园区”、“九一七园区”和上海的“生命科学园区”、“长宁科学园区”、“枫林科学园区”、“兰州西北寒区旱区园”，以及“东北先进制造技术基地”、“大连化物所园区”均已完成规划设计，有的已开始施工建设。

2. 加强建设项目管理，提高工程质量监控力度

在抓规划设计的同时，进一步加强建设项目管理，提高工程质量监控力度。1999年全院开、复工面积916 376m^2，其中住宅面积698 469m^2；全院各类建设项目竣工面积303 658m^2，其中住宅竣工248 561m^2。此外，还加强了房地产权管理和深化住房制度改革，初步建立了房地产数据库和管理信息系统。

3. 加强科技综合管理工作

按照院知识创新工程试点工作的部署，提出了开放实验室改革与发展新思路。经与有关单位共同努力，我院有4个开放实验室包揽了今年获准升级建设成为国家重点实验室的全部指标。进一步加强科技成果的管理，对院科技成果奖励办法进行改革，提高了全院科技人员的专利意识。根据宏观管理的需求，加大了评价和统计分析力度。数据库建设有了新进展，已制定出“网上文献信息共享系统”第二期工程建设方案。积极推进我院MIS系统建设工作，一套集科研活动、人、财、物、档案、综合查询与统计为一体的“研究所级综合业务管理信息系统”初步建成，目前正在全院20个研究所进行试运行，为院级管理信息系统的建设奠定了准确规范的数据基础。继续抓好技术监督等管理工作。审计工作在人员精减，工作量增大的情况下，保质保量地完成了审计任务。

4. 继续做好文献情报和出版等工作

以科学出版社、龙门书局、中国科技大学出版社、北京希望电脑公司、北京科海高技术公司和北京中科资料进出口公司为骨干组建中国科学出版集团获重要进展，将进一步促进科技文化产业的发展。采取措施支持《中国科学》、《科学通报》，对科技期刊工作进行改革。

信息宣传、安全保卫、文秘档案、统计等各项工作也都取得了积极进展和可喜的成绩。

十二、2000年工作要点

2000年是知识创新工程试点工作第一阶段的最后一年，也是争取国家继续支持我院开展第二阶段试点工作的关键一年。完成国家“九五“计划，争取和承担国家“十五”重大科技任务将进入重要阶段。科技体制改革将进一步深化。因此，做好2000年的各项工作，事关知识创新工程试点工作的成败，对实现我院跨世纪的发展战略目标意义重大。全院同志在新的一年里，要认真学习和贯彻落实以江泽民同志为核心的党中央对我院工作的一系列重要批示，振奋精神、开拓进取、团结奋斗、努力工作，以高度的责任感和紧迫感，自觉地根据我院战略定位和各单位实际，做好各项改革与发展工作，努力实现知识创新工程试点工作第一阶段目标，并积极为顺利实施第二阶段试点工作创造条件，做好充分准备。

根据院党组对院改革发展工作的总体部署，2000年全院要重点做好以下工作：

1. 认真学习贯彻江泽民总书记三次重要批示、题词和中央领导同志的重要指示精神，认清战略定位，明确工作目标

江泽民总书记的三次重要批示、题词，从功能、组织和目标三个方面科学地表述与规定了中国科学院新世纪的整体战略定位，为我院在新的历史时期的发展指明了方向。认真学习和领会江泽民总书记和中央领导同志的重要指示精神，对顺利实施知识创新工程试点工作，实现我院改革发展的战略目标具有深远历史意义和重大现实意义。全院同志尤其是各级领导干部、党员要认真学习、深刻领会江泽民总书记三次题词的精神，结合学习朱镕基总理、李岚清副总理等中央领导同志对我院工作的讲话和指示精神，深刻认识我院的战略定位和所肩负的历史责任，深刻认识中央批准我院实施知识创新工程试点工作的重大战略意义，以中央领导同志的题词、讲话精神作为我院改革发展的行动指南，全力做好2000年的各项工作。

2. 瞄准世界科学技术前沿发展目标，紧紧抓住当前国家的重要战略部署，自上而下地组织实施重大创新工程项目

重大创新工程项目的组织和实施是我院知识创新工程试点工作的重要组成部分。在基本完成创新基地部署、推进相关研究所整合与调整的情况下，院决定瞄准世界科技前

沿发展目标，紧紧抓住当前国家的一些重大战略部署，自上而下组织实施一批重大创新工程项目。创新工程项目分为三个层次（领域前沿、重要方向和重大项目），其中“领域前沿”项目由创新基地或研究所自行组织和部署；“重要方向”项目是当前院部署的重点，并在此基础上，进一步凝炼和提升科技目标，适时组织和实施若干“重大项目”。

在完善《知识创新工程优先发展领域方向与重大项目战略研究》的基础上，对创新工程的科技目标做进一步的凝炼和提升。做好已确定的 9 大领域的规划布局工作。选择对全局有带动作用、能与国家重大科研任务相衔接的方向，充分发挥我院综合优势，组织跨所、跨学科的力量，联合院外力量协同攻关。要尽快建立符合科技创新规律和运行机制的科学管理办法，优化资源配置。加强对创新工程项目实施评估和检查，并将评价结果与资源配置密切挂钩。争取在未来 5～10 年，使我院在一些领域前沿和重要方向的研究水平上跻身国际先进行列，研究开发出一批对我国经济发展、国防建设和社会进步有重大作用的关键技术，提高我院和我国高技术产业的国际竞争力。

3. 建立知识创新工程试点单位评价体系和反馈激励机制，保证知识创新工程沿着正确的方向，健康地发展

做好知识创新工程试点单位的评估检查是 2000 年全院工作的重点之一。要充分认识对创新活动的状态和绩效进行科学、及时、有效的评价、反馈和调整，对于顺利实施创新工程试点工作具有的重要意义。要把绩效作为评价的主要指标，坚持科学规范、严格公正、公开公平的评价原则，对不同类型的科研工作按照不同的价值导向进行分类评价，建立一个科学合理的评价体系和评价办法。在评价方法上要以客观数据为主，简单易行，讲求实效。评价结果要作为决策的依据，与试点单位的经费增减、领导班子及实行法人代表年薪制挂钩。要在实践中不断完善科学的评价监督体系，为引导和指导试点单位不断提高科学管理水平提供可靠的依据，为国家评价做准备。

4. 加强国家科学思想库建设，认真做好学部工作

加强中国科学院学部建设，充分体现国家最高科技咨询机构的职能，使学部真正成为国家科学思想库，努力为我国经济建设、社会发展中的重大科学技术问题和科技发展规划、计划、战略提供咨询，对重要研究领域、研究机构进行科学评议，为国家科技、教育、经济等的发展战略研究和宏观决策提供科学依据，为加强科学普及和提高全民族素质做出贡献。开好中国科学院第十次院士大会，做好学部各级领导机构的换届工作，修订院士增选工作的具体办法和院士章程，推动学部工作更加有序、规范，讲求实效。以院士大会后期的学术活动为主，开展百位院士百场学术报告活动。

5. 动员和组织全院力量，积极主动地参与西部大开发

实施西部大开发战略是党的第三代领导集体统揽全局，面向新世纪做出的重要战略决策。它对于当前扩大内需，促进经济增长、民族团结、社会稳定和边防巩固，对于我国东西部地区协调发展和最终实现共同富裕，都有着十分重要的现实意义和深远的历史意义。院将采取必要的组织措施，集中一定的资源，动员和组织全院力量，积极参与国

家西部大开发。首先在西部国土资源与生态环境的现状调查、完善西部环境和生态监测网络并建立若干示范点（站）、以青海盐湖资源和西部石油天然气资源开发以及新型能源为重点的高技术研究与开发、西部战略性生物资源和生物多样性保护等方面进行部署。同时围绕西部基础设施建设和产业结构调整，与地方政府和各类经济组织进行合作研究与开发。要加快西部创新基地（所）吸引、稳定和培养青年人才的步伐，进一步发挥学部在国家西部大开发宏观决策中的咨询作用，为国家西部大开发战略目标的实现作出基础性、前瞻性和战略性的贡献。

6. 认真做好争取承担国家“十五”重大科研任务的工作

2000年是我国“九五”计划的最后一年，也是国家有关部门制定“十五”规划的关键年。各研究所都要把积极争取和承担国家重大科技任务放在重要的位置。院部署和实施的各类重大科研活动都要与国家“十五”规划相衔接，成为“十五”期间国家重大项目的重要基础。院将进一步组织开展我院“十五”规划的制定工作，起草《中国科学院科技发展“十五”计划》和《2015年总体规划纲要》。同时，积极主动地与国家有关部委联系，了解需求，使我院的规划在国家“十五”期间的各类科技计划中得到具体反映，以有效地为国家发展作出贡献。

7. 落实十五届四中全会和全国技术创新大会精神，进一步推进高科技成果转化和产业化

以党的十五届四中全会和全国技术创新大会精神为指导，通过加强与地方、企业的合作，加强与工业资本、金融资本的合作，努力推动高技术研究基地型研究所和其他类型的研究所的科研成果转化和人员的动态转制，促进我国高新技术产业的发展。

进一步推动技术开发型机构的整体转制和企业改制工作。院决定成立“开发所转制企业改制领导协调小组”，统一领导转制、改制工作。首批确定的10个转制单位（包括4个科仪中心和6个开发所）要在2000年完成转制工作；院内企业必须在2001年底前完成改制工作。

8. 大力加强创新队伍建设

进一步加强和改善领导班子建设。继续深化领导干部管理制度改革，在干部选拔方式上更多引入竞争机制，继续推进领导班子的四化建设。建立有效的激励、监督和制约机制，采取切实措施，加强领导干部的培训和培养，提高管理专业化水平。

全面实施《中国科学院知识创新工程创新队伍建设规划纲要》。采取切实措施加强创新队伍建设。加大吸引海内外优秀人才的力度，做好“百人计划”和“西部之光”工作，加强“高级访问学者”工作的支持力度。启动“知识创新工程首席研究员制度”试点工作。在保持骨干队伍稳定的同时，坚持整体队伍的开放和流动。全面推进知识创新工程试点单位建立“结构工资制度”的工作。进一步做好法定代表人年薪制的组织实施工作。

采取有力措施，继续深化人事制度改革。2000年，在院属各单位全面实施“按需设岗、公开竞争、择优聘任、契约管理、严格考核”的新的用人机制；全面推行全员聘用合同制，并将全员聘用合同制执行情况列入试点单位评估内容。切实加大转岗分流工作的力度，使之成为经常性、制度性的工作，同时认真组织和指导院属各单位做好社会保障制度改革工作。

进一步加强人才培养和研究生教育工作。启动“中国科学院优秀博士论文基金”评审工作。建立“中国科学院海外博士生导师”制度，切实加强留学和继续教育工作。

9. 以项目合作为重点，不断加强院地合作

继续推进与地方、企业的合作，广泛利用社会资源，促进成果转化和高新技术产业的发展，为国家产业结构调整作出贡献，充分体现我院知识创新工程对提升综合国力的促进作用。

根据国家在东部大力发展高技术产业，中部重点进行企业技术改造和产业升级换代，西部实施大开发的战略部署，调整工作思路，按照地方需求，发挥我院优势，遴选落实一批院地合作重大项目，为区域经济的发展做出贡献。

10. 继续保持国际交流与合作的良好发展态势

国际交流与合作要紧紧围绕知识创新工程的中长期工作目标。随着中国加入 WTO，要进行与世界著名企业合作的预测和规划。在合作内容上，对大科学工程等重大项目给予“成龙配套”的支持；鼓励建立具有实质性合作内容的联合实验室；结合知识创新工程的实施，在科学政策和管理方面进行更多的交流；组织好中美、中法“前沿科学讨论会”等大型会议。在保持和发展与发达国家合作的同时，加强与俄罗斯等独联体国家的合作，适度加强与其他国家（如以色列和北非国家）的合作。在管理上，要简化外事办理手续，完善专家评审制度，做好引智、国际合作基金等工作。

11. 加强党的建设，推进创新文化建设，保证和促进我院改革和发展的顺利进行

高举邓小平理论的伟大旗帜，围绕院的中心工作，贯彻落实“统揽全局、精心部署、开拓创新、团结协作、狠抓落实”的工作方针，大力加强党风和院风建设，深入做好思想政治工作，努力推进创新文化建设。

巩固“三讲”教育的成果，继续加强领导班子和领导干部的思想政治建设和组织建设。要结合各单位的实际，进一步贯彻落实《中共中央关于加强和改进思想政治工作的若干意见》（中发［1999］17 号文）和院党组的“实施意见”。继续深入开展同“法轮功”邪教组织的斗争。关注并切实做好转岗分流人员的思想政治工作。加强青年科技人员和研究生的思想教育工作。要继续做好院杰出、优秀青年的评选工作。加强院青联和京区学联的组织建设，使其成为在党的领导下，团结、教育和带领全院青年献身科学、报效祖国的先进青年群众组织。工会、共青团、妇女等组织要加强对群众性文体活动的组织和引导，以丰富多采、健康向上的群众性文体活动占领思想文化阵地。要把创新文化建设作为知识创新工程试点工作的重要内容认真抓好。要切实加强纪检监察队伍的建设，加大执法监察的力度。要重视做好离退休干部的思想政治工作，做好老同志的管理服务工作。

12. 进一步加快科学园区的建设

科学园区和科研基础设施建设是科技创新、成果转化和知识传播工作的重要保证，是我院知识创新工程试点工作顺利实施的必要条件。各级领导要从推进创新试点工作和改革发展的大局出发，破除传统观念，正确处理局部和全局的关系，同心协力加快园区的改造和建设，为创新试点工作创造良好环境。

园区建设要服从并服务于创新试点工作与结构调整的整体需要，坚持按学科布局统一规划的原则，打破以所为单位相对封闭的状态，进行区域性、功能性的合理组合，实现资源共享，提高土地和基础设施的利用率。要把园区建设列为研究所考核指标，对于积极主动开展园区建设并取得突出成绩的单位，院将给予优先支持。

13. 改善科研支撑条件，推进后勤服务社会化的步伐

积极研究制定我院“十五”期间基本建设投资计划，科研装备计划，院开放实验室、国家重点实验室以及大科学装置等基地建设计划。加快我院大科学工程的建设步伐。对已开工项目要做好协调进度和跟踪检查，争取HIRFL-CSR、LAMOST和HT-7U等项目早日开工，促进其他大科学工程项目尽快启动。要全面推进以“招标采购”为主要内容的改革，根据我院结构调整与宏观布局配备科研装备，促进大型通用仪器共享共用。要配合创新试点工作抓好图书、文献、情报工作和出版系统的改革与调整。

积极推进后勤改革，加快实现后勤服务社会化的步伐，为创新试点的顺利开展提供有力的保障。要把行政管理职能和后勤服务职能分开，把服务性工作逐渐转入到企业化、社会化的轨道上去。凡是能够实现社会化的后勤工作，都要创造条件尽快实现社会化，院只能保留极少数的、专业性很强的技术后勤服务功能。

14. 继续深入进行院机关和分院机关改革

在院机关机构调整的基础上，进一步优化职能设置，理顺工作关系，简化办事程序，提高管理质量。要把机关管理职能切实转变到制定规划、制定政策、宏观调控、综合协调、组织竞争、争取资源、规范管理和公共服务上来。进一步完善院机关的用人制度、考核评价和激励制度，建立和谐、高效、科学的运行机制。深化院机关下属单位的改革，理顺工作关系。

各分院要按院的要求，做好精简机构、人员分流和转变职能工作，保证分院机构改革的顺利完成。分院机关下属机构的改革、转制工作力争在2001年上半年完成。

中国科学院主要领导

院　　　长　路甬祥

副 院 长　严义埙　许智宏　陈宜瑜　白春礼　杨柏龄　江绵恒

秘 书 长　王景川

副秘书长　钱文藻　马彤军　施尔畏

党组书记　路甬祥

党组副书记　郭传杰

党组成员　许智宏　陈宜瑜　白春礼　杨柏龄　江绵恒　王德顺

中国科学院院部机关机构

办　公　厅

主　任　李云玲

副主任　蒋崇德　刘晓群　戴明华

下设处室：秘书处（党组办）、文书处、信息处、宣传联络处、档案处、财务处、综合处、安全保卫委员会办公室。

学部联合办公室

主　任　钱文藻（兼）

副主任　周先路

下设处室：综合处、数理学部办公定、化学部办公室、生物学部办公室、地学部办公室、技术科学部办公室。

基础科学局

局　长　金　铎

副局长

下设处室：综合规划处、数学力学天文处、物理与化学处、大科学工程与核科学处。

生命科学与生物技术局

局　长　王贵海

副局长　康　乐

下设处室：综合规划处、生物资源与生态处、基础生物学处、生物技术与医药处。

资源环境科学与技术局

局　长　秦大河

副局长　范蔚茗　陈泮勤

下设处室：综合规划处、国土与遥感处、固体地球科学处、大气海洋科学处、生态环境处、农业项目办公室。

高技术研究与发展局

局　长　桂文庄

副局长　张　珩　秦　伟

下设处室：综合规划处、工程技术处、信息技术处、化工与材料处、能源与交通处、基础研究与实验室处、军工一处、军工二处。

高技术产业发展局

局　长　杨柏龄（兼）

副局长　赵　勤

下设处室：综合规划处、企业发展处、开发所处、技术经济合作处。

科技政策局

局　长　曹效业

副局长　陈　浩

实行局长助理制，不设处室。

综合计划局

局　长　顾文琪

副局长　李志刚　许　平

下设处室：综合统计处、预算处、规划处、投资处、资产管理与制度处、开放实验室处、装备技术处、成果专利处、出版委办公室。

人事教育局

局　长　余翔林

副局长　何　岩　黄海霞

下设处室：综合处、调配与编制处、工资与社会保障处、领导干部处、科技干部处、机关人事处、研究生与博士后处、留学与继续教育处、转岗分流办公室。

基本建设局

局　长　马彤军（兼）

副局长　戚　强　王志刚

下设处室：综合处、规划处、房地产处。

国际合作局

局　长　张　侃
副局长　葛明义　安建基
下设处室：办公室、亚非拉处、欧亚处、美大处、西北欧处、国际组织处、港澳台处、综合计划处。

京区党委

书　记　郭传杰（兼）
常务副书记　彭玉水
副书记　李培金　周德进
下设处室：综合调研室、组织部、宣传部、统战部、群工部。

离退休干部工作局

局　长　何远光
副局长　史耀远
下设处室：综合处、组织调研处、老专家处、离休干部处、退休干部处、教育活动处。

纪检监察组

由中央纪律检查委员会驻院纪检组、监察审计局与京区纪委合署办公。
下设处室：综合办公室、纪检监察室、审计监察室。

中央纪律检查委员会驻院纪检组

组　长　王德顺
副组长　李京顺

监察审计局

局　长　李京顺
副局长　高凤春

京区纪委

书　记　项国英
副书记　沈宏根

学部与学部工作

在中国科学院党组和学部主席团的领导下，1999年，学部工作取得了较好的成绩。院士增选工作继续遵循公开、公正的原则，以改革促进规范，高标准地选出了55位新院士；咨询工作围绕着国家经济、社会和科学自身发展以及我院知识创新工程试点工作中的重大急迫问题，及时提出了咨询意见，得到了国务院领导同志和有关方面的高度评价；学术活动和科普工作结合五十周年院庆，组织得较有特色。使学部朝着科学思想库的目标又迈进了一步。

一、1999年中国科学院院士增选工作

根据《中国科学院院士章程》的规定，中国科学院院士增选工作每两年进行一次，1999年应增选不超过60名新院士。在国务院有关部委、直属机构，中国人民解放军四总部，各省、自治区、直辖市和中国科协的大力支持下，院士们遵照《中国科学院院士章程》和中国科学院学部主席团制订的“中国科学院院士增选工作实施细则”，进行严肃、认真的讨论、评审，于10月16日选举产生了55名新院士。其中数学物理学部10名，化学部8名，生物学部11名，地学部10名，技术科学部16名。新当选的院士平均年龄为61.6岁，其中60岁以下（含60岁）17人；年龄最小的42岁；女科学家2人；香港特别行政区5人。

自1991年经国务院批准恢复增选院士后，中国科学院的院士增选工作已逐步制度化、规范化。多年来，中国科学院学部主席团和院士们在院士增选工作中，一直致力于努力遵循公正、客观的原则，超脱本部门、本单位、本学科专业的局限，从国家科技事业的全局出发，对候选人进行全面、科学的评价，以确保增选院士工作的公正性。在总结过去经验的基础上，本届增选工作进一步完善了评审、选举办法，以保证院士的选举质量。经学部主席团决定，地学部在第一轮评审中采取通信评审试点并取得了成功。在评审中，院士们遵照“在科学技术领域做出系统的、创造性的成就和重大贡献”标准的总体要求，既考虑了候选人的学术水平，也考虑了其重大贡献。同时，特别注意了交叉、新兴学科领域。这次增选结果，有3个学部未选满分配的名额，在一定程度上说明院士们注重增选质量，而不追求本学科的增选数量。

今年香港特别行政区有5位科学家当选为中国科学院院士，这将有利于促进香港和内地的科学技术交流。

二、咨询评议工作

1. 1月22日，向国务院呈送“关于‘中国数字地球’发展战略的建议”

江泽民主席在1998年6月1日接见两院院士时，曾提到“数字地球”的问题，这已引起各界的广泛重视。

地学部组织院士和有关专家对这个问题进行了深入的研究，提出“关于‘中国数字地球’发展战略的建议”。“建议”认为，“数字地球”不是一个单纯的科技和工程项目，而是一个全局性的战略发展目标；从我国跨世纪发展的国家战略出发，迫切需要一个“中国数字地球”；要利用“数字地球”所提供的机遇，推动信息科学技术、空间科学技术、地球科学技术的整合，实现我国科学技术的跨越式发展。具体建议如下：

（1）把“中国数字地球”作为国家战略措施来整合地球科学，促进信息科学技术的发展，并以科技发展为基础，形成新的产业。

（2）要在“中国数字地球”的发展战略的框架下，像建设铁路和公路那样加强地理信息基础设施的建设。主要有三个重点：

（i）从国家的层次制订统一的对地观测卫星发射计划，建立卫星制造、发射、维护和应用方面的竞争机制；

（ii）尽快建立IP宽带网，大幅度增加传输速率；从国家战略的角度研究和比较“三网合一”的方式 和“三网并行”的方式的优劣，当机立断地做出决策；

（iii）加快“国家地理空间信息基础设施（NSDI）”的建设，为“中国数字地球”的实现创造条件。

（3）数字地球涉及科技、经济、国防、金融等部门，协调工作极为重要。建议由国务院主持成立“中国数字地球工作委员会”，研究发展战略、制订政策（特别是数据共享的政策）、协调发展，并有针对性地指导和推进示范工程，用政府行为促进“中国数字地球”在国家经济和社会发展中发挥更大的作用。

2. 7月21日，向国务院呈送“关于把塔里木河列入国家大江大河治理计划的建议”的咨询报告

为寻求解决我国西北地区干旱、半干旱区可持续发展农业问题的有效途径，生物学部1998年成立了以张新时院士为组长的“西北五省地区干旱、半干旱区可持续发展的农业问题”咨询项目组。在新疆维吾尔自治区人民政府的协助下，咨询考察组于1998年8月28日～9月14日赴新疆维吾尔自治区进行了考察。考察中，院士和专家们与当地干部和科技人员进行了深入的研究和讨论，形成了“关于把塔里木河列入国家大江大河治理计划的建议”和“新疆农业与生态环境可持续发展的几个问题”两个咨询报告。

咨询报告指出：塔里木河流域的综合治理问题，不仅影响新疆，而且波及整个西北地区乃至华北甚或境外，像这样的问题只靠地方政府无力解决，必须由国家出面。塔河流域的治理已得到社会各界的关注，1997年12月新疆维吾尔自治区人大常委会颁布了《新疆维吾尔自治区塔里木河流域水资源管理条例》。尽管如此，实现对塔河流域的综合

治理仍极为艰难，关键是对塔河流域生态危机认识不足，投入不足，措施不力。因此，咨询组的院士和专家们建议国务院把塔里木河列入国家大江大河治理计划。

与此同时，生物学部还向新疆维吾尔自治区人民政府报送了“新疆农业与生态环境可持续发展的几个问题”咨询报告。咨询组的院士和专家们认为，加快新疆生态环境建设，促进其农业的可持续发展，不仅对新疆自治区经济与社会的发展与稳定至关重要，而且对整个西北地区的可持续发展都将起着举足轻重的作用。针对新疆农业与生态环境可持续发展的问题，咨询组经反复讨论，提出如下建议：调整棉花种植比例，稳定棉花基地规模；突出畜牧业在农业中的地位，建设西部国家无公害（绿色）畜产品基地；严格控制荒地开发，确保绿洲生态系统的可持续发展；水资源开源潜力不大，节流大有可为，生产与生态用水必需兼顾；尽快制定生态环境建设总体规划，加大政府对生态环境整治的投资力度。

3. 9月22日，向国务院呈送“关于建立我国钾肥资源稳定供应体系的建议”的咨询报告

我国钾盐资源短缺，这是影响我国农业发展的一个重要问题。为寻求建立我国钾肥资源稳定供应体系的途径，中国科学院学部于1997年设立了“中国钾肥资源的出路”咨询项目并组成课题组。课题组围绕我国农业生产对钾肥的需求、我国钾肥资源的现状和前景、我国利用周边国家钾肥资源的可能性以及我国西北地区盐湖资源的开发和利用中存在的问题等进行深入研究。同时，对泰国、老挝、约旦、俄罗斯等周边国家的钾肥资源进行调研，并于1998年专门组织考察团赴俄罗斯伊尔库茨克对涅普钾矿的情况进行考察研究，以确定在周边国家建立我国钾肥稳定供应基地的可行性。在此基础上，形成了“关于建立我国钾肥资源稳定供应体系的建议”的咨询报告。

报告指出：要实现21世纪我国现代农业的健康、持续发展，钾肥等肥料的供应将是一个关键的制约因素。当前我国钾肥供应主要依赖进口，国内生产能力低，这种局面不利于保证我国农业对钾肥资源的大量需求。因此，有必要建立具有较强控制和调节能力的钾肥资源稳定供应体系，以保证我国下世纪农业持续、稳定的发展。报告建议的钾肥资源稳定供应体系由国内钾肥生产基地、国际钾肥市场和境外的钾肥生产基地三大支柱构成，并逐步形成1∶2∶1的供应格局，即国际钾肥市场仍是我国钾肥资源供应的主体。报告研究了加快建设国内钾肥生产基地及在境外迅速建立钾肥生产基地的可能性和主要途径，提出了保障我国钾肥资源可持续利用的主要措施。

温家宝同志已将报告批转国土资源部进行研究。

4. 9月22日，向国务院呈送“关于21世纪初期加快西北地区发展的若干建议”的咨询报告

为了响应江泽民总书记提出的“要把加快大西北开发作为一个重大的战略问题来实施”的号召，地学部于1999年4月组成西北地区可持续发展研究组，组织十余位院士、专家在有关部门历年大量工作的基础上，综合分析已有的资料，对西北地区发展的相关问题进行了深入研讨，形成了“关于21世纪初期加快西北地区发展的若干建议”的咨询报告。

报告以江泽民总书记提出的“加快开发西部地区，是全国发展的一个大战略、大思路。在发展社会主义市场经济的条件下，加快开发西部地区要有新的思路，充分考虑国内外市场需求的新变化，按客观经济规律办事”为指导思想，提出：西北地区仅靠增加有形资本投入或以开发自然资源为主，不可能缩小西北与沿海地区的发展差距。投资于人力资本、社会资本、无形资本的收益大大高于投资于自然资源开发、物质资本和有形资本的收益。国际和国内经验表明，知识作为经济增长和可持续发展的最重要因素，其发展程度的高低是国家能否兴旺发达的关键，东西部地区的发展差距实质是知识差距、信息差距、教育差距、技术差距与体制差距。面对日益扩大的地区发展差距，西北地区必须确定21世纪初期新的追赶战略。

21世纪初期西北地区新的追赶战略的基本点就是“富民为本”，从以物为中心转向以人为中心，从单纯追求经济增长转向全面促进人类发展，提高城乡居民人均收入水平和生活质量。它们由知识发展战略、人力资源开发战略、可持续发展战略构成。西北地区今后的发展不应是有什么资源开发什么资源，而应是有什么市场开发什么资源；不应仅由政府直接开发资源（包括能源），而应是鼓励国内外投资者开发资源，政府为他们提供良好的投资环境和基本服务并降低交易成本和投资风险。为此，地学部提出若干建议供国家制定“十五”计划和2015年长期规划时参考。

李岚清副总理已将报告批转国家科教领导小组办公室研究，要求提出研究意见。有关部门在制定“十五”规划时将考虑此建议。

5. 11月30日，向国务院呈送“黄土高原农业可持续发展咨询报告”

为贯彻落实江泽民总书记“再造一个山川秀美的西北地区”的指示精神和朱镕基总理视察陕西时提出的“退田还林（草）、封山绿化、个体承包、以粮代赈”的黄河流域治理方针，由生物学部组织的“西北五省（区）干旱半干旱区可持续发展的农业问题”咨询组，继1998年对新疆农业可持续发展问题进行咨询考察后，于1999年9月3日～17日对甘肃、宁夏、陕西三省（区）的黄土高原地区及其毗邻相关区域的农业可持续发展问题进行了深入调查研究。咨询组参观考察了30个示范区，与当地干部群众进行了广泛的座谈与交流。经咨询组认真讨论、研究，对该地区的生态环境建设与农业可持续发展提出了建设性的意见，形成了“黄土高原农业可持续发展咨询报告”。

报告对黄土高原农业可持续发展的战略定位；黄土高原治理的四项基本措施；黄土高原治理的三个关键问题；黄土高原农业可持续发展的生态模式；黄土高原的畜牧业发展问题；黄土高原农业可持续发展的政策建议提出了具体意见。

6. 11月30日，向国家经贸委报送“中国科学院化学部大型化工企业调研咨询总结”的报告

大型化工企业面临日趋激烈的国际竞争和21世纪高新技术的挑战，亟需了解世界科技发展的动向，以便结合企业实际，制定发展战略。针对国有大中型化工企业的转制和扭亏为盈任务，化学部自1997年4月开始，组织30多位院士和专家赴大型化工企业调

研咨询，多次考察了吉化集团公司、长岭炼油化工总厂、燕山石化公司和上海石油化工股份有限公司 4 个大型化工企业，认真听取这些企业的领导和工程技术人员对生产现状和发展设想的介绍，就其生产流程的调整和技术改造的方向提出了一些新的思路；先后做了 26 场专题报告，结合企业生产实际，介绍国内外最新研究成果以及发展动向，包括对环境友好的绿色化学技术。一方面，直接促进科技成果的转化，另一方面，可使科研单位和有关高校获得更切合实际的研究课题。促进了“产学研”联合，进一步发挥了学部作为国家科学思想库的作用。

中国科学院学部以往组织的院士咨询活动，多是针对宏观的科技政策，而此次则以解决单个企业的产品、技术、生产难题为切入点，结合市场情况和国际科技发展方向进行综合会诊，提出技改建议，为企业献计献策。同时，寻找同类企业共有的规律性、关键性问题，为政府有关部门的决策提供科学依据。

7. 数学物理学部组织院士对中国科学院国家天文观测中心进行咨询

受中国科学院基础研究局的委托，数理学部组成了以陈建生院士为主任委员、方成院士为副主任委员、我国天文学领域两院全体院士参加的“中国科学院国家天文观测中心科学目标咨询评议委员会”，在酝酿、调研工作的基础上，于 1999 年 2 月 8 日～10 日在北京举行了咨询评议委员会会议，对中国科学院国家天文观测中心的科学目标、运行机制与规章制度、研究团组设置考虑及其首席研究员人选的标准、观测中心学术委员会人选的标准等问题提出了评议咨询意见，形成《关于国家天文观测中心科学目标的评议意见》。

8. 学部咨询评议工作委员会组织院士对中国科学院“知识创新工程领域方向与重大项目战略研究报告”进行咨询

受中国科学院综合计划局委托，学部咨询评议工作委员会于 1999 年 9 月 24 日～26 日在北京香山饭店召开了“知识创新工程领域方向与重大项目战略研究”咨询会议，到会院士和专家 57 人。会议由咨委会主任师昌绪院士主持，路甬祥院长做总体报告，他首先传达了江泽民主席为中国科学院建院五十周年所作的题词，更加明确了中国科学院的定位。中国科学院综合计划局顾文琪局长对规划的总体框架和制订过程作了进一步说明。

与会专家一致认为，这次会议邀请院内外有关专家进行咨询评议的方式很好，同时十分赞同路院长关于“中国科学院的知识创新工程是全国创新体系的组成部分”的提法。

专家们分为 9 个咨询小组进行讨论，在各组交流的基础上又进行了大会讨论，提出了多项中肯的意见和建设性的建议。形成了对“信息与自动化领域研究报告”、“新材料领域研究报告”、“能源领域研究报告”、“农业高新技术领域研究报告”、“人口与健康领域研究报告”、“地球科学领域研究报告”、“生态与环境领域研究报告”、“空间科学技术领域研究报告”、“重大交叉学科前沿领域研究报告”的咨询意见。这些意见中的大部分已在修订规划时被采纳。

9. 受国家计委高新技术与产业化司委托，两院开展“高技术产业发展‘十五’计划和15年规划”咨询项目研究

国家计委高新技术与产业化司就高技术产业发展“十五”计划和15年规划中的一部分，即高技术产业“十五”发展的方向和重点，委托两院进行咨询。所涉及的领域有信息产业、生物技术、新材料、新能源、新型环保产业、先进制造技术及对传统产业技术改造或使产品换代的高技术项目。已于1999年10月中旬提交初步框架并与国家计委交换了意见。2000年3月提交最终报告。

三、学术活动与科学普及

4月25日～30日，地学部在北京香山饭店召开了“数字地球”系列学术研讨会。研讨会由“对地观测和数字地球”、“NSDI、NII与数字地球”、“数字地球应用”三个部分组成。与会院士和专家进行了广泛的学术交流和讨论，一致认为，数字地球涉及国家科技、社会、经济、军事、安全等方面，地学部组织众多科学家开展大讨论，体现了这是一个国家战略目标，需要全社会协同作战。与会代表积极支持地学部与科技部高新技术司共同组织开展数字地球的软课题研究，希望尽快提出中国的数字地球发展战略，积极争取在国家“十五”计划和S-863计划中立项。

4月26日～27日，技术科学部在北京召开技术科学发展研讨会。参加会议的有20位院士和解放军总装备部及中科院的专家等。会议重点研讨的问题有：技术科学的内涵及其与国防、经济发展的关系；技术科学中的基础研究及应用开发研究，以及与生产和经济活动的联系；我国技术科学发展回顾及我们的主要经验，今后发展的展望；如何培养与选拔技术科学方面的优秀人才。

9月1日，中国科学院学部咨询评议工作委员会在中科院院部举行“关于中国西北地区可持续发展问题”报告会。

报告会由咨委会主任师昌绪院士主持。生物学部和地学部分别报告了两个学部对西北地区可持续发展问题的咨询情况。

咨委会副主任孙鸿烈院士介绍了地学部“关于21世纪初期加快西北地区发展的若干建议”咨询项目开展情况，项目组胡鞍钢博士报告了咨询项目的具体内容。

张新时院士介绍了生物学部“西北五省区干旱、半干旱区可持续发展的农业问题”咨询项目开展情况，并和项目组史培军博士分别报告了“新疆农业与生态环境可持续发展的几个问题”和“关于把塔里木河列入国家大江大河治理计划的建议”咨询报告。

国家计委规划司姜均露司长和地区司孙小系司长在报告会结束时发表了讲话。

11月1日～3日，为配合中国科学院建院50周年庆祝活动，由中国科学院学部牵头，在北京举办了“中外著名学者学术报告会”。6位诺贝尔奖获得者和4位中国科学院院士应邀作了报告，报告人及报告题目分别为（以报告先后为序）：科技百年回眸与新世纪的展望（路甬祥）；Biology and medicine in the 21st Century（Prof. Varmus）；量子化，相，对称——20世纪物理学的旋律（杨振宁）；Novel Mechanisms for Cellular Communication with NO，a Free Radical and Gas（Prof. Murad）；深海研究和新世纪的地球科学（汪品先）；物理学的挑战（李政道）；The Sciences of Life Today and Tomorrow——A Personal View（Prof. Schwarz）；分子应答到细胞应答——走近生物系统的复杂性（王夔）；我所经历的20世纪物理学（丁肇中）；The Future of the Molecular Biosciences：Consequences of the Massive Parallel Approach（Prof. Michel）；空间科学展望（胡文瑞）。

11月10日，中国科学院外籍院士毛河光教授应数学物理学部的邀请，在中国科技会堂作了题为“高压——科学的一度空间”的学术报告。

11月29日～12月2日，由地学部倡议并联合数学物理学部、技术科学部参与和组织的“数字地球国际会议”在北京隆重举行。会议由中国科学院主办，科学技术部等19个部门合办。共有20多个国家500名代表与会，李岚清副总理出席开幕式并讲话。会议进行了广泛的学术交流，通过了“数字地球北京宣言”。决定数字地球国际会议每两年举行一次，由有关国家或组织轮流举办。会议决定成立数字地球国际会议指导委员会，由路甬祥院长担任主席。国际指导委员会秘书处设在中国，秘书长由国际指导委员会主席任命。

中国科学院学部领导机构

中国科学院学部主席团名誉主席

卢嘉锡　武　衡　钱学森

第三届中国科学院学部主席团组成名单

执行主席　路甬祥

成　　员　（以姓氏笔画为序）

王　元　王　越　王佛松　冯　端　师昌绪

许智宏（1999.12 起）　李德生　沈善炯

陈宜瑜（至 1999.12）　陈能宽　赵忠贤

娄成后　徐冠华　倪嘉缵　涂光炽　梁栋材

梁晓天　路甬祥

第三届中国科学院学部主席团执行委员会组成名单（以姓氏笔画为序）

王　越　王佛松　许智宏（1999.12 起）　陈宜瑜（至 1999.12）

赵忠贤　徐冠华　梁栋材　路甬祥

执行委员会秘书长：钱文藻

第三届中国科学院学部主席团顾问

宋　健　李铁映　周光召　王春正　张志刚　刘积斌

朱丽兰（女）　韦　钰（女）　楼继伟　陈达植

张存浩　张玉台

中国科学院学部第一届咨询评议工作委员会

主　　任　师昌绪

副主任　孙鸿烈

成　　员　何祚庥　杨　乐　闵恩泽　何鸣元　李振声　陈可冀

马宗晋　黄荣辉　郑哲敏　母国光　王崇愚

中国科学院学部第一届科学道德建设委员会

主　　任　陈宜瑜

副主任　王　越

成　　员　张恭庆　黄志镗　许根俊　张宗祜　郭可信

中国科学院数学物理学部第九届常务委员会

主　　任　赵忠贤

副主任　杨　乐　陈建生　周　恒　胡仁宇

委　　员　（以姓氏笔画为序）

马志明　王乃彦　方　成　苏肇冰　李家明　杨　乐
闵乃本　张涵信　陈佳洱　陈建生　林　群　周　恒
赵忠贤　郝柏林　胡仁宇　姜伯驹　霍裕平

中国科学院化学部第九届常务委员会

主　任　王佛松

副主任　王　夔　刘元方　何鸣元　黄志镗

委　员　（以姓氏笔画为序）

万惠霖　王　夔　王佛松　邓景发　刘元方　朱道本
何鸣元　沈家骢　陆熙炎　俞汝勤　胡　英　赵玉芬（女）
徐晓白（女）　袁　权　郭景坤　梁敬魁　黄志镗

中国科学院生物学部第九届常务委员会

主　任　梁栋材

副主任　卢永根　许根俊　陈可冀　洪德元

委　员　（以姓氏笔画为序）

卢永根　匡廷云（女）　朱兆良　许根俊　吴建屏　吴祖泽
吴常信　张春霆　沈允钢　陈可冀　陈宜瑜　洪德元
施蕴渝（女）　梁栋材　强伯勤　韩济生　翟中和

中国科学院地学部第九届常务委员会

主　任　徐冠华

副主任　孙鸿烈　李廷栋　汪品先　陈运泰

委　员　（以姓氏笔画为序）

丑纪范　王　水　刘昌明　孙鸿烈　安芷生　张弥曼（女）
李廷栋　李德仁　汪品先　陈运泰　赵其国　赵鹏大
徐冠华　秦蕴珊　常印佛　章　申　黄荣辉　傅家谟
戴金星

中国科学院技术科学部第九届常务委员会

主　任　王　越

副主任　母国光　李依依（女）　吴德馨（女）　钟万勰　顾诵芬

委　员　（以姓氏笔画为序）

王　越　王大中　王占国　王崇愚　母国光　刘广均
李依依（女）　李衍达　杨芙清（女）　邹世昌
吴承康　吴德馨（女）　张　钹　陈俊亮　周兴铭
周孝信　钟万勰　顾诵芬　徐性初　曹楚南　彭一刚
蔡睿贤　路甬祥

1999 年中国科学院院士名单

（共 643 人）

数学物理学部（119 人）

丁大钊　丁伟岳　丁夏畦　于　敏　于　渌*　万哲先　马大猷
马志明　文　兰*　王　元　王　迅*　王乃彦　王世绩*　王业宁（女）
王梓坤　王绶琯　方　成　方守贤　甘子钊　艾国祥　石钟慈
叶叔华（女）　白以龙　冯　端　曲钦岳　吕　敏　朱光亚
庄逢甘　刘应明　汤定元　孙义燧　严加安*　严志达　苏步青
苏定强　苏肇冰　李　林（女）　李大潜　李方华（女）
李正武　李荫远　李家明　李惕碚　李德平　杨　乐　杨立铭
杨应昌　杨国桢*　杨福家　吴文俊　吴式枢　吴杭生　何泽慧（女）
何祚庥　谷超豪　应崇福　闵乃本　沈　元　沈文庆*　沈学础
张宗烨*（女）　张仁和　张恭庆　张淑仪（女）　张涵信
张焕乔　陆启铿　陈　彪　陈希孺　陈佳洱　陈难先　陈建生
范海福　林　群　欧阳钟灿　周　恒　周光召　周毓麟　冼鼎昌
郑厚植　经福谦　赵忠贤　郝柏林　胡仁宇　胡和生（女）
柯　召　段学复　姜伯驹　洪朝生　贺贤土　夏道行　钱伟长
钱学森　钱临照　崔尔杰*　徐至展　徐叙瑢　郭尚平　席泽宗
唐孝威　谈镐生　黄　昆　黄胜年　黄祖洽　黄润乾*　章　综
彭桓武　葛庭燧　童秉纲　程开甲　谢希德（女）　谢家麟
蒲富恪　管惟炎　熊大闰　霍裕平　戴元本　魏宝文　魏荣爵

化学部（111 人）

万惠霖　王　夔　王方定　王佛松　支志明　方肇伦　邓景发
申泮文　田昭武　卢佩章　卢嘉锡　冯新德　白春礼　邢其毅
朱起鹤　朱清时　朱道本　刘元方　刘有成　刘若庄*　江元生
孙家钟　严东生　苏　锵　肖　伦　吴征铠　吴浩青　吴新涛*
时　钧　李静海*　何国钟　何鸣元　何炳林　余国琮　佟振合*
闵恩泽　汪尔康　汪家鼎　汪德熙　沈之荃（女）　沈天慧（女）
沈家骢　沙国河　张　滂　张礼和　张存浩　张青莲　张乾二
陆婉珍（女）　陆熙炎　陈庆云　陈凯先*　陈荣悌　陈茹玉（女）

陈俊武 陈冠荣 陈家镛 陈耀祖 林励吾 林尚安 卓仁禧
周同惠 周其凤* 周维善 赵玉芬（女） 胡　英 胡宏纹
查全性 侯祥麟 侯虞钧 俞汝勤 姚守拙* 袁　权 袁承业
钱人元 钱逸泰 倪嘉缵 徐　僖 徐光宪 徐如人 徐晓白（女）
殷之文 高　鸿 高世扬 高济宇 郭景坤 郭慕孙 唐有祺
唐敖庆 黄乃正* 黄　量（女） 黄本立 黄志镗 黄维垣
黄葆同 黄耀曾 梁树权 梁晓天 梁敬魁 彭少逸 蒋丽金（女）
蒋锡夔 嵇汝运 程镕时 游效曾 谢毓元 楼南泉 蔡启瑞
黎乐民 戴立信 戴安邦

注：另有陈敏恒于1999年10月被撤销院士称号

生物学部（110人）

于天仁 孔祥复* 王文采 王世真 王志均 王志新 王应睐
王德宝 贝时璋 毛江森 尹文英（女） 石元春 田　波
卢永根 印象初 匡廷云（女） 朱兆良 朱作言 庄巧生
刘以训* 刘建康 刘瑞玉 刘新垣 汤佩松 许根俊 许智宏
孙曼霁 孙儒泳 阳含熙 李庆逵 李季伦 李振声 李朝义*
杨弘远 杨雄里 杨福愉 吴　旻 吴阶平 吴英恺 吴征镒
吴建屏 吴孟超 吴祖泽 吴常信 宋大祥* 邱式邦 邹　冈
邹承鲁 沈允钢 沈自尹 沈善炯 沈韫芬（女） 苏国辉*
张广学 张启发* 张春霆 张树政（女） 张香桐 张新时
陆士新 陆宝麟 陈　竺 陈子元 陈中伟 陈可冀 陈华癸
陈宜张 陈宜瑜 陈慰峰 周　俊* 郑国锠 郑儒永*（女）
庞雄飞 赵善欢 郝　水 钦俊德 施教耐 施蕴渝（女）
施履吉 娄成后 洪孟民 洪国藩 洪德元 姚　鑫 姚开泰
徐国钧 徐冠仁 唐守正 唐崇惕（女） 谈家桢 戚正武*
龚岳亭 阎隆飞 曹文宣 梁栋材 梁植权 韩启德 韩济生
曾　毅 曾呈奎 蒋有绪* 谢联辉 强伯勤 裘法祖 裘维蕃
翟中和 裴　钢* 薛社普 鞠　躬 魏江春

地学部（117人）

丁国瑜 马　瑾（女） 马在田 马杏垣 马宗晋 王　水
王　仁 王之卓 王恒升 王鸿祯 王德滋 文圣常 丑纪范
业治铮 叶大年 叶连俊 叶笃正 田在艺 冯士筰 朱显谟
任纪舜 卢衍豪 任美锷 伍荣生* 戎嘉余 刘东生 刘光鼎
刘昌明 刘宝珺 刘振兴 关士聪 安芷生 许志琴（女）

许厚泽　孙　枢　孙鸿烈　孙殿卿　苏纪兰　李吉均　李廷栋
李星学　李德仁　李德生　杨　起　杨遵仪　肖序常　吴传钧
吴汝康　吴国雄　吴新智*　汪品先　汪集旸　沈其韩　宋叔和
张本仁*　张国伟*　张宗祜　张弥曼（女）　张炳熹　张彭熹
陈　颙　陈永龄　陈庆宣　陈运泰　陈述彭　陈国达　陈俊勇
陈梦熊　林学钰（女）　武　衡　欧阳自远　郑　度*　周志炎
周秀骥　於崇文　赵其国　赵柏林　赵鹏大　郝诒纯（女）
侯仁之　姚振兴*　施雅风　秦蕴珊　秦馨菱　袁道先　贾兰坡
贾福海　顾知微　徐克勤　徐冠华　殷鸿福　高　俊*　高由禧
郭文魁　郭令智　席承藩　涂光炽　陶诗言　黄秉维　黄荣辉
盛金章　常印佛　章　申　巢纪平　董申保　程国栋　程裕淇
傅承义　傅家谟　童庆禧　曾庆存　曾融生　谢学锦　翟裕生*
滕吉文*　薛禹群*　戴金星

技术科学部（186人）

丁舜年　干福熹　王　圩　王　选　王　越　王大中　王大珩
王之江　王之玺　王占国　王立鼎　王守武　王守觉　王阳元
王希季　王启明　王补宣　王育竹　王崇愚　王淀佐　石青云（女）
叶恒强　叶培大　史绍熙　卢　强　卢肇钧　冯纯伯　母国光
匡定波　师昌绪　吕保维　朱　静（女）　朱中梁*　朱森元
任新民　伍小平（女）　过增元　刘广均　刘永坦　刘颂豪*
刘高联*　刘盛纲　齐　康　许学彦　孙　钧　孙钟秀　孙家栋
严　恺　严陆光　余梦伦*　李　未　李文采　李志坚　李启虎
李国豪　李依依（女）　李衍达　李济生　李敏华（女）
杨　槱　杨芙清（女）　杨叔子　杨嘉墀　肖纪美　吴自良
吴全德　吴良镛　吴承康　吴德馨（女）　邱大洪　邹世昌
闵桂荣　汪　耕　汪闻韶　沈志云　沈珠江　沈绪榜　宋　健
宋玉泉　宋振骐　宋家树　张　钹　张　维　张　煦　张光斗
张兴钤　张佑启*　张沛霖　张景中　张效祥　张嗣瀛　陆元九
陆汝钤*　陈芳允　陈学俊　陈俊亮　陈星旦*　陈星弼*　陈能宽
陈翰馥　邵象华　苗永瑞　林　皋　林为干　林兰英（女）
林秉南　林惠民*　欧阳予　罗沛霖　周干峙　周本濂　周尧和
周兴铭　周孝信　周国治　周炳琨　周巢尘　周惠久　周锡元
郑哲敏　郑耀宗*　赵仁恺　胡文瑞　胡聿贤　胡海昌　柯　俊
钟万勰　钟香崇　保　铮　侯　洵　侯朝焕　俞鸿儒　闻邦椿
姚建铨　姚　熹　姜中宏*　夏培肃（女）　顾诵芬　党鸿辛
钱令希　钱钟韩　徐芝纶　徐采栋　徐性初　徐建中　徐祖耀

高庆狮	高镇同	郭可信	唐九华	唐稚松	陶亨咸	陶宝祺*
顾秉林*	黄文熙	黄克智	黄宏嘉	黄纬禄	曹春晓	曹楚南
梁守槃	梁思礼	屠守锷	彭一刚	温诗铸*	董韫美	蒋民华
程庆国	程耿东	谢光选	韩祯祥*	雷天觉	雷啸霖	路甬祥
阙端麟	窦国仁	简水生	蔡其巩	蔡睿贤	熊有伦	颜鸣皋
薛永祺*	潘际銮	潘家铮	戴汝为	魏寿昆		

注：带 * 者为 1999 年新当选院士
带框者为 1999 年去世的院士

1999 年中国科学院外籍院士名单

（共 29 人，按姓氏英文字母排列）

伯奇费尔	（B. C. Burchfiel）	（美国）
罗伯特·康	（Robert W. Cahn）	（英国）
张立纲	（Leroy L. Chang）	（美国）
陈省身	（Shiing-Shen Chern）	（美国）
卓以和	（A. Y. Cho）	（美国）
朱棣文	（Steven Chu）	（美国）
克里斯琴森	（W. N. Christiansen）	（澳大利亚）
朱经武	（C. W. Chu）	（美国）
冯元祯	（Yuan-Cheng B. Feng）	（美国）
简悦威	（Y. W. Kan）	（美国）
高　锟	（Charles K. Kao）	（美国）
葛守仁	（Ernest S. Kuh）	（美国）
李政道	（Tsung-Dao Lee）	（美国）
黎念之	（N. N. Li）	（美国）
林家翘	（Chia-Chiao Lin）	（美国）
林同炎	（T. Y. Lin）	（美国）
利翁斯	（J. L. Lions）	（法国）
毛河光	（H. K. Mao）	（美国）
马库斯	（R. A. Marcus）	（美国）
莫里茨	（Helmut Moritz）	（奥地利）
雷　文	（Peter H. Raven）	（美国）
沈元壤	（Y. R. Shen）	（美国）
司马贺	（Herbert A. Simon）	（美国）
田长霖	（Chang-Lin Tien）	（美国）
丁肇中	（Samuel C. C. Ting）	（美国）
威　利	（P. J. Wyllie）	（美国）
杨振宁	（Chen Ning Yang）	（美国）
丘成桐	（Shing-Tung Yau）	（美国）
辛克维奇	（O. C. Zienkiewicz）	（英国）

基 础 研 究

1999年是知识创新工程试点第一阶段工作全面展开的一年。中国科学院基础研究工作无论是在创新试点基地建设、研究所定位评估、实验室创新试点、机关改革，还是在国家任务的组织、争取（含国家重点基础研究发展规划项目、大科学工程、基金委项目等），院内重大、重点项目的实施管理等方面，都取得了较好的成绩。

一、知识创新工程试点和结构调整

1. 调整结构，建设基地

根据院党组的总体部署，中国科学院知识创新工程试点的核心内容是深化改革，调整结构，转换机制，建设知识创新基地。在首批启动的十三个试点单位中，有关基础研究的四个试点单位（北京物质科学研究基地、数学与系统科学研究院、国家天文观测中心、理论物理所）的试点工作方案经反复论证，到1999年已全部通过院长办公会议批准，先后正式启动。

北京物质科学研究基地的组成包括凝聚态物理中心、分子科学中心和理化技术中心三个主要部分。这三个中心是在对四个与物质科学有关的研究所如物理所、化学所、低温中心和感光化学研究所进行整合的基础上形成的。凝聚态物理中心以物理所和部分低温中心的研究力量为主；分子科学中心以化学所和部分感光化学所的研究力量为主；理化技术发展中心以理化技术所（以低温中心和感光所为主新建的研究所）、部分化学所和物理所相关力量以及北京人工晶体研究与发展中心为主构成。

对天文学科有关研究机构——北京天文台、紫金山天文台、上海天文台、云南天文台、陕西天文台、乌鲁木齐天文站、长春人造卫星观测站、广州人卫站、南京天文仪器研制中心进行了整体改革。经过整合，陕西天文台将组建国家授时中心；广州人卫站撤编并入广州能源所。天文口进入创新工程的单位“4台2站1中心”，联合组建成国家天文观测中心，进而争取国家科技部的批准，建成国家天文台。1999年，观测中心已集中管理和运行了大型观测设备（兴隆2.16米望远镜、怀柔太阳磁场望远镜、德令哈毫米波天文望远镜、乌鲁木齐和上海佘山VLBI望远镜），成立了五个观测基地，首批遴选了27个研究团组。中心对这些重大设备都给予较大的经费投入，争取使这些设备在较短的时间内达到国际先进的运行水平。成立了北京天体物理中心和华东天文和天体物理中心两个跨部门的联合研究中心，将我院从事观测和理论研究的优秀人才与高校等院外力量有效地结合起来，共同参与国际合作与竞争。

2. 凝炼科技目标，调整研究所的科研方向

根据我院知识创新工程试点工作的发展目标和基本任务，各试点基地都在深入分析

的基础上，瞄准国家战略目标和科技前沿，对原有的研究方向进行了进一步的凝炼和调整。比如理论物理所形成了粒子物理理论、量子场论、凝聚态理论、非线性科学、生物大分子弹性力学及运行规律和极端条件下的物理理论等六个主要研究方向。

物质科学研究基地在确立科技创新目标过程中，努力提高创新战略层次，坚持“有所为、有所不为”的方针，突出重点，并大力扶持面向21世纪科技发展的学科生长点。其基础研究要在世界上占有一席之地；应用研究和高新技术则要直接为国家经济和社会发展作出贡献。据此，基础研究以凝聚态物理中心和分子科学中心为主体确定的重点研究方向。包括：新型凝聚态物质的研究；各种条件下物质的合成、存在的状态、物性、转化过程与相互作用机制，探索极微细尺度物质的特殊运动规律和物理本质；开展与物质科学相关学科的交叉前沿领域的研究；物质变化过程涉及的分子理论、分子结构、分子反应、分子光谱，以及分子材料与器件等前沿和交叉领域的研究。在应用研究方面，以理化技术发展中心为主体，重点研究内容包括：新型低温技术和低温工程；新型人工晶体；新型结构材料和合成；新型功能材料与器件；能源与节能技术；合成化学技术等。

凝聚态物理中心的核心部分——物理研究所为确定研究所的科研方向，成立了以年轻人为主的“战略研究专家组”并围绕进入“知识创新工程”的研究目标，提出并经由所专家组成的“科研方向指导专家组”审定的六个重点方向和三个优选课题，由院拨的创新经费予以支持。通过了评审的六个科学前沿重点方向分别为：高温超导体和重费米子体系中的若干基本物理问题，复合多层膜生长及其表面物理问题，超强超短激光与物质相互作用，纳米材料物理与技术，新型晶体探索、生长和结构分析，以及新型稀土永磁材料和自旋电子学。

分子科学中心也进一步明确了“分子物质的形成、结构及表面、界面的研究”、“分子物质中的非成键相互作用、电子、能量转移及相关现象研究”、“分子物质的宏观和微观（纳米）性质的研究”，以及“分子物质的材料基本科学前沿问题研究”等四个主要研究方向。

3. 完善管理体制和运行机制，建立现代科研院所制度

四个试点单位都对建立现代科研院所制度进行了有益的探索。数学与系统科学研究院由原四个局级法人单位整合成为一个法人单位。研究院是科技活动的主要组织者。研究院学术委员会负责科研规划的制定、重大基础科研方向的确定、重大应用项目的立项，财务、人事、后勤服务和大部分管理工作由研究院承担。四个研究所仍在社会上对外，成为比较单纯的学术组织单元。实行院长、所长负责制，党委起政治核心及保证监督作用并参与重大决策。逐步建立理事会、监事会以及预算拨款的财务制度。

理论物理所于今年2月份也完成了行政机构的调整，现只设综合办公室和业务处2个部门，通过竞争上岗，通过了由5名固定岗位及8名流动岗位人员组成的行政队伍，并将根据年度考核结果对所设置的岗位进行调整。制订和修订了一系列的规章制度共20多个。

物质科学研究基地的成员单位抓住知识创新工程试点的历史机遇，努力探索科技创新的组织结构和运行机制问题。在物质基地中，分子科学中心和凝聚态中心将主要侧重

于基础研究，理化技术所作为物质基地整体布局中侧重技术转化的一个“中心”，将从以基础研究为主转换为以技术创新为主的运行机制，并决定理化技术所的创新工程——理化技术发展中心取消原有的研究室、组建制，按研究方向和领域组建成若干个“事业部”，各事业部均按工程中心的模式运行。

4. 以人为本，加强创新队伍建设

知识创新工程的核心是要进行创新，而高水平科研及管理队伍是进行创新的基础。为此各试点基地都在创新队伍的建设方面做了很多卓有成效的工作。理论物理研究所在1998年完成定岗招聘工作的基础上，又完成了行政机构的精简和上岗工作。已有5位现在国外工作的优秀年轻人上岗，其中2位为入选“百人计划”的研究员。为加强流动科研队伍建设，1999年共接受国内客座人员129人，国外访问学者41人。此外，有硕士生27人，博士生37人，博士后21人，流动科研人员总数达255人。

数学与系统科学研究院首批进入创新基地的131名科研人员中研究员60人，副研究员48人；平均年龄为44岁，45岁以下研究员20人，已初步形成了一支年青化的科研骨干队伍。

天文基地今年完成了首批创新工程队伍的遴选工作。在原天文台、站的基础上整合组建的国家天文观测中心，1999年共招聘了304人，占总编制的74.9%，在参与统计的263名业务人员(首席及院士除外)中，具有博士学位人员占27.2%，硕士学位占23.8%，平均年龄为41.8岁。

北京物质科学研究基地科研人员队伍的年龄结构得到显著优化，平均年龄40岁左右，其中在45岁以下的科研人员占60%以上。凝聚态物理中心已有11位博士从海外回所工作。研究生及博士后等流动人员的培养工作也在稳步进行。目前物理所在站博士后36人，在读研究生176人，高级访问学者5人，流动人员合计217人，提前达到院提出的创新工程队伍建设目标中的聘用人员和流动人员比例为1∶1的要求。

5. 抓紧创新文化和园区建设，为科技人员创造良好的工作和生活环境

凝聚态物理中心的凝聚态物理综合楼作为物质基地基础设施建设的主体工程已开始建设，将成为中关村科技园区具有时代特征的标志性建筑之一。分子科学中心实验楼已完成方案设计。随着园区改造工程的逐步实施，基地各中心将大面积地增加绿地，同时合理地布局新建和修建实验室，使物质基地的园区环境逐步达到高水平研究工作所需的整体环境。

6. 分类定位工作已全部完成

随着知识创新工程试点工作的启动，按照院的总体要求，对尚未定位的三个研究所分别进行了定位试点评议，专家组根据了解到的情况，对本所定位作出客观、严格的评价，肯定了各所的学科优势，改革成绩，同时指出了不足，提出了方向。院长办公会已对这三个研究所的定位给予了认定。至此，基础研究领域研究所定位工作已全部完成。

7. 国家重点实验室、院开放实验室及青年实验室创新试点工作部署基本完成

基础科学局所联系的国家重点实验室、院开放实验室总数为27个，其中已进入基地的实验室16.5个，未进入有10.5个（高分子物理与化学国家重点实验室化学所部分已进入试点，而长春应用化学所部分未进入）。

从参加审查的15个国家重点、院开放实验室和青年实验室中，选出14个作为进入创新试点的实验室，首批创新经费已全部到位。

二、国家任务的组织、争取和落实

1. 第二批“国家重点基础研究发展规划”项目立项工作又传捷报

我院争取由国家科技部组织的第二批“国家重点基础研究发展规划”（“973”）项目立项工作又取得优异成绩，在今年启动的41个项目中，由我院作为依托部门的项目为17项（10＋14×0.5），（有两个依托部门的，各作为0.5项），涉及项目24项；我院科学家有26人作为项目首席，涉及项目23项；综合以上两种情况，以科学院作为依托部门和科学院的科学家为首席科学家的项目共计25项（占今年科技部批准立项总项目数的61％）。

2. 1999年，我院又有50多人获得国家杰出青年基金资助

1999年度共有133名青年学者获得国家杰出青年基金资助，其中我院研究所占51名（基础局有关研究所15人）；51名海外青年学者和3名香港青年学者获本年度海外青年学者合作研究基金和香港青年学者合作研究基金的资助，其中获资助者的合作单位属于我院系统的有18个（基础局有关研究所5个）。

3. 国家“九五”攀登B项目全部完成验收、总结

1999年9月～10月先后对5个攀登计划B项目组织了结题验收。结果显示，各项目均完成和超额完成了国家规定的任务，以优秀的成绩通过验收。

据统计，五个项目获得国家一等奖1项，二等奖1项，三等奖2项；部委一等奖7项，二等奖7项，三等奖5项。五年来发表论文约977篇，其中在SCI收录163篇，会议发表论文801篇，其中国际会议发表366篇，专著30本，申请专利28项。几年来，培养博士生166名，博士后47名。5年里组织了40多次学术会议，其中17次国际会议，均开展了国际合作。

4. “九五”国家攀登预选项目进展顺利

以我院为主组织实施的20个“九五”攀登预选项目（含11个攀登计划延续项目、8个新列预选项目和一个专项）进展顺利，完成了年度总结工作。

5. 大科学工程

合肥同步辐射二期工程大部分加工及订货正在进行，计划于明年上半年开环安装。为保证达到长期可靠稳定运行，该工程正在酝酿 LINAC 的改造，需对原计划作局部调整（估计调整量小于总投资的 5%）。

HT-7U 超导托卡马克今年顺利通过可行性研究论证和初步设计论证。关键加工设备的研制、超导导体的研制和 D 形线圈的绕制等项关键技术的预研获得满意的结果。超导材料已向俄罗斯订货。

兰州重离子加速器冷却储存环（HIRFL-CSR）在通过可行性研究论证后，经过两轮的讨论已通过初步设计论证，其中部分系统的初步设计正进一步深化，磁铁、电源、真空系统部分重要部件的预制研究进展顺利。

上海同步辐射光源（SSRF）预研工作进展良好。选址工作已经完成，落址浦东张江。继加速器部分召开国际评估会后，光束线站部分分别召开过较大范围的用户会议、光束线站设计方案评议会和国际评估会，从近 60 项建设方案中遴选出了拟首批建设的 8 条束线及相应的实验站。

大天区面积多目标光纤光谱天文望远镜工程（LAMOST）项目的初步设计工作于 1999 年 2 月 12 日编制完成。1999 年 6 月 9 日中国科学院对大天区面积多目标光纤光谱天文望远镜（LAMOST）国家重大科学工程项目初步设计及概算作了批复。

另外，基础科学局还在积极推动跨部门、跨学科网络式的“东半球空间环境地面综合监测子午链”科学工程。

6. 积极参加国家及院科技发展“十五”规划和 2015 年远景计划的调研与制定工作

根据国家科技部的工作部署，科技部今年开始了制定全国科技发展“十五”计划和 2015 年远景规划（以下简称“十五”规划）的调研工作。基础科学局与其他业务局一起共同参加了专题《基础研究“十五”规划》的调研和制定工作。

重大交叉学科前沿领域提出了 8 个领域前沿（理论生物物理与生物信息学、脑智科学、生命系统的复杂性、粒子物理和宇宙演化、纳米科技基础、极端条件下的科学问题、自然科学与社会科学和哲学互动），各领域均形成了具体的实施方案报告。

7. “九五”院基础性重大、重点项目部署和中期评估工作

1999 年，最后一批基础性研究重点项目——化学学科第三批重点项目已全部部署完成。化学学科又启动重点项目 10 项（含青年基金项目 8 项），另外对化学学科第一批启动的部分优秀重点项目（6 项）给予了强化支持。

1999 年是重大项目执行中最为关键的一年，按照科学院重大、重点项目管理办法，对第二批重大项目进行了中期评估。大多数项目进展顺利，取得了一定的成果。据统计，第二批启动的重大项目（23 项）到位经费共计 2217.5 万元，发表学术论文 1603 篇（其中，SCI 收录论文 802 篇），参加各类学术会议 825 次（其中，国际会议 414 次），申报专利 51 项，发表专著 17 本。

8. 实验室检查评估和结构调整

1999年，科技部委托基金会对全国化学化工学科的国家重点实验室和部分部门开放实验室进行了检查和评估。我院有29个化学学科国家重点实验室、部门开放实验室参加评审。通过专家评审，我院的金属有机化学开放实验室、高分子物理联合开放实验室分别位居第二、第三，评为优秀实验室，其中高分子物理联合开放实验室连续两次被评为优秀实验室，1999年经科技部批准已升级为国家重点实验室（改名为高分子物理与化学国家重点实验室）；非线性连续介质力学研究开放实验室也被科技部批准升级为国家重点实验室，更名为非线性力学国家重点实验室。其它参评实验室的成绩均为良好。

三、发表论文、获奖及取得的科研成果

1. 发表论文

根据1999年科技部发布的1998年中国科技论文“SCI”收录的论文统计结果，中科院物理所1998年度被“SCI”收录的论文有294篇，被“ISTP”收录的论文79篇，国际论文被引用篇数496次，其国际论文被“SCI”、“ISTP”收录以及被引用篇数均是国内研究机构中的第一名。另外，在“单篇国际论文被引用数较多的作者”前十名中，中科院物理所李文治位居第四名，陈岩位居第十名。在国际论文被引用篇数较多的作者中，物理所沈保根研究员以15篇88次位居第五名。至1998年为止，物理所发表国际论文数已连续9年在科研机构中位居第一，并且论文被引用数较去年有很大的提高。1999年，北京物质科学研究基地的凝聚态物理中心截止到10月底，已在国际权威性的物理刊物Physical Review Letters上发表论文9篇，比去年有较大的增长，论文的质量又有了明显的提高。

1998年理论物理所正式发表的科技论文102篇。“SCI”收录论文数在全国研究机构中排名列13位，被引用论文篇数在全国研究机构中排名列7位，人均数目名列前茅。1999年1月到11月，理论物理所已正式发表了科技论文90篇（其中SCI论文85篇），会议报告40次，已经完成但尚未正式发表的科技论文127篇。

1999年，数学与系统科学研究院共发表论文262篇，其中在国外刊物发表178篇、国内刊物发表84篇，“SCI”收录论文112篇，“EI”收录论文5篇。

2. 获奖

我院1999年授奖项目共计132项，其中基础科学领域获奖数27项，分别为自然科学奖14项（总63项），发明奖1项（总6项），科技进步奖12项（总50项）。按获奖等级分：特等奖空缺（总2项），一等奖9项（总24项），二等奖12项（总55项），三等奖7项（总51项）。另有理论物理所彭桓武，物理所梁敬魁、张泽，数学所马志明等22人获国家“两弹一星”功勋奖和何梁何利基金科学与技术进步奖等奖项。

3. 科研进展

物理所光物理实验室在继1998年5月在国内首次研制出全固态飞秒钛宝石激光器后，于1999年初又研制出了具有国际领先水平的OPA704-F1型宽调谐高功率飞秒光参量放大器实用化样机。其综合性能目前是国际最佳。

物理研究所解思深研究组在改进后的多孔SiO_2基底上，应用改进后的制备大面积、离散分布的碳纳米管列阵的新工艺，成功地控制了碳纳米管的生长模式，实现了催化剂颗粒集中在碳纳米管顶部的顶端生长方式，并大批量地制备出大面积、离散分布的碳纳米管列阵。制得的碳纳米管的直径均匀，约为20nm，间距100nm，碳纳米管的长度达2mm，比目前国际上现有的碳纳米管提高了1～2个数量级。对碳纳米管列阵根部进行的HRTEM观察表明，碳纳米管的根部呈自然开口状态。这是至今为止所报道的最简单的获得开口碳纳米管的方法。这一工作内容发表在Nature杂志上。

近代物理所徐树威研究员领导的研究小组，在兰州重离子加速器上首次巧妙地使用高灵敏度缓发质子-γ符合和快速氦喷嘴—带传输的独特技术，将测量灵敏度提高了50倍，从而在缺中子稀土区质子滴线附近新核素的合成和研究中实现重要突破：仅两次实验就成功地合成和鉴别了该核区质子滴线附近半寿命短至1秒以下的8种新核素^{121}Ce、^{125}Nd、^{128}Pm、^{129}Sm、^{135}Gd、^{137}Gd、^{139}Dy和^{139}Tb，并测量了它们的半寿命和缓发质子谱（^{139}Tb为电子俘获和正β衰变），特别是首次鉴别出理论预言的该核区质子滴线核^{128}Pm，还建立了^{128}Pr、^{130}Pm和^{138}Gd，^{139}Gd的衰变纲图。此成果是国际上迄今为止该滴线附近第一批谱学信息，对于该滴线附近原子核的衰变和结构研究具有十分重要的意义，表明我国质子滴线区轻稀土的放射性研究在激烈的国际竞争中进入了前列。

四年半来，近物所利用兰州重离子加速器（HIRFL），在重离子治癌技术研究中完成了生物等效材料中Bragg峰位的测定；初步掌握了Bragg峰展宽技术；制备了动物辐照装置及剂量控制系统；对临床试验中的剂量构形技术进行了模拟实验研究；从理论上和技术上探索了重离子束流不动而肿瘤（患者）旋转的适形治疗新模式；完成了三维微动装置的研制与微剂量谱学的处理软件；经过小鼠实验得到了乙酰甲喹和喹乙醇两种重离子束治癌的增敏药物；获得了一批重离子治癌的基础数据；发现DNA断裂碎片分子量的非随机分布规律，提出了DNA分子受重离子轰击可能存在易断裂敏感位点的新观点，并从实验结果推断出裂位点与DNA序列有关，该成果在国际上引起了反响。

近物所研制的空间粒子探测器用于1999年5月10日发射的风云一号和实践五号科学卫星，无论在主动段还是在运行段，其工作都十分稳定，空间性能优于地面，它保证了监测器稳定、可靠的运行。从遥测数据判断，监测器的性能达到或超过了国外在轨卫星的同类仪器，其探测器性能达到了世界先进水平。

理化技术所维生素D_3课题组，在热化学车间先期试车成功的基础上，光化学车间于9月22日一次投料试车成功，获得了满意的结果，为新工艺生产维生素D_3走向产业化在技术上铺平了道路。此项工艺具有步骤简化，高产率、低成本等显著优点，是一项国际领先水平的生产技术。

国家同步辐射实验室研究的软X射线全息成像空间分辨率达到亚微米水平。这一结果使我国在此领域的研究与国际最好水平（0.06μm）的差距大大缩小，同时使得在利用软X射线全息显微技术对自然状态生物样品进行三维结构的研究成为可能。

“乌鲁木齐25米射电望远镜系统”1999年9月通过院级验收、鉴定，该系统在8GHz、5GHz、1.5GHz接收系统主要指标达到国际先进水平，对建立我国西北地区高精度地面基准点、进行天体物理、天体测量、地球动力学的研究及我国大地测量等有重要的意义。该系统自1994年以来参加了多次VLBI国际联测，观测质量不断提高。由于乌鲁木齐站的独特地理位置，该站已经在国际VLBI网中占有一席之地。

紫金山天文台在毫米波低噪声探测技术做出优异成果（SIS超导接收机达3倍量子极限，望远镜灵敏度提高1个数量级），其总体水平达国际先进水平。

上海天文台同步辐射及曲率辐射统一公式的发现，提出了同步-曲率辐射新机制。建立了从经典到量子的有关理论体系；上海天文台首次给出中国地壳水平运动图，揭示出我国大陆地壳运动的基本特征。

凝聚态物理中心李国红等人测量了AlNiCo d相准晶的隧道谱—首次观察到尖峰结构，该工作刊登在1999年2月8日的“Physical Review Letters”上。

物理所博士研究生何海丰及其导师张殿琳用隧道电流的测量直接观察$NbSe_3$在通过第一CDW相变温度时电子态密度的变化。发现，电子态密度在通过相变点时没有反常，在远高于相变温度处已经存在着CDW赝能隙。这是首次用电子隧道直接测量一维CDW体系$NbSe_3$的赝能隙并首次直接证明赝能隙的存在和电子密度连续通过相变点。该工作刊登在1999年1月25日的“Physical Review Letters”上。

凝聚态物理中心赵柏儒研究组在进行超大磁电阻（CMR）材料La1·xCaxMn03薄膜的研究中取得了新的成果，首次在Ca含量大于0.5薄膜中发现了一种自发的由纳米尺度条纹构成的有序的表面结构，并提出了其可能的形成机制。该结构已发表于1999年1月11日的“Physical Review Letters”上。

凝聚态物理中心闻海虎等研究人员利用磁测量手段对存在两个超导转变的La掺杂Bi-2201单晶进行了详细研究。初步结果已经发表在1999年第82卷第2期的“Physical Review Letters”上。这一工作更深层次的含义是初步揭示了高温超导体的本征不均匀性，这种不均匀性可能是由高温超导体特有配对机制所造成的。

HT-7超导托卡马克放电实现历史性的突破，获得长达10.71秒的准稳态等离子体。标志着我国磁约束核聚变研究的综合实力和科学技术达到了国际水平。

化学所负责的“九五”国家攻关项目“新型高分子烟用改性聚丙烯丝与滤棒的研制与工业化”，现已通过验收，处于国际领先水平。

四、基础研究工作2000年工作要点

（1）完善天文学科知识创新工程一期工程的建设，建设国家授时中心。

（2）进一步推动重点交叉学科前沿领域规划的实施，建立新的运行机制与模式。

（3）在部署1999年国家重点实验室、院开放实验室进行试点工作的基础上，继续做好已进入基地实验室的创新试点经费的保障与到位。

（4）深入调查研究，设计和完善院知识创新工程二期创新方案。

（5）全面完成我院基础研究“十五”规划的制定工作，同时，配合科技部做好国家基础研究“十五”计划和2015年远景规划的制定工作。

（6）按照科技部的要求，继续做好我院申报“国家重点基础研究发展规划”项目的组织和协调工作。

（7）加强政策引导，激励研究所承担国家任务和争取国家自然科学基金。

（8）继续做好大科学工程的组织工作。

生命科学与生物技术

一、全方位推进知识创新基地建设

上海生命科学研究院成立后，在体制改革和调整、人员招聘、组织申请重大项目、成果转化、与地方合作、建设现代化科研园区及实行统一的后勤服务诸方面取得进展。上海植物生理所与上海昆虫所整合并合署办公，对两所人、财、物及课题组实行统筹管理；神经科学研究所成立，同时合并脑研究所，迈出神经生物学领域结构性调整步子。继1998年“国家重点基础研究发展规划”（973）项目“重要疾病创新药物先导结构发现与优化”获准立项后，1999年有“高等植物生殖发育分子机理的研究”和“脑功能和脑重大疾病的基础研究”项目通过综合评审并签订任务书。由上海生物化学研究所、上海双龙高科技开发有限公司和上海康达药材医药公司三方共同投资人民币1.1亿元组建上海中科生龙达生物技术（集团）有限公司已正式成立。这是一种技术开发、市场、投资三者在发展高科技产业中建立的利益紧密型的战略联盟。集团公司在浦东张江高科技园区内注册，依托生化所的研究技术力量作为其强有力的技术支持和创新项目的来源和后盾。枫林路园区规划（与有机所一体化）已完成并获得批准。

西南生物资源与生物多样性保护研究基地启动后，基地各研究所（园）制定实施方案，在突出基地综合优势和总目标前提下进一步明确各所（园）的学科优势与特点、创新目标和重点学科领域，进行学科调整和体制机制改革。基地内研究所（园）之间分工明确，各有侧重。对一些方向相似的领域进行整合，原来较分散的研究领域普遍得到集中，使基地更符合全院一盘棋的布局。进一步加强了省院合作，为云南省的社会和经济发展、生态环境保护等作出了重要贡献。在院省合作的基础上，与云南省进一步签订了共建中科院昆明分院的协议。还积极组织基地研究所参与“滇池污染综合治理”项目的立标、招标和投标工作。

北京地区等基地外研究所加大改革力度，积极创造条件，为进入创新工程做充分准备。经过研讨论证创新方案，基地外大部分国家和院开放实验室进入创新工程试点，并填写任务书。为稳定青年人才，为二期创新储备人才，启动了青年科学家小组进入创新计划。

经过认真调研和北京地区创新协调小组的努力工作，形成并提交了二期创新方案。即建成以农业和生态环境为主要内容，代表国家水平和参与国际竞争的“北京生命科学与生物技术基地方案”；建立起以我院植物园为核心的国家战略性植物迁地保护网络基地，形成良性的机制、科研保护一体、开放经营、在有关科研领域有所创新，为社会经济的可持续发展做出具有显示度贡献的“国家战略性资源植物迁地保护网络基地方案”等。

二、组织科研队伍，争取国家重大任务

在争取国家重点基础研究规划项目（973）方面取得成绩。我院申报的“水稻重要性状功能基因组学研究”、“脑功能和脑重大疾病的基础研究”两个项目获得批准。基础科学前沿方面生命科学口唯一的中选项目“重要疾病相关蛋白三维结构和蛋白质折叠”，由清华大学和生物物理所各自申报的两个项目在通过初评时合并而成。

由遗传所首先发起，联合国家南、北人类基因组中心，我国参加国际人类基因组计划并完成1%基因组测序的工作，在11月初由国家科技部生物工程开发中心、生物局以及“863”计划生物技术专家委员会共同协调组织的评审会后已正式启动。科技部出资3000万元，我院出资1000万元。遗传所作为主要参加单位，从中得到2200万元支持（占55%工作量）。经过科研人员的努力工作，至年底已完成大部分测序任务。

我院申报的12个转基因植物总理专项课题获得批准，经费为1250万元。加上参加课题的经费数，共约2100万元，占全国此批立项课题经费数的约1/3。

三、加强项目管理，促进科研产出

1999年，华南植物所等“热带亚热带植被恢复生态学研究”和成都生物所“高产优质抗病小麦新品种川育12”两项成果获院科技进步一等奖；生物物理所“蛋白质二硫键异构酶既是折叠酶又是分子伴侣”成果获院自然科学一等奖。生物物理所“酶活性部位柔性”成果、植物所“中国种子植物的特有属”成果获国家自然科学二等奖，上海生化所“蛋白酶抑制剂结构与功能的研究”成果、动物所“草原蝗虫生态学研究”成果获国家自然科学三等奖；上海生化所“转移核糖核酸——结构、功能与合成”成果、水生所“鱼类能量学机制的研究”成果获国家科技进步三等奖；遗传所“棉属种间杂交育种体系的建立”成果获国家科技发明三等奖。

知识创新近期重大项目取得重要成果。《中国植物志》编研和出版即将全部完成。全书为125卷（册）。到目前为止，已出版106卷（册），13卷（册）正在印刷中，尚有6卷（册）即将交付出版社。至此，历时40年之久的卷册编研和出版工作可告全部完成。该系列专著的出版，是对世界生物区系研究的巨大贡献。其中一些卷册获得了包括自然科学一等奖在内的国家级奖励。专著中某些以中国为分布中心和中国特有类群的分类处理办法，在世界上最具权威性。水稻基因组测序取得重要进展。1998年最早开始的以BAC物理图为依据的水稻基因组大规模测序目前仍保持相对优势。完成测定的原始顺序已达数千万个核苷酸，完善DNA顺序达300万个核苷酸。分析现有DNA顺序，提出的水稻基因组基因密度远远超过目前普遍接受的总共约有三万个基因的概念；大量新的潜在的基因被检测出来，如决定重要生命活动的过氧化物酶基因族、分散在基因组中的跳跃基因、包括抗除草剂在内的能抗多种毒素的多抗基因等。人基因组研究取得多项阶段性成果。基因芯片的研制，与国家南方基因组中心合作，建立了一套含8000个独立人类基因片段的cDNA阵列并在与国内外多个实验室合作使用，取得令人满意的结果，每次都能

发现数十至数百个新基因。目前用于阵列的基因已增加到14000个。下一步将努力将基因增加到2000～25 000个，使之成为全球最大的人类cDNA阵列，并尽快走向市场。在疾病相关基因克隆方面，已将家族性恒齿缺失基因、新小鼠被毛突变综合症相关基因、遗传性乳光牙本质基因、牙龈纤维瘤基因位点定位在较小的遗传距离范围。中心实验室在短时间内建立了微卫星技术，DNA测序技术日趋成熟，建立基因剔除小鼠模型，与国内多个实验室和医院建立了良好的合作关系，大量扩充遗传疾病家系资源。微生物基因组测序工作进入最后阶段。

在基础生物学领域，有新的研究发现，发表论文刊物的影响因子较高。如在细胞信号转导研究中，发现和克隆了只有5个跨膜片断的G蛋白偶联的趋化因子受体变异体，并证明它具有与7个跨膜片段的G蛋白偶联受体相同的功能。在tRNA结构与功能研究中，首次发现它的一种插入变种LeuRS-A能够识别亮氨酸的两种受体。这对说明第一类氨基酰-tRNA合成酶与其tRNA等受体间的专一的相互作用起关键作用的元件的鉴定有重大意义。上海生命科学研究中心研究员饶毅等人在“Nature”杂志上发表论文，发现“指导神经细胞运动方向的导向分子”。这一发现是神经生物学领域具有创新意义的成果。

在应用开发研究领域，基因工程药物方面，上海生化所研制的“注射用重组人粒细胞巨噬细胞集落刺激因子”和“人重组表皮生长因子外用药”已分别于1999年11月和7月通过新药评审，获得新药证书。“人重组表皮生长因子眼用药”已于1999年4月完成一期临床，进入二期临床试验。天然药物方面，昆明动物所的天然止痛药物“复方克痛宁”已获卫生部新药生产批文，由丽珠集团生产上市，年销售额达数千万元。此外，抗爱滋病中药复方“SH胶囊”已于1999年7月与泰国卫生部签订合作条约，12月在泰国进入1～2期临床。具有自主知识产权的一类创新药物抗肿瘤药“CJ04”、抗早老痴呆药“ZT-1”、促智药“KMBZ009”已基本完成临床前研究，将于2000年申请进入临床。水稻Xa21抗白叶枯病基因工程研究取得重要进展。第一次将克隆的Xa21基因引入生产上大面积使用的杂交稻，将促进我国的水稻生产 。

四、明确目标，引进和培养优秀青年人才

人才队伍建设是生物口目前最迫切需要考虑的问题之一。从明确青年学术带头人引进和培养目标、启动青年科学家小组进入创新计划、通过生物特支费财政部专项课题持续支持、给优秀年轻学术带头人压担子、研讨和规范“百人计划”工作、组织海外青年学术研讨会、以引进人才为目的到国外专程参加国际会议等方面着手，加强生物口优秀青年人才引进和培养工作。取得以下进展：

基地外45岁以下青年科学家小组有48个得到创新工程经费支持。1996～1998年共有112个45岁以下年轻人负责主持财政部专项生物特支费课题。有的年轻学术带头人成为战略专家委员会主任人选、生物学“十五”规划的总起草人以及“973”项目的首席科学家。与人教局共同召开由生物口研究所、科技大学生命科学学院的科技处长和人事处长出席的“生物口人才队伍建设研讨会”。分析当前人才队伍状况，交流引进、培养人才和实施“百人计划”的经验和问题，进一步解放思想，转变观念，下大力气，业务口和

人事口协同努力，遵循科技任务需要，把青年人才队伍建设搞好，尽快扭转优秀青年人才匮乏局面。1999年生物口有26个“百人计划”应聘者获得财政部和院的批准，占全院的25.2%。参与组织了两个海外青年学者学术讨论会，包括在昆明召开的“99青年学者生命科学热点问题研究和发展研讨会”、在杭州召开的“生物信息学研究与应用青年学者研讨会”。此类会议加强了国内外跨学科青年学者的交流以及海外学者对国内的了解。生物学有关研究所1999年共有11人获得国家杰出青年基金资助，占全院的22%，占全国生物方面的23.9%。

五、2000年工作要点

1. 指导思想和基本思路

抓落实，促进基地完成创新目标；抓规划，凝练科学目标，有利于整体布局和发展；抓立项，选准并启动知识创新项目；抓组织，争取更多的国家任务；抓成果，做好院“九五”项目的验收工作；抓队伍，在加快引进优秀人才的同时，为青年人成长创造条件。

2. 全年要达到的工作目标和重点要抓好的工作

上海、西南基地创新实现各项目标，作好验收准备；完成生物学学科发展规划，用于指导“十五”立项；认真遴选知识创新项目，争取3～5个院创新重大项目立项，30项左右重要方向项目启动；再接再厉，争取有两项以上“973”申请项目获得批准；促进基地外研究所在定位基础上进一步凝练目标，加速改革，为进入二期创新作好准备；跟踪重大项目，争取有三项以上的工作取得有影响力的成果；争取引进人才数有明显增长率；选定若干参加2001年国家重点实验室评估名单；推进北京等地区生物口研究所的结构性调整，农业和海洋两个生物高技术中心运转正常，发挥作用。

资源环境研究与发展

一、积极推进知识创新工程试点工作，加快结构性调整

1999 年资源环境领域研究所知识创新工程试点工作取得了重要进展，北京地球科学研究基地和西北资源环境与可持续发展研究基地已形成基本框架。

为加强对知识创新工程试点和结构性调整工作的领导，适时调整了资源环境领域结构性调整领导小组及其办公室成员，成立了陈宜瑜副院长为组长、王景川秘书长和秦大河局长为副组长、各职能局主要领导为成员的领导小组，为资源环境领域研究所知识创新工程试点工作提供了组织保障。

按照“整体规划，严格标准，成熟一个，启动一个”的原则，资源环境领域先后启动了西北资源环境与可持续发展研究基地的水土保持研究所、地球环境研究所、寒区旱区环境与工程研究所和北京地球科学研究基地的地质与地球物理研究所、生态环境研究中心、大气物理研究所、遥感应用研究所、地理科学与资源研究所的知识创新工程试点。

根据国务院关于杨凌地区科教体制改革的精神，我院在抓好水土保持研究所知识创新工程试点工作的同时，积极推进该所参与杨凌农业高新技术示范区的建设，并以主要成员单位共建西北农林科技大学。

自 1998 年启动知识创新工程试点以来，资源环境领域共有 9 个研究所进入试点，涉及原来的 13 个研究单位。有 5 个研究所完成整合。

1. 促进研究所加大结构性调整力度，形成与国家需求、学科发展相适应的内部结构，增强自身知识创新能力

研究所是知识创新的基本单元，合理的结构有利于研究所知识创新能力的发挥。资源环境领域根据不同类型研究所的特点，对研究所进行大幅度的学科调整，制定了与国家需求、学科发展相适应的知识创新方案。

以基础研究为主体的研究所，强调研究成果的国际前沿性。如南京地质古生物研究所，重点研究地球早期生命演化和寒武纪大爆发、热河生物群、东亚植物区系及其在地质史时期的演化、被子植物起源的东亚中心、泛大陆关键时期（296～245Ma）环境变化与生物绝灭事件、全球界线层型剖面（金钉子剖面）、地史时期生物的绝灭与复苏、分子古生物学、古生物学和地层学基础资料的积累和研究等。

以应用研究为主体的研究所，强调研究成果的国家目标。如遥感应用研究所提出了“创建遥感信息科学新学科、实现遥感信息应用新目标、建立遥感信息技术新体系、形成遥感信息新产业”的创新目标，突出应用，以应用目标带动基础理论的创新。

对于“应用基础—应用—工程技术”类型的研究所，则强调不同模块之间的相互关联与互相促进，增强解决综合性、战略性的科学问题的能力。如生态环境研究中心，确

定了应用基础研究-环保高技术创新-环保技术产业开发的发展格局。应用基础研究的任务是阐明环境污染的基本规律，为环境工程与环保高新技术的发展提供科学依据；环保高新技术研究的任务是发展应用基础研究成果，实现环境污染控制的技术创新，提出应用基础研究的新的科学问题；环保技术产业开发的任务是开发、转化、推广成熟的环保高新技术，实现产业化，解决中国重大环境污染问题。

2. 推进科技体制改革，转变运行机制，增强持续创新能力

形成新的适应社会、经济发展的科研体制，建立新的运行机制，是实施知识创新工程试点的核心任务之一。

根据院资源环境领域的总体布局，按有所为、有所不为和突出创新的原则，对各试点研究所的学科进行调整，突出重点，瞄准国家目标和国际科学前沿调整学科布局。在明确研究方向和基本任务的基础上，着重解决运行机制、管理创新问题。对管理机制、人才机制、评价体系和分配制度改革等进行了大胆尝试。

如大气物理研究所，根据国家需求和国际大气科学发展趋势，在原有九大研究领域中选出"气候系统动力学和预测理论"、"大气环境和人类生存环境变化动力学和预测理论"、"中层大气与遥感理论和方法研究"、"中小尺度天气系统与灾害研究"等4个优势创新研究领域，并以气候和环境动力学及其预测调控理论为主攻方向。

在用人机制上，实行"按需设岗、公开招聘、择优录用、考核从严、待遇从优、动态管理"的用人制度。如遥感应用研究所建立公开的竞争机制，科技人员采取公开招聘、竞争上岗的方式。成立由国内遥感领域专家组成的招聘委员会，在国内外公开招聘研究员，实行合同管理，一般研究人员由所委托受聘研究员负责招聘。管理人员通过公开招聘竞争上岗，设科技主管、行政主管、人教主管、财务主管，并逐步向秘书制过渡。

3. 推进研究所所际整合，增强综合研究能力

1999年，院稳步推进地质研究所与地球物理研究所整合为地质与地球物理研究所，地理研究所与自然资源综合考察委员会整合为地理科学与资源研究所，兰州冰川冻土研究所、兰州沙漠研究所、兰州高原大气物理研究所整合为寒区旱区环境与工程研究所，增强了研究所解决科学前沿问题和面向国家需求的科技问题的能力。

地质与地球物理研究所根据国际上将"地球系统科学"作为前沿的学术取向，确定"地球系统整体行为下的固体各圈层相互作用及其资源、环境、工程问题"作为主攻方向，利用我国及东亚独特的地质条件及丰富的研究资源，充分发挥地质学、地球物理学、地球化学交叉融合的优势，剖析固体地球各圈层（地核、地幔、地壳）内部与界面（如核幔边界、壳幔边界等）上所发生的物理、化学和生物学过程，探求这些过程的动力学解释与全球联系，为"地球系统科学"的理论框架及方法论体系的形成做出创新性贡献。同时在矿产资源（如油气、金属矿产、煤成气、水合物等）的探查、环境地质问题（如大型工程的环境评价）的解决、重大工程（如水电、矿山、铁路、国防等）的前期地质勘探等领域做出先导性的研究成果。

地理科学与资源研究所以地球表层为研究对象，通过对地球表层系统中物质流、能量流和信息流的监测与综合分析，开展资源合理开发利用、区域生态环境整治、国家及区域发展、农业与农村发展、生态系统研究与网络建设，揭示地球表层系统及其组成要素间相互作用机理，探索地球信息机理，发展地学信息图谱方法，加强资源环境信息数字化、网络化及信息共享等方面的技术创新，促进资源环境数据集成与共享，推进地理信息系统产业化的发展。

寒区旱区环境与工程研究所针对我国西北地区冰冻圈与干旱区相伴并存，黄土、蒙新高原与青藏高原阶梯相连，内陆河流与江河水系同源于冰雪高山的特点，以西北干旱、高寒的特殊环境、资源和灾害为主攻方向，综合运用高原大气物理学、冰川学、冻土学、沙漠学、寒区旱区水文水资源学、恢复生态学的学科优势，以水为链条，在空间尺度上形成从高空（高原大气）、高山（冰雪、冻土）到沙漠及沙漠化地区的完整体系，为西北地区自然资源合理开发利用、环境保护与生态工程建设、社会经济发展的科学决策提供战略依据。

4. 形成了北京地球科学研究基地框架

为了加强对地球整体环境的认识，形成融地球动力学、大气科学、环境科学、地理科学和地球信息科学于一体的多学科集成研究，融固体地球圈层、陆地表层、生物圈及大气圈于一体的立体交叉研究，融资源、环境、生态、灾害、农业和区域发展于一体的多领域研究，融过去全球变化、自然环境格局、生态环境演变趋势于一体的多时段研究，建设北京地球科学研究基地具有十分重要的意义。

该基地立足东亚，结合全球，瞄准国家在地球与环境科学方面的战略目标和国际科技前沿问题，推进资源形成与演化、环境变化与调控、灾害发生与控制等领域基础理论的发展与创新，发展地球科学和环境科学，形成固体地球科学（地质与地球物理研究所）、地球表层科学（地理科学与资源研究所为主体，包括生态环境研究中心、遥感应用研究所的一部分）、环境科学（生态环境中心为主体）、大气科学（大气物理研究所）、地球空间信息科学（遥感应用研究所，地理科学与资源研究所）五大学科群的地球系统科学框架，于2010年前建成具有国际先进水平的地球科学研究基地。

5. 西北资源环境与可持续发展研究基地建设取得重要进展

针对国家“西部大开发”的重大战略决策、西北地区社会经济发展与生态环境建设面临的重大科学问题，“西北基地”以干旱、高寒、荒漠、极地等特殊生态环境、资源和灾害为研究对象，在寒旱环境与全球变化、荒漠化机理、土壤侵蚀与节水农业等领域建立国际先进水平的理论体系，为西北资源开发利用、农业发展、生态工程和大型基础工程建设的战略决策提供科学依据，逐步建立并完善西北重大自然灾害预测与防治、脆弱生态系统保护和退化生态系统恢复与重建的科学技术体系，为实现国家确定的逐步缩小东西部差距和再造一个山川秀美的西北地区的宏伟目标提供理论基础和关键技术。

“西北基地”为网络式研究基地，包括西安、兰州、新疆三个分院所属的资源环境领域研究所，从空间尺度上形成对半干旱半湿润地区、干旱半干旱地区、荒漠-绿洲地区、高寒地区的系统研究。

目前，该基地的主体部分已经构建完成。寒区旱区环境与工程研究所、地球环境研究所、水土保持研究所的知识创新工程试点工作已经启动。兰州地质研究所、新疆生态与地理研究所已于1998年通过了定位认定试点方案，结构性调整工作取得初步成效。

二、做好“十五”和2015年规划工作

1. 指导思想

在国家经济社会发展的战略需求和我院发展的总体设计指导下，以提高资源环境科学与技术创新能力为核心，宏观有序，整体优化。即，根据国民经济建设的重大需求和国际科学前沿，凝炼具有全球意义和区域特色，具有带动性的重大科技创新目标，要解决一批我国重大的资源、环境、生态、灾害问题，要重视基础性工作，要加强技术支撑系统的建设，提高认识基本地球过程和解决资源、环境、生态、灾害问题的能力，加快出成果、出人才的步伐，稳固和发展一批研究所或重点实验室、站，使其成为国际一流水平的国家地球科学领域创新研究基地。

2. 战略目标

（1）凝炼具有全球和区域特色能带动经济社会发展的重大项目，并在若干领域前沿和重要研究方向，形成并发展卓越的研究能力。促使新的发现和国际一流水平成果的产出。通过5～15年的努力，使中国科学院资源环境科学在若干领域前沿或方向的研究步入国际先进行列。

（2）注意基础性工作的健康发展，增强科学信息的积累，提高应用新技术的水平和技术创新能力，以提高整体研究水平和解决问题的能力。

（3）强化一批布局合理的国际一流水平的研究创新基地，形成高素质的多学科综合研究的精干队伍。

（4）提高整体显示度，尝试能充分发挥我国区域特色、有利于持续创新的、具有长期性和指导性的科学计划组织体制。

依据指导思想和战略目标，提出了东亚大陆动力学等20个优先发展领域。

三、争取重大科研项目工作

经过一年多的精心准备，并进行了大量的内部组织协调和与相关部门的协商，资源环境领域在1999年争取“国家重点基础研究规划”项目和院创新项目工作中取得明显进展，在争取横向任务中也取得了进展。

1. 国家项目

在争取国家重点基础研究发展规划的第二批启动项目中，主持了“土壤质量演变规律与持续利用”、“我国生存环境演变和北方干旱化趋势预测研究”、“大陆深俯冲作用”等3个项目；共同主持了“大规模成矿作用及大型矿集区与分布预测”、“中国叠合盆地油气

形成富集与分布预测”等2个项目；参加了“海水重要养殖生物病害发生和抗病力的基础研究”、“中国西部干旱区生态环境与调控研究”、“黄河水资源演化规律与可再生性维持机理”、“中国近海环流形成和变异机理、数值预测方法及对海岸带资源环境影响的研究”、“东、黄海生态系统动力学与生物资源可持续利用”等5个项目。

2. 知识创新重大项目

为推进知识创新工程试点的进程，按照院党组的关于实施创新工程重大项目的指示精神，资源环境领域安排了5项创新项目。目前，这5个项目进展顺利，有望形成创新性成果。资环局将于年底对创新项目进行年度检查，以促使创新成果及早形成。5个创新重大项目是：

（1）油气勘探二次创业的前导研究；

（2）国土环境遥感时空信息分析与数字地球相关理论技术预研究；

（3）金矿资源战略接替基地若干靶区预测；

（4）建设东北地区国家稳定商品粮基地的农业技术开发与应用；

（5）最近2000年敏感带的气候环境变化与可持续发展对策研究。

根据资源环境领域各学科发展的特点，对各学科新的生长点和重要领域给予一定的创新启动经费支持。目前已支持4个创新项目。它们是：

（1）资源环境科学濒危数据抢救与数据信息上网；

（2）贵州三叠纪海生爬行类及其地层研究；

（3）辽西热河生物群综合研究；

（4）国家节水灌溉杨凌工程技术研究。

四、科研工作取得重要进展

1999年是执行国家“九五”计划关键的一年，资源环境领域的国家重大基础性研究项目、攻关项目、国家专项和院重大重点项目均取得了显著的进展。

1. 科研项目进展情况

（1）固体地球科学领域

建立的孔子鸟和华夏鸟两个鸟类化石群，填补了从始祖鸟向现代鸟类演化的缺失环节；提出了鸟类飞行树栖起源学说的重要证据，并为探讨鸟类的起源和飞行的演化过程提供了已知最重要的证据，被称为是“革命性的发现”，“本世纪古鸟类学研究的最重要发现”。

在昆明海口早寒武世帽天山页岩中发现了新的脊索动物——海口虫。海口虫保存了背神经索、三分的脑、心脏、腹、背动脉、鳃丝等重要构造，为研究脊推动物最早祖先的生活习性和起源提供了可能性。美国著名科学家称之为人类重塑地球早期生命历史的一项惊人成就。

通过东亚岩石圈演化及对我国矿产资源的控制作用研究，预测大型矿集区和优势矿产资源，率先指出了我国西南地区大面积低温成矿域的存在，首次提出了分散元素独立矿床的概念并对其进行了系统研究，在金、银、铂族元素的低温成矿以及有机质对低温成矿的制约等方面取得了重要创新成果。

（2）大气海洋领域

研制出的城市和区域大气污染预报系统，已与国家环境监测总站及天津市、北京市和沈阳市进行了实际的污染预报试验，在电视、电话等媒体上公布后社会反映良好。受到国家环保总局的高度评价。

珠母贝多倍体育种及养殖已进行中试，获得了二千多万三倍体种苗，第一次获得了珠母贝四倍体成贝。“全雌牙鲆遗传育种技术研究”突破了灭活牙鲆精子遗传物质并保持运动和受精能力的关键技术，确定了灭活牙鲆精子遗传物质的方法和最佳条件；建立起完善的诱导牙鲆卵雌核发育的实验技术。

（3）国土与遥感领域

农作物长势监测与遥感估产方面建成了多种农作物统一的“全国农情遥感速报和农作物估产系统”，实现了 1999 年度全国范围内 7 种主要农作物的种植面积估算和总产量预报。结果送中办、国办、国家计委等 19 个部门后，国家计委决定长期使用农情监测与估产结果，农业部邀请项目专家参加每年的夏粮和秋粮生产形势会商会，国家统计局将与中国科学院建立农情发布会商制度或联合发布农情监测结果，温家宝副总理曾对冬小麦估产监测报告给予批示。在洪涝灾害遥感监测方面，建成了“基于网络的洪涝灾情遥感速报系统”，成为国内唯一的利用遥感对洪水进行连续性跟踪监测的系统，具备大范围、全天候、快速、准确的洪涝灾害速报能力。

通过南极内陆冰盖考察，对南极地区冰盖基本特征，降雪中稳定同位素与温度的关系，雪层各种化学成分的季节变化和定年问题，雪积累速率（降水替代指标）的空间分布特征，250 年以来冰芯记录显示的温度，降水变化和火山喷发记录等基本有了较明确的认识。

由我院和国家测绘局主办，代表国家水平的《中华人民共和国国家自然地图集》的编纂，经全国 37 个单位，300 多位专家学者的密切合作，历时 10 年，于 1999 年 12 月正式出版，由路甬祥院长签发呈送党和国家主要领导同志。

（4）生态环境领域

铬盐清洁生产新技术已进入大型国有企业改革和技术创新体系。超滤（膜）法处理回收印钞擦版液循环使用装置由科技部遴选参加了中华人民共和国建国五十周年成就展；超滤（膜）法处理回收印钞擦版液循环使用装置、微生物法处理电镀废水装置由科技部遴选参加了 1999 年 8 月中国在巴黎举办的中国文化教育科技展。

研制成功的汽车尾气催化净化器，与长春一汽（集团）新车配套测试考核，污染物排放达到欧洲现行 2 号排放标准（相当于我国将在 2004 年 1 月 1 日起执行的排放标准）。原已研制成功的催化净化器与天津夏利汽车厂化油器加电控补气夏利在用车配套测试，达到欧洲一号排放标准（相当于我国将在 2001 年 1 月 1 日起执行的排放标准）。

中国生态系统研究网络（CERN）在建设、监测、研究和示范四个方面开展了大量工作，取得了重要进展。1999 年通过了国家验收。

（5）农业领域

建立了以因特网为平台的农业宏观决策系统和农业科技管理信息系统，并开始上网运行、服务。成为我国在农业信息网络的一个包含信息最为广泛，内容丰富，实用性最强的网站。

针对黄土高原水土流失综合治理与农业可持续发展而设立的11个试验示范区，在1999年黄土高原遇到特大干旱，降雨量比以往多年平均减少35%～45%的情况下，由于发挥科技作用，各试区经济收入有增无减，粮食产量均比同类地区高出30%～50%。

通过对技术的优化集成，新疆策勒试区在1998年取得亩产皮棉236.25公斤的基础上，1999年又取得了亩产皮棉266.8公斤的新记录。

脱落酸（ABA）是世界上五大植物生长调节剂唯一没有在农业生产上得到应用的调节剂。1999年，我院首次成功应用原生质体诱变技术选育得到ABA（脱落酸）高产菌株，并实现5吨罐的真菌发酵生产天然脱落酸的生产性实验，生产成本远远低于日本东丽公司。形成了具有我国自主知识产权的、应用高新技术生产脱落酸的技术体系。

我院定点挂钩帮扶五省（区）的5个国定贫困县（旗）到目前共有40多位科技干部工作在这些地区。1999年共帮助引进项目40多个，引进资金1.51亿元。培训农民80 000余人次，为当地的经济发展作出贡献。长沙农业现代化研究所副研究员曾馥平同志被评为全国扶贫突出贡献奖获得者（全国共17位）。

2. 科研成果获奖情况

在1999年中科院自然科学奖和科技进步奖评审中，资源环境学科获科技进步奖：一等奖1项，二等奖5项，三等奖6项；自然科学奖：一等奖5项，二等奖7项，三等奖6项。其中，“基于网络的洪涝灾情遥感速报系统”获科技进步一等奖，“若干典型化学与污染物在环境中的变化及生态效应”、“中国气候、湖泊与海面变化及其趋势和影响”、“辽西中生代鸟类化石及鸟类的早期演化”、“成岩成矿低温地球化学研究”及“稻田生态系统甲烷生产、转化及传输机理研究”获自然科学一等奖。

五、实验室和野外台站建设

1. 国家重点实验室和院开放实验室

资源环境领域国家重点实验室和院开放实验室是进行资源、生态、环境、农业和灾害研究的重要核心之一，是从事基础性研究的主力军，也是从事基础性、战略性、前瞻性研究的骨干力量。

我院资源环境领域有国家重点实验室和院开放实验室24个，其中国家重点实验室10个，院开放实验室14个。

为了体现竞争、流动、优胜劣汰的原则，促进实验室的不断发展，根据《中国科学院关于国家重点实验室、院开放实验室在知识创新工程试点中改革与发展的意见（试行稿）》（科发计字［1999］0141号）和《“国家重点实验室、院开放实验室在知识创新工程试点中改革与发展的意见”实施方案》（科发计字［1999］0301号）文件的要求，1999

年院组织了资源环境领域国家重点实验室和院开放实验室的评估工作。

为了体现“公平、公正、公开”的原则，使评议结果更加科学，同时又讲求实效、简便易行，对实验室评估内容和分值进行了认真研究。制定了实验室评估指标体系。

根据评估结果，对优秀、良好和一般实验室的经费支持强度拉开距离，并按实行滚动的原则，确定不予支持的实验室不少于10%。这一做法不仅极大地促进了实验室的发展，并为2000年国家对实验室的评估做好了准备。

2. 野外台站

野外观测试验站体系是中国科学院一个重要的组成部分，是自然现象在实验室进行模拟、检验的重要基础。长期以来，野外观测试验站对自然界的系统监测，基本数据的积累；对资源、环境、生态、农业和灾害的研究；对社会、经济的发展构建各种优化模式，进行示范发挥了重要作用。造就了一支力量雄厚的观测、研究和技术支撑的队伍，充分显示了科学院的综合优势与雄厚实力。是我院资源环境领域知识创新工程试点工作的重要方面和支柱之一。在全球、全国均有不可替代的作用。

中国科学院野外台站的重要组成部分，“中国生态系统研究网络”(CERN)项目在建设、监测、研究和示范四个方面开展了大量工作，取得了重要进展。重大建设项目“中国生态网络工程”顺利通过了国家验收。通过该项目的实施，CERN所属各单位的工作条件得到了极大改善。世行贷款项目的第二次招标工作已经完成，目前已进入合同谈判阶段。培训、监测、研究工作都按计划顺利进行。各站在以建立可持续生态系统为目标的示范工作方面也取得了较大成绩，禹城、封丘、安塞等农业试验站，为当地农业可持续发展作出了重要贡献，受到了当地政府和群众的称赞。

为了规范化管理CERN，提高管理效率和业务运行效率，我院组织起草、制定了《CERN章程》，理顺了CERN的管理体系。成立了以陈宜瑜副院长为组长、资源环境局秦大河局长为副组长的CERN领导小组，以孙鸿烈院士为主席的科学指导委员会，并对科学委员会进行了调整。新的一届科学委员会以年富力强的青年学者为主组成。

我院1998年12月着手组织专家制定野外台站规划。在有关部门的配合下，规划初稿业已完成。

1999年，针对科技部拟启动国家野外台站的工作，我们积极推荐、组织专家予以配合，协助科技部进行全国野外观测台站调查；编制全国野外台站规划；编写、制定国家重点野外试验站的评选办法等。为国家启动野外观测台站工作作出了积极贡献。

六、人才培养和队伍建设

1999年资源环境领域入选院1998年度“百人计划”15人。

1999年资源环境领域获得院青年科学家奖4人，其中获基础性研究一等奖1人，二等奖3人。

1999年资源环境领域获得院公费出国留学66人，其中短期项目24人，留学基金11人，一般项目16人，王宽诚基金5人。

七、2000年工作要点

2000年的中心工作是继续贯彻党的“十五”大精神，按院党组部署，紧紧围绕知识创新工程试点这一中心工作，凝炼科技目标，瞄准国家需求，创建新的机制，组织精干队伍，出成果，出人才，圆满完成知识创新工程试点第一阶段任务，为第二阶段的实施创造条件，奠定基础。工作重点是：

知识创新工程试点工作的跟踪、检查、评估，进一步调整、完善学科布局和制订创新工程第二阶段工作方案。确定、论证、抓紧实施“西部行动计划”等若干项有显示度的重大项目和若干方向性项目。

“十五”项目的立项争取、“九五”项目的验收和院重大项目的评估和验收，进一步完善项目评估指标体系。

组织迎接国家对重点实验室和院开放实验室的评估，组织院开放实验室进入知识创新工程试点的实施。野外台站的管理和国家级野外台站的争取。完善评价指标体系，动态、滚动管理，充分发挥野外台站的作用。

继续支持积极引进人才。

高技术研究与发展

一、知识创新工程试点和各项改革工作的进展

1. 知识创新基地建设情况

知识创新试点工作是我院1999年重中之重的工作，继1998年计算所和大连化物所首批进入试点后，在北京信息科学技术研究发展基地建设中，启动了自动化所、软件所、半导体所、微电子中心、电子所、声学所的创新试点工作。上海冶金所、技术物理所、硅酸盐所、光机所和有机化学所等5所的强强联合形成上海高技术研究发展基地。以沈阳自动化所、金属所为核心，建设东北先进制造技术和高性能材料基地（沈阳计算所相关工作整合进入沈阳计算所，对金属所和腐蚀所进行整合)。对长春光机所和长春物理所进行整合，建设集高科技创新研究和高科技企业为一体的长春光机与物理研究所。

为指导研究所制定创新试点方案，在研究所战略定位的基础上，进一步凝炼科技创新目标，据此提出研究所结构调整和机制改革、人员分流的方案。强调了作为高技术创新研究基地的国家研究所，要把目标集中在为国家的经济发展、国防建设和社会进步做出基础性、战略性、前瞻性的创新贡献上，要进一步加强基础研究和高技术前沿探索的工作，为提高我国自主创新能力打好基础；同时又要高度重视国家当前的重大需求，解决国家的重大关键技术问题，促进高技术产业的发展，推动科研成果的转化和产业化的工作，把学科发展的驱动和社会需求的牵引密切结合起来。

为了指导研究所的试点工作，特别注意了互相交流，用典型的榜样作用推动工作，从大连化物所的典型案例中，总结出了知识创新试点改革方案的编写要点，下发各所参考；先后召开了知识创新工程试点工作研讨会和试点工作交流会，收到了很好的效果。

在知识创新试点工作中，研究所领导班子的态度和能力是能否做好工作最重要的关键。在试点单位中，大连化物所、长春光机所、上海冶金所和上海硅酸盐所的领导班子锐意改革，在知识创新工作中工作突出，改革取得了很大进展。特别是长春光机所在和长春物理所整合的过程中，表现出了对整合工作的深刻理解和顾全大局的精神，表现出坚强有力的领导和深入细致的工作作风，使整合工作克服了种种困难得以顺利进行。

2. 国家重点实验室和院开放实验室纳入知识创新试点工程的工作情况

开展国家重点实验室和院开放实验室进入知识创新工程试点，主要着眼于各实验室是否围绕着国际前沿、国家中长期的重大需求凝炼科技目标；是否按需设岗，建立合理的考核评价、激励分配、流动更新等各项规章制度；是否拥有高水平的学术带头人，围绕主攻方向作出高水平的工作。

经过专家的严格评审，对参评实验室进行了打分、排队，信息领域排序前三名为：

量子通讯与量子计算开放实验室、瞬态光学国家重点实验室、信息安全国家重点实

验室；化工材料领域前三名为：固体润滑开放实验室、煤转化国家重点实验室、高分子物理联合开放实验室。

在参评的过程中，各个实验室也借助实施知识创新工程试点之机对实验室进行了大幅度的改革。如山西煤化所的煤转化实验室，将科技目标集中到国家需求、有应用前景的燃煤污染控制和煤气、天然气经合成气制柴油两个主攻方向，实行全员竞聘上岗，通过竞争上岗把原来分散在研究所内的优秀人才集中到了实验室需要的岗位上来。西安光机所对不能适应西光所的发展需要的组织管理模式进行大胆改革，对管理部门按需设岗，公开招聘，调动起了全所的积极性。

3. 知识创新领域前沿、重要方向、重大项目的制定

按照院里的统一部署和要求，组织了我院能源领域、信息自动化领域、新材料领域的专家组，制定出领域前沿、重要方向、重大项目三个层次的战略研究和规划布局。

信息与自动化领域的发展战略是：大力推动依据现代物理学、数学、系统科学、生命科学和认知科学等学科的交叉，开展信息科学与技术的前瞻性探索研究，为发展新一代的信息技术打好基础；根据我国经济发展和国家安全的需求，有重点地开展智能信息处理、网络与高性能计算、信息安全、信息获取与处理、微电子与光电子器件、微光机电系统与新型传感器、先进制造技术、新一代消费电子、以及信息技术在各领域中的应用，为提高我国信息产业的技术水平、推进国家的信息化建设和保障信息安全、促进我国制造业的技术进步和为形成新的经济生长点提供技术源泉。信息领域前沿包括：量子信息基础与技术，基于生物理论的信息技术基础，认知与智能的机理，复杂巨系统理论，微小尺度器件物理与微细加工技术，微光机电系统和新型传感器原理，量子工程与光电子器件物理，基于内容的信息理论与数学方法，算法理论与高性能算法设计。重点方向是：自然人机界面与和谐的人机环境，信息内容的智能处理，网络信息安全的理论与新技术，可重构制造模式与智能制造系统，先进探测成像技术，高清晰度显示技术，系统集成芯片技术，特种微电子器件、电路与部件，光电集成材料与器件，实用新型传感器与实用微光机电系统，4C（Computer、Communication、Consumer electronics、Content）技术融合的电子产品核心技术，宽带通信网络的关键技术。重大项目建议：国家高端计算环境；信息安全关键技术产品与系统设计；国产操作系统与关键软件；重点地区灾害实时监测、预警、决策支持示范系统。

能源领域前沿包括：高效洁净能源系统基础研究、能源动力系统、能源利用过程中多相反应器的多尺度离散化仿真和放大、高生态质量都市环境能源系统；煤高效洁净转化基础研究；电力驱动系统基础研究；核能及相关技术战略基础研究；可再生能源基础研究；油气资源优质采收与利用。重要方向是：热功转换过程非定常机制与对策研究，超导电力及电能储存、输送新技术，低价长寿新型光伏电池，工业与建筑节能新技术，煤基燃料-合成气制高品质液体燃料和高附加值化学品，燃煤过程中污染物的排放控制-SO_2和NO_x的脱除，生物质裂解反应，安全、高效油气采收、储存与输运新技术，大型循环流化床发电锅炉技术。重大项目包括：燃料电池技术与系统集成，高效洁净燃煤多联供系统，超导电网致稳技术，混合动力电动车。

我院还组织了微电子关键设备和 ASIC 设计的专题研究，其领域前沿是微电子关键设备及相关工艺和集成电路设计。重点方向是现代微电子关键技术和设备，ASIC 设计，深亚微米、纳米集成电路工艺与器件，新型光刻方法（原子光刻技术）。重大项目是电子束缩小投影成像曝光系统研究，用于微波毫米波器件研制的是电子束缩小投影成像曝光系统研究，用于微波毫米波器件研制的 0.15～0.1μm X 射线光刻机，0.25μm 准分子激光分步重复投影光刻机，建立 0.15～0.1μm 特征线宽研究实验站，多功能集成 MBE 系统，原子光刻技术研究，系统芯片设计。

4. 研究所定位及领域的定位情况

按照我院高技术研究与发展工作“从事关系到我国经济建设、社会发展与国家安全的战略性、前瞻性高新技术研究，承担国家重大项目中的关键技术研究开发工作解决国家急需的重大综合性科技问题；提高我国高技术自主创新能力，不断促进高技术产业化”的定位原则，围绕我院知识创新试点工程建设工作，1999 年组织专家对微电子中心、空间中心进行了分类定位研究，以期促进两个所在战略性、前瞻性、创新性的科研工作以及解决国家重大问题和促进高技术产业发展方面的工作。

1999 年高技术领域通过分类定位工作的单位是微电子中心、空间中心和 1998 年已完成定位的武汉岩土力学所。

二、科研任务进展和成绩

1. “国家重点基础研究发展规划”项目

1999 年，共有 11 项入选“国家重点基础研究发展规划”。其中：

信息领域入选项目（3 项）：集成微光机电系统研究，大规模科学计算研究，面向功能可重组结构的 DSP&CPU 芯片及其软件的研究。

能源领域入选项目（5 项）：高效洁净能源-动力系统及热-功转换过程内部流动的研究，天然气、煤层气优化利用的催化基础，煤热解、气化和高温净化的基础性研究，大幅度提高石油采收率的基础研究，加速器驱动洁净核能系统的物理及技术基础研究。

材料领域（与基础局共同组织申报，共入选 3 项）：超导科学技术，纳米材料与纳米结构，材料的环境行为与失效机理。

至此我院高技术领域已争取到国家重点基础研究发展规划支持 14 项，其中信息领域 6 项，能源领域 5 项，材料领域 3 项。

2. 国家高技术产业化项目的争取

从今年 5 月份开始，国家计委启动了“稀土材料产业化及应用开发”、“农用肥料高技术产业化”、“城市轨道交通”及“先进发电设备”等几个专项产业化项目。我院申报了 4 项“稀土”项目，2 项“肥料”项目，3 项“环保设备国产化”项目，3 项“城市轨道交通”项目。

1999 年 3 月，国家计委批准“中国高速互联网络示范工程项目”立项，7 月国家工商总局核准成立“中国网络通信有限公司”，并获得信息产业部颁发的信息服务经营许可证，8月公司获得公司法人营业执照并获准经营IP电话，9月份国家计委下达投资，开始了中国高速互联网络示范工程项目的建设。该项目在国家支持下，采用最先进的管理方式，吸引了一批优秀的管理和科技人才，边建设边经营，截止11月25日，公司的IP电话已开通9个城市，拥有了1160个用户。

3. “九五”国家科技攻关项目

信息领域“曙光系列可扩展并行计算机系统”项目的四个专题均已完成，并在研究开发方面、市场营销方面和组织管理方面获得了丰富的管理经验。“计算机中文信息处理技术及产品开发专题开放系统中文信息处理软件开发与集成”及“若干关键软件技术及使用化题开放系统中文API框架与多平台联接系统”形成的红旗Linux引起很大的反响。

能源领域“燃料电池技术”5kW质子交换膜燃料电池组在11月与电工所研制的装车实验用电驱动系统进行了联合试验，并取得了成功。在研制质子交换膜燃料电池技术的过程中已申请了20余项中国发明专利，其中16项已获申请号。“李家峡400MW蒸发冷却水轮发电机”被列入国家科技部颁发的《“九五”国家科技攻关计划重中之重项目》（第36项）；“蒸发冷却技术在大、中型水轮发电机上的应用”被列入国家科技部颁布的《“九五”国家科技成果重点推广计划指南项目》（编号99010226A）。

国家科学仪器攻关方面，为了在较短时间内，集中优势力量，发展具有我国特色的、量大面广的国产仪器及进口大型仪器的改造升级技术开发，实现国产仪器到“九五”末翻一番，即从13%提高到26%的目标，科技部设专款支持，成立科技攻关项目管理办公室。“九五”国家主要以与国民经济发展相关的农业、环境、材料、生命等领域用的光谱、色谱、电化学、生化分析及电子光学仪器为重点，技术创新为方向，在全国科研院（所）、高校及企业进行联合攻关。

4. “863”高技术计划项目

1999年高技术领域共争取国家“863”计划支持约8000万元。

5. 知识创新工程高技术领域重大项目

1999年，在高技术领域的试点基地开始建设的同时，高技术领域已启动5个知识创新工程重大项目：

小卫星及其关键技术研究；

高性能路由交换机的研制；

小型化超短超强激光装置研究；

红外焦平面技术研究；

电子束缩小投影成像曝光系统研究。

6. 院“九五”应用研究与发展重大项目

根据“项目动态管理”的管理原则，从1998年开始，陆续开始对重大项目的中期检查评估工作。在20个应用研究重大项目中，“若干计算机网络安全关键技术与产品开发”项目已经提前完成并验收完毕，且于1999年获得院科技进步一等奖。除去年中期评估的3个项目外，今年又有以下11个项目进行了中期评估：

工业机器人关键技术及其工程化研究

光信息处理及光显示用半导体光电子器件研究

YAG激光毛化技术深度研究开发

高技术晶体研究与开发

城市固体废弃物焚烧和综合利用

手性药物的合成与拆分

燃料电池技术

万吨级煤基合成液体燃料技术软件包的研究开发

P-Si TFT周边电路集成的AMLCD技术

微电子专用设备

喷射成形技术及材料开发

在高技术项目研究发展过程中，各项目更加注意与产业结合，并进而占领市场，形成民族高技术产业。“工业机器人关键技术及其工程化研究”项目在建和已完成的机器人生产线共24条，在与国外大公司的激烈竞争中，97、98年度的中国机器人市场占有额达到1/3，使我院的机器人技术、产品及市场份额在国内皆处于领先地位，并达到国际先进水平。

在“九五”中期，高技术领域重大项目已取得一批成果。手性药物及中间体的合成与拆分”左旋氨氯地平已取得新药证书和生产许可证，“YAG激光毛化技术深度研究开发”申请专利8项（已授权3项），“微电子专用设备”申请了9项专利，这些证书和申请的专利对于保护我院的知识产权非常有利。

7. 中科院“九五”重点项目

1999年的重点项目主要采取所长基金重点项目支持，由所长选题；对于所长基金支持所外的特别优秀的新生长点或具有重大意义的前期研究，由所提出申请，局认定并经主管院长审批后立项支持。

三、科研工作成果

1999年，高技术研究与发展领域在国家奖的初选中获得国家自然科学二等奖3项、三等奖2项，国家发明奖二等奖1项、三等奖2项，国家科技进步奖二等奖1项、三等奖5项。在院三奖的评审中，获得院科技进步特等奖1项、一等奖5项、二等奖12项，自然科学一等奖3项、二等奖6项。

“工业机器人研究、开发及工程应用”获得了院科技进步特等奖。沈阳自动化所从“八五”至今已完成机器人工程应用项目60余项，不同类型的机器人128台套，如一汽大众冲压线高速上下料机器人、焊接机器人、特种加工机器人等等，合同额逾亿元。

“若干计算机网络安全关键技术与产品开发”获得了1999年度院科技进步一等奖。该项目的十项成果囊括了网络安全的基本内容，功能全面、完整，为计算机网络建立了可靠的整体安全屏障，有效地避免了因入侵网络所造成的损失。该成果在产品开发、市场开拓、运行管理等方面作了大量工作，开发了一组自主版权的信息安全产品，主要产品实现了实用化，获得了显著的社会效益和一定的经济效益。同时，促进了我院有关单位在信息安全领域的联合，增强了我院在国家信息安全事业中的地位，为国家信息安全技术的发展作出了一定贡献。

院科技进步一等奖“670nm半导体量子阱激光器批量生产”为与企业合作建立我国自己的光电子器件产业奠定坚实的基础。激光器的主要性能已达到当前国际产品先进水平，形成了年产30万只的生产能力，成品率可达30%以上。是目前国内非通信用光电子器件最大的供应者，产销的激光器数量居全国第一，有极大现时和潜在的经济效益。

光电所研制的“2.16米望远镜红外自适应光学观测系统”获得院科技进步一等奖，它是我国（也是亚洲）第一套实用的红外自适应光学观测系统，使我国成为世界上为数不多的拥有实用的红外自适应光学望远镜系统的国家，标志着我国自适应光学高分辨率观测技术和红外天文成像观测技术走向实用，是我国自适应光学技术和天文观测技术的一个重大进展，同时也为我国空间目标的高分辨率观测建立了技术基础，系统整体性能达到了国际先进水平。

“阿尔法磁谱仪（AMS）永磁体系统（含反符合计数器初样）”获得院科技进步一等奖。

东北先进制造与高性能材料研究发展基地金属研究所成会明博士领导的先进炭材料青年研究小组，在单壁纳米碳管储氢研究方面取得显著成果，受到全世界的重视。美国《化学与工程新闻》周刊在11月8日发表专文介绍该工作，称其是“迄今本领域最令人信服的工作”。

1999年5月10日，实践5号科学试验卫星（简称SJ-5）和风云一号C星（简称FY-1C）由长征-4B火箭一箭双星成功发射。我院负责SJ-5卫星的应用系统，并负责和完成了星上的全部有效载荷的设计和研制。我院技物所为FY-1C星新研制并提供了具有多光谱对地观测功能的十通道扫描辐射计和卫星姿态测量控制用的红外地平仪。扫描辐射计10个通道数据质量好，图像质量可与美国NOAA气象卫星相比，而且多5个通道，其回放的全球资料具有均匀的接近3公里的空间分辨率，也优于NOAA气象卫星。达到90年代末期国际先进水平。

曙光2000-Ⅱ超级服务器是国内目前性能最高的商品化的超级服务器产品，在整体上达到了国际同期同类产品的先进水平。它的研制成功标志着我国高性能计算机的技术和产品化水平迈上了一个新的台阶，将在我国大规模科学工程计算和网络信息服务中发挥重要的作用。曙光2000系列产品进入市场以来表现出很强的市场竞争力，在国内市场占有一席之地。曙光2000-Ⅱ研制成功并投入使用以后，加强和巩固了民族高性能计算机在市场中的地位。

蒸发冷却技术是我国自主知识产权的先进电工装备冷却技术，是一种顺应世界电机行业发展趋势的高效冷却技术。由我院电工所提供核心冷却技术，东方电机厂制造的李家峡电站400MW蒸发冷却水轮发电机已于12月3日开始发电。到目前为止世界上只有我国将蒸发冷却技术投入工业运用，而达到400MW容量等级这一事实已经确立了我国在电机新型冷却技术领域的国际领先地位。

四、“十五”规划工作进展

1999年4月科技部正式部署启动了全国科技发展“十五”计划和2015年远景规划工作。组织信息、先进制造与自动化、化工、材料、能源、交通、光机七个领域分别对前瞻性研究、基础性战略性关键技术研究、产业化发展研究三个层面的优先发展重点与科技目标进行了认真的遴选与凝聚。

信息领域提出，迎接知识经济，开创新的经济生长点，以智能化信息处理和人机界面（含模式识别）、高性能计算机、信息家电产品、新型传感器、光电子器件、高清晰显示器等为重点；在促进传统产业的升级改造方面，以农业专家系统研究示范推广、基于3S技术的精准农业技术体系研究与示范为重点。优先发展重点集中在宽带IP网关键技术研究、国家高性能计算环境及其应用、基于LINUX国产系统软件研制与应用系统开发、微电子技术（设备、技术及ASIC）、面向网络应用的汉语口语处理技术研究、高度集成化的反射式铁电液晶显示器等工作。

先进制造与自动化技术领域提出的前瞻性研究重点是：先进制造技术研究、开放式工业自动化网络研究、21世纪的工厂自动化系统；战略性关键技术研究重点是机器人、机器人化机器及特殊机器人、水下作业多任务智能机器人与系统、先进电气驱动技术、传感器技术、非离散型制造业中CIMS技术的应用、模块化、开发式通用控制系统的研究；促进产业化研究的重点是激光加工工艺与装备、现场总线技术、现代物流系统用自动化设备。

能源与交通领域提出的战略重点是解决化石能源发展中的关键问题，找到科学的创新途径和方法，从而使煤在下世纪继续成为我国国民经济和社会发展所需的安全、稳定、廉价能源，同时加大力度研究和发展化石能源，重点放在清洁核能、光伏转换及氢能的利用技术上。前瞻性研究重点为：高效、近零排放、经济上可推广能源动力系统，煤的分级转化、过程控制与优化集成，多单元新能源与可再生能源构成的复合新能源体系，能源利用过程中多相反应器的多尺度离散化仿真和放大，磁约束热核聚变及洁净裂变核能系统的基础研究。重大关键技术研究重点为热功转换过程非定常机制与对策研究，超导电力及电能储存、输送新技术，燃料电池技术与系统集成，高效洁净燃煤多联供系统，燃煤过程中污染物的排放控制——SO和NO的脱除，安全、高效天然气储存与运输新技术，光-热-电-冷节能技术。产业化重点目标是大型循环流化床电站锅炉技术，大型水轮发电机及汽轮发电机蒸发冷却技术，城市固体废弃物处理及综合利用等技术。交通领域的优先发展重点为清洁汽车技术，轨道交通关键技术，智能交通系统研究。

光机领域的前瞻性研究重点是主要在短波光学，量子光学，瞬态光学与强光光学，光子低维结构及光子晶体研究，生物光学等方面。提出重大应用关键技术 11 项：空间光学，红外光电技术，大气与自适应光学，环境光学与检测技术，自由空间光通信，激光材料加工，光学仪器与医疗设备，光信息储存与显示，激光聚变能和激光铀同位素分离驱动光源，微光机电系统，光学元器件及材料方面。2005 年可推出的光学相关产业大体是：激光加工设备，激光和光学医疗设备，激光器件，光学、光电材料和器件，测量和遥感仪器，特殊光学元件和加工技术。

新材料领域发展战略是，发展以我国丰产资源为基础的新材料；将新材料的发展与传统材料的综合性能密切结合；依据我国高技术产业的需求，加强多学科的交叉与综合研究，开发若干个支撑高技术产业的关键材料；发展环境友好材料和可再生利用材料；高效的利用天然生物材料。总体目标是重点研究在信息、能源、生态环境中有潜在应用的材料及国防所需材料，开发研究有自主知识产权的新材料，加快新材料实用化的进展。

五、人才和队伍建设情况

1999 年，我院高技术领域按照院“百人计划”领导小组的要求，组织专家在对国际发展趋势和国内现状进行深入研究后遴选出 5 个新兴学科，40 个重点学科。5 个新兴学科分别是：微光电机集成系统、无机膜反应分离一体化、生物电磁效应、高性能信息网络通信技术的研究、量子通讯。

今年还组织专家进行了 1998 和 1999 两年部分“百人计划”学科招聘候选人的复审工作，经过严格的评审后，向院“百人计划领导小组”报送了 20 名候选人，在全院的“引进国外杰出人才”答辩大会上全部顺利通过，我院高技术领域新设学科“量子通讯”的候选人也全票通过。至此，高技术领域 1994～1998 年共引进了杰出人才 60 人（已到位 57 人）；1999 年又通过“引进国外杰出人才领导小组”答辩的有 20 人。

六、国家重点实验室和院开放实验室管理工作

1999 年，我院有固体润滑开放实验室、金属有机开放实验室、高分子物理联合实验室等三个院开放实验室因为在历次国家评估中成绩优异而升级为国家重点实验室。

在国家对化学学科的 29 个实验室进行的评估中，金属有机实验室、高分子物理实验室再次被评为优秀实验室，其余实验室均被评为良好实验室。研究所和实验室高度重视评估工作，绝大多数实验室的材料及现场评估准备得充分。实验室争取项目经费额度有大幅度增加，其中煤转化、稀土、生命有机、催化实验室经费增加幅度大；结构化学、多相、金属有机、分子反应动力学实验室经费偏少。煤转化、催化、金属有机等实验室已形成了以青年学术带头人为主的青年队伍为主体的研究群体。

七、继续推进工程中心的建设工作

根据院党组决定，我院工程中心在2001年之前要全部转制为有限责任公司，从机制和体制上保证工程中心能够规范经营，面向市场，不断加强技术创新能力。

到目前为止，我院26个工程中心已有8个完成或基本完成转制工作，8个工程中心是：微电子国家工程中心（与春兰集团合建），光电子国家工程研究中心（与节能公司合建），机器人国家工程中心（组建新松公司），工程塑料国家工程中心（与海尔集团合建），光盘及其应用国家工程中心（组建新汇公司），国家催化工程技术中心（纳入大化所凯飞公司），中科院有机合成工程中心，北方液晶研究开发中心。另外，高档数控国家工程中心，膜技术国家工程研究中心、中科院信息安全工程中心、中科院热安全工程中心等正在策划转制工作。磁性材料国家工程研究中心，国家天然药物工程技术研究中心、中科院计算机语言信息处理工程中心是建立在企业中的工程中心。其余的11个工程中心正在酝酿转制。

八、2000年工作要点

2000年是我院知识创新工程十分重要的一年，要很好地总结第一阶段试点工作，又要实质性地推动第二阶段的计划。国家的“十五”计划也进入落实的阶段，积极地争取国家的重大任务是我们的一项重要工作。我们要继续抓好正在实施的院重大项目和国家重大项目，争取在“九五”最后一年有一批重大成果。还要把知识创新的重大项目和重点方向性项目的立项工作搞好，为在知识创新工程一期试点工作中做出有影响的成果打下基础。

1. 知识创新工程的工作

对已有知识创新试点所的试点任务完成情况进行检查和调研，总结制定创新试点经费的具体要求，总结试点所的体制与机制改革的经验。

完善知识创新评价体系，试行对试点的评价并调整知识创新经费的支持强度（制定调整的政策）。

对进入知识创新试点的重点实验室的试点工作进行检查，完善评价体系。

研究知识创新工程二期的计划和一期试点的进一步改革调整的问题（例如北京信息基地的二期工作）。

2. 争取国家计划的重大项目立项

积极与科技部、国家计委等部门进行沟通，组织争取国家重大项目；做好我院的规划工作，特别注意与国家的需求的衔接；做好国家安全科研重大项目的研究论证工作。

3. 抓好正在实施的院、国家的重大项目

例如IP宽带示范网、小卫星、燃料电池和电动汽车等等。

4. 推进创新重大项目和重点方向性项目的立项工作

完成重点方向性项目的立项，推进可行性研究，成熟一项启动一项，组织实施重大项目。

高技术产业发展工作

高科技成果转化和产业化，既是知识创新工程试点工作的重要组成部分，又是增强我国综合国力，提高我国在全球经济中的竞争力，加速我国产业结构调整的具有战略意义的工作。为贯彻落实邓小平同志关于“发展高科技，实现产业化”的指示精神，真正把中国科学院建设成为“促进高技术产业发展的基地”，支持从国家战略高度、社会发展和市场需求出发开展的高技术研究及其产业化工作，我院制订了《中国科学院关于促进高新技术产业化的实施意见》，加快企业改制工作的步伐，推进现代企业制度建设，促进部分技术开发机构整体转制，大力加强与地方、行业及企业的合作。

一、推进现代企业制度建设，强化科学管理

1. 高新技术企业的新发展

中科院高技术企业在发展规模、经济效益等方面取得了新成绩，同时为国家在税收、就业等方面作出了较大贡献，为中科院知识创新工程试点工作的顺利进展创造了一定的条件。据不完全统计，全院企业中效益较好的 30 家企业的营业收入为 249 亿元人民币，上交税金 4.92 亿元人民币，利润总额 9.67 亿元人民币，创汇 2.63 亿美元。同时，还编印了《中国科学院企业名录》。

中科控股资产总额已达 16.76 亿元，1999 年实现技工贸收入 22.17 亿元，利润总额 1.13 亿元。中科控股还与北京市商业银行签署了银企合作协议，将在未来三年内从北京市商业银行获得 2 亿元的授信额度。北京三环新材料公司按照中国证监会的要求完成了改制工作，成立了北京中科三环高科技股份有限公司。中国大恒（集团）有限公司完成了与中国新纪元公司的股权转让和增资扩股，改制成立了大恒新纪元科技股份有限公司。这两家公司将在 2000 年上半年股票上市。

东方科学仪器进出口（集团）公司 1999 年度完成进出口总额 19 270 万美元，比上年增长 30%；完成国内贸易额 19 652 万元人民币，比上年增长 42%；实现利润总额2042万元，比上年增长 48.5%；上缴所得税5126万元，比上年增长 44.8%；净利润 1529.4 万元，比上年增长 49.8%。该公司还提出了把企业改制与期权股份试点相结合的改制方案。

华建电子有限责任公司 1999 年底净资产达到 1.6 亿元，纯利润 1250 万元。已形成 4 个具有自身创新特色和强有力的国际市场竞争能力的业务方向，即：机器翻译、大型网络信息集成系统、嵌入式应用软件系统、智能应用软件产品等。与香港盈科集团、国家开发投资公司、鲁能集团等建立了广泛的合作关系，开发成功 4 大系列、20 多个不同品种的新技术产品，为合作企业新增 10 多亿元产值。

中国科技促进经济投资公司 1999 年实现人均净利润 25 万元。投资的超细活性氧化锌（纳米级）项目，当年建厂，当年投产，是亚洲最大的超精细氧化锌纳米材料生产厂。

联想集团控股公司 1999 年营业收入 202 亿元，利润总额 4.95 亿元。联想集团全面进入因特网，1999 年联想电脑公司总营业额突破 90 亿元人民币，年增长 80%；联想电脑销量突破 125 万台，年增长 78%；联想昭阳笔记本电脑成长迅猛，销量达到 6 万台，第三季度已排名中国市场第二名；联想万全服务器销量 22000 万台，年增长 80%，排名中国市场第四，居于国产品牌服务器的第一位；新整合的 QDI 板卡累计销量达到 230 余万片，完成约 12 亿元的营业额。联想 2000 年的目标是全年电脑销售量超过 200 万台，公司经营规模增长 50%。联想全线产品在技术研发方面都有重大突破，1999 年 11 月 24 日，联想天禧电脑面世，在 PC 设计、通讯、网络、外设等多个领域，共申请 42 项专利，首创电脑、因特网连接和信息服务三位一体的无缝集成，成为全球首台基于 Flex-ATX 结构的电脑。

深圳科健集团 1999 年经营收入 8 亿元，达到历史最高水平，比上年增长 84%；经营利润为5 367万元，比上年增长 30%。其中尤以中科健和安科公司增长较快。

2. 加大公司制改造工作力度

中科院的企业是在改革开放以后成立的，但同样存在着国企中体制与运行机制上的弊端，这些弊端在很大程度上制约了中科院高新技术企业的发展和高技术产业化。近几年来，中科院一直致力于在院属企业建立现代企业制度，使“促进高技术产业发展基地”的目标得到落实，形成高技术产业孵化器的不竭源泉。党的十五届四中全会对国企改革有了非常明确的要求，中科院也将主要目标放在产权制度明晰上，对一些条件基本具备的企业加大公司制改造的推进力度。目前，三环公司、大连凯飞公司、中国科大总公司、上海中科合臣公司、沈阳新松公司、沈阳金昌普公司等一批企业基本完成改造工作；联想控股公司改制方案基本落实；东方公司、地奥集团公司、深圳科健集团、中科控股公司及其骨干企业北京希望公司、中国大恒公司、华建公司、中生公司、中自公司等企业的改制工作也在积极进行。

一些研究所不仅在思想上不断提高科技与经济结合的认识水平，在实践中也积极探索符合市场经济规律的科技与社会资源相结合、实现高新技术产业化的途径。如，上海生物化学研究所在加强基础研究的同时，重视应用科学研究，把科研成果开发成产品推向市场。该所以属下 7 家公司与上海双龙高科技开发公司、上海康达药材医药公司共同投资 1.1 亿元人民币，组建上海中科生龙达生物技术（集团）有限公司（上海生化所占股份 52%），已在浦东张江生物高技术园区落户。该集团公司准备投资 3000 万元人民币，与上海生物化学研究所共同组建生物技术研究发展平台，形成基础研究、应用开发、成果转化和产业化的系统体系及符合国家要求的创新格局。

在公司制改造过程中基本做到三个重视：重视对国家目前出台政策的学习、研究，并在具体工作中努力贯彻、执行；重视在具体实践中探索制定符合市场经济规律和我院实际情况的相关政策；重视对企业个案经验的总结，以指导面上工作。两个注意：注意提出问题，还要尽可能寻求解决问题的途径和办法；注意调动改制主体的积极性。

3. 规范日常管理，逐步实现管理科学化

由于机关在管理职能和职权范围上的调整，对院直属企业资产、经营的监管方式也作了相应的改变，充分利用社会中介机构运作具体事务，尽可能摆脱繁杂事务，逐步实现宏观管理目标。如，全院企业经营情况的统计工作和院直属企业的财务分析委托中介机构完成；强化对院直属企业的资产监管力度，聘请社会中介审计机构除对直属企业本部进行审计外，对集团内部成员企业实行延伸审计，并将审计中发现的问题进行反馈，督促其改正。

对企业档案工作情况进行了检查，工作重点是院直属企业集团及骨干企业、一些发展较好的所办企业（共 19 个公司）。采取调研与检查结合，培训与纠正问题结合，点与面的指导结合，帮助操作层面解决实际问题与走访领导层宣传档案工作重要性结合。

对所办企业施以政策引导，逐步实现规范化、科学化管理，为全面推进现代企业制度建立奠定基础。

二、部分事业单位整体转制

高技术产业化与高新技术产业的发展是我院知识创新工程的重要内容之一，也是国家创新工程重要目标之一。高技术产业化的核心在于研发出具有明确市场前景的新技术成果，实现科技与经济的结合。但目前的体制和机制显然不能适应这一要求，因而进一步深化科研体制改革，是实现高新技术产业化的前提和基础。

1. 技术开发型研究所和科仪中心转制工作

6 个技术开发型研究所和 4 个科仪中心的整体转制正式拉开序幕。经过各方面的共同努力，已经完成北京软件工程研制中心、北京科学仪器研制中心、成都计算技术研究所、广州电子研究所转制方案的审批；成都有机化学研究所、新乡科学仪器研制中心、沈阳科学仪器研制中心、成都科学仪器研制中心、广州化学研究所、沈阳计算技术研究所等的转制方案也在不同程度的进行之中。

2. 努力贯彻、执行党和国家的方针政策

1999 年 6 月 30 日国家科技领导小组批准我院的科研单位在转为企业时享受国家经贸委等管理的 10 个国家局所属科研机构转制的优惠政策。明确在资源配置上将根据战略部署和国家的政策给予相应的支持，但决非过去“皇粮”的概念，突出“转制的资源在市场”的观念，强调竞争意识，强化竞争机制，多途径争取社会有效资源。

积极贯彻党的十五届四中全会精神和全国技术创新大会精神，编印了《技术开发型研究所转制及企业改制工作文件选编》，重视对中央、国务院出台的一系列决定的学习、理解和研究，力求在工作实践中贯彻、执行、落实，用好、用足国家现有政策，引导、推动转制工作，制定符合中科院实际的转制政策，创造良好的外部环境。

根据中科院实际情况，大胆改革、认真守法，积极导向、务求规范。明确转制后的

技术开发型研究所的地位、作用，加大工作的推进力度；紧紧抓住产权制度改革这一关键环节，积极探索、寻求对主要经营者和科技人员的激励措施；提出关于落实离退休人员养老保险、资产重组处置、资产改变性质、产权设立等措施。

转制方案是否符合实际和具有可操作性，是转制工作的关键环节。根据各单位的个性问题，加强具体指导，数次与有关单位进行沟通，共同制订转制方案，使其具有可操作性，以便转制后能够遵循市场经济规律寻求自身的可持续发展，从而建立规范的高新技术公司。

三、院地合作，重组资源，推进高技术产业化，实现成果转化

中科院已经与全国14个省（直辖市）19个地市签署了合作协议。合作主要从三方面入手：项目合作、共建研发基地和人才交流。这三方面均有实质性进展，并取得了良好的效果。据初步统计，1999年度我院87个单位与14个省市（区）的合作项目高达982项，合同金额7.59亿元人民币，已到帐金额4.07亿元人民币。

1. 进一步明确工作目标，完善运行机制，提高效率

成立“中国科学院与省市合作领导协调委员会”，其主要任务是：研究、提出院与省市合作的目标、任务、政策，经党组批准后贯彻落实；协调科技副职的派遣和各种形式的人才合作；协调各分院组织科技及产业化项目合作，协助有关分院和业务部门组织各地重大合作项目，争取国家科技计划的支持；协调推动院与省市合作共建科研机构、技术创新中心、工程中心、合资企业；协调多渠道争取省市合作经费和其它配套条件等。

作为院的派出机构，各分院把与省市合作，促进科技成果转化和产业化工作作为一项重要的职能性工作，其主要任务是：组织本地区研究所、高新技术企业了解省市对科技的需求；与所在省市的企业、研究所、高校开展合作；协助院人事教育局派出、联系和管理本地区科技副职人员。

自1999年起，“中国科学院与省市合作基金”的数额大幅度增加，并设立了“促进科技成果转化，加强院与省市合作奖励基金”，用于奖励在院与省市合作中做出突出成绩的人员和派出的科技副职人员。

2. 确定工作重点，有层次地推进工作

在已有工作基础上，将北京、上海、江苏、浙江、云南、辽宁列为重点合作省市，坚持实事求是的指导思想，根据各地的不同需求，确定工作重点，集中力量办实事。如：与江、浙两省的合作中，重点支持高技术产业和中小企业的发展；与上海市的合作从战略研究项目、高技术产业化、大科学工程、人才培养等方面全方位推进；与云南、青海两省的合作，重点在资源的开发及综合利用；与辽宁省合作的目标围绕国企技术改造，力争以高新技术盘活存量资产；与北京市的合作重点，则以中关村地区的发展建设为主。此外，还与山东、广东、吉林、内蒙等省区建立了良好的合作关系。目前，已经形成以江、浙、沪、京、辽、滇为重点，东西部合作并举的格局。

在抓重点地区的同时，注意落实合作项目的实施，以求在层次上有所不同。针对地方、行业发展有重大影响的共性和关键技术问题组织攻关。如：为解决丝绸工业的难题，中科院成都有机化学研究所等8个研究所、中国科技大学联合江苏省苏州市科委和吴江丝绸集团，对丝绸的抗皱、免烫、后整理技术组织攻关；中、外合作是中科院与地方、企业合作过程中共同探索的新课题，王宽诚基金资助的中科院与宁波合作的“甬科机电有限公司”，主要通过中科院的科技力量和技术优势，在宁波建立具有先进水平的普及型机床主轴和高性能伺服系统研发基地；重视具有市场前景、商业化价值、有可能性实现高附加值工业生产的现有成果的转移，利用地方资源优势，共同实现产业化，中科院化学研究所和上海分院持股的上海杰士杰新材料公司与宁波化工控股（集团）公司在宁波合资建设年产3万吨的工程塑料项目；积极参与传统工业技术改造以及产品结构的调整，为老企业结构调整、引进消化吸收和产品的升级换代服务；中科院上海原子核研究所、上海光学精密机械研究所分别参与上海货柜有限公司引进生产线的改建，由于院科技力量的加盟使企业生产输运系统达到国际同类产品水平；引导研究所在结构调整和转制中，积极利用社会资源，探索与社会资源相结合的模式和运行机制。

在组织与内地合作的同时，还继续参与香港、澳门的合作。中科院与香港学术交流中心联合举办了“科技产业合作论坛——发展香港现代中药产业”，还组织11个研究所参加了在香港举行的“香港创新博览会·2000”。中科院派驻澳门生产力中心人员促进双方合作，组织合作项目与澳门有关企业进行合作，以实际行动迎接澳门回归。

3. 推动科技成果转化和产业化

大力发展共同建设、共同支持、共同管理的新模式，共建研发和产业基地，是中科院与省市合作的重要内容之一。今年共建的机构主要有，沈阳自动化研究所与苏州市科委共建的苏州市自动化研究所；长春光学精密机械研究所与苏州科技园等单位组建的科技开发有限责任公司，旨在发展具有自主知识产权的高新技术企业；上海分院、中科实业集团与昆山市合作共建的高科技产业园，以电子新材料和多种传感器为主体；合肥分院、成都有机化学研究所分别与常州市有关单位组建的信息超市和技术联合研发中心；江苏省将筹资2500万元与沈阳计算技术研究所等组建的智能设备研究中心；软件研究所与宁波市科委共建的软件开发中心；海洋研究所与宁波市等共建的水产技术开发中心。这些共建单位突破了现行管理体制的分割，直接体现了社会要素的优化结合，通过共建形成以资产为纽带，以市场机制运行，成为区域经济发展服务的研究和产业化实体。在增强地方技术创新和产业化能力的同时，对中科院自身的改革和发展，知识创新和技术创新都是一种促进和完善。

4. 精心组织科技交易会、洽谈会，增强高新技术的针对性和实用性

参与举办各种不同类型的科技交易会、洽谈会是与省市合作的一项重要内容。这种贴近市场的做法，是对中科院科研成果的一种检验。1999年举办的青岛全国产学研大会、浙江投资贸易洽谈会、宁波高新技术及其产业发展规划项目对接会、绍兴科技经济洽谈会、第十二届全国发明展览会、金华科技成果信息发布洽谈会、重庆高新技术成果及其

产品展示交易会等等，中科院近百个单位2000余人次参加了这些活动，形成合作项目或意向1000余项，取得了较好的经济效益和社会效益。

1999年10月，中科院与经贸部、科技部、信息产业部和深圳市人民政府在深圳联合主办了“中国（深圳）国际高新技术成果交易会”。中科院12个分院、63个研究所组团，288项高新技术成果参展，签署意向协议115项，成交额（意向）10.3亿元。

5. 积极组织、推荐国家产学研项目，加速科研成果转化

联想集团“联想Internet高速缓存器”、金属研究所“乙炔裂解炉扭曲热管改制新技术”、华建集团“网上智能翻译技术”、沈阳自动化研究所“先进制造技术”等项目得到国家经贸委的经费支持，共670万元。

中科院作为主办单位之一，在青岛成功地举办了首次“全国产学研联合洽谈会暨展示会”，江泽民、李鹏等国家领导人为产学研工程题词在本次大会期间公开发表。中科院45个单位派人参加大会，达成一批合作意向。

6. 加强与国家烟草专卖局的科技合作

中科院曾组织6个研究所的负责同志到国家烟草专卖局进行合作洽谈，并签署了新一轮合作协议。中科院推荐的5位专家进入该局科技委员会，目前双方合作项目正在组织落实之中。

四、队伍建设

1. 拓展工作思路，多种途径培养经营管理人才

为加大培养经营管理人才的力度，并与社会有效资源相结合，委托北京大学光华管理学院举办了一年期的“中国科学院企业高级经理工商管理（MBA）专业研究生课程研修班”，主要利用公休日进行学习，培训对象是直属企业（集团）的管理层骨干。学员普遍反映这种培训方式有利于提高对工作实践的理性思考，为今后引进先进管理理念，提高企业经营管理水平奠定了基础。

在突出重点的同时，还注意引导面上的培训。根据中科院对企业规范化管理和部分事业单位转制的工作目标，要求分院按实际情况制定本系统的培训计划，办好不同类型和不同形式的培训班。

2. 加强宏观管理层面的政策研究

为进一步适应机关调整后加强宏观管理的要求，注意研究解决宏观管理层面的规律性、政策性的问题，并注意加强引导。

在大连举办了“企业管理高级研讨班”，从企业个案、企业发展现状、管理上存在的问题等不同角度、不同层面认识高新技术产业发展的重要性，明确责任，进一步探索企业成功发展的规律，为实施转制的单位提供借鉴。

3. 探索管理机制的改革

从省市聘用干部到我院挂职，不仅加强了与地方的联系，还可以学习地方干部的工作经验和优点，也使地方干部更加了解中科院，从而促进了合作。

为适应开发所转制的工作要求，试行重要文件邀请各有关局以会议会签方式，加快了公文传递、信息沟通，提高了办事效率。

五、2000年工作重点

1. 继续重视院地合作，以切实落实好项目为工作重点

院地合作把中科院的成果、技术、人才优势和地方的产业管理、资金、经营等方面的优势结合起来了，是最有效地推动科技、经济发展的一种方式。

在重点合作地区落实项目的同时，努力贯彻国家东部大力发展高技术产业，中部重在企业的技术改造和升级换代，加强西部基础设施建设的战略部署；以国家西部大开发为契机，推动与西部省市的深入合作，为区域经济发展做贡献。注意研究工作规律，进一步探索院与省市合作的多种途径和调动科技人员积极性的切实措施，规范合作资金使用及监督审计规则，建立院地合作成果统计制度。

中科院将继续与有关省市举办高科技成果展示交易活动，努力让地方了解中科院的科研成果，同时邀请各方人士来中科院参观一些研究所；借浦东腾飞之机，在过去合作基础上进一步开展多渠道的合作活动；与高等院校、研究所一起积极参与中关村科技园区建设；依据各省市特点，尽力为地方提供适合当地经济发展的技术和人员的支持。

2. 继续推进现代企业制度建设，加速我院高新技术产业化

对初步完成改制的公司进行跟踪，要求不断完善运行机制；推动规范股东会、董事会、监事会制度，规范公司统计制度，推动规范的审计制度；在以往工作基础上，将公司制改造的工作重点放在所办公司（净资产100万元人民币以上的约200个企业）；工作中注意研究问题，抓住重点，总结典型，推广经验，并制定符合实际情况的政策；力求导向明确，推动有力，在面上开展企业改制工作；进一步探索风险投资运行机制。

3. 继续做好开发型研究所和部分事业单位的整体转制

中科院成立了“开发所转制企业改制领导协调小组”，负责转制和改制工作。对于转制做得好的研究所将给予奖励，并给予政策上的支持。中科院将设立“开发型所改革奖”。

跟踪已经完成转制方案报批的单位，继续加强指导，把转制方案切实落到实处。同时，注意对操作过程中出现新问题的政策研究，不断进行经验总结，探索对转制后的重点支持方式，进而使该项工作得以理性、规律性的提升。完成中国科学院印刷厂、开封印刷厂、武汉科学仪器厂的改制和转制工作。努力推动高技术研究基地型研究所和其他类型的研究所的科研成果和人员实施动态转制。

4. 继续重视技术创新、经营管理复合型人才的培训工作

高新技术企业和转制的事业单位都要制订人才培训、吸纳的计划和实施办法，其中特别强调技术创新、经营管理复合型人才的培训。根据阶段工作重点，对转制的事业单位以急用先学为原则，加强对经营管理人才的培养。

5. 完成高技术产业发展规划的课题研究

指导方针是理清思路、标定重点、阐明措施、提出政策。从整体上理清我院高技术产业的发展思路，找出发展的着力点或启动点位，某一方向或项目确立后的运作导向，建立和完善高技术产业发展的良性机制，实现与上游研究开发体制的对接，培育出一支高技术产业化的有生力量，真正形成“促进我国高技术产业发展的基地”。

人才培养与队伍建设

1999年，中国科学院认真贯彻落实党的十五大和院工作会议精神，紧紧围绕知识创新工程试点工作，不断深化人事制度与教育工作综合配套改革，加强院属单位领导班子建设及科技人才队伍、研究生与博士后队伍建设，加大吸引和凝聚优秀人才的力度，使人事教育工作不断适应、服从和服务于全院的改革，取得了较好的成效。

一、深入调研，制定并实施知识创新工程队伍建设规划纲要

通过深入调研，全面总结知识创新工程试点工作一年来队伍建设的经验体会，着眼21世纪发展的战略需要，针对当前存在的问题，制定了《中国科学院知识创新工程创新队伍建设规划纲要》。这一纲要充分认识我院的发展战略是根本、科学目标是核心、人才建设是基础；完整理解我院创新队伍的四个组成部分（领导干部、科技人员、管理人员、流动人员）和总体建设目标；对当前至2010年各支队伍建设的目标、政策与措施，提出了比较切合实际的意见，明确了用好现有人才、留住关键人才、引进急需人才、培育未来人才的方针；重视了培养与凝聚并重，实现队伍建设的高质量、全方位、多层次，强调建立新的用人机制和激励机制，优化队伍结构，鼓励人才合理、有序流动，使我院成为国家创新体系的主力军。

这一纲要已经院长办公会议讨论通过，正式下发全院。纲要的实施，必将对我院创新队伍建设起到宏观指导作用，对我院跨世纪的改革与发展产生积极的影响。

二、以“四化”为指针，进一步加强院属单位领导班子建设

1. 认真做好干部遴选和班子配备

1999年完成了44个单位的领导班子换届（其中7个提前换届）、8个整合单位的领导班子重组或新建，以及24个单位领导班子届中考核。完成了院机关15个职能部门领导班子的调整工作。

按照新形势和知识创新任务的要求，在选拔领导干部时注意了以下几个关键因素：

第一、坚持领导干部选拔的“四化”方针，重视政治素质、德才兼备，以及民主集中制、全局观念和改革创新意识。

第二、坚持党管干部与群众路线的统一，重视领导班子整体结构优化、管理水平提高和群众公认度。

第三、坚持精减职数，推进年轻化，加强后备干部队伍建设。

1999年通过换届或调整后的领导班子与调整前相比，整体素质和结构都得到进一步改善：

（1）初步形成了以中青年为主的结构，职数精减。全院所级领导干部从1998年6月的690人、平均年龄52岁，减少到目前的580人，平均年龄49.5岁；其中1999年换届的班子，从平均年龄55岁下降到50岁。45岁以下年轻干部207人，占35.8%（1998年底为181人，占30.4%）。

全院143个领导班子中：平均年龄50岁以下的80个，占56%；51～55岁的53个，占37%；56岁以上的10个，占7 %。

（2）干部综合素质进一步提高。党政一把手层次较高，更加年轻、富有活力和使命感，改革意识加强。所长大多是有一定管理经验的优秀学术技术带头人，在国内外有一定知名度和影响力。

换届的领导班子成员，70%以上是后备干部，大多数具有在中层处室和科研一线的关键岗位锻炼的“台阶”经历。

党委领导班子的结构得到不断改善，选拔了一批政治素质良好、具有业务背景、对科研工作规律有较深理解的研究骨干提任党委书记或副书记。

在1999年新提拔的所级领导干部中，中共党员占89%。同时注意选拔综合素质好的民主党派和无党派人士进入领导班子。

领导班子的整体管理水平和知识化、专业化程度有所提高，民主集中制的意识更强。

2. 重视领导班子的思想政治作风建设，加强领导干部上岗培训

（1）通过“三讲”教育，有力地促进了领导干部思想素质的提高，推进了领导班子思想政治作风建设。各级党政领导干部进行了一次较系统的政治理论学习，普遍受到深刻的马列主义的教育；同时增强了领导干部的责任心、使命感，特别是认清了在科学院实施知识创新工程试点任务中领导干部和研究所领导班子肩负的历史重任；进一步发扬了我党的优良传统，增进了班子团结，解决了以往班子内部存在的问题，在自我教育中达到提高认识、改进工作的目的。

从“三讲”教育过程中对干部考察的总体情况看，我院大多数的领导干部是好的和比较好的，但也确有少数单位领导班子或少数干部存在问题比较突出，要通过制定整改措施加以改进，个别情况要经过组织调整予以解决。

（2）抓好领导干部上岗培训。院各级领导高度重视，明确提出了培训工作的指导思想“精选课程、突出重点、典型示范、交流研讨”，针对参加培训学员是新任的所级领导，比较年轻、学历层次高的特点，课程设置上重点解决实现角色转换，把个人价值的实现融入研究所和我国科学事业的发展，同时学习和掌握现代管理知识，进行心理素质训练，提高领导能力。学员们普遍感到，通过培训，进行了理性思考，认识到实现角色转变的重要性，解决了在实践中存在的一些模糊认识，更重要的是加深了对领导内涵的理解，增强了提高自身素质的紧迫感，增强了领导干部的责任感、使命感和创新意识。

（3）推进改革，重视政策引导。进行了公开选拔所级领导干部的试点工作，以竞争上岗和组织考核相结合的方式选拔领导干部。

在所级领导干部中，逐步培养一支相对稳定的专职党政管理人才队伍。

修订了领导干部年轻化后离任干部的有关待遇政策，同时促进领导干部所际交流。

规范领导班子选拔考核程序与纪律。

3. 加强了后备干部队伍建设

强调领导重视、认真选拔、岗位锻炼、严格要求的原则，按照后备干部与现职领导干部 2∶1 的比例，目前全院已建立了 1000 人以上的后备干部队伍。

1999 年全院新提拔 90 名所级领导干部，63 人（70%）是后备干部，中共党员比例达到 78%，大多数具有在中层处室和科研一线的关键岗位锻炼的经历，其中研究单位的领导几乎都是优秀的年轻学术技术带头人，在国内外有一定的影响力，并在以往的科研工作和管理岗位上积累了一定的经验。实践证明，经历了后备干部岗位培养的同志，政治素质较好，进入领导班子后适应能力较强，角色转变较快，易得到群众公认，绝大多数开展工作比较顺利。

4. 领导班子建设存在的主要问题

（1）在干部年轻化的进程中，提高领导干部的全面素质和管理水平，特别是改革创新的意识，仍然是亟待解决的问题。

（2）在所长负责制的领导体制下，如何贯彻民主集中制，发挥党委的政治核心、团结核心作用，是领导班子建设的长期任务。

（3）全院后备干部队伍建设发展还不平衡，部分单位思想认识和具体措施不到位，在某种程度上影响和制约了领导班子建设和研究所事业的长远发展。

三、全面深化人事制度综合配套改革

1. 积极稳妥地完成院机关的机构改革

在院党组和机关改革领导小组的领导下，积极、稳妥地完成了院机关机构改革工作。这是历年来机关改革力度最大的一次，院机关局级机构由 17 个减至 14 个，处级机构由 106 个减至 79 个；人员编制由 511 人减至 336 人，减少了 35%。通过机关改革，建立了一套新的用人机制：

（1）首次实行竞争上岗。制定了《中国科学院机关实行处长岗位竞争上岗的实施办法》，有计划、有步骤地组织了机关 70 多个处长岗位和 160 多个副处长岗位及一般岗位的竞争上岗工作。

（2）实行契约管理。制定了《中国科学院机关聘用合同制实施细则》，处长及其以下岗位人员与院机关签订了《身份聘用合同书》和《岗位聘任合同书》。通过实施合同聘用和岗位聘任，强化了岗位职责和契约意识，建立并逐步完善能进能出、能上能下的新的用人机制。

（3）规范了机关改革后新的进人、用人制度。制定了《中国科学院机关处长及其以下干部岗位实行公开招聘、竞争上岗的暂行规定》，明确了机关进人条件，创造了内部流动机制。为逐步建立一支素质好、结构合理的院机关管理队伍提供了制度保证。

（4）建立起了院机关改革后的评价与激励机制。研究制定了《院机关年度考核办法》，采取分级与多层次考核相结合、定性与定量考核相结合的方法，实行对各部门和职工个人的考核。按照绩效优先、兼顾公平的原则，建立以考核评价为主要依据、国家工资、岗位津贴和绩效奖相结合的分配制度。

（5）通过艰苦细致的工作，深入调查摸底，多方沟通信息，拓宽分流渠道，加强思想工作，积极做好未上岗人员的转岗分流工作，已完成 60%，保证了机关的稳定，体现了组织对职工的关心。

2. 积极推进全员聘用合同制的建立

为进一步积极推进全员聘任合同制的建立，1999 年主要做了以下几个方面的工作：

第一、注意调查研究。及时了解各单位实施聘用合同制的进展情况和存在问题，在京区组织召开了座谈会，听取汇报，并用电话询问方式逐个分院了解情况，对全院各地区、各单位的进展情况都做了比较详细的调查和了解，同时分析了当前工作取得的成绩、存在的问题及其原因，并就进一步推进聘用合同制工作提出意见。

第二、加强政策指导。1999 年我院大部分单位都在为准备启动全员聘用合同制而研究制订实施细则和配套文件，为了使各单位的文件符合国家人事政策法规，具有科学性和可操作性，把好文件制订和合同文本起草关，人事教育局与院属各单位讨论有关政策规定以及文件和合同文本中必要的条款；帮助他们研究、分析实施聘用合同制过程中可能遇到的问题，解决问题的办法；对各单位文件中涉及的聘用合同的类别、聘期、解除合同的条件、医疗期、违约赔偿等问题，做必要的说明和解答，以指导各单位平稳、顺利地进行用人制度的改革。

第三、做好典型示范。向全院宣传推广了等离子体物理研究所等单位深化人事制度改革，积极推行全员聘用合同制的做法，并介绍了全院全员聘用合同制推行的现状。

到目前为止，全院已有 54 个单位（占全院的 33%）实行了全员聘用合同制，知识创新工程试点单位全部实施，还有 30 个单位准备实施。尚未实行的单位，大多数是由于等待本单位进入知识创新工程试点或领导班子换届，希望通过整合单位、调整班子、重组队伍，一并解决用人制度的改革；也有少数单位仍在等待观望，缺乏改革的决心。

院人才交流开发中心为京区数十个研究所、百余个企业的近 6000 人实施人事代理，促进了人才交流，推进了新的用人机制的实施。

3. 建立“按需设岗，按岗聘任”的专业技术职务聘任制度

各知识创新工程试点单位和部分非试点单位根据重新凝炼的科技目标和人员合理结构的要求，全面合理地设置专业技术工作岗位，在单位内外公开招聘，竞争上岗。这一新的用人机制，给研究所的发展带来了生机和活力，人们的竞争意识加强了，岗位职责明确了，能上能下的机制建立了，职工的主动性、积极性得到了发挥。

数学和系统科学研究院首批布局 60 个研究员岗位，公开、公正、公平地遴选，凡申请上岗者，均需提供近几年的业绩和承担的任务报告（院士也不例外），由下而上，层层筛选，非常平稳地选择出一批专家上岗，虽然动作很大，机制也新，甚至有一批研究员在新岗位上被聘为副研究员，副研究员被聘为助理研究员，但研究院上下基本稳定，广

大科技人员和职工予以充分理解和支持，确保了创新基地按照既定目标正常运行。

长春光机所与长春物理所整合，新所采取“设职定岗、定员定编、公开招聘、竞争上岗”和“分级负责、逐级实施、所内招聘、公平公开”的原则，成立了由所领导、所属企业负责人、研究系统的研究员及所外专家参加的招聘委员会。企业负责人、研究系统的研究员评委是在公开招聘的前 2 个小时由企业和研究部门自已组织推荐、选举出来的群众公认比较公正、素质较高的人选，这样既体现了公平，又避免了应聘人员事先找评委说情的现象，实现了在公开、公平、公正的机制中进行真正的“按需设岗，按岗聘任”。经过整合后，招聘研究部门负责人 15 人（应聘 43 人），机关职能处室人员 53 人（应聘 115 人），服务部门 38 人（应聘 105 人），进展平稳。虽然有些同志因各种原因没能上岗，但没有又吵又闹的，一致认为招聘工作比较公平，并且未招聘上岗的同志现在已基本安置了新的工作。

地球物理研究所和地质研究所整合，组建地质与地球物理研究所，新所根据科技目标需要布局好岗位后，在全所公布并进一步明确上岗人员基本条件，如竞争研究员岗位人员必须有被 SCI 收录论文、有重大项目和其它重要成果，然后组成指导委员会（由院士及资深的研究员组成，指导委员会成员都不进入基地），经过报告、答辩、投票等严格程序遴选出上岗人员。

存在的问题是：

（1）有些进入知识创新试点的单位在实施竞争上岗的同时，对未进入创新的部分仍进行任职资格的评审，在新的用人机制推进的同时，保留了双轨机制，在政策上需要研究。

（2）有些试点单位更多地考虑争取创新工程的经费资源，增加岗位津贴和绩效津贴，忽视了对学科的布局、对岗位的合理设置，竞争上岗人员的“契约管理”未认真落实，没有实现真正的“按需设岗，按岗聘任”。

4. 工资分配制度改革进一步深入

（1）在知识创新工程试点单位推进结构工资制。1999 年院工作会议批准在知识创新工程试点单位中实行结构工资制，并印发了《知识创新工程试点单位实行结构工资的指导意见》，以基本工资、岗位津贴、绩效奖为主的结构工资制度已经在各单位相继启动。已实行结构工资单位的岗位津贴设置标准人均在 1000 元左右，较大幅度地提高了创新试点人员的工资收入。

（2）进行法定代表人年薪制的试点工作。经中国科学院批准，确定了物理所、自动化所、生态中心、上海技物所、大连化物所等 5 个单位先行试点。10 月下旬，印发了《中国科学院知识创新工程试点单位法定代表人年薪制度试行办法》。试点工作从 1999 年开始实行。这项工作推动了对研究所评价制度的建立，强化了法定代表人的岗位责任，建立了工作绩效与分配挂钩的关系，推动创新工程试点工作顺利开展。

（3）继续实行工资总额包干，加强了对工资总额的管理工作。

（4）做好调整工资标准和正常晋升工资档次的工作。按照国家的要求，在 9 月 15 日之前将调标工资全部兑现，及时发到职工和离退休人员手中。职工正常晋升工资档次的工作，各单位结合年度考核有序进行。

（5）及时修订京区单位的补贴政策，重新执行北京市制定的补贴规定，并相应核减按国管局171号文发放的补贴，从1999年1月起执行，使京区及离退休人员的收入得到一定提高。

5. 社会保障制度改革进一步扩大

（1）养老保险工作。召集部分单位对劳动保障部下发的《事业单位工作人员养老保险制度改革方案》（征求意见稿）进行了研讨和测算，在此基础上向劳动社会保障部报送了修改意见及建议。院属各单位继续建立养老保险储备金，为启动这项改革做好准备。

（2）失业保险工作。认真贯彻国务院《社会保险费征缴暂行条例》、《失业保险条例》，组织和部署院属单位按规定参加属地的社会保险登记和失业保险工作，京区单位已全部加入了失业保险，从而使这项改革的覆盖面在全院超过了50%。

（3）医疗保险工作。按北京市卫生局的要求，组织京区单位完成了医改调研和统计工作，各单位根据基本医疗保险实行属地管理的原则，积极配合地方社会保险管理部门，做好职工基本医疗保险工作。

成都、合肥分院医改试点工作正在稳步开展。1999年是最后一次对两分院医改工作给予经费支持。召开了工作总结会，为做好与社会医疗保险制度改革的接轨工作进行了准备。试点单位人均每年的医疗费降至800元以下。

6. 积极抓好院属单位的机构改革

根据院对遴选进入创新基地人员的要求，审核列入创新工程试点单位的人员编制，并向中编办、科技部上报机构变更的请示，积极做好创新工程试点中机构整合的审核、报批工作。全院进入创新工程试点的人员已达到7000人，占26.2%。

根据院党组《关于分院机关改革的若干问题的通知》精神，与分院共同商议分院机关的改革方案，考虑各分院的不同情况提出改革的批复意见，按照院对分院机关改革的时间进度要求，已于11月、12月份两批将分院机关改革的方案审批完毕。

四、加大吸引、凝聚优秀人才的力度

1. “百人计划”进展良好

1994～1999年共引进115人（国外人员占60%、院内人员占25%、国内其他单位占15%）；创新工程“引进国外杰出人才”计划300人，已入选167人；5年来，我院获国家杰出青年基金204人，占全国40%，其中140人列入“百人计划”管理，获得1：1的经费匹配支持。目前，我院通过“百人计划”和国家杰出青年基金已凝聚了400余人的优秀杰出青年科技队伍，他们已成为各学科领域的学术带头人。

为正确估价“百人计划”实施以来的绩效，总结在引进、稳定和培养高素质人才方面的经验，组织力量进行了该计划执行6年的评估。从评估结果看，无论是引进和稳定人才的数量和质量，还是他们取得的阶段性成果、实验室与队伍建设，乃至竞争项目和争取的经费，都证明该计划是成功的，并为知识创新工程培养、引进人才提供了许多有益启示。

为适应知识创新工程对人才的需求，把“百人计划”放到知识创新工程这一大棋盘中去运作，提出在三个方面加大工作力度。一是加大对国外杰出人才的吸引力度。根据科技目标需求，按需引进高水平、高起点、高学位的杰出人才，得到国家专项经费的支持。二是引进国内的院外人才。在双向选择、单位同意的前提下，引进少数知识创新工程急需的杰出人才。三是对扎根于国内工作的获得“国家杰出青年基金”的优秀专家列入“百人计划”管理，经费给予 1∶1 的匹配支持，并且享受“百人计划”的津贴和待遇。

中国科学院注意了围绕国家发展战略和凝练的科学目标引进人才，重视建立人才成长的稳定良好环境，加大评价的时间尺度，认识重大成果产生的科学规律，重视知识积累，容纳奇思异想，有耐心等待，避免急功近利。通过几个层面有力度的工作，同时强化了以“合同管理”为主要依据、以完成 3 年任务为目标的绩效考核程序，使得我院知识创新工程成为国内外优秀人才的凝聚地，成为培养和输送高层次人才的摇篮。

2. 加大推进“西部之光”人才培养计划的工作力度

我院和中组部、各有关地方共同对首批 16 位“西部之光”入选者进行了阶段性评估，评估结果表明，他们在解决地方国民经济建设的问题上取得了很好的成绩。例如兰州沙漠所刘志民课题组在海拔 3800 米的西藏从事“一江两河中部流域沙漠化土地综合整治研究”，在贫瘠的土地上试种西瓜、玉米、甜瓜、桃子、草莓获得成功，西藏日喀则市市长对这个课题组评价很高，认为从“西部之光”入选者刘志民课题组成员们身上看到了老西藏精神，西藏缺少这样的年轻科技人才，他们是一个团结的集体，特别能吃苦、特别能战斗、特别能奉献。为鼓励“西部之光”入选者在西部地区的科研创新和艰苦拼搏精神，5 个团组（项目）受到表彰并给予了经费再支持。

出台了《关于进一步加强“西部之光”计划管理的补充意见》，加大了院的管理力度和投资力度，年度经费从 300 万元增加到 500 万元，明确了中组部、中国科学院、有关地方各自的职责，规范了立项和评审的要求及进一步推进“西部之光”工作的指导意见。

3. 高级访问学者制度稳步实施

1999 年度，以知识创新工程试点单位为主体，吸引了 130 位高级访问学者，其中来自国外 33 人，来自高校（部委）97 人；教授级 66 人、副教授 64 人。他们为国家的科技目标、学科发展和学术交流带来了新的思想和观念，注入了新的生机和活力。

4. 积极选派科技副职，扩大省院人才合作

1999 年，我院向江苏、浙江、山东、河北、河南、江西等 6 省派出 28 名科技副职；向烟台、济南、济宁、扬州等 4 市派出科技顾问 38 人；与烟台、济南、无锡等地方政府签订了人才合作协议，并召开 3 次省院合作协议签字仪式和技术项目信息发布会。3 次活动共发布科技项目数百项，签订意向协议近 200 项。根据中组部的要求，选派了 2 名博士参加博士服务团，赴江西、四川任职。目前，我院科技副职的选派总数已达到 500 人。

召开首次院省科技人才合作工作会议，总结工作表彰先进，提出了《进一步加强科技副职工作的若干意见》，进一步明确了院省人才合作和科技副职选派工作的方针、意义和做法。

科技副职已成为推动院省合作、加强地方经济建设、培养锻炼干部的一条重要渠道。

5. 毕业生分配与接收

（1）毕业生就业工作。1999 年全院毕业研究生生源 3503 人（博士生 1612 人，硕士生 1891 人），本科生生源 984 人，大专生 197 人，共计 4684 人。除去一部分考研、考博（或进入博士后流动站）、出国留学和延期毕业的学生外，今年实际列入就业计划的毕业生共 3035 名，其中：博士生 1148 名，硕士生 1230 名，本科生 460 名，大专生 197 名。

在 3035 名毕业生中，留中国科学院工作的有 737 名（1998 年 683 名），占毕业生就业总数的 24%。其中：博士生 386 名（占博士生可分数的 33%），硕士生 287 名（占硕士生可分数的 23%），本科生 64 名（占本科生可分数的 14%）。

（2）接收毕业生工作。据不完全统计，1999 年全院共接收院外毕业生 1641 人（1998 年为 1780 人），学历层次分别为：博士生 276 人（占 17%），硕士生 549 人（占 33%），本科生 759 人（占 46%），大专生 34 人（占 2%），中专生 23 人（占 1.4%）。

五、研究生教育突破规模瓶颈，呈现新的发展势头

1. 招生数量创历史最高水平

通过全院上下共同努力，1999 年我院研究生招生超额完成国家计划，招生数量创历史最高水平。全院招收硕士生 2366 名（其中中国科大 541 名），完成招生计划的 104.2%；招收博士生 1927 名（其中中国科大 301 名）；完成招生计划的 101.4%。

2. 通过各种形式，扩大科学院的影响，吸引优秀生源

（1）在全国知名的 20 所高校设立“中国科学院奖学金”；

（2）组织并举办了“中国科学院宝洁优秀博士生奖学金”和“中国科学院宝洁科教奖励基金”的捐赠仪式；

（3）在西安和北京分别举办全院研究生招生咨询活动，收到良好效果；

（4）建立中国科学院专家赴高校科技讲座制度；

（5）加强招生工作质量管理和监控，依托中国科技大学评估中心，进行全院研究生招生工作质量评估，并将评估结果通报全院；

（6）修订博士生招生管理办法，将硕博连读正式列入院招生制度，使院内优秀生源能够更多地进入我院攻读博士学位。

3. 充分发挥我院研究生教育的特色和优势

在研究生教育工作中，注重抓好素质教育，全面提高质量，做好培养和学位工作。

改革博士生重点培养基地评审办法，院博士生重点培养基地的建立与院知识创新基

地建设紧密结合，实行有上有下的滚动竞争机制，将分年度评审改为3年周期一次性评审。评审方式也由过去的专家评审改变为评估认可与专家评审相结合。认真开展博士生导师审批权下放后的遴选上岗工作。重点抓好青年导师的选拔和上岗培训。从1999年开始，我院自行遴选上岗博士生导师的评审工作全部下放到研究所。建立中国科学院青年博士生导师上岗培训制度。

抓好专业目录修订后新培养方案的实施，提高培养质量。促进了教学单位的质量意识和自我监控机制的建立，对于更新教学内容、改进教学方法、提高教学质量起到了重要作用。抓好博士学位论文工作，提高学位论文的创造性。提高各培养单位领导和导师的质量意识，确保我院博士生培养质量。抓好教材建设工作，1999年全院各培养单位申报研究生教材出版基金项目100项。

与京区党委、院团委联合抓好研究生、博士后素质教育。组织研究生赴西北地区进行社会实践，使学生进一步开阔视野，了解社会与国情，增强社会责任感。

4. 积极抓好研究生教育改革

进一步推进与高等院校、厂矿企业以及社会科学院在高层次人才培养方面的合作，扩大我院教育功能的社会影响。建立多种模式的研究生培养基地，探讨加强集中教学、进行校园文化建设的新途径。主要包括：

支持广东省和广州分院共建资源环境研究生教育基地，在上海、武汉、沈阳等地区建立集中式研究生培养基地等。

修订我院中外联合培养博士生的管理办法，将联合培养的审批权下放到已多年开展此项工作且能够保证培养质量的研究所。

5. 博士后工作

1999年，全院共接收博士后人员490人。其中国家资助163人，自筹经费327人（占进站数62%）。出站185人。在站博士后总数达到800人。据中国博士后科学基金会公布，1999年全国获科学基金资助人员共255名，其中我院51名（一等奖1名，二等奖50名），资助总额为52万元，占资助总额的20%。

加大力度，集中宣传，利用媒体，扩大影响。争取优秀博士生到我院做博士后。加强博士后管理工作。充分发挥博士后联谊会的作用，抓好在站博士后学术交流和文化建设以及生活环境等项工作。做好1999年度中国科学院优秀博士后评选和表彰工作，增强我院博士后的荣誉感；1999年优秀博士后名额为10人，共申报37人，获奖比例为27%。

为增强我院在信息科学与技术领域的竞争实力，经报人事部，正式批准联想集团依托中国科学院计算技术研究所接收博士后，使之成为联想公司的高层次人才培养、新技术开发基地，同时也使计算所博士后流动站在企业技术创新中发挥更大的作用。

6. 流动队伍的生活条件有较大改善

1999年，按照创新工程基建计划的总体安排，对3.6亿元的研究生、博士后、客座人员公寓建设经费进行了规划和统筹分配。京区2.4万平米的研究生公寓已竣工将投入使用，另有在建的4万平米博士后、客座人员公寓即将竣工。各所、分院也都在改善相应条件，以适应研究生、博士后队伍扩大的需求。

全面提高了研究生的生活待遇，人均年拨款标准达到1万元，其中院、所各负担5000元，使我院研究生待遇的平均水平高于国内高等院校的标准。

六、留学与继续教育工作推出新思路、新举措

1. 加大了吸引海外优秀人才的力度

1999年分别派出以白春礼副院长和王景川秘书长带队的赴北美和欧洲留学工作小组，广泛接触海外优秀人才，宣传我院知识创新工程，做工作吸引他们回国工作，推动了一批优秀人才竞争我院“海外杰出人才计划”。

2. 设立了我院海外评审专家系统

为鼓励和吸引海外中国优秀杰出人才参与我院有关重大项目立项、奖励评定、人才项目、研究所评估的评审工作，由白春礼院长提议，1999年开始设立“中国科学院海外评审专家系统”。经驻外使（领）馆教育处（组）推荐和在我院海外人才库（收录1287人）选拔，在200位候选人中，33位海外杰出学者被聘为我院首批海外评审专家，向他们颁发了聘书和纪念铜牌，这些专家已开始参加我院的有关评审工作。近期正开展第二批聘任工作。

3. 支持留学回国人员尽快开展工作

做好“留学经费择优支持基金”的评审和发放，支持留学回国人员尽快进入工作。共有192位留学回国人员申请基金，116人获得资助，总资助金额达354.4万元人民币。同时协助我院留学回国人员申请教育部启动基金，共有83人获得共计269.6万元的启动资助。

4. 采取多种形式增进海内外青年学者的联系

支持院内单位举办4个“青年学者学术讨论会”和2期青年研讨班，取得圆满成功。共有120位海外优秀留学人员回国参加了会议和研讨班。研究所和国内科学家都反映，召开“青年学者学术讨论会”是沟通海内外青年学者联系，吸引海外优秀人才回国工作的一种行之有效方式。

5. 加强对管理干部的培训工作

为使我院广大的管理干部尽快适应知识创新工程试点工作，1999年重点加强了对不同层次管理干部的培训。具体有：

本年度留学派出计划加大了派出管理类留学人员数量，各类项目管理人员所占比例比往年有较大增加；重点支持进入知识创新工程试点和完成分类定位研究所的需要，并且提高了派出人员的质量。

改革所级领导上岗培训班的实施办法，调整培训班课程，使之更适应知识创新工程试点工作。

组织了4期赴境外管理人员培训班："赴美跨世纪高级管理培训班"、"赴香港人事教育干部培训班"、"赴香港蒋氏基金会企业管理培训班"、"赴韩国开发管理培训班"。

举办数期国内管理人员培训班，如大科学工程管理人员、京区科技处长培训班等。

与北大光华管理学院合作，举办我院首期"MBA研究生课程班"。

七、促进中国科大进入世界知识高水平大学建设行列，重视教育基地建设，做好综合性工作

1999年7月，我院与教育部、安徽省人民政府做出重点共建中国科学技术大学的决定，并签订了协议。在1999～2001年内，三方各出资3亿元人民币，支持中国科学技术大学创建世界知名的高水平大学（教育部在全国目前仅支持9所大学），中国科大成为继北大、清华之后第三个进入一流大学建设行列的大学。

启动了建立包括中国科技大学和合肥分院及各研究所在内的合肥科教基地的规划工作，并列入了即将开始的知识创新工程试点第二期计划。

1999年12月，经半年磋商，完成了国家烟草专卖局所属合肥经济技术学院并入中国科技大学的工作。

支持研究生院关于实施院知识创新队伍建设目标、创建一流研究生教育基地改革方案的申报工作。帮助研究生院明确自身定位和奋斗目标，强调研究生院的定位要与院实施知识创新工程队伍建设目标紧密结合，在科学院研究生教育富有特色的两段式培养方式中起到不可替代的作用，成为我院重要的研究生教育基地。落实了2000年对该院1000万元的经费支持，用于稳定队伍和改善基础教学设施。

加强培训基地建设，鼓励和支持管理干部学院承办院和地区类继续教育培训班。同时协助他们完成学历教育招生计划，督促他们加强教学管理，保证培养质量，为社会输送合格人才。

会同综合计划局，组织实施了人力资源信息系统的开发与应用试点工作，为提高人事教育管理的现代化、科学化水平打下了基础。

按照中央与国家主管部门的要求，在全院正式启动了干部人事档案目标管理工作。1999年首批申报的41个单位，经严格考评有39个达标（达到一级的1个单位，二级的18个单位），占全院25%。

国际合作与地区交流

1999年的国际合作交流工作围绕实施我院知识创新工程，配合全院有关部门，根据开展重大项目、重点工作的需要，组织力量，开展了具有实效的国际交流活动，加大了与重点国家在重点项目上的国际合作。同时也扩大了和港澳和台湾地区的科技交流。在50年国庆、院庆期间，组织了重大外事活动，宣传介绍了全院各项工作，进一步扩大了国际影响和合作渠道。

1999年交流量近1万人次，比上一年增加了25%，达我院交流量最高峰，其中出访6900多人次。全年执行院级交流项目566项，比上一年增加16%；1999年全年获得国外资助（含仪器设备、培训等）约6000万人民币；新签、续签院级协议6个。

一、围绕重点国家、重大项目和重点工作开展国际合作

作为知识创新工程的重要组成部分，国际合作工作利用我院优势，努力开辟新渠道，发展新形式，加大了对重点国家、重点项目的国际合作。

江泽民主席1998年访问俄罗斯后，中科院着重开展了对俄罗斯、独联体的工作。路甬祥院长、钱文藻副秘书长等院领导和沈阳分院、新疆分院、电子所、光电所等组织了代表团分别对俄罗斯和乌克兰等独联体国家进行考察；大化所、力学所、近代物理所、长春分院分别举办了双边学术研讨会，与俄宇航局等开展了较全面的合作。为了总结工作、拓宽合作，年内召开了我院对独联体国家科技合作工作会议，并与中央电视台合作拍摄了“新西伯利亚科学城”电视片。为配合创新工程的实施，组织了由院所领导参加的联合考察组，就知识创新文化等问题到欧洲进行了考察。

继续与美国合作召开了第二届中美前沿科学研讨会，吸引了两国第一流的青年科学家参加会议，促进和推动了知识创新和前沿科学的发展。举行了中美两国科学院高层会晤，双方就可持续发展、技术转让和知识创新等共同关心的问题进行了讨论，为两国科技合作打下坚实的基础。全年支持、组织小型的双边学术会议36个。

国际合作中对重大项目给予了重点支持。重点支持了上海细胞所的中德马普裴刚青年科学家小组和沈阳金属所的卢柯青年科学家小组，他们出色的工作均获得了对方的资助，有的成果获得了国际专利。建立了中法催化、生命科学联合实验室，这一形式已被法方接受，并有大企业加入合作，显示了具有较强的生命力。新疆生态与地理所通过日本JICA渠道与日本合作，开展草炭绿化荒漠项目，合作近3年，取得了成效，为开发西部做出实质性工作。

今年新签院级合作协议6个，拓宽了新的合作渠道。接待了美国威斯康星大学代表团，与该校签订了具体项目合作协议。与俄罗斯科学院新西伯利亚分院签署了合作协议，和加拿大科研理事会（NRC）签署了谅解备忘录。今年与日本大企业的合作有了实质性

进展。日立公司、松下公司与我院有关研究所就湖北长江灾害预报系统、并行机软件、循环流化床、抗菌材料、自动识别技术等开发和研制项目的合作达成了协议，获得了经费和设备。加拿大17位中小企业代表和美国20多家小公司访问了我院，与有关所签署了合作协议。

发挥我院国际合作的优势，开展与国外民间组织、国际机构的合作。我院“中日科技与经济交流协会”与日本民间机构在能源、信息等领域展开了实质性交流。路甬祥院长率协会大型代表团赴日，进行了第二次中日学术产业合作交流。访问中，日本首相小渊惠三会见了路院长，我院提出了中日合作的多种模式。利用这一渠道，我院与日本绿化协会合作，组织了两国三方（日本、中科院、重庆市）、院地结合的重庆植树绿化活动。在院地合作中，引进了国际合作的内容，既活跃了国际合作，又为改变我国西部生态环境作出了贡献。

二、积极开展与第三世界国家的国际合作

第三世界是我院国际合作的重点之一，与我院存在着很大的互补性。路甬祥院长、许智宏副院长和院3个代表团访问了韩国、朝鲜，朝鲜科学院代表团也访问了我院。中韩、中朝还举办了生态会议等双边学术会议。马来西亚组织了38人的代表团来访，就多种学科与我院进行了交流。我院对印度、巴基斯坦和南非也开展了交流，联合举办了培训班，进行了科学考察和组织会议。

三、国际组织工作活跃

根据我院国际合作有所侧重的原则，重点支持了在国际组织任职者、百人计划入选者、青年学术带头人的国际学术交流活动。我们利用南南合作基金资助第三世界科学家186人次来华参加会议和合作研究，与TWAS合作举办了4个会议。许智宏副院长带队参加了在塞内加尔举行的TWAS第7次院士大会，介绍了我院的工作，进行了交流。全年院领导20人次出访国际组织，参与其组织的活动。

四、在50年国庆、院庆中，扩大国际合作交流

在国庆、院庆50周年活动中，组织了数量大、层次高的外事活动。其中有院庆茶话会、驻外使节招待会、大型学术报告会、与朗讯公司、3M公司的高级领导和科技专家举行座谈会等。邀请了杨振宁、李政道、丁肇中等6位诺贝尔奖获得者以及其他一些贵宾来华以学术交流等形式进行庆祝，党和国家领导人参加了重要活动并会见了客人。这些活动扩大了我院的国际影响，促进了合作与交流的开展。

五、扩大与港澳台地区的合作

1999 年院领导 9 人次访问港澳台，参加了生物多样性等专业会议并会晤了当地教育、科技、文化、企业界的重要人士，密切了关系，争取了资源。获得了香港知名人士查济民夫人等的资助，以建立奖励基金和建设实验室。组织了“香港星”、“查刘壁如星”小行星的命名仪式，取得良好的社会影响。院有关所的 8 个代表团赴港澳台参加了会议，进行学术交流。台湾工业技术研究院科技、环保中心、香港新鸿基地产集团等均组团访问了我院。

六、做好高层次人员的出访和接待工作

积极组织和精心安排院领导和高层次科研管理人员参与国际合作活动，他们大范围、多内容的出访开辟了新的渠道，在较高的层面上促进了国际合作。由路甬祥院长任团长，与科技部、社科院、海洋局联合组织的代表团，出席了世界科学大会，介绍、展示了我国的科技发展情况。同时着力做好重要外宾的接待工作，年内邀请了多位诺贝尔奖获得者访华。欧洲核子中心主任应邀来访时，受到江泽民主席会见，取得很好的效果。德国联邦基金会主席、马普学会副主席、欧空局局长、俄罗斯科学院副院长、美国、澳大利亚 5 所大学校长等均应邀来我院访问，有的还与我院签署了双边合作协议，促进了今后的合作与交流。

七、获得经费资助和荣誉

结合实施创新工程，我院和日本学术振兴会签署了 5—10 年在世界科学前沿领域的大科学合作协议，中日大学群的交流又发展了新的合作领域。一年来，从日本有关方面获得的资金、科研设备折款等约 300 多万美元，其中羊八井宇宙线观测项目获得价值 100 万美元的设备。我院与国际组织、国际机构的合作交流一直比较活跃，在学术和经费上获益都较大。今年获 ICIMOD、UNDP、UNESCO 等国际组织的资助 120 万美元。在合作中注意做好友好人士的工作，年内经做工作，日本友好人士工藤先生捐款建设了一所希望小学和基诺族博物馆。全年共获得资助约 6000 万元人民币。

日本桥口隆吉先生在我院设立的桥口基金会今年举行了第三次授奖活动，院内外 3 人获奖。在第三世界科学院第 7 次院士大会上，我院 4 位科学家当选为第三世界科学院院士，沈阳生态所东北防护林的建立项目获得了科技网络奖。李政道、卡尔·汉斯两位科学家因与我合作成绩显著，获得了我国外国专家局颁发的“友谊奖”。

八、2000 年工作要点

1．视国际合作为知识创新工程的组成部分，与各专业局加强协作，确定在实施创新

工程中，国际合作的中长期目标，争取多出成果、人才；面对即将加入WTO的形势，与高技术产业局协同对开展与企业界的合作给予预测和作出规划；结合实施创新工程，积极参加、举办双边科学政策研讨会，加强在科学政策和管理方面的交流，与人事局一起搞好境外培训和吸引国外优秀人才工作。

2. 在合作内容上，对大科学工程等重大项目给予成龙配套地支持；鼓励建设具有实质性合作内容的联合实验室；提倡组织召开小型的国际会议。组织好中美、中法“前沿会”等大型会议和项目。

3. 实行实现国际合作目标的国别政策，保持与发达国家的关系；加强与俄罗斯、独联体的合作；适度加强与第三世界国家进行合作，加强对以色列和北非（埃及）的工作；推动与日本民间组织机构的交往。

4. 在管理方面，加强对国内外情况的调研，为领导提供决策依据和工作参考。简化项目执行办法，如实行拨款包干，简化护照、签证手续。完善专家评审制度，做好引智、国际合作基金等管理工作。通过多种内容和多形式的培训，对外事干部进行培养和提高。实行激励机制，保持和完善一支稳定、专职的外事队伍。

综合计划

1999年是中国科学院实施知识创新工程试点工作的第二年，在院党组的直接领导下，综合计划工作以知识创新工程试点为中心，重点加强总体战略研究，及时启动知识创新工程近期重大项目，加紧组织知识创新工程试点全面推进阶段方案的研究及“十五”规划的制定，继续做好资源争取与优化配置，加强综合管理及各项制度的建立，为全院的改革与发展作出了贡献。

一、以知识创新工程试点工作为中心，组织总体规划与战略研究

1. 抓好中心工作，加强战略研究，凝炼科技目标

从1999年2月开始，根据院的部署，开展了知识创新工程科技目标战略研究。综合计划局作为主要承担单位，会同各专业局认真学习江泽民等中央领导同志对我院创新工程的批示，听取了路甬祥院长的多次报告，进行了深入细致的调查研究。确定了我院知识创新工程需加强投入的九大领域：农业高新技术、人口与健康、能源、新材料、信息与自动化、空间科学与技术、生态与环境、地球科学、重大交叉科学。针对这九大领域，组织了由著名科学家组成的专家组，经过近10个月的努力，完成了中国科学院知识创新工程科技目标总报告和九个专题报告。研究报告按领域前沿、重要方向和重大项目三个层次布局，在九大领域中提出了一批领域前沿、重要研究方向和重大项目。初步选定拟加强布局的重大项目有：转基因农作物的应用和产业化示范工程，数字农业模拟系统，重要疾病相关蛋白质的结构与功能，实用纳米材料的研究和开发，燃料电池技术与系统集成，高效洁净燃煤多联供系统，国家高端计算环境，科学仪器与先进技术设备，国家生态安全的监测、评价与预警系统，科学卫星及有效载荷预研究，中国典型盆山系统与成矿等。

在研究工作进行期间，听取了几十位院士和海外专家的咨询意见以及科研人员和管理人员的意见，先后两次提交党组扩大会议讨论，其研究成果得到了党组的重视和肯定。总体组完成“中国科学院知识创新工程科技目标框架”，并于1999年11月正式向社会公布。根据院领导指示，补充组织完成“科学仪器与关键设备”和“微电子关键设备与ASIC设计”专题研究报告。这项由近200位专家完成的研究工作，其主要部分将在今后执行中被采纳，成为我院知识创新工程试点科技目标的核心部分。

2. 积极推进知识创新工程试点工作，抓好近期重大项目

在院党组领导下，积极推进知识创新工程试点工作，会同业务局，筛选了一批对国民经济、社会发展、科技进步和国家安全有重要显示度的项目作为知识创新工程近期重

大项目，给予强化支持。从 78 个项目中反复研究，筛选出 19 个项目，如曙光 2000-Ⅱ超级服务器、微小卫星创新一号、燃料电池、电动汽车、三志（中国动物志、中国植物志、中国孢子植物志）编写、国家资源环境信息系统等。这些项目大多数已取得了重大进展。

在高技术研究与开发方面：强化支持曙光 2000-Ⅱ超级服务器开发工作，已研究开发出系列产品。这些产品兼顾科学工程计算、事务处理和网络信息服务，在石油、气象、水利水电、网络信息服务、银行、各类机械 CAD 和 CAM、基础科学计算等行业具有广阔的应用前景。曙光 2000-Ⅱ超级服务器是国内目前性能最高的超级服务器产品，在整体上达到了国际同类产品的先进水平。它的研制成功，标志着我国高性能计算机的技术和商品化水平迈上了一个新台阶。曙光 2000-Ⅱ包括 82 个结点、164 个处理机，其内存容量达到 50 千兆字节，磁盘容量在 860 千兆字节以上，系统峰值运算速度超过每秒 1000 亿次浮点运算。曙光 2000-Ⅱ包含完善的系统软件，包括机群操作系统、并行编程环境和友好用户界面，整个系统具有很高的可扩展性、易用性、可管理性和可用性。在知识创新工程重大项目支持下，以中科院为主，联合上海航天局、上海邮电局等共同研制的存储转发通信微小卫星——创新一号，从 1999 年 2 月起进入工程研制阶段，现已完成环模星的研制。预计 2000 年完成串联星，2001 年完成飞行星，实现搭载发射和试运行。燃料电池（FC）借助于电催化剂作用，将燃料和氧化剂中储存的化学能直接转化为电能，被认为是 21 世纪首选的高效、节能、环境友好的发电技术。燃料电池研究与开发，已成功组装出百瓦、千瓦、5 千瓦的质子交换膜燃料电池组，30 千瓦电池组即将成功，可用于电动车动力源、可移动电源、分散电站等。

在基础研究方面：“三志”（《中国植物志》、《中国动物志》和《中国孢子植物志》）编写是一项浩大的生物资源研究的系统工程。通过知识创新工程重大项目的支持，大大加快了编研工作的进程。碳纳米管等纳米材料和结构研究进行顺利，可望在近两年内在纳米材料的制备、性能和应用上有所突破，从而有助于纳米材料理论的发展，并促进其实用化。水稻基因组测序已取得最新进展。在继 1988 年建成 BAC 物理图后，正式启动大规模测序，目前已完成测定的原始顺序达数千万核苷酸，完善 DNA 顺序达 300 万核苷酸。根据对现有 DNA 顺序分析，水稻基因组的基因密度很高，远超过目前被普遍接受的水稻总共约有 3 万个基因的概念，大量新的潜在基因正在逐步被鉴定出来。微生物基因组（泉生热鞘菌）的“工作框架图”的测序已经完成，现已进入补洞封图阶段，该工作证明我国已具备 Mb 级的基因组序列提取、处理、质量检查及全基因组序列组装、注释、分析的能力，在整体上提高了我国基因学的研究实力和水平。

在资源环境研究方面：在国家攻关和知识创新工程项目等的共同支持下，已初步建立国家资源经济信息系统，为国土资源与环境监测、农情速报、灾害评估等提供依据。油气勘探研究，已在胜利油田和大庆油田获得全新地质解释的成果，并在大庆油田完成百亿立方米量级的天然气储量，在胜利油田完成千万吨石油储量探测，为完成油气勘探二次创业前导研究提供理论基础的技术标准。

3. 抓好“十五”规划的制定工作和创新试点第二阶段方案的研究工作

根据院规划领导小组的指示精神综合计划局提出了院“十五”规划框架设想，为我院学科发展规划和事业发展规划理清了思路。在积极参与国家计委、科技部“十五”规划工作的同时，开始了我院“十五”规划的制定工作。综合计划局负责院总体规划和部分事业发展规划的起草工作，先后完成了全院科研装备规划、科研基地建设规划、基本建设规划、文献情报工作发展计划等草案的起草工作。

根据院党组扩大会议的决定，开始了创新试点第二阶段方案的研究工作。以综合计划局作为组长单位的工作小组，在领导小组的领导下通过大量的调研，历时4个月，几易其稿，现已完成上报中央报告的框架制定，并已形成“中国科学院关于全面推进知识创新工程试点工作的报告”及附件的初稿。

二、抓紧资源争取和落实工作，优化资源配置

1. 多方争取经费投入，促进科学事业发展

1999年院财政围绕知识创新试点工作和院属单位改革需要，进一步加强了预算管理工作，积极争取预算资金投入。在争取、落实1999年度全院科学事业费预算的基础上，争取和落实了国家对高能物理研究所北京正负电子对撞机的经费支持，正常运行费每年增加2300万元，1999～2001年关键设备更新和前沿性研究专项经费三年共9000万元；争取和落实了引进国外杰出人才专项经费11591万元(67人)；申请并落实了高校修购专款300万元；落实并及时拨付了国务院关于增加在职人员工资和离退休费用的专项经费5242万元，两年一次调资经费910万元。努力争取经费投入，保证发展需要。

根据决算，1999年全院总收入545206万元，较上年增加51608万元，增幅10.5%，其中财政补助收入310704万元(含知识创新工程试点专项经费112500万元)，较上年增加37104万元，增幅13.56%。

2. 加强预算管理，建立健全制度，推进知识创新试点工作

按照总量控制、保证重点、择优支持、鼓励竞争和优化资源配置的原则，完成了年度科学事业费预算分配方案编制工作，进一步加大了科学事业费直接下达院属单位的比例；为加强知识创新试点专项经费的管理，提高资金使用效益，保证知识创新试点工作的顺利进行，制定了《中国科学院知识创新工程试点专项经费管理办法》和《中国科学院知识创新工程试点专项经费管理办法的补充规定》；在征求有关部门意见的基础上，重新制定了院机关业务管理费管理办法，规范了业务管理费的提取和使用。根据国家统一要求，改革了预算编制方法，首次试编了我院2000年部门预算。

3. 加强财务管理，做好预决算工作

按照财政部、科技部要求，组织院属各单位完成了1998年度全院科学事业费、教育事业费和大型科研装置运行维护费决算编报工作，并按规定对各单位决算进行了批复；组织院属各单位完成了1999年度全院科学事业费、教育事业费和大型科研装置运行维护费预算编报工作，并按要求及时对各单位预算进行了批复。

三、积极争取国家专项投资，加强大科学工程项目管理

1. 积极争取国家专项投资，成果显著

1999 年，综合计划局在院领导的直接领导下，共争取国家专项基建投资 62 213 万元（不包括国家计委下达的基数投资 21 600 万元、财政部下达的创新工程基建专项投资 43 809万元），比 1998 年增加 31 191 万元，增幅高达 100.5%，是建院以来国家对我院投入专项基建投资最高的一年。主要内容如下：

（1）争取中青年科技人员专项住宅投资 6 亿元，已下达 25 000 万元。在知识创新工程试点工作中，为稳定我院科技队伍，吸引优秀青年学术带头人，实现知识创新工程所提出的目标，需要尽快解决科技人员住房困难。我院无房和缺房困难户多是青年科技人员，为不把无房、缺房户带入新世纪，我院曾多次向李岚清副总理、国务院、国家计委、建设部、财政部等部门申请中青年科技人员住房困难专项补贴投资 6 亿元。经过一年来的努力，国家计委以计投资［1999］1795 号文件补助中国科学院中青年科技人员解困住宅工程中央预算内专项投资 60 000 万元，其中 25 000 万元已下拨京区各有关单位。

（2）争取京区“煤改气”项目专项投资。为遏制首都大气污染加重的趋势，改善大气环境质量，加速推广使用天然气，北京市政府提出了 40 片无燃煤区的锅炉改造任务。为配合北京市政府做好首都大气污染控制和治理工作，我院也加快了“煤改气”工作的步伐，对京区各所的供暖现状进行了调查，并向国家申请“煤改气”专项经费。经过积极努力和争取，国家计委以计投资［1999］1730 号文件下达我院 1999 年中央财政预算内专项资金投资计划 10 345 万元用于“煤改气”项目。

（3）争取高校扩大招生、筒子楼改造、“211 工程”专项投资 1108 万元。

2. 加强大科学工程项目管理，进一步做好大科学工程项目组织协调工作

（1）成功举办大科学工程基本建设项目管理培训班。为提高国家重大科学工程项目建设单位的管理水平，1999 年 9 月 18 日～22 日中国科学院综合计划局在庐山疗养院组织举办了大科学工程基本建设项目管理培训班。参加培训班的学员来自 LAMOST、HIRFL-CSR、合肥二期、HT-7U 以及上海同步预研项目的总经理、三总师等，以及院有关局的同志。

培训班邀请了国家计委、国家审计署、国家经贸委、中国国际广播电台、中国国际工程咨询公司、北京市建筑设计研究院以及院办公厅档案处有关领导和同志作为授课老师。授课老师系统、生动地讲解了与大科学工程基本建设管理相关的法人责任制、固定资产投资审计、大科学工程档案管理、基本建设概预算管理、设备招投标管理、中国国际广播中心工程建设施工招标以及项目后评价的知识和经验，并详细解答了大科学工程项目管理中遇到的问题。在热烈的讨论中，增进了授课老师和国家有关部门领导对我院大科学工程的建设和管理与其它基建项目管理不同点的了解，并得到了国家有关部门对我院大科学工程管理特点的理解。

培训班还安排了有关科研工程管理的学术报告、论文 12 篇，充分交流和讨论了科研

工程管理的经验和问题。整个培训班安排紧凑，针对性强，讨论气氛热烈，收效显著。学员普遍反映，这个培训班办的好，办的及时，解决了很多困惑疑难问题，希望以后多举办类似的有实效的培训班。

（2）主持召开了第四次、第五次院大科学工程协调工作小组会议，协调解决了大科学工程建设过程中存在的一些实际问题。如项目单位在会上多次反映，大科学工程作为知识创新工程的重要组成部分，需要一支稳定的、优秀的科技人才队伍，但人员待遇相对较低，难以稳定，影响到工程的顺利建设。我局会同基础局提出了“适当增加我院大科学工程项目补贴”的建议，经院长办公会议讨论通过，院从知识创新经费中给予大科学工程一定的支持，提高了工程人员的待遇，对人才的稳定起到了积极的作用。

（3）到 1999 年底，由我院承担建设的 5 个大科学工程项目进展顺利，其中“国家同步辐射实验室二期工程（简称‘合肥同步’）”已批准正式开工，工程总投资 11 800 万元已全部到位；“HIRFL-CSR”项目可行性研究报告通过了国家计委的审批，累计下达投资 11 000万元（占总投资的 37%）；受国家计委委托，“托卡马克”和“LAMOST”项目初步设计及概算通过了我院的审批，分别累计下达投资 10 700 万元（占总投资的 65%）和 5600 万元（占总投资的 24%）；上海同步预研项目累计下达投资 4500 万元（占总投资的 56%），其中国家下达 1000 万元，上海市投入 3500 万元。

四、努力促进开放实验室的建设与发展

我院现有 117 个开放实验室，其中，国家重点实验室 54 个。

1. 开放实验室进入知识创新工程试点

院通过知识创新工程试点对推动开放实验室的深化改革做出重要部署。1999 年 3 月，院批准了《中国科学院关于国家重点实验室、院开放实验室在知识创新工程试点中改革与发展的意见》，1999 年 6 月，批准了《“国家重点实验室、院开放实验室在知识创新工程试点中改革与发展的意见”实施方案》。该“意见”明确要求开放实验室进一步深化改革、明确目标、调整结构、精选队伍、完善机制；决定将符合高目标、高起点、高要求的开放实验室择优纳入院知识创新工程试点。“实施方案”提出了试点工作的操作办法，对有关政策和具体问题提出了具体意见。为做好开放实验室的创新试点工作，加强宏观指导，1999 年 6 月，院下发了《关于调整开放实验室分局管理名单的通知》。在 3 个文件的指导下，按照计划局宏观调控与协调，业务局组织实施的原则，在业务局的精心组织下，实验室的试点工作按 2 类情况进行组织。经院批准已进入试点的研究所，其所内开放实验室的调整方案，由研究所组织、落实；实验室所在研究所未进入试点，开放实验室的试点方案由业务局组织审查，报主管院长批准。通过试点工作，开放实验室在研究方向与目标、队伍建设、运行机制、管理等方面的认识和改革力度明显提高，极大地促进了开放实验室的发展。

2. 积极组织参与国家评估

1999 年科技部制定了新的国家重点实验室评估规则。国家对重点实验室开始了新一轮的评估。1999 年国家评估了（全国）29 个化学学科实验室，我院参加评估的 13 个实验室中，2 个被评为优秀实验室，11 个被评为良好实验室，优良率 100%。

3. 加强国家重点实验室建设

国家重点实验室评估规则规定，对两次评估为优秀的部门实验室，将依照程序升级为国家重点实验室。1999 年，我院兰州化学物理所固体润滑实验室、力学所非线性力学实验室、上海有机所金属有机化学实验室、化学所和长春应化所高分子物理与化学实验室以 2 次国家评估为优秀的业绩，升级为国家重点实验室。这是 1993 年以来新建的 4 个国家重点实验室。1999 年，红外物理、传感技术联合、模式识别、应用光学、材料疲劳与断裂、金属腐蚀与防护 6 个国家重点实验室仪器设备更新改造项目通过验收。

五、加强财务制度建设，做好国有资产管理

1. 紧密配合知识创新工程试点工作，加强财务制度建设

（1）1999 年是我院开展知识创新工程试点工作的重要一年，综合计划局紧密围绕知识创新工程试点，制定并印发了《中国科学院知识创新工程试点经费会计核算暂行规定》，满足了各单位的核算要求，有利于国家财政、审计部门对我院知识创新工程专款的检查和审计。

（2）为推动知识创新工程试点的顺利进行，加速结构调整，制定并印发了《中国科学院所属事业单位财务清算实施细则》，有效的指导了各单位的结构调整。

（3）为解决院属科学事业单位承担国家科技任务免缴所得税问题，综合计划局多次向财政部、国家税务总局反映情况和进行交涉，并提出减免方案，得到国家认可，并印发了《国家税务总局关于中国科学院及其所属科学事业单位缴纳企业所得税问题的通知》，较好地解决我院科学事业单位承担国家科技任务缴纳所得税问题。

2. 认真做好全院的国有资产管理

(1)综合计划局指导研究所结构调整中财务清算和加强对财务清算工作的检查。1999 年重点对北京计算所、兰州大气所、兰州沙漠所、兰州冰川所等的财务清算工作进行指导和检查，并对检查中存在的问题进行制止和纠正，保证了国有资产的安全。

（2）完成了院属 20 多个单位的资产评估立项、资产评估确认、股权管理方案、国有资产产权登记工作。特别是保证了中国科技大学创办“创新股份有限公司”、沈阳自动化所创办“新松股份有限公司”和大连化物所创办“凯飞化学股份有限公司”等几家上市公司的需要。

六、2000 年工作要点

2000 年对于顺利完成启动阶段的创新试点工作，争取下一个五年在我院全面推进知识创新工程试点工作是至关重要的一年。综合计划工作，要在院党组的统一领导下，努力做好参谋部和后勤部的各项工作。

（1）在党组的统一部署下，会同有关单位通过广泛的调查研究提出全面推进知识创新工程试点工作方案，完成给中央报告的起草工作。

结合创新试点全面推进阶段的实施方案研究，在院规划领导小组的领导下，组织制定并起草《中国科学院科技发展‘十五’计划和 2000 年总体规划纲要》。

在院“十五”科技发展计划的框架下，积极对口联系国家有关部委研究制定我院“十五”期间基本建设投资计划、科研装备计划、院开放实验室、国家重点实验室以及大科学装置等基地建设计划。

组织实施知识创新工程领域方向和重大项目计划。会同业务局部署启动一批重要研究方向，优选若干重大项目，进行强化支持。同时做好对院“九五”重大项目、特别支持项目的检查验收和总结工作。加强同研究所科研处等有关部门的业务联系，积极探索科研管理新思路。

（2）2000 年是“九五”计划的最后一年，也是争取国家“十五”各方面资源投入最关键的一年。综合计划局将把资源争取与探索管理分配新思路作为非常重要的工作来抓。

会同院有关部门做好创新试点专项经费使用效益的监督，检查和评估工作，同时进行创新试点全面推进阶段的经费需求分析与经费争取方案制定。

努力做好我院科学事业费、各项专项经费的争取与落实，加大贯彻《预算法》的力度，研究完善预算拨款制，探索国家科研机构资源分配与管理使用的新模式、新机制。加强制度建设，规范资金开支范围，提高资金使用效益。

（3）做好“九五”基建扫尾项目的投资审批，在对全院“九五”基建投资情况检查总结的基础上，提出“十五”基建投资需求和规划设想。争取国家更多的专项投资，改善我院园区面貌。

配合国家有关部门，会同业务局，加强对运转中的大科学装置的考核、管理，加快我院在建大科学工程的建设步伐，争取“HIRFL-CSR”、“AMOST 和 HT-7U”等项目早日开工，促进其它大科学工程项目尽快启动。此外，要加强对运行中的大科学工程的支持，加强对在建大科学工程建设的组织协调。

（4）抓好我院 26 个国家重点实验室、院开放实验室参加国家评估工作，加强国家重点实验室、院开放实验室建设，继续推动开放实验室在知识创新工程试点工作中的深化改革与发展。

（5）加强国有资产的管理工作，认真做好机构调整、事业单位转制、企业改制等资产分割评估、股权设置等工作，保证国有资产的安全完整和保值增值。

科研装备与技术监督

1999年是我院科研装备与技术监督工作紧密结合的一年，随着院创新试点工程进展和院机关改革工作的启动，认真落实院领导关于科学装备的各项指示，在优化存量和提高增量两个方面均取得良好的成效。

一、科研装备工作

今年我院科学装备经费主要从两个渠道解决：一是院下达各所的创新经费；二是院里每年1.0亿的设备更新专项经费。各创新试点研究所根据本所工作情况购置急需的设备，院1.0亿设备更新专项重点解决以下几个问题：

（1）1.0亿/年的设备更新专项资金重点使用方向：前沿学科的重大的前瞻性设备、大型共用设备、创新思想的研制和改造仪器项目和全院信息网络的建设，大致比例为4∶2∶2∶2。装备计划以综合计划局牵头，密切与各业务局配合，共同制定重点学科年度装备计划。总经费为12895万元，其中有20%为研究所自筹经费。用于已进入创新体系的研究所占70%。基础科学研究重点装备基础装置的完善和提高，如天文、纳米材料前沿研究等；高技术科学优先装备承担国家各项重大科研任务的急需，如材料科学、小卫星、机器人及光学试验室等；资源环境科学重点装备宽频带地震台网络、古地磁学及模拟降雨观测系统等用于长期观测的设备建设；生命科学重点装备上海药物筛选中心和蛋白质组研究的急需设备，此外还对我院科技大学211工程给予一定的装备支持。

（2）配合我院“百人计划”工程，除财政部专项经费吸引国外优秀青年科学家以外，院还吸引了14位国内优秀青年人才，为引进优秀学术带头人提供必要的设备条件，保证科研工作顺利开展。

（3）增强创新意识，加强研制和改造设备的投入。1999年共安排研制和改造设备项目100多项，同时验收了55项研改项目，总共经费投入为1700万元。

（4）院信息网络建设。我院信息网络建设历时10年，耗资近亿元，已形成以北京为中心覆盖全院各单位的全国性网络，但仍存在通信带宽窄、运行费不足和信息资源少的三大缺点。为了改善网络现状，中科院组织制定了“全院信息网络的五年发展规划”和“我院网络应急改造升级方案”，重点将京区各单位与网络中心原来的微波互联改造成光缆互联，全长57公里，预计2000年上半年全部完成。同时对京区网络节点部分设备加以改造，选择上海、成都、武汉三个分院进行局域网改造，对各分院的二级节点的服务器进行更新，总投入为1600万。院信息网络改造后，京区中关村由10M共享结构改造为10M（100M）交换网，上海、合肥、新疆由256K升级为1—2M，武汉、南京DDN信道升级到256K，其它分院和独立所采用共享2M下行，独立128K上行信道，以保证近1—2年院信息网络畅通。

（5）超大型设备跨部门共建工作。科技部牵头组织各部门对超大型共用设备（>50万美元）实行共建，1999年达成协议引进4台大设备，800M核磁安装在北京大学，二次离子探针安装在地矿部，我院上海有机所和广州地化所分别引进一台FT-MS和一台MC-ICP-MS，经费由科技部和各共建共用单位共同筹集，专管共用。重大设备的引进为我国前瞻性基础研究提供了必要的条件。

二、技术监督工作

1999年技术监督工作，围绕标准化、计量、质量论证和技术安全，重点做了以下几个方面工作。

（1）标准化管理工作。这是一项国家基础性、社会公益性技术工作。全院近几年来已为国家建立了100多项标准，有6个标准化委员会。1999年承担国家标准立项10项，受理企业产品标准备案17件，举办两期“质量体系论证国家注册审核员培训班”，为我院质量体系论证队伍打下了基础。

（2）计量认证工作。全院有6个专业计量站和6个地区计量站，28个计量认证评审组。1999年受理了13个机构计量认证复查换证工作，1个机构评审工作和2个机构的监督检查工作等。

（3）质量体系管理工作。全面贯彻国务院质量振兴纲领，全院已通过质量体系认证的有7个单位，预计2000年有18个单位左右。质量体系建设的特点是以任务和市场带动，实现与国际接轨的全方位管理体系，目前此工作侧重于高技术学科，尚需进一步推动。

（4）技术安全工作。安全保卫工作最重要的是警钟长鸣，防范于未然。我院的安全工作重点是电路改造、危险化学物品、压力容器、大型仪器设备、放射性物品等，现已正式发文进一步强调研究所法人负责制，认真清除各种安全隐患，保障国家和人民的利益和生命安全。

三、科研装备的管理工作

（1）大型仪器管理与地区共用测试中心。推进与地方科、教系统共建“设备共用协作网”，如上海、沈阳、广州、北京、武汉、成都等。

总结各分院测试中心在资源共享和协作共用方面的问题和经验，1999年适当增加运行费，进一步加强绩效考核，并拟在管理方法上加以改进。

（2）对全院科学仪器情况全面调查、整理和分析。编制我院科学仪器（≥2万美元）数据库，为制定我院十五期间科学装备规划和制定年度装备计划提供依据，为制定二期创新工程的科研支撑条件计划提供参考。

（3）装备管理工作注意抓“两头”，即计划的制定、落实和跟踪绩效考核。

中国科学院 1999 年统计公报

1999 年，我院知识创新工程试点第一阶段工作全面展开，形势喜人，进展顺利。全院同志在党组的领导下，深入学习贯彻江泽民总书记为我院的两次题词，通过加大改革力度，调整组织结构，转变运行机制，科研工作取得新的进展，争取承担国家任务保持了良好的势头，获得一批具有国际先进水平的重大科研成果，创新队伍建设和人才培养迈出新步伐，国际合作与交流异常活跃，各项工作成效显著，为国民经济与社会发展做出了重要的贡献。

一、全院概况

1. 机构

截止 1999 年末，院属独立事业单位 149 个，其中科学研究机构 115 个，比上年减少 6 个；文献情报中心 5 个；高等院校 3 个；科学仪器研制中心 5 个；院与分院管理机构 14 个；其它机构 7 个。院属独立企业单位 10 个。

2. 职工

我院在进一步结构性调整中精干队伍，职工总数继续呈减少趋势。1999 年末，我院正式职工 6.17 万人，比上年净减 0.33 万人，净减率为 5.1%。事业单位正式职工 5.90 万人，企业单位正式职工 0.27 万人。

全院女职工 2.06 万人，占正式职工的 33.4%，比上年下降了 0.4 个百分点。

全院专业技术人员 4.02 万人，占正式职工 65.1%，专业技术人员中具有高级技术职称的 1.50 万人（其中正研级 0.46 万人），具有中级技术职称的 1.60 万人，分别占专业技术人员的 37.4%（其中正研级 11.4%，比上年提高了 0.4 个百分点）和 39.8%。高级、中级、初级（含未定职）比例为 1∶1.1∶0.5。

行政管理人员 0.71 万人，占正式职工 11.5%。

全院工人 1.44 万人，比上年减少 603 人，占正式职工的 23.4%。

截至 1999 年底累计离、退休人员 3.47 万人。比上年增加 0.29 万人，增长率为 9.1%。

1999 年全院正式职工中，具有博士学位的比上年提高 1.0 个百分点；具有大专以下学历的比例呈下降趋势。

类别		人数（万人）	1999年占正式职工（%）	附：1998年占正式职工（%）
学位	博士	0.39	6.2	5.2
	硕士	0.64	10.4	10.0
	学士	0.81	13.2	12.4
学历	研究生	1.12	18.1	17.0
	大学	1.79	29.1	30.0
	大专	0.96	15.7	15.3
	中专	0.42	6.7	7.2
	其他	1.88	30.4	30.5

全院正式职工中40岁以下的占全院总人数的45.5%。与上年相比提高了0.7个百分点。其中变动较大的为：30～34岁年龄组人数占正式职工的比例下降1.4个百分点；35～39岁年龄组人数占正式职工的比例上升2.7个百分点。

全院正式职工中40岁及以上人员中，与上年相比变动较大的为：45～49岁年龄组人数占正式职工的比例上升2个百分点；55～59岁年龄组人数占正式职工的比例下降1.5个百分点。

年龄组	人数（万人）	1999年占正式职工（%）	附：1998年占正式职工（%）
30岁以下	0.78	12.6	13.2
30～34岁	0.95	15.4	16.8
35～39岁	1.08	17.5	14.8
40～44岁	0.89	14.5	15.9
45～49岁	0.97	15.8	13.8
50～54岁	0.66	10.6	10.5
55～59岁	0.72	11.6	13.1
60岁及以上	0.12	2.0	1.9

3. 职工增减变动情况

（1）本年新增和调入正式职工1966人，比上年减少9%，其中：统一分配研究生、大学本、专科毕业生1502人；从农村、城镇招收59人；统一分配的复员、转业军人57人。由院外单位调入286人。

（2）本年减少和调出正式职工5284人，比上年减少3.0%，其中：离、退休人员3296人；死亡69人；停薪留职与辞职人员337人；终止、解除合同及长期出国未归自动离职人员约700余人。调至院外734人，比上年减少13.6%。

（3）1999年正式职工院内流动95人；院内外进出流动1020人，调至院外人员为由院外调入人员的2.57倍。在本年流动人员中86.3%为专业技术人员。

（4）本年由院外单位调入的人员中35岁以下占62.2%；调至院外单位的人员中35岁以下占63.8%；属院内流动的人员中35岁以下占33.7%。

4. 工资

职工工资水平稳步提高。1999 年我院全民所有制单位全部职工工资总额 9.39 亿元，人年平均工资为 1.44 万元，比上年增长 9%（未扣除物价因素）。其中：事业单位全部职工工资总额 8.88 亿元，人年平均工资为 1.41 万元；企业单位全部职工工资总额 0.51 亿元，人年平均工资为 2.14 万元。

5. 科学事业单位总经费收入、支出情况

科学事业单位总经费（不包括基本建设费，下同）继续保持较大的增长势头。1999 年科学事业单位总经费收入 54.52 亿元，比上年增长 10.5%，其中财政补助收入比上年增长 13.6%，主要为国家拨知识创新工程试点专项经费及引进人才经费共增加 2.52 亿元。财政补助收入与通过项目竞争等获得经费之比为 59∶41。科学事业单位总经费支出 42.62 亿元，比上年增长 16.1%，其中人员支出比上年增长 24.0%。

	经 费（亿元）	占总收、总支（%）
经费总收入	54.52	100
1）财政补助收入	31.07	57.0
其中：创新工程专款	12.41	22.8
2）拨入专款	1.07	2.0
3）事业收入	17.83	32.7
其中：科研收入	13.28	24.4
4）经营收入	1.72	3.1
5）其他收入	2.83	5.2
经费总支出	42.62	100
1）人员支出	12.99	30.5
2）公用支出	28.58	67.0
其中：业务费	16.93	39.7
设备购置费	5.14	12.1
3）专款支出	1.05	2.5

6. 基本建设

基本建设 1999 年实际完成投资 10.4 亿元，比上年增加 1.27 亿元，增幅为 13.9%。其中：预算内投资 3.39 亿元；知识创新试点工程及引进国外杰出人才住宅补助 2.1 亿元；自有资金 4.9 亿元。

本年度在建施工面积 91 万平方米，其中：住宅在建施工面积 69 万平方米，比上年增加 3.6 万平方米；科研用房和基础设施在建施工面积 22 万平方米，比上年增加 7.6 万平方米。

本年度竣工面积 30 万平方米，其中：住宅竣工面积 25 万平方米，比上年增加 2.3 万平方米；科研用房和基础设施 5 万平方米，比上年减少 1.8 万平方米。

7. 科技活动课题情况

1999 年全院在研课题 11 063 个，比上年减少 506 个。其中本年开题 3240 个，本年完成 3952 个。课题经费内部支出 20.07 亿元，比上年增长 21%。课题组人员折合全时人数 2.46 万人年。

	课题数（个）	课题经费内部支出（千元）	课题投入人员（人年）
合计	11 063	2 006 755	24 572
科研机构（121 个）	10 346	1 967 568	23 206
其它单位（11 个）	717	39 187	1 366

注：课题经费内部支出指课题组为进行课题研究而实际支出的费用。

8. 科技论文、专利、成果

据国际三大检索工具在 1999 年对 1998 年度科技论文的检索，我院科技人员在国际上发表论文 5478 篇，比 1997 年减少 0.4%。其中 SCI 收录论文 3277 篇，比 1997 年增加 351 篇，增长 12.0%。被引论文 3815 篇，增长 11.0%，被引次数达 7534 次（1993 年～1997 年论文在 1998 年被引用情况），增长 12.0%。

我院科技人员在 1286 种被选定的国内自然科学科技期刊上共发表论文 8593 篇，比 1997 年增长 5.1%。

我院专利申请受理已突破 1100 件，其中发明申请受理量增幅较大。1999 年专利申请受理 1128 件（其中包括向国外申请 3 件），比上年申请量增长 6.5%。其中：发明 775 件，比上年增长 11.7%；实用新型 340 件；外观设计 13 件。

我院专利授权增幅较大，其中实用新型授权量翻了一倍。1999 年专利授权 501 件，比上年增长 89.8%，其中：发明 108 件；实用新型 389 件，比上年增加 213 件；外观设计 4 件。

1999 年上报院登记成果 792 项。其中：基础性研究成果 190 项，占成果登记总数的 24.0%；应用研究成果 482 项，占成果登记总数的 60.9%，比上年下降 3.5 个百分点；试验发展研究成果 81 项，占成果登记总数的 10.2%，比上年提高 3.3 个百分点；其他研究成果 39 项，占成果登记总数的 4.9%。

获国家科技成果奖 48 项：

	合　计	一等奖	二等奖	三等奖	四等奖
合计	48		15	29	4
国家自然科学奖	21		7	11	3
国家发明奖	7		2	4	1
国家科技进步奖	20		6	14	

院授科技成果奖132项：

	合　计	特等奖	一等奖	二等奖	三等奖
合计	132	2	24	55	51
院自然科学奖	63		12	27	24
院发明奖	6		1	2	3
院科技进步奖	63	2	11	26	24

9. 人才培养与引进

我院进一步凝聚和吸引优秀人才，创新队伍建设和人才培养迈出新步伐。1999年有125个单位招收研究生。其中104个单位可授予博士学位，123个单位可授予硕士学位。有博士学位学科专业点276个；硕士学位学科专业点429个。有85个单位建立了102个博士后科研流动站。

1999年录取研究生4293人，比上年增加14.1%。其中博士生1927人，硕士生2366人。在学研究生11 687人，其中博士生5252人，硕士生6435人。毕业研究生3631人，其中博士生1603人，硕士生2028人。授予博士学位1194人，硕士学位1161人。

1999年末博士后在站人员近800人。博士后进站446人，其中有获国外博士学位的20人。博士后出站379人。

1999年选派378名科技人员出国留学，比上年略有减少（因知识创新工程基地建设部分人员延期派出）。其中：访问学者340人，研究生38人。本年回国464人。

1999年我院“百人计划”共招聘103名，其中作为“知识创新工程引进国外杰出人才”引进的有93名。招聘人员中年龄最小的为30岁，最大的为45岁，全部具有博士学位，其中在国外取得博士学位的有52人，占50%，目前已有87人到位并开展工作。

1999年度入选院“西部之光”人才培养计划共24个团组，有11位青年学者获得资助攻读在职博士生。

1999年来我院开展访问研究并列入院支持的高级访问学者共129人，其中有35人来自国外，68人具有教授级专业技术职务。

10. 国际合作及与港、澳、台交流

1999年我院国际合作与交流异常活跃，邀请来访3427人次，比上年增加571人次。其中：合作研究1189人次；考察访问991人次；培训57人次；国际会议951人次；商务活动108人次；其他131人次。1999年我院派出6947人次，比上年增加1913人次。其中：合作研究1775人次；考察访问2054人次；培训8人次；国际会议2709人次；商务活动313人次；其他87人次。

二、科学研究机构情况

（1）全院科学研究机构115个，比上年减少6个。正式职工4.75万人，比上年减少0.28万人。从事科技活动3.12万人，占正式职工65.7%，其中：科技管理人员0.44万人，占正式职工 9.4%，比上年下降 0.7 个百分点；课题活动人员（指编制在课题组人员）2.26 万人，占正式职工 47.6%，与上年持平；科技服务人员 0.41 万人，占正式职工 8.7%，比上年下降 1.2 个百分点。从事生产经营活动人员 0.85 万人，占正式职工 17.8%，比上年提高 0.1 个百分点。后勤服务人员 0.54 万人，占正式职工 11.5%，比上年提高 0.2 个百分点。不在岗人员 0.24 万人，占正式职工 5.0%。

（2）经常费收入 49.62 亿元，比上年增长 30.6%，其中财政补助收入占 54.2%；承担政府科研项目占 22.1%。经常费支出 38.14 亿元，比上年上升 18.9%，其中人员费用占 29.3%；科研业务费占 38.1%。

	金　额 （亿元）	占总收、总支 （%）
经常费收入合计	49.62	100
1）政府资金	38.71	78.0
其中：财政补助收入	26.90	54.2
承担政府科研项目	10.98	22.1
2）非政府资金	10.46	21.1
其中：技术性收入	6.57	13.2
经营收入	1.22	2.5
3）借贷款	0.45	0.9
经常费支出合计	38.14	100
1）事业支出	36.83	96.6
其中：人员费用	11.19	29.4
科研业务费	14.53	38.1
公务费	2.20	5.8
设备购置费	4.93	12.9
其中：科研仪器设备购置费	4.16	10.9
其他费用	3.98	10.4
2）经营支出	1.32	3.4

注：以上指标为全国自然科学和技术领域《科技统计年报》的统计口径。

（3）1999 年为“九五”计划期间第四年，我院加大了对国家任务与院重大任务组织实施的力度。科研机构在研课题 10346 个，比上年减少 392 个。其中本年开题 2728 个，本年完成 3483 个。

课题经费内部支出 19.68 亿元，占科研机构经常费总支出（49.62 亿元）51.6%，比上年提高 0.9 个百分点。1999 年加大了对课题经费投入的强度，平均每个课题经费内部支出为 19.02 万元，比上年增加 3.87 万元。课题人员投入 2.32 万人年，比上年减少 0.15 万人年。其中科学家工程师 2.20 万人年。平均每个课题投入 2.24 人年，与上年基本持平。

1999 年基础研究、应用研究与 R&D 成果应用的课题经费内部支出增幅较大，分别比上年增长 31%、18.9%与 29.4%。

	课题数		课题经费内部支出		课题投入人员	
	个	%	千元	%	人年	%
合计	10 346	100.0	1 967 568	100.0	23 206	100.0
基础研究	4038	39.0	578 887	29.4	8022	34.6
应用研究	5272	51.0	1 051 244	53.4	12 212	52.6
试验发展	581	5.6	170 472	8.7	1708	7.4
R&D成果应用	229	2.2	79 941	4.1	631	2.7
科技服务	209	2.0	77 322	3.9	563	2.4
生产性活动	17	0.2	9702	0.5	70	0.3

1999年国家任务、院计划、地方任务与国际合作的课题经费内部支出增幅较大，分别比上年增长25.2%、28.3%、28.6%与14.6%。

	课题数		课题经费内部支出		课题投入人员	
	个	%	千元	%	人年	%
合计	10 346	100.0	1 967 568	100.0	23 206	100.0
国家任务	4949	47.8	1 050 078	53.4	11 843	51.0
院计划	2424	23.4	443 196	22.5	5420	23.4
地方任务	1130	10.9	121 560	6.2	1931	8.3
企业委托	533	5.2	123 090	6.3	1215	5.3
自选课题	747	7.2	107 474	5.5	1576	6.8
国际合作	331	3.2	92 714	4.7	775	3.3
其他	232	2.3	29 456	1.4	446	1.9

全部课题中，属技术领域的课题6236个，占课题总数的60.3%，其中：信息技术1166个，生物技术1458个；新材料755个；能源技术399个；激光技术234个；自动化技术358个；航天技术240个；海洋技术188个；其它技术领域1438个。

(4) 1999年末，科研机构资产总额达129.14亿元，其中流动资产50亿元，固定资产72.07亿元。净资产104.62亿元。

(5)1999年末，科研机构的科研仪器设备总额达48.19亿元，比上年增加3.12亿元，增长率为6.9%。其中进口科研仪器设备28.09亿元，占58.3%。九十年代的科研仪器设备28.86亿元，占科研仪器设备总额的59.9%。

(6) 1999年科研机构作为卖方技术转让当年实收3.44亿元，其中：国外及港澳台0.30亿元；国内3.14亿元，其中企业2.02亿元。作为买方获取技术当年实际支付0.26亿元，其中：国外及港澳台0.02亿元；国内0.24亿元。

(7) 出版科技专著371种，比上年增长6.9%，达14474万字。其中译成外文32种，比上年增长28%，达1866万字。大专院校教科书12种，达337万字。科普著作55种，比上年增加19种，达1114万字。

三、国家重点实验室情况

1999 年全院有国家重点实验室 51 个。

1999 年末，有固定人员 1319 人。其中高级职称 951 人。客座人员 3939 人月，其中：外籍人员 263 人月，国内高级职称 1823 人月。在读博士生、硕士生和在站博士后 2117 人。

研究课题 2349 个，课题经费投入 2.09 亿元（含客座人员课题）。其中：国家基金课题 585 个，经费 0.41 亿元；国家攻关课题 159 个，经费 0.23 亿元；“863”课题 110 个，经费 0.18 亿元；攀登计划课题 160 个，经费 0.18 亿元；学委会审批课题 571 个，经费 0.10 亿元。部委课题 624 个，经费 0.83 亿元；国际合作课题 140 个，经费 0.16 亿元。

国内核心刊物发表论文 1857 篇。国际刊物发表论文 1312 篇。

出版中文专著 68 种，外文专著 3 种。

四、工程中心情况

全院现有国家级工程中心 20 个，院级工程中心 7 个。

截止到 1999 年底全院工程中心总人数为 2057 人，其中 45 岁以下的青年人为 1631 人，占总人数的 79%；博士为 115 人，占总人数的 5.6%，硕士为 292 人，占总人数的 14%；研究与开发人员为 779 人，占总人数的 37.8%；市场营销人员为 156 人，占总人数的 7.5%。

全院工程中心资产总额超 8 亿元。

1999 年全院工程中心专利申请受理为 58 件，专利授权为 45 件，获各种奖项 23 项。

1999 年全院工程中心收入总额约为 3.6 亿元，其中生产性收入为 2.1 亿元，占收入总额的 58%。有 10 个工程中心收入超千万元，其中前 5 名为：中科院有机合成工程中心收入为 7634 万元，国家催化工程技术研究中心收入为 5600 万元，机器人技术国家工程中心收入为 3892 万元，工程塑料国家工程中心收入为 2952 万元，中科院计算机语言信息工程中心收入为 2611 万元。

1999 年通过工程中心的技术转让，使受让企业新增产值近 8 亿元。

五、院属企业经营概况

（1）截止 1999 年末，对全院 620 家企业进行了统计，职工总数达 3.9 万人，其中属院编制职工 1.1 万人。营业收入达 272.54 亿元，比上年增长 17.5%。利润总额 11.04 亿元，比上年增长 23.4%。上缴税金 12.1 亿元（包括营业税金及附加、增值税、所得税、海关税），比上年增加 9.03 亿元。利税总额 22 亿元。资产总额为 171.35 亿元，比上年增长 8.46%。所有者权益 69.82 亿元，比上年增长 14.87%。

（2）620 家企业分布在 11 个行业。其中：制造业 222 家，占 35.8%；综合技术服务业 85 家，占 13.7%；社会服务业 103 家，占 16.6%；批发零售及餐饮业为 64 家，占

10.3%；分布在另外7个行业的企业有146家，占23.6%。

(3) 利润总额超过1000万元的企业有11家，其利润总额合计为9.53亿元，占全部利润总额的86.3%；利润总额小于1000万元大于500万元的企业15家，比上年增加11家，利润总额合计为1.08亿元，占全部利润的9.8%；利润总额小于500万元大于100万元的企业有30家，利润总额合计为0.65亿元，占全部企业利润总额的6.0%。

营业收入超过1亿元的企业有9家，比上年增加2家，其营业收入为247.36亿元，占全部营业收入的90.8%；营业收入小于1亿元大于5000万元的企业9家，比上年增加3家，其营业收入合计为6亿元，占全部营业收入的2.2%；营业收入小于5000万元大于1000万元的企业有47家，比上年增加13家，其营业收入合计为10.96亿元，占全部营业收入的4%。

亏损额超过1万元的企业有158家，其亏损额为0.56亿元。

(4) 企业上交院、所利润与费用为1.49亿元。其中上交利润为0.46亿元，上交费用为1.02亿元。

(5) 院直属企业（集团）职工总数为1.8万人，比上年增加0.5万人。营业收入为238.05亿元，比上年增加35.36亿元，占全院企业营业收入总额87.3%。利润总额为6.99亿元，比上年增加1.99亿元，占全院企业利润总额的63.3%。

成果与专利

中国科学院获1999年国家自然科学奖、国家科技进步奖及国家发明奖情况

一、国家自然科学奖

获奖项目名称	第一完成单位	获奖等级
重质量丰中子新核素的合成、鉴别和研究	近代物理研究所	2
生物膜形状的液晶模型理论研究	理论物理研究所	2
以烯烃或炔烃衍生物为原料的合成方法学研究	上海有机化学研究所	2
双共振电离法研究激发态分子光谱和态分辨碰撞传能	大连化学物理研究所	2
高分子凝聚态的若干基本物理问题研究	化学研究所	2
酶活性部位柔性	生物物理研究所	2
并发进程的代数理论及验证工具	软件研究所	2
电压体在声电耦合作用下激发产生的弹性波场和振动特性研究	声学研究所	3
地质体分子标志物的研究	广州地球化学研究所	3
中国黄土与东亚古季风	西安分院	3
土壤电分析化学的建立与发展	南京土壤研究所	3
测量误差理论的拓展——拟稳平差和测量抗差估计理论	测量与地球物理研究所	3
蛋白酶抑制剂结构与功能的研究	上海生物化学研究所	3
生物大分子的计算机模拟	中国科学技术大学	3
草原蝗虫生态学研究	动物研究所	3
鱼类能量学机制的研究	水生生物研究所	3
中国种子植物的特有属	植物研究所	3
Ⅲ-Ⅴ族化合物半导体超晶格的光学性质研究	半导体研究所	3
轻原子成像法及一系列金属氧化亚稳态的发现	金属研究所	4
高亚洲浅冰芯与气候环境变化研究	兰州冰川冻土研究所	4
新材料界面精细结构及其对性能的影响	金属研究所	4

二、国家科技进步奖

获奖项目名称	第一完成单位	获奖等级
13.7米毫米波射电望远镜	紫金山天文台 中国科学院南京天文仪器研制中心	2
高精度光学非球面数控加工技术及非球面加工中心	长春光学精密机械研究所	2

微重力条件下钯系合金的凝固	物理研究所	2
土地处理系统——城市污水处理革新/替代技术研究	沈阳应用生态研究所	2
国家土地资源及生态环境背景遥感宏观调查与动态研究	遥感应用研究所	2
南沙群岛及其邻近海区资源、环境和权益综合调查研究	南海海洋研究所	2
中关村地区教育与科研示范网络主干网	计算机网络信息中心	3
激光分子束外延设备和关键技术研究	物理研究所	3
白天卫星激光测距系统的建立	上海天文台	3
高分辨快电子能量损失谱仪和（e，2e）电子动量谱仪	中国科学技术大学	3
0.8～1 微米分步重复投影光刻机	光电技术研究所	3
折轴阶梯光栅分光仪	南京天文仪器研制中心	3
保险业务综合管理信息系统	软件研究所	3
抽余油加氢工业应用与推广	山西煤炭化学研究所	3
涠 11-4 平台结构强度全尺度原位监测研究	力学研究所	3
氨浸法从电镀污泥和不锈钢酸洗废液中回收重金属	化工冶金研究所	3
塔克拉玛干沙漠综合科学考察	新疆生态与地理研究所	3
高精度渐开线样板	长春光学精密机械研究所	3
转移核糖核酸——结构、功能与合成	上海生物化学研究所	3
（略）	光电技术研究所	3

三、国家发明奖

获奖项目名称	第一完成单位	获奖等级
超短脉冲高功率激光系列新技术	上海光学精密机械研究所	2
紫外拉曼光谱仪的研制和在催化研究中的应用	大连化学物理研究所	2
脉冲管制冷机的研制	低温技术实验中心	3
激光法高产率一体化低成本制备纳米硅基系列粉技术	金属研究所	3
强 Cherenkov 效应氟化铅（PbF_2）晶体生长新技术	上海硅酸盐研究所	3
棉属种间杂交育种体系的建立	遗传研究所	3
尺寸可控纳米氧化铝和纳米钛酸钴的制备和应用	固体物理研究所	4

中国科学院历年获国家自然科学奖、国家科技进步奖及国家发明奖统计

国家自然科学奖[1]

年份	总数		一等奖		二等奖		三等奖		四等奖	
	全国授奖项数	中科院获奖数	全国授奖项数	中科院获奖数	全国授奖项数	中科院获奖数	全国授奖项数	中科院获奖数	全国授奖项数	中科院获奖数
1956（第一届）	34	23	3	3	5	2	26	18		
1982（第二届）	125	47	9	2	40	23	49	17	27	5
1987（第三届）	178	72	11	7	39	17	87	33	41	15
1989（第四届）	59	32	2	2	19	11	23	14	15	5
1991（第五届）	53	16			10	5	31	11	12	
1993（第六届）	52	20	1	1	18	11	21	6	12	2
1995（第七届）	57	25			15	10	27	11	15	4
1997（第八届）	51	20	1	1	8	5	30	12	12	2
1999（第九届）	57	21			10	7	31	11	16	3

国家科技进步奖[2]

年份	总数		特等奖		一等奖		二等奖		三等奖	
	全国授奖项数	中科院获奖数	全国授奖项数	中科院获奖数	全国授奖项数	中科院获奖数	全国授奖项数	中科院获奖数	全国授奖项数	中科院获奖数
1985	1761	73	23	2	135	8	535	28	1068	35
1987	807	36	4		50	1	237	13	516	22
1988	515	29	3		34	4	151	11	327	14
1989	504	26	3		36	1	152	9	313	16
1990	505	17	3	1	32	3	142	5	328	8
1991	502	28	1		32	1	140	11	329	16
1992	649	40	3		38	4	195	14	413	22
1993	441	22	2		27	3	122	10	290	9
1995	607	44	2		25	2	182	13	398	29
1996	536	31	4		20		169	8	343	23
1997	475	21	3		19	1	150	10	303	10
1998	471	24	3		22	2	133	6	313	16
1999	476	20	2		17		143	6	314	14

1）此统计只含中国科学院为第一完成单位的项目。

2）1986 年和 1994 年未评。

国家发明奖[3)]

年份	总数		一等奖		二等奖		三等奖		四等奖	
	全国授奖项数	中科院获奖数	全国授奖项数	中科院获奖数	全国授奖项数	中科院获奖数	全国授奖项数	中科院获奖数	全国授奖项数	中科院获奖数
1979	43	12	1	1	12	3	24	7	6	1
1980	109	22			13	4	75	17	21	1
1981	123	6	3		10		56	3	54	3
1982	153	9	4		17		68	4	64	5
1983	212	11	5		18	2	108	8	81	1
1984	264	15	7	1	25	3	125	8	107	3
1985	185	6	6		18		92	4	69	2
1986	30				3		12		15	
1987	225	12	1		24	1	96	9	104	2
1988	217	12	4	1	20	2	97	6	96	3
1989	150	4			14		67	3	69	1
1990	224	5	3		15		113	4	93	1
1991	209	7	1	1	12	1	92	4	104	1
1992	170	5			10	1	68	1	92	3
1993	175	5			16	2	74	3	85	
1995	131	4	1		12	1	59	3	59	
1996	111	9	1		8	1	56	6	46	2
1997	100		1		13		46		40	
1998	72	4			10	1	30	1	32	2
1999	69	7			13	2	38	4	18	1

3）1994 年未评。

中国科学院1999年自然科学奖授奖项目[1)]

一等奖（12项）

获奖成果名称	主要完成单位
若干典型化学与污染物在环境中的变化及生态效应*	中国科学院生态环境研究中心 南开大学 中国科学院动物研究所 中国预防医学科学院环境卫生与工程研究所 东北师范大学
中国气候、湖泊与海面变化及其趋势和影响	中国科学院南京地理与湖泊研究所 中国科学院地理研究所 中国科学院地质研究所 水利部水文水利调度中心 中国科学院植物研究所
辽西中生代鸟类化石及鸟类的早期演化	中国科学院古脊椎动物与古人类研究所
成岩成矿低温地球化学研究	中国科学院地球化学研究所 中国科学院广州地球化学研究所
稻田生态系统甲烷产生、转化及传输机理研究	中国科学院大气物理研究所 中国科学院长沙农业现代化研究所 中国科学院成都山地灾害与环境研究所
蛋白质二硫键异构酶既是折叠酶也是分子伴侣	中国科学院生物物理研究所
分子束和激光束反应动态学研究	中国科学院大连化学物理研究所
自由基化学中取代基自旋离域参数 σ_{jj}之成功建立和应用	中国科学院上海有机化学研究所
气固流态化的散式化理论与方法	中国科学院化工冶金研究所
多复变与李群	中国科学院数学研究所
统一描述平衡与非平衡体系的格林函数理论研究	中国科学院理论物理研究所
利用引力透镜效应研究宇宙中的物质分布	中国科学院北京天文台

二等奖（27项）

获奖成果名称	主要完成单位
冻土的强调与变形研究	中国科学院兰州冰川冻土研究所
中国稀土矿物学研究	中国科学院地质研究所
地球自转变化及其地球物理机制研究	中国科学院测量与地球物理研究所
地球深部物质的实验研究	中国科学院地球化学研究所

1）带“*”的项目为综合性重大成果。

青海可可西里地区地质、环境与生物多样性	中国科学院自然资源综合考察委员会
	中国科学院昆明植物研究所
	中国科学院地理研究所
	青海省地质科学研究所
	中国科学院地质研究所
土壤中有机化学品微生物降解的动力学建模与相似性	中国科学院南京土壤研究所
土壤-植物系统中的瞬态流研究	中国科学院西北水土保持研究所
中国菊科蓝刺头族、莱蓟族及菊苣族系统分类与区系	中国科学院植物研究所
雅鲁藏布江河谷地区植物区系地理的研究	中国科学院昆明植物研究所
稀有濒危植物迁地保护的原理与方法研究	中国科学院西双版纳热带植物园
中国假尾孢属的研究	中国科学院微生物研究所
神经细胞退行性改变过程中一氧化氮作用机理的研究	中国科学院上海药物研究所
脊髓伤害性信息传递和调制的突触机制	中国科学院上海脑研究所
C-60 的化学和物理基本问题研究	中国科学院化学研究所
共混聚合物的一些基本问题	中国科学院长春应用化学研究所
稀土生物无机化学	中国科学院长春应用化学研究所
碳同位素选择性激光分离化学	中国科学院青海盐湖研究所
质子自旋“危机”及核子结构的理论研究	中国科学院高能物理研究所
	北京大学
若干重要元素的分子活化研究	中国科学院高能物理研究所
极端条件下核行为的研究	中国科学院上海原子核研究所
	复旦大学
气流介质与激光相互作用的理论、数值与应用研究	中国科学院力学研究所
活动星系核的多波段观测及理论研究	中国科学院云南天文台
合金的非平衡相变与相演化	中国科学院物理研究所
人类自适应产生式学习	中国科学院心理研究所
集成电路逻辑设计与测试基础技术研究	中国科学院计算技术研究所
复合材料的热残余应力、界面结合及疲劳蠕变行为	中国科学院金属研究所
红外辐射探测材料物理及其器件物理研究	中国科学院上海技术物理研究所

三等奖（24 项）

获奖成果名称	**主要完成单位**
生物成矿作用和成矿背景研究	中国科学院地质研究所
	中国科学院南京地质古生物研究所
	南京大学
	中国科学院广州地球化学研究所
	中国地质大学
青藏高原西北部地层古生物研究	中国科学院南京地质古生物研究所
西北地区显生宙地质	中国科学院南京地质古生物研究所
华南及邻近地区泥盆纪介形类、豆石介科类的综合研究	中国科学院南京地质古生物研究所

陆架海潮波动力学理论及应用研究	中国科学院海洋研究所 国家海洋局第一海洋研究所 华东师范大学河口海岸研究所
南海沉积物中的放射虫研究	中国科学院南海海洋研究所 中国科学院海洋研究所
南海岛屿植物区系的研究	中国科学院华南植物研究所
马槟榔甜味蛋白的研究	中国科学院昆明植物研究所
植物次生物质在植物害虫及其天敌寻找寄主过程中的作用	中国科学院动物研究所
细胞器的蛋白质组分及其在细胞周期中的动态分布	中国科学院上海细胞生物学研究所 香港科技大学
聚合物增韧及机理研究	中国科学院化学研究所
太阳能光电化学转换的研究	中国科学院感光化学研究所
毛细管电泳理论、方法发展及其在医学药物上的应用	中国科学院大连化学物理研究所
稀土与相关金属功能配合物的结构和性能的谱学研究	中国科学院长春应用化学研究所
玻璃中稀土离子上转换发光研究	中国科学院长春物理研究所
多电荷重离子与原子碰撞的激发、电离及电荷转移研究	中国科学院近代物理研究所
太阳耀斑和爆发现象的动力学观测和研究	中国科学院云南天文台
中国古星图	中国科学院自然科学史研究所
铌酸锂光波导调制器和微波共面传输线的理论研究	中国科学院半导体研究所 中山大学 香港城市大学 深圳大学 电子科技大学
分子动力学模拟和键取向序研究	中国科学院上海冶金研究所 中国科学院福建物质结构研究所
制造系统分析、控制及可靠性的研究	中国科学院自动化研究所 中国科学院应用数学研究所
氧化铈陶瓷超细粉末的合成与烧结机理	中国科学院金属研究所
排列互比法用于超精测角的研究	中国科学院光电技术研究所
常规和微重力条件下火灾过程的计算机模拟	中国科技大学

中国科学院 1999 年 科技进步奖授奖项目

特等奖（1 项）

获奖成果名称	完成单位
工业机器人研究开发及工程应用	中国科学院沈阳自动化研究所

一等奖（10 项）

获奖成果名称	完成单位
基于网络的洪涝灾情遥感速报系统	中国科学院遥感应用研究所
	国家信息中心数据库部
热带、亚热带植被恢复生态学研究	中国科学院华南植物研究所
	鹤山市林业科学研究所
	广东省昆虫研究所
	广州地理研究所
	茂名市小良水土保持试验推广站
高产优质抗病小麦新品种川育 12	中国科学院成都生物研究所
兰州重离子加速器放射性束流线	中国科学院近代物理研究所
我国失控卫星的捕获、长期跟踪和陨落期预报	中国科学院紫金山天文台
	中国科学院乌鲁木齐天文工作站
	中国科学院长春人造卫星观测站
	中国科学院云南天文台
	总参谋部三部十二局
	航天总公司五院 501 部
	总参测绘学院
	总参三部十局
	中国科学院广州人造卫星观测站
若干计算机网络安全关键技术研究与产品开发	中国科学院软件研究所
	中国科学技术大学研究生院
	中国科学院高能物理研究所
	中国科学院计算机网络信息中心
670nm 半导体量子阱激光器批量生产	中国科学院半导体研究所
2.16 米望远镜红外自适应光学观测系统	中国科学院光电技术研究所
	中国科学院北京天文台
阿尔法磁谱仪（AMS）永磁体系统（含反符合计数器初样）	中国科学院电工研究所
	中国运载火箭技术研究院

DKS2.0 现代试井软件	中国科学院高能物理研究所 中国科学技术大学 大庆石油管理局试油试采公司

二等奖（21 项）

获奖成果名称	完成单位
中国沿海地区区域开发与 21 世纪可持续发展研究	中国科学院地理研究所 中国科学院南京地理与湖泊研究所 中国科学院自然资源综合考察委员会 中国科学院沈阳应用生态研究所 中国科学院生态环境研究中心
90 年代中国地磁参考场模式组和中国地磁图集	中国科学院地球物理研究所
人工引发雷电及雷电物理研究	中国科学院兰州高原大气物理研究所
1∶100 万中国草地资源图的编制研究	中国科学院自然资源综合考察委员会 中国农科院草原研究所 内蒙古自治区草原勘测设计院 新疆维吾尔自治区草原研究所 青海省草原总站 黑龙江省畜牧局 新疆维吾尔自治区草原总站
农业和环境工程中的电化学传感器、测量仪器和监控系统	中国科学院南京土壤研究所
应用于天球和地球参考系建立的 VLBI 观测和研究	中国科学院上海天文台
拼接镜面主动光学实验系统	中国科学院南京天文仪器研制中心 中国科学院上海天文台
软系统方法论及其应用	中国科学院系统科学研究所 中国科学院政策与管理科学所
圆柱形锂离子电池研究及中试技术	中国科学院物理研究所
LCT-5016 液晶器件参数综合测试仪	中国科学院长春物理研究所
工厂管道设计 CAD 系统产品开发	中国科学院计算技术研究所 中国石化南京扬子石油化工设计院
新型医药用水装置	中国科学院半导体研究所 北京先路水处理新技术公司
智能化农业软件开发环境	中国科学院合肥智能机械研究所
活体指纹仪	中国科学院长春光学精密机械研究所
5 英寸（13.7 厘米）可录 CD 光盘材料、生产工艺开发研究	中国科学院上海光学精密机械研究所 深圳市先科企业集团
橡胶部件激光在线检测系统	中国科学院安徽光学精密机械研究所
机载视轴稳定平台	中国科学院光电技术研究所

四通道 MCP 选通 X 射线皮秒分幅相机	中国科学院西安光学精密机械研究所
大型游泳池水质高效净化系统及相关产品的研制	中国科学院广州能源研究所
激光冲击硬化处理系统及其应用研究	中国科学院中国科学技术大学 南京航空航天大学
中国科学院网上文献信息共享系统工程（第一期）	中国科学院文献情报中心 中国科学院上海文献情报中心 中国科学院武汉文献情报中心 中国科学院兰州文献情报中心 中国科学院成都文献情报中心

三等奖（18 项）

获奖成果名称	完成单位
利用广播电台调频副载波作数据通讯的差分 GPS 系统研制	中国科学院遥感应用研究所 清华大学 北京人民广播电台 北京京惠达新技术公司
“北水南调”工程对资源开发、经济发展及生态环境的影响	中国科学院长春地理研究所 中科院沈阳应用生态所 水利电力部松辽水利委员会水资源开发处
长江三角洲地区遥感卫星动态决策咨询系统	中国科学院南京地理与湖泊研究所 国家海洋局第二海洋研究所 上海市气象科学研究所 南京师范大学
山洪泥石流滑坡灾害及防治技术研究	中国科学院成都山地灾害与环境研究所 国家防汛抗旱总指挥部办公室
新疆典型绿洲经济发展与生态环境建设	中国科学院新疆生态与地理研究所
四湖地区农村庭院经济开发技术及高效模式研究	中国科学院长沙农业现代化研究所 中共湖北省监利县委农村工作部 湖北省监利县农村能源办公室 湖北省监利县红城乡人民政府 湖北省监利县容城镇蔬菜协会
典型草原草地畜牧业优化生产模式及其应用	中国科学院植物研究所 内蒙古大学 内蒙古锡林郭勒盟白音锡勒牧场 中国科学院动物所
甚高频频率合成器的研制	中国科学院陕西天文台
WGL-1 型中深孔深度和倾角测量仪	中国科学院力学研究所 武汉钢铁集团矿业有限责任公司设计研究

	武汉钢铁集团矿业有限责任公司程潮铁矿
微机械空燃比传感器和生物传感器	中国科学院上海冶金研究所
海洋水色 CCD 成像仪原型样机	中国科学院长春光学精密机械研究所
超多光谱傅里叶变换光谱仪技术研究	中国科学院上海技术物理研究所
空间细胞电融合技术研究及高空飞行试验	中国科学院上海技术物理研究所
	中国科学院上海植物生理研究所
	中国科学院上海细胞生物学研究所
飞秒激光脉冲产生及高重复率飞秒啁啾脉冲再生放大技术研究	中国科学院西安光学精密机械研究所
ZMT-Ⅰ型微波治疗机	中国科学院电工研究所
活性气体校准系统	中国科学院空间科学与应用研究中心
	中科院科仪技贸公司
SAR 与 TM 信息融合技术研究	中国科学院遥感卫星地面站
国家工程研究中心转制研究	中国科学院科技政策与管理科学研究所
	国家发展计划委员会

中国科学院 1999 年发明奖授奖项目

一等奖（1 项）

获奖成果名称	完成单位
籍热分离器降低总温的低温风洞	中国科学院力学研究所

二等奖（2 项）

获奖成果名称	完成单位
新型 β-甘露聚糖酶的研制	中国科学院微生物研究所
一种高硫容浸渍活性炭干法脱硫剂及其应用	中国科学院大连化学物理研究所

三等奖（3 项）

获奖成果名称	完成单位
十二碳二元酸工业生产试验研究	中国科学院微生物研究所 淄博广通化工有限责任公司
利用孤雌生殖技术诱导玉米远缘杂种选育自交系和品种	中国科学院遗传研究所 武汉大学 四川省达川地区农业科学研究所
胶体敏感膜气敏元件及传感器	中国科学院合肥智能机械研究所

中国科学院历年专利申请受理量及授权量统计

单位：件

年份	申请量				授权量			
	合计	发明	实用新型	外观设计	合计	发明	实用新型	外观设计
1985～1990	1607	988	619		790	371	419	
1991	298	190	107	1	168	89	79	
1992	367	228	139		212	105	107	
1993	414	262	150	2	255	104	150	1
1994	453	269	182	2	197	81	112	4
1995	499	301	195	3	224	86	137	1
1996	791	467	318	6	192	86	105	1
1997	945	589	333	23	257	93	160	4
1998	1059	694	364	19	264	76	176	12
1999	1128	775	340	13	501	108	389	4

基本建设

1999 年是执行“九五”基建计划的第四年，也是我院开展院知识创新试点工作重要的一年。遵照院党组确定的建设方针，在有关部门协助下，较好地完成了各项建设任务。

一、加强科学园区建设规划管理，认真审定设计方案

(1) 在基本建设管理上，重点进行了园区建设统一规划和设计审定工作，使科研基地和园区的建设适应国家知识创新工程建设的要求。京区园区规划以中关村科学城为龙头，总体设想划分为十个园区，中关村为基础园区、北工作区的 3 号园区、4 号园区、联想园区、软件园区、科学广场、研发园区青年小区、自动化园区和红楼住宅园区。这些园区全面建设完成后将具有三大功能态势：拥有世界一流实验室的科研创新基地，成为科技交流、成果转化和产业化培育的研发区和基础设施完备的小康型住宅区。今年已完成北效生命园区和北效南地球基地。玉泉园区和肖庄园区、3 号园区的环境整治规划并已投入建设；联想园区规划基本完成，首批项目正在进行；北郊天地园区已拆除所际围墙，形成统一园区；917 园区也已完成规划设计，并进行了部分实施。

京外地区建设规划重点在上海，目前已完成四个园区规划，其中上海生命科学园区和长宁路园区规划取得了地方政府的批准，正在进行基础设施改造；枫林路园区的规划通过了院的审核，已向地方政府申报；上海光机所西区规划也已完成。兰州寒区旱区环境与工程研究所的规划业经院批准可行性研究。东北先进制造技术基地建设工程已正式启动。知识创新其他建设工程进展较快的是大连化物所园区改造，研究生、客座教育综合楼已建成并通过了验收。

(2) 在建设项目管理上坚持按基建程序对项目可行性研究、初步设计及概算进行认真审核。共审批院属各单位住宅工程可行性报告 61 项，合计建筑面积661 379m^2，投资 22.5 亿元；审定住宅工程初步设计及概算 48 项，合计建筑面积228 882m^2，投资 7.106 亿元；审定科研工程项目和基础设施改造项目的初步设计 5 项，合计改造建筑面积36 457m^2，投资2785万元；审批京区单位零星基建 15 项，合计建筑面积5 184m^2。同时受国家计委委托，与有关部门互相配合，密切合作组织有关专家完成对大天区面积多目标光纤光谱天文望远镜（LAMOST）和 HT-7U 超导托卡马克核聚变装置两个国家重大科学工程项目初步设计及概算的批复。两项工程建筑面积6 482m^2，投资 4 亿元。受国家计委委托对兰州重离子加速器冷却储存环国家重大科学工程初步设计及概算进行了预审，已报国家计委审批争取尽早全面实施。

(3) 受建设部的委托组织全国非工业口设计单位优秀设计评审活动。共收集报奖设计 197 件，经专家认真评审共评出一等奖 5 个，二等奖 10 个，三等奖 12 个。

二、加强建设项目管理，严格财务计划，提高工程质量监控力度

1999 年国家计委、财政部下达我院基本建设固定资产投资和知识创新工程专项投资共计 19.8 亿元，其中国家预算内投资基数 2.16 亿元，财政部下达知识创新工程专项投资 6.5 亿元（含 1998 年结转 2.15 亿元），其他专项投资 6.3 亿元；自有资金计划 4.9 亿元。

1999年全院开复工面积916 376m²，其中住宅面积698 469m²，北京地区开复工面积259 088m²，其中住宅面积195 901m²。

全院各类建设项目竣工面积303 658m²，其中住宅竣工248 561m²；北京地区竣工面积135 711m²，其中住宅竣工109 195m²。这些竣工项目质量经过质检站测试均属合格，北郊六区住宅群获建筑长城杯奖。

知识创新规划专项经费中，共安排园区改造及流动人员住宅建设项目40余项。其中17项在进行前期准备，13项已开工建设，10项已竣工或部分竣工。例如：

（1）天地园区的初步建成改善了遥感所、天文台、地球所的园区环境，为园区建设树立了样板，探索了经验。

（2）上海冶金所、硅酸盐所克服重重困难，调整和拆除了大量工作用房，使两栋科研大楼顺利开工建设。

（3）中关村北区集中供热一期工程，于1999年10月27日点火运行，它的建成投入使用不仅提高了中关村北区研究所和居民冬委供暖质量，还减少了分散小锅炉房17座，有效地改善了科技园区的工作与生活环境。

（4）中关村东工作及生活区加入北京市联片供暖工程，1999年8月启动，经过二十几个单位一百多名职工三个月的艰苦奋斗，于11月15日按时供暖。该工程供暖面积80万平方米，拆除分散小锅炉房13座。经过两个多月的考验，该工程运转正常，提高了供暖质量，改善了环境。

（5）中关村110kV变电站的建设工程，经过院有关单位的努力，已于1999年底开工。它的建成投入使用，将改变中关村地区的供电质量，为科研和群众生活提供保障。

（6）大连化物所研究生教育综合楼拥有研究生住房60余套，博士生用房100套，博士后和访问学者用房52套。它的投入使用大大地改善了流动人员住宅的条件。

（7）中关村青年小区内拥有客座人员住宅和研究生公寓共计55502平方米，已竣工的研究生公寓共有885间标准住房，可解决1500名研究生的住宿问题，它的投入使用可缓解北京地区研究生用房拥挤的困难。

北京基础园区、北郊生物园区、自动化所、化学所、地质与地球物理园区、创新园区和上海枫林园区、上光所等十几个园区建设项目正在紧张地进行着前期准备工作。

三、加强房地产产权管理、深化住房制度改革

（1）土地是国家重要资源和资产，我院管理使用的房地产是发展科研事业的重要条件之一。为支持创新工程，配合园区整治建设，创造现代科研工作环境，解决大面积危旧房区域改造问题，本着合作、创新精神，依法积极引入外部建设资金，盘活沉淀国有资产，使其焕发勃勃生机。1999年我院签订房地产开发项目的土地188 708m²，协议得房面积123 374m²，协议得款11 538万元；协议中用于向所属企业、上市公司注资的土地面积58 348m²，建筑面积8205m²，折合注资额度7068万元。另外批复了15项房地产开发意向性建议15项，并做了大量的合作开发前期工作。

为配合园区整治和园区规划共批复报废项目10项，拆除危旧房屋33 281m²，并处理了“917大楼”西侧25亩土地纠纷。协议解决和正在解决的土地开发方面的问题有广州分院、长春光机所、北京植物所、武汉测地所等单位的纠纷问题。

（2）初步建立了土地和建筑物的产权、产籍、总量、价值量的管理信息系统（房地产数据库）。据统计全院共有土地728宗，5492万平方米，房屋建筑面积903.7万平方米。其中北京地区有土地273宗、833万平方米，房屋建筑面积328万平方米。

根据有关法规，为保护院合法权益，积极办理土地调查登记取证工作，截止今年底全院已取得土地

使用证 434 宗，占全院土地总宗数的 59.6%。

北京地区取证工作与京外地区不同，属中央单位的要报经国务院机关事务管理局统一办理，为推进知识创新工程和园区改造工程急需，经国管局同意，我们直接向当地区政府申办土地证 58 件，并已通过年检。

(3)1999 年继续按房改政策审批京外 3 个单位向职工出售公有住房 187 套，合计建筑面积 13485 平方米。

为贯彻国务院 23 号文件精神和中办、国办转发的《在京中央和国家机关进一步深化住房制度改革实施方案》，召开了京外各分院主管房改工作的副院长和房改负责人的“房改政策调研会”，并开展了广泛的调研工作，为住房制度改革，停止福利分房，实行货币分配的工作做了充分的准备。

四、加强全院抗震减灾和京区人防工事的管理

(1) 根据建设部首都圈加固任务的要求，又争取到第二批抗震加固专项计划 6 项，10 049m^2，专项资金 260 万元，这些加固项目正在组织实施。同时京外审批了青海盐湖所器材库等 5 项 4024m^2 抗震加固工程，批准资金 40 万元。

(2) 京区人防工作按照中央国家机关人防委的部署，对我院京区人防工事进行普查工作，为今后制定战时人员、物资疏散与掩蔽，搞好人防规划建设提供了重要依据。在这次普查中，我院受到中央国家机关人防委的表彰和奖励。

在日常管理工作中，共完成人防工事维修改造 1043m^2，投资 40 万元，拆除早期人防工事 82m^2，验收新建人防 6299m^2，批复新建人防工程项目 11 项合计 11 674m^2。

五、2000 年工作要点

2000 年是“九五”基建计划最后一年，也是知识创新试点工程启动阶段的最后一年，我局工作要围绕知识创新工程，重点做好以下工作：

(1)搞好科研基地和园区建设的规划设计及项目组织等工作，在基地和园区建设上要继续贯彻园区建设的原则，坚持统一规划、重点建设、分步实施的原则，打破以所为单位相对封闭的状态，拆除围墙，统一物业管理，实现资源共享，提高土地及基础设施的使用率。

2000 年 6 月底前重点完成以下工作：

·完成上海枫林园区、岳阳路园区及技物所园区的总体规划工作；

·完成西南生物资源多样性基地（昆明植物所）园区的规划工作；

·完成中关村科学城总体规划调整工作；

·完成动物所改造工程及动物所、声学所、电子所、化冶所、电工所园区的规划工作；

·完成北郊南地质地球物理园区的规划、立项的审批工作；

·完成北京北郊生物园区的规划、立项的审批工作。

(2) 抓好重点园区和建设项目的实施工作，确保重点项目按时立项、按时开工、按时竣工，并保证其建设质量。

2000 年重点完成以下工作：

·在 6～7 月间，完成基础园区、化学所、自动化所、917 园区等四个重点园区的旧房拆除、园区绿化等工作。新建工程具备开工条件；

·6 月底前，完成天地园区和生物物理园区的绿化及工程收尾工作；

• 7～8 月间，力争数学所、青年公寓一期工程两项重点工程竣工并交付使用；

• 7～8 月间，完成北郊南地质地球物理园区搬迁拆除工作；

• 完成好已开工的重点建设项目的组织、协调工作。如：院图书馆、档案馆工程；上海硅酸盐所、冶金所综合楼工程；沈阳先进制造基地综合楼及研究生公寓工程；地球环境所迁建及流动人员公寓工程；水保所园区建设工程等，确保工程进度和工程质量。

• 上海枫林园区、嘉定光机、岳阳技物等园区和北京动物所、地质地球物理、生物等园区在完成规划、立项工作的同时，抓紧其前期准备工作，力争早日开工建设。

（3）继续搞好基本建设计划管理、财务管理等工作，保证全院基建工作的顺利进行。

（4）房地产开发工作具有多样性、重复性和复杂性，加强其管理力度，做好咨询和服务工作。

（5）抓好人防、抗震工作和设计单位及监理单位的管理工作。

（6）抓好基建队伍的业务培训工作。

（7）加强机关自身建设，关心职工生活和工作条件的改善等。

出版与文献情报

1999年，全院出版与文献情报工作继续贯彻结构调整的精神，在知识创新工程中，按照自身的定位，积极进取，得到了进一步发展。

一、出版工作

全院1999年的出版工作在市场机制转轨调整基本进入良性循环轨道的基础上，正在为适应知识创新工程的需要而进行调整。全年出版新版图书1405种，重版图书1198种，期刊289种，电子出版物651种。科学出版社、中国科技大学出版社、北京希望电子出版社、中科多媒体电子出版社和中国大恒电子出版社等在图书、电子出版物和音像制品等领域已形成了各具特色的生产规模，一支高素质的出版队伍正在形成，为我院科技成果的转化和传播创造了良好的条件。名词审定工作在这一年里也取得了新进展，审定8个学科（或专业）的名词，公布并出版了电工、心理学等6个学科（或专业）的名词，推动了名词的规范统一工作。

组建中国科学出版集团是我院知识创新试点工作的一部分。该出版集团拟由科学出版社、龙门书局、中国科技大学出版社、北京希望电脑公司，北京科海高技术公司和北京中科资料进出口公司为骨干组建。集团将在经营、用人、激励、社会保障等方面采用新的适应社会主义市场经济的管理模式，在市场定位、渠道开发、质量保证方面探索一条同时获得良好社会效益和经济效益的双效益路子。

科学出版社作为一家全国优秀出版社，打破了从50年代起按学科分编辑室的惯例，将各竞争要素集成，形成竞争单元，无论经营规模还是市场占有率都有了较大的提高。选题攻关小组继续坚持调整、优化选题结构，巩固图书市场营销成果，进一步转变运行机制，形成了基础科学、医学、信息技术、科普、文化教育、期刊六大出版中心。科学出版社分别组织有关人员参加了法兰克福、东京、美国ABA及香港等国际书展。由于近几年在改革发展中成绩突出，科学出版社被院里授予“1999年度进步领导集体奖”。

中国科学院期刊的总体质量水平又有进一步提高，出版周期进一步缩短。在走向国际的努力中，取得了新进展。在首届“国家期刊奖”评比中，中国科学院有15种学术期刊［中国科学、科学通报、金属学报、地球物理学报、植物学报、分析化学、物理学报、化学学报、中国药理学报、力学学报、生理学报（英文版）、中国物理快报（英文版）、红外与毫米波学报和理论物理通讯（英文版）］获奖，占全国同类获奖期刊总数的47%。另有3种期刊（生物化学与生物物理学报、生物化学与生物物理进展、计算机应用）获提名奖，占全国获提名奖期刊总数的14%。在被国际著名的六大检索系统收录的中国科技期刊中，中科院的期刊数量位居榜首。其中被“SCI”CD版收录的中国14种科技期刊中，中科院有12种（中国科学（A、B、C、D、E辑）、科学通报、中国药理学报、理论物理通讯、中国物理快报、力学学报、化学学报、中国化学），占全国被收录科技期刊总数的86%。被“SCI”CDE版收录的中国47种科技期刊中，中科院有29种，占全国被收录总数的62%。这些从一个侧面反映出我院期刊在全国学术期刊领域的领先地位。

二、文献情报工作

1999年，院文献情报工作开拓创新，资源建设和服务水平又有新的发展。网络化进一步加强，数据库建设和情报研究工作有所发展，机构改革和结构调整进一步深化，学术研究和继续教育工作又上新台阶。以院文献情报中心和4个地区文献情报中心为主要完成单位的“中国科学院网上文献信息共享系统工程（第一期）”课题已经完成，获院科技进步二等奖。

院文献情报系统更加深入地参加了全国性和区域性文献共建共享工作。院文献情报中心作为发起单位之一，与全国公共图书馆、高校图书馆等系统共122个单位签署了“全国文献资源共建共享倡议书”和“全国图书馆馆际互借公约”，还与清华大学、北京大学图书馆联合购置了电子版数据库。上海文献情报中心分别与上海图书馆和高校系统建立了光缆连接，为网上资源的共享打下基础。资源环境科学信息中心与兰州大学签订了双方文献信息资源共建共享协议。与甘肃省图书馆、兰州大学图书馆合作，协调文献采购和国内外数据库的引进，实现三馆网络系统物理互连。武汉文献情报中心同地质大学图书馆签订了“文献资源共享协议书”。这些都标志着文献资源共建共享开始由院内向全国范围内拓展。

文献信息服务突出了数字化资源建设和网络化信息服务。各文献情报中心全面更新了网页，丰富网上信息资源。如院文献情报中心新增订了西文期刊篇名目次库、PQDD学术论文库和EI工程索引库，增加了新书书展目录、学位论文数据库和文摘数据库等，向用户提供联机联网文献检索服务、SDI服务、E-mall服务、原文代查和传递服务等。上海文献情报中心引进了新的图书馆信息网络系统（Melinets），实现BA、BA/RRM网上检索，新增大型光盘数据库Medlinets Advance网络版（周更新），为科研人员提供了Uncover电子信息定题检索服务。资源环境科学信息中心增订了SCI、CA等大型数据库光盘，连通了Dialog检索系统，还引进了“中国专利”光盘数据库。成都文献情报中心利用作为中国科学院成都地区网络管理中心的有利条件，大力加强网上资源建设。

中国科学文献数据库建设取得了进一步发展，化学、生物、物理、电子、数学、计算机、光学、地理、力学、稀土、天文等学科文献数据库，以及中国科学引文数据库、中西文期刊联合目录数据库等已经形成规模和特色，走上稳定发展的道路。各文献情报中心还开发建设了一批新的各具特色的文献数据库，为全院文献数据库建设今后的改革与发展奠定了基础。1999年，院文献情报中心主持和承担了17项国家和科学院调研、规划课题，牵头承担了中国科学院“2000科学发展报告”课题，为中央、科学院领导决策提供依据。资源环境科学信息中心承担情报研究课题12项。武汉文献情报中心承担研究课题8项。通过组织召开图书情报、信息技术、计算机专业知识的培训班、学术研讨会和专题报告会等多种新式的辅导、研讨和培训，促进了图书情报学科领域的学术交流，提高了全院文献情报人员的学术水平。

根据院的部署，各文献情报机构，进行了机构调整和定岗定编，按需设岗，按岗聘任，公开招聘，竞争上岗工作。完成了职能和业务干部的聘任工作。全院实施知识创新工程首批试点研究所的图书文献情报部门也采取了一系列重大改革措施，加强了图书资料和信息工作。院文献情报中心被院认定为科研基地型研究所试点单位。为了方便北郊的读者，院文献情报中心在生物物理所设立了北郊服务部。中国科学院图书馆、档案馆工程于1999年9年23日隆重奠基，不久的将来，这座中关村的标志性建筑，将把中国科学院图书情报事业带向智能化、现代化、数字化的发展轨道。目前，院文献情报系统正在为积极争取早日进入中国科学院知识创新二期工程而积极工作。

思想政治工作与精神文明建设

紧密围绕知识创新工程试点工作，大力加强党的建设和思想政治工作，促进社会主义精神文明建设，为我院的中心工作提供有力的思想、政治和组织保证，是全院党的工作的指导思想，也是完成各项任务的根本保证。1999年是非同寻常的一年。这一年，大事多、喜事多、突发事件多，党的工作任务十分繁重。一年来，我院各级党组织高举邓小平理论伟大旗帜，坚持党的基本路线，认真贯彻十五大和十五届四中全会及中央一系列重要指示精神，紧紧围绕院的中心工作，大力加强党的建设，积极主动开展各项工作，在院的全局工作中发挥出了积极、重要的作用，为两个文明建设作出了应有的贡献。

一、围绕创新工程，积极推进体制改革和科技创新

在实施知识创新工程试点工作中，全院各级党组织围绕中心任务，积极开展党的各项工作。各分院党组和各单位党委同行政班子一起研究、制订发展目标和改革方案，保证研究所改革与发展的方向。结合试点工作的开展，做好思想发动和政策宣讲，使广大干部职工能够站在全局的高度，深刻思考在新的历史阶段，我院肩负的伟大的历史责任，以高度的政治责任感，组织实施知识创新工程。积极做好转岗分流人员的思想政治工作，通过思想政治工作向群众讲清改革、创新的必要性，引导大家正确认清形势，顾全大局，正确对待和处理各种利益关系。通过积极的思想政治工作，调动了大家参与和支持改革的积极性。为配合各单位开展知识创新工程试点工作，京区党委及时组织力量编写了《知识创新工程百问》，在科学新闻周刊上进行宣传，提高广大干部职工对实施知识创新工程重要意义的认识。实施知识创新工程，需要创造一个有利于创新的环境和文化氛围。根据院党组的部署，成立了由专家、学者、管理工作者组成的创新文化建设研究课题组，先后召开4次研讨会，在报刊上连续发表了一批重要的研究文章，为院党组起草下发了《关于加强我院创新文化建设的指导意见》。组织“创新文化建设考察团”，赴英、法、德等国进行实地考察，为我院创新文化建设提供了可借鉴的经验。上述工作，有力地保证了知识创新工程试点工作的顺利实施，促进了各单位的体制改革，激发了科技创新的积极性。

二、抓好领导班子和领导干部的政治思想作风建设

高标准、高质量地抓好“三讲”教育工作。按照党中央和中央国家机关党工委的要求，院党组的“三讲”教育于1999年4月开始启动。院党组对开展“三讲”教育十分重视，在实施知识创新工程繁忙的试点工作中，集中两个多月时间以整风精神认真开展“三讲”教育，多次召开各类人员参加的座谈会，多方听取意见和建议，充分发扬民主，

坚持开门整风，边整边改。全院的“三讲”教育于1999年4月初至11月底分两批进行。全院138个事业单位和院部机关16个部门开展了“三讲”教育，参加“三讲”教育的局、所级干部676人，处职干部2165人，参与教育活动的人数比例之高，是近年来没有过的。为加强对基层单位“三讲”教育的督促、检查和指导，院“三讲”教育领导小组派出4个巡视组，全过程指导基层单位的“三讲”教育活动。通过“三讲”教育，我院领导干部进一步增强了学习马克思主义、毛泽东思想和邓小平理论的自觉性，更加系统、全面地掌握了邓小平理论，进一步树立了马克思主义的学风，提高了运用邓小平理论指导实际工作和解决复杂问题的能力，加强了思想建设、组织建设和作风建设。我院的“三讲”教育在中央“三讲”办、中央国家机关“三讲”教育领导小组和院党组的正确领导下，经过全院各级党组织、广大党员和职工的共同努力，达到了中央和院党组提出的要求，取得了显著的成效。

三、明确目标，完善措施，切实加强党的组织建设

1999年10月22日，我院第八届京区党委和京区纪委经选举产生，为京区党的工作奠定了良好基础。为加强我院党建工作，院党组组织力量对我院党建情况进行了调研，并制定出《院党组关于进一步加强和改进研究所党建工作的若干实施意见》（科发党字[1999]097号）。这个文件对党委的基本职责，参与重大问题决策的方式，如何坚持党管干部的原则及加强干部队伍建设，加强思想政治工作与创新文化建设、营造良好的文化氛围，加强党的组织建设，改善党群工作条件，建立党建工作评价、激励机制等问题，提出了明确要求，制定了具体措施。基层支部建设也总结出一些好的经验和有效做法，如实施“支部规范化管理”、“党建工作中的信息化建设”等，目前已在一些单位推广，并收到较好的效果。组织发展工作继续保持较好的态势，逐渐加大了对入党积极分子和新党员的教育、培养力度，使组织发展工作形成高质量、可持续的良性循环。全年共举办两期入党积极分子培训班，培训入党积极分子240余人。一年来，京区单位共发展新党员339名，其中科研一线人员212名，35岁以下的青年216名，分别占总数的62.5%和63.7%；全年新提出入党申请的人员共计495人。京外各单位在分院党组、单位党委指导、领导下，有力地加强了组织建设，推动优秀、年轻科技骨干的组织培养工作。注重发挥党校教育作用，做好理论培训工作，全年共举办领导干部培训班两期，培训处以上党员领导干部30人（其中院属单位25人）；同时，积极创造条件，开办党员领导干部函授班两个，招收学员57名。制定了中国科学院党校筹建方案。

四、维护团结稳定的政治局面，促进改革与发展

1. 同“法轮功”邪教组织进行坚决斗争

京区党委与院办公厅联合召开了首都科技界揭批“法轮功”大会，率先在社会上开展批判“法轮大法”的活动，造成了良好的社会影响。为了掌握参与“法轮功”组织人员的情况，全院各单位各级党委与有关部门共同深入进行排查工作，摸清了“法轮功”的

组织体系及练习者的情况。本着“团结、教育和转化大多数”的原则，采取多种措施，耐心细致地做好“法轮功”练习者的教育转化工作，慎重、稳妥地做好组织处理、纪律处分和行政处理工作。

2. 高度重视做好稳定工作

在以美国为首的北约悍然轰炸我驻南使馆的事件发生后，根据中央国家机关工委和院党组的要求，京区党委、分院党组及时召开各单位党委负责人会议，传达贯彻上级指示精神，要求各单位党委教育广大职工立足本职岗位做好工作，以实际行动拥护党和政府的严正立场和声明，抗议以美国为首的北约的野蛮行径；同时，认真贯彻执行中央的要求，严格遵守有关法律法规，各级党委以高度的政治责任感，加强正面疏导，把各种抗议活动严格纳入到有领导、有组织和法制化的轨道，有效地防止了其他事端的发生，为维护社会的稳定做出了贡献。

五、利用多种形式开展精神文明建设活动

在建国、建院 50 周年和澳门回归之际，深入进行爱国主义、集体主义和社会主义教育，弘扬优良传统，振奋精神、激发斗志，有效地增强了凝聚力。精心做好建院 50 周年庆祝活动的组织工作，抽调人员编撰了 30 集电视片《共和国科学档案》脚本，在中央电视台播放后受到好评；负责《中国科学院辉煌五十年》画册、《中国科学院编年史》、《中国科学院早期领导人物传》、《我与中国科学院》和《两院院士书画集》等院庆书刊的审阅工作，圆满完成了任务。组织编写了《邓小平与中国科学院》一书，举办了由有关宣传、科技部门领导参加的座谈会，产生了良好的社会影响。根据院精神文明建设领导小组的要求，组织了第二届中国科学院“双文明”建设先进集体和标兵的评选工作，推荐上报了 9 个“1999 年度中央国家机关文明单位”的候选单位。

在党委的领导下，各级工青妇等群众组织和各民主党派结合从自身的特点，为改革发展的大局服务，在推动我院精神文明建设中发挥了积极作用。支持和协助民主党派加强组织、思想建设，注意调动民主党派成员参与我院中心工作的积极性。协助民主党派北京市委对我院民进总支和致公支部班子进行了换届调整，支持各民主党派在其成员中广泛进行爱国、爱院及多党合作教育。结合国家和我院的中心工作，通过多种形式，广泛听取民主党派的意见和建议，及时沟通情况，为其知情出力创造条件。同时，认真抓好院党组成员与党外人士交朋友的落实工作。这项工作新形势下联系党外人士的有效形式，产生了积极反响，收到了较好的效果。工会组织本着“服务于基层、服务于职工”的原则，千方百计为群众办实事、办好事，解决了 20 多名职工的子女就学困难问题；修复开放了北郊游泳池；组织基层单位参加全总“职工互助保险组织”，参加保险的单位计 11 个单位、3386 人，目前已有 12 名出险职工获得赔付；继续深入开展“送温暖”活动，春节期间京区各单位工会共筹集“送温暖”经费 29 万余元，慰问困难职工 991 人；为庆祝建院 50 周年，成功地举办了大型文艺演出，受到院庆领导小组的表彰。共青团组织立足于“服务青年、服务大局、服务社会”的宗旨，大力加强团的建设和青年教育工作。院

团委与办公厅联合举行了以“祖国和科学，我心中的依恋”为主题的先进人物事迹报告会，教育和激励广大青年树立奋发向上、立志成才、报效祖国的远大志向；继续开展院杰出、优秀青年评选工作，共评出杰出青年10名、优秀青年27名，在此基础上，推荐联想集团高级副总裁杨元庆、系统所郭雷当选为“全国‘五四’奖章”获得者，为青年树立了榜样；由于工作出色，院团委被共青团中央授予首批“全国‘五四’红旗团委”创建单位称号；在院党组和院领导的关怀、支持下，与团中央联合举办了“’99中国青年科技论坛”；着眼于拓展青年工作的领域，经精心谋划、周密准备，于1999年10月23日成立了中国科学院青年联合会和研究生联合会(北京地区)，为建立和完善青年工作机制，促进共青团事业的发展，创造了有利条件。京区妇女工作委员会采取多种手段，教育和激励广大女职工奋发进取、自强自立、立足岗位做贡献。“三八”节期间，京区妇女工作委员会对12个“巾帼建功”先进集体和50名先进个人进行了表彰；通过举行女职工服装、服饰讲座及表演，交响乐培训班和参加文艺会演等形式，陶冶情操，增强女职工的自信心，塑造健康向上的人格。

1999年中国科学院及各研究所主要活动或事件摘记

一　月

1.2～10　路甬祥院长应邀赴港参加“香港大学教育资助委员会”会议。香港特区行政长官董建华先生会晤了路院长，双方就香港与内地的科技交流交换了意见。

1.7　中国科学院院士和中国工程院院士评选出“1998年中国和世界十大科技进展”。在评出的中国十大科技进展中中国科学院占7项。

1.15　中国科学院院士，原中国科学院学部主席团名誉主席武衡先生在北京逝世，享年85岁。

1.15　院党组副书记郭传杰主持座谈会，就院1999年度工作会议报告听取党外各方面代表人士的意见。

1.19　冰川冻土所在青藏高原海拔4850米处获得两组树木年轮，这是我国首次获得青藏高原海拔4500米以上树木年轮资料。

1.22　中国科学院地学部向国务院提交“中国数字地球发展战略”咨询报告。

1.22　路甬祥院长会见台湾中国文化大学董事长张镜湖一行6人，双方就加强科技交流交换了意见。

1.22　挂靠我院上海药物所的国家新药筛选中心在上海浦东张江高科技园区奠基，许智宏副院长出席奠基仪式。

1.24～27　中国科学院化学部与香港理工大学共同组织的“‘两岸三地’21世纪化学发展方向研讨会”在香港九龙举行。香港、台湾、大陆代表共40人出席。

1.25～29　中国科学院召开1999年度工作会议，路甬祥院长作题为“认清形势、抓住机遇、迎接新挑战，解放思想、开拓创新、迈向新世纪”的工作报告。

1.26　中国科学院36名青年学者获1998年度国家杰出青年科学基金资助。

1.26　中国科学院第五届“科星”新闻奖评选揭晓，共73件作品获奖。

1.26　中国科学院第三届杰出青年、优秀青年评选结果揭晓，共40位青年学者入选。

1.31　1998年度中国科学院自然科学奖、发明奖、科技进步奖颁布，获奖项目共179项。其中自然科学奖一等奖10项，发明奖特等奖1项、一等奖2项，科技进步奖特等奖3项、一等奖13项。1998年中国科学院所属单位获国家科技进步奖一等奖2项、二等奖6项，国家发明奖二等奖1项。

二 月

2.3～10 云南天文台主办的“第四届东亚天文会议”在昆明市召开，来自14个国家和地区的118位学者参加会议。

2.7 高能物理所的北京正负电子对撞机/北京谱仪/北京同步辐射装置改进项目通过专家鉴定。

2.8 软件所的“高性能分布式并行数值软件研究与开发”成果通过鉴定。

2.8 王长春、郭为获“第三届中国杰出青年科技创业奖”，陈金飞等190人获“第三届中国优秀青年科技创业奖”，白春礼副院长当选为中国青年科技工作者协会会长。

2.9 中国科学院院士、西安交通大学材料科学与工程学院周惠久先生逝世，享年90岁。

2.10 经院长办公会审议，批准理论物理所知识创新工程试点方案，启动理论物理所知识创新工程试点工作。

2.10 我国最高层次的科普出版工程“院士科普书系”启动，176位两院院士与出版社签约，撰写科普书籍。

2.10 中国科学院数学物理学部组织国内天文领域的两院院士对筹建中的中国科学院国家天文观测中心的科学目标、运行机制等进行了咨询评议。

2.11 大气物理所钟青博士荣获“1998年度世界气象组织（WNO）青年科学家研究奖”。钟青是获得该项奖励的第一位中国青年科学家。

2.11 院基础研究领导小组与国家科技部有关领导在院机关召开基础研究工作座谈会。科技部李学勇副部长、林泉副秘书长；中科院许智宏、白春礼副院长、钱文藻副秘书长等有关领导20人出席会议。

2.20 北京天文台、空间中心等15个单位参加的我国“空间天气战略计划”正式启动，这是我国首次尝试在空间天气领域制订国家战略计划。

2.21～3.5 路甬祥院长应邀赴德国访问，与德国马普学会签署了建立青年伙伴小组的协议。

2.21～3.5 合肥智能所主持的农业专家系统通过鉴定，并在云南科技兴农示范区应用中取得良好效果。

2.24 中国科学院院士、中科院上海药物所邹冈先生逝世，享年67岁。

2.26 中国科学院生态网络系统工程通过国家验收。

2.27 中国科学院科技副职座谈会在京召开。

三 月

3.3 中国科学院发表“1999年科学发展报告”和“1999年中国可持续发展战略报告”。

3.3 经院长办公会审议,批准北京物质科学研究基地知识创新工程试点方案,启动北京物质科学研究基地知识创新工程试点工作。

3.3～4 中国科技大学发展工作会议在京召开,白春礼副院长主持会议,路甬祥院长讲话。会议审议并通过了中国科技大学创建世界知名高水平大学的规划。

3.5 上海天文台“夏商周断代工程”研究重现武王伐纣日程表。

3.11 中国科学院与甘肃省人民政府签署院省科技合作协议,在天然气资源的开发利用、生态环境保护与可持续发展及人才培养等8个领域进行合作。

3.11 中国科学院与安徽省政府签署协议,共建位于合肥的科学岛。

3.11 力学所等6个单位参加的国家自然科学基金“八五”重大项目——“复杂气体流动中旋涡、分离的流动机理与控制”研究成果通过验收。

3.11 中国科学院和国家自然科学基金委联合召开了关于“十五”基础研究工作安排与部署等问题的座谈会。基金委袁海波秘书长、中科院钱文藻副秘书长等领导出席会议。

3.12 中国科学院上海核分析开放实验室开发研制的“因特网远程实验”正式开通,实现了京沪远程实验。

3.19 德国新任驻华大使Ueberschaer博士夫妇会见并宴请了路甬祥院长,双方表示要加强和发展中德科技合作和交流。

3.21～23 路甬祥院长应邀赴香港参加香港特区创新科技委员会会议。

3.22～25 许智宏副院长出席在柏林召开的中德科技政策研讨会并作报告。

3.23 经院长办公会审议,批准水土保持所知识创新工程试点方案,启动水土保持所知识创新工程试点工作。

3.24 中国科学院北京人工晶体研究发展中心成立。

3.25 金属所卢柯博士获1998年度国际亚稳及纳米材料年会(ISMANAM)金质奖章,表彰他在材料科学与工程领域的杰出贡献。

3.26 经院长办公会审议,批准北京物质科学基地分子科学中心知识创新工程试点方案,启动北京物质科学基地分子科学中心知识创新工程试点工作。

3.27～4.7 许智宏副院长和竺玄秘书长参加新加坡分子农业研究院的开幕式和中新合作项目评估活动。

3.28 地球物理所等15个单位参加的国家自然科学基金“八五”重大项目——“秦岭造山带岩石圈结构、演化及其成矿背景研究”取得重大成果。

3.29 经院长办公会审议,批准南京地质古生物所知识创新工程试点方案,启动南京地质古生物所知识创新工程试点工作。

3.29 物理所杨国桢研究员当选为国际纯粹与应用物理联合会副主席。

3.29～31 中国科学院7个单位在北京联合召开“中国资源环境科学学术讨论会”，祝贺我国著名矿床学家和地球化学家涂光炽院士从事地学工作60周年，约300位学者参加会议。

3.31 中国科学院向国家科技部正式提出关于建立“国家重点野外站”的建议。

四　月

4.2 低温技术实验中心和电工所合作的G-M制冷机直接冷却小型超导磁体试验获得成功。

4.2 中科院固体物理所庆祝葛庭燧院士获梅尔奖。

4.5 上海药物所主持的我国抗早老性痴呆症药物研究获得新成果。

4.5 欧洲核子中心前主任、诺贝尔奖获得者卢比亚教授和夫人访问我院，国务院副总理李岚清在中南海紫光阁会见了外宾，双方就未来能源领域的问题广泛交换了意见。路甬祥院长等参加了会见。

4.5 严义埙副院长会见了美国“Science”杂志社亚太区主编David D. Swinbanks，并向客人介绍了我院知识创新试点工作有关情况。

4.5 根据中央的部署，院党组和院机关开展了以“讲学习、讲政治、讲正气”为主要内容的党性党风教育。

4.6 许智宏副院长主持召开了“中国科学院实施知识创新工程试点工作情况通报会”，向25位在京的驻华使馆科技官员和国际组织代表介绍开展知识创新工程12项试点工作的具体计划、目标和内容。

4.6～5.8 中国科学院南海海洋所实验3号海洋综合考察船完成国家“九五”重大科技专项——“南沙群岛及其邻近海域综合科学考察”的海上任务，历时33天。

4.7 中国科学院和国家气象局共同承担的我国重大气候与天气灾害形成机理和预测理论国家重点基础研究项目正式启动。

4.7～10 路甬祥院长赴韩国接受科学技术学院外籍名誉院士证书，进行讲学活动并讨论成立亚洲科学院联合会事宜。

4.8 等离子体物理所、中国科学技术大学等单位参加的“微波等离子体及其应用基础研究”通过验收，取得重要成果。

4.9 中国科学技术大学与自然科学史所、中国社会科学院在该校联合设立我国第一个科技史和科技考古系，朱清时院士任系主任。

4.11～18 路甬祥院长赴香港参加“香港大学教育资助委员会”和“香港特区特设创新科技委员会”会议。期间，作为主礼嘉宾出席了我院紫金山天文台发现的“香港星”的命名仪式。

4.13 兰州高原大气物理所提出基于地圈的气候变化概念模式，揭示青藏高原地磁场与气候变化的内在联系。

4.14　工程热物理所实现了微重力落塔上抛工作模式，该所的落塔实验技术处于国际领先地位。

4.15　西北植物所的“中国特有马蹄香属的地理分布及系统与进化研究”取得重大成果。

4.15　冰川冻土所取得目前世界上海拔最高的冰芯——达索普冰芯，并在冰芯中发现工业污染留下的证据，从而证实近几十年环境污染在加剧，全球正在逐渐升温。

4.15　国家计委批准国家“九五”重大科学工程——合肥同步辐射实验室二期工程开工建设。工程总投资1.18亿元，项目预计于2001年建成。

4.16　经院长办公会审议，批准中国科学院知识创新工程试点天文基地建设方案，启动天文基地知识创新工程试点工作。

4.17　中国科学院院士、南京大学戴安邦先生逝世，享年98岁。

4.18　“中德彩虹会议”在北京友谊宾馆举行，中德双方约60名优秀青年科学家参加了这次生物学领域的研讨会。许智宏副院长参加了开幕式并致贺词。路甬祥院长会见并宴请了德方与会的诺贝尔奖获得者Nuesslein-Volhard教授。

4.18　中科院联想集团的杨元庆和系统所的郭雷研究员获“中国青年五四奖章”。

4.23　李岚清副总理考察沈阳自动化所，称赞该所工作成绩突出。

4.23　中国科学院国家天文观测中心成立，艾国祥院士任中心主任。

4.24　中国科学院、共青团中央、中央电视台联合组织了“祖国和科学，我心中的依恋”演讲会，路甬祥院长、白春礼副院长出席了会议。

4.25　甘肃省与中科院在北京签署科技合作协议书，院省合作共同开发西部，振兴甘肃经济。

4.25～30　中国科学院地学部主办的“数字地球系列研讨会”在北京召开，来自国内有关部委、科研单位、大学的领导和专家共200人出席会议。

4.26　中国科学院技术科学部召开“技术科学发展战略研讨会”，会议就技术科学的内涵及其与国防、经济发展的关系等进行了讨论。

4.27　中科院与澳门的4家企业签署了4项合作协议和1项合作意向书，为展开澳门与中国内地在科技领域的合作迈出新的一步。

4.28　中国科学院与北京市政府签署科技合作协议，在环境保护、先进制造技术等10个领域进行合作。

4.29　院基础研究领导小组召开第十一次会议。许智宏、白春礼副院长及小组成员商讨关于“国家重点基础研究发展规划”申报、评审等事宜。

4.30　中国科学院院士、南开大学南开数学所严志达先生逝世，享年82岁。

五　月

5.4～7　化学所主办的“亚洲分析科学大会”在厦门召开，来自20多个国家和地区的450位学者参加会议。

5.5　经院长办公会审议，批准上海有机化学所、沈阳自动化所、上海冶金所、软件所、上海技术物理所知识创新工程试点方案，各所知识创新工程试点工作启动。

5.10　国务院任命杨柏龄同志为中国科学院副院长。

5.10　我国成功发射了第一代“风云一号”（C星）太阳同步轨道气象卫星。上海技术物理所为卫星研制了十通道扫描辐射计、卫星姿态测量控制用的红外地平仪。

5.10～16　以斯·卢比院长为团长的斯洛伐克科学院代表团访问我院，路甬祥院长会见并宴请客人。

5.12　中国科学院与山东省政府签署科技合作协议。

5.13　武汉水生生物所人工繁殖河豚获得成功。

5.18　大连化学物理所主办的“全国色谱学术报告会”在大连召开，约400位学者参加会议。

5.18　为纪念五四运动80周年，以“青年、科技、创新”为主题的99中国青年科技论坛总论坛在北京开幕。

5.19　上海植物生理所和上海昆虫研究所实行整合。这是实施我院上海生命科学研究基地知识创新工程试点，组建上海生命科学研究院，进行结构调整工作的组成部分。

5.19　经院长办公会审议，批准东北高性能材料研究发展基地知识创新试点方案，启动东北高性能材料研究发展基地知识创新工程试点工作。

5.20　经院长办公会审议，批准上海硅酸盐所、长春光学精密机械所、上海光学精密机械所知识创新工程试点方案，各所知识创新工程试点工作启动。

5.24～28　感光化学所主办的“界面上两亲分子——从结构控制到性质国际会议”在北京召开，来自18个国家和地区的约350位学者参加会议。

5.24～3　芬兰科学院代表团访问我院，并与我院签署了科技合作协议。

5.27　经院长办公会审议，批准地球环境所知识创新工程试点方案，启动地球环境所知识创新工程试点工作。

5.28　经院长办公会审议，批准自动化所知识创新工程试点方案，启动自动化所知识创新工程试点工作。

5.29　上海昆虫所研制成功防治抗性棉铃虫新药剂——华农1号。

5.31　电工所首创的无泵自循环蒸发冷却新技术在大型水轮发电机上获得重大突破。在黄河上游李家峡的400MW蒸发冷却水轮发电机运行正常。标志着我国在蒸发冷却水轮发电机的理论与工业机组研制方面已达到国际领先水平。

5.31 院基础研究领导小组召开第十二次会议，会议由白春礼副院长主持。

六 月

6.2～4 路甬祥院长应邀参加了俄罗斯科学院建院275周年庆祝活动，并与俄罗斯科学院院长尤·奥西波夫院士共同签署了中俄两院“关于组织两院科研机构进行直接科学和技术合作协议书”。

6.3 上海有机化学所主持的国家自然科学基金“八五”重大项目——“金属有机化合物的反应化学”通过专家验收。

6.6 我国北极考察队与我国台湾明新技术学院合作进行北极物理大地测量研究，这是海峡两岸极地科研领域的首次合作。

6.8～9 中国科学院1995年度“百人计划”入选者终期评估会议在京举行，路甬祥院长、白春礼副院长出席了会议。

6.9 大连化学物理所承担的国家“九五”科技攻关项目——“燃料电池技术的PEMFC（质子交换膜燃料电池）研究”取得重大突破，研制出1kW和5kW电池组及运行系统，这标志着燃料电池走向实用化。

6.9 大天区面积多目标光纤光谱天文望远镜国家重大科学工程项目初步设计及概算通过审批，批准工程总投资1.65亿元，工程预计2004年完成。

6.9～10 中国科学院国家天文观测中心委员会第一次会议在北京召开。许智宏、白春礼副院长出席会议。

6.9～11 我院与京港学术交流中心联合举办的“科技产业合作论坛——发展香港现代化中药产业”在香港会展中心举行。严义埙副院长率我院13人代表团赴港参加会议。这是我院在香港举办最具规模、层次最高的双边专题会议。

6.10 中国科学院设立中德高级访问学者交流计划，每年在德国招聘20位学者来中科院访问研究，以促进双方的科技合作与交流。

6.10 1999年度中国科学院青年科学家奖评选揭晓，共40位学者获奖。

6.11 中国科学院院士、上海天文台、陕西天文台研究员苗永瑞先生逝世，享年69岁。

6.12 院基础研究领导小组召开第十三次会议，许智宏副院长主持会议。会议通报了我院与科技部关于组织报送“973”项目事宜，通报了国家自然科学基金委所组织的与我院有关项目的情况等。

6.14～18 应用数学所主办的“第二十六届随机过程及其应用国际会议”在京召开，来自20个国家和地区的约100位学者参加会议。

6.15 经院长办公会审议，批准地质与地球物理所知识创新工程试点方案，启动地质与地球物理所知识创新工程试点工作。

6.15 陕西天文台研制出“甚高频频率合成器”。该项成果促进了我国光示波技术的发展，并为产业化提供了硬件基础。

6.16 教育部、国务院学位委员会评选出首届全国百篇优秀博士论文，我院有20篇论文入选，占获奖总数的1/5。

6.16～20 中国科学院、中央组织部在昆明联合召开“首批‘西部之光’项目阶段性评估暨管理研讨会”，路甬祥院长、白春礼副院长出席了会议。

6.18 经院长办公会审议，批准上海生命科学研究院组建方案。

6.23 反对伪科学院士座谈会在院机关召开。出席座谈会的有：中国科学院院长路甬祥、副院长陈宜瑜、中国科学院院士何祚庥、陈建生、邹承鲁、庄逢甘、严陆光、赵鹏大、叶大年、朱起鹤、王越、梁守槃，中国工程院院士朱高峰、屠善澄、刘业翔、王光远等。

6.24 经院长办公会审议，批准生态环境研究中心知识创新工程试点方案，启动生态环境研究中心知识创新工程试点工作。

6.24～29 路甬祥院长作为中国代表团团长应邀出席了在匈牙利布达佩斯召开的世界科学大会(WCS)，并作题为“面向子孙后代的科学(Sciencefor Future Generations)”的特邀报告。

6.25 中国科学院技术科学部向信息产业部提交“我国通信高科技产业发展研究”咨询报告。

6.28 江泽民主席在钓鱼台接见了应我院邀请来访的欧洲核子研究中心(CERN)主任Maiani及诺贝尔奖获得者丁肇中先生一行。双方就高能物理前沿领域的一些问题和反伪科学问题交换了意见。许智宏副院长参加了会见。

6.30 许智宏副院长会见了澳大利亚驻华大使Smith先生并与其签署了我院与澳大利亚联邦政府国际农业研究中心的国际合作项目协议书。

6.30 院党组和院机关集中时间进行的“三讲”教育告一段落。

七　月

7.1～9.9 中国科学院参与国家海洋局主持的我国首次北极科学考察，北极科学研究获得了重要成果。

7.3 中国科学院上海生命科学研究院成立，吴建屏院士任院长。

7.5～9 系统科学所主办的“第十四届国际自动控制联合会世界大会”在京召开，来自59个国家的约1600位学者参加会议。

7.7～10 许智宏副院长出席在菲律宾马尼拉召开的“东南亚国家联盟科学院、工程技术院及类似全国性组织第三次年会”并作报告。

7.8 中国科学院上海高技术研究发展基地试点工作启动。该基地由上海地区院属5个研究所组成，是中科院知识创新工程试点的组成部分。

7.12～17 中国科学院数学物理学部院士增选第一轮评审会在京召开。

7.14 低温技术实验中心洪朝生院士获2000年门德尔森奖。洪朝生是首位获该奖项的中国科学家，该奖用以表彰他对中国低温工程学的发展做出的杰出贡献。

7.16　院决定对中国科学院北京科学仪器研制中心、沈阳科学仪器研制中心、成都科学仪器研制中心、新乡科学仪器研制中心、开封印刷厂等单位实施公司制改造。

7.18　计算所承担的曙光系列扩展并行计算机系统通过专题验收。

7.18～22　昆明植物所主办的“人与自然国际学术讨论会”在昆明召开，中日两国300 多位学者参加会议。

7.18～23　白春礼副院长应“第十届国际扫描隧道显微学/光谱学和相关近邻探测器显微学国际会议”(STM’99) 国际组委会主席 In-WangLyo 教授的邀请，出席在韩国汉城举行的 STM’99 大会并作特邀报告。

7.21　经院长办公会审议，批准大气物理所知识创新工程试点方案，启动大气物理所知识创新工程试点工作。

7.22　中国科学院生物学部向国务院提交“关于把塔里木河列入国家大江大河治理计划的建议”，向新疆自治区政府提交“新疆农业与生态环境可持续发展的几个问题”的咨询报告。

7.26　经院长办公会审议，批准微电子中心知识创新工程试点方案，启动微电子中心知识创新工程试点工作。

7.26　中国科学院院士、中国科技大学钱临照先生逝世，享年 93 岁。

7.26～8.1　中国科学院化学部、生物学部、技术科学部院士增选第一轮评审会在京召开。

7.30　经院长办公会审议，批准半导体所知识创新工程试点方案，启动半导体所知识创新工程试点工作。

7.30　声学所研制成功汉/英语翻译系统 CEST-CASIO，能够准确实时地对文字和语音进行识别与翻译，标志着我国汉语自然口语人机对话研究达到国际先进水平。

八　月

8.2　南海海洋所主办的“中国及邻近海域海洋科学讨论会”在广州召开，约140 位学者参加会议。

8.2　西高诺迪藏药现代化研究中心挂牌仪式在中科院西北高原生物所举行。

8.3　遥感所利用 3S 集成技术确定澜沧江源头。

8.3　昆明植物所吴征镒院士获 1999 年度考斯莫斯奖。吴征镒是世界第七位获此奖项的学者，用以表彰他在植物研究方面的杰出贡献。

8.3　地球环境所安芷生院士当选国际第四纪联合会副主席。

8.7　朱镕基总理考察杨陵农业高新技术产业示范区，并指出要持之以恒改善生态环境，下定决心再造秀美山川。

8.8～14　西安分院、石家庄农业现代化所主办的“中日黄土高原生物生产可持续发展、盐碱地演化防治合作项目学术研讨会”在西安召开，来自 3 个国家的 120 位学者参加会议。

8.9	经院长办公会审议，批准遥感应用所知识创新工程试点方案，启动遥感应用所知识创新工程试点工作。
8.16～20	由我院国际学术交流中心和中国运筹学会联合承办的第15届国际运筹学大会在京举行。许智宏副院长和科技部副部长徐冠华参加了开幕式。来自中、美、日、法、英、德和我国香港、台湾等48个国家、地区的1000多位代表参加了会议。
8.16～21	物理所主办的“第十届全国磁学和磁性材料会议”在北京召开，来自中、美两国的学者390人参加会议。
8.17	经院长办公会审议，通过了长春光学精密机械所和长春物理所整合方案。
8.17～18	中美两国科学院高层会晤在京举行，中方代表团团长路甬祥院长和美国科学院9位正副院长参加。中美两院领导和有关科学家就共同关心的问题进行了热烈和广泛的讨论。双方院长表示将把这种高层对话机制带入21世纪。
8.18	路甬祥院长与随马哈蒂尔总理访华的马来西亚科学院院长在人大会堂签署了《中国科学院和马来西亚科学院关于开展科学、工程和技术领域合作的备忘录》。双方今后将在科学、高技术和信息等领域进行长期的合作与交流。
8.18	中国科学院院士、铁道部科学研究院程庆国先生逝世，享年72岁。
8.20	系统科学所陈锡康研究员、潘晓明副研究员、杨翠红博士荣获国际运筹学会联合会（IFORS）运筹学进展奖。
8.20	江泽民总书记在路甬祥院长、杨柏龄副院长的陪同下视察大连化学物理所。总书记重点考察了国家知识创新工程试点工作，强调继续深化科技改革，大力推进科技创新。江总书记为大连化物所题词：“实施知识创新工程，把大连化学物理研究所建成世界一流研究所”。
8.20～22	人大副委员长周光召和路甬祥院长参加了在京举行的“中国科学院和美国科学院第二届中美前沿科学研讨会”。国务院副总理李岚清接见了来自中美两国科研机构和高等院校的80余名杰出青年科学家。
8.23	以白春礼副院长为团长的中国科学院教育代表团赴美国和加拿大访问，并与美国威斯康星大学签署了合作协议。
8.24～28	高能物理所主办的“第八届强子谱学国际会议”在北京召开，来自18个国家和中国台湾地区的约160位学者参加会议。
8.25～27	上海光学精密机械所主办的“1999年国际激光物理和量子光学会议，在无锡召开，来自15个国家的约130位学者参加会议。
8.26	化学所主办的“'99分子、离子和簇合物的光电子能谱国际会议”在北京召开。共有120位专家参加会议，其中来自美、英、德、奥等国的专家80余名。
8.26	中国科学院院士、河海大学徐芝纶先生逝世，享年88岁。

8.27 遗传所成功地将克隆的白叶枯病抗性基因 Xa21 转入我国 8 个水稻品种，培育出对白叶枯病具有广谱抗性的杂交水稻。

8.28 兰州重离子加速器冷却储存环国家“九五”重大科学工程项目可行性研究报告通过国家计委的审批，项目总投资 2.935 亿元，工程预计 2004 年完成。

8.30 我国“风云一号”（C 星）的海洋通道在轨测试成功，能及时获取海洋中有关叶绿素和悬浮泥沙的含量及水面温度的信息。

8.31 古脊椎动物与古人类所在江西省安福县发现更新世哺乳动物群化石。

8.31～9.3 路甬祥院长率代表团出访蒙古，并签署了中蒙两国科学院代表团会谈纪要。

九　月

9.1 路甬祥院长会见了加拿大国家研究理事会 Carty 主席一行，并签署了合作谅解备忘录。

9.1 中国科学院学部联合办公室主办的“西北地区可持续发展问题学术报告会”在京举行。京区院士、专家及新闻单位共 200 多人出席。

9.1 遗传所人类基因组中心在国际人类基因组协调团体正式注册，成为参与国际人类基因组计划的第 6 个国家。

9.5 《邓小平与中国科学院》一书首发座谈会在京举行。

9.6 乌鲁木齐天文站在新疆建成 25m 大口径射电天文望远镜。

9.6 中国科学院启动科技发展“十五”计划和 2015 年规划编制工作。

9.6～7 中国科学院学部咨询委员会组织召开“中国未来能源发展战略研讨会”，两院院士和国内有关能源方面的专家共 60 多人参加，咨询委员会主任师昌绪院士主持会议。

9.8 路甬祥院长致信朱镕基总理，提出黄土高原“生态建设与富民增收并举”的方针，受到朱镕基总理、温家宝副总理及国务院有关部门的重视。

9.8～10 院化学学科专家委员会在北京召开扩大会议，讨论制定院化学学科“十五”规划事宜。

9.9 中国科学院地球环境所在西安高新技术产业开发区举行奠基仪式。

9.10 胡锦涛副主席视察兰州分院，强调发扬好传统，为实施科教兴国战略，为国家和西北的经济社会发展做出更大贡献。

9.12～17 山西煤炭化学所主办的“第十届国际煤科学大会”在太原召开，来自 28 个国家的约 300 位学者参加会议。

9.14 经院长办公会审议，批准寒区旱区环境与工程所知识创新工程试点方案，启动寒区旱区环境与工程所知识创新工程试点工作。

9.14 Rodata 博士率领欧洲空间局代表团访问中国科学院，探讨 Cluster Ⅱ 和双星计划等合作问题。

9.16　中国科学院院士、原中国地质科学院地质所郭文魁先生逝世，享年84岁。

9.18　中共中央、国务院、中央军委在京召开大会，隆重表彰为研制“两弹一星”做出杰出贡献的近400名科技专家，其中45位来自中国科学院。在23位获得“两弹一星功勋奖章”的科学家中，在科学院工作的有王大珩、吴自良、周光召、彭桓武。曾在科学院工作的有于敏、王希季、王淦昌、邓稼先、杨嘉墀、陈芳允、陈能宽、钱学森。在中国科学院工作的已故科学家赵九章、郭永怀、钱三强、钱骥被追授“两弹一星功勋奖章”。

9.20　上海生物工程研究中心研制出基因工程鲢鱼生长激素。

9.22　经院长办公会审议，批准北京物质科学研究基地（凝聚态物理中心部分）知识创新工程试点方案，启动北京物质科学研究基地知识创新工程试点工作。

9.22　中国科学院地学部向国务院提交“关于21世纪初期加快西北地区发展的若干建议”的咨询报告。

9.22　中国科学院地学部向国务院提交“关于建立我国钾肥源稳定供应体系的建议”的咨询报告。

9.22　中国科学院与教育部、安徽省政府签订共建中国科学技术大学协议。

9.23　中国科学院召开京区领导干部大会，传达十五届四中全会的主要文件和有关精神。路甬祥院长就如何学习和贯彻落实十五届四中全会精神作了讲话。

9.23　中国科学院图书馆、档案馆在中关村科学城中心区举行奠基仪式。

9.26　遥感所与国防科技大学共同研制成功空间决策支持系统，对提高国家宏观决策能力具有积极意义。

9.27　计算所主持的“多功能感知机——手语自动翻译与虚拟人工合成”项目通过验收。

9.27　中国科学院学部召开信息科学技术研讨会。

十　月

10.1～30　由我院自行创作、武汉电视台录制的30集电视文献纪录片《共和国科学档案》每晚在中央电视台分集播出。该电视片全方位地记录了中科院五十年的发展历程。

10.5～10　中国科学院组团参加在深圳举行的“首届中国国际高新技术成果交易会”，参展的有12个分院和60多个研究所的730个项目。

10.5　发育所主办的“第十届基因、基因族、同工酶国际学术研讨会”在北京召开，来自29个国家的约200位学者参加会议。

10.6　新疆生态与地理所夏训诚研究员当选为第六届国际沙漠工程技术委员会主席。

10.6～9	广州化学所主办的“面向新世纪锚固与灌浆国际学术研讨会”在广州召开，来自 8 个国家的约 200 位学者参加会议。
10.8～11	理论物理所等单位主办的“跨世纪物理学前沿问题高级研讨会”在北京召开，约 350 位学者参加会议。
10.12～15	电工所主办的“1999 年磁流体力学和高温技术国际会议”在北京召开，来自 5 个国家的约 100 位学者参加会议。
10.12～16	“中国科学院院士增选第二轮评审及选举会议”在北京召开，选举产生了 55 名院士。
10.12～16	古脊椎动物与古人类所主办的“国际古人类学学术研讨会暨纪念北京猿人第一颗头盖骨发现 70 周年会议”在北京召开，来自 17 个国家的约 130 位学者参加会议。
10.13	合肥智能机械所研制的“小量程厚膜压力传感器”通过专家鉴定，达到国际先进水平。
10.13	西安光学精密机械所研制成功轻型高稳定度干涉成像光谱仪，标志着我国在干涉成像光谱仪小型化、轻量化、高灵敏度的研究中取得突破性进展。
10.13～16	化工冶金所主办的“1999 年中国颗粒学会青年学者暨海峡两岸颗粒技术研讨会”在珠海召开，来自 3 个国家和地区的约 200 位学者参加会议。
10.13	地球化学所主办的“环境地质地球化学与可持续发展国际学术讨论会”在贵阳召开，来自 7 个国家和地区的约 120 位学者参加会议。
10.13～18	俄罗斯科学院代表团访问我院，俄罗斯科学院西伯利亚分院与我院签署了科学合作协议。
10.14	为庆祝中国科学院建院 50 周年，由北京天文台发现的、编号为 7800 号的小行星被命名为“中国科学院星”。
10.14～18	海洋所主办的“第四届亚洲海洋地质学国际会议”在青岛召开，来自 18 个国家和地区的 145 位学者参加会议。
10.15	院第四届杰出（优秀）青年评选结束，授予高小山等 10 位同志第四届“中国科学院杰出青年”荣誉称号，授予史生才等 27 名同志第四届“中国科学院优秀青年”荣誉称号。
10.15	中科院遥感卫星地面站成功接收“资源一号”遥感图像数据。“资源一号”卫星于 1999 年 10 月 14 日发射升空，这是我国与巴西合作研制的第一颗地球资源遥感卫星。
10.16	中国科学院技术科学部召开弘扬研制“两弹一星”精神座谈会，获“两弹一星功勋奖章”的王大珩、任新民、屠守锷、吴自良、杨嘉墀、陈能宽等院士在会上作了报告。
10.17～20	中国科学院离退休干部工作会议在京召开。路甬祥院长、白春礼副院长、院党组副书记郭传杰等出席了会议。
10.17～23	马来西亚科学院代表团访问我院，并在北京、上海等地参加学术活动。

10.18 路甬祥院长在中国科协首届学术年会上，作题为《科学技术百年的回顾和展望》报告时指出，当代科学面临的一些理论难题，正孕育着21世纪科学飞跃发展的生机。

10.18 以上海生化所为主要股份的“上海生发达生物技术集团公司”挂牌成立。周光召、张劲夫、周禹鹏等领导出席挂牌仪式。

10.19 HT-7U超导托卡马克核聚变实验装置国家“九五”重大科学工程项目初步设计及概算通过审批，工程总投资1.65亿元，工程预计2003年竣工。

10.19 中国科学院与宝洁公司在人民大会堂举行了“中国科学院宝洁科教奖励基金”捐赠仪式。

10.19～22 南京土壤所主办的“中国土壤学会第九次全国会员代表大会”在南京召开，约800位学者参加会议。

10.20 院决定将中国科学院北京软件工程研制中心整体转制为公司制企业。

10.20 中国科学院在京召开有女院士、女专家、女企业家、女干部代表参加的茶话会，共话中科院50年来走过的风雨历程，展望美好未来。

10.21 李岚清副总理视察中国科学院动物所，称赞动物所多年来取得的科研成果，并提出科学园区面貌要与国家研究机构的地位相称，为科学家营造良好的科研环境。视察后，李岚清副总理参加了在院机关举行的知识创新工程试点工作座谈会并作重要讲话。

10.21～24 长春应用化学所主办的“第七届国际电分析化学研讨会”在长春召开，来自9个国家的约110位学者参加会议。

10.22 中国科学院党组通过了关于中国科学院与联想集团控股公司共建中国科学院计算技术研究所试点的决定。

10.23 中国科学院青年联合会、京区研究生联合会成立。路甬祥院长发来贺电，白春礼副院长、郭传杰副书记、王景川秘书长、全国青联主席巴音朝鲁等出席大会，谭铁牛当选第一届院青联主席，王泳当选第一届院京区研究生会主席。

10.23～29 遗传所主办的“中国遗传学会第六次全国代表大会暨学术讨论会”在昆明召开，约420位学者参加会议。

10.24～29 工程热物理所主办的“第五届亚太地区国际燃烧会议”在上海召开，约150位学者参加会议。

10.26 中国科学院举行庆祝建院50周年老同志座谈会。座谈会由白春礼副院长主持，部分中科院系统的老领导、老专家和科技工作者畅谈感想，满怀深情地回顾了中科院成长、发展的历程。

10.26 路甬祥院长参加在人民大会堂举行的“陈景润星”命名仪式并讲话。

10.28 首届中国科学院奖学金颁奖仪式在北京举行，共400位高校学生获奖。

10.28 50余个国家驻华使节、国际组织、国际机构、国际著名企业代表近200人参加了我院举办的中国科学院建院50周年招待会。

10.28　庆祝建院50周年党外专家学者座谈会在京举行。座谈会由党组副书记郭传杰主持，京区各民主党派、院侨联、无党派代表人士参加。

10.29　上海市委常委、组织部长罗世谦，上海市副市长左焕琛，中科院副院长杨柏龄等与上海市近300位科学家欢聚一堂，共同庆祝中国科学院50华诞。中共中央政治局委员、上海市委书记黄菊和上海市长徐匡迪分别发来贺信，对中科院建院50周年表示热烈祝贺。

10.30　为庆祝中科院建院50周年，一场题为《科学·足迹·风采》的我院职工文艺演出在北展剧场举行，来自全院各研究所的17个精彩节目登台演出，共有5000余人观看了演出。

十一月

11.1　中国科学院建院50周年庆祝大会在北京举行，党和国家领导人江泽民、李鹏、李瑞环为建院50周年题词，朱镕基到会讲话，李岚清致函祝贺。出席大会的党和国家领导人有：丁关根、温家宝、曾庆红、宋平、刘华清、周光召、卢嘉锡、宋健、朱光亚、胡启立、陈锦华等，有关部门的负责同志，外籍著名专家学者，在京部分两院院士以及中国科学院在京各单位科技人员、职工代表等近600人参加了大会。

11.1　路甬祥院长与德国巴符州科技部长Trotha先生签署了双边科技合作协议。

11.1　在中央电视台举行“展望21世纪的科学——6位诺贝尔获奖得者与青年科技英才共话未来”电视座谈会，中国科学院副院长白春礼院士为主持人。

11.1　教育部、国务院学位委员会发文表彰全国学位与研究生教育管理工作先进集体。我院科技大学、物理所、化学所、上海有机所、长春应化所、大连化物所、金属所、计算所和上海生化所等9个单位的研究生部受到表彰。

11.1～3　为庆祝中国科学院建院50周年，中国科学院在北京举办中外著名科学家学术报告会。6位诺贝尔奖获得者：杨振宁（美国）、李政道（美国）、丁肇中（美国）、Michel（德国）、Varmus（美国）、Murad（美国）和中华人民共和国国际科学技术合作奖获得者Schwarz（德国）在会上做了精彩的学术报告。作学术报告的中国科学家有中国科学院院长路甬祥院士和王夔院士、汪品先院士、胡文瑞院士。

11.1～4　上海硅酸盐所主办的“古陶瓷科学技术国际会议”在上海召开，来自7个国家和地区的约120位学者参加会议。

11.5　寒区旱区环境与工程所在青藏高原东部发现普若岗日大冰原，这一重大发现填补了我国冰川类型方面的空白。

11.5　　金属所主持的单壁纳米碳管的制备及储氢性能研究取得重要进展，该成果将有利于氢能电动汽车的发展。

11.8　　工程热物理所承担的国家攀登计划项目“能源利用中的气动热力学中前沿问题和新设计体系的研究”通过专家鉴定。

11.10　　由新闻出版署主办、中国版协承办的我国出版界最大的专业图书奖——“全国优秀科技图书奖”暨“科技进步奖（科技著作）”在北京颁布。我院科学出版社出版的《描述复杂性》等4部著作分获一、二、三等奖。

11.14～17　　路甬祥院长以中日科技与经济交流协会会长的名义率24人代表团，出席在东京举办的“中日科技与经济学术研讨会”。

11.15　　中国科学技术大学在国际上首次确定C_{60}单分子在硅表面的取向状态。

11.15～20　　贵阳地球化学所主办的“低温成矿作用国际学术研讨会”在贵阳召开，来自7个国家的约100位学者参加会议。

11.16　　根据中科院对上海生命科学基地研究所体制改革的部署，批准成立中国科学院神经科学研究所，原上海脑所整合到神经科学所。

11.16～17　　中国生态系统研究网络第八次会议在北京召开，成立了以陈宜瑜副院长为首的领导小组，颁布了中国生态系统研究网络章程。

11.17　　中国科学院公布1999年院士增选结果，有55位科学家当选为新院士。

11.18～29　　以许智宏副院长为团长的中国代表团一行8人赴塞内加尔参加第三世界科学院（TWAS）第七届院士大会。

11.19　　中国科学院、科技部、教育部、中国工程院、中国科协联合发布“关于科技工作者行为准则的若干意见”。

11.20～21　　我国载人航天工程试验飞船“神舟”号第一次飞行获圆满成功。中科院空间中心、上海硅酸盐所、大连化物所等有关单位为载人航天实验作出重要贡献。

11.22　　国际科学编辑联合会主席M. Balaban来华访问，院党组副书记、出版委主任郭传杰会见并宴请了客人。双方就中科院科技期刊走向世界等问题进行了有益的讨论。

11.24　　中国科学院公布知识创新工程科技目标框架，包括农业高新技术、人口与健康、能源、新材料、信息与自动化、空间科学与技术、生态与环境、地球科学、重大交叉学科前沿等九大科技领域。

11.24　　国务院决定任命江绵恒为中国科学院副院长。

11.25　　国务院任命中国科学院副院长许智宏兼任北京大学校长。

11.26～28　　中国科学院技术科学部院士考察了航空工业总公司第一集团公司所属601所和沈阳飞机制造公司，对我国飞机的研究和生产中的问题进行了调研。

11.27　　中国科学院神经科学研究所成立，蒲慕明研究员任所长。

11.27　　中国科学院生物学部向国务院提交“黄土高原农业可持续发展咨询报告”。

11.27～29 中国科学院第四届科技副职工作总结表彰会在青岛召开。

11.29 化学所承担的羰基合成醋酸、醋酐新型催化剂应用推广工作获得突破性进展。

11.29 沈阳应用生态所姬兰柱、姜凤岐、朱廷曜研究员荣获1998年度第三世界科学组织网络（TWNSO）农业奖。

11.29～12.2 中国科学院联合19个部委共同主办的“1999年数字地球国际会议”在京召开，来自20个国家和地区的约300位学者参加会议。李岚清副总理出席了开幕式。

11.30 中国科学院化学学部向国家经贸委提交“大型化工企业调研咨询”总结报告。

十二月

12.2 南京地质古生物所发现5.3亿年前有头脊索动物化石，这一成果对脊椎动物起源史有重要影响。

12.2 中国科学院海洋生物技术研究发展中心（筹）在青岛成立。

12.2 中国科学院院士、华南农业大学赵善欢先生逝世，享年85岁。

12.3 由新闻出版署和科技部组织的首届“国家期刊奖”颁布获奖期刊名单。我院《中国科学》等15种期刊获“国家期刊奖”，占全国学术类期刊获奖总数的47%。《生物化学与生物物理学报》等3种期刊获“国家期刊奖提名奖”，占全国获提名奖期刊总数的14%。

12.3 林兰英、王阳元、李志坚、吴德馨、甘子钊、王占国等院士向国务院报送“将突破微电子器件物理限制的研究尽快列入国家重大基础研究规划”的建议。

12.3～15 陈宜瑜副院长率院农业代表团访问澳大利亚，与澳国际农业研究中心、科工组织及墨尔本大学等进行了广泛接触，为落实中澳农业与环境方面的实质性合作项目奠定了基础。

12.6 院决定将成都计算机应用所、北京软件工程研制中心、广州电子所、成都有机化学所、广州化学所、沈阳计算技术所等6个技术开发型研究所整体转制为公司制企业。

12.6 经中央机构编制委员会办公室批准，决定将兰州冰川冻土所、兰州沙漠所、兰州高原大气物理所跨所整合，组建中国科学院寒区旱区环境与工程研究所。

12.6 我院和日本学术振兴会在京召开会议，庆祝与日本学术振兴会签定学术交流备忘录20周年。路甬祥院长和日本学术振兴会居池健理事长、日本驻华大使馆杉本公使在庆祝仪式上致词。中日学者就两国间不同领域的科技合作做了精彩的学术演讲。

12.6～16	力学所主办的“第八届亚洲流体力学会议”在深圳召开，来自10个国家的约200位学者参加会议。
12.8	经院长办公会审议，批准电子所知识创新工程试点方案，启动电子所知识创新工程试点工作。
12.8	1999年度“引进国外杰出人才”招聘答辩会举行。
12.9	科技部、中宣部、教育部、中国科协联合发文，命名100个“全国青少年科技教育基地”。其中我院有14个单位被命名为“全国青少年科技教育基地”。
12.9	上海细胞生物学所建立含有14000个不同人类基因的cDNA阵列，这是一种大规模研究基因功能的工具。
12.10	国家重大科学工程项目兰州重离子加速器冷却储存环项目举行奠基仪式，路甬祥院长、国家科技部邓楠副部长、国家计委马德秀司长及甘肃省有关领导出席。
12.10	中国科学院天文地球动力学联合研究中心成立，黄珹研究员任中心主任。
12.10	合肥智能机械所主持的国家级产学研项目——基于CAN网络控制的自动前移式高架堆垛叉车研制成功，使我国的仓储搬运机械达到世界先进水平。
12.12	中国科学技术大学主持的国家级重大基础研究项目——“6万Gs（1Gs=10^{-4}T）超导扭摆磁铁及XAFS光束线站”通过专家鉴定，该项研究成果提高了同步辐射光源的利用率。
12.13～14	由等离子体所承担的国家“九五”科技攻关项目“离子体育种”通过验收。
12.14	有中科院大气所符淙斌研究员和地球环境所安芷生院士任首席科学家的我国“生存环境演变和北方干旱化趋势预测研究”国家重点基础研究发展规划项目正式启动实施。
12.15～18	以院党组副书记、出版委主任郭传杰为团长的中国科学院出版图书情报代表团一行6人出访德国、奥地利、法国，分别访问了这三个国家的10个图书馆和两家出版社。
12.15～22	路甬祥院长赴港参加“香港特区大学教育资助委员会”年会，作了题为“知识创新工程与高科技产业化”的报告。
12.16～17	由我院主持的国家“八五”攀登计划（B）项目“复合驱强化采油技术”通过验收。
12.17	由中国科学院科普领导小组办公室和《科学时报》社共同发起，中科院、科技部、科协三家联合举办的“科学家推介20世纪科普佳作”新闻发布会在北京举行。这次活动共推介近百本（套）本世纪较有影响的科普佳作。

12.18～20　为培养适应知识创新工程对高层次人才的要求，中国科学院在中国科大召开“博士生重点培养基地经验交流与研讨会”。

12.18　中国科学院等单位在北京联合召开科技界人士座谈会，纪念新中国科技事业的开拓者和奠基人聂荣臻同志诞辰 100 周年。

12.20　科技部、中宣部、科协联合发文表彰全国科普工作先进集体和全国科普工作先进工作者。我院共有 7 个单位荣获全国科普工作先进集体，12 位同志荣获全国科普工作先进工作者。

12.22　经中央机构编制委员会办公室批准，决定将数学所、应用数学所、系统科学所和计算数学与科学工程计算所合并，组建中国科学院数学与系统科学研究院。

12.22　院基础研究领导小组召开第十五次会议，许智宏副院长主持会议。会议通报了由国家科技部组织的第二批《国家重点基础研究发展规划》项目的批准立项等情况。

12.25　中国科学院海洋所主持的国家攀登项目“海水增养殖生物优良种质和抗病力的基础研究”通过国家科技部组织的验收。

12.26　由中科院海洋所相建海研究员任首席科学家，山东省科委与中科院共同主持的国家重点基础研究发展规划项目“海水重要养殖生物病害发生和抗病力研究”正式启动实施。

12.29　中国科学院地理科学与资源研究所成立，刘纪远研究员任所长。该所是在地理所、自然资源综合考察委员会整合的基础上组建而成。

12.30　经院务会议研究决定，认定高能物理所、福建物质结构所等 18 个单位为院第三批科研基地型研究所。至此，历时 3 年的研究所分类定位工作已顺利完成。我院共有 86 个科研单位被定为科研基地型研究所（含进入知识创新工程试点的单位）。

12 月　据统计，1999 年我国进入美国“SCI”的期刊共 14 种，其中中科院出版的期刊 12 种，占总数的 86%。被“SCI”CDE 收录的中国科技期刊 47 种中，中科院有 29 种，占总数的 62%。

院属各单位情况

北京地区单位

数学与系统科学研究院

院　　长：杨　乐

地　　址：北京市海淀区中关村南四街甲 1 号

邮政编码：100080

电　　话：010-62553063，010-62562939，010-62553376

图文传真：010-62541829，010-62568356

电子函件：amss@mx. amss. ac. cn

中国科学院数学与系统科学研究院是在中国科学院原有的四个研究所的基础上于 1998 年 12 月 28 日正式成立的。这四个研究所为数学研究所（始建于 1952 年），应用数学研究所（始建于 1979 年），系统科学研究所（始建于 1979 年）和计算数学与科学工程计算研究所（始建于 1995 年）。在研究院中还包括两个中心（晨兴数学中心，数学机械化研究中心）、三个实验室（科学与工程计算国家重点实验室，管理、决策与信息系统开放实验室，系统控制开放实验室）。研究院共有 440 人，其中科研人员 325 人。研究院有中国科学院院士 13 人，中国工程院院士 2 人，研究员 146 人，副研究员、高级工程师 73 人，助理研究员、工程师 79 人。有在学博士生 142 人，硕士生 90 人，博士后 41 人。

研究院是一个综合性的数学与系统科学研究机构，包含了基础数学、应用数学、计算数学、系统科学、概率统计、运筹学和计算机科学。研究院内的研究工作主要是两个部分。一部分是基础研究，它包括数学所的大部分研究人员与应用数学所、计算数学所和系统所的部分研究人员。在基础研究领域，倡导选择学术意义重大的课题，突出研究工作的创新，注重研究工作的系统性，力求在这方面营造一个学术气氛浓郁、图书与计算机网络设施完善、学术交流十分活跃、同时非常宽松的环境。也注意发挥青年学者的作用，创造条件与机会，加强对青年学者的培养。在应用基础与应用研究领域，将集中力量，选择意义重大的应用性课题作出贡献。例如金融数学，数学和运筹学的理论与方法在生物学中的应用等。强大的基础研究队伍将是开展应用研究的坚强后盾，应用研究又为基础研究的创新提供了方向和课题。这两者是相辅相成的。

具体而言，研究院的重点学科方向有以下 13 个：1. 分析数学，2. 数论，代数，几何，拓扑，3. 几何分析，4. 微分方程与数学物理，5. 概率统计，6. 数学机械化，7. 理论计算机科学，8. 计算数学，9. 运筹学，10. 控制论，11. 系统管理，12. 离散数学，13. 科学工程计算。

研究院具有数学一级学科博士学位授予权，也是管理科学与工程博士点、系统理论博士点和计算机软件与理论博士点。并设有博士后流动站。

数学与系统科学研究院成立后，在人事制度改革方面主要做了以下工作：

参照研究院的发展目标和定位，实行按需设岗、按岗聘任，公开招聘科研人员和二线管理人员，并在部分岗位上实行高职低聘的办法，切实做好转岗分流工作。重视优秀青年人才的招聘，已从国外吸引了近十名青年学者来我院工作，并加大投入，吸引国内外学者来我院访问。在用人制度方面，创新基地成员采取流动机制，人员有进有出，职务有升有降，改变职工对单位的依附关系，1999 年研究院已实行全员聘用合同制。在分配制度方面，逐步规范了原四个研究所不同的津贴标准，重新制定全研究院的岗位津贴、绩效津贴及其它有关津贴的实施办法，并得以实施，起到较好的作用。

1999 年研究院在研的科研项目计有：863 项目 2 项，973 项目 3 项，攀登项目 2 项（包括子课题）；国家自然科学基金项目 94 项，其中重大项目 4 项，重点项目 17 项，杰出青年科学基金 13 项，面上项目 53 项；科学院重大项目 2 项，重点项目 2 项，“百人计划”3 项，特别支持项目 2 项；其它口基金 5 项；协作项目 39 项。1999 年，以计算数学与科学工程计算研究所青年研究员杜强为首席科学家，以“大规模科学计算研究”为题的 973 项目申请立项获得成功。

1999 年研究院成果登记 18 项，其中 12 项为基础研究。

1999 年，研究院的王元、丁夏畦分别获得华罗庚数学奖，马志明获香港何梁何利基金科学与技术进步奖（数学奖），周向宇获中科院自然科学奖一等奖，李嘉禹、高小山分别获得香港求是基金会求是杰出青年学者奖，曹道民获得中科院青年科学家一等奖、白中治获二等奖。其中，年轻的周向宇研究员由于解决了著名的扩充未来光管猜想而得到国际数学界，特别是俄国数学界的好评，从而于 1998 年底获得俄国国家科学博士学位。

研究院与国内外学术机构有着广泛的联系，经常参与举办一些国际性的学术会议。1999 年 7 月研究院的系统所主办了有 1466 人参加的国际自动控制联合会第 14 届大会，洪奕光获得了大会的唯一一个青年作者奖；8 月研究院的应用数学所主办了有 1700 人参加的第 15 届国际运筹联大会（IFORS），陈锡康，潘晓明，杨翠红获得了大会唯一的运筹学进展奖一等奖。

中国数学会、中国运筹学会和中国系统工程学会挂靠在研究院。研究院主办的刊物有《数学学报》（中、英文版），《Algebra Colloquium》，《数学译林》，《应用数学学报》（中、英文版），《系统科学与数学》（中、英文版）、《系统工程理论与实践》（中、英文版），《Journal of Systems Science and Systems Engineering》，《数学的实践与认识》，《Journal of Computational Mathematics》，《计算数学》，《数值计算与计算机应用》和《Numerical Mathematics and Application》。

理论物理研究所

名誉所长：彭桓武

所　　长：欧阳钟灿

地　　址：北京市海淀区中关村南四街甲 1 号

邮政编码：100080

电　　话：010-62554447（综合办公室）

010-62555058（业务处）

图文传真：010-62562587

网　　址：www.itp.ac.cn

理论物理研究所成立于 1978 年 6 月，是在理论物理学领域各主要方向上从事基础研究的专业研究所，是中国科学院向国内外首批开放的研究所。1993 年被第三世界科学院选为首批参加协联计划的优秀中心，1997 年 10 月被中国科学院确立为首批基地型试点研究所，1998 年 8 月，被列为中科院知识创新工程首批十二个试点单位之一。理论物理所发展的目标是，成为我国在理论物理研究领域内代表国家水平，团结国内理论物理学工作者，带动我国理论物理研究冲击世界先进水平的基础研究、人才培养和学术交流基地。

理论物理所自成立以来，特别是进入中科院知识创新试点工程基地以来，本着“开放、流动、竞争、联合”的办所方针，向国内外理论物理学界开放。始终保持一支高水平精干研究骨干队伍，联合全国理论物理学工作者，在理论物理学的各主要研究方向上开展创造性前沿基础研究，加入国际竞争。

理论物理所现有科研人员 37 人，有中国科学院院士 8 人（其中 3 人是第三世界科学院院士）。在吸引的国内外优秀青年人才中，有 4 人入选中科院百人计划，5 人获国家杰出青年基金（其中 3 人纳入院百人计划管理）。所内设有两个研究室，第一研究室从事粒子物理和场论、引力和宇宙学、数学物理等方面的研究工作，第二研究室从事非平衡统计物理、凝聚态理论、非线性科学、计算物理、理论生物物理、原子分子及量子干涉学理论、原子核理论的研究。

理论物理所进入知识创新试点工程基地以来，在深入分析的基础上对原有的研究方向进行了凝炼和调整，形成了当前六个主要研究方向：粒子物理前沿问题，弦理论相关的非微扰理论及宇宙学前沿问题研究，凝聚态物理理论及重要前沿问题，非线性科学，生物膜、DNA及基因信息问题的研究，量子物理与量子信息。

理论物理所是国务院学位委员会批准的首批博士学位授予单位，有博士生导师25名，至今已授予博士、硕士学位130多名，1999年在学博士生30名、硕士生20名；1984年起建立博士后流动站，每年保持在站博士后15名左右。从理论物理所出站的博士后中，已有3位获中国博士后“国氏奖”，1位获中国科学院优秀博士后奖。同时，经开放所学术委员会或常委会批准，每年还有100名左右来自全国近四十所高校和十几个科研院所的客座人员与所内研究人员进行联合研究，形成了生机勃勃、创造力旺盛的科研队伍。

近年来由理论物理所研究人员主持的全国理论物理学三项主要基金项目是：

攀登计划预选项目“面向21世纪理论物理学若干重大问题”（项目首席科学家苏肇冰院士）；

国家自然科学基金理论物理专款项目（学术领导小组组长苏肇冰院士）；

中国科学院理论物理学科特别支持费（专家委员会主任苏肇冰院士）。

1999年共承担科研课题79项，其中攀登计划课题15项（攀登“九五”预选项目、面向21世纪理论物理学若干重大课题11项，数学机械化研究极其应用1项，非线性科学2项，微重力科学若干重大基础交叉科学研究1项）；国家自然科学基金项目40项（个）（其中重点项目一级子课题4个，杰出青年基金5项，海外青年学者合作研究基金1项，面上项目19项，其它11项）；院重大项目1项，院重点项目2项，百人计划项目4项，中国科学院理论物理学科特别支持费项目10项，开放所开放课题7项。

1999年正式发表科技论文103篇（其中SCI论文101篇），会议报告40次，专著6本，译著1本，已经完成但尚未正式发表的科技论文127篇。

1999年10月国家科学技术部公布1998年中国科技论文统计结果中，理论物理所SCI收录论文数在全国研究机构中排名第13位，被引用论文篇数在全国研究机构中排名第7位。

1999年理论物理所彭桓武、周光召获国家级“两弹一星”功勋奖章；欧阳钟灿、谢毓章、刘寄星、郑伟谋、胡建国完成的“生物膜液晶模型理论研究”获国家自然科学奖二等奖；周光召、苏肇冰、郝柏林、于渌完成的“统一描述平衡与非平衡体系的格林函数理论研究”获中国科学院自然科学奖一等奖；张肇西、陈裕启完成的“Bc介子的性质和相关的破裂函数的研究”获吴有训奖，欧阳钟灿获“周培源物理奖”，虞跃获“香港求是基金会求是杰出青年学者奖”，孙昌璞获“中国科学院青年科学家奖”。

作为第二完成单位的由我所博士后谢发根参加的“耗散系统混沌和时空混沌的控制与同步”获国家自然科学奖三等奖；李小源参加的“等价定理及电弱对称破缺机制的探索”获教育部科学技术进步奖二等奖。

在学术交流方面，1999年主办大中型国际、国内学术会议四次；举办工作月（周）专题讨论会、学术报告、学术讲座上百次。接待国外来访学者51人次，国内学者来所参加活动者800多人次。特别是由我所组织的“跨世纪物理学前沿问题高级研讨会”，瞄准当前物理前沿课题和热点问题进行探讨，是全国物理学界老中青学者云集一堂的盛会，受到国内物理界同行的高度重视。

理论物理所一直十分重视公用的科研支撑系统建设：

（1）图书馆现藏5000余册专业书籍，每年订购近百种西文期刊、80多种中文科技期刊及200余种西文原版图书，能以最快的速度向读者提供最新书刊的服务，初步形成了为全国理论物理学工作者服务的资料中心。

（2）计算机网络系统（ITPNET）建立于1992年，目前共有80余台计算机连网设备，并在1994年通过中国科技网和高能物理所两条国际通道连接全球互联网（Internet），是全国首批接入Internet的正式成员之一。ITPNET能为科研人员创造良好的计算工作条件和网络通讯、进行科学计算、索取电子预印本、作学术交流、共享信息资源，发挥网络功能。同时，运行美国Los Alamos国家实验室国际预印本库的中国国际电子镜像结点，为全国科研工作者提供服务。

（3）编辑部设在理论物理所的《理论物理通讯》（英文）学术期刊，自1986年以来，一直为世界最著名的情报检索系统《SCI》所收录，成为我国理论物理学工作者开展国际学术交流的重要阵地，已产生一定国际影响。1999 年该刊又荣获“首届国家期刊奖”。

理论物理所的行政、科研管理以及技术支撑部门本着“按需设岗、竞争上岗、按岗聘任”的原则，做到机构精简、人员精干、一岗多能和管理高效。竭诚为全所乃至国内理论物理界的同志服务。

目前，理论物理所正按照“中国科学院理论物理开放研究所知识创新工程试点方案”提出的发展目标，力争在理论物理科学研究中，参与国际竞争，持续取得重要的研究创新成果，走在世界前列。努力造就不断超越前代人学术水平的优秀青年理论物理学研究人才，并积极开展国际国内学术交流，密切与国际，尤其是亚太地区各理论物理中心的学术交流，使本所尽快成为世界一流的国际理论物理中心。

物理研究所

所　　长：王恩哥
地　　址：北京市海淀区中关村南三街 8 号
邮政编码：100080
联系电话：010-82649533　010-82649004
传　　真：82649531（c）
网　　址：aphy. iphy. ac. cn

物理研究所的前身是成立于 1928 年的中央研究院物理研究所和成立于 1929 年的北平研究院物理研究所。1950 年在两所合并的基础上成立了应用物理研究所。1958 年改名为物理研究所。

截止 1999 年底全所共有职工 522 人，其中科技人员 406 人，包括中国科学院院士 10 人。科技人员中研究员 88 人，副研究员、高级工程师 179 人，中级科技人员 115 人；入选“百人计划”和“引进国外杰出人才”共 12 人。全所现有博士生导师 58 名；在读博士研究生 134 名，硕士研究生 50 名，在站博士后 38 名。

目前物理所的主要研究领域是：凝聚态物理和与凝聚态物理问题相关的交叉领域，包括光学物理、原子分子物理、等离子体物理和理论物理等方面的研究。拥有磁学、超导、表面物理三个国家重点实验室和光物理、电镜、真空物理三个中科院开放实验室以及若干个研究组。

1999 年物理所有 5 个 973 项目获得批准，目前在研“973”课题数共计 14 个；获得国家自然科学基金委员会批准的项目有 24 项，包括 3 项杰出青年基金项目，目前全所在研的各类国家自然科学基金项目数已达 90 余项；承担的院重大、重点课题 21 个；“921”项目 4 个；“863”项目课题 23 个；军工项目 4 个，“攀登”项目 14 个。

作为知识创新工程首批试点单位之一，1999 年物理所围绕知识创新工程要体现“基础性、前瞻性和战略性”的目标，开展了多种形式的学术交流活动，营造创新氛围，把握创新方向，提出了科学前沿重点方向和课题，初步完成了现阶段科研目标的凝炼。在创新队伍建设方面，按照进入创新基地的要求，结合本所的具体情况，择优选出部分研究组、231 名职工进入“创新基地”。启动创新项目十余项。

1999 年物理所获奖的科研成果有：“微重力条件下钯系合金的凝固”获国家科技进步奖二等奖；“激光分子束外延设备和关键技术研究”获国家科技进步奖三等奖；“合金的非平衡相变与演化”获中科院自然科学奖二等奖；“圆柱型锂离子电池研究及中试技术”获中科院科技进步奖二等奖；“非晶形成规律及工艺研究”获国家机械工业局科技进步奖一等奖。张杰研究员在碰撞激发机制的激光研究中获得了 6.4nm 波长的饱和输出；研究了超短、超强激光与固体表面相互作用产生的高次谐波，获得了国际上最短波长的结果；首次成功地测量了与激光核聚变快点火有关的打洞速度，并首次发现了预热等离子体中激光产生的超热电子的明显增强效应，获 1999 年香港求是基金会的“求是杰出青年学者奖”。梁敬魁院士因在晶体结构及氧化物相图方面的研究、张泽研究员因在材料科学方面的研究，均获 1999 年“香港何梁何利基金科学与技术进步奖”。解思深研究员在纳米材料的研究方面取得了创造性的成果，推动了纳米材料的研究，获“桥口隆吉”奖，他领导的小组利用化学相沉积方法成功制备出长达 2～3mm、外形颇似牙刷的定向碳纳米管列阵，长度居世界之最，使我国在“超级纤维”的碳纳米管的研究，特别是合成方法上达到国际领先水平，该项研究成果被评为1999年中国十大科技新闻之一。

根据中国科技信息研究所发布的统计结果，1998年物理所被SCI收录的论文数达294篇，被引用的论文数达496篇，被ISTP收录论文79篇，均居全国科研机构首位，其中收录论文数和被引用论文数已是连续第九次在全国科研机构排名第一。另据初步统计，截止1999年11月底，物理所已在PRL上发表文章8篇，表明发表文章的质量又有明显提高；1999年完成学位论文51篇，发表科技专著8部。

1999年申请专利数为21项，（授权专利11项），比上年增长了20%。

在技术开发方面完成了方型电池、聚和物电池的开发，已与成都地奥集团等组建了股份公司，稳步实现锂离子电池的产业化。

国际交流合作工作继续保持良好的运行状态，1999年接待了包括阿尔巴尼亚总统在内的100多位外宾，有180人次出国参加国际会议、合作研究及访问。

为适应新形势的需要，经多方努力，所图书馆实现自动化联机管理，方便了读者对馆藏文献的使用。

物理所是中国物理学会的挂靠单位。由中国物理学会主办，物理所承办的刊物有《物理学报》、《中国物理》、《中国物理快报》（英文版）和《物理》。其中《物理学报》、《中国物理》已被SCI收录。

高能物理研究所

所　　长：陈和生
地　　址：北京市石景山区玉泉路19号乙
邮政编码：100039
电　　话：010-68219574
图文传真：68213374
电子函件：ihep@sun.ihep.ac.cn
网　　址：www.ihep.ac.cn

高能物理研究所成立于1973年，它的前身是创建于1950年的中国科学院近代物理研究所，1953年改称物理所，1958年改称原子能研究所，根据周恩来总理的指示，1973年2月在原子能所一部的基础上组建了高能所。

截止1999年底全所职工总数1283人。科技人员总数为833人，其中研究员92人，副研究员、高级工程师294人，中级科技人员279人。有中国科学院院士7人，中国工程院院士1人。现有在学博士生69人，硕士生66人，在站博士后18人。

高能物理所是国务院学位委员会批准的首批硕士、博士学位授予单位，现设有3个博士学位专业点（粒子物理与原子核物理、理论物理、核技术及应用）、4个硕士学位专业点（除上述3个专业外，加上无机化学专业）。1984年起已建立博士后流动站。1998年国务院学位委员会批准为高能物理所具有物理学一级学科学位授予权。

高能物理所是以基础研究和应用基础研究为主的多学科综合性研究所。主要学科方向为：高能物理研究（包括宇宙线和高能天体物理）、先进加速器技术研究和先进射线技术及射线应用研究，并兼顾核分析技术及交叉学科研究。

高能物理所的优势研究领域是：高能物理、宇宙线和高能天体物理、同步辐射及其应用、加速器物理及技术、核分析技术。

高能物理所建有三个开放实验室：北京正负电子对撞机国家实验室、中科院核分析技术开放研究实验室（北京分部）、中科院高能物理所宇宙线与高能天体物理开放研究实验室。

高能物理所设有两个研究中心和9个研究室：加速器技术研究中心、计算中心，物理一室、物理二室、宇宙线室、理论室、电子学室、同步辐射室、核分析研究室、自由电子激光室、质子直线加速器室。

高能物理所重要的科研设施及装置有：北京正负电子对撞机（BEPC）；北京谱仪（BES）；北京同步辐射装置（BSRF）；北京自由电子激光装置（BFEL）；35MeV质子直线加速器；西藏羊八井广延大气簇射阵列。

1999年高能物理所争取和承担的主要科研任务和项目有：国家自然科学基金在研项目66项；横向委托课题在研项目40项；高能所主持的

攀登项目1项；科学院在研项目48项；1999年新批准科学院研究项目共4项。

1999年BEPC/BES/BSRF圆满完成了预定任务。BEPC/BES/BSRF改进项目通过了对各项主要指标全面的测试、考核和科学院的鉴定，8月份通过了科学院验收。BEPC全年运行6527小时。

BES圆满完成了2～5GeV能区的R值测量。这一测量结果可将该能区R值测量精度由原来的15%～20%改进至约7%，对提高标准模型若干重要预言值，特别是Higgs粒子的质量预测有重要意义。

BSRF专用光开放运行在1999年达到了新水平。全年提供的同步辐射专用光机时1186小时。11个实验站在两次专用光期间共为用户的200个课题提供了6933小时的总机时。

5月中旬高能物理所通过了科学院评议组的定位评估。评议组认为高能物理所已具备成为中科院基础研究型科研基地的条件，建议将高能物理所列为知识创新工程的重点支持单位，并建议对高能物理实验的国际合作给于适当支持。

1999年12月高能物理所理论室通过了中科院基础局组织的知识创新项目的评审。

宇宙线室几项重要科研项目获得实质性进展：羊八井ASγ阵列运行，获53.6亿个簇射事例2TB数据，完成Ⅲ期阵列加密，探测阈能降至3TeV；空间X射线探测器通过了结构件验收，参加了“神州号”首次飞行；40万立方米高空气球成功飞行，飞行高度达40公里，飞行时间6小时。暗物质研究方面，在国内开展了与国际同步的非重子冷暗物质和太阳中微子全能谱探测材料的预先研究。宇宙线高能天体开放实验室进入院知识创新工程。

核分析室在院开放实验室评审中名列第二，顺利进入院知识创新体系。承担的院重大项目“现代核分析技术及在生态科学中的应用”中期评估获得优秀，国家攀登B计划项目“先进放射治疗和核医学基础研究”通过了国家验收，“强流低能正电子装置”获准立项。

1999年5～6月，BFEL再次达到饱和输出，单脉冲能量输出达到3mJ。下半年实现了基本稳定运行，开展了多项应用研究。

质子直线加速器全年运行3100小时，确保了各项科研任务的完成。洁净能源课题强流质子加速器的调研、前期准备及项目申请已开始进行。

计算中心的VAX、HP及ALPHA系统全年运行时间都在8000小时以上，保证了科研工作的要求。

1998年度（国家统计滞后一年）高能物理所在国内外刊物上共发表论文251篇，其中被SCI收录的论文108篇，居全国研究机构第5位；被引用论文109篇、257次，居全国研究机构第8位。属ISTP统计发表会议论文34篇，居全国研究机构第4位。

1999年高能物理所取得的科研成果有“质子自旋‘危机’及核子结构的理论研究”和“若干重要元素的分子活化研究”获中国科学院自然科学奖二等奖；高能所参加合作的“阿尔法磁谱仪（AMS）永磁体系统（含反符合计数器初样）”和“若干计算机网络安全关键技术研究及产品开发”获中国科学院科技进步奖一等奖；“北京正负电子对撞机（BEPC）新安全连锁系统”获北京市科技进步奖二等奖。

1999年，高能物理所在知识创新工程精神指引下，改革工作取得了一些进展，部分研究室调整了课题，实施了按需设岗，按岗聘任，竞争上岗。选拔部分优秀青年科技人才充实了关键性岗位；认真推行绩效考核制度，对各类人员按职责、贡献发放绩效津贴；加强了技术开发的规范化管理，完成了部分所属企业的股份制改造，对实现了成果转化的科研人员给予知识产权股份奖励；修改、完善了大部分规章制度，使依法治所有章可循。

目前高能所有企业12个。开发工作的优势项目包括：医用加速器及部件、工业辐照加速器、工业CT技术、电子直线加速管设计制造技术、自动控制及数据采集、计算机网络。

1999年高能所进行的重大科技合作项目包括：L3宇宙线测量phase Ⅱ、阿尔法磁谱仪（AMS）、CMS实验合作、ATLAS合作、高能所参与的重要国际合作还有KEK的BELLE，SLAC的BABAR，DESY的HERAB等。

中日和中意羊八井宇宙线合作项目也进展

顺利。为进一步拓展国际合作空间，中日双方还就大学群在高能物理、加速器和同步辐射方面的合作达成协议。

1999年召开了中美高能物理联合委员会第二十次会议，签定了下一年度双方在高能物理领域里的合作项目。1999年高能所组织召开了高能物理所与日本高能加速器研究组织间的第四次合作会议；作为亚洲未来加速器委员会主席和秘书长所在单位，组织召开了第四次亚洲未来加速器委员会会议；还组织召开了第八届国际强子会议、加速器驱动次临界系统研讨会和亚洲加速器讲习班。

在国际科技机构中，高能物理所有5人担任重要职务，其中所长陈和生任国际未来加速器委员会委员、亚洲未来加速器委员会主席，副所长张闯任亚洲未来加速器委员会秘书长，学术委员会主任黄涛任国际纯粹应用物理协会C11组成员，研究员丁林凯任该协会C4组成员，北京正负电子对撞机国家实验室主任方守贤任亚洲未来加速器委员会委员。

高能物理学会、粒子加速器学会、同步辐射专业委员会、核电子学与探测技术学会、引力与相对论专业委员会、核化学学会挂靠在高能所。高能物理所主办的出版刊物有：《高能物理与核物理》（月刊，中、英文版），《现代物理知识》（双月刊）。

力学研究所

所　　长：洪友士
地　　址：北京市海淀区中关村路15号
邮政编码：100080
电　　话：010-62560914（办）
图文传真：010-62561284
电子函件：suoban@imech.ac.cn
网　　址：www.imech.ac.cn

力学研究所创建于1956年，是我国唯一的力学多分支学科的、以基础性研究为本的国家级力学研究基地；在国际力学界具有相当影响。钱学森、钱伟长为第一任正、副所长，已故副所长郭永怀曾长期主持工作，继任所长郑哲敏、薛明伦，现任所长洪友士。

力学所现有职工493人，其中专业技术人员394人，有中国科学院院士、中国工程院院士共7人，研究员78人，副研究员和高级工程师155人。力学研究所是中国科学院博士生重点培养基地，是经国务院学位委员会批准的具有力学一级学科研究生学位授予权的单位，设有博士后流动站。现有上岗博士生导师31人，在读硕士、博士研究生144人、在站博士后31人。

力学所设有非线性力学国家重点实验室、国家微重力实验室和高温气体动力学开放研究实验室，这三个实验室已被批准进入中国科学院知识创新工程试点。主要研究机构还包括：国家产学研激光毛化技术开发推广中心、环境科学与技术中心、海洋工程力学联合研究部、材料制备与加工特种工艺工程研究中心、力学基础研究室、爆炸力学研究室、应用气动力学与飞行器控制研究室、车辆检测与网络技术工程研究中心等。

力学所在研究工作中，始终坚持以基础性研究为本，“有所为，有所不为”，在若干前沿领域推动力学学科进步，强调力学学科和其他学科的交叉和结合，同时为国家的社会发展和经济建设中前瞻性、战略性、关键性、交叉综合性重大问题提供力学基础性支持。

1999年，力学所在三个开放实验室进入知识创新工程试点的同时，积极进行结构调整，进一步提升和凝炼科技目标，为以全所整体进入第二期创新工程试点打下基础。全所继续深化改革，强化激励机制，实行了绩效津贴办法，采取量化的考核指标，激励科技人员多出成果，建立管理岗位目标责任制，实行管理人员一人多岗，以提高效率。

1999年度力学所在研项目200余项，涉及到4项国家基础研究发展规划项目，3项攀登计划项目，1项国家空间科学研究计划任务，10项国家科学基金重大、重点项目，2项国家杰出青年科学基金项目，49项青年基金与面上基金项目，4项中科院重大项目等。有突出进展的项目包括：“微重力流体物理基础研究”在表面张力驱动对流及稳定性、多层流体及Benard-Marangoni对流动力学特征、液滴热毛细迁移以及气/液两相流流型研究等方面揭示了若干重要的临界现象和规律，还完成了实践5号卫星和和平号空间站的搭载实验。“脆性介质损伤累积统计和破坏预测的非线性演化”项目基于耦合斑映射模型揭示了损伤破坏非线性演化的共性特征，采用损伤场演化方程表明了损伤局部化是宏观破坏的前兆，发展链网模型等数值方法验证了加卸载响应比理论并开始成功应用于中短期地震预报。“超声速燃烧关键技术中的力学基础问题”项目在氢/空气超燃研究中提出了支板混合新方法，发现了两种点燃模式和传统自点火极限规律的局限，在碳氢燃料超燃研究中提出了煤油/氢双燃料途径并在直联式装置上进行了双燃料自点火特性和稳定性试验，在激光诊断研究中开发了同时测量氢的S_5、S_6和氧的Q支CARS谱技术。此外，有3项大型仪器装备研制项目通过了院级鉴定或验收：“Science-BCJ型机动车检测网络系统”在检测技术的规范化和网络上取得了很大突破，在平板台设置和实时网络监测功能等方面有所创新。“模具表面激光强化技术及装备”实现了光束变幻、柔性传输、五轴联动和数值化控制。“高品质低湍流度水洞装置”完成了研制并达到了预定技术指标。

1999年力学所获国家科技进步奖三等奖1项，中科院发明奖一等奖1项，中科院自然科学奖二等奖1项，中科院科技进步奖二等奖1项，中科院科技进步奖三等奖1项；授权的发明专利2项，实用新型专利8项。

力学所有所办及联营公司9个，1999年总收入5973万元，利润626万元。

1999年力学所有86人到24个国家和地区进行多种形式的交流与访问。派员参加了第50届国际宇航联大会，第22届国际激波与激波管学术会议，第22届国际大地测量及地球物理会议，第26届国科联全体大会，第8届材料力学性能国际学术会议，亚太经合组织地震数值模拟会议，第7届国际激光材料加工会议，第12届国际复合材料会议，第8届国际计算流体力学会议和第6届国际复合材料工程等20个相关学科的国际性学术会议。20人次应邀到俄罗斯空间局KELDYSH研究中心，葡萄牙里斯本大学，新加坡南洋理工大学，波兰华沙航空研究所，加拿大维多利亚大学及WATERLOO大学，美国加洲大学伯克利分校、洛杉矶分校，日本九洲大学和瑞士联邦高等工学院等国际著名学术机构开展相关学科的合作研究。有13个国家和地区的30名学者来力学所交流、访问。

1999年力学所国家微重力实验室与俄罗斯宇航局KELDYSH研究中心合作，圆满成功地完成了利用俄罗斯“和平号”空间站进行“不同重力下两相流流型微重力实验”，取得了重要的实验结果。该实验室还成功地召开了“微重力科学回顾与展望”小型国际学术研讨会。

力学所有15人次在国际科技机构和国际期刊编委会中任职，其中有6人在美国工程院、国际宇航院、COSPAR微重力科学委员会、IAF微重力科学加工委员会、国际理论与应用力学联合会、纽约科学院、国际断裂联合会、远东和大洋洲断裂联合会、国际土力学与地基基础工程学会海洋工程学术委员会、国际离岸与极地工程协会等机构任职；有9人在《国际泥沙研究》、《国际流体中数值方法》、《空间论坛》、《等离子体化学与加工》、《冲击工程》、《复合材料科学与技术》、《应用复合材料》、《工程断裂力学》、《信息》、《工程材料与结构的疲劳与断裂》等国际期刊编委会中任职。

中国力学学会挂靠力学所，主要出版物有《力学学报》（中、英文版）、《力学进展》、《力学与实践》和《中国力学文摘》。

力学所网络经升级改造，现已建成覆盖全所95%以上的办公室与实验室的10/100M速度的快速以太网，通过光纤与Internet联接。

声学研究所

所　　长：李启虎
法人代表：田　静（常务副所长）
地　　址：北京市海淀区中关村路17号
邮政编码：100080
电　　话：010-62644116
图文传真：010-62553898

声学研究所成立于1964年7月，现有职工576人，其中科技人员438人，有中科院院士5人，研究员49人，副研究员、高级工程师等121人，中级专业人员162人。声学所是中国科学院基地型研究所，设有声学专业博士、硕士学位和信号与信息处理专业博士、硕士学位授予点及博士后流动站。1999年在学博士研究生51名，硕士研究生72名，在站博士后20名。

1999年是声学所面向21世纪的发展，进行深化改革的一年。在这一年中，声学所根据自己的战略定位，围绕承担中国科学院知识创新工程试点工作任务，从科研体制、运行机制和科技队伍组织等方面规划了战略调整方案。1999年12月，中科院院长办公会批准了声学所知识创新工程试点方案。通过结构调整和重组，在行政管理上，声学所优化形成了5个职能部门（办公室、科技处、人教处、财务室和行政资产处）。在科研组织机构上，依据战略定位中确定的5个特色研究领域和6大科技目标，将科技力量调整为五个研究部。“基础研究部”（声场声信息国家重点研究室）包括海洋声学与水声物理、空气声学、超声物理3个研究方向，主要开展海洋水声物理环境特性与超远程声传播、非线性声学与噪声控制、声空化的物理机制等方面的基础研究；“水声技术部”将围绕新概念声呐技术，开展水下成像声呐与探测声呐、流速刨面仪、水下通信系统的技术以及相应的水声信号处理理论和算法研究；“声学微传感与探测技术部”主要研究固体与空气介质中的声学微传感与探测技术；“语言语音和交互信息技术部”以我所创立的概念层次语言处理理论为核心，抓住复杂声学环境与口语识别的特点，开展语音识别、合成、编码及宽带网多媒体接入等方面的研究工作；“数字系统集成技术部”主要从事具有自主知识产权的数字信号处理、数字音视频与通信专用芯片的设计方法研究。声学所知识创新工程试点工作的总体目标是“凝聚一批优秀人才，瞄准一类国家需求，取得一批重大成果，带动一个高新产业”。

声学所在注重培育自己的创新科学研究基地的同时，对科技成果转化，促进高技术产业化的发展上给予充分重视，着眼点在于逐步增强研究所的市场竞争能力。声学所鼓励和推动科技人员把取得的有应用前景的高技术成果转化为社会效益和经济效益，支持与企业联合，用高技术带动新技术产业的发展。1999年，声学所与全国最大的制冷家电企业科龙集团等3个单位建立了3个联合实验室，推动企业技术改造、产品升级。声学所拟设立应用工程部和工程研究中心；并对现有的所属企业进行公司改制，逐步形成声学所产业集团。

1999年，声学所各项事业在改革中稳步发展。在这一年中，争取和承担了国家重大基础研究“973”项目“面向功能可重组结构的DSP&CPU芯片及其软件的基础研究”和另外5个“973”专题，国家攻关项目3项，中科院重点科研项目5项，军工项目30项，“863”高技术项目13项，国家自然科学基金项目6项，国防预研基金项8项。

1999年，声学所申报科技成果4项，获国家级和院、部级科技成果奖5项，其中“压电体在声电耦合作用下激发产生的弹性波场和振动特性研究”获国家自然科学奖基金三等奖。

声学所重视国际合作与交流。1999年，科技人员出访62批121人次，应邀来访外国专家31批88人次。科技交流内容涉及声学所各个学科方向。声学所与美国AT&T中英文语音翻译系统合作项目进展顺利。

1999年秋季，声学所召开了第一届青年学术讨论会。共收到论文84篇，展现了声学所年轻科技人员的实力。

1999年，声学所科研事业经费收入5006万元，净资产增加1126万元，有力支持了声学所各项事业的发展。

中国声学学会、全国声学标准化技术委员会挂靠在声学所，主办刊物有《声学学报》、《中国声学》（英文版）、《应用声学》、《声学技术》和《微计算机应用》等刊物。

工程热物理研究所

所　　长：黄伟光

地　　址：北京市海淀区中关村路乙12号

邮政编码：100080

电　　话：62554126（综合办）
62573330（总机）
图文传真：62575913
电子函件：etp@etpserver.etp.ac.cn

工程热物理研究所成立于1980年，前身是国际著名科学家吴仲华教授于1956年创立的动力研究室，1960年曾与力学所合并建制。现有职工201人，其中专业技术人员166人，有中国科学院院士2人，中国工程院院士1人，研究员23人，副高级专业人员47人，中级科技人员70人。具有硕士、博士学位授予权，设有国家博士后流动站，目前有硕士研究生26人，博士研究生20人，博士后10人。

工程热物理所主要从事能源高效转换与利用研究，其中包括工程热力学、内流气动热力学、燃烧学、传热传质学和热物理测量技术等分支学科。它的科技发展战略是面向跨世纪科技进步的挑战，发展工程热物理前沿、新兴与交叉学科，在国家能源、动力、环境领域的重大项目中发挥重要与关键作用，努力为国家经济建设和人类社会可持续发展作贡献。它以高技术研究与发展型研究所定位，是一个应用基础、应用与开发研究有机结合的综合型研究所。

工程热物理研究所的主要研究方向包括：先进联合循环与新型能源转换的总能系统、叶轮机械和热机气动热力学、高效低污染燃烧、微重力燃烧、多相传热与传质、高效强化传热等。近年来基于对循环流化床锅炉燃烧技术的深入研究，已成功地开发出一系列不同容量与用途的循环流化床锅炉，获得了广泛的应用；总能系统的研究成果在国家能源发展战略研究与规划制定中发挥了重要作用；叶轮机械三维黏性复杂流场计算方法、应用软件、流型研究的许多成果在航空、舰船与工业燃气与蒸气轮机的设计中已得到实际应用；热管技术、强化传热、多相流传热与传质研究在已有成果基础上正在向超急速、微小型化和复杂形状的新领域发展；压缩系统流动失稳机理与控制、微重力燃烧、低污染燃烧、风机与泵的节能降耗与降噪、汽车代用燃料应用等项目也都取得了重要成绩。

工程热物理所建有动、静态叶轮机械和叶栅实验台，冷、热态燃烧实验装置，以及传热研究与技术开发的各种实验设备，并不断地更新先进的测试仪器。1996年1.5MW循环流化床热态实验装置正式投入运行，1997年建成湿化技术与多相流实验装置，改建了跨音速压气机实验台，发展了跨音速风洞实验台试验件，建成TS系列新型太阳能集热管实验设备，并初步形成了超急速传热实验室。微重力落塔实验装置还对扩展落塔功能进行了成功的探索。计算机室的SGI Power Challenge L主机与工作站系统在科研与国际交流活动中发挥了良好作用。工程热物理所与世界许多国家与地区的研究机构和企业建立了合作关系，其中包括与美国、德国、意大利、比利时、日本、希腊、捷克、波兰、韩国，以及我国香港等的多项合作项目。

为实现研究所的科技发展战略，工程热物理所在学科方向、项目安排、运行模式、年轻人才培养、保障体系、基础设施发展等方面正在深化结构改革。从项目意义、人员结构与经费强度三方面强化了大项目的组建与发展，在应用与开发研究方面，继续加强面向能源领域的“循环流化床燃烧技术与循环流化床锅炉研究开发”和“我国火电站汽轮发电机组现代化改造”两大项目，在应用基础研究方面，承担了“能源利用中的气动热力学前沿问题和新设计体系研究”国家基础性研究攀登B项目、“微重力燃烧”项目，和新组建的“超急速传热传质”基础研究等项目。与海淀区合作的100吨/日循环流化床垃圾焚烧系统已完成焚烧炉建设一期工程，1997年6月点火运行成功，并同时开始了与社会生产要素结合的产业化进程新机制。1997年新型75吨/时循环流化床锅炉完善化示范工程项目通过了国家经贸委组织的项目验收与产品鉴定，并召开了新闻发布会。在循环流化床锅炉大型化方面迈出了可喜的一步，1998年130吨/时锅炉的投标成功、410～450吨/时锅炉的联合设计标志着我所已逐渐成为我国大型循环流化床锅炉研究与发展的中心。在人才引进和培养方面，1996、1997和1998年在“能源与环境工程热物理”、“循环流化床燃烧能源利用技术”和“能源动力与总能系统”学科方向共招聘了3名我国留学海外的青年学者进入中国科学院“百人计划”。

工程热物理所是中国工程热物理学会的挂靠单位，设有学会的办事机构学会秘书处。主办刊物有《工程热物理学报》(双月刊)、《热科学学报》(英文版，季刊)。主办、协办的国际学术性会议有：“能量系统热力学分析和改进国际会议”、“内流气动热力学实验与计算国际会议”、“国际流体机械与流体工程学术会议”、“多相流国际会议”、“国际热管会议”、“亚太地区燃烧与能源利用国际会议”。

面向当代能源产业和环境工程的大发展，面向未来社会可持续发展要求的挑战，工程热物理所正在开拓前沿与交叉学科的新兴领域，在新型能源利用与转换系统，非定常、黏性、高温高速内流气动热力学，多相流，超常、相变、多孔介质、微小尺度传热传质学，高效低污染燃烧，微重力燃烧等领域希望开展国内外的合作研究和引进优秀的年轻科技人才。

理化技术研究所

所　　长：詹文山
地　　址：北京海淀区中关村北一条2号
邮政编码：100080
北京朝阳区大屯路甲3号
邮政编码：100101
联系电话：010-62554153
图文传真：010-62554670
电子函件：cl@c1.cryo.ac.cn

理化技术研究所(简称理化所)成立于1999年6月，是由原感光化学研究所、低温技术实验中心、物质结构研究所、物理研究所和化学研究所的相关部分组建而成，是以物理、化学为学科背景，以技术创新与发展为主的研究机构。理化所理化技术发展中心与物理所凝聚态物理中心、化学所分子科学中心共同构成北京物质科学研究基地而成为中科院知识创新工程基地之一。

理化所瞄准国家的战略需求和国际科学技术前沿，立足物质科学基地基础研究成果，有选择地开展国家急需的重大项目的应用研究，推动具有自主知识产权的研究成果转化为高新技术，促进产业化的进程。

理化所全所现有职工449名，专业技术人员315名，其中高级专业人员48名，副高级131名。现有科学院院士2名，第三世界科学院院士1名。理化所是有机化学、物理化学、凝聚态物理、制冷及低温工程的博士和硕士学位及应用化学硕士学位的授权单位，并设有博士后流动站。全所共有在学研究生127名，其中博士生78名，硕士生49名。在站博士后10名。

理化所主要从事对国民经济有重大影响、具有市场前景或国防特需的科技成果转化的前期研究工作，推动科技成果转化为市场需求的共性技术和关键技术，为企业生产技术改造、产品升级换代，以及引进、消化和吸收国外先进技术提供技术支撑。

目前理化所主要研究领域为：新型低温技术和低温工程、新型人工晶体、新型的结构材料和合成材料、新型功能材料和器件、能源和节能技术和合成化学新技术。

理化所根据自身的研究特点和要求，按照学科方向和研究领域成立了七个事业部：工程塑料国家工程研究中心(国家工程中心)、磁性功能材料国家工程研究中心(国家工程中心)、人工晶体北京研究发展中心(院工程中心)、低温技术实验中心、特种感光材料工程中心、光化学与光功能材料研究中心和三次采油技术研究发展中心。今后，还将根据发展的需要，不断组建新的事业部，各事业部按照“工程中心”的模式运行。

理化所按照精干高效、管理服务分开、收支两条线、契约管理等原则设置综合处、业务处、人教处、财务处四个管理部门，统一管理研究所各事业部的工作人员及国有资产等，同时成立科技服务中心和开发部两个经济实体。

理化所所长聘请相关领域的专家、有经营管理经验的企业家以及具有科研管理经验的人员组成理化所科技委员会。科技委员会名誉主任洪朝生院士，主任佟振合院士。

低温技术实验中心

名誉所长：洪朝生(中科院院士)

所　　长：**周　远**
地　　址：**北京中关村北一条 2 号**
邮政编码：**100080**
联系电话：**010-62554153**
图文传真：**010-62564049**
电子函件：**cl@c1.cryo.ac.cn**

低温技术实验中心创建于 1980 年，其前身为中国科学院物理研究所低温研究室与中国科学院气体厂。

截止 1999 年底，职工总数为 172 人，其中科技人员 96 人，中国科学院院士 1 人，研究员 14 人，副研究员、高级工程师等 35 人，中级职称人员 32 人；现有在学博士生 6 人、硕士生 27 人，另有博士后 5 人。低温技术中心具有凝聚态物理、低温技术两个学科的硕士与博士学位授予权（其中低温技术的博士点与华中理工大学联合）。

根据中科院知识创新工程的部署，低温技术实验中心的极低温物理开放实验室进入凝聚态物理中心，人事关系在 1999 年年底转入物理所。低温技术实验中心的主体部分低温工程部分与感光化学研究所的主体部，以及化学研究所、物理研究所、物质结构研究所的相关部分与 1999 年 6 月份组建成理化技术研究所，理化所主要从事对国民经济有重大影响、具有市场前景或国防特需的科技成果转化前期的研究工作，推动科技成果转化为市场需求的共性技术和关键技术，为企业生产技术改造、产品升级换代，以及引进、消化和吸收国外先进技术提供技术支撑。

理化所根据自身的研究特点和要求，按照学科方向和研究领域成立了七个事业部，低温技术实验中心为其中之一。

低温技术实验中心的主要学科方向为低温工程学，其主要研究领域分为（1）制冷技术：以新型低温制冷机的原理、流程和方法及其应用与工程化、以及与之相关技术的研究与开发为主，重点包括：小型、微型制冷技术的研究与应用；（2）低温传热研究与应用；（3）气体液化技术与低温系统的研究与开发（承接国家、地方各类低温工程，并向社会提供低温技术服务）；（4）低温生物学；（5）低温电子学；（6）低温材料学。其中（4）～（6）作为新的学科生长点加以扶持，拓展低温技术领域。

低温技术中心的科技系统分为低温中心事业部和低温技术开发部两大部分。低温中心事业部包括：微型制冷高新技术研究组、低温传热研究组、G-M 制冷机研究组、京区计量站、院级低温计量站、特种低温材料组、混合工质节流制冷组、超导电子学组、交变流动传热组和低温生物医学组；低温技术开发部包括：开发部直属项目组（3 个）、所办公司（3 个）和液氦生产车间。

围绕院知识创新工程，低温技术中心采取了以下措施：（1）在明确了研究所的发展方向、学科设置后，完成了所的定位工作；（2）针对课题组的绩效情况制定定量考核标准，并以组为单位进行了考核；（3）对管理人员逐一进行了考核。在考核的基础上，实行了绩效津贴，调动了科研和管理人员的工作积极性。

1999 年低温技术中心承担国家及院级科研项目 37 项。其中包括国家重点基金、杰出青年基金及面上项目在内的国家基金课题 25 项，863 攻关、国防科工委预研任务、院军工任务、院创新工程、院重大、重点等项目 13 项；与法国原子能总署的国际合作一项，均取得良好进展。

1999 年，低温技术中心洪朝生院士获国际低温工程最高奖——门德尔森奖；“脉冲管制冷机的深入研究和实用化”获国家发明奖三等奖和国家自然科学奖四等奖；全所在国内外学术刊物共发表论文 99 篇；申请专利 7 项，授权专利 10 项。

在国际合作方面，1999 年低温技术中心与法国原子能总署合作研究项目一项，同时被列为院国际合作局重大合作项目。

在实验用房、经费、住房等方面采取了有效的办法，尤其是在住房方面大力向年轻骨干倾斜，走在了全院的前列，如高级职称的新进年轻人员均可享受 80 平米以上三居室住房及家属调动。1999 年共引进“百人计划”人员 3 名，2 名入选人已到所工作，另一名调到物理所。

感光化学研究所

所　　长：**佟振合**

地　　址：北京市朝阳区大屯路甲 3 号
邮政编码：100101
电　　话：010-64879937
图文传真：010-64879375
电子函件：kjc@ipc. ac. cn

感光化学研究所成立于 1975 年 1 月，其前身是中国科学院化学研究所有机化学研究室和催化研究室 。全所现有职工 327 人，其中专业技术人员 259 人，在专业技术人员中，具有高级专业技术职务的 167 人（正高级 60 人，副高级 107 人），中级 58 人。现有中国科学院院士 2 人。感光化学所是有机化学、物理化学博士和硕士学位及应用化学硕士学位的授权单位，并设有有机化学和物理化学博士后流动站。全所现有在学博士生 69 人，硕士生 39 人，在站博士后 6 人。

感光化学所是以物理化学和有机化学为学科基础，以光化学、感光化学、胶体与界面化学为主要研究方向的，包括基础研究、应用发展研究和高技术开发的综合型化学研究所。根据中科院知识创新工程部署，感光化学所除以基础研究为主的光化学开放实验室和胶体界面开放实验室人员进入化学所分子科学中心外，其大部分经与低温技术实验中心、化学研究所、物质结构研究所、物理研究所的相关部分整合后于 1999 年 6 月组建成中科院理化技术研究所，主要从事对国民经济有重大影响的、具有市场前景或国防特需的科技成果转化前期的研究工作，推动科技成果转化成为市场需求的共性技术和关键技术，为企业生产技术改造、产品升级换代以及引进、消化和吸收国外先进技术提供技术支撑。理化技术研究所理化技术发展中心与物理所凝聚态物理中心、化学所分子科学中心共同构成中科院物质科学研究基地而成为中科院知识创新工程基地之一。理化技术发展中心下设若干事业部，感光化学所光化学及光功能材料研究中心、特种感光材料工程技术研究中心、三次采油技术研究中心分别以事业部形式进入理化技术发展中心。

1999 年，感光化学所努力贯彻中央科技体制改革方针和中科院知识创新工程部署，结合“三讲”教育整改工作，统一思想，深化改革，明确战略定位，转变运行机制，在各方面工作中取得好成绩。全年成果登记 11 项，“太阳能光电化学转换的研究”成果获中科院自然科学奖三等奖。有 11 项成果通过院（部）级鉴定或验收，其中作为牵头单位的国家攀登计划 B 项目“复合驱强化采油中重大基础研究”验收评审获“A”。全年申请专利 21 项，授权 2 项。出版专著两种。与浙江花园集团联合进行的 VD_3 中试开发项目，进行了两次投料中试，均获成功，为项目产业化在技术上铺平了道路。该所爱比西化学品公司全年销售额首次突破千万元。

感光化学所 1999 年发表论文 299 篇，据国家科技信息中心公布的统计结果，被 SCI 收录论文 96 篇，名列全国科研机构第 7 位；SCI 收录论文被引用次数名列 16 位。

1999 年度共争取到科研项目 28 项，其中国家级课题 2 项。立项经费额度和科研经费到位额度均超过历史最好水平。俞稼镛研究员成为“973”项目“大幅度提高石油采收率的基础研究”首席科学家之一；刘新厚研究员担任了国家基金委“九五”重大基金项目“有序高级结构分子聚集体的结构、构筑与性能研究”首席科学家。

人才培养和人事教育工作取得好成绩，1999 年新聘任的事业部主任平均年龄低于 40 岁。全年招收博士生 20 人，硕士生 20 人，有 16 位博士生和 11 位硕士生毕业。招聘“引进国外杰出人才”2 人。1999 年，感光化学所根据“按需设岗、按岗聘任、公平竞争、择优上岗”的原则，对机关职能部门进行了调整，机关职能部门由原有的 11 个缩减为 5 个，管理人员总数由原来的 40 人减少到 26 人。调整后的机关部门平均年龄有所降低，平均学历有所提高，工作职责更加明确。

感光化学所是中国感光学会、中国化学会光化学委员会、中国太阳能学会光化学专业委员会、中国化学会 LB 膜专业委员会的挂靠单位。负责编辑出版全国核心期刊《感光科学与光化学》。

北京天文台

名誉台长：王绶琯
台　　长：艾国祥

地　　址：北京市朝阳区大屯路甲20号
邮政编码：100012
电　　话：010-64888708
图文传真：010-64888731
电子函件：office@bao.ac.cn
cnao@bao.ac.cn
网　　址：www.bao.ac.cn

北京天文台成立于1958年2月22日。1999年底人员总数为262人，其中有中国科学院院士3人，研究员32人，副高级职称人员67人，中级科技人员74人；具有博士学位者42人，具有硕士学位者10人。在学研究生31人，博士生16人，硕士生15人，在站博士后13人。

42年来，北京天文台先后在兴隆、怀柔、密云、沙河和天津建成了五个观测基地，装备了远东最大的光学望远镜——2.16米光学望远镜，以及多通道太阳磁场望远镜、米波综合孔径射电望远镜、1.26米红外望远镜和一些中小望远镜，并配有先进的终端探测设备。1991年和阿根廷圣胡安大学联合建立了南半球观测点。1998年1月18日新台本部落成。北京天文台的观测设备对国内外天文学家开放，同全世界三十多个天文机构进行密切的合作。在国际机构中艾国祥院士任国际天文学联合会第10委员会主席，另有5位研究员任不同学科国际天文联合会委员。

北京天文台是以天体物理研究为主的天文台。是国家天体物理专业的博士、硕士学位授予点和天文学博士后流动站的设站研究机构。它从事太阳、恒星、星系和宇宙学以及射电天文、应用天文等方面的研究。近年来，在超新星、类星体与活动星系、近地小行星等方面有一系列新发现，在太阳活动区磁场与速度场、太阳射电、变星与不稳定星、天体元素丰度与星系化学演化、星系与活动星系核、米波天文、射电VLBI、宇宙大尺度结构和天体剧烈活动的多波段研究中，在基本参考系和地球动力学等各研究领域中，获得大量成果；其中1999年主持和参与的项目获国家科技进步奖三等奖1项，中科院自然科学奖一等奖1项、中科院科技进步奖一等奖1项。发表论文242篇，科技专著5种，科普著作3种。1999年在SCI收录刊物上以北京天文台为第一作者发表论文50篇。比1998年增长48%，IAU Symp. 文集论文3篇，EI论文3篇。国外论文和引文都为全国研究所排名第20名。

这一年中在以台长艾国祥为首的班子领导下，职工在思想观念和精神面貌上发生了较大的变化，在科研成果上取得了显著的成绩；在机构调整、体制改革、人才招聘、分流转岗方面取得了较好的结果；精神文明和园区建设取得了可喜的成绩。被中央国家机关授予物质文明、精神文明《双文明先进单位》，被共青团中央和全国青联命名为“青年科技创新行动教育基地”。被国家科技部中宣部等单位评为“全国科普工作先进集体”。尤其在揭批“法轮功”歪理邪说和反对形形色色的伪科学、邪教、封建迷信的斗争中，北京天文台的天文科学家们站在了斗争的第一线。中共中央政治局常委、国务院副总理李岚清同志，在国家天文观测中心第23期简报上写下如下重要批示：

“天文学家在揭批李洪志歪理邪说中发挥了积极作用，并有针对性地普及了天文科学知识。希望这方面的科普工作能坚持下去，天文科学工作者们要同一切迷信邪说（如“大十字”等邪说骗了人几个世纪）作坚决斗争，为提高国民科学文化素质作更大贡献。”

全台职工为此感到由衷的兴奋和激励，进行了认真的学习。李副总理的批示是中央领导同志对全台工作的极大勉励、鼓舞和鞭策。

在这一年中，机关也进行了大幅度调整，按院创新工程管理人员比例的要求，实行定编、定员、定岗、公开招聘，择优上岗。机关由原有五个处室调整为四个组。由去年43人，精简到连同国家观测中心总部管理人员共聘17人。改革后的管理与服务工作更加贴近科研，科研人员对机关的管理与服务有了新的认识。北京天文台现有4个职能部门，8个研究团组，3个实验室，3个观测基地。另外两个站（沙河站、天津站），业务调整，转向开发。设有天文数据中心，科学数据库/国际空间环境预报中心北京分中心（IESE）、世界数据中心中国中心天文学中心。1998年成立了中国科学院-北京大学联合天体物理中心。

1999年10月北京天文台正式成立二部，共有79人，并退休安置44人，二部为稳定人员、优化基础研究队伍、分流人员提供渠道，起到了积极作用。中科卫通、亚卫通、双星、新科宇等正式进入中国科学院科技产品销售网络，做到了自收自支，全年纯创收 200 万左右，为天文台的稳定与发展作出了贡献。

着眼于 21 世纪天文学的发展，中国科学院承担着国家重大科学工程项目——大天区面积多目标光纤光谱天文望远镜（LAMOST）的建设任务。该项目组织挂靠北京天文台，目前已经完成了初步设计，工程正在按计划进行。有关的科研实验楼已完成开工准备。正在积极预研中的空间太阳望远镜获 863-2 重大项目支持，并正在大力推进多国合作的巨型射电望远镜的预研。

在党中央和国务院领导下，中科院启动了知识创新试点工作。天文基地列入首批 12 项试点中，院党组指出："以北京天文台为中心，经过整合建立国家天文观测中心，形成我国统一部署的、开放的、精干的天文观测研究基地。调整和明确各天文台站的优先领域和研究方向，形成和发展各有特长的网络研究体系"。按照院党组的这一指示精神，以艾国祥台长任筹备组组长，汪景琇研究员任副组长的筹备组全力地开展各方面的筹备工作，于 1999 年 4 月 23 日整合建立国家天文观测中心。它由原有的五台、一中心、三站整合而成。通过优势互补，统筹我院天文科学发展布局、大中型观测设备运行以及建设大科学工程项目，建立天文研究工作网络，负责科研工作的宏观协调和指导，研究工作仍由各天文台以及与大学联合成立的中心进行管理和实施。经过结构调整与改革的北京天文台，正朝气蓬勃地迈向 21 世纪，在我国实施科教兴国战略和知识创新工程中阔步向前。

化学研究所

所　　长：朱道本
地　　址：北京市海淀区中关村北一街 2 号
邮政编码：100080
电　　话：010-62554626
图文传真：010-62569564
电子函件：huaxs@mail.icas.ac.cn

化学研究所始建于 1956 年，先后以化学所的某些学科方向为主组建了青海盐湖所（1958 年）、感光化学所（1975 年）和生态环境中心（1975 年）；成都有机所成立时吸纳了化学所的十几位业务骨干；化学所有机氟的工作于 1963 年并入了上海有机所。

截止 1999 年底化学所实有人员 569 人，其中专业技术人员 468 人。有中国科学院院士 7 人、中国工程院院士 1 人、研究员（含正研级高工）86 人、副研究员 125 人、高级工程师 33 人、中级科技人员 168 人。化学所是 1981 年首批被批准为物理化学、高分子化学与物理、有机化学和分析化学 4 个学科的硕士、博士学位授予权单位。1985 年首批在物理化学、高分子化学与物理、有机化学三个学科设立博士后流动站。1993 年增设高分子材料科学（工学）硕士学位授予权专业点。1993 年被国家批准为全国 17 个自行增列博士导师的试点单位之一。1996 年被国家批准为按一级学科（化学）授予博士学位的试点单位。1997 年化学所被批准为院博士生重点培养基地。现有在学博士生 131 人，硕士生 115 人，另有博士后 36 人。

化学所现有 4 个国家重点实验室：分子反应动力学国家重点实验室（与大连化物所合建）、分子动态与稳态结构国家重点实验室（与北京大学合建）、高分子物理与化学国家重点实验室（与长春应化所合建）和工程塑料国家重点实验室。有 1 个工程塑料国家工程研究中心（1999 年下半年进入理化技术研究所）。有 3 个院级开放及青年实验室：院有机固体开放实验室、院光化学开放实验室（1999 年上半年由原感光所整合进入分子科学中心）和院纳米科学与技术青年实验室。1998 年底，由国家科技部、中国科学院、国家教育部共同筹资组建的"北京质谱中心"在中国科学院化学研究所成立。

1994 年化学所成为国家科技部和中国科学院基础性研究改革试点单位之一，1998 年初，国家科技部和中国科学院对化学所的试点工作进行了阶段评估，给予了高度评价。

1998 年，中国科学院启动了知识创新工程，化学所被列为首批进入创新工程试点的单位之一，1999 年 3 月，中国科学院正式批准院分子科学中心启动。分子科学中心的目标是要成为我国在物质科学研究领域内代表国家水平，主要从事分子科学领域的基础性研究，有重点地开展国家急需的重大战略目标的高新技术研究的研究基地，努力成为国际一流的分子科学研究中心。在分子科学中心的建设过程中，对研究方向、组织结构进行了重大调整。主要抓了以下四个方面的工作：（1）创新科技目标凝炼。在与实验室多次对话、所领导、学委会多次研讨的基础上，确立了分子科学中心的定位、主要研究方向、阶段目标和最终目标。研讨并初步提出了中心的中长期学术发展规划；（2）创新体制和机制的建设。制订了分子科学中心研究单元的评价标准、人员管理办法、中心工作条例、学委会条例、实验室组管理条例、经费的使用和管理规定等管理规章；（3）创新队伍建设。组织专家对进入中心的13个单元进行了论证。遴选了首批进入中心的人员。在进入分子科学中心的184人中45岁以下的年轻科技人员127人，其中具有博士学位者有78人，研究员24人，博士生导师17人，担任研究室一级领导的19人，初步形成了一支以中青年为主体、充满生机活力和创新精神的研究队伍。产生了中心各级领导班子；（4）创新文化建设和园区建设。采取了一系列具体措施，如在分子科学中心设立不同层次的学术论坛，制订了鼓励联合和交叉学术研究的政策。在硬件设施的建设方面，下大力气抓了园区建设，筹建分子科学中心实验大楼，美化所区环境，并设立了“芬园”交流厅、研究员餐厅，致力于营造一种宽松、自由、民主的学术环境。

分子科学中心是化学所研究工作的主体，主要研究方向是：（1）分子物质的形成、结构及表面、界面的研究；（2）分子物质中的非成键相互作用、电子、能量转移及相关现象研究；（3）分子物质的宏观和微观（纳米）性质的研究；（4）分子物质的材料的基本科学前沿问题研究。

1999年化学所承担国家自然科学基金在研项目77项；中科院重大在研项目5项；中科院重点在研项目3.5项；攀登计划A项目4项；攀登计划B项目2项；院创新项目5项；院长基金在研项目7项。“973”在研项目1项；国家科技“九五”攻关在研项目8项；国家“863”在研课题8项；院应用重点在研项目7项；军工在研项目13项。

1999年化学所“高分子凝聚态基本物理问题研究”获国家自然科学奖二等奖；“C_{60}的化学和物理基本问题研究”获中科院自然科学奖二等奖；“聚合物增韧及机理研究”获中科院自然科学奖三等奖。

1999年化学所有四个国家重点和院开放实验室在国家组织的评估中取得优良成绩。

根据国家科技部信息所1999年底的统计，化学所的学术论文被SCI收录、被引用、国内发表论文数分别名列全国科技机构的第3、4、14位，继续位居全国科研机构前列。在保证论文绝对数量稳定增长的前提下，高水平论文数量有了显著增长。

1999年化学所申请专利58项（其中发明专利57项），获得专利授权11项（全部为发明专利），继续居院京区单位之首。1999年化学所包括技术转让和委托合作研究在内的横向收入创历史最好水平。

1999年化学所参加境外国际会议、学术交流、合作研究共82人次，接待来所参加学术交流及合作项目的外宾82批，118人次。签订国际合作项目9项，组织主办的国际会议2次。

1999年通过计算机网络及在《人民日报》海外版上做的大量宣传工作，吸引了国内外杰出人才。有5人通过“百人计划”招聘进所；有7人通过选才委员会招聘进所；有7人获得院高访资助到化学所进行合作研究。

中国化学会挂靠在化学所，由中国化学会和化学所共同主办的刊物有《化学通报》、《高分子学报》、《高分子通报》、《高分子科学》（英文版）、《化学通讯》等。

化工冶金研究所

名誉所长：郭慕孙

所　　长：李静海

地　　址：北京市海淀区中关村北二条1号

邮政编码：100080

电　　话：010-62554241（所办公室）

010-62551358（科研处）
图文传真：010-62561822
电子函件：office@home.icm.ac.cn
网　　址：www.icm.ac.cn

化工冶金研究所成立于1958年10月1日，50年代中期，是我国国民经济恢复和迅猛发展的时期，也是中国科学院第一次大发展时期，化冶所的成立，为化工冶金交叉学科在中国的发展奠定了基础。在此后几十年的风雨历程中，在发展化学工程与提取冶金的前沿领域，化冶所进行了许多开拓性的工作，为解决化工与冶金领域中的关键技术和重大科技问题，做出过重要的贡献。

面对知识经济的出现和国民经济可持续发展的需求，化冶所的学科方向已逐步调整，转变为工程化学，应用领域已从冶金扩展为生化、材料、资源、环境和能源等，基础性研究得到加强。在应用基础研究方面，多相反应和分离形成了学科优势，上述几个方面都是当前国家关注、优先发展并列入"973"和"863"计划的重要领域，为化冶所今后的发展带来良好的机遇。

化冶所目前有四个重点实验室和一个工程中心：生化工程国家重点实验室、多相反应开放实验室、计算机化学开放实验室、分离科学与工程青年实验室和国家生化工程技术研究中心（北京)。还设有高温技术与材料工程研究部、生化工程研究部、流态化技术与多相反应工程研究部、分离科学与新材料研究部、计算机化学研究部和一个技术服务部。还设有北京中柯化工冶金新技术开发公司、北京伯美特生化材料工程研究开发中心、北京金辛合科贸有限公司和北京三诚科技服务中心。

1999年化冶所在两院院士的推荐和增选工作中成绩喜人，李静海研究员当选为中国科学院院士，张懿研究员当选为中国工程院院士，使我所两院院士增至4人，增强了我所的实力和人才优势。目前化冶所在编职工320人，其中科技人员249人，研究员47人，副研究员67人，中级职称88人，初级职称42人，未定职5人。

化冶所是国务院首批批准的博士、硕士学位授予单位和博士后流动站进站单位，现有博士生导师25人，硕士生导师36人。所里十分重视研究生和青年科技骨干的培养使用，积极创造条件扩大博士生和博士后的招生和进站，1999年底在学研究生155人，其中硕士生55人，博士生87人，博士后13人。

1999年科研项目建议和立项工作取得很大进展，由化冶所提出的"过程工程中的多尺度法"和"工业生态学"等项目在国内产生影响，并被列入国家和院的"十五"规划之中。"煤气化和热解的工程学研究"和"多相流动离散化并行计算"被列入国家"973"项目，承担的国家"九五"重点基金项目达到5项。去年国家自然科学基金项目到款和研究所的总到款创造了历史最好水平。

1999年"气固流态化的散式化理论与方法"，获中国科学院自然科学奖一等奖。"氨浸法从电镀污泥和不锈钢酸洗废液中回收重金属"，获国家科技进步奖三等奖。"钒钛磁铁矿高炉强化冶炼新技术"获国家科技进步奖一等奖（第四单位)。

去年化冶所在SCI期刊发表文章数在全国科研院所中名列前30名；被引用论文26篇，44次，居全国科研机构第29位；在国内发表论文98篇，居全国科研机构第35位；申请专利31项，在中国科学院院内名列前茅，中科院对化冶所的绩效评价和状态评价为"双A"。

1999年化冶所围绕知识创新工程试点工作进行的改革，取得了满意的进展。生化工程国家重点实验室和多相反应开放室进入了院"知识创新工程试点"。为使全所整体进入第二批创新工程试点，提出的"过程工程科学与技术"基地的构想，在所内取得共识，并得到有关领导的认可。这是继所内分类定位完成后，在凝炼科技目标方面又迈出的重要一步。

一个跨世纪的充满生机和活力年轻有为的领导班子，对争取尽快带领化冶所进入第二批知识创新工程的试点行列将是最有利的因素。1999年10月份化冶所行政领导班子换届工作圆满结束，新一届领导班子由三人组成，3位年轻的博士都是国家杰出青年基金的获得者，是有理想、有才华、肯于为祖国的科学事业献身的跨世纪的学科带头人和管理专家。新班子接替工作后，打破框框、深化改革、调整结构，首先使二线改革一步到位，本着优化人员结构、减少中间环节、明确责权关系、提高工作效率的原则，取消处级干部，设置职能岗位，公开招聘职能岗位主管人员，通过答辩和评审任命了 11 位岗位主管，由主管再行招聘部门工作人员。设置合理、分工有序，在不增加人员的前提下，提高了办事效率，得到大家的认可。所领导班子的代际转移，为化冶所实施知识创新工程的试点工作增添了活力和希望。在知识经济与科技创新的年代，在知识创新的伟大实践中，这个新的领导群体将领导全所职工，为创办工程化学科学和技术创新的一流研究所而努力拼搏！

化冶所是中国颗粒学会的挂靠单位，主办的学术刊物有《化工冶金》和《计算机与应用化学》等。

生物物理研究所

名誉所长：贝时璋
所　　长：王志新
地　　址：北京市朝阳区大屯路 15 号
邮政编码：100101
电　　话：010-64889910
010-64889872
图文传真：010-64871293
010-64877837
电子函件：sb@sun5.ibp.ac.cn

生物物理所创建于 1958 年，其前身是 1957 年建立的北京实验生物学研究所。全所现有职工 429 名，其中科技人员 301 名，包括中国科学院院士 5 名、博士生导师 31 名、研究员 41 名、副高级专业技术人员 107 名。该所是国家首批批准的博士及硕士学位授予单位、博士后流动站建站单位。该所设有分子生物学和生物物理学两个学科研究生招生专业点，1999 年在学研究生 143 名，其中博士生 60 名、硕士生 83 名，培养的研究生获各类奖学金的数量连年位居中国科学院生物科学研究所之首。该所的博士后流动站以国家重点实验室和中国科学院开放研究实验室为依托，建站以来共接收博士后 27 名，已出站 23 名。

生物物理所是我国唯一的以生物物理学基础研究为主的综合性研究机构，主要学科方向是生物物理学、生物化学与分子生物学、结构生物学、神经生物学和细胞生物学。1999 年，该所以全员聘用合同制为核心实施了结构性调整和运行机制转变。该所将科技工作分为基础研究、应用开发研究和产业化三个有机的组成部分。基础研究部分调整后的结构为：挂靠研究所的生物大分子国家重点实验室、中国科学院视觉信息加工开放实验室，细胞与分子研究室。应用开发研究集中人才、成果、技术和装备优势，组建了生命科学应用研究与发展中心，该中心下设医药部和仪器部，并挂靠了经过国家批准的计量认证合格单位——分析测试中心。所办公司以建立股份制公司并集中优质资产建立上市的股份有限公司为目标，全面展开了现代企业制度改造。建立了全员聘用合同制，年薪制，科技人员绩效考评制，研究岗位最高年限制，管理服务人员绩效考评制，管理岗位公示制等制度，初步建立了现代研究所制度。这些措施，为该所进入国家创新基地、实施知识创新工程奠定了良好基础。

生物物理所装备了 600 兆核磁共振波谱仪、面探测仪、毫微秒荧光谱仪、离子通道研究装置、离体脑片研究装置及多导微电极记录系统等先进的仪器设备。建立了有 120 个节点、与因特网互联的所内计算机局域网。

1999 年生物物理所承担国家、中科院和北京市各类项目 94 项。其中重要科研项目有：国家重点基础研究发展规划项目 2 项；国家攀登预选项目 4 项；国家“863”计划项目 8 项；国家攻关项目 1 项；国家重大项目 1 项；国家军工项目 2 项；国家基金委重大项目 4 项；国家基金委重点项目 8 项；国家杰出青年基金项目 1 项；国家基金委优秀国家重点实验室项目 1 项；中国科学院重大项目 4 项（包括重大项目特别支持 1 项）；中国科学院重大创新项目 1 项；中国科学院重点项目 3 项；中国科学院院长基金 2 项；中国科学院青年创新基金项目 1 项；中国科学院生物技术局青年科学家小组 3 个；中国科学院生物技术局特别支持项目 3 项；北京市重点项目 1 项；国际合作项目 5 项。此外，还承担生物大分子国家重点实验室和中国科学院视觉信息加工开放研究实验室的科研任务。据国家基金委统计显示，生物物理所1999年度获准国家基金面上项目经费数额位居全国科研机构第6位，在研的国家自然科学基金面上项目36项。

1999年生物物理所科研工作取得了良好成绩：由邹承鲁、周筠梅等主持完成的“酶活性部位柔性”获1999年度国家自然科学奖二等奖；由王志珍、邹承鲁等主持完成的“蛋白质二硫键异构酶既是折叠酶也是分子伴侣”获1999年度中国科学院自然科学奖一等奖。登记中国科学院重要科技成果2项。全年共发表研究论文166篇，其中发表在国外核心期刊上的研究论文80篇。据中国科学技术信息研究所1999年10月份公布的《1998年中国科技论文统计与分析》，生物物理所论文被SCI收录数位居全国研究机构第6位，论文被引用数位居全国研究机构第11位，两项统计数均位居全国生物科学研究机构首位。蔡晖和邹承鲁单篇论文被引用数分别位居全国第6位和第9位。1999年生物物理研究所基础研究的绩效和状态被中国科学院评为双A。

生物物理所有一支高水平的应用研究与开发队伍，新建的“生命科学应用研究与发展中心”既是基础研究强有力的高技术支撑平台，又是现代企业高技术产品的孵化器，主要从事生化制剂、生物医药、保健功能性食品，生物医学仪器、材料与精细化工等领域高技术产品的研究与开发。以自行研制开发的科技成果为支撑创办了北京中生生物工程高技术公司、北京百奥药业有限责任公司、北京科龙生物医学技术总公司和北京伽玛化工技术开发中心4个高新技术企业，创造了良好的经济效益和社会效益。1999年所办公司销售总额6258万元，利润总额1035万元。中生公司销售额和经营利润在中科院高技术企业中继续名列前茅，连续八年被北京新技术产业试验区评为“优秀企业”，其主导产品临床诊断试剂系列产品被北京新技术产业试验区评为“百项表彰拳头产品”。KS光热复合治疗仪对常见妇科病宫颈糜烂有显著疗效，获国家级火炬计划证书；“大豆低聚寡糖”项目获“北京市火炬计划”证书；“国家级新产品”蚓激酶胶囊已成为治疗脑血栓的重要药品，被列为“国家级科技成果重点推广计划”，并获《国家重点新产品证书》。1999年该所申请专利8项，授权4项。

生物物理所重视国内外学术交流。1999年接待了10个国家和地区的67名科学家来访，其中包括诺贝尔奖获得者，美国NIH主席；德意志研究联合会生物物理学会主席；美国JBC杂志副主编；英国Science杂志编辑；斯洛伐克科学院代表团；朝鲜科学院代表团。派出77人次到14个国家和地区进行学术交流。

生物物理所是中国生物物理学会和中国生物化学与分子生物学会的挂靠单位，编辑出版的刊物有《生物化学与生物物理进展》、《生物物理学报》等。

植物研究所

名誉所长：汤佩松
所　　长：韩兴国
地　　址：北京市海淀区香山南辛村20号
邮政编码：100093
电　　话：010-62590835（所办公室）
010-62591431（中继线）
图文传真：010-62590835

植物研究所是我国植物基础科学的综合研究中心。前身为1928年创建的北平研究院植物所及静生生物调查研究所，中华人民共和国成立后合并成中国科学院植物分类研究所，1953年改称植物研究所，1962年与中国科学院北京植物生理研究室合并发展为现在的植物研究所。

全所现有职工591人，其中科技人员450人；有中国科学院院士5人、研究员级66人、副高级专业技术人员105人、中级专业技术人员165人。现有在读博士研究生72人、硕士生49人、博士后21人。

植物所自1998年进入定位认定试点之后，以此为新的起点和动力，为了落实院“知识创新工程”的精神，把握学科发展方向、提高工作效率、促进出成果、出人才，从科研方面主要进行了以下几方面的改革：

1．为了落实我院“知识创新工程”精神，促进该所学科发展，鼓励多出成果，并使得一批优秀人才脱颖而出。首先，以三个首批进入院知识创新工程的开放实验室（系统与进行植物学开放实验室、数量植被开放实验室、光合作用研究开放实验室）为科研改革的试点，根据各个开放实验室具体情况进行了周密而严格的安排，具体做法为：（1）在广泛讨论的基础上，打破原来开放室框框，在符合该所总体学科发展方向的前提下，制定了各个开放室的学科定位，在课题设置、课题人员优化组合等方面实行课题设置公开，鼓励人才流动，人员上岗公开招聘等有利于开放研究室发展的办法；（2）聘请了由所内、外较高水平的专家组成的评审专家组，对申请进入开放室创新工程的人员，进行了严格的答辩，并通过表决确定各开放实验室进入知识创新工程的人员。

2．青年科学家小组进入我院知识创新工程。该所的做法是在鼓励一批青年人才进行竞争基础上，认真挑选青年科学家小组的学术带头人，并由学术带头人的原有基础和学科方向确定青年科学家小组人选。

3．为了鼓励出高水平的人才、高水平的成果、高水平的论文，实行了相应的奖励制度。

4．为了使该所的植物标本馆和植物园能够顺利进入我院的第二期知识创新工程，对如何建设好植物标本馆和植物园，进行了深入调查和广泛征求意见，并制定了中长期的发展目标和相应的措施，从制度上和政策上保证了这项工作的顺利进行。

承担科研任务方面，1999 年争取并已落实的科研项目共有 68 项，加上已承担的在研科研任务总计 331 项，主要有国家自然科学基金重大项目、重点项目，国家科委攀登项目，“973”、“863”高技术研究课题，中科院重大项目、青年基金项目。

1999 年植物所共获国家和院级奖 7 项。作为第一完成单位获国家自然科学奖三等奖 1 项（应俊生、张玉龙、李良千、张志松的“中国种子植物的特有属”），院自然科学奖二等奖和科技进步奖三等奖各 1 项（石铸的“中国菊科蓝刺头族、莱蓟族及菊苣族系统分类与区系”和陈佐忠、汪诗平等的“典型草原草地畜牧业优化生产模式及其应用”），作为参加单位获国家科技进步奖三等奖 1 项，中科院自然科学奖一等奖 2 项，中科院自然科学奖二等奖 1 项。

1999 年全所共发表论文 452 篇，其中植物所为第一作者的有 270 篇，在 SCI 索引期刊上发表 39 篇。1999 年申请专利 2 项。

由植物所匡廷云院士主持的国家重点基础研究发展规划（973）项目“光合作用高效光能转化机理及其在农业中的应用”，在光合系统高效能量传递和电子转能的微观动力学研究、光合膜蛋白复合体结构与功能及其调控的研究和稻麦等主要作物光合作用光能利用效率的研究三个方面都取得了重要进展。1999 年共完成论文 118 篇；其中 70 篇已在国内外学术刊物上发表，48 篇已被国内外有关刊物接受发表。

由马克平研究员主持的国家自然科学基金重大项目“中国关键地区生物多样性保育的研究”设置的三个课题总体进展良好，大多数专题超额完成计划内容，取得了一些阶段性成果；关键地区生物多样性编目与评价课题进行了比较全面的野外调查，同时建立了信息系统带基本框架；物种濒危机制和保育原理课题对 10 个种的致危机制开展了 1～2 个生长季研究，取得了比较好的进展；生物多样性与生态系统带变化与维持课题在植物与动物系统以及生态系统维持机制的理论探讨方面取得了比较明显进展，已有两篇 SCI 和一篇 SCI-Search 文章发表。

由洪德元院士主持的中科院“九五”重大 B 类项目“若干重要濒危植物的进化生物学研究”，既有重大学术意义，又是关系国家农业发展的重大科学问题，如能成功实施将不仅使我国稻属等类群的研究走在国际前沿，而且能在系统和进化研究的国际舞台占据重要一席，为开辟水稻育种的全新途径提供理论指导。本年度发表和待发表论文 17 篇，其中 10 篇在 SCI 刊物上，一篇发表于 PNAS 上。

经过近几年多次改革和学科调整，植物所主要学科方向确定为：系统与进化植物学、植物生态学、资源植物分子与发育生物学和光合作用。研究所在支持和发展这四个方向的同时，按照院领导关于创新工程的精神，不仅着重四个学科方向之间的高层次整合，同时重视生物学、物理学、化学、环境科学及信息科学等一级学科的交叉和渗透。在植物学基础理论和应用研究以及生物多样性保育与可持续利用方面，作出国际领先的创新性成果。

根据研究方向，所里设置了五个中心和一个植物园：

系统与进化植物学研究中心包括系统与进化植物学开放研究实验室（院级），植物分类和植物地理研究室暨标本馆（《中国植物志》编委会）和古植物学研究室。拥有馆藏标本200万号的亚洲最大的标本馆和收藏植物化石标本7万号的中国古植物馆以及设备先进的形态学、细胞学、分子生物学实验室。

植物生态学与生物多样性保育研究中心包括中国科学院植物研究所数量植被生态学开放实验室（院级），分布于荒漠与草原区的鄂尔多斯沙地草地生态系统定位研究站，典型草原区的内蒙古草原生态系统定位研究站（院级开放站）、暖温带森林区的北京森林生态系统定位研究站，东部亚热带的神农架生物多样性定位研究站和西部亚热带的华西亚高山植物园以及中国科学院生态系统研究网络（CERN）生物分中心。

资源植物分子与发育生物学研究中心的主要研究方向是通过分子生物学、植物生理学、细胞生物学、结构植物学、植物资源学、植物化学等学科相互渗透，利用基因工程和细胞工程等现代高新技术，围绕植物与环境（包括微生物）的相互关系，研究资源植物发育和生殖、抗逆性、细胞分化和植物次生代谢等的基因调控机理，并注重野生植物和经济植物有用基因克隆、表达、调控及其在农业、医药和环境保护等领域的利用研究。

植物光合作用研究中心主要的研究方向与任务是注重一级学科生命科学、物理学及化学的相互交叉和生物学各分支学科的相互交叉、综合开展光合作用反应中心及捕光叶绿素蛋白复合体和有关电子载体蛋白复合物的结构与功能及其调控的研究；以及全球变化和外界因素对光合作用、光合器官结构与功能的影响等研究，探索提高农作物光能转化效率的新途径和新技术。

植物文献与信息管理中心是依托所图书馆和期刊学报室成立的一个面向植物研究所、科学院、全国和全世界的学术支撑机构。中心图书馆中在植物专业图书、期刊、光盘、软盘等方面的馆藏量居全国之首。

植物所北京植物园建于1955年，主要研究方向包括：珍稀濒危植物的引种保育与抢救战略，种子生物学和种质资源长期保存与利用，重要经济植物资源引种利用与新品种培育。从事野生植物迁地保育生物学的研究。植物园已迁地保育国内外各类植物6000余种，保存种类为全国植物园之首。收集植物种子标本80000余份，22500余种，居世界第三位，我国唯一的野生植物种子库已收集贮藏2000余种植物。

1999年完成了大量的国际合作与国际交流工作。接待了来自美国、日本等30多个国家及联合国粮农组织、国际开发署、热带森林组织、世界自然保护联盟等六七个国际组织的外宾和港、台地区客人共计103批，308人次。承办了两个小型国际会议，一个是“植物园获取植物材料的政策研讨会”，有来自16个国家的25名代表出席了会议。另一个是“蒙古高原草地生态系统国际会议”，有来自10个国家的60名代表出席了会议。派出科研人员赴美国、日本等23个国家及港、台地区进行合作研究、培训、访问或出席会议110项，141人次。全年从科学院、科技部、国家自然科学基金委、国家外专局共争取国际合作项目42项。此外，与联合国粮农组织、欧共体、法国利玛集团等国际组织和科研机构的合作项目共获得研究经费约300万元人民币。1999年与11个国家及5个国际组织共有30项国际合作项目，有12名科研人员在国际组织中任职，派出30名科研人员赴美、英等10个国家培训学习。

中国植物志编辑委员会、中国植物学会、北京植物生态学会、北京植物生理学会和中国植物学会植物园分会挂靠在植物所。主办刊物有《植物学报》、《植物分类学报》、《植物生态学报》、《植物学通报》、《植物杂志》、《生物多样性》、《中国植物园》、《植物引种驯化集刊》等。其中《植物学报》、《植物分类学报》、《植物生态学报》为国家级学报。

动物研究所

常务副所长：黄大卫
地　　址：北京市海淀区中关村路 19 号
邮 政 编 码：100080
电　　话：010-62547484
图 文 传 真：010-62565689
网　　址：www.panda.ioz.ac.cn

动物研究所的前身是 1950 年成立的昆虫研究室和动物标本整理委员会，二者先后发展成昆虫研究所和动物研究所，并于 1962 年两所合并成为现在的动物研究所。

1999 年底全所在职职工 383 人，其中科技人员 322 人。现有中国科学院院士 3 人，高级专业技术人员 114 人，其中研究员 42 人，副研究员、高级工程师 72 人；中级专业技术人员 141 人。

动物研究所设有博士点和博士后流动站。动物学、昆虫学、生理学、细胞生物学和生态学 5 个专业可招收硕士和博士学位研究生。现有在学研究生和博士后 101 人，其中博士生 61 人、硕士生 32 人，在站博士后 8 人。

动物研究所以动物系统学、动物生态学、昆虫生态学、实验昆虫学、生殖生物学和细胞膜生物学为发展重点，加强学科间的交叉渗透，坚持微观与宏观相结合，充分发挥三个国家重点实验室的主导作用，通过开展生殖生物学和生育调控机理、细胞生物学与细胞膜工程以及有害动物成灾机理和控制技术的研究，加速科技创新、促进学科发展，为解决国民经济建设中的若干重大理论和实践问题提供重要科学依据。在动物进化与系统学、动物生态学、濒危物种保护、动物资源持续利用和有害动物综合治理研究方面，发挥现有学科优势，形成具有我国特色并与国际前沿接轨的研究领域和体系。1997 年经中国科学院专家组评议论证，院务会议研究决定，动物研究所被首批认定为资源环境基地型研究所试点单位。

动物研究所拥有三个国家重点实验室，四个研究中心。动物研究所拥有亚洲最大的动物标本馆，馆藏各类动物标本 507 万号，其中鸟类标本 6 万余号，兽类标本近 3 万号，鱼类和两栖爬行类标本 8 万余号，昆虫标本 360 万号，其他无脊椎动物标本 130 万号。拥有总藏书量 24.9 万余册及图书资料较为齐全的专业图书馆以及计算机网络中心，形成了科学研究与技术支持相结合的完整体系。

1999 年动物研究所在研课题数 226 个，其中基础研究课题 124 个、应用研究课题 13 个。在研院重大、重点项目 10 项，国家自然科学基金重大、重点项目 4 项，国家攻关、攀登、863 等国家三级以上课题 5 项，当年新开课题 86 项。本年度结题 57 项，其中“中国典型生态区害鼠灾变规律及生态控制理论”、《中国濒危动物红皮书》、“东亚地区双翅目实蝇科昆虫研究”、《长江三峡库区昆虫》、“麦双尾蚜发生规律及其自控系统工程”、“昆虫抗性基因研究”、“法医学昆虫研究”等，经所学术委员会评议，确认为重要成果。

1999 年，康乐等完成的“内蒙古草原蝗虫生态学研究”项目获国家自然科学奖三等奖；严福顺等完成的“植物次生物质在植物害虫及天敌寻找寄主过程中的作用”项目获中国科学院自然科学奖三等奖；张崇理等完成的“人早孕胎盘的神经内分泌学研究”项目获国家计生委科技进步奖二等奖；刘树森等完成的“运动性疲劳线粒体膜分子机理研究”项目获国家体育总局科技进步奖三等奖。

1999 年动物所共申报专利 5 项，其中 3 项发明专利，2 项实用新型专利，获得专利授权 3 项。1999 年发表各类论文 220 篇，专著 12 种。据中国科技情报信息研究所发布的信息，1998 年动物所在国际上发表论文总数与前一年相比增幅较大，其中 SCI 论文发表数 21 篇，增长率为 50%，在全国科研机构排名由 49 位升至 39 位；被引证 18 篇，被引 30 次，增长率也达到了 50%，排名由 63 位升至 42 位；ISTP 论文由 1997 年的 2 篇增至 5 篇，排名由 84 位跃为 49 位。动物所在国内 1286 种科技期刊发表论文的被引次数由 1997 年的 126 篇增加到 193 篇，由 38 位升至 30 位。

动物所属基础型、公益型研究所，但 1999 年在高新技术产业化方面也有了较好的起步：有关抗肿瘤药物的开发工作得到了国家新药基金资助，是当年仅有的两个以一类新药立项的研究项目之一。所办公司的运营也逐步走上正轨，1999年实现纯利润18万元左右。本年度研究所及所办公司还与其他社会企业签定技术转让或服务合同计7项，总成交额72.5万元，内容涉及医药保健技术、资源昆虫开发技术、害虫防治技术等，取得了较好的经济效益和社会效益。

1999年动物所派往美国、英国、加拿大、德国、日本等国进行合作研究及参加国际会议的人员共计75人次；邀请联合国官员，英国、美国、加拿大、德国、日本等国家的专家、学者16批、46人次；举办了一次题为“避孕研究前沿领域及其前景国际研讨会”，40余位中外代表出席了会议，其中有10位是来自世界卫生组织的官员以及美国、澳大利亚和中国香港地区的科学家代表；落实一项中澳“鼠类爆发与不育疫苗”研究国际合作项目。通过国际交流促进了人才培养及科研整体水平的提高。

中国昆虫学会、中国动物学会、中国生态学会、中国动物志编辑委员会和中华人民共和国濒危物种科学委员会挂靠在动物研究所。主办刊物有《动物学报》、《昆虫学报》、《动物分类学报》、《中国昆虫科学》(英文版)、《动物学杂志》、《昆虫知识》等。

微生物研究所

所　　长：孟广震
地　　址：北京海淀区中关村北一条13号
邮政编码：100080
电　　话：010-62565880
图文传真：010-62560912
电子函件：office@sun.im.ac.cn

微生物研究所成立于1958年12月3日，其前身是中国科学院北京微生物研究室和中国科学院应用真菌研究所。该研究所是以应用基础研究和高技术创新为主体，从基础研究到应用开发作纵深配置的研究机构。截止1999年底，全所在职职工人数为421人，其中专业技术人员总数为346人，中国科学院院士4人，研究员44人，副研究员62人，高级工程师9人，中级科技人员141人。现有在学研究生117人，其中博士生59人，硕士生58人，另有博士后7人。

微生物所根据自身学科发展战略、长远目标设定了三大研究领域：微生物资源（包括微生物收集、分类、保藏、多样性及微生物生态等）、分子生物学（包括分子病毒学及微生物分子遗传学）、生物高技术研究与开发（包括植物生物技术、酶工程、发酵工程、蛋白质工程、基因工程药物、环境生物技术及糖工程等）。所内拥有微生物学、生物化学和遗传学三个学位授权点，并于1997年通过了全国博士、硕士学位授权点的评估，1998年被中科院授予博士生重点培养基地。

所内科研机构设置为五个研究室和四个开放实验室。研究室为：菌种保藏中心，微生物生理及应用生态学研究室，微生物代谢与发酵工程研究室，酶学研究室及微生物分子遗传与育种研究室。开放实验室为：微生物资源前期开发实验室（国家重点实验室)、真菌地衣系统学开放实验室、植物生物技术开放实验室（两者均系院级开放实验室），分子病毒学与生物工程开放实验室（所级开放实验室）。并建有亚洲最大的具有40万号菌株的菌物标本馆，一个国内最大的拥有12000余菌株的菌种保藏库和一个由国家投资兴建的有良好发酵设备的中试工厂，同时还有一个藏书6万余册的专业性图书馆。

1999年初，研究所为积极进入中科院知识创新工程，进行了结构性调整，对行政机关职能部门进行了整合，在不改变原职能、职责范围的前提下，将六个职能处、室缩减到三个职能部门，即综合办公室（办公室、人事教育、离退休、保卫)、科技处、行政资产处。为达到减员增效，提高办事效率，机关管理人员在公平、公开的基础上进行按需设岗、按岗聘任工作。原机关管理人员全部竞争上岗，由所级领导、研究室主任和专家组成的评委对竞争上岗人员的报告进行打分，经综合评议使个别不能胜任岗位要求的同志转岗分流，使再次上岗人员也具有危机感和紧迫感，认识到干好干坏不一样，干多干少不一样。

为优化学科，提高研究所在世界前瞻性领域的竞争力，研究所根据知识创新工程的需要，进行了研究员岗位的按需设岗、按岗聘任工作，研究员分为A类研究员岗位和B类研究员岗位。对A类岗位的研究员给予必要的支持，使其在该领域或学科中有所建树。这一举措极大地调动了科研人员的主观能动性。

1999年微生物所承担的任务和课题有：国家攻关项目24项，国家自然科学基金面上项目32项，国家重点、重大自然科学基金项目22项，国际合作9项，国家“863”计划10项，海洋“863”项目4项，横向课题17项，院重大、重点项目17项，院长基金5项，院特别支持项目2项。此外还有一些院与地方合作项目等。1999年研究所专利申请10项，其中“微生物同步发酵生产长链α，ω-二羧酸的方法”获得专利授权。全所共发表科技论文125篇，其中被SCI收录的文章有26篇，发表专著3部。另外，有3项科技成果分别获中科院自然科学奖二等奖、中科院发明奖二、三等奖。特别值得一提的是在微生物基因组研究方面也取得了新进展，微生物所承担了其中最为重要的选择对象基因组的任务，从我国种类多样的微生物中选出了基因组大小符合现有测序、组装能力，在进化上有特殊地位和潜在科学意义的古细菌。

微生物所在人才培养方面始终坚持积极引进学有所成的高科技人才政策，为他们回国创造必要的条件，在实验室用房相当紧张的情况下，千方百计地为优秀的科技人员准备实验用房。1999年列入“百人计划”的有3人，他们都是各学科中的优秀科技人才，相信他们的加盟，会使研究所的科研水平进入一个新的台阶。微生物所非常重视研究生的培养工作，严把质量关。1999年招收硕士生22人，招收博士生25人，进站博士后3人。1999年郑儒永研究员当选中科院院士，使院士队伍增加到4人。微生物所还积极开展国际合作项目，先后与美国、新加坡、日本等国家进行合作研究。1999年接待来自英国、意大利、美国、日本等国家的专家和学者35人次，派出访问学者31人次。为了活跃研究所的学术气氛，微生物研究所还举办了不定期的学术报告会活动，科技人员踊跃参加，大家互相学习交流，增长知识，增进了感情，也增强了凝聚力。

微生物所是中国微生物学会、中国菌物学会的挂靠单位，编辑出版的学术刊物有《微生物学报》、《微生物学通报》、《菌物系统》及《生物工程学报》。

遗传研究所

所　　长：李家洋
地　　址：北京市朝阳区大屯路3号
邮政编码：100101
电　　话：010-64852855
图文传真：010-64873428
电子函件：jyl-ch@igt.ac.cn

遗传研究所成立于1959年，其前身是中国科学院遗传研究室。

截止1999年底，全所现有职工415人，科技人员329人。其中中国科学院院士1人，正研究员26人，副研究员39人。高级工程师12人，高级实验师17人，中级科技人员141人。遗传所是遗传学专业硕士、博士学位授予单位和自行审定、招收培养博士生计划的单位，设博士后流动站，现有博士生导师16人，硕士生导师14人，在读博士生85人，硕士生53人，在站博士后26人。

遗传所设8个研究室：动物与医学分子遗传，人类基因组中心，体细胞遗传，植物雄性不育，生物技术与育种，植物遗传操作，植物细胞与染色体工程国家重点实验室和植物生物技术院开放实验室。

遗传所主要从事生物的遗传与变异规律的基础和应用基础研究，重点学科发展方向是分子遗传学、基因组学、细胞工程、基因工程与农作物生物技术育种。“九五”期间着重开展重要农作物高产、优质、抗病虫害生物技术育种；作物细胞与染色体工程；植物抗性基因工程和基因表达调控；人类基因组和植物基因组；动物分子遗传学；分子免疫学以及微生物分子遗传学方面的研究。目前在转基研究方面已获得一批具有抗性基因（抗虫、抗病、耐盐）的转基因植物，并正逐步进行产业化生产；水稻转基因研究取得重大突破，遗传所与福建农科院合作以转基因水稻产业化为主成立了中科丰乐生物技术有限责任公司，总资本达3000万元；生物技术育种取得了一些新的进展，一批优质新品种通过审定；水稻基因组确定了部分分子连锁图的物理端点，并定位了抗稻瘟病，半矮杆，易落粒性，育性恢复和雄性恢复等基因；人类基因组研究已进入大规模测序实验，人类基因组序列分析已完成“1%项目”的47%计划，完成泉生热袍菌基因组工作框架图。通过染色体工程途径获得抗病小麦特别是抗白粉病小麦易位系和品系，同时培育出一批优质小麦新品系，如“小偃054”，“兰考4号”等；构建和表达了“人鼠嵌合抗体”和“抗CD3改型单域抗体”。

近年来，遗传所根据“有所为有所不为”的原则，在保持优势学科分子遗传学、基因组学、染色体工程、植物基因工程、植物生物技术和遗传育种的前提下，加强了动物和微生物学的发展。

1999年遗传所承担国家自然科学基金资助项目31项，其中重大项目2项，重点项目1项，杰出青年基金1项。中科院重大项目2项，重点项目3项，特别支持项目3项。“863”国家高技术项目课题19项。国家植物转基因研究与产业化专项7项。国家“九五”攻关18项。国际合作项目4项。

1999年遗传所获得国家级、院部级奖成果3项；“棉花属种间杂交育种体系的建立”获中科院科技进步奖特等奖和国家科技进步奖三等奖。该成果育成“石远321”，为我国棉花新种质的创新，新品种选育开创了新路。“利用远缘杂交和孤雌生殖生产玉米杂交种子的方法”获中科院科技进步奖三等奖。该奖成果为杂交玉米的育种探索出了一条新的方法。水稻抗白叶枯病基因Xa21已成功地转移到水稻品种中获得表达，该成果已获国家“863”专家的鉴定，并正与地方合作进行产业化生产。“表皮生长因子”（EGF）外用冻干剂（国家一类药物），于1999年10月29日获得了国家药品试生产文号（国药试字S19990001），保护期12年。“TC-96AE聚合酶链式反应DNA扩增仪”1999年被中国仪器仪表学会和中国分析测试协会推荐入选99国产科学仪器推荐产品。遗传所和植物所紧密合作，共同组建了“北京科绿萌生物技术有限责任公司”。

遗传所近年来通过扩大博士、硕士生的招生，“院百人计划”的招聘等方式引入一批优秀的青年学术带头人。

中国遗传学会挂靠在遗传所，编辑出版刊物有《遗传学报》（中、英文版）和《遗传》。

发育生物学研究所

所　　长：孙方臻
法人代表：陈永强
地　　址：北京市海淀区中关村南一条三号
邮政编码：100080
联系电话：010-62551951
图文传真：010-62551951
网　　址：www.idb.ac.cn.

发育生物学研究所是中国第一家专门从事发育生物学基础与应用基础研究的科研机构。它是在中国科学院动物研究所、中国科学院院士童第周教授领导的细胞遗传研究室多年工作的基础上，于1980年，经中国科学院申报、国务院批准，由童第周教授正式组建的。发育所现有职工总数为109人。其中，科技人员66人，研究员7人，副研究员、高级工程师19人，中级科技人员32人，现有博士后5人。发育所是发育生物学博士、硕士学位授予单位。现有在读博士生20人，硕士生14人。科研一线共有实验室8个。另外，设有条件技术室一个，构成发育所的条件支撑系统，包括中心实验室、图书馆、网络、学报、动物培养室等。

机关管理部门由党政办、科技处、财务资产处组成。物业管理中心（原行政后勤部门）自从1998年组建以后，正在逐步实行经济独立核算、按企业管理方式运行、向社会化服务发展。

发育所的研究方向是：在分子和细胞水平研究生物个体发育的遗传控制及其分子机理，并为解决农业、人口与健康等重大实际问题提供新的理论和途径。正在研究的发育生物学课题有：动物卵受精激活的分子机理、显花植物自体和异体花粉识别的分子机理、个体发育中细胞命运的决定、动物细胞核发育全能性的分子基础等。这些课题是目前国际发育生物学研究的热点。现有的8个实验室分别为分子胚胎学、发育遗传与细胞工程学、基因调控与转基因学、动物分子发育生物学、基因工程、植物遗传学与发育生物学、植物发育分子生物学、植物抗逆生物学等。其中，由前4个实验室组成中国科学院分子发育生物学开放实验室。

“九五”期间，发育所积极引进新的学术带头人，加强科研骨干队伍力量，在争取国家及院级重大科研任务方面表现出较强的竞争力。1999年共承担课题57项，其中国家自然科学基金委重点、重大项目3项，面上项目18项，国家杰出青年基金1项，国家攀登计划课题1项，中科院重点、重大项目8项，“863”项目5项，“973”计划2项，国际合作项目2项。另外，还承担了国家科技部转基因产业化项目4项，薛勇彪研究员在其中一项荣任首席科学家。在科学院开展的“知识创新工程”中，我所今年有四个青年科学家小组入选。研究经费总数首次突破1000万元。

目前，发育所多项工作已处于所在研究领域的科学前沿：1999年，杜淼研究员领导的“胎儿成纤维细胞克隆山羊研究”被国家科技部评为今年基础科学研究十大科技新闻之首，该项工作在国内外尚属首次；劳为德研究员领导的“乳腺生物反应器”研究的转基因山羊表达水平达到mg/L级；孙方臻研究员领导的“动物卵受精激活分子机理研究”的研究论文已被国际上发育生物学界著名的Development杂志所接受。他领导的器官移植研究课题中，一个转基因猪的心脏在猕猴体内跳动了90小时，表明克服了超急性排斥反应。1999年发育所科研人员在国内外主要学术刊物上发表论文37篇。

1999年，发育所主持举办了“第十届国际基因、基因族、同功酶会议”。积极参与建院50周年庆典活动。期间，德国马普发育生物学研究所所长施瓦茨教授曾到我所与青年科研人员座谈。此外，研究所经常开展各种形式的学术交流活动，诸如：系列学术讲座、专题讨论会、全所学术活动日等。1999年共参加国际学术会议15人次，参加全国性学术会议12人次，接待来访外宾十几人次，组织所内外学术报告27人次，其中国外专家学术报告8人次。

中国发育生物学会和全国转基因动物学会（筹）挂靠在发育所。主办刊物有《发育与生殖生物学学报》（英文版）。

生态环境研究中心

主　　任：赵景柱
地　　址：北京市海淀区双清路18号
邮政编码：100085
电　　话：010-62923549（综合办公室）
010-62923597，62923538（科技开发处）
图文传真：010-62923563
电子函件：std@mail.rcees.ac.cn
网　　址：www.rcees.ac.cn

生态环境研究中心始建于1975年，其前身为中国科学院环境化学研究所。经国家科委和中国科学院批准，1986年与中国科学院生态学研究中心合并，改为现名。1996年5月，经中国科学院和国家环境保护总局协商决定，对生态环境研究中心实行中国科学院和国家环境保护总局双重领导。1999年底有在职职工374人，其中科技人员291人，包括中国科学院院士1人、中国工程院院士2人，博士生导师24人，研究员52人、副研究员和高级工程师84人、中级研究人员103人。现有在学博士生64人、硕士生50人。另有博士后11人。

生态中心主要研究领域包括环境化学、环境工程学和系统生态学。研究内容涉及环境化学、环境工程、生态学、地学等学科。设有环境科学博士后流动站，有环境科学、生态学博士学位授予权和博士生指导教师自行审批权，有环境科学、生态学、环境工程、有机化学、分析化学5个学科专业的硕士学位授予权。中心现设有8个研究室，其中环境水化学实验室为国家重点实验室，系统生态学实验室为中国科学院开放实验室，环境分析化学和生态毒理学实验室为中心开放实验室。另有水污染控制技术研究室、大气污染控制技术研究室、环境生物技术研究室、仪器测试室和情报编辑室。环境水化学国家重点实验室主要研究领域包括污染物质在环境中的复杂过程及其对生态系统影响的研究、污染控制技术及其集成，其研究方向是发展环境水质的现代科学与高新技术，兼顾天然水体和水处理工艺两方面的水质问题，深入研究天然水体和水处理中水质转化过程的基本规律，发展高新水处理技术和工艺基础，推进我国的环境水质科学发展，为水质资源的合理开发利用提供科学依据。系统生态开放实验室是以生态学、系统科学及计算机科学为基础，以人口、资源、环境问题的耦合关系为对象，开展自然科学与社会科学交叉的跨学科综合研究。理论上探讨社会-经济-自然复合生态系统的生态建设理论与方法，发展具有中国特色的人类系统生态学。应用上探讨城市及人类密集地区的生态评价、生态规划、生态管理的系统方法、集成技术及实现城乡复合生态系统可持续发展的对策与决策支持手段。环境分析化学与生态毒理学开放实验室立足环境分析化学的国际前沿，研究环境中化学物质在动态变化过程中的产物、中间产物的瞬态或新化学形态的分析方法，研究化学物质（包括微污染物质）在环境中的迁移变化过程及其生态毒性，阐明重要的环境化学过程与生物过程的机理，争取在方法学上有所创新，有所突破。

生态中心自1999年进入知识创新基地、实施知识创新工程试点以来，按照创新工程试点方案，本着“坚实基础、强化技术、发展产业”的原则，中心已经全部完成了学科方向定位、结构调整和人员招聘等工作，制定了一套比较完善的知识创新工程管理措施，颁布或修订各种规章制度18项，营造了比较好的创新环境和创新管理体系，并形成了应用基础研究-工程技术开发-咨询决策规划一体化的科研结构，明确了新的学科方向，初步形成竞争与激励的运行机制。

1999年生态中心承担的国家重点科技攻关专题项目9项，中科院重点项目5项，中科院特别支持项目1项，中科院重大项目（A）1项，重大项目（B）2项；国家杰出青年科学基金课题3项，重大基金课题4项，重点基金课题主持3项、参加2项，面上基金课题50项；1999年获国家自然科学基金重点课题2项、面上基金课题20项。

1999年生态中心登记中国科学院成果4项、国家环保总局成果1项，有5项成果获奖。其中，获中国科学院自然科学奖一等奖1项，中国科学院科技进步奖二等奖1项、北京市科技进步奖二等奖1项和国家环保总局科技进步奖二等奖、三等奖各1项；此外，汤鸿霄院士获何梁何利科技奖、牟世芬研究员获国际离子色谱科技成就奖、尹澄清研究员获国际茨城-霞湖奖。“九五”攻关专题“汞污染防治方案研究”通过国家环保总局和中国科学院共同组织的验收和评审，有23项自然科学基金项目结题。1999年发表论文278篇，出版专著10种，获授权专利1件，申报国家专利28件；1998年在SCI刊物上发表论文数居全国科研单位第27位，在国内1214种科技刊物上发表论文数居全国科研单位第7位。1999年生态中心进一步加强了科技开发工作，汽车尾气催化净化技术、无机高分子絮凝剂、超滤膜技术、寡糖生物农药等一批项目的应用研究、技术开发和产业化等方面都取得显著进展。

1999年生态中心主要有3项国际合作项目进行，包括与意大利合作的欧盟项目“工业初级产品生产过程中的生态持续能力研究”、与美国合作的“离子色谱应用研究”、与荷兰合作的欧盟项目“黄土高原土地生态评价与持续利用研究”。在国家环保总局的大力支持下，由生态环境研究中心主持在北京成功地举办了全国水处理新技术高级研讨班，海峡两岸、中日水处理高新技术交流会。为提高研究生人才培养的水平，中心举办了10余次“生态与环境科学系列讲座”，聘请国内外专家作报告，活跃了学术气氛。中心已培养博士97人，硕士203人，1998年被评为博士生重点培养基地。

国际科联环境问题委员会（SCOPE）中国委员会、中国生态学会、国际环境情报系统（INFOTERRA）中国联络点、中国-加拿大资源环境高技术中心挂靠在生态中心。负责编辑出版的刊物有《环境科学学报》、《Journal of Environmental Sciences》、《生态学报》、《环境科学》、《环境化学》和《环境科学进展》等。联合国环境规划署出版物《产业与环境》和《臭氧行动》的中文版亦在生态中心定期翻译出版。

古脊椎动物与古人类研究所

所　　长：朱　敏
地　　址：北京市西直门外大街 142 号
邮政编码：100044
电　　话：010-68351363
图文传真：010-68337001
电子函件：bgs@pa.ivpp.ac.cn
网　　址：www.ivpp.ac.cn

古脊椎动物与古人类研究所的前身是原中国农商部地质调查所新生代研究室，创建于 1929 年。建国初期，为全国地质指导委员会下属的新生代研究室。1953 年改为古脊椎动物研究室，隶属中国科学院。1957 年改为古脊椎动物研究所。1960 年更名为古脊椎动物与古人类研究所至今。全所现有职工 155 人，科技人员 109 人，其中，中国科学院院士 4 人，研究员 16 人，副研究员 25 人、高级工程师 6 人，中级科技人员 43 人。古脊椎所为博士、硕士学位授予点，建有博士后科研流动站。现在学博士生 8 人，硕士生 6 人，另有博士后 3 人。

古脊椎所是我国古脊椎动物与古人类两门基础学科的专门研究机构，在国际上享有盛誉。全所设有三个研究室和 1 个研究中心，即古低等脊椎动物研究室、古哺乳动物研究室、古人类及旧石器研究室和周口店国际古人类研究中心，主要研究脊椎动物起源、演化和分类，建立和完善中国及全球年代地层系统，探讨生物与环境的关系；研究人类化石和旧石器考古，探索人类的起源和进化，重建早期人类演化迁徙和文化发展的历史；继续开展周口店遗址的研究和保护工作。现承担国家科技攻关 1 项、国家攀登计划 1 项、国家自然科学基金杰出青年基金 1 项、海外青年学者合作研究基金 1 项、重点项目 2 项、委主任基金 1 项、特殊学科人才培养基金 1 项、面上基金 10 项和中国科学院重大项目 1 项、重点项目 2 项、创新工程重大项目 2 项、“百人计划” 1 项。

根据中国科学院知识创新工程的要求，古脊椎所在 1999 年进行了分类定位工作，并于 1999 年认定为院第三批科研基地型研究所。战略地位被定为主要从事古脊椎动物与古人类学及地层学的基础研究和基础应用性研究，作为国家队继续保持中国古脊椎动物与古人类学研究在国际上的领先地位。1999 年 12 月古脊椎所新一届领导班子组成。新班子上任后即着手进行结构性调整，首先进行管理体系改革。根据分类定位方案，把管理部门由原来的 7 个处室压缩为 2 个职能部门（综合处和科技处），并首次进行了管理人员公开招聘。在知识传播体系改革方面，注重转化科研成果，向公众普及科学知识，办好周口店北京猿人遗址博物馆和中国古动物馆。在开发服务体系方面，开发公司负责科技成果转化，公共事务服务中心负责后勤服务。

作为国家的古脊椎动物与古人类学的研究中心，标本的采集和收藏是极其重要的组成部分，也是古脊椎所赖以生存和发展的基础，从 20 世纪 20 年代到现在，标本馆馆藏标本已达到 20 万件，其中正型标本 2000 余件，国外交换、赠送的标本、模型 500 余件；另有现代脊椎动物骨骼标本 2100 余件，其中不少是 20 年代收集的南美和澳洲稀有兽类的骨骼。此外，所内还藏有现代人头骨对比标本 600 多件。1999 年建馆的“树华古人类馆”是我国展出人类进化内容最丰富的展馆，与原有的中国古动物馆一起成为重要的科普教育场所。

图书是开展科研工作不可缺少的支撑条件，到目前为止古脊椎所收藏的专业书刊达 9600 多种，7 万余册（包括杨钟健、裴文中、周明镇、步达生和魏敦瑞等中外老一代古脊椎动物学家和古人类学家的私人藏书）。所图书馆与世界 33 个国家和地区、221 个单位和个人建立了交换关系，图书馆专业书刊的藏书量已跨入亚洲和世界同类研究单位的前列，有一套科学和现代化的采编、编目、入库、建帐和流通等的管理手段。

古脊椎所承担的国家自然科学基金、中国科学院重大项目“辽西热河生物群研究”在野外工作和室内研究中都取得了突破性的进展。1999 年侯连海研究员等人完成的“辽西中生代鸟类化石及鸟类的早期演化”获中国科学院自然科学奖一等奖，辽西地区新的带毛恐龙和丽蟾的发现被评为1999年十大科技新闻之一，这是对古脊椎所在辽西热河生物群研究中的丰硕成果的肯定。国家攀登计划项目“早期人类起源及环境背景综合研究”在安徽繁昌、云南元谋和湖北建始发现了重要的灵长类和人类化石以及石制品和骨制品。

1999年古脊椎所在国内外发表研究论文102篇，出版科技著作8种。尤为突出的是有8篇论文发表于世界上最权威的科学杂志Nature和Science，这是前所未有的成绩，进一步巩固和提高了古脊椎所在国家学术界的领先地位。其中朱敏等对早期硬骨鱼类的研究、吴新智对北京猿人用火的肯定、侯连海等对杜氏孔子鸟进化意义的讨论、徐星等对北票地区两种新的带毛恐龙的记述、以及王元青等对辽西义县组绝对年龄的测定等论文的发表都在国际学术界引起强烈反响。还有一个特点是青年研究人员完成的项目多，这不仅说明古脊椎所的科研活动是紧跟学科研究的国际前沿，而且说明一批年轻学者正在迅速成长。

1999年古脊椎所继续保持与世界各国的频繁学术交流，成功地主办了“国际古人类学学术研讨会暨北京猿人第一个头盖骨发现70周年纪念会”，来自美国、加拿大、英国、德国、法国、比利时、西班牙、瑞士、奥地利、挪威、斯洛文尼亚、巴西、日本、韩国、印度、印度尼西亚等十六个国家的60多位科学家参加了20世纪古人类学界的最后一次国际盛会。除了这次会议，本年度还有澳大利亚、波兰、以色列、芬兰、美国、日本等国的60余位专家学者先后来所访问交流。1999年全所有15人次出国参加国际学术会议，20人次出国访问讲学。古脊椎所对古鱼类、古爬行类、古鸟类、古哺乳类和古人类学的研究继续保持在世界上的领先地位。

挂靠古脊椎所的中国古脊椎动物学分会，1999年成功地举办了第七届学术年会，并首次正式出版了会议论文集。

古脊椎所主办的刊物有《中国古生物志》（丙、丁种）、《古脊椎动物学报》、《人类学学报》、《中国科学院古脊椎动物与古人类研究所集刊》、《化石》等。

地质与地球物理研究所

常务副所长：丁仲礼（主持工作）
地　　址：北京市德胜门外祁家豁子（南区）
邮政编码：100029
北京市朝阳区大屯路甲11号（北区）
邮政编码：100101
联系电话：010-62008001（南区所办）
010-64889084（北区所办）
电子函件：suoban@mail.igcas.ac.cn（南区）
geop@mail.c-geos.ac.cn（北区）

地质与地球物理研究所是由两个具有50年历史的老所——中国科学院地质研究所与中国科学院地球物理研究所于1999年5月整合而成。是中国科学院首批知识创新工程试点单位，是中国科学院北京地球科学创新基地的一个重要组成部分。现有在职职工690人。根据中国科学院知识创新工程的精神，整合后的地质与地球物理研究所分基地内与基地外两大部分。

基地内现有职工195人，其中从事科技活动的人员177人，有中国科学院院士8人，中国工程院院士1人，研究员50人，副研究员、高级工程师等65人，中级科技人员54人。地质与地球物理所是国家最早确定的硕士、博士研究生培养单位和博士后流动单位，是中国科学院博士生重点培养基地。现有在读博士生154人，硕士生37人，另有在站博士后27人。

基地外有职工495人，其中从事科技活动的人员98人，研究员19人，副研究员、高级工程师等23人，中级以下科技人员56人。

新组建的地质与地球物理所的战略定位是：以“地球系统整体行为下各圈层相互作用及其资源、环境、工程地质问题”作为主攻方向。利用我国及东南亚地区独特的地质条件及丰富的研究资源，充分发挥两所整合后，地质学、地球物理学和地球化学交叉融合的优势，运用多种手段，剖析固体地球各圈层（地核、地幔、地壳）及其界面（核幔边界、壳幔边界、地表等）上所发生的物理学、化学和生物学过程，探讨这些过程的动力学解释与全球联系，为“地球系统科学”的理论框架及方法论体系的形成做出创新贡献。运用基础研究的创新性成果，根据国家需求，在资源（如油气、金属和非金属矿产、地下水、煤成气、气体水合物等）的探查、环境地质问题（如荒漠化、水土流失、大型工程的环境评价）的解决，重大工程（如水电、矿山、铁路、国防等）的前期地质勘探等领域作出战略性、综合性、先导性的研究成果，为国民经济建设发挥重要作用。

在知识创新工程试点中，地质与地球物理所根据研究所的战略定位、科学目标和国家目标，打破了原来两所的十几个学科界线，重新凝聚遴选出5个优势学科，在基地内组成5个研究室。即以研究地球内部物质、结构和性质，探索其动力学过程及东亚海陆形成与演化历史的地球动力学研究室；以研究新生代地质环境演化的历史、过程、机制及其与全球变化的动力学联系的新生代地质与环境研究室；以研究地球主磁场和变化磁场的空间结构、时间演化及其起源，探讨近地电磁对人类活动影响的地磁学研究室；以开展成矿、成藏动力学研究，探索资源富集与分布机理和规律的成矿与资源探查研究室；以发展近地精细结构成像与探测技术，研究重大工程前期地质问题、环境评价及工程地质力学变形体系的工程地质与浅层地球物理研究室。

地质与地球物理所在基地外组织了基础地质研究室、基础地球物理研究室、综合勘察与技术应用研究室、地质工程研究中心和综合实验室。继续完成已承担的科研任务，并作为流动人员参与基地内的科研工作。

地质与地球物理所建有中国科学院岩石圈构造演化开放研究实验室、工程地质力学开放研究实验室、地球动力学高温高压开放研究实验室和中国矿物资源探查研究中心（JICA）。

1999年地质与地球物理所承担“973”项目2项、“973”课题13项。两人担当973项目《大陆深俯冲作用》、《中国典型叠合盆地油气形成富集与分布预测》的首席科学家。承担“863”计划、科技攻关等国家级项目的课题13项，承担国家自然科学基金项目87项，其中重大项目2项、重点项目5项、杰出青年基金项目5项、面上和青年基金项目75项。

1999年，地质与地球物理所的《中国稀土矿物学研究》获中国科学院自然科学二等奖、《90年代中国地磁参考场模式组和中国地磁图集》获中国科学院科技进步奖二等奖、作为第一完成单位的合作项目《生物成矿作用和成矿背景研究》获中国科学院自然科学奖三等奖。

整合后的地质与地球物理所充满了生机和活力。在进入基地的137名学科组人员中，具有博士学位的101名，占73%；科研人员平均年龄38.7岁。

地质与地球物理所是中国地球物理学会、中国第四纪研究会、中国岩石力学与工程学会和世界数据中心中国中心（WDC-D）地球物理学中心的挂靠单位。主办刊物有《地球物理学报》、《地质科学》、《岩石学报》、《第四纪研究》、《工程地质学报》、《Scientia Geologiea Sinica》和《地球物理学进展》。

自然资源综合考察委员会

常务副主任：成升魁
地　　址：北京市朝阳区大屯路3号
邮政编码：100101
电　　话：010-64889276（办）
010-64889449（办）
图文传真：010-64854230
电子函件：zkb@cisnar.ac.cn
网　　址：www.cisnar.ac.cn

自然资源综合考察委员会(CISNAR)成立于1956年，现有职工252人，其中科技人员205人，包括中国科学院院士2人，中国工程院院士2人，博士生导师12人；有研究员39人，其中45岁以下的研究员14人，副研究员和高级工程师61人，中级研究人员79人；是生态学专业博士学位和自然地理学、人文地理学、生态学专业硕士学位授权单位，1999年在学研究生50人，其中，博士生30人，硕士生20人；中国科学院“百人计划”招聘学者1人，接收博士后学者1人。

综考会是从事自然资源和区域发展的综合研究机构，同时也是中国科学院开展综合科学考察研究的组织协调机构。综考会的学科定位是资源科学，研究方向是：以资源系统为主要对象，研究资源开发的时空规律，资源可持续利用，资源综合生产力，区域资源配置，资源管理，资源、人口、环境、经济复合系统协调机理与模式等。重点学科领域为：国土资源学、资源生态学、资源经济学、资源信息学及资源管理学。研究任务是：在区域、国家和全球尺度上，瞄准国家目标和国际科学前沿，强化对资源系统的综合研究，资源与区域发展综合研究，发展资源科学；组织协调并承担国家及我院的资源环境综合研究项目，为社会经济可持续发展决策提供科学依据。通过学科结构调整，现设有国土资源综合研究中心、资源经济与发展研究中心、资源生态与管理研究中心、资源环境信息网络与数据中心、中国生态系统研究网络综合研究中心和资源开发技术研究室，4个野外研究试验站。此外，世界数据中心中国分中心(WDC-D)的再生资源与环境学科中心、中国科学院可持续发展研究中心、中国生态系统研究网络(CERN)秘书处也设在综考会。目前建有中国自然资源数据库(由自然资源、社会经济、人口和宏观环境4部分450个子库组成)、中国1/100万土地资源数据库、中国1/100万草地资源数据库、中国生态系统数据库、中国植被指数数据库、世界200多个国家和地区的基本状况数据库、全球资源环境数据库、青藏高原区域综合数据库、黄土高原区域综合数据库、黄淮海地区估产背景数据库，及资源环境法规方面的文献库等，共1000余张光盘，约270GB的数据(网上查询 www.cesdin.ac.cn)。中国生态系统研究网络综合研究中心和资源环境信息网络与数据中心具有国内资源、生态研究领域一流的计算机软硬件环境和图形(图像)处理设备，完全具备国内外学者来综考会从事资源、环境和生态等领域研究工作的条件。综考会的战略定位和发展目标是：通过改革与不断创新，将综考会建设成具有国际先进水平的国家资源科学应用基础研究与知识创新基地、国家重大资源环境问题研究与宏观决策咨询基地、国家资源环境信息中心和国家资源科学高级研究与管理人才培养基地。

1999年，综考会承担了国家攻关项目(课题2项、专题9项、子专题11项)：“农业资源高效利用与管理技术研究”，“中国农业资源综合生产能力与人口承载能力研究”，“不同类型区农业资源高效利用的优化模式与技术体系的集成研究”，“雅鲁藏布江大拐弯段调电调水超前期研究”等科研项目共22项；承担国家攀登计划和重点基础项目(课题2项、子专题5项)：“青藏高原现代表生过程及其相互作用机理”，“青藏高原生态系统界面过程及其与气候变化的相互作用”等7项；承担国家其他项目17项，院重大项目(项目2项，课题7项，专题16项)：“青藏高原环境变化与区域可持续发展研究”，“生态系统生产力形成机制及可持续性研究”等共25项；院专项研究项目15项；横向课题10项；国家基金课题10项。

1999年综考会共发表科技论文106篇，其中在国外刊物发表9篇，包括SCI收录文章3篇；出版学术著作9种，约294万字；上报院重要成果2项。“中国1/100万草地资源图的编制研究”和“青海可可西里地区地质、环境与生物多样性”科学考察研究，均获中国科学院自然科学奖二等奖。

长期以来，综考会先后与30个国家和地区的科研机构、大学建立了广泛的学术交流与合作关系。1999年综考会接待了来自10个国家或地区的学者共10批15人次，同时派出48人次出国进修、参加国际会议。承担了“全球变暖中国响应模型研究”、“人口增长与土地利用变化的相互作用关系”等7项国际合作研究项目。在1998年已开展的合作基础上，1999年综考会与瑞典皇家科学院又在瑞典联合召开了瑞典-中国生态系统研究与管理研讨会，进一步加强了两国学者在该学科领域的合作。为加强对青年人才的培养，鼓励他(她)们勇于开拓、创新，在孙鸿烈院士的支持下，综考会与青藏高原研究会分别设立有优秀青年奖、青年优秀论文奖和青藏高原青年科技奖，几年来，已有数十名青年同志分别获得奖励。

综考会是中国自然资源学会、中国青藏高原研究会的挂靠单位。主办的学术刊物有《资源科学》、《自然资源学报》、《AMBIO——人类环境杂志》（与瑞典皇家科学院合办）、《国土资源文摘》。

1999年9月30日，院党组会议决定，综考会与地理所整合为中国科学院地理科学与资源研究所，进入院知识创新工程北京地球科学研究基地，从而迈出了创新和发展地理科学与资源科学的新步伐。

地理研究所

名誉所长：黄秉维
所　　长：陆大道
地　　址：北京市安定门外大屯路3号
邮政编码：100101
电　　话：010-64854841
010-64889276
图文传真：010-64851844

地理研究所于1940年建于重庆，1947年迁至南京，1958年迁入北京，是地理学科的综合性研究所。全所现有职工405人，其中有中国科学院院士6人，高级科技人员180人，中级110人，初级36人；地理所是国家确定的硕士、博士研究生培养基地和设博士后流动站单位；截止1999年10月，已培养博士生118人，硕士生246人，现有在读博士生103人，硕士生45人，进入博士后站18人。

几十年来，地理所承担了大量国家、中国科学院和地方的科研任务，取得了一批重要的科学技术成果，共发表论文4600余篇，出版专著340余部，图集40多册，图件400余幅，至今已有210项科技成果获国家级、院级和部委级奖励。

目前，地理所有3个部（资源环境研究与应用部、区域持续发展部、地理信息系统科学部），20个研究室（站）（全球变化研究室、资源环境整治研究室、水资源水环境研究室、环境生命元素与医学地理研究室、区域环境质量与物质循环研究室、地貌研究室、生态研究网络水分分中心、农业生态与环境技术试验站、禹城综合试验站、河流海岸模拟实验室、中心分析实验室、农业发展与土地利用研究室、产业布局与区域经济研究室、城市发展研究室、区域发展研究室、历史与文化地理研究室、世界地理研究组、区域持续发展模拟实验室、地图学与制图技术研究室、资源与环境信息系统国家重点实验室），3个所级开放实验室（土地利用/土地覆被变化开放实验室、区域可持续发展机理与调控开放实验室、环境生物地球化学实验室），以及技术开发系统。

地理所的学科目标是发展陆地地球系统科学，国家目标是为解决区域可持续发展相关重大问题提供科学依据。地理所的主要研究方向为：地理环境的结构、形成和演化及其合理开发利用的途径。通过对地理环境中物质流、能量流与信息流及地理过程的分析，揭示地理环境中物质能量的迁移、积累、转化过程及人类活动对地理环境影响的规律。地理所的主导产出为地理信息产品和区域发展分析、咨询产品，为全球、国家和地区的可持续发展提供科学依据，寻找人类适应、利用、改造地理环境的途径。

1999年度地理所主持的主要研究课题有：“973”项目1项，“863”专题1项，国家重点科技攻关专题16项，国家自然科学基金重大项目及课题5项、专题4项，国家自然科学基金重点项目3项，国家自然科学基金面上项目40余项，中国科学院重大、重点及特别支持项目60余项，中国科学院知识创新工程项目专题2项，中美、中日、中英、中澳、中加等国际合作项目35项，省、部委委托项目10余项。“中国沿海地区区域开发与21世纪可持续发展研究”获中国科学院1999年科技进步奖二等奖。另外，登记中国科学院科技成果4项。

地理所是中国地理学会、中国科学院水问题联合研究中心、中国科学院乡村发展联合中心的挂靠单位。主办的刊物有《地理学报》、《地理研究》、《中国地理》（英文版）、《地理科学进展》、《地理知识》等。

1999年9月30日，院党组会议决定，地理研究所和中国科学院自然资源综合考察委员会整合为中国科学院地理科学与资源研究所，进入院知识创新工程北京地球科学研究基地，从而迈出了创新和发展地理科学与资源科学的新步伐。

大气物理研究所

名誉所长：叶笃正
所　　长：王明星
地　　址：北京市德胜门外祁家豁子
邮政编码：100029
电　　话：010-62028606
传　　真：010-62028604
电子函件：www@mail.iap.ac.cn
网　　址：www.iap.ac.cn

大气物理研究所前身是1928年成立的原中央研究院气象研究所。现有职工484人，其中科技人员405人，有中国科学院院士5人，研究员51人，副研究员和高级工程师175人，中级科技人员177人。大气所是博士、硕士学位授予单位和博士后流动站建站单位。现有在学博士生73人，硕士生41人，博士后19人。

大气物理所主要从事大气科学中的基础性研究工作，承担国民经济建设和国防建设中具有战略性、基础性和全瞻性的重大科学问题，同时也致力于高技术开发和其他横向任务。其研究方向为：研究大气中各种运动和物理化学过程的基本规律及其与周围环境的相互作用，发展新的探测和试验手段，为天气、气候和环境的监测、预测和控制提供理论和方法。

大气物理所设有4个研究部，即气候系统动力学与预测理论研究部（包括大气科学和地球流体力学数值模拟国家重点实验室与国际气候和环境科学中心）；大气环境动力学与预测理论研究部（包括大气边界层物理与大气化学国家重点实验室与全球变化东亚区域研究中心和中国生态系统研究网络大气分中心）；中层大气与遥感理论和方法研究部（包括中层大气和地球环境探测开放室；中小尺度天气与减灾研究部（包括中国科学院减灾中心）。主要研究领域包括地球流体动力学的理论和数值模拟、气候变化和气候预测理论和方法、大气环境变化动力学和预测理论和方法、中层大气和大气探测、东亚区域气候变化的理论和模拟，以及中小尺度气象、减灾的理论和模拟等。另外还设有两个科研支撑系统，即计算科学信息中心和香河大气综合实验观测站。

大气物理所拥有SGI origin 2000超级计算服务器一台、一座用于研究城市大气污染和大气边界层物理研究的高达325米的气象铁塔及边界层遥感探测系统等设备。这些科研设备在观测、实验及理论研究中均发挥了重要的作用。

1999年7月，大气物理所知识创新工程试点方案被正式批准。围绕知识创新工程试点工作主要进行了以下改革：

(1) 成立了科学指导委员会；

(2) 顺利完成了首批基地研究员、副研究员及其他人员的招聘工作；

(3) 本着公开、公平、公正的原则，招聘并任命了研究部门主任；

(4) 进一步加强机关建设，公开招聘了机关各职能部门正、副处长；

(5) 确定了首批创新重大重点科研项目共16项。此外，大气所利用科研创新经费对国家级重大项目给予了一定的资金匹配，对“大气污染预测与调控的理论和方法研究”、“低平流层/上对流层基本过程与气候环境效应”、“频发性和突发性暴雨等灾害天气机理及预测理论研究”三个优势领域的研究给予强化支持。

1999年，大气物理所申请的科研项目“我国重大气候灾害的形成机理和预测理论研究”和“我国生存环境演变和北方干旱化趋势预测研究”被批准为国家重点基础研究发展规划项目(973)。这两个项目均由大气所主持，另外大气所还主持由数学研究院承担的“大规模科学工程计算”中的一个课题；由大气所提出的“中国防灾减灾分析与对策”被列为世界银行第四期对华技术合作项目（No. 103)；“中尺度资料同化与暴雨的定量预报”获国家自然科学基金委员会海外留学人员合作基金；“成像光谱遥感影像的大气订正系统”获863计划308主题资助。1999年大气所国家自然科学基金申请又获丰收，共计获得12项面上及青年基金。

1999年，由大气物理所王明星研究员主持完成的“稻田生态系统甲烷产生、转化及传输机理研究”获得中科院自然科学一等奖；黄荣辉院士获 1999 年度香港何梁何利基金科技进步奖；此外部分中青年科学家也获得了不同类型的奖项，如邱金桓被授予国家级有突出贡献的中青年专家等。1999 年，大气物理所在国内外正式学术刊物、正式出版物发表学术论文总计 216 篇，其中在国外刊物发表 62 篇，发表的论文数在全国科研机构中排名第 37 位，论文被引用数居全国科研机构中第 8 位，共计被引用 329 次。

1999 年，大气物理所共举办了 4 次国际会议，包括 6 月份的中美温室气体合作研究工作会议，8 月份的西太平洋暖池会议，11 月份的亚洲气溶胶实验会议及 12 月份的南方持续发展科技委员会（COMSATS）协调委员会会议。其中气溶胶实验会议规模最大，仅外宾人数就逾 50 人。COMSATS 会议规格较高，路甬祥院长及科技部有关领导亲临会场并发表讲话，第三世界科学院执行院长 Hassan 专程从意大利来京与会。COMSATS 十多个成员国的驻华使节也应邀出席开幕式。会议得到科技部、中科院领导的高度评价。10 月，参加国际 START 科学委员会和全球变化基金组织会议的 50 余名高级官员和科学家来大气所东亚中心检查工作，听取了中心科研工作介绍和 10 位青年科学家的报告，对大气所东亚中心的组织和研究工作给予了极高的评价。1999 年，大气物理所海外来访人员超过 200 人，派出人员 130 多人，执行院级协议 4 项，执行引进国外技术、管理人才 3 项。与美国、法国、日本、俄罗斯等国家的合作项目进展顺利，取得新的成果。

1999 年，大气物理所引进国外杰出人才 2 名；邀请高级访问学者 1 名；派出公费短期留学人员 2 名；申请王宽诚奖学金 1 名；招聘海外回国人员 2 名；参加其他培训学习的 13 名。进一步推动高研人员年轻化，提拔了一批年轻的研究员、副研究员，充实到研究所各个研究领域，增强了活力。积极参与院“百人计划”工程，完成一个招聘名额。继续加大研究生培养力度，逐渐扩大博士生招生规模，进一步扩大博士后规模。

大气物理所现拥有 3 个科技开发公司、1 个服务中心，其主要开发项目有激光气象雷达、超声测温、测风系统、各类异型充气制品、环境评价等。1999 年，大气物理所与中国航空工业总公司二零二厂正式签订了协议，成功地转让出“激光能见度仪探测技术”，为大气所科技成果向市场转化实现“零的突破”迈出了可喜的第一步。

中国科学探险协会和中国气候研究学会挂靠在大气物理研究所。主办的刊物有：《大气科学》（中、英文版）、《大气科学进展》（英文版）和《气候与环境研究》。

遥感应用研究所

名誉所长：陈述彭
所　　长：郭华东
地　　址：北京市朝阳区大屯路
邮政编码：100101
电　　话：010-64879268
010-64889570
图文传真：010-64889570
电子函件：admi@irsa. irsa. ac
网　　址：www. irsa. ac. cn

遥感应用研究所成立于 1979 年，其前身为 1978 年成立的地理研究所二部。截止 1999 年年底全所现有职工 236 人，其中科技人员 193 人，有中国科学院院士 3 人，研究员 22 人，副研究员、高级工程师等 62 人，中级科技人员 86 人。遥感应用所是地图学与地理信息系统专业博士、硕士学位授权单位，设有博士后科研流动站。现有在学博士生 63 人，硕士生 25 人，博士后 16 人。

遥感所是在地理信息系统、全球定位系统支持下，从事遥感基础理论、前沿技术、应用方法和应用研究的综合性、开放型研究机构。其战略方向是发展遥感信息科学理论技术体系，为国家可持续发展宏观决策提供科学支持，为遥感信息产业发展作出贡献。

1999 年，遥感所经过中国科学院一系列严格的论证，被正式批准成为知识创新工程试点单位。根据院规定，遥感所全面开展了创新工程一系列工作，本着公平竞争、优胜劣汰的原则，严格把关，完成了首批创新研究员和支撑系统高级工程师的招聘，做到了既公正又稳妥，为全面推进知识创新工程奠定了基础。

根据知识创新工程整体规划，遥感所的学科调整结构及优势领域将集中于瞄准国际前沿的遥感信息科学、服务于国家目标的遥感信息应用、面向产业和市场的遥感信息工程三个领域。由此，遥感所形成了以遥感信息科学开放研究实验室、资源环境遥感应用研究中心和国家遥感应用工程技术研究中心三个模块为主组成的科研机构。其中遥感信息科学开放研究实验室以遥感基础理论与科学发现为目标，以对遥感科学的贡献为评价指标，采用国际科学界通用的评价方法与标准进行检验；资源环境遥感应用研究中心以国家需要为目标，以对国家资源环境和宏观决策的贡献为评价指标，满足国家资源环境和可持续发展的需要；国家遥感应用工程技术研究中心以工程化、产业化为目标，以自主知识产权的创新成果为评价指标，保证技术创新能力和成果转化功能，向市场需求开展工作。

遥感所拥有两架高空遥感飞机，系中科院八大科研运行系统之一，承担院内外遥感飞行。

1999年度遥感所争取和承担院知识创新项目13项，国家自然科学基金项目9项，国家攻关项目12项，国家“863”计划项目12项，“攀登计划”7项，“921”计划10项，国际合作5项，“973”项目3项，国家其他项目3项，院重大、重点项目13项，院长基金、军工项目3项，横向课题5项。

创新项目中的“国土环境遥感时空信息分析与数字地球相关理论技术预研究”项目主要研究80年代中后期全国土地利用空间信息重建，近十年来国土环境动态变化与典型地带土地利用、土地覆盖变化现代过程及驱动因子研究、海量数据管理与时空分析技术以及地球空间信息认识与分析模型研究等。

“攀登计划”的“地表能量交换相关参数遥感探测机理研究”，研究可见光、近红外波段多角度遥感机理；热红外辐射方向性的几何光学模型系列，微波地物辐射方向性模型；高光谱分辨率的热红外识别与分类模型等，深入进行遥感机理研究，为定量化遥感作进一步的探索。

院重大项目及特别支持“中国资源环境遥感信息系统及农情速报”，建设面向国家宏观决策与调控，同时也为地方决策部门服务的运行化“中国资源环境遥感系统”，并以系统作为技术支撑环境，建成集中运行的多种农作物统一的“全国农情遥感速报和农作物估产业务系统”，并发展和探索前沿遥感信息科学理论技术。

1999年遥感所科研成果获中科院科技进步奖一等奖、三等奖各一项；国家统计局科学特等奖一项，国家科技进步奖二等奖一项。

《基于网络的洪涝灾情遥感速报系统》获中科院科技进步奖一等奖，该项目是一个集成现代遥感、地理信息系统和互联网络等高技术，能够快速、准确对全国重大洪涝灾害进行监测评价，及时为中央、有关部委和全国各省市政府提供洪涝灾情信息服务，且具有业务运行能力的网络集成应用系统。该系统由遥感数据预处理、洪涝灾情信息提取、洪涝灾情损失评估、洪涝灾害数据库、灾害信息网络服务等分系统组成。它可以利用气象卫星数据，每天对全国洪涝灾害的分布状况、淹没范围、持续时间以及影响程度等进行宏观监测评价；在灾情严重时，可以利用雷达卫星、机载SAR、陆地卫星TM以及其他来源的数据，进行内容更详细和更多方面的监测评价，以满足中央和各省市防洪救灾和重建家园的需要。

在过去四年的洪水季节里，该项成果为国务院、国家计委、科技部、水利部、农业部、民政部、中科院以及湖北、湖南、江西、黑龙江、内蒙等省市政府提供了洪涝灾情信息简报146期，上网访问洪涝灾情主页两千多人次。

《国家资源环境遥感宏观调理与动态研究》获国家科技进步奖二等奖。本项目旨在快速为国家提供指导国民经济宏观决策的资源环境地理分布数据及研究成果。该项研究以遥感与地理信息系统为核心技术，在3年内全面完成了全国土地资源和生态环境背景的调查，取得了内容完整、精度可靠、现势性强的全国调查数据和图件；建成了全国资源环境图型数据库；取得了全国耕地时空变化及评价、典型区城市化、沙漠化、水体变化和土壤侵蚀等动态分析成果，以及全国资源环境时空规律模型研究成果，并提出一系列科学建议。

该项目采用航天遥感和信息系统技术，提出并实现了“基于地理信息系统的国家资源环境组合分类系统”、“全国多级多层地理单元”和“遥感信息源的时空有效性判定”等新要领和新方法，调查与建库同步进行，在完成调查的同时建成“全国资源环境数据库”，使调查与监测的时效性大为提高。与以往的全国性资源环境调查相比，在快速调查与动态监测的技术路线方面有重大突破与创新。本项成果对我国国民经济宏观决策和资源环境科学的发展具有重大科学价值和应用价值，得到中央领导同志的高度评价。成果在农业、灾害、土地、草地、森林、水利、湿地、国土规划等领域得到广泛应用，多个“九五”项目以该成果为技术和数据基础。成果取得了显著的社会经济效益。

1999 年，由欧盟资助的遥感所与意、西、奥三国合作的项目“自然资源可持续管理发展战略研究，基于遥感和地理信息系统技术的海南岛案例研究”已开始第三期工作的第一阶段工作；与日本地球科学综合研究所合作的“长江流域水文环境调查和干流水系网电子地图制作”，已于年底结束；与俄罗斯正式签署协议，将就“组合GLONASS/GPS 以及电子地图技术应用研究”项目进行合作。

1999 年，“第 20 届亚洲遥感会议”在香港举行，遥感所中国地理学会环境遥感分会作为主办单位及成员单位，成功组织组织召开了这次具有历史意义的会议；由中科院主办的首届“数字地球国际会议”在北京举行，遥感所作为“数字地球国际会议”秘书处的主体，为国际会议的成功举办作了大量工作。

1999 年遥感所选派开展国际合作研究、高访、参加国际会议共 73 人次，接待外宾共 165 人次。

中国地理学会环境遥感分会挂靠在遥感所，主办刊物有《遥感学报》，并与中国图形图像学会等联合主办《中国图形图像学报》。

遥感卫星地面站

站　　长：潘习哲

通信地址：北京市北三环西路 45 号（北京 2434 信箱）

邮政编码：100086

电　　话：010-62559658

010-62587019

图文传真：010-62561215

010-62587872

电子函件：yhli@ne. rsgs. ac. cn

遥感卫星地面站（即中国遥感卫星地面站）的前身系中国科学院空间科学技术中心地面部，创建于 1979 年 2 月，是根据 1979 年邓小平同志访问美国签订的中美科技合作项目建立的，1986 年 12 月建成并正式运行。当时，国务院副总理方毅，全国人大常委会副委员长严济慈，中科院院长卢嘉锡，以及美国驻华大使温斯顿·洛德，美国国防部部长助理布里艾恩出席了落成仪式。1987 年，中国遥感卫星地面站经国家科委批准独立建制，是直属中科院领导的所级科研事业单位。

遥感卫星地面站主要设有数据接收站、数据处理研究室、微波遥感数据处理研究室、照相技术研究室、遥感信息处理技术研究室、图像处理技术研究室。全站现有职工 160 人（不含离退休人员），其中科技人员 142 人，有研究员 10 人，副研究员（高级工程师）25 人，中级职称 57 人，技术人员占总人数 83%，在学硕士研究生 22 人，地面站具有硕士学位授予权。

中国遥感卫星地面站是我国民用地球资源环境航天遥感数据源，拥有国内外先进水平的遥感数据接收系统、数据处理系统、光化学图片处理系统以及数据产品示范应用处理系统。截止 1999 年年底，地面站各类资源卫星数据存档约 40 万景。1999 年，地面站为全国遥感用户提供 5000 余件遥感卫星数据及图片资料服务，广泛用于环境资源调查、灾害监测、国土整治、城市规划、地质勘探，以及农业、林业、石油、海洋、水文、地质、测绘等众多领域，产生了巨大的社会效益和经济效益。

1999 年，地面站承担科研项目 15 项，其中“TM 遥感数据的深加工”、“大数据量遥感信息的快速处理技术研究”等为国家“九五”攻关项目。1999 年完成了国家专项“中国资源卫星北京数据接收系统”任务，“SAR 与 TM 数据融合技术研究”获中科院科技进步奖三等奖。

地面站广泛开展国际合作与交流，与美国STX公司、SA公司完成了有关卫星数据记录评价系统、数据接收系统、数据处理系统的建立与扩充。1999年度派出国外考察、进修、合作约50人次，邀请国外学者来站协作交流约50人次。

地面站在“空间技术的地面系统”这一学科定位的前提下，致力于实现国家重要的基础信息设施这一社会功能定位和为全国遥感应用服务的信息源这一价值定位，为院知识创新工程添砖加瓦。

空间科学与应用研究中心

名誉主任：王大珩
主　　任：顾逸东
地　　址：北京市海淀区中关村南二条一号
邮政编码：100080
电　　话：010-62560947
图文传真：010-62576921（通用）
010-62582958（加密）
电子函件：kjzxbgs@center.cssar.ac.cn

空间科学与应用研究中心成立于1987年，其前身为空间物理所（原应用地球物理所，1958年成立）和空间科学技术中心（1979年成立）。1994年又与空间科学与应用总体部合并。合并后的空间中心既是在空间科学、技术和应用研究领域以高技术研究发展为主导，从事战略性科技创新和基础性研究的科研基地型研究所，也是一个承担着系统设计和系统集成并协调重大空间任务，为空间任务提供科学和技术支持的总体性机构。

空间中心现有职工463人，其中科技人员372人，中国科学院院士1人，中国工程院院士1人，研究员39人，副研究员、高级工程师117人，中级科技人员147人，现有在站博士后6人，在学研究生39人，其中博士生8人，硕士生31人。

空间中心具有空间物理专业博士、硕士学位授予权和空间飞行器设计、计算机应用专业的硕士学位授予权，并设有空间物理专业博士后流动站。

空间中心的学科方向主要集中于空间工程技术、空间物理和环境及微波遥感三个方面。中心力争在这三个方向上开展基础性、战略性、前瞻性研究和工程研制，承担并完成综合性的重大空间任务，解决一批与国民经济建设、国防建设有关的空间工程重大关键技术问题，并做出具有国际先进水平的重大科研成果。空间中心在空间科学和工程技术领域具有较强的综合实力，已成为国内有特色，有重要地位的空间研究机构和在中国科学院空间发展中起着枢纽、支撑和服务作用的基地。

为加强空间中心在三个主要研究方向上的优势和进一步发展的格局，1999年组建了两个研究部（空间物理和空间环境研究部，微波遥感与信息技术部）和一个工程部（空间工程技术部）。研究部下设研究室、（开放）实验室和课题（项目）组。

空间中心的科研设施有：设在北京密云的空间飞行器有效载荷高速数据接收站，海南电离层综合数字观测站，广州宇宙线各向异性观测站，北京宇宙线游离室，北京超中子堆地面观测站，日球物理数值研究开放实验室，空间等离子体环境模拟实验室，世界数据中心中国空间科学学科中心，有效载荷地面应用中心，空间飞行器在轨监控及数据处理中心，空间环境预报中心，地物微波特性模拟、微波标准及标定实验室，空间环境模拟实验室、空间飞行器及组件设计和仿真实验室，海南探空火箭发射基地（目前我国唯一的综合探空火箭基地）等。

按院分类定位要求，空间中心1999年进行了全面的改革，精简了管理机构，成立了企业化的物业管理中心，按照按需设岗，公开招聘，竞争上岗的办法聘任了科技和管理岗位人员，推行了绩效工资制，于1999年12月30日由院正式批准为高技术研究与发展基地型研究所，为全面进入知识创新工程第二阶段工作，做好了初步准备。

按知识创新工程的要求，空间中心整合了“日球物理数值开放实验室”，进一步明确其创新目标，对人员进行了公开招聘，经过院高技术局组织的评审，经过竞争，进入了院知识创新工程试点。

1999年空间中心在空间工程技术、空间环境和微波遥感三个主要学科方向上承担着国家的重要科技任务，主要有："921"工程应用系统总体和重要的分系统工程研制任务；"921"和各种应用卫星空间环境监测和预报分系统等；国家自然科学基金委重大项目"日地空间灾害性扰动过程及其对人类活动的影响"和"地球空间环境的全球变化过程及其效应"，以及国家"九五"攻关项目重大自然灾害监测系统、"863"航天领域预研项目等项任务；气象火箭定型任务；还有其他通讯技术，雷电、核爆电磁脉冲探测技术，磁探测技术，高空气象探测技术等方面为民用、军事、国防服务的多项任务。

1999年11月空间中心（空间科学与应用总体部）组织和承担的"神舟号"飞船应用系统试验和在轨考核任务取得圆满成功，中国人民解放军总装备部向我中心颁发了"国家重大航天工程试验突出贡献奖"；由空间中心提出科学任务并承担全部有效载荷研制任务的"实践五号"科学卫星1999年5月发射升空，全部星载设备工作正常，取得了重要的科学探测结果；气象卫星（风云一号C）空间环境监测系统，"资源一号"空间环境监测系统设备工作正常，圆满地完成了空间环境监测任务；921工程诸项任务；公用设备分系统、地面应用中心，空间环境设备，多模态微波遥感器，精密定轨，电泳仪等均进展顺利；重大基金"日地空间灾害扰动过程及其对人类的影响"和"地球磁层环境和全球变化过程及其效应"等以及院重大、院重点研究课题和二十多项面上基金项目、国防预研基金进展顺利；承担的"863"项目"太阳质子事件预报的新方法"顺利通过专家评审；GPS导航测风设备圆满完成了三艘海上测量船的测风任务；磁强计圆满完成了"风云一号"和"实践五号"任务；863空基遥科学实验数据及视觉信息的采集、处理和传输项目顺利通过验收；"尖兵3号""风云二号"的空间环境监测系统正样已交付。空间环境探测器"三化"工作继续顺利开展；完成了三套导弹光学跟踪设备研制和交付；主要领域的论证和战略研究工作进展顺利，完成了天基核爆系统的论证工作；完成了"微火箭电场仪"和"球载电场探高系统"的飞行试验和交付；完成了"863-2"项目"先进模块化微波遥感器"的转阶段工作；"三维成像高度计关键技术""高分辨率被动微波遥感机理及相关技术研究"顺利通过专家组的年度检查；"机-星-地"系统完成了今年的飞行任务；"活性气体校准系统"获1999年中科院科技进步奖三等奖。

空间中心1999年共发表论文129篇，其中被SCI、EI收录22篇，在国内核心期刊上发表35篇，全年申报专利13项。

空间中心积极开展学术交流，1999年接待国外来访专家学者11批19人次；中心科技人员出访28批48人次。

中国空间科学学会、国际空间研究委员会中国委员会（CNCOSPAR）秘书处、北京日地区域警报中心空间环境预报中心（IUWDS）挂靠在空间中心。主办刊物有《空间科学学报》。

半导体研究所

名誉所长：黄　昆
所　　长：郑厚植
地　　址：北京市海淀区清华东路肖庄
邮政编码：100083
电　　话：010-62339210（所办公室）
图文传真：010-62322388
电子函件：semi@red.semi.ac.cn

半导体研究所是集半导体物理、材料、器件及其应用和发展研究于一体的国家级半导体科学技术的综合性研究所。其前身是中国科学院物理研究所的半导体研究室，它筹建于1956年，正式成立于1960年；1967年曾由中科院划归国防科委第十四研究所；1975年回归中国科学院。

全所现有职工643人，其中科技人员430人，有中国科学院院士8人，中国工程院院士2人，研究员（包括正研级高级工程师）64人，副研究员（包括高级工程师）119人，中级科技人员127人。该所是国务院学位委员会批准的首批理学博士和工学博士授予单位，并建有博士后流动站。设有凝聚态物理、材料物理与化学及微电子学与固体电子学等三个博士点。凝聚态物理，材料物理与化学、微电子学与固体电子学、电路与系统等四个硕士点。现有在学博士生 70 人，硕士生 49 人，博士后 17 人。

半导体研究所的主要研究方向是：以半导体低维结构物理为主线的基础和应用基础研究；化合物半导体材料与超薄层生长技术；信息光电子器件及其集成技术的研究、开发直至中试规模的生产；半导体神经网络处理机研究；微电子技术研究等。该所在国家支持下，建有两个国家级研究中心——国家光电子工艺中心、光电子器件国家工程研究中心；三个国家重点实验室——半导体超晶格国家重点实验室、集成光电子国家联合实验室、表面物理国家重点实验室（半导体所区）；一个院级的半导体材料科学开放实验室。此外，还设有光电子研究发展中心、半导体材料研究发展中心、半导体微电子研究发展中心，以及从事高科技开发和其他经营性开发实体。

1999 年初，研究所立即着手全面开展知识创新工程试点的整改工作。围绕研究所的科技目标和知识创新工程体制改革的目标，首先确定了机关改革的目标：调整和精干机构，优化岗位设置，明确岗位职责，推行现代化的管理手段，提高管理效能和服务层次，将所机关建设成一个意志统一、精干高效和管理科学的现代化管理机构。在具体实施机关改革方案时研究所着重抓按需设岗、公开招聘、竞争上岗的干部录用制度；明确职责、合同签约、动态考核的干部管理制度；绩效优先、按劳分配、兼顾公平的干部分配制度。切实做到机关人员能进能出，岗位能上能下，待遇能高能低，建立起新的干部任用制度，最大限度地调动和激励机关干部的积极性和创造性。

1999 年 6 月 14 日，研究所的知识创新工程试点方案得到了中国科学院党组的批准，正式进入中国科学院知识创新工程试点基地，开始了全面实施创新工程的新阶段。研究所通过创新试点基地的岗位招聘，认真实践了“按需设岗，公开招聘，竞争上岗，合同聘用”的新用人制度，在完成了试点基地岗位设置和聘用工作以后，研究所又狠抓了《岗位聘任合同》和《岗位责任合同》，分级落实到试点科研目标。并且制定了经过法律咨询的合同文本，明确界定了甲乙双方的责任、义务、权利和享受待遇等，为日后的考核管理提供了依据。

为了保障知识创新工程整体目标的实现，必须建章立制，不断完善规章制度，实施科学化、民主化、制度化管理。研究所结合科研所的实际，在涉及用人分配、队伍建设、绩效评价、转岗分流、退休养老、医疗保险、住房货币化等诸多方面制定了比较配套的政策、规章。共新制定或修订了 22 项规章制度，使得创新试点工作有章可循，保证了创新工程积极稳妥地朝前推行。

1999 年我所共争取和承担科研项目 159 项，其中 863 项目 39 项，攻关 7 项，基金 62 项，攀登 9 项，横向任务 6 项，院重大、重点项目 9 项，国家其他项目 27 项。各项课题进展胜利，取得了一定的成绩。“高亮度橙红色 LED 器件的规模化生产技术的研究”是国家科委“863”“九五”二期课题，该课题在“九五”一期项目研究的基础上，继续优化外延材料和发光二极管的结构设计，在单片 MOCVD 系统上制备的器件经不同厂家和单位的测量，橙黄色（发光波长 590～620nm）发光二极管管芯 20mA 工作电流下轴向发光强度为 50～70mcd，部分样品超过 70mcd，封装（$2\theta_{1/2}=15°$）LED 灯轴向发光强度 2～4cd，达到国际先进水平。

1999 年共取得成果 10 项，其中基础性研究成果 1 项，应用基础性研究成果 5 项，应用研究成果 4 项。1999 年共获院级奖 3 项，其中一、二、三等奖各一项。“670nm 半导体量子阱激光器”获院科技进步奖一等奖。该项目在可见光半导体量子阱激光器科研成果基础上，建立了一条月产 1 万只以上的中试规模可见光激光器生产示范线，成为完全由我们自主开发技术并进行管理的国内唯一的可见光激光器开发生产单位；建立了 670nm 激光器生产工艺操作规范、企业标准和质量控制标准等工艺文件，为稳定的生产和技术转让打下了基础；解决了从科研成果转化为产品生产中的许多关键技术问题从 1996 年 9 月项目开始，到 1998 年 9 月累计生产销售激光器 26 万只，外销 22 万 7 千只，平均月产量超过 1 万只；适宜市场需求，胜利实现产品从 670nm 激光器向

650nm 激光器的升级换代，为我国可见光激光器在国际市场上争得了一席之地；所工程中心建立的可见光激光器中试生产线及其技术已成为我国可见光激光器的发展基地。

中国电子学会半导体集成技术分会、中国物理学会半导体物理专业委员会挂靠在半导体所，主办的刊物《半导体学会》已成为我国 1217 种科技期刊中 10 种被世界四大检索系统收录的权威刊物之一。

研究所开辟了联合社会要素，解决融资、引资，建立高技术辐射企业的途径，到 1999 年 10 月为止已注册成立总量为 6500 万元的两个合资公司。研究所希望在今后的五年到十年时间内的基础研究工作能作出具有国际水平的创新成果；高技术研究工作能作出具有自主知识产权的，能解决社会经济发展，国家安全所急需的关键问题；高技术成果转化能作出对国家高技术产业有重要影响的工作。确立研究所在国家创新体系中作为国家级研究中心的地位。

计算技术研究所

所　　长：高　文

地　　址：北京市海淀区中关村科学院南路 6 号

邮政编码：100080

电　　话：010-62565533（总机）

010-62552207（办公室）

图文传真：010-62567724

电子函件：sb@ns.ict.ac.cn

计算技术研究所创建于 1956 年，是中国建立的第一个计算机科学技术综合性研究单位，现有职工 167 人，其中各类科技人员 123 人，包括中国科学院院士 1 人，中国工程院院士 2 人，研究员（包括正研级高级工程师）24 人，副研究员、高级工程师 17 人，中级研究人员 19 人。

计算所具有博士、硕士一级学科学位授予权和自行审定博士生导师资格，并建有博士后流动站，是中国科学院博士生重点培养基地，拥有 29 名博士生指导老师，现有在学博士研究生 121 人，硕士研究生 122 人，在站博士后 10 人。

计算所的主要研究方向是：计算机系统结构、信息网络、数字化技术、软件技术与 CAD、新一代计算技术，在力量配比上有重点、分层次地开展基础研究、关键技术研究和应用技术研究。较具体的考虑是结合以上方向，面向国家经济发展的迫切需求，开展下述领域内的工作：建设软硬结合的计算机平台；提供基于网络的信息资源建设的工具与环境；研究人机和谐的计算机系统；完成和参与完成几个有重大影响的应用示范项目。

计算所的科研机构设置共包括 4 个研究开发中心、1 个开放实验室和 5 个研究室。依托于计算所的国家智能计算机研究开发中心是国内一支大中型计算机系统的主要队伍，其研制的“曙光”并行机系列产品，为促进我国高档计算机产业化、打破国外在这一领域内的垄断做出了重大贡献。

计算所于 1998 年成为进入中科院“知识创新工程”的首批试点单位，改革启动后，计算所据中科院下发的文件精神，确立了总体目标：成为国家在计算机技术方面的主力研究所，成为国家在本领域的基础研究和重大关键技术的“思想库”，成为国内大型计算机企业在重要应用技术研发和知识创新的“技术库”，成为国家在本领域重要的“人才库”。

1999 年，计算所共组织科研项目 64 项，应用基础项目 24 项，应用研究 33 项，发展工作 2 项，R&D 成果应用 1 项，科技服务 4 项。其中，院“百人计划”项目“多功能感知机——手语自动翻译与虚拟人合成”于 9 月通过科学院组织的科技成果鉴定，鉴定委员会经讨论一致认为：该成果在中国手语识别与合成方面属于奠基性的工作，取得了突破性进展，处于国际领先水平；在手语识别与虚拟人脸合成等方面，处于国际先进水平；所研制的面向中国人的正常人与聋哑人的实时双向交流系统在国际上属于首创。院“创新工程”重大项目“曙光 2000-Ⅱ 高性能并行计算机”于年底完成，其多项指标再度刷新原有纪录，并在若干关键技术和产品化方面取得了根本突破，达到了当前国际先进水平，某些方面如机群操作系统和集成化编程环境等已进入国际领先行列。

计算所1999年共有5项成果获奖或通过鉴定、验收，在国外权威学术刊物或国际会议上发表论文93篇，在国内一级刊物上发表论文75篇，发表科技著作5种。其中，“集成电路逻辑设计与测试基础技术研究”荣获中科院自然科学奖二等奖，“工厂管道设计CAD系统产品开发”获中科院科技进步奖二等奖，“长江三峡工程库区山体滑坡计算机智能仿真系统”获交通部科技进步奖二等奖。

1999年，计算所共接待外国专家学者来所参观、访问和学术交流34人次，派遣出国进行学术交流、进修、培训人员203人次。

中国计算机学会及其下属的计算机电源、计算机辅助设计与图形学、容错计算等3个专业委员会挂靠在计算所。主办的刊物有《计算机研究与发展》、《计算机学报》、《计算机辅助设计与图形学报》、《Computer Science and Technology》、《中国图像图形学报》等。

软件研究所

所　　长：冯玉琳
地　　址：北京海淀区中关村南四街4号
邮政信箱：北京8718信箱
邮政编码：100080
电　　话：86-10-62553967
图文传真：86-10-62562533
电子函件：iscas@ox. ios. ac. cn
网　　址：www. ios. ac. cn

软件研究所创建于1985年，是一个以计算机科学理论和应用研究为基础，以计算机软件高新技术的研究开发和产业建设为主导的综合性基地型研究所。现有职工555人，科技人员463人，平均年龄36岁，其中，中国科学院院士4人，研究员43人，副研究员及高级工程师94人，中级科技人员141人。

经国务院批准，软件研究所拥有计算机软件和理论、计算机应用技术专业的博士、硕士学位授予权及基础数学专业硕士学位授予权，建有计算机科学与技术博士后科研流动站。现有在学博士生79人，硕士生147人，博士后科研人员18人。研究所积极推行在职职工的学位教育计划，培养和促进青年人才健康成长。

1999年3月，软件研究所被批准成为中国科学院知识创新工程首批试点单位。在十余年科研积累的基础上，进一步凝练了学科方向，优化了学科布局，保留和加强了优势部门，即“1+6”：“1”为从事基础性研究的中科院计算机科学开放研究实验室；“6”分别为主要从事应用研究和技术开发的部门，包括中科院信息安全技术工程研究中心，并行软件研究开发中心、对象技术研究开发中心、开放系统和中文信息处理中心、工业管理和设计工程研究中心、多媒体通信和网络工程研究中心。研究所还设立了所培育项目基金、青年创新基金与青年科学基金，支持创新性、战略性课题。研究所按基地学科方向设置科研岗位，聘任了终身研究员6名，主任研究员8名，招聘“百人计划”人员3名。通过所内外公开招聘、竞争上岗方式招聘了基地人员97名。

1999年软件所承担的主要课题有151项，其中国家自然科学基金项目25项（含重大基金合作1项，重点基金3项），国家“九五”重点科技攻关项目15项，国家重点基础研究发展规划项目6项，国家高技术研究发展计划项目19项，攀登计划项目2项，中国科学院重大重点项目、院长基金项目和择优支持项目19项，承担其他部委、国际合作及面向国民经济建设项目40多项。

1999年，软件所共有7项成果通过鉴定或验收。“并发进程的代数理论及验证工具”获得国家自然科学奖二等奖；“保险业务综合网络管理系统”获得国家科技进步奖三等奖；“若干计算机网络安全关键技术研究与产品开发”获得中国科学院科技进步奖一等奖。信息技术开放系统中文界面规范GB-T16681-1996（参加）获得国家质量技术监督局科技进步奖二等奖。

软件所对软件高新技术产品的开发也有大量的投入，开发出一批已投放市场的应用软件产品和技术，在保险、邮政、银行、电信、税务、商业、石化、烟草、工业制造业等行业中有领先的技术优势和广泛的市场前景。与此同时，还组建了软件高技术企业，其中软件所控股的骨干公司企业有：北京中科软信息系统公司、北京中科软件有限公司以及北京科软伟业公司。软件所产业部分 1999 年营销额 2.5 亿元，税后利润 1675 万元。软件所软件产业集团已被国家科技部火炬办认定为“国家火炬计划北京软件产业基地”骨干企业，软件所所在的中科院软件园被认定为“国家火炬计划北京软件产业基地”软件园区。

软件所十分重视国际间的交流与合作，已和世界上 40 多个国家和地区有密切学术联系及多种形式的合作关系。1999 年邀请和接待国外学术及企业界人士 142 人次，并派遣 117 人次外出进行学术交流活动。软件所与一些国际著名的计算机公司如 IBM、NEC、Microsoft、Novell、Motorola、CA 等有着长期、广泛、稳定的合作关系。其中：和日本 NEC 联合成立恩益禧-中科院软件研究所有限公司，和 Microsoft 共同创办微软高技术培训中心，取得了丰硕的合作成果。多种形式的国际合作与交流，为科研水平的提高、人才的培养、开发环境的改善及软件产业的发展等方面做出了重要贡献。

中国中文信息学会、中国软件行业协会数学软件分会、中国软件行业协会 UNIX 用户协会、中国计算机用户协会 IBM 分会挂靠在软件所。主办的刊物有《软件学报》、《Chinese Journal of Advanced Software Research》、《中文信息学报》和《计算机系统应用》。

计算机网络信息中心

主　　任：阎保平
地　　址：北京市海淀区中关村南四街 4 号
邮政编码：100080
电　　话：010-62559377（办公室）
010-62573292（科技处）
图文传真：010-62560928
电子函件：cnic@mimi.cnc.ac.cn
网　　址：www.cstnet.net.cn

计算机网络信息中心（CNIC）主要从事网络技术、数据库技术以及超级计算并行算法的研究开发及其应用服务，筹建于 1989 年，1995 年 3 月正式成立，由原计算中心、计算技术研究所部分人员组成。现有职工 82 人，其中科技人员 72 人，有高级科技人员 21 人，中级科技人员 22 人，是国务院学位委员会批准的有硕士学位授予权的单位，目前在学硕士研究生 11 名，在学博士研究生 7 名。中心下设综合办公室、科技处、网络技术研究室、网络信息技术研究室、科学数据库应用研究室、超级计算应用研究室。

CNIC 运行管理着中国四大网络之一的“中国科技网”(CSTNet)，该网络在世行贷款国家重点项目“中国国家计算与网络设施”（简称 NCFC）的基础上建设发展而来，目前通过光缆、DDN 专线、卫星、微波等各种公用和专用信道连接了京内外的中科院研究所及院外科研教育、国家部委机关、高新技术企业等近千个单位，入网最终用户 50 多万户，比 1998 年增长了 1.5 倍。作为一个不以盈利为目的的公益性网络，CSTNet 承担着为中国科技教育界、科技管理部门、高新技术企业的研究与发展（R&D）部门以及政府部门提供网络接入与网络通信、科研与科技信息、科学数据库以及超级计算等各项服务的任务。至 1999 年底 CSTNet 国际信道已由 1998 年的 2M 升级为 10M，国内卫星带宽也由 5M 升级为 12M。

1994 年 4 月 NCFC 正式联入 Internet，成为国内最早正式与 Internet 联接的单位，与此同时，创建了我国顶级域名服务器 CN。1997 年 6 月 3 日，原国务院信息化工作领导小组正式授权 CNIC 运行管理“中国互联网络信息中心”(CNNIC)，扩大了 CNIC 的服务功能。经过两年多的发展，CNNIC 的组织管理体系日渐完善，在为全国的网络用户提供 Internet 域名注册服务、IP 地址分配、目录数据库服务、信息发布以及代表我国互联单位与国际互联网络信息中心、亚太互联网络信息中心进行业务联系等方面做了大量卓有成效的工作，CNNIC 的影响在一天天扩大。

随着 SGI Power Challenge XL（16CPU）超级计算机、日立 SR2201（32CPU）超级计算机的相继引进、安装，基于“中国科技网”的超级计算环境于 1997 年初步形成，目前这两台分别具备每秒 64 亿次及每秒 96 亿次浮点计算能力的超级计算机系统向全国的科技界开放并提供科学计算服务。与此同时，国产曙光 2000-Ⅱ超级计算机的安装准备工作已经就绪，2000 年 CNIC 将提供 1100 亿次的网上计算服务能力。此外，CNIC 还拥有 Power Challenge L（8CPU）中型计算机、VAX7620（2CPU）中型计算机各一台，视算工作站 4 台，SGI、SUN、IBM、Digital 中高档工作站 40 余台以及各种网络服务器、路由器、ATM 交换机、FDDI 集中器、卫星地面站等一批先进的网络设备。

CNIC 与中科院其他研究所共同承担的国家重点工程"科学数据库及其信息系统"现已建成包含天文、地理、生物、化学、大气、动物、材料等内容在内的专业数据库 126 个，总数据量 560GB；建有一批总量为 50 万条记录的文献库和书目库；200GB 的专业数据库和全部文献库在网络上投入运行与服务。

科普工作是知识传播的重要组成部分，网络信息中心于 1998 年正式成为国家科技部定点的中科院"五大科普基地"之一，主要从事 Internet 的科学普及工作。自 Internet 科普基地建立至今，共接待和举办科普活动 87 次，参加人员达 3833 人。由于出色的工作成绩，1999 年度被国家评为"全国青少年科技教育基地"和"全国科普工作先进集体"，同时，网络中心已被列入中央电视台拍摄采访的十个全国科普基地之一，并被评为全国科普"十佳"。

CNIC 的下一发展目标是继续建设、运行、管理好 CSTNet 和 CNNIC，进一步建设和完善科学数据库，同时充分发挥网上的超级计算资源，提供优质的服务和高水平的系统运行管理，争取建立国家级的"超级计算中心"，并形成网上科普宣传基地。

CNIC 坚持科研、工程和服务并举，同时大力发展中心下属的公司和培训中心，以市场机制运行。

在国际合作和人才培养方面，CNIC 与美国 Community of Science 公司合作开展 COSChina 系统的建设、与香港和黄公司合作进行 SciTom 网站的建设，此外还加强了与美国 SGI 公司、3COM 公司、日本日立公司的合作，并定期组织科研人员到国外培训，参加有关的国际会议，以加强与国外的交流与合作。

计算机网络信息中心是国际科技数据委员会（CODATA）中国委员会秘书处、国家基金委超级计算机用户委员会办公室及科学数据库办公室的挂靠单位。

电子学研究所

常务副所长：阴和俊
地　　址：北京市海淀区中关村路 17 号
邮政编码：100080
电　　话：010-62554605　010-62566314
图文传真：010-62567363
电子函件：iecas@mail.ie.ac.cn
网　　址：www.ie.ac.cn

电子学研究所成立于 1956 年，是我国第一个综合型电子科学研究所。1999 年底全所在职职工 574 人，其中科技人员 434 人，包括：中国科学院院士 1 人，研究员 44 人，副研究员、高级工程师 118 人，中级科技人员 148 人。

电子所是我国首批博士和硕士学位授予单位，目前有通信与信息系统、信号与信息处理、物理电子学、电磁场与微波技术等四个学科的博士学位和硕士学位授予点，以及信息与通信工程学科博士后科研流动站。现有在学博士生 35 人，硕士生 57 人，博士后 1 人。

电子所主要从事电子与信息科学技术的应用基础研究和高技术创新研究。目前已形成了微波成像雷达技术、微波毫米波器件与技术、高功率气体激光技术、微传感技术与系统四个优势学科。电子所的科研机构由创新基地、工程基地和产业基地三部分组成。创新基地由微波成像技术国防科技重点实验室、高功率微波与电磁辐射开放研究实验室、传感技术国家重点实验室北方基地、星载雷达系统部、成像雷达系统部、现代信息技术部、高功率气体激光技术部 7 个部门组成，主要从事与其相关的应用基础研究，承担国家重大型号任务、攻关任务和面向未来发展的前瞻性、战略性高技术创新研究。工程基地由微波电子学研究室和大功率微波器件研究室组成，主要承担我国武器装备、大科学设备、大型检测系统中急需的微波毫米波器件的战略性攻关任务，为我国国防建设、科学研究和国民经济的重大工程提供技术支撑。产业基地由北京科电集团公司组成，主要以市场需求为导向，按照现代企业的运行模式发展高新技术产业，统一组织本所科技成果的转化与产业化，开辟新的生长点，开拓国际市场，扩大产品出口和技术转让的规模，加强与社会、地方企业、国内外公司、高校等之间的合作，为国民经济的发展做出重要贡献。

电子学研究所为适应知识创新工程试点工作的需要进行了结构调整和综合配套改革，将研究机构由原来的12个部门优化为9个部门，其中7个部门首批进入创新基地；将管理机构由原来的2办5处调整为1办4处，人员由53人精简为36人。根据按需设岗、公开招聘、竞争上岗、择优聘任的原则，完成了管理机构负责人的公开招聘，处级以上干部具有大学本科及以上学历或高级职称，平均年龄42岁，改善了管理部门负责人的知识结构和年龄结构，促进了改革创新机制的有效运行。

1999年，电子所争取和承担的主要科研任务和项目共有98项。其中国防军工重点型号项目4项，国防预研项目3项，863项目5项，新品研制任务9项，国防预研跨行业基金和国家自然科学基金18项，其他横向研制任务59项。

1999年，电子所承担的“S波段、10%带宽大功率速调管放大器”获中国科学院科技进步奖一等奖。“S波段、10%带宽大功率速调管放大器”是国防科研重大项目，采用了重叠模式理论设计的输出回路、应用对腔技术设计的群聚段，并通过计算机辅助设计实现了最佳匹配设计，实现了在700kW峰值功率下，在S波段能提供大于10%的瞬时带宽（带内起伏±0.7db，平均效率等于30%，平均增益等于40dB），达到国际领先水平，是我国大功率宽带速调管研制技术上的重大突破，具有高可靠性，长寿命和良好的价效比。现已装备在K/11Q304型三座标雷达中服役，为雷达整机水平提高到国际90年代先进水平作出了突出贡献，具有良好的社会效益和经济效益。

电子所产业化基地北京科电集团公司由北京科电高技术公司和北京科电微波电子公司组成。1999年，从事科技开发工作的正式职工220人，产值3800万，利润150万。北京科电高技术公司下属北京科电电子信息公司和北京可来博电子技术公司实现了企业改制，分别组建成北京迁岳电子信息有限公司和北京中科可来博电子技术有限公司，为企业改制工作进行了积极的探索。

1999年，电子所与俄罗斯、英国开展了微波遥感技术方面的合作，与俄罗斯、乌克兰开展了真空电子学方面的合作。举行了真空微电子学、阴极电子学、电磁场理论、微波遥感技术、传感技术等18场专题讲座，广泛开展学术交流活动。在人才培养方面重视研究生队伍和博士后队伍的建设，加快培养、引进跨世纪学科带头人的步伐。1999年，接收博士毕业生6名，硕士毕业生7名，本科毕业生16名，招收博士研究生11名，硕士研究生20名。目前已有一名博士后进站，增补了2位博士生导师和9位硕士生导师。有8名研究生分别获得院长、所长奖学金，在全院102个研究生招生单位中，被评为硕士、博士招生质量双优单位。

电子所是中国电子学会电路与系统分会的挂靠单位。主办的刊物有《电子科学学刊》、《Journal of Electronics》和《中国无线电电子学文摘》。

自动化研究所

所　　长：马颂德
地　　址：北京市海淀区中关村南1条1号
邮政编码：100080
电　　话：010-62551575
图文传真：010-62545229
电子函件：ia-adm@sunserver.ia.ac.cn
网　　址：www.ia.ac.cn

自动化研究所成立于1956年10月，1967年划归航天部五院，1970年3月在原自动化所的两个研究室基础上重建。1999年底，全所在职人员

380 人，其中科技人员 287 人，有中国科学院院士 1 人，研究员（包括正研级高级工程师等）30 人，副研究员、高级工程师等 97 人，中级科技人员 105 人。自动化所在控制理论与控制工程专业、模式识别与智能系统专业具有博士硕士学位授予权。现有在学研究生 171 人，其中博士生 55 人，硕士生 116 人，另有在站博士后 26 人。

自动化所学科方向为智能信息处理、复杂系统与智能控制，是一个集基础研究、应用开发和生产经营于一体的新型科研机构，设有 3 个实验室、4 个工程中心、4 个开发部和 1 个公司集团，其中模式识别实验室为国家重点实验室，复杂系统与智能科学实验室为院开放实验室，中法信息、自动化与应用数学联合实验室为中科院与法国国立自动化研究院合作成立的联合开放实验室，专用集成电路设计研究中心是国家级技术工程中心。

1999 年 5 月，中国科学院批准自动化所进入知识创新工程北京信息科学基地。一年来，自动化所围绕知识创新工程试点进行了大量富有成效的工作。两个实验室率先实行了“按需设岗、按岗聘用、合同管理、绩效优先”的新型人事管理制度；1999 年度，自动化所落实王飞跃、张小牤两位“百人计划”人选，从国内外招聘研究员、博士等科研骨干 9 位，大大充实了科研实力；自动化所与大气所、遥感所联合向欧盟第五个研究与技术开发框架提出的项目申请获得批准，这是我国科研机构首次作为研究伙伴进入欧盟信息领域重大科技计划项目；1999 年，自动化所广泛开展了与清华大学、济南市、松下公司等不同类型的所校合作、所地合作、所企合作；1999 年，全所职工乔迁新居，大大改善了职工的生活条件，新的自动化大厦方案已经确定，开始筹建。

1999 年，自动化所承担各类科研任务和项目 93 个，包括 973 项目 1 个，攀登计划项目 1 个，攻关项目 1 个，国家自然科学基金项目 23 个，863 项目 27 个，横向委托项目 11 个，其中以马颂德所长作为首席科学家主持的“图像、语音、自然语言理解与知识发掘”项目为我国首批十五项 973 项目之一，戴汝为院士主持的“知识宏观经济决策的人机结合综合集成体系研究”为国家自然科学基金重大项目。

1999 年，自动化所在国内外核心期刊上共发表科技论文 111 篇，其中在国外学术刊物上发表的论文为 48 篇，被 SCI 收录的论文 9 篇，被引用论文的次数 212 次，出版科技著作 2 种，总字数 160 万字。全所申请专利 10 项，获授权 8 项。

自动化所与国际上相当数量的国家、地区建立了广泛而有成效的合作交流关系。中法信息、自动化与应用数学联合实验室举行了新一轮协议的续签，其中法方的主持部门在原来的法国国立信息与自动化研究院之外，又增加了法国国家科研中心以及法国农业研究与发展国际合作中心。

中自集团是自动化所的下属公司。1999 年，中自集团改制取得了关键性进展，集团的部分资产与中科集团合作，组建了中科恒业中自技术有限公司，其余资产也将通过进一步改制，爆发出活力。自动化所文字识别中心的研究成果“汉王”系列产品加大了产业化力度，并被科技部认定为国家高技术研究发展计划成果产业化基地。

中国自动化学会挂靠在自动化所。1999 年，学会成功举办了国际自动控制联合会第十四届大会，主办的刊物有《自动化学报》。

微电子中心

名誉主任：王守武
主　　任：仇玉林
地　　址：北京市朝阳区北土城西路 3 号
邮政编码：100029
电　　话：62359009
图文传真：62021601
电子函件：zwxx@meccas. ue. ac. cn

微电子中心成立于 1986 年，由中国科学院半导体所微电子学部分和中国科学院一〇九厂（1958 年成立）合并组建而成。1999 年底在职职工 573 人。科研技术人员共计 310 人；其中中国科学院院士 2 人，高级科研人员 82 人，中级科技人员 135 人。微电子中心是博士、硕士学位授予单位，现有在读博士生 12 人，硕士生 17 人，另有博士后1人。

微电子中心以微电子学、电力电子学为主要研究方向，并进行集成电路、功率器件以及电子产品的研制、开发、生产。通过“知识创新”试点，将研制一批具有知识产权及高技术含量的新器件与新电路，满足我国武器装备、航天及相关产业发展的急需；同时研制成功一批新设计、新工艺与新技术，为相关产业发展服务。

微电子中心拟依托三个实验室在三个学科方向上选择六个科研项目开展创新试点。

（1）依托深亚微米集成电路技术实验室进行试点研究的项目：

·深亚微米集成电路关键工艺模块，通过试点研究，将形成一组具有自主知识产权并规范化的创新性工艺模块，如金属硅化物、薄栅氧化及CMOS E^2PROM工艺模块等，为国内急需的高档专用集成电路开发服务，并积极向相关企业转让。

·抗辐照SOICMOS集成电路技术，该项目将研究成功抗辐照集成电路的设计与制造技术，研制一批抗辐照专用集成电路如64K位SRAM，满足国内航天、武器装备等领域的急需。

该实验室的长远发展方向是：建成深亚微米集成电路技术实验室，满足国内日益增长的对抗辐照、保密通信等高档专用IC的需求，同时开展亚0.1μm集成电路基础技术的研究。

（2）依托专用集成电路设计实验室，进行试点研究的项目为：

·基于“IP”（Intellectual Property）库的专用集成电路设计。通过该项目研究，初步建成基于0.5/0.35μmIC工艺的IP库，掌握基于“IP”库的ASIC设计方法，面向用户，设计开发出通信等领域国内急需的百万门规模的专用集成电路，在设计周期上与国际接轨。

·高性能专用集成电路设计。通过该项目的实施，将研究成功高性能IC设计方法及单元库，并根据用户需求，设计开发出40MHz20万门高速DSP芯片及100MHz专用IC芯片。

该实验室的长远发展方向是：争取合作伙伴和投资，建成具有一定规模及竞争能力的专用集成电路设计公司。

（3）依托微细加工与新器件实验室，进行试点研究的项目为：

·深亚微米微细加工技术，该项目将研究成0.2μm至亚0.1μm的微细加工技术，并应用于相当尺度新结构化合物半导体器件、毫米波器件及声表面波器件的研制。

·化合物半导体器件与电路。该项目将研制成光通信用化合物半导体器件与关键功能集成部件，为光通信产业发展做出贡献。

该实验室的长远发展方向是：建成深亚微米、纳米微细加工及新结构深亚微米、纳米器件实验室，支持新一代集成电路基础结构与器件的研究。

科技开发工作包括：

（1）芯片开发生产线与封装线已进入市场（包括国外市场）多年，目前已拥有了基本的用户群，1998年4月，上述两条线及动力运行站通过了ISO9002质量体系认证，并通过了国外客户的严格审查及其后的多次复审。上述两条线转制的基本条件已经具备，为了避免出现反复，我们拟在产品、市场方面再多有一些积累，计划在2000年年底实现转制；

（2）电子厂已在北京市消防照明业领域站稳了脚跟，占有了较大的市场份额。已改制成“中心”控股、职工参股的有限公司；

微电子中心十分重视国家与地区间的学术交流与合作，1998年与香港科技大学共同创建的“微电子联合实验室”的合作进展顺利，已进入第三个年头。3名高级研究开发人员现在香港科技大学进行“0.1μmCMOS器件”和“CMOS/SIMOX技术”等项目的合作研究工作。双方学术委员会的委员对今后的合作方向、内容进行了磋商；与美国半导体公司的合作亦更加广泛和深入，技术转让合作有了更深一步的发展，更多品种计划将进行技术转移到中心开发加工，成为微电子中心开发经营的重要组成部分。

结合ISO9002质量体系的培训要求，本年度职工教育培训工作有了一个新的局面。为使管理工作更科学有效，中心加强了管理培训，管理人员评估培训系统初步建立。百人计划吸引国外杰出人才一名。

微电子中心主办的刊物为《集成电路技术与开发》。

电工研究所

常务副所长：孔　力
地　　　址：北京市海淀区中关村北2条6号
邮 政 编 码：100080
电　　　话：010-62541617
图 文 传 真：010-62560904
电 子 函 件：office@piano.iee.ac.cn
网　　　址：www.iee.ac.cn

电工研究所是在中国科学院长春机电研究所部分研究室的基础上，于1958年在北京筹建，1963年正式成立的。截止1999年12月31日全所共有职工388人，其中科技人员292人，有中国科学院院士1人，中国工程院院士1人，研究员（包括研究员级高级工程师）24人，副研究员、高级工程师65人，中级科技人员106人。现有在学研究生53人，其中博士生10人，硕士生43人。

电工所的学科方向为电工电能新技术在能源电力、机电装备、交通运输以及医疗工程等重大领域的创新研究与应用发展，其核心是电工电能新技术的创新性研究。

电工所的主要研究领域为：先进能量转化及新能源技术、电机及其控制与机电一体化技术、超导电工与永磁技术及其应用、微细加工技术与微机电系统。这些工作紧紧围绕高效洁净电能的生产、储存、输送和使用等电力生产过程中的关键技术及其应用，在学科上有着内在的有机联系，在研究工作的内容上也存在着许多共同点和交叉点，是同一个学科中的不同分支，共同组成一个有机的学科群。

经国务院学位委员会批准，电工所设置电工理论与新技术专业博士点，电工理论与新技术、电机与电器、高电压与绝缘技术、电力电子与电力传动四个专业的硕士点。

全所共有5个研究室——新能源新型发电技术研究室、电机及控制研究室、超导技术研究室、永磁应用研究室、微细加工研究室；2个工程中心——机电控制工程研究中心、高档医疗设备中心，以及所级开放实验室超导电工开放研究实验室。

在日本援助设备的基础上，电工所建成了中国科学院风力发电和太阳光发电设备检测中心，同时承担制定了风力发电和太阳光发电系统中关键部件的质量标准和检测标准。

按照建立一流现代化研究所的要求，深化体制改革，进行必要的机构调整，转变运行机制是全所同志们的共同要求。在深化改革方面，主要进行了机构调整，用人制度、分配制度及专业技术职务评聘的改革试点工作。

（1）改革专业技术职务的聘任办法，首先对研究员岗位试行“按需设岗、按岗聘任”，成立了所“专业技术职务设岗、评聘委员会”，5名45岁以下的年轻科技骨干晋升为研究员，使所的学科带头人年龄老化问题得以缓解。

（2）为改善科技人员待遇，稳定科技队伍，实行了多元结构工资制，设立了岗位津贴和绩效津贴，调动了广大科技人员的积极性。

（3）机构调整，合并新能源研究室、磁硫体发电研究室和高压技术研究组，组建了“新能源新型发电技术研究室”，加快了燃煤磁流体发电工作的转向，确定了建设国家新能源和可再生能源发电技术研究开发基地的战略发展目标。

（4）将“高档医疗设备中心”划归所电气高技术公司的有关部分，形成一个实体、两块牌子，使市场导向和国家需求导向有机结合，向着建设院内高档医疗设备研发基地的方向良性发展。

（5）机关机构整合为4处办，按照“高效精干”的原则，重新划定了各处办职能和设定人员岗位，并实行“按岗聘任、竞争上岗”，机关管理效能有所提高。

1999年电工所争取和承担的主要科研任务有：

（1）落实了国家科技部“九五”重大项目1项——燃料电池电动车电气系统台架试验研究。

（2）科学院创新工程重大项目2项——电子束缩小投影曝光系统和质子交换膜燃料电池系统部件开发与集成。

（3）科学院重大项目1项——系列通用变频器产业化前期开发研究。

（4）国家自然科学基金项目1项——核磁共震测井系统中电磁场问题的研究。

（5）“863”高科技计划项目4项——超导螺旋式电磁流体推进试验船1999～2000年计划、高温超导强电应用基础研究、高温超导限流器的研究与开发、高效超导储能磁体的研究。

1999年电工所的“超导螺旋式电磁流体推进试验船”项目已上报院重要成果；重大国际合作项目“阿尔法磁谱仪（AMS）永磁体系统”获1999年中科院科技进步奖一等奖；“ZMT-1微波治疗仪”获1999年中科院科技进步奖三等奖；HL-Ⅱ型微机数字控制扫描探针显微镜在‘99BXEIA博览会上荣获金奖，1999年研究所申请专利1项——钕铁硼永磁和软磁混合磁极电极。

完成了李家峡400MW蒸发冷却水轮发电机的安装调试工作，并网发电成功。这是蒸发冷却技术应用和发展的里程碑，它标志着水轮发电机蒸发冷却技术的成熟，为蒸发冷却技术的推广和研制更大容量蒸发冷却机组奠定了坚实的基础。

完成了“863”高科技计划项目“超导螺旋式电磁流体推进试验船”的综合试验和课题总结，该项目通过了“863”计划能源领域专家委员会的评审验收和中国科学院组织的科学技术成果鉴定。在此基础上开展了中日合作项目“高场电磁流体推进器的性能分析”研究工作，完成了高场电磁流体推进器的设计、制造以及在日本的联合试验任务。该项目的研究工作为我所深入开展舰/船超导电磁流体推进的研究，以及承担相应的军工和国防任务奠定了良好基础。

电工所电气高技术公司，克服多年徘徊的局面，1999年全年营业收入7800万元，利润总额达到432万元。主要产品有燃油燃气锅炉、体外碎石机，太阳能热水器、齿轮焊机、电火花震源及各种医疗设备。新产品研发项目有人工生物肝、多频稳态诱发电位仪、6T型涡轮组件焊机、CCD图形处理主板、壁挂式太阳能热水器。全自动燃油（气）热水锅炉的销售额约1700万元，通过了E2级锅炉审定，成为公司拳头产品，在同类产品中占有较大的市场份额。

1999年电工所在北京筹办了“磁流体力学与高温技术国际会议”，本次会议是1996年第12届磁流体发电国际会议的延续与扩展。电工所和45个国家和地区有外事往来，与美国、法国、德国、日本、韩国等国家的科研单位建立了合作关系。全年出访23项37人次。所、公司邀请来访及从事经贸活动5批，11人次。全年接待外宾90人次（包括国际会议代表）。

电工所是中国可再生能源研究会、中国电工技术学会机电一体化专业委员会、中国电机工程学会，超导与磁流体发电专业委员会、中国电机工程学会，超导应用专业委员会、中国电机工程学会高电压专业委员会，高压新技术分专业委员会及中国农村能源行业协会小型电源专业委员会的挂靠单位，主办的刊物为《电工电能新技术》。

北京软件工程研制中心

主　　任：钟锡昌
地　　址：北京海淀区中关村南四街4号
（北京2719信箱4分箱）
邮政编码：100080
电　　话：010-62649242
010-62649245
010-62629248
图文传真：010-62560341
电子函件：business@sec.ac.cn
网　　址：www.sec.ac.cn

北京软件工程研制中心（Software Engineering Center）的前身为中国科学院北京软件实验室，成立于1986年9月，是由原国家科委筹备，在原国家计委的支持下，以北京大学与美国联合培养的100名软件工程专业研究生为基础成立的软件开发实验基地。1991年10月，经国家人事部批准，更名为中国科学院北京软件工程研制中心。

软件中心现有正式职工189人，其中从事科技开发活动的人员占职工总数的95%，目前具有高级专业技术职称的有20人，中级技术人员37人。这支队伍平均年龄不足28岁，人员结构合理，员工思想活跃，业务能力强，整体素质高，是中国科学院一支最为年轻的“科技国家队”。

软件中心主要从事软件工程学科和系统软

件、应用软件的研究与开发工作。主要发展领域有：嵌入式操作系统、计算机辅助设计与制造、办公自动化、商业自动化、计算机网络及通讯产品、计算机系统集成、多媒体技术及应用产品、信息咨询服务以及国际软件项目的合作等。

从1995年起，软件中心开始实行企业化管理，1996年成立了面向市场的北京凯思软件集团，并针对重点发展领域成立了相应的专业公司，目前凯思集团已经拥有凯思轩飞公司（商业自动化领域）、凯思博宏公司（CAD领域）、凯思昊鹏公司（系统软件及国际合作领域）、凯思信得公司（办公自动化及系统集成领域），以及一个中日合资的思元公司、一个进行前瞻性研究的软件中心研究所和一个以经销最新计算机光盘、图书为主的凯思书店。1998年凯思软件集团成为首批由国家科技部认定的“国家火炬计划北京软件产业基地”中的骨干企业。

1999年软件中心在研项目26项，其中国家重点项目6项，按课题类型分：应用研究10项，试验发展12项，研究与发展成果应用4项。主要研究课题包括：

（1）常州市工商局计算机业务管理系统。该系统作为“863”计划中的重点项目，其目的是在各基层局与各职能部门之间组成一个强大的工商管理网络，实现业务信息的资源共享。同时通过对工商业务进行计算机化管理，实现对全市工商户全方位的快速、有效管理与监控、提高办公效率，推动工商系统信息化的进程。

（2）中文CSCW（计算机支持的协同工作）支撑平台。该课题作为国家“九五”重点科技攻关计划项目，其目标是建立一个用于开发中文CSCW应用系统的支撑平台。在这一平台上可开发基于网络、支持信息共享、符合我国企业工作方式和中文处理习惯的中文CSCW应用系统。为企业的办公、决策与产品信息管理提供强有力的支持。

1999年软件中心成果登记数6项，其中已应用的成果6项。迄今为止，软件中心已获得国家级、院部级科技进步奖及重大成果奖等奖项共计18项，其中科技进步特等奖2项，一等奖3项，二等奖3项，三等奖3项，并有一批可供转化的科技成果，技术储备深厚。

1999年3月25日，软件中心（凯思集团）面对知识经济的机遇与挑战，将历经五年潜心研究的嵌入式操作系统——“HOPEN™”推向市场，并推出了“女娲计划”。“女娲计划”是一个旨在以信息电器为目标，以软件中心（凯思集团）研制的嵌入式操作系统“HOPEN™”为基础平台，联合芯片设计及制造商、电器制造商、软件开发商、信息服务及运营商，共同推进中国自主知识产权的信息产业计划。该计划的推出在社会各界引起了强烈的反响，据此还引发了关于中国信息产业在后PC时代将如何发展的大讨论。“女娲计划”极大地鼓舞了民族软件产业的士气，为中国信息产业的发展树起了一面“自主、创新”的旗帜。

此后，软件中心又开始了积极的行动。1999年6月2日，在中国信息产业商会、软件中心等51家单位的共同倡议下，中国信息产业商会数字化（3C产品）产业联盟（CDIL）宣布成立。9月3日，“凯思-摩托罗拉半导体战略合作联盟暨产品平台（HOPEN™ on PowerPC）发布会”在人民大会堂隆重举行。同时，天大天财股票机系统和人大“小精灵”嵌入式移动数据库系统也都成功地移植到HOPEN™系统平台上。这些都标志着中国民族软件产业进入了开创中国3C产业自主创新的新时代。

此外，软件中心的PICAD系列产品自1992年推向市场以来，每年更新一个版本，目前已开发至PICAD2000版，总销量超过10000套，是国内拥有自主版权、市场占有率最大的CAD产品。软件中心开发的商健模板化POS系统、凯思信得办公自动化系统在投入市场后，均获得了用户的好评。

除承接国内项目外，软件中心还与美国、日本、韩国、西班牙、澳大利亚、新加坡、香港等国家和地区建立了广泛的业务联系，并通过成立合资公司和项目合作的方式，与日本富士通公司、日本NTT公司、美国HP公司等建立了良好的伙伴关系。国际合作的开展对造就高水平的计算机软件技术人才，开创软件出口渠道，为我国软件产品打入国际市场积累了经验，闯出了新路。

北京科学仪器研制中心

主　　任：金鹤鸣
地　　址：北京市海淀区中关村北 2 条 13 号
邮政编码：100080
电　　话：010-62560908
图文传真：010-62564613
电子函件：kyky@kyky.com.cn
网　　址：www.kyky.com.cn

北京科学仪器研制中心（原中国科学院科学仪器厂）成立于 1958 年，1991 年更名为北京科仪中心。经过多年发展，北京科仪中心已成为集科学仪器研制、开发、生产、经营为一体的综合性实体。该中心现有职工 470 人，其中科技人员 236 人，包括具有高级职称科技人员 49 人，中级科技人员 109 人，具有硕士学位的 19 人，博士 2 人。该中心下设 5 个职能部门、11 个事业部。该中心在电子离子与真空物理专业具有硕士学位授予权。现有在学研究生 6 人。

北京科仪中心的宗旨是：面向经济建设的广阔市场，发展我国科学仪器制造技术，发展高技术产业；充分发挥科学仪器研制与开发的力量，提高参与国际市场的竞争能力，实现规模化、产业化、集团化、国际化目标。中心根据科技体制改革的精神，初步建立起适应社会主义市场经济体制要求的管理体制，实行企业化管理。并在 2000 年实现事业单位向企业的转制，建立现代企业制度。

北京科仪中心的主要任务和工作范围是：以市场为导向，开发、制造并销售电子光学、离子光学及真空物理等专业领域及其相关技术领域的科学仪器、医疗仪器。承担国家攻关科研及军工等任务。

科仪中心的扫描电子显微镜、质谱仪器、真空获得设备等精密仪器的设计制造技术，居国内领先地位，产品在国内市场占有一定份额。该中心是国内生产扫描电镜的主要厂家，市场占有率为 60%，涡轮分子泵占领 60%的国内市场，并出口创汇。

目前，北京科仪中心承担的国家“九五”科技攻关项目“场发射枪扫描电镜、3800 全自动控制扫描电镜”已通过科技部的验收。另一项“九五”国家重点科技攻关项目“环境扫描电镜”以及其他新产品开发项目：FB60 升泵、FB1000 立式分子泵，KYKY YT300C 智能电刀等进展情况良好。1999 年已经完成并通过鉴定的项目有：残余气体分析仪、ZQJ291 及 ZQJ292 氦质谱检漏仪、冷却循环机。

北京科仪中心生产的主要产品有：2800 型、3800 型扫描电子显微镜、氦质谱检漏仪、涡轮分子泵、离子泵、真空阀门、制样机、高频电手术刀、图像分析系统、冷却循环水机等。产品广泛应用于生物、医学、电子、农林、地质、高能物理、航空航天等领域的科研部门及工业企业。

1999 年科仪中心获销售收入 5000 万元，其中产品销售收入 3600 万元。1998 年 4 月 28 日，北京科仪中心通过了中国方圆标志认证中心基于 GB/T19001 质量体系认证，1999 年又通过了方圆委员会的年度监督审核。在系列扫描电子显微镜、系列冷却循环水机、系列涡轮分子泵，系列溅射离子泵，系列氦质谱检漏仪、高频电手术刀、消融仪、扩散泵，系列超高真空阀、通用金相图像分析仪的设计、生产、开发、安装和服务方面具有质量保证能力。

多年来，北京科仪中心不仅注重开发国内市场，扩大产品的市场占有率，而且着眼于国际市场，在国外建立中心产品的代理销售机构，同时，广泛开展技术交流与合作，并与美国、韩国、日本、德国、朝鲜建立了合作关系，代理销售扫描电子显微镜、X 光能谱仪、图像分析系统、医用电手术刀等，与日本电子株式会社签定了委托加工协议。1996 年中心获得了自营进出口权，1999 年出口额 26.56 万美元。

中国电子显微镜学会、全国探针分析标准样品标准化技术委员会挂靠在北京科仪中心。主办刊物有《电子显微学报》。

心理研究所

所　　长：杨玉芳

地　　址：北京朝阳区北沙滩大屯路甲 10 号
邮政编码：100101
电　　话：010-64888629
图文传真：010-64872070
电子函件：yangyf@psych.ac.cn

心理研究所建于 1951 年，是我国唯一的国家级综合性心理学研究机构。1999 年底全所在职职工 143 人，其中专业技术人员 119 人，研究员(包括正研级高级工程师)34 人，副研究员和高级工程师 23 人，中级科技人员 48 人，初级科技人员 14 人。

心理所是基础心理学、教育与发展心理学和应用心理学专业的博士和硕士学位授予单位，有 25 位博士生导师，并设有心理学博士后流动站。现有在读研究生 79 人，其中博士生 40 人，硕士生 39 人。另有在站博士后 4 人。

心理所主要研究领域有：生物心理学、认知心理学、发展和教育心理学、工业与经济心理学，这四个领域分别从生物、个体和社会三个不同层次和从毕生发展过程对人的心理进行系统研究。根据这一学科布局，心理所设有发展与教育心理学、认知与工程心理学、生物心理学、工业与经济心理学四个研究室，并设有“脑-行为研究中心”和“脑高级功能研究实验室”两个所级开放实验室。“脑-行为研究中心”设有电生理实验室、生化实验室、心理药物实验室和动物实验室。“脑高级功能研究实验室”设有脑成像、脑电图、实验心理学、神经心理学和技术支持 5 个小组，该实验室与 5 个国际著名实验室建立了稳定的联系。

1999 年，心理所采取了一系列的改革措施，取得了一定的成效：根据国际心理学学科的发展趋势，根据为适应国家经济建设的需求，研究课题的选择应突出基础性、前瞻性和战略性的要求，并根据研究基础，确定了心理所今后四个重要研究方向，即脑-智关系、特殊与复杂环境中的心理问题、学习与创新能力的发展与培养、社会经济转型期的心理行为问题；对各课题组近几年的发展态势进行了分析，并对部分课题组进行了整合；根据院的要求，启动了全员聘任制，并利用这一机遇对科研和管理队伍进行调整，把科研力量集中到研究所的重要方向上来；在人才队伍建设方面，“百人计划”实现了“零的突破”，三名研究人员获院创新工程青年科学家小组资助；心理所作为基础研究所通过院第三批科研基地型研究所定位认定。

1999 年，心理所承担各类科研任务和项目 59 项，其中国家自然科学基金资助项目 25 项，院重点项目 2 项，院特别资助项目 2 项，国防科工委项目 1 项，国家教委“九五”重点项目 4 项，“973”子课题 3 项，院生命科学与生命技术创新工程青年科学家小组资助项目 3 项。各项科研任务进展顺利。

1999 年，心理所有 3 项成果获奖。其中 1 项获院自然科学奖二等奖，2 项作为第二完成单位分别获教育部科学技术进步奖二等奖、国防科工委（总装备部）科技进步奖二等奖。1999 年心理所在国际国内学术刊物上发表论文 68 篇，其中在国际著名学术刊物上发表论文 8 篇（SCI7 篇，SSCI1 篇）。

心理所与世界许多国家的心理学机构开展交流与合作，特别是与美国密西根大学心理系保持着长期的友好合作关系。1999 年 5 月，成功举办了中国科学院心理研究所-美国密西根大学心理学系双边学术研讨会。在学术交流的基础上，探讨了进一步合作的可能性，商定了研究项目申请与实施计划。

心理所原主办的开发单位有心理学书店和北京心理函授学院。为了积极开拓有市场、有前景的新项目，充分调动科研人员的主动性和积极性，将研究成果进一步地推向社会、服务于社会，成立了科技成果推广办公室，并在心理学成果的应用和推广方面取得了突破性进展。

心理所有多位研究人员在国际学术组织任职。其中，荆其诚研究员任第三世界科学院院士，张侃研究员任国际应用心理学联合会执委、计算机中人的方面国际委员会委员，林仲贤研究员任亚太地区心理学会执委。

中国心理学会、中国人类工效学会挂靠在心理所。主办刊物有《心理学报》（由心理所和中国心理学会主办）、《心理学动态》（心理所主办）。

自然科学史研究所

所　　长：刘　钝
地　　址：北京市东城区朝阳门内大街137号
邮政编码：100010
电　　话：010-64019661（所长）
　　　　　010-64043989（联办）
图文传真：010-64017637
电子函件：ihns@public2.east.cn.net

自然科学史研究所的前身中国自然科学史研究室是在郭沫若、竺可桢等老一辈院领导的关怀下于1957年元旦成立的，当时直属中国科学院领导，1975年升为所级建制。到1999年底为止，全所在职职工为102人，其中研究员19人，副研究员、高级工程师29人，研究员中有中国科学院院士1人，国际科学史研究院院士1人、通讯院士2人，博士生导师8人。自然科学史研究所为国务院学位委员会确认的“科学技术史”一级学科学位授予点，可授理、工、农、医学位，现有在读博士、硕士研究生12人。

自然科学史所的战略定位为：科学技术史、科技宏观战略、科技文化建设。

自然科学史所的发展目标是致力建设：(1)中国科学院内少数兼具自然科学和人文科学双重功能的科研实体之一和国家科学思想库的一个重要组成部分；(2)国际科学史学科领域为数不多的国家级研究基地；(3)世界上具有权威的中国科学技术史研究中心。

自然科学史所下设古代科学史研究室、应用科学与技术史研究室、近现代与世界科学史研究室、科技史理论与综合研究室4个研究室；1个专业图书馆和1个期刊编辑部；另设联合办公室和科研处。

本所科研人员的早期成果中，当以李俨、钱宝琮、严敦杰对中国古代数学史的研究、席泽宗对中国历史上的新星与超新星记录的研究为代表。70年代末以后编撰的著作中，《中国古代科技成就》系在十年动乱结束之后本所科研成果首次成功的社会展示，曾获新长征优秀科普作品奖，并被译成英、德等文字出版；《简明中国科学技术史》获国家科技进步三等奖；《中国古代建筑技术史》、《20世纪科学技术简史》、《彝族天文学史》、《中国力学史》、《中国古代地理学史》、《中国古代地图集》、《中国古代重大自然灾害和异常年表总集》、《20世纪上半叶中国物理学论文集粹》等获科学院自然科学二等奖。

自然科学史所近期完成的大型著作包括《中国科技典籍通汇》(10卷50分册)、《中国天文学史大系》(10卷)、《中国文化通志·科技典》(10卷）等。即将完成和正在从事的重要工作还有《中国科学技术史》(30卷)、《中国数学史大系》、《中国物理学史大系》、《中国古代技术史与传统工艺综合研究》、《中国近代科学技术史综合研究》，以及李约瑟《中国的科学与文明》(预计7卷34分册）的翻译出版等。

除了大部头著作的成果外，本所科研人员还以多种形式发挥其专业特长，显示了一定的社会影响和学术活力，如20世纪80年代为中央书记处和国务院领导在中南海讲课准备讲稿，对河南淅川、湖北随县编钟的研究与复原，对多处地方古建的保护与维修，对多种出土文物的保护与研究复原等。近年来突出的工作，则有受院领导委托为中央领导同志准备有关科技发展历史的材料，关于印刷术发明权的研究，关于国外著名实验室的研究，《华夏编钟》的调研、设计与制作，以及《夏商周断代工程》的天文断代研究等。目前正在进行的《龙腾》系列的研究与制作（中英合作)、也将有助于增强中国科学院和本所的社会显示度，体现科技文化与人文文化相结合的独特魅力。

近年来，自然科学史所在加强国际合作，实现本学科领域的国际接轨方面取得了很大进展，先后同英国剑桥大学李约瑟研究所、德国柏林工大、格廷根大学、图宾根大学、法国远东学院、韩国建国大学、葡萄牙科技部等国外机构建立了合作关系，进行双边的人员互访和图书资料交换。本所每年均聘请国外资深学者来所，面向全国从事科学史教学与科研的机构的年轻学者开设有关课程或系列讲座。

自然科学史所承担着《自然科学史研究》和

《中国科技史料》两种学术期刊的编辑工作，其中《自然科学史研究》已聘请国外第一流的科学史家担任顾问，并接受英文稿。挂靠在本所的中国科学技术史学会现有注册会员1200余人，为国际科学史学会的国家级成员。

近年来，围绕知识创新工程的实施，结合院领导对我所提出的建设“科学技术史与科技宏观战略”基地的设想与要求，所领导明确了“凸显本学科在科学文化与人文文化整合中的特性”的战略目标。针对这一目标，本所有步骤地推行了一系列改革措施，从而成功地完成了对我所以分类定位为核心的结构调整。具体措施包括研究室的调整，全员聘用合同制的实施，科研导向措施的落实，中层干部的竞聘，各部门的按需设岗和部分人员的转岗分流等。

自然科学史所于1999年发起召开了“共商科学史发展战略”研讨会，全国近20家相关研究所、高校（院、系）的负责人积极响应，与会各方在科学技术史的社会功效、我国科技史再建制化、科技史教育、及科技史学科共同体建设等重大问题上达成共识，初步构建起国家级科技史研究平台的基本框架。还分别与上海交通大学、中国科学技术大学共建了科学史系，迈出了我国科学技术史再建制化历程的重要一步。

科技政策与管理科学研究所

所　　长：徐伟宣
地　　址：北京海淀区中关村南四街甲1号
邮政编码：100080
电　　话：010-62555211（业务处）
010-62542623（办公室）
图文传真：010-62542619
电子函件：ipm@mail.casipm.ac.cn
网　　址：www.casipm.ac.cn

科技政策与管理科学研究所是在国家加强政策科学和管理科学的研究，提高决策科学化水平的呼声中，于1985年6月成立的。其前身为中国科学院政策研究室、中国科学院管理学组，《自然辩证法通讯》杂志社及中国科学院应用数学研究所“双法”小分队，它是中国科学院唯一的以自然科学和社会科学相交叉、理论研究与应用研究相结合为特色的软科学研究所。其主要研究领域为科学技术自身发展的规律，科技进步与社会政治经济发展的相互关系，管理决策的理论与方法，可持续发展等方面，并先后取得了一系列科研成果。根据国家各级政府、中国科学院及企事业单位的改革、创新要求，提供相关的调研与咨询服务。该所还是国家学位委员会批准的管理科学与工程学科硕士学位授予点并具有博士学位授予资格。随着中国科学院知识创新工程的实施，1999年科技政策与管理科学研究所被认定为中国科学院科研基地型研究所。截止1999年底，全所在编职工97人，科研人员81人，行政管理人员16人（含五所公共事务部7人）。在科研人员中，具有正高级职称的14人，副高级职称的21人，中级职称的37人。在学硕士生24人，在学博士生2人。

科技政策与管理科学研究所目前设有三个研究室：科技政策研究室、管理科学与工程研究室、社会与可持续发展研究室。其研究重点集中在科技发展战略、创新政策、科技体制史、工业工程、项目管理、科技评价、社会及区域的可持续发展等领域。1999年，研究所在研课题59项，其中新开课题32项。在新开课题中，中国科学院支持7项，国家部委委托13项，国家基金项目1项，北京市及其他企业委托11项。新开课题平均经费支持强度为12.7万元/项。在研课题有的已取得阶段性成果，其中重要的有《科学发展报告》、《高技术发展报告》、《中国可持续发展报告》、中国国家国际科技合作战略研究、中国科学院国家科技思想库规划研究、高技术产业竞争力研究、中关村发展战略研究、科教兴市（县）发展战略研究、中国科学院高技术产业化“十五”计划和15年规划研究、中国“十五”管理科学优化资助领域研究等项目，受到委托单位和有关方面的重视与肯定。

1999年全所共发表学术论文95篇，其中国际学术会议论文13篇。专著、编著9种，其中《中国科学院编年史（1949—1999）》作为院庆五十年出版物，受到院内及社会各界的好评。本年度还获准中国科学院科研成果登记两项，分别为："中国金融领域电子化的现状与日本NTTD株式会社进入的可行性研究"和"国家执业资格制度体系框架研究"。并有两项成果获得中科院科技进步奖，其中，"软系统方法及其应用研究"获中科院科技进步奖二等奖（与系统所合作，该所为第二完成单位），"国家工程研究中心转制研究"获中科院科技进步奖三等奖（该所为第一完成单位）。

除上述科研工作外，围绕院二期知识创新工程试点工作的需要，向院提交了"中国科学院政策与管理研究基地建设方案"，该所的科研人员还参与了院二期创新工程方案的调研起草工作，并根据该所的科研特点与优势，积极与院协调，筹备在该所建立中国科学院评估研究中心和中国科学院自然科学与社会科学交叉研究中心。

在国际、国内学术交流方面，本着开放办所的方针，该所积极与国内外同行进行合作与交流。1999年，先后与中国优选法统筹法与经济数学研究会共同发起举办"中国管理科学'99"年会；受国家基金委委托筹办了中美双边科技政策研讨会，该所所长徐伟宣是本次会议的中方主席；主持参与了中澳科技指标国际研讨会；作为发起单位之一，主持参与了在日本举行的第二届亚太工业工程与管理系统学术会议；出访与接待来访进行学术交流约30人次。这些活动对加强政策与管理科学界的学术交流与合作，提高该所的知名度起到积极的作用。

该所目前还是中国科学学与科技政策研究会、中国优选法统筹法与经济数学研究会、中国高技术产业发展促进会等全国一级性学会、研究会及中国科学院科技政策与管理研究会、中国科学院院史文物资料征集委员会办公室和《中国科学院院刊》编辑部的挂靠单位。主办并公开出版的刊物有《中国科学院院刊》(中、英文版)、《中国管理科学》、《科研管理》、《科学对社会的影响》、《科学学研究》等，深受国内外同行的好评。

1999年，该所党委还按照院京区党委的部署要求，在所领导班子中开展了"三讲"教育工作。通过"三讲"教育工作，加强了所领导班子与科研人员的思想交流，对推动该所的改革与发展，起到思想路线的保证作用。

中国科学技术大学研究生院（北京）

院长(兼)：朱清时
常务副院长：冯克勤
地　　址：北京市玉泉路19号（甲）
邮政编码：100039
电　　话：010-68218623（办公室）
图文传真：010-68226030
电子函件：gsoffice@cc5.gsbustc.ac.cn
网　　址：www.gsbustc.ac.cn

中国科学技术大学研究生院（北京）成立于1978年9月，是我国成立最早的一所研究生院。研究生院在中国科学院的直接领导与支持下，经过20年的艰苦奋斗，现已发展成为中国科学院培养高级科技人才的重要教育实体。按照中科院全院办校、所系结合的方针以及知识创新工程的要求，研究生院和中科院各研究所紧密结合，由专职教授与研究所的著名科学家和高级研究人员共同组成雄厚的教学队伍，全面加强素质教育，面向现代化，面向世界，面向未来，面向国民经济，面向知识创新的办学方针。

研究生院现有教职工458人，其中教师203人，包括中国科学院院士2人，博士生导师34人。教授50人，副教授62人，讲师64人。每年完成科学院近80个所千余名硕士生基础课和部分公共课的教学工作以及中科院京区博士生的公共课教学。1999年共招收研究生1098人，全年在校学生1184人，其中硕士生1158人，博士生26人。另有博士后9人。

1999年，研究生院设有：数学、物理、化学、生物、地学、无线电电子学、计算机科学、外国语言、人文社科和管理学10个教学部及计算中心和体育教研室；信息安全国家重点实验室、认知科学开放实验室；管理决策与应用数学研究所、理论物理研究所、应用化学研究所、华罗庚应用数学与信息科学研究中心、系统集成工程研究中心、科技经济文化研究中心等11个研究机构；并与北京医院合办脑认知成像研究中心。学校占地121 243平方米，总建筑面积88 366平方米，拥有17 000多平方米的新型教学楼、11 000平方米的研究生公寓、体育馆、图书馆等教学设施，今年新建成6100平方米综合楼一座。并拥有多功能通讯测试系统、电磁辐射测试系统、脑电记录与分析系统、AC-80型核磁共振谱仪、动态场面记录系统等大型仪器24台。

1999年，研究生院在研科研项目总数183项，国家自然科学基金项目55项，参加国家重大项目子课题8项。

研究生院重视开放办学，开展广泛的国际交流与合作。1999年来校进行参观访问以及进行学术交流活动的有来自美国、德国、日本、法国等国家的学术团体及个人共计17人次。同年，研究生院赴外学者共计60人次，分赴美国、英国、法国、德国、澳大利亚等15个国家和地区进行学术交流与访问。信息安全国家重点实验室与河南金冠王码信息产业股份有限公司共同组建了金冠王码信息安全实验室。

研究生院主办刊物有《中国科学院研究生院学报》、《自然辩证法通讯》。

中国科学院管理干部学院

院　　长：姜　丹
地　　址：北京市怀柔县雁栖湖北岸（北京市3353信箱）
邮政编码：101408
电　　话：010-69661361
图文传真：010-69661710
电子函件：president@bim.ac.cn
网　　址：www.bim.ac.cn

管理干部学院成立于1983年9月，是中国科学院创办、国家教育部备案的一所独立设置的全国性成人高等学校。其前身是1978年10月建校的中国科学院党校，后又更名为中科院干部学校和中科院干部进修学院。1988年6月，经中国科学院党组批准，中国科学院管理干部学院与中国科技大学在北京联合组建中国科技大学管理学院，与中国科学院管理干部学院是一个实体、两种办学功能。

中国科学院管理干部学院贯彻“干部培训、继续教学为重点，学历教育为基础”的办学方针，用干部培训带动学历教育，以学历教育支撑干部培训，形成了由高层次干部岗位培训、大学后继续教育、大专续本科、大学专科四个教学层次构成的完整的教学体系，以及成人高等学历教育与普通高等学历教育并举、自学高考辅导与在校脱产就读相结合的教学格局，体现出成人高等院校多层次、多渠道、多形式的办学特点。

学院的定位与目标是：“中国科学院管理干部学院是中科院创办的一所独立设置的成人高等院校，是中科院干部培训的基地。按照中科院知识创新工程试点工作的要求，承担并高质量完成中科院干部培训、继续教育的任务，为提高中科院管理队伍素质服务，是中科院管理干部学院的首要任务和工作重点。在确保完成中科院干部培训、继续教育的前提下，合理配置、充分发掘现有教学资源，面向中科院，面向全社会，面向国民经济主战场，以市场为导向，在国家计划指导下，多层次、多渠道、多形式地举办适度规模的成人高等学历教育和各种类型的非学历教育，为提高全社会劳动者素质作出应有贡献。坚持以提高干部培训水平和学历教育的教学质量为全校一切工作的中心。以干部培训为重点，学历教育为基础，用干部培训带动学历教育，以学历教育支撑干部培训，‘干部培训’与‘学历教育’两者之间，相辅相成，并举发展，共同提高。按照中科院的整体规划，加强校园建设，为把中科院管理干部学院建设成中科院的一个开放型、花园式、现代化、高水平的人才培养基地奠定必要的基础”。

学院位于北京市郊怀柔县风景旅游区，燕山脚下、雁栖湖畔，占地面积268公顷，北望蜿蜒跌宕的古长城，南映碧波荡漾的雁栖湖，湖光山色，绿树成荫，景致宜人，堪称理想的培训、学习园地。学院还在科研院所、高新技术企业密集的海淀区中关村设有学院教学分部。1991年，在北京地区成人高等院校评估中被评定为A级成人高等院校，在中央部委所属京区成人高等院校中名列前茅。

学院设有经济管理系、行政管理系、计算机应用系、公共基础教研室（数学、物理、化学、外语、体育）和培训中心、计算机网络中心、信息电教中心等教学单位与部门。

学院学历教育以市场经济和社会需求为导向，适时调整学科设置和专业面向。明确成人高等学历教育的指导思想是：素质教育贯穿教育全过程。保证够用的基础理论，大力加强应用技能的训练。在知识结构上，以现代管理科学为龙头，以计算机、外语应用能力为主要训练内容，培养复合型应用人才。1999 年，学院率先在成人高校中开设电子商务和计算机网络专业，赢得了社会欢迎，在校学生规模达 3500 人，再创历史最好水平。

1999 年，学院在职教职工 231 人，其中专职教师 124 人，高级职称人数占师资队伍比例为 37%，45 岁以下高级职称人数占师资队伍的比例为 23%，师资队伍的年龄结构、职称结构、知识结构趋于合理。涌现出一批北京市骨干教师和中科院优秀研究生导师和优秀教师。另外学院还建立一支相对稳定、以中科院科技队伍为依托的、高水平的兼职教师队伍。培养和造就一支跨世纪的革命化、年轻化、知识化、专业化的领导干部队伍，是学院本届领导班子最紧迫和最重要的历史任务。近几年来，经广泛征求群众意见，考核政绩和业绩、党政领导班子集体讨论，把相当一批高学历、高学位的优秀中青年教师和管理干部，提拔到中层领导岗位。在完成管理工作的前提下，坚持“双肩挑”，干部队伍的年龄结构、素质结构明显改善，一支懂教学懂管理、精干高效的跨世纪干部队伍日渐成熟起来。

1999 年，在院长姜丹教授等党政领导班子的带领下，全校广大教职员工团结奋斗、埋头苦干、锐意进取、深化改革，学院继续朝可持续发展迈出坚实步伐。

作为中科院干部培训的基地，搞好中科院干部培训任务是学院工作的重点，亦是在中国科学院的定位。1999 年共举办各类培训班 15 期，参加人数达 833 人。学院自觉领会中科院知识创新工程新要求，主动将干部培训与知识创新紧密结合，力求有所提高、有所创新。组织举办了第 12 期所级领导干部上岗培训班，在培训内容的更新、培训方法的改进、培训计划的制订等方面都做出有益探索，受到了中科院主要领导和人教局的赞赏。举办了第二期和第三期贵州扶贫培训班，使培训与参观、培训与研讨、培训与案例相结合，丰富了内容，开拓了扶贫工作的新模式，赢得了学员好评。同时，学院干部培训逐渐从按照中科院培训计划进行培训，转变为自主主动制订培训计划进行培训，积极着手开拓培训新形式。学院还与中科院新成立的理化所合作，开展培训送学送教上门，把培训办到所里，得到了理化所领导和干部的欢迎。1999 年，学院培训中心取得了 ATC 微软培训资格。经国务院机关事务管理局评估审批，承担了中科院在职会计人员岗位培训和考核任务。开展了电子商务培训、计算机网络、办公自动化等专门系列培训等等，拓宽了干部培训领域，扩大了培训人员的范围，取得了良好的经济效益和社会效益。

1999 年，学院在北京中关村地区继续举办中国科技大学研究生课程进修班。在中国科技大学的大力支持和帮助下，研究生课程进修班在原来“管理科学”专业的基础上，又增设“计算机应用”专业。1999 年，面向中国科学院机关，院属各研究所、高新技术企业及国家机关、企事业单位招收学员 100 名，结业学员 43 名，增进了学院干部培训与大学后继续教育并举的干部培训格局的发展。

学历教育是学院发展的基础，是搞好干部培训重要的支撑条件，亦是作为独立设置成人高等院校的社会责任和定位。1999 年，学院招收学生 1345 人，毕业学生 800 人。在校学生规模达 3500 人，是中央部委所属北京地区成人高等院校中规模最大的。在为提高全社会劳动者素质作出贡献，取得良好社会效益的同时，学院有效地吸纳社会资源，取得了良好经济效益，办学收入 1200 万元，是中科院事业费拨款的近 3 倍，学院综合实力明显增强，学院用办学收入加大了对干部培训的支撑力度，一定程度上改善了干部培训的住宿、就餐和教学条件，更新了干部培训计算机设备、购置了学校新班车，改善干部培训学员交通条件。学院一贯坚持以提高教学质量为学历教育的生命线，强化教学管理，开展青年教师教学基本功比赛和教学检查。继续完善和实施取消学年制，实行学分制；取消补考制，实行重修制；实行考教分开等教改措施，树立学生良好学风。继续开展“学历证书”和“上岗合格证书”兼顾的“双证制”教学，增强学生应用技能的训练和毕业后在社会择业上岗的竞争能力。1999年，学院申报全国计算机等级考试考试点成功，“计算机网络中心”为全国计算机等级考试的培训点和考试点。1999年，在北京市经济类专业教学统考中，我校名列前茅，取得了良好的声誉。

1999年，学院根据中科院党组和京区党委关于开展“讲学习、讲政治、讲正气”教育的要求和部署，自7月18日至11月8日，集中了三个多月时间，认真组织处级以上干部进行“三讲”为主要内容的党性党风教育，在中国科学院“三讲”教育巡视组的具体指导下，基本达到了预期目的。

1999年，随着高校后勤改革的大势所趋，学院本着实现减少浪费、增收节支，使后勤系统职工多劳多得、优劳优酬的目标和后勤改革要“有利于学院综合实力的提高，有利于培训和教学任务的实施，有利于改善和提高职工生活水平”的“三个有利于”原则，将后勤系统从行政机构中剥离出去，与原“科苑建筑工程公司”合并，组建成立“中国科学院管理干部学院综合服务中心”，实行经费、责任承包的运行机制。学院采取公开竞争、教代会推荐委员会推荐、院长办公会议（党政联席会议）决定，院长聘任的办法，聘任了总经理和副总经理。综合服务中心于1999年9月1日开始正式运作，随着服务中心改革的逐步深化、服务质量和后勤职工的收入将会显著提高。

科学出版社（副牌：龙门书局）

社　　长：汪继祥
地　　址：北京市东黄城根北街16号
邮政编码：100717
电　　话：010-64019823（办公室）
传　　真：010-64020094
网　　址：www.sciencepress.com.cn

科学出版社成立于1954年8月1日，由中国科学院翻译局与1930年创立于上海的龙门联合书局合并而成。现有职工393人（其中博士6人，硕士51人，学士152人），正编审27人，副编审69人，编辑等中级专业技术人员152人。

科学出版社以中国科学院为依托，面向科技、教育界，出版数学、物理、化学、天文、地理、生命科学等自然科学和技术领域以及文化教育类的中文、外文版书刊及音像、多媒体电子出版物。1999年共出版图书1889种（含重印书），期刊150种，共838期。

1999年是科学出版社整体工作在1996～1998年连续三年超常规发展基础上的“调整转制年”，由社领导牵头的选题攻关小组继续坚持调整、优化选题结构，巩固图书的市场营销成果，进一步深化旨在转变运行机制的改革，形成了基础科学、医学、信息技术、科普、文化教育、期刊六大出版中心。

科学出版社把图书分A、B、C三类进行管理，A类图书上精品、瞄准国际水平；B类图书上规模，重点要形成特色；C类图书要出效益。并形成了“保持制高点（A类）、主攻生长点（B类）、强化利润增长点（C类）”的“三点”战略。1999年科学出版社的生产规模、出书规模、在途码洋和成本控制等四项指标均创历史最好成绩，全年销售码洋达2.4亿多元（A、B、C三类图书分别为高层次的学术专著、基础理论、国家基本资料和社会公益性图书；实用价值高、效益好的应用技术图书和工具书；高品位的适应市场需要的科普、文教以及综合类图书）。

科学出版社作为一家全国优秀出版社，为了进一步适应社会主义市场经济的需要，加快机制转换步伐，打破了从50年代起按学科分编辑室的惯例，将各竞争要素集成，形成竞争单元。经过几年的改革，科学出版社无论经营规模还是市场占有率都有了较大的提高。

1999年在中国科学院的支持下，筹备建立中国科学出版集团，更使出版社的改革又向前迈进了一大步。

科学出版社坚持“三高”（高水平、高层次、高质量)、“三严”（严肃、严格、严密的作风）特色，紧紧抓住科学研究前沿领域成果，其获奖图书数年年名列前茅。1999年荣获全国科技图书奖一等奖1项、二等奖2项、三等奖1项，国家图书奖提名奖2项，首届郭沫若历史学奖二等奖1项。另有3种书的封面获第五届全国书籍装帧艺术展览设计优胜奖。

期刊的改革工作在社领导的高度重视和领导下正向纵深发展，并取得了十分可喜的成绩。1999年科学出版社出版的期刊已有11种扭亏为盈，并继续保持所出版的期刊在全国科技期刊评比中名列前茅的地位。包括《中国科学》、《科学通报》在内的10种期刊获首届“国家期刊奖”，2种期刊获“国家期刊奖”提名奖。SCI等世界六大检索体系收录的科学出版社出版期刊的总数在我国科技期刊被收录总数中处于领先地位，占被SCI收录的中国科技期刊总数的55%。

1999年科学出版社分别组织有关人员参加了法兰克福、东京、美国ABA及香港等国际书展。

科学出版社领导集体由于近几年在改革发展中成绩突出，被院里授予“1999年度进步领导集体奖”。

科学出版社下设副牌社龙门书局、北京中科进出口公司、科学出版社纽约公司、香港科华出版公司，以及上海办事处、武汉办事处、成都办事处、深圳办事处，还有龙门旅行社等公司。

文献情报中心

主　　任：徐引篪
地　　址：北京市海淀区科学院南路8号
邮政编码：100080
电　　话：010-62553190（总机）
010-62566847（办公室）
图文传真：010-62566846
电子函件：E-mail：office@las.ac.cn
网　　址：www.las.ac.cn

文献情报中心（中国科学院图书馆）成立于1950年4月（其前身是院图书管理处），是中国科学院直属的综合性文献情报机构，现已成为具有多种服务功能的、全国最大的综合性科技图书馆和自然科学文献情报中心。现有人员306人，专业技术人员229人，其中研究员（研究馆员）16人，副研究员（副研究馆员）45人，具有中级专业职称的100人。中心自1979年开始研究生教育以后，相继获得“图书馆学”、“科技情报学”硕士、博士学位授予权，成为仅次于武汉大学图书情报学院和北京大学信息管理学院的本学科领域高级人才培养基地。截止1999年，共有73名硕士研究生和6名博士研究生毕业并获得相应的学位。1999年在学硕士研究生18人，博士研究生11人。

1999年，中心文献工作的重点是加强资源建设和开拓服务范围：加强了电子文献，尤其是网上Web数据库和镜像数据库的订购和开发工作，新增订了西文期刊篇名目次库、美国UMI的PQDD学位论文库和EI工程索引库；重点抓了EBSCO1.7万种西文期刊论文篇名目次库的建设，较成功地研制出TOC软件，并通过了专家的鉴定；扩大与国外出版社的合作，争取到美国CRC和新加坡WS出版社的赠书参加“科技新书评介”和巡回书展。

在继续做好院士、院机关领导特殊服务的基础上，中心与生物物理所合作，在北郊建立了中国科学院文献情报中心北郊文献服务部；突出加强了网络文献信息服务，利用中心主页和Web服务网，增加了新书书目、书展目录、目次、学位论文数据库信息，连通了文摘数据库，为全院和全国提供联机联网文献信息检索查询服务、SDI电子文献定题服务、E-mall信息专递服务、原文代查和传递服务等新型网络服务。中心网络服务器24小时开通服务。中心牵头完成的“中国科学院网上文献信息共享系统（一期工程）”获院1999年科技进步奖二等奖。

1999年，信息检索服务进一步拓宽范围，国际联机检索网络分终端节点遍布全国各主要城市，1999年联机检索课题量在逐年大幅度增长的情况下，再增加13%；利用各种网络检索途径深入开展参考咨询服务，接待咨询用户1200人次，检索课题200余个。优质高效的服务，产生了较好的社会效益和经济效益。

中国科学引文数据库（CSCD）自1996年被国家自然科学基金委指定为国家杰出青年基金查询库以来，1999年来源期刊从582种扩大到1400余种，累计引文数据达100万余条，论文数据40余万条，出版了首张“中国科学院计量指标数据库”光盘，成为国家重点实验室评估期刊源，院百人计划申报人指定查询库，是国内唯一能与SCI接轨的数据库。

1999年，决策咨询和情报调研服务加强了国外情报调研与国内科技发展战略研究的结合，不断拓展战略情报研究的广度，提高服务深度，1999年牵头承担了院2000年“科学发展报告”的课题工作，化学等基础学科的情报调研与服务，以及生物技术政策与发展战略研究、生物技术及其产业化信息服务有了进一步加强。

1999年，中心教育和学术研究工作成绩显著；博士生导师小组出版了2部图书情报专著，在国内产生一定影响；继韩国李炳穆教授在本中心设立研究生奖学金后，台湾顾敏教授也捐资建立奖学金；全年组织20多次图书情报、信息技术、计算机专业知识培训班和专题学术研讨会。

1999年，中心的改革与结构调整进一步深化。根据国家和我院改革与发展对文献情报工作的需求，在深入调研和广泛讨论的基础上，制订了中心1999～2003年的发展目标，提出了四个重点业务发展领域，获得职代会的通过。随后进行了机构调整和定编定岗、按需设岗、按岗聘任工作，至年底，职能和业务人员的聘任工作基本完成，竞聘上岗的专业技术人员177人，其中正高级17人、副高级35人、中级88人、初级28人。各级领导和各部门的人员更加专业化、年轻化。

1999年，在院的支持和领导下，新馆工程在9月23日奠基，11月份正式开工，进展顺利。

中国科学院印刷厂

厂　　长：周　勋
地　　址：北京市通州区北苑杨庄1号
邮政编码：101149
电　　话：010-60533798
图文传真：010-60533798

中国科学院印刷厂于1957年建厂以来，一直是国家科技书刊的重点骨干印制基地、国家级书刊印刷定点企业。

截止1999年末职工总人数为893人，其中管理人员112人，工程技术人员32人，生产工人749人。

1999年全厂创总产值3778.9万元，较1998年增加837.2万元，实现利润142万元，上缴国家各项税金511万元，生产经济形势良好，职工生活得到进一步提高，使国有资产保值增值。

1999年是科印厂历史上向管理要效益，改革求发展力度最大、成绩最显著的一年，工厂花大力气彻底改变了多年来分配不尽合理的现象，进行了分配制度的改革：工人拿计件工资，干部拿系数工资；改变工资结构：废除原工资组成，把工资组成变为固定部分与活的部分之和，其固定部分与活的部分的比例已接近二八开，比全国先进的许记集团的四六开组合更大胆，更趋于合理；强化财务管理，动脑筋，多渠道盘活资金；筹集资金进行大型设备投入，定购了两台目前世界上最先进的印刷机——海德堡四色机；后勤管理系统初步从工厂剥离，工厂负担其总费用的70%，其余自主经营，正向后勤物业化道路迈进。

科印厂1995～1999年连续五年荣获北京市印协“质量管理十佳企业”称号奖；周勋厂长再次荣获质量管理贡献奖；工厂印制的《中国历代诗歌通典》荣获1999年度精装质量大奖；在北京印协进行的质量评比中，共评上优质产品254种4488印张，居北京市领先地位。

北京建筑设计研究院

院　　长：徐茂禄
地　　址：北京市海淀区中关村北1街4号
邮政编码：100080
电　　话：010-62551244（生产室）
**　　　　　010-62552059（院办）**

图文传真：010-62552059（院办）
010-62561036

北京建筑设计研究院成立于1962年11月，其前身为中国科学院新技术局设计室，1979年改为中国科学院北京建筑设计院，1983年7月更名为中国科学院北京建筑设计研究院。自1993年起在海南及广东东莞市设立两个分院。1999年全院在职职工140余人，其中正研级高工19人，高级工程师40余人，中级技术人员45人。随着建筑市场的需要，建筑师实行注册制，我院正式注册的一级建筑师12人，二级注册建筑师13人，一级注册结构师18人。

建筑设计院为中国科学院内唯一具有甲级设计资质的单位，除拥有国家民用建筑设计甲级资质证书外，尚具有工程总承包甲级，热力设计甲级及城市下水设计乙级（有临时甲级证）资质，能从事民用建筑、科研建筑、热力工程（包括供热厂、电厂）、城市下水工程，环保工程的设计。科研建筑是该院的特长，具有几十年的丰富经验。

建筑设计院主要从事科研、民用、工业、热力等工作及工程咨询，可行性研究工程总承包等业务。

近两年来，建筑设计院完成的北京海淀医院门诊科研楼工程设计获第五届首都建筑设计汇报展二等奖（不设一等奖）；万科城市花园11、12、14区总体规划获上海优秀住宅设计二等奖；万科城市花园A型住宅获上海优秀住宅设计二等奖；大庆第七人民医院竞赛方案获二等奖（不设一等奖）；1995年住宅设计竞赛方案获建设部二等奖；中国科学院物理所实验楼设计获方案竞赛第二名；上海同步辐射中心设计获方案竞赛一等奖（第一名）；中科院图书馆、档案馆设计获第六届首都建筑设计汇报展二等奖。

新闻传播中心

主　　任：罗荣兴
地　　址：中关村南一条乙3号
邮政编码：100080
电　　话：010-62569412（办公室）

由于《中国科学报》从1999年1月1日起更名为《科学时报》，作为院事业编制单位的中国科学报社也更名为中国科学院新闻传播中心。新闻传播中心下属“两报两刊”，即：《科学时报》、《网络报》、《科学新闻》周刊、《科技新闻》生活周刊。1999年底，新闻传播中心职工250人，其中，采编和编务辅助人员120人，管理人员30人，经营和经营辅助人员100人。事业编制50人（实际在编职工38人），其余为聘用制职工。

《科学时报》从中国科学院机关报变为以科技为主的全国性综合性大型日报，对开8～16版，每周64版。改版后的《科学时报》，报道内容大大拓宽，除了科技新闻外，还涉及政治、时事、经济、社科、人文等内容。读者范围从过去以科技人员为主扩大到社会各个阶层。

经过不断调整完善，《科学时报》版面格局基本确定，1～4版为主报，5～8版为专刊：读书周刊、农业周刊、成才导刊、工程建设周刊、科学仪器周刊。此外，星期三“中关村周刊”（对开8版）和星期六“今周刊”（对开16版）为彩色印刷，进入北京报刊零售市场。《科学时报》邮发和自办发行总计平均发行量超过3万份。

1999年在我们党领导进行的三次严肃政治斗争中，《科学时报》坚持正确的舆论导向，对以美国为首的北约轰炸我驻南使馆事件发表十几篇评论；对与法轮功斗争发表的一系列评论和专题报道以及开辟“科学擂台”等，都多次受到中宣部的表扬。

从1999年1月起，院政研会主办的《科坛文明天地》双月刊，更名为《科学新闻》周刊，编辑人员并入新闻传播中心。《科学新闻》周刊为四开24版、彩色四封的大型报形刊物，取代《中国科学报》成为院机关刊，除了报道院内重要新闻外，内容还涉及科技体制改革、科技政策与管理、科学普及、国际科技发展动态等方面，发行量3000多份，受到院内外读者的好评。

《网络报》是新闻出版署批准的唯一以“网络”为报名的报纸。《网络报》以计算机网络技术、产品及应用为主要报道内容，四开32～48版，自

1998年6月创刊后，曾实现发行量3万份，平均每期广告收入逾10万元的业绩。1999年3月，《网络报》增加大众版，向网民普及网络知识，传播上网技巧，推荐特色网站。大众版发行量不断扩大，成为广大网民的上网指南。

《科技新闻》生活周刊在全国首创4开本大型报形刊物的形式，成为北京报刊零售市场上一道亮丽的风景，每期发行量控制在8万份，1999年经营收入突破1500万元，利润超过200万元。

1999年是中国科学院新闻传播中心的快速发展年。“两报两刊”经过1998年的改革、整合和调整后，均进入发展阶段。1999年6月，科学时报编辑部从三里河院机关大楼搬进中关村建业大楼新的办公地址；年底，新闻传播中心总部也搬入建业大楼，办公和工作条件大为改善。《科学新闻》周刊编辑部仍留在三里河院机关大楼办公，条件比过去也有所改善。1999年10月，科学时报与美国侨报洽谈合作意向，从2000年1月起，双方在美国纽约合作出版发行《中国科学周报》，每周日出版，对开12版，中文繁体彩色印刷，报纸完全在北京由我方负责采编制版，在美国印刷，随《桥报》发行。原《科学时报》海外版编辑部将变更为海外事业部。

由于种种原因，中国科学报社变更为中国科学院新闻传播中心带有临时性质。1999年底，院里已决定并已上报中央编制委员会，将原中国科学报社更名为科学时报社，更名被批复后将不再使用中国科学院新闻传播中心的名称。

目前，科学时报社主办的“三报两刊”(《科学时报》、《网络报》、在美国出版的《中国科学周报》、《科学新闻》周刊、《科技新闻》生活周刊)已经形成报业集团的雏形，并且有一个符合国家目标和市场定位的合理结构。我们拥有一份以科技为主的全国性综合性大型日报，有一份中国科学院机关刊，有一份全国唯一以网络命名的IT媒体，有一份在北京报刊市场站稳脚跟的生活服务类报刊，有一份在海外出版发行的中国科学院对外宣传的窗口性质的报纸。

行政管理局

局　　长：赵锡嘉
地　　址：北京市海淀区中关村南1条乙3号
邮政编码：100080
电　　话：010-62571850
图文传真：010-62560929
电子函件：DZB@eab-cas. ac. cn

行政管理局成立于1955年12月，1991年12月由院机关职能局改为院直属事业单位，承担中国科学院京区行政事务管理和后勤服务工作。全局现有职工954人，其中职员161人，专业技术人员220人（其中高级职称22人，中级职称66人）。

1999年，行政管理局高举邓小平理论伟大旗帜，深入学习贯彻党的十五大、十五届四中全会精神，解放思想，转变观念，深化全局改革，在服务、管理、经营三方面取得了显著成绩。

在过去的一年里，行政管理局按照“精简、效能、统一”的原则，本着理顺关系、强化调控、重新整合、加速过渡的指导思想，确定了“三步走”的改革步骤，第一步对局机关进行改革，此项工作已结束。现正进行第二步改革，即按照“一支队伍”、“两块牌子”、“三项职能”、“四个方向”的原则，对局属单位进行整合。整合后全局形成了5个中心、10个公司、3个直属单位。局属18个单位的正副职以及局机关11个处室的正副处长（主任）采用自荐、推荐与局领导班子审定相结合的办法产生。

在改革措施上，重点落实完善“三统一分”的财务管理制度，即：统一资金、统一机构、统一办公地点、核算分离，实行预算为根本（事企分开），以资金运作为中心，以财务报表为监督信号的监控体系。

在用人制度上，落实全员聘用合同制实施方案，并适时启动人才兴局工程。

在资产管理上，成立国有资产管理处，健全国有资产管理体制，制定国有资产管理办法，促使国有资产做到保值增值。

在管理服务工作中，重点进行园区综合整治，建设优美舒适的人居环境。对中关村东小区、中关村北工作区、北馆小区实行封闭管理，对中关村西区进行地面整治和绿化，共建小区传达室10座，安装栏杆954米，修整了道路，新增绿地

20 800 平方米，增添健身场所和器材，使小区做到了三季有花，四季常绿，黄土不露天，为居民提供了环境优美、健身于一体的生活小区。其中："中国科学院黄庄小区"被评为北京市"花园式小区"。

行管局根据科研人员的要求，开设婴儿班并降低幼儿托收年龄；对中关村 35KV 总站、201、202 主进柜以及两面柜内的 CT 导电杆进行技术革新，彻底根治了多年来一到夏季导电杆就烧的老大难问题；电梯运行、有线电视传播等工作也都按要求完成了服务任务。

在完成全年正常大中修工程任务外，行管局还承担了红楼区住宅改造任务、中关村北区供热工程、黄庄锅炉房工程、中关村东小区集中供热管线工程、中关村东小区电切改工程、煤改气等重大工程项目。

在院管职能方面，对全院物业管理进行了初步调研；重新组建了中国科学院京区护所总队；在院京区单位开展了创安全单位达标活动。按时完成房改及住房公积金的管理工作；完成义务植树 89978 棵；组织院京区计划生育干部、医务人员开展"三下乡"献爱心活动，为村民义诊 1036 次；按计划进行了医务职称评审工作。

1999 年年初，根据院领导决定，成立了以行管局人员为主，局长兼任主任的中关村红楼项目办公室，由其承担中关村红楼区的拆迁、改建工作。该工程预算投资约 10 亿元，建成 9 栋塔式住宅楼，工期为 2～3 年。工程现已进入拆迁阶段，即将拆除约 5 万平方米的 22 栋住宅楼，目前各项工作进展顺利。

根据院领导的决定，中关村东小区物业管理中心、北郊科学园物业管理中心、中关村北区供热厂先后划归行管局统一领导，并分别成立了管理委员会。实践证明，后勤部门实行统一领导，促进了院内后勤社会化进程，优化了后勤资源配置，增强了对知识创刊新工程的保障能力。

科技物资中心

常务副主任：段燕生

地　　　址：北京市海淀区中关村南一条甲3号
邮 政 编 码：100080
电　　　话：010-62545879（综合部）
010-62648971（综合部）
图 文 传 真：010-62545879
电 子 函 件：webmaster@sem.ac.cn
网　　　址：www.sem.ac.cn

科技物资中心于 1995 年 4 月经中央编委批准成立为自收自支事业单位。其前身是中科院技术条件局和北京器材供应站，1999 年底在职职工 92 人，其中专业技术人员 39 人，高级工程师 2 人，中级科技人员 24 人。

为适应国家科技体制改革及中科院"知识创新工程试点"工作的要求，科技物资中心职能随之由过去"以物资供应、经营和仓储服务为主的支撑性机构"的定位调整为"为知识创新工程和促进科技成果转化提供多种中介服务与技术服务的支撑性机构"，并提出新的发展战略和发展目标，即"坚持企业化改革方向，经过 3～5 年的改革，将科技物资中心及所属企业改造成符合现代企业制度要求，以为知识创新工程和科技成果转化服务为方向，主要从事科研物资供应及仓储服务、科技产品销售、技术服务等多种服务的集团性企业。

基于发展需要，中心模拟集团化企业的管理模式，调整管理机构，设立了综合管理部、人力资源部、资产财务部、企业发展部以及基建办和网络办。加大人事和分配制度改革，实行全员合同聘用制和绩效挂钩的分配制度，初步建立起了企业化管理的运行机制。

中心对内加强管理，对外努力开拓市场，扩大经营规模。1999 年中心所属公司及创收部门共实现经营收入 1.86 亿元，获净利 391 万元，分别比 1998 年增加 16%和 65%，创历史最好水平。

为了实现经营重点由资源经营向产品经营和项目开发的战略转移，先后与院内兄弟单位合作，以控股或参股方式建立了 5 个公司，1999 年又着力培育了几个新的经营增长点，开局势头良好。如热敏电阻项目 6 个月销售电阻 70 万支，控制了国家储备粮库项目 70%的市场。双定子节能电动机项目刚启动便受到上海科技板块的关注。

作为院属支撑机构，中心积极参与知识创新工程试点工作，发挥其原材料供应和组织订货等方面的优势，为创新工程服务。1999 年开展政府采购的调研工作，在园区改造工作中进行了建筑钢材集中采购供应试点，全年供应钢材 6000 吨，节约材料费 20%，共计 350 万元。中心坚持常年为承担国家重点科研开发项目、国防军工任务的院内 16 个研究所及时周到地提供了市场上难以采购到的特殊型号和规格的原材料和元器件。此外，还利用已有的业务关系，或向有关部门求援，或通过提供信息，为一些研究所及时解决了急需的专用材料，保证了重点科研项目的顺利进行。

沈 阳 分 院

院　　长：张振武
地　　址：沈阳市和平区三好街 72-8 号
邮政编码：110003
电　　话：024-23892758　　024-23892745
图文传真：024-23893632
电子函件：work@sybk.syb.ac.cn

中国科学院沈阳分院是中国科学院的派出机构，协助院管理中科院在辽宁省的大连化学物理研究所、金属研究所、沈阳应用生态研究所、沈阳自动化研究所、沈阳计算技术研究所、沈阳科学仪器研制中心和在山东省青岛市的中国科学院海洋研究所。

沈阳分院系统现有职工 4807 人，其中科技人员 3526 人，占总人数 73.3%；高级科技人员 1248 人（正研级 370 人），占科技人员总数 35.4%；中国科学院院士 15 人，中国工程院院士 5 人，第三世界科学院院士 1 人。有博士学位的 339 人，硕士学位的 635 人；在学研究生 928 人，其中博士生 491 人，硕士生 437 人；在站博士后 80 人。

沈阳分院系统的研究领域以技术科学为主，涉及到材料科学与工程，选控化学与工程，制造科学与自动化技术和计算机技术，应用生态学与生物技术，海洋科学与工程等，基础研究、应用研究和开发工作兼有。

沈阳分院系统现有 6 个国家重点实验室，6 个国家工程研究中心，5 个中科院开放实验室，4 个中科院野外试验站，4 个中科院研究、监测中心（详见 1999 年年鉴）。这些国家与院重点实验室、工程中心、开放站和中心的建立，显示了较雄厚的实力并为沈阳分院系统在相关学科领域内高水平地完成科研任务及开展国际、国内学术交流与合作，奠定了坚实的基础。

沈阳分院系统还与省、市共建了 14 个重点实验室、工程中心和推广中心。这些共建的实验室、中心和基地发挥了中国科学院沈阳分院的学科优势，为面向国民经济主战场，加速高新技术产业化，改造传统产业，密切院地合作，振兴地方经济和促进社会发展做出了重要贡献。

1999 年，沈阳分院系统共承担国家和地方科研项目 922 项，其中基础研究项目 227 项，应用研究 522 项，试验发展项目 135 项。其他项目 38 项。在 581 项国家项目中，有国家攻关项目 87 项，“863”项目 69 项，国家自然基金项目 188 项院重点项目等 237 项。

1999 年，沈阳分院系统共获科技成果奖 50 项。其中国家科技进步奖 1 项，国家自然科学奖 3 项，国家发明奖 2 项，院科技进步奖 7 项，院自然科学奖 6 项，院发明奖 1 项，省科技进步奖 11 项，市科技进步奖 5 项，其他奖 14 项。

1999 年，沈阳分院系统经费总额 4.72 亿元，其中财政补助收入 2.27 亿元，国有固定资产总值 6.48 亿元。

1999 年，沈阳分院系统共有科技企业 14 家，高技术企业总收入 3.2 亿元。

沈阳分院作为院的派出机构，自 1978 年恢复建制以来，进入了一个新的历史时期。分院在转变职能、精简机构、分流人员和创办实体等方面不断推进改革并取得了一定成绩。沈阳分院始终把为研究所、中心的改革与发展服务，促进其发展壮大作为分院的中心工作和根本目标，在中国科学院与地方之间努力发挥桥梁与纽带作用。

1999年沈阳分院为研究所完成在辽宁省、沈阳市科技计划及科学院院地合作基金计划立项70项，到位经费超过800万元，还进一步落实地方贷款贴息500万元。1999年，分院组织各研究所积极开展产学研活动，组团参加各地、各类技术交易会10次，共签定正式技术合同额1.26亿元，扩大了各所的影响。分院组织各研究所参加中国首届深圳高技术交易会，项目多、效果好，获中科院优秀组织奖。

协助沈阳地区之外的海洋研究所、北京工程热物理研究所、山西煤化研究所来辽宁实施合作项目取得突破。并组织驻沈各研究所在山东省实施合作项目，正式签约8项，合同金额达500万元，取得积极进展。

参与和支持所办公司的改革工作。对大连凯飞化学股份有限公司、沈阳新松机器人自动化股份有限公司及沈阳金昌普股份有限公司、积极协助其改制及上市工作，同时争取地方支持，加快了产业规模发展。

1999年，沈阳分院继续坚持以邓小平理论为指导，认真贯彻党的十五大精神，努力落实中科院的工作部署，以改革为动力，做好管理，搞好服务，取得了新成绩。

1999年沈阳分院党组认真学习贯彻中央精神和院党组的要求，开展“三讲”教育。在加强领导班子建设、提高领导干部素质方面，收到了积极的效果。

认真抓好研究所的班子和队伍建设。分院党组主持完成了三个党委和一个行政班子换届工作，加大了党委成员年轻化步伐，一大批年轻干部走上所级领导岗位。

召开了分院系统第五届优秀青年科技工作者表彰大会，交流了优秀青年人才成长的经验，命名表彰了20位沈阳分院优秀青年科技工作者。

1999年沈阳分院努力拓展为研究所的支撑服务。积极开展专利代理，为各研究所代理申请专利205件，超过院下达任务的28%。认真落实院青岛信息工作会议精神，加大了信息交流和对外科技宣传力度，加强了所际间信息沟通，扩大了院、分院及研究所的社会影响，提高了知名度。为沈阳分院系统的改革发展创造了良好的舆论氛围。强化了为职工服务的行政后勤和基础设施建设。

近年来，沈阳分院系统的对外科技交流活动日益活跃，已同世界40多个国家和地区建立了长期稳定的国际合作与学术交流关系。1999年，共接待各国来访的科学家530人次，派往国外的访问学者828人次，各学科在国际同行的影响与交往不断扩大，在学术交流、国际合作、培养人才诸多方面取得显著成绩。

大连化学物理研究所

所　　长：邓麦村
通讯地址：辽宁省大连市中山路457号
邮政编码：116023
联系电话：0411-4671991
电子函件：dicp@dicp.ac.cn
网　　址：www.dicp.ac.cn

中国科学院大连化学物理研究所的前身是建于1907年的南满铁路株式会社中央实验所。1949年3月正式创建，当时定名为大连大学科学研究所，后几经更名，1962年正式命名为“中国科学院大连化学物理研究所”（以下简称“大连化物所”）。

大连化物所是一个基础研究与应用研究并重、有较强开发能力、以承担国家和企业重大项目为主的多学科综合性研究所。现有职工1184人，其中科技人员894人，中国科学院院士7人，研究员77人，副研究员和高级工程师160人，中级科技人员474人。大连化物所是国务院学位委员会首批授权培养博士、硕士学位的单位，现有在学硕士生120名、博士生137名，此外，还有博士后研究人员32名。

1999年8月20日江泽民总书记来所视察并题词“实施知识创新工程把大连化学物理研究所建成世界一流研究所”。

1999年按照中科院党组的统一部署和大连化物所创新工程试点的目标、方案和计划，在研究工作、高技术产业、后勤服务以及行政管理等方面进行了一系列深层次变革，并已初见成效，各方面工作也都有不同程度的进展。

明确了学科方向，即以选控化学与工程为主线，开展战略性、基础性、前瞻性的创新工作。基础研究以揭示自然规律为目标，深化对化学反应本质及选控规律的认识，主要研究方向为：

A. 研究分子反应的能量转移、时间尺度、空间取向和反应通道的控制规律；

B. 研究小分子反应的催化活化和转化，在多相、匀相和生物催化的基础上认识催化制备和催化反应过程；

C. 研究重大疾病预警系统。

应用研究以国家发展战略目标和市场需求为导向，在资源优化利用和环境友好化学化工过程等领域开展创新工作：

A. 天然气优化利用；

B. 燃料电池技术；

C. 石油化工新催化剂和催化过程研究；

D. 环境友好化学化工过程，如膜分离、层析分离、吸附分离、催化技术，气体净化、回收，脱硫、脱氮，污水处理等；

E. 新型农药及医药中间体创制，生物化工；

F. 国家安全：化学激光研究，用于航天、航空与航海的高性能肼分解催化剂的研究。

根据以上学科发展方向与定位以及研究所目前研究工作格局和资源状况，组建有12个研究开发单元，其中有3个国家级重点实验室和4个国家级中心，分别是：催化基础国家重点实验室、分子反应动力学国家重点实验室、国家“863”计划短波长化学激光重点实验室、国家催化工程技术研究中心、膜技术国家工程研究中心、国家色谱研究分析中心（色谱分析开放实验室）和国家进出口商品检验理化测试认可实验室（分析化学研究室）。此外，还有5个应用研究室，分别是：精细化工研究室、新能源研究室（燃料电池工程中心）、生化工程研究室、天然气化工与应用催化研究室和环境工程研究室。

建立了创新基金，首批资助了12个项目，计700万元。这些项目基本上是所的科研工作中具有创新意义的学科生长点。同时，在基金项目的管理上也采用了与以往不同的项目负责人制。

在用人方面，基本形成了“开放、流动、竞争、择优”的机制，制定并执行了新的职称评审制度、分配制度、职工福利货币化政策。

建立和试运行新的研究工作和管理工作考核评价体系。在年终考核时采用了这一方法，考核结果基本上达到了预期效果。

创新文化建设方面也做了大量工作。1999年，大连化物所结合所庆50周年活动，开展了化物所精神的大讨论，明确了研究所的发展战略目标和创新文化建设的目标和任务，确定了研究所的“使命宣言”和研究所精神。大连化物所的创新文化建设已初步形成了一套完整的思路。

1999年列入研究所科研计划的课题均按计划进行。“短波长氧碘化学激光”所属各课题均全面完成年度计划，完成的9905现场试验，各项性能指标均有所提高，得到了有关方面领导的肯定。“燃料电池技术”完成了新一代薄板电极的研制，分别组装成30kW和5kW质子膜氢氧燃料电池，进行了与汽车动力系统的联试。熔融碳酸盐燃料电池输出功率达60W，为下一步放大试验打下了良好基础。研制的肼分解催化剂和拟人耗氧反应器组件成功地应用于“神舟号”航天飞船，为今后的载人飞船试验做出了贡献。“微胶囊膜”项目完成了动物试验，取得了较为理想的结果。其他列入计划的科研项目也都完成了年度计划任务。

1999年项目表

项目类型	项目数
国家“九五”攻关项目	19
国家“863”高技术项目	15
国家攀登计划项目	8
国家自然科学基金重点项目和杰出青年基金项目	10
国家自然科学基金面上项目	24
中科院重大、重点项目	19
国防军工项目	2
省、市、分院计划项目	12
部委委托项目	5
国际合作研究项目	5
合计	119

另外，所内“三项基金”共25项，其中所长

基金5项，所科研基金9项，所青年基金11项。其他国际合作研究项目6项，国际合作协议12项。

1999年共有14项成果获得奖励，其中国家级奖2项，分别是“双共振电离法研究激发态分子光谱和态分辨”和“紫外共振拉曼光谱仪研制和在催化研究中的应用”；省部级奖6项，地市级奖6项；向国家专利局申请专利96件，被授权专利64件，发表论文455篇，其中国外发表155篇。

科技开发及所办公司工作：

大连化物所在1999年加大了与企业合作的力度，采取“请进来、走出去”的办法，取得了良好效果，承担产业部门的合作研究项目有较大增长；还分别与中油集团公司、湖北宜化集团联合建立了技术开发中心；与安徽天成集团建立了“大连天成直接醇类燃料电池联合实验室”；“中科院大连化物所厦门涌泉中试基地”和“大连翔大中谷联合实验室”也在筹建中。

高技术产业公司的改制进展良好。按照原定的改革方案，凯飞高技术发展中心和催化工程中心通过重组已改制成为大连凯飞化学股份有限公司，并已通过国家科技部的评审，取得了中国证监会的上市资格。膜中心已完成了资产评估、登记等手续，即将改制成为膜技术国家工程研究中心有限责任公司。其他高技术公司也都在按照有关公司改革的文件精神，积极筹划改制方案，将在2000年6月底前完成改制工作。

后勤服务体系的改革进展顺利。按后勤管理职能和服务功能分开、后勤服务社会化的原则，1999年启动了后勤服务体系的深层次改革。将原有的后勤服务性质的公司通过重组成立了3个公司，改制工作预计将在2000年8月底前完成。

国际合作方面，除继续与已有的国外大学、科研机构和公司开展合作以外，大连化物所与法国科研中心共建的“中法催化联合实验室”即将正式签字，并已开展了合作研究工作。1999年共接待国外来访学者84人次，派出学者71人次。主办了中-俄催化会，并承办了东北亚生态会。国际合作项目达23项，研究经费203万元。

大连化物所是中国化学会的会员单位，主办《色谱》和《催化学报》2个学术期刊。

大连化物所有多人在国际组织中任职：

卢佩章 1988— 德国吐宾根东亚科学论谈会董事

楼南泉 1979— 分子束国际学术讨论会议，国际顾问委员会委员

林励吾 1999— 国际“催化通讯”编委

李文钊 1990— 国际先进催化科学与工艺会议顾问委员会委员

1993— 国际天然气转化会议顾问委员会委员

1994— 国际“反应动力学与催化通讯”编委

1997— “日本催化总览”编委

解金春 1989— 美国物理学会会员

1996— 美国航天、航空学会会员

李　灿 1991 国际纯粹与应用化学(IUPAC)会员

1997— “世界环保催化大会”顾问委员会委员

1998— “国际溢流学术会议”学术委员会委员

1998—2001 “应用催化”编委

1999— “国际催化会议”理事

林炳承 1996—2004 “亚太国际毛细管电泳及相关微分离分析技术会议”任学术委员会委员及联合主库”

1999—2004 国际《电泳》杂志聘为编委及专辑客座主编

金属研究所

名誉所长：师昌绪（院士）
所　　长：叶恒强（院士）
地　　址：沈阳市沈河区文化路72号
电　　话：024-23843531（总机）
024-23843605（办）
传　　真：024-23843605
邮政编码：110015

根据院党组知识创新工程试点的统一部署，在“东北高性能材料研究发展基地”建设中，中国科学院于1999年5月批准中国科学院金属研究

所与中国科学院金属腐蚀与防护研究所整合建立新的“中国科学院金属研究所”。

中国科学院金属研究所创建于1953年，金属腐蚀与防护研究所创建于1982年，上述2个研究所分别是材料科学与工程，腐蚀科学与防护领域国内一流的研究所。均有雄厚的学科积累，在国内材料科学与工程科学领域有重要的地位，并在国际上有相当的知名度。2个研究所整合有利于优势互补和拓宽学科的内涵，优化机构、学科方向和结构，使高性能材料研究和工程研究得到更好更快的发展。

新的“中国科学院金属研究所”坚持材料科学与工程研究的科研方向定位，以高性能金属材料、新型无机非金属材料和先进复合材料等为主要方向，研究这些材料的结构、性能、使役行为及其相互关系以及防护技术、并注重材料制备与加工及工程化研究。在材料科学的若干前沿领域，争得国际一席之地，特别是在新型低维材料、金属功能材料等活跃领域参与竞争；应用研究瞄准国家重大需求，为新材料实用化和产业化，为国民经济和国防建设作出重大贡献。

整合后金属研究所现有在职职工1084人。在790名科技人员中，中国科学院院士5人，中国工程院院士2人，研究员级108人，副研究员、高级工程师等219人，中级科技人员356人，其余为初级科技人员。金属研究所按创新工程试点要求，努力调整机构、精干队伍、深化改革、逐步实施现代化研究所的运行机制。

根据基础研究、应用研究、工程化产业化项目的纵深布署和前瞻性中长期发展的战略思想。金属研究所在原快速凝固非平衡合金国家重点实验室、材料疲劳与断裂国家重点实验室，固体原子像院开放实验室，国际材料物理中心基础上，成立沈阳国家材料科学实验室（未正式定名，英文名National Lab for Materlals Science），联合实验室更好地体现优势互补、学科交叉。加强了材料科学制备、使役性能、组织与性能关系几个基本领域的综合协调和创新能力，金属研究所还设有金属腐蚀与防护国家重点实验室、环境腐蚀研究中心、先进陶瓷与复合材料研究室、材料仿生与先进炭材料研究室、高温合金研究室、材料表面工程研究室、特殊环境材料研究室、材料腐蚀控制研究室、钛合金研究室、特种制备与加工技术研究室等。建有高性能均质合金国家工程研究中心、腐蚀与防护国家工程技术中心和北方新材料研究与发展中心，主要进行科研成果的熟化和工程验证、促进科研与企业的结合，将原金属所的科金新材料发展总公司优良资产与金属腐蚀与防护研究所的昌普科技发展有限公司全部资产进行资产重组，建立沈阳金昌普新材料股份有限公司，通过改制争取股票上市；并发挥示范带动作用，带动地区高新技术产业的发展。

经国家批准，金属研究所具有材料科学与工程一级学科博士、硕士学位授予权，设有材料科学与工程学科博士后流动站，培养材料科学与工程研究领域的高级专业人才。1999年在学研究生269人，其中硕士研究生103人，博士研究生166人，在站的博士后22人。

1999年金属研究所共承担科研课题200余项，其中有国家重大基础研究“973”项目：“超级管线钢”、“材料的环境行为与失效机理”、“纳米材料与纳米结构”等3项；国家重大攻关项目；“微波催化工程技术”等多项；国家高新计划新材料领域项目：“金属基复合材料”等8项；新材料开发示范项目：“低偏析合金技术”、“泡沫镍”两项。在全所十大创新项目实施首席研究员、责任研究员负责制。一批年轻的学科带头人在学科前沿开拓进取，取得一系列创新成果和重大进展；在“块状纳米材料的本征力学性能研究”、“纳米炭纤维与纳米碳管的规模制备及特性研究”等方面取得突破，关于储氢特性的论文在“Science”发表引起国际关注，入选《科技日报》评选的国内1999年十大科技新闻、院士评选的1999年中国十大科技进展及科技部评选的1999年中国基础科学研究十大新闻；“铜薄膜的量子阱效应”研究成果在“Nature”发表；“盐与水汽条件下铬钢的高温腐蚀效应研究”有新发现；提出了“氧化膜生长应力原位测量双面氧化弯曲”新方法在应用研究方面，提供了行业技术改造的关键技术及材料，为国防建设提供了急需关键配套材料与器件。在产业化示范方面，国家计委2个工业性试验项目进展顺利，同时生产上了新台阶，市场占有率大幅增长。

1999年，获国家和部委奖励3项、中科院奖励3项、省科技进步奖4项、沈阳市科技振兴奖1

项。鉴定科研成果16项，其中应用成果10项。

1999年以原两所为第一署名单位发表的SCI收录论文154篇，国内核心期刊收录论文235篇，论著8部。申请专利66件，授权专利39件。

1999年金属研究所与国外科研机构共签署合作协议10项。由中国科学院和德国马普学会支持的“纳米材料”青年伙伴研究组正式启动，进入全面合作状态。法国法马通公司资助的法国特鲁瓦技术大学吕坚教授与卢柯教授合作项目正式启动。法国驻华大使Morel先生于12月8日专程来沈考察金属研究所与法国的合作研究项目给予了高度评价。杨锐研究员同英国伦敦大学玛丽女皇学院的合作项目，已被纳入中科院与英国皇家协会长期合作项目，这是金属研究所继中荷、中意和马普伙伴小组之后的又一长期合作项目。

金属研究所与美、英、德、日、意等30多个国家的研究机构，学术团体及著名科学家、企业家建立了广泛的合作交流关系。1999年接待77批、120余人次的外国专家、学者来金属研究所合作研究、参观讲学，同时派出长期合作和留学人员15人，短期合作研究、考察、参加国际会议等115批、130余人次。有多名研究人员应邀参加重要国际学术会议，卢柯研究员在5th IUMRS-ICAM1999作大会报告、王中光研究员任9th Inter. Fatigue Conf. 大会的执行主席之一，并作大会报告。

受中国金属学会、中国材料研究学会、国际材料物理中心及国家自然科学基金委员会等委托，编辑出版《金属学报》(中、英文版)、《材料科学与技术》(英文版)、《材料研究学报》(中文版)、《金属腐蚀与防护技术》、《全国环境腐蚀网站通讯》等6种学术刊物。

沈阳应用生态研究所

所　　长：孙铁珩
联系地址：沈阳市沈河区文化路72号
邮政编码：110015
联系电话：024-23902096
传　　真：024-23843313
网　　址：syiae@iae. syb. ac. cn

中国科学院沈阳应用生态研究所的前身是中国科学院林业土壤研究所，成立于1954年，是以森林、土壤、植物、微生物与环境科学为基础的生物地学研究所，1987年更名为中国科学院沈阳应用生态研究所，现已发展成为东北地区资源、环境与农业持续发展的研究基地。现有职工353人，其中科技人员252人；研究员37人，副研究员和高级工程师82人，中级科技人员104人。现有在学研究生110人，其中博士生73人，硕士37人。另有博士后12人。

沈阳应用生态研究所以应用生态学为主攻学科，以实验生态学方法为主要手段，重点开展森林生态学、污染生态学和农业生态学中的物质循环生态过程、区域农业可持续发展研究，相应开展为支撑上述学科建设服务的生物资源与生物技术研究，发展生态过程生态学和生态建设生态学，为我国生态环境建设实践和区域可持续发展提供理论支撑、决策依据和相关技术。

在森林生态学方面，重点进行不同时空尺度的森林生态系统生态过程的研究。开展天然林生态经济贡献与分类保护管理，人工林生态系统管理与持续经营利用；防护林生态工程的优化设计、营成技术及其可持续经营；荒漠化土地生态恢复与植被重建研究。

在污染生态学方面，重点进行有机无机污染物在土壤-植物系统迁移、转化、生态过程研究。开展污水与固体废弃物无害化、资源化生态工程；污染土壤清洁技术；生物源温室气体产生排放机理与减排措施；生态风险评价与预警系统研究。

在农业生态学方面，重点进行农业生态系统物质循环的生态过程研究，开展粮食安全保障与区域农业可持续发展和新型肥料研究。

主要针对国有林区天然林保护恢复、东北商品粮基地和绿色食品基地建设、我国正在进行的生态环境建设实践，集中力量开展可持续发展生态系统和可更新资源持续利用、地球环境变化的生态学后果及其对策、与生物生产力及环境质量相关联的生态学过程及其调控机理和技术、区域生态规划与生态建设等生态学相关问题的研究。并以“百人计划”项目为依托在界面生态学、生态建设理论与系统管理等新的学科领域开展创新研究。

全所设有4个研究中心：生物工程研究中心、生态环境研究中心、绿色食品发展中心、新型肥料研制与开发中心。设有8个研究室；森林生态研究室、林业工程研究室、生态气候研究室、植物资源研究室、土壤与农业生态研究室、污染生态研究室、景观生态研究室、微生物工程研究室；1个测试中心；1个院级开放实验室：陆地生态系统痕量物质生态过程研究实验室；4个野外试验站：长白山森林生态系统定位研究站、沈阳生态试验站、湖南会同森林生态试验站、乌兰敖都草原生态试验站，其中长白山森林生态系统定位研究站、沈阳生态试验站为院开放站，1999年长白山站又被批准为国家级开放试点站。

具有博士导师资格的自行审批权，生态学、微生物学、土壤学的博士学位及生态学、微生物学、土壤学、植物学的硕士学位授予权，并设有生态学、微生物学博士后流动站。

沈阳应用生态研究所是院生物地学口东北仪器设备重点配置单位，拥有进行有机、无机、环化和生物显微分析的气质联用仪、多通道电感耦合等离子体发射光谱仪器设备4000余台件；设有我国东北地区最大的植物标本馆、微生物菌种保藏室和土壤标本馆，藏有植物标本425 000余份、昆虫标本60 000份、微生物菌种25 000余株、土壤标本20 000份、木材标本1000份。

1999年围绕知识创新工程工作，按照总体规划、分步实施的原则，以《全所创新总体方案》为核心，配套设计、制定了《科研系统改革第一步实施方案》、《研究所机关改革实施方案》、《东北生态环境基地建设方案》、《开放实验室创新方案》、《东北生物标本馆及东亚苔藓中心建设方案》、《长白山站创新试点方案》、《沈阳站创新试点方案》、《园区建设与物业管理方案》和《东四盟荒漠化防治与生态恢复工程方案》，其中《开放实验室创新方案》和《东北生物标本馆及东亚苔藓中心建设方案》在1999年已获中科院批准，并开始启动。开放室获得创新支持经费480万元，生物标本馆项目获得经费500万元。

根据《科研系统改革第一步实施方案》，在坚持院分类定位已确立的学科方向和目标的基础上，结合创新的要求，进一步确立了研究所的4个优势研究领域和10个主要研究方面。同时依据科技目标、科技队伍、科研任务、科研成绩等量化指标对现有的48个研究组进行了A、B、C三个等级的划分，并确定A组为院、所支持组，B组为自由发展组，C组为充实调整组，明确了重点支持、重点保证对象，为科技目标进一步凝聚和科研系统进一步改革奠定了基础。

积极推进人事制度改革建立新的用人机制。实行了全员聘用合同制，占全所78%的职工与研究所签订了1～4年的聘用合同，将66人的人事关系移交人才中心或失业人员管理机构，使沈阳应用生态研究所初步建立起人员能进能出的用人制度。加大了吸引国内外人才的力度。以“百人计划”为契机，邀请国外留学人员来沈阳应用生态研究所考察，通过“百人计划”项目——“污染生态化学”（1998年度）和“应用生态学”（1999年度）的批准与启动，从国外吸引2名优秀人才来沈阳应用生态研究所工作；同时吸引其他博士、硕士来沈阳应用生态研究所工作；设立沈阳应用生态研究所创新人才基金，以稳定和加强沈阳应用生态研究所人才队伍。

在专业技术职务评聘上建立了竞争上岗，签约管理的竞聘机制，按创新试点所的模式，逐步向按需设岗，按岗聘任方向过渡。取消评委会，成立设岗招聘委员会；取消大指标，按沈阳应用生态研究所学科发展和任务、队伍建设需要，分学科、系列设置招聘岗位，突出重点学科。取消述职，采取竞聘上岗人员报告会，考察上岗人员对学科前沿的把握程度和潜在素质；实行签约管理、违约受罚、动态管理机制。并将上岗条件和岗位设置向高学历和年轻优秀人才倾斜，使沈阳应用生态研究所45岁以下研究员比例由36%上升到48%。

目前在国际科技机构中任职的有：肖笃宁研究员任国际景观生态协会第一副主席；曹同研究员任国际苔藓学会理事；王庆礼研究员任国际林联理事；张忠泽研究员任国际树木固氮学会理事；孙铁珩研究员任国际生态工程学会理事；区自清研究员任日本土壤肥料学会理事；姬兰柱研究员任奥地利维也纳昆虫学会理事；闻大中研究员任荷兰“Environment, Development and Sustainability”刊物编委。

另外，在全国省级以上学会中有理事84位、正副理事长21位。

1999年承担各类课题177项，其中国家攻关课题21项，国家自然科学基金重点基金1项，杰出青年基金1项，面上基金22项，参加重大基金2项，重点基金1项；院重大、重点、“百人计划”等项目39项；省市科委课题49项，国际合作课题7项；横向委托课题5项。全年有23个重点项目通过中期评估，“Vc新技术研究”通过成果鉴定达到国际领先水平。

其中国家“九五”攻关专题“低山丘陵半干旱区农林业持续发展与综合治理研究”，根据科学技术部、财政部318号文件精神，全面检查、总结“九五”以来攻关进展和完成情况，部署今冬明春工作任务，作好验收准备工作，迎接国家验收，同时对争取“十五”国家攻关任务充满信心。

在国家重点基础发展规划项目(973)“土壤质量演变规律与持续利用”中，沈阳应用生态研究所承担3个课题任务，即“黑土有机碳库变化规律与肥力培育机理”、“土岩界面物质交换对土壤健康质量的影响”和“土气界面碳、氮、硫的交换过程与全球变化的关系。”

中国科学院“百人计划”项目“我国环境中典型有机与无机污染物的生态化学研究”是环境生态学研究的前沿领域之一，对提示环境污染的本质具有重要理论意义，对生态环境治理有指导作用。

国家自然科学基金重点项目“环渤海三角洲湿地的资源动态、景观结构与区域可持续发展研究”，紧跟国际景观生态学前沿，不仅可以丰富和发展湿地学与景观生态学的理论，而且可以为国家制定环渤海经济圈的开发规划与生态环境保护战略提供决策依据。

1999年全所申报科研成果11项，其中“土地处理系统——城市污水处理革新/替代技术研究”项目，获国家科技进步二等奖1项。申请专利12项，实施专利8项，授权2项。全年共发表论文292篇，其中SCI收录论文7篇；出版专著7部，共294万字。

获国家科技进步二等奖的“土地处理系统——城市污水处理革新/替代技术研究”项目，突破了代三级处理局限，已形成替代传统二三级处理的完整技术体系，成为与常规水处理技术并行互补的新型水处理技术，整体研究水平达到国际先进水平。编写出我国第一本《城市污水土地处理利用设计手册》与第一部《城市污水土地处理技术指南》。10年来，已累计建成土地处理工程11个，日处理污水能力159 959m^3/天，分布于从内蒙古到云南的广大地区。

沈阳应用生态研究所技术开发公司本着“更新观念、理顺关系、变更体制、强化管理”的指导思想，大胆创新，注重实效，把工作重点放在技术转让、新产品开发和产业化方面。不仅圆满完成了全年各项经济指标，而且在技术转让等方面取得了历史性突破。国家一类新中药遗尿停，第二代降血脂高技术产品-血平及肥料专利技术均实施了技术转让。全年签定转让合同820万元，已到位430万元。完成产值430万元，比去年增长68%。实现利税82万元，比去年增长70%。上交所纯利润40万元，新增固定资产140万元。另上缴学院楼承包费40万元。

为了增强沈阳应用生态研究所技术创新能力，加快高新技术产业化的步伐，1999年沈阳应用生态研究所积极推进与企业和地方的合作共建，把筹建各种工程中心和推广中心作为工作重点。目前“沈阳生态环境技术研究推广中心”、“院新型肥料工程中心”、“中国绿色食品沈阳生产资料检测中心”的筹建均有实质性进展。可望在2000年获得批准。

以“禾康生物液”技术投入的合资公司“沈阳中科生物工程有限公司”运转顺利，初步打开了辽宁和山东的市场，1999年实现产值130万元。以“肥隆”技术投入为主组建的“沈阳绿谷生态肥料有限公司”顺利完成了股权交接与重新注册工作，合资方已到资金673万元，1999年销售额达380万元。这2个公司均被沈阳市科委授予“沈阳市现代农业科技企业”称号。此外，在创建沈阳市火炬型科研院所中，沈阳应用生态研究所被授予先进火炬所荣誉称号。

“四技”活动开展活跃，产生明显经济效益，先后在全国参加信息发布会和科技对接活动10余次，签定“四技”合同26项，协议10项，合同额达2132万元，入所经费450万元。充分发挥我所绿色食品监测中心的功能，扩大基地建设范围，全年实现合同额71万元，入所经费48万元。

1999年沈阳应用生态研究所通过合作研究、

考察访问、举办和参加国际会议等形式与世界22个国家和地区开展了国际学术交流。交流量达158人次。其中接待来访106人次，派出52人次。35人次参加国际学术会议，提交大会报告和论文37篇。3人赴塞内加尔领取第三世界科学院农业奖，并作大会特邀报告。1999年全所开展学术活动138次，184人次做报告。还成功地主办了“第三世界科学院中朝资源环境与生物技术”等4个国际学术研讨会和“全国第三届景观生态学”、“中国北方天然林保护”、“长白山站建站20周年开放10周年”等国内学术会议。不仅活跃了研究所的学术气氛，而且在国内外产生了重要影响。需要指出的是由中国科学院主持、沈阳应用生态研究所具体承办的2001年第12届世界肥料大会申请已获国务院批准。正与国家有关部门一起进行紧张的筹备工作。

绿色食品中国科学院沈阳环境监测中心和沈阳食品监测中心建在沈阳应用生态研究所。辽宁省生态学会、土壤学会、植物学会、沈阳生物工程中心、沈阳新型肥料研究推广中心挂靠在沈阳应用生态研究所。编辑《应用生态学报》、《生态学杂志》、《森林生态系统研究》等出版物。

沈阳自动化研究所

所　　长：王天然

地　　址：沈阳市东陵区南塔街114号（东区）
沈阳市和平区三好街90号（西区）

邮政编码：110015（东区），110003（西区）

联系电话：024-23892612（东区）
024-23891979（西区）

图文传真：024-23892603（东区）
024-23890557（西区）

电子函件：sia@ms.sia.ac.cn

网　　址：www.sia.ac.cn

中国科学院沈阳自动化研究所成立于1958年11月；1962年前的名称为辽宁省电子技术研究所，1972年前为东北工业自动化研究所，1972年正式定名为中国科学院沈阳自动化研究所。截止1999年底全所共有635人，其中科技人员461人，中国工程院院士1人，研究员37人，副研究员、高级工程师159人，中级科技人员190人。在学研究生85人，博士生26人，硕士生59人。另有博士后1人。

在1998年分类定位，结构调整的基础上，做为科学院1999年知识创新工程试点单位，先进制造技术基地的学科方向确定为制造科学，重点研究领域是智能机器和先进制造系统两个方面。随着基地建设的深入，这些目标和领域还会进一步凝炼与发展。1999年是沈阳自动化研究所建所以来实施各项制度重大改革的重要一年。围绕把基地建设成为在先进制造领域具有国际先进水平、在国内具有领先和带动作用的研究发展基地这一总目标，制定了2000年以前的阶段目标和年度计划。预计2000年底之前基地建设规模实现固定人员230人，流动人员280人。规划了基地运行由四个层次两个实体组成，即基础研究与探索、高技术攻关、示范应用、产业化四个层次。两个实体为基地核心部分与转制公司。四个层次采用不同的运行模式和考核标准。在创新基地建设的结构调整中，沈阳自动化研究所整体划分为三个部分，既基地核心部分的组建、新松公司的建立、园区与财务中心的组织。根据科学院批准的建设规模和学科方向，基地核心部分设7个研究室，既机器人学开放实验室；可重构制造系统研究室；自动控制系统研究室；光电信息研究室；自动化装备研究室；水下机器人研究室；CAD与网络系统研究室。而管理部门进行了大规模的调整，精减机构，将原来的12个处室调整为4个。经两级聘任，7名研究室主任平均年龄37岁。基地首批上岗189人，辅助岗61人，初步形成高效运行的组织结构。机器人技术国家工程研究中心、中国科学院机器人学开放研究实验室、沈阳市先进制造技术中心等设在所内。机械电子工程专业博士点、博士后流动站也设在此。作为沈阳自动化研究所改革的重要部分已将原有的机器人工程部、市场部、样机厂、实验厂转制为高技术公司，3月份筹建，5月份开始按公司机制招聘人员内部试运行，目前已有员工200人，预计2000年4月可完成公司注册的全部工作。

为了改善后勤管理水平，在5月末成立了园

区服务中心。中心对基地的核心部分和公司实行有偿服务，独立核算，聘任正式岗位70人，流动岗18人，临时岗30人。

人事制度的改革是基地建设的重要内容。1999年实行了全员合同聘任制和按需设岗，按岗聘任，末位淘汰制。改革了分配制度。原来的单一工资变为结构工资，包括基本工资、岗位津贴和绩效工资三部分。为了适应创新基地的要求，把培养和吸引高层次人才做为重要工作，落实了"百人计划"和吸引高级访问学者，鼓励竞争上岗，人员流动。

随着基地建设的深入，全所科研工作有序、高效运行。1999年度在研课题241项，其中纵向课题96项，横向课题124项，创新课题21项。全年新签合同额实现了历史上最高水平，首次突破1.4亿元，项目纵横比例达到4∶6，使沈阳自动化研究所在国家重大战略性、前瞻性、综合性研究方面所占的地位不断提高。

1999年全所在一级学报、核心期刊及国内外会议发表论文共79篇，编写专著4部，授权专利16项。王天然研究员等完成的"工业机器人研究开发及应用"项目获科学院科技进步特等奖。

1999年有美、英、德、法等国知名专家7人次来沈阳自动化研究所讲学，进行学术交流，在"CR-02"6000m自治水下机器人、最优控制理论研究、可重构制造、海底埋缆机、工业机器人等方面与俄罗斯、德国、法国、日本等开展了广泛合作。

沈阳计算技术研究所

常务副所长：林浒（主持工作）
地　　址：沈阳市和平区三好街100号
邮政编码：110003
电　　话：024-23894766
图文传真：024-23894766
网　　址：www.sict.ac.cn

中国科学院沈阳计算技术研究所创建于1958年8月30日，其前身是辽宁电子技术研究所。1960年7月，在原计算机专业的基础上，成立了中国科学院辽宁分院计算技术研究所。1962年12月，同辽宁物理研究所和吉林大学计算数学研究所主要部分合并为中国科学院东北计算中心。1967年10月，该中心划归国防科委第十五研究院领导。1970年7月，回归中国科学院；1972年8月，改称现名。

1999年年底人员构成情况：职工总数426人，其中科技人员总数319人、研究员级人员21人、副研究员级人员91人、中级人员117人。现有在学硕士研究生36人，在职博士3人。

学科方向及研究领域有：

计算机系统及软件、数控与现代制造、计算机网络与通信、电子对抗和工业自动控制等。

沈阳计算技术研究所是国家研究生培养单位之一，具有计算机组织结构、计算机软件和计算机应用等学科领域的硕士学位授予权，并已与高校联合培养博士研究生。

沈阳计算技术研究所电磁兼容检测仪器是辽宁仍至东北唯一的一台大型电磁兼容设备，参加了沈阳大型仪器公用网络。沈阳计算技术研究所的电磁兼容实验室于1999年5月通过了辽宁省技术监督局的质量评审，建立了"辽宁省电磁兼容检测中心"。在1999年9月由国家商检实验室CCIBLAC质量评审中，一次性通过国家商检局验收，建立了"沈阳商检局电子电器产品检测中心"。并开始承接进（出）口电子产品的检测任务。

1999年全年计划课题62个。其中国家攻关专题4个；中科院课题4个；省、市、分院课题12个；军工项目2个。

国家重点科技攻关项目——用于局域网的ATM交换机的研究与开发含4个专题。课题组织严密、管理有序，课题组的科技人员攻克技术难关，使任务进展顺利。整个项目的工作已接作尾声，均能按合同要求完成国家攻关任务。目前正在加强样机在实用系统中的运行考核，同时全面做好技术文档的撰写工作。不久将进行国家科委和中科院组织的验收工作。

该攻关项目形成的技术成果与产品——LT-302以太网交换机、LT-301基于ATM的以太网交换机和LT-303以太网ATM接入交换机不仅具有自主版权，而且具有非常广泛的市场前景，并且，已与有关企业结合尽快形成批量产品。

院企合作项目——高档数控系统改造企业进口设备，完成较好，收到了很好的经济与社会效益。该项目为沈阳黎明发动机制造公司改造了从法、美、德、日等国进口的多台大型数控装置。改造后的机床整体技术性能有较大改进，达到同类进口的新机床水平。例如，TFM160N法国立车数控化改造后，取得了明显的经济效益。承接加工国外转包1472件，每年200套，每件5000美元，年创汇100多万美元。

1999年签定横向合同25项，合同金额3000万元。

在技术开发工作方面，沈阳计算技术研究所以社会需求为目标，以市场为导向，对于有较大潜在效益的项目，在条件和资金上给予必要的支持。在课题立项时，既考虑到学术水平又注意实用性，分层次有步骤地选题，大大提高了课题成功率和科研成果的利用率，同时也保证了技术开发工作的连续性。

沈阳计算技术研究所与省、市企业合作的宗旨是面向行业，走与企业相结合的道路，发挥技术优势，以促进新技术新成果为企业的技术改造服务。如沈阳计算技术研究所自行开发的D-2000EPM电网电能量采集与管理系统，在其采集精度及功能的完备性、有效性和可靠性等方面，均达到电力部门设备验收标准。1999年在东北电网的一次、二次变电所、电厂和华北电网唐山电业局直属及自备电厂安装350套，取得了良好的经济和社会效益。

LT-9510高档数控系统是高档数控工程研究中心研制开发的五过程六轴联动高档数控系统。其性能优良，可与世界同类产品相媲美，1999年继续出口俄罗斯。其性能价格比在俄罗斯高档数控市场具有很强的竞争力。所领导和数控中心对这一国际合作项目十分重视，组织强有力的课题组，面对技术难度大、工期紧等困难，上下齐心协力，高质量完成了出口任务，为国产高档数控系统进入国际市场做出了贡献。

1999年全所取得科研成果（鉴定或验收）5项，申请专利5项，另有5项专利被授权。其中D-2000电网电能量采集与管理系统，通过了沈阳市经贸委组织的新产品样机鉴定。该产品是建立在微电子技术基础上的高新技术产品，是电网实现人工化和市场化的关键技术装置。该产品在技术上居国内领先地位，达到国际先进水平，可替代同类进口产品，具有很好的推广应用价值。国家经贸委授予1999年度国家级优秀新产品。目前已在东北电网大量应用。

沈阳计算技术研究所开发的卫生防疫站监督管理系统、高性能经济型数控机床控制系统，也分别通过了辽宁省科委和沈阳市科委组织的成果鉴定，其中的卫生防疫站监督管理系统获1999年度辽宁省科技进步三等奖。

沈阳计算技术研究所是省级专业学会辽宁省计算机学会的挂靠单位。编辑出版的《小型微型计算机系统》月刊，是中国计算机学会专业刊物之一，也是国内自然科学的核心期刊之一。

沈阳科学仪器研制中心

中心副主任：雷震霖
地　　址：辽宁省沈阳市和平区三好街96号
邮政编码：110003
联系电话：024-23921191
传　　真：024-12890572
电子函件：sales@ssidc.ac.cn

中国科学院沈阳科学仪器研制中心成立于1958年11月，几经易名，由原来的中国科学院辽宁分院五一二厂更名为中国科学院沈阳科学实验装备厂，代号沈阳五〇七厂，后又更名为中国科学院沈阳科学仪器厂，1991年10月，更名为中国科学院沈阳科学仪器研制中心。

沈阳科仪中心是以超高真空技术为基础，以研制科学前沿仪器为主体，以发展相关的工业和民用产品为两翼，面向高等院校和科研院所，面向大科学工程，面向工业、企业，并在国内具有一定知名度的科学仪器研制中心；是我国研制生产大型薄膜工艺设备、表面分析仪器、微米、纳米粉制备设备、专用仪器设备等各类科学仪器的生产基地。

40年来，沈阳科仪中心培养锻炼了一批综合素质高，相关学科齐全的科技队伍，形成了以真空、微电子、精密机械、电子光学、自动控制、计算机和科技管理、经营管理为主的科技开发和科技管理队伍，拥有一支具有较高水平的技术工人队伍，能够承担国家级高水平的科学仪器的研究和开发工作。

沈阳科仪中心下设6个研究室，3个技术开发部，中心现有职工381人，科技人员160人，其中研究员17人，高级工程师39人，工程师70人，助理工程师35人，博士生1人，硕士生4人，在学研究生1人。

1999年，沈阳科仪中心科研生产和经营创历史最好水平，实现总收入2302万元，其中完成销售收入1428万元，共签定合同185项。

1999年，沈阳科仪中心同辽宁省农科院、沈阳农业大学合作，开发研制出具有广阔市场前景的日光温室CO_2施肥设备。该项目的研制成功，解决了日光温室蔬菜中CO_2供应不足的问题，对提高蔬菜产量，改善蔬菜外观和内在品质，提高经济效益将起到积极作用。

1999年，沈阳科仪中心研制成功了为溅射镀膜设备提供射频能量的射频电源，500W和1000W射频电源样机经过在有关研究室镀膜设备上试验，效果良好，使沈阳科仪中心又形成了一个新的经济增长点。

1999年，沈阳科仪中心与日本机工公司进行了干式真空泵应用方面的项目合作，它将对真空及相关行业生产，彻底解决真空仪器设备因使用油封式机械泵而产生的油污染问题，极大地提高真空仪器设备的性能和产品质量。

1999年，沈阳科仪中心在市场营销方面积极努力，加大投入，参加了国际新材料会及学术会、协会等会议，深入了解真空分析仪器最前沿的知识和市场，与到会的专家进行广泛交流，扩大影响；积极组织参加了99TEC真空展和10初由国家外经贸部、信息产业部、科学院在深圳举办的首届国际高新技术成果交易会。沈阳科仪中心参展的JGP560多功能磁控溅射设备和烟支滤棒物检综合测试台在广交会上得到有关行业专家的称赞和注意。

1999年，沈阳科仪中心管理工作有了较大进展。双模双控即模拟法人、模拟市场的运行机制逐步完善。对三项费用（资源占用费、服务管理费、行政服务及社会公益费）、部门费用、工资发放进行了较大的调整。

通过了ISO9001质量体系认证，经过一段时间的试运行，职工质量意识增强，质量管理严密，表明质量管理上了新的台阶，产品质量有了较大提高。

1999年，在“辽宁省精密仪器工程中心”的基础上，沈阳科仪中心又进行了组建“国家级真空仪器装置工程中心”的准备和申报工作。8月份国家科委、科学院、省科委、沈阳分院等组成的专家组进行了实地考核，在听取沈阳科仪中心的汇报后，对申报国家级真空仪器工程中心的可行性进行了论证、评议和打分。目前，组建国家工程中心的申报材料已上报国家科技部，通过进一步考核，等待科技部最后意见。

1999年，中科院对其所属的4个科仪中心和6个研究所下发了要求转制的文件后，沈阳科仪中心从7月份开始，经过一系列的准备工作，年底向院正式递交了沈阳科仪中心转制为有限责任公司的请示报告。

1999年，沈阳科仪中心研制的激光镀膜设备被评为国家重点新产品；档案真空处理罐获辽宁省档案局科技进步一等奖。

在国家实施“科技兴国”战略和科学院实施“知识创新工程试点”形势下，沈阳科仪中心将进一步深化改革，调整结构，加强科学管理，发展高技术，实现产业化，建立现代企业制度，大胆创新，为促进我国科学仪器行业的发展，科技的进步，经济和社会的发展做出更大的贡献。

海洋研究所

名誉所长：曾呈奎
所　　长：相建海
地　　址：山东省青岛市南海路7号
邮政编码：266071
电　　话：0532-2879062
传　　真：0532-2870882
电子函件：iocas@ms. qdio. ac. cn

中国科学院海洋研究所始建于1950年8月，前身为中国科学院水生生物研究所海洋生物研究室；1959年1月扩建为中国科学院海洋研究所，是我国规模最大的多学科综合性海洋研究机构。全所现有职工650人，其中科技人员475人，中国科学院院士3人，中国工程院院士1人，第三世界科学院院士1人；研究员70人，副研究员、高级工程师98人，中级科技人员218人；在读博士生89人，硕士生68人，在站博士后14人。

海洋研究所主要以物理海洋学、海洋地质学、海洋生物学、海洋化学和海洋环境科学为基本学科，紧密围绕着海洋资源环境可持续发展和全球变化这两大核心问题，在"海洋动力过程及其资源环境效应"和"'蓝色农业'优质、高效、可持续发展"2个重点研究方向下，优先开展实验海洋生物学与生物技术、海洋生物区系与生态、海洋环流及其相关动力过程、海洋地质动力过程与古环境等4个重点领域中的基础性、战略性、前瞻性研究。设有海洋生物学、海洋地质、物理海洋学和海洋化学4个博士点；海洋生物学、水产养殖、渔业资源、海洋地质、物理海洋学、海洋化学、环境科学和气象学8个硕士点；还设有海洋科学博士后流动站。设置了物理海洋学、海洋地质与地球物理、海洋生物分类与系统演化、海洋生态学、海洋增养殖生物学、海洋化学、海洋应用生物化学、海藻化学、海洋金属腐蚀与防护、海洋环境科学、海洋技术与仪器等11个研究室；3个院属重点实验室（站）：实验海洋生物学开放研究实验室、现代海底热液活动研究青年实验室和胶州湾生态系统研究站；3个所属重点实验室：海洋环流与海气相互作用研究实验室、海洋生态毒理实验室和遥感海洋学实验室；3个研究发展中心：海洋生物技术研究发展中心、应用海洋化学工程研究发展中心和海洋环境工程技术研究发展中心；并与美国乔治亚大学联合成立了"中美联合海洋生态系统动力学数值模拟开放实验室"。

海洋研究所除设有海洋图书信息中心、网络中心、分析测试中心外，还拥有可进行海洋生物活体培养研究的大型海洋生物培育楼；拥有67万余号标本的我国最大的海洋生物标本馆。此外，还有一支包括"科学一号"、"金星二号"在内的综合海洋科学考察船队。

海洋研究所在1999年知识创新工程试点工作中进一步凝练了学科目标，并努力加快改革步伐，成立了"知识创新工程咨询委员会"，试行了首席研究员与责任研究员聘任及绩效津贴等一系列新举措。院级实验海洋生物学开放研究实验室在全院资源环境领域国家级重点实验室和院级开放实验室进入知识创新工程试点评估中取得良好成绩，在全部的10个国家重点实验室和14个院开放实验室中排名第9，顺利进入了院知识创新工程试点。海洋生物标本馆建设及海洋生物分类区系研究方案通过了院组织的专家评审，并被列为中国科学院的重点标本馆建设项目，扩建为中国科学院海洋生物标本馆，成为院知识创新工程试点的一部分。

1999年海洋研究所在《国家重点基础研究发展规划》项目争取上取得了可喜的成绩。在3项海洋项目中作为项目首席科学家所在单位主持了"海水重要养殖生物病害发生和抗病力的基础研究"项目，并在另外2项中占有重要位置，一共主持了10个课题。此外，还争取到国家自然科学基金16项，总经费380万元；其中杰出青年基金2项，重点基金1项，名列海洋科技界诸单位的前茅。

1999年海洋研究所共主持国家"九五"科技攻关项目11项专题；国家"863"项目11项课题；国家"攀登计划"B项目3项二级课题；国家自然科学基金52项，其中重大基金项目二级课题2项、重点基金项目3项、杰出青年基金3项、主任基金项目1项、面上基金项目43项；另外，还有国家专项2项。

由曾呈奎院士主持的国家"攀登计划"B"海水增养殖生物优良种质和抗病力的基础研究"项目，经过历时5年的努力，取得了大量的成果，共发表论文357篇，编写出版了"海水增养殖生物优良种质和抗病力的基础研究"系列专著7册，以及有关学术专著5册；先后获省部级奖励5项，申请专利5项。项目进行期间，成功举办了多次国际学术会议，与近10个国家开展了多项国际合作；还培养了数十名研究生和学术骨干，许多参加该项目的青年研究人员已成为国家海洋"863"、"973"项目的学术带头人和骨干。该项目于1999年12月圆满通过科技部组织的验收，评价为国际先进、国内领先。

在所承担的国家海洋“863”项目“819”主题中，重点课题“对虾育种育苗和性控技术研究”发展了用流式细胞计检测对虾染色体倍性的技术，进行了对虾三倍体的诱导条件优化和三倍体生物特性的研究，并开展了中试规模的对虾三倍体育种育苗和全雌虾苗的生产，为大规模、高效率生产高产、优质、抗逆性强的养殖对虾新品种奠定了基础；另一个重大产业化课题“优质甲壳质、壳聚糖工业化生产新技术”研究开发出的纯天然新型生态农药浸种剂——“农乐一号”，经国内大面积推广示范证明，这种浸种剂无毒、无害、无污染，农作物抗病增产效果明显，是一种有广阔应用前景的新型生态农药。

1999 年全所共完成论文 180 余篇，在国内外学术刊物上发表约 140 篇；公开出版科技专著 7 部；申请国家专利 5 项，获批准专利 2 项；获中国科学院科技进步三等奖 1 项。

1999 年海洋研究所与国外有关科研机构开展了卓有成效的合作。目前正在执行的长期合作研究项目有 15 项，其中较重要的有：中美“对虾基因作图和优质抗病遗传标记技术”、中俄“红藻多糖药用价值的研究”、中日“东海物质通量联合研究”，以及中美“海洋与渔业科技合作”的重要项目等。通过合作，不仅获得了一批高水平的科研成果，还培养了一批年轻科研骨干和学术带头人。

1999 年 10 月，由海洋研究所在青岛成功主办了第四届国际亚洲海洋地质学大会（Fourth International Conference on Asian Marine Geology），来自亚洲、欧洲、北美洲、澳洲的 17 个国家的 72 名科学家和中国 69 名科学家及台湾省 4 名科学家参加了大会。目前该所在国际组织中任职数有 9 人次。

挂靠海洋研究所的学会有“中国海洋湖沼学会”，以及“山东省腐蚀与防护学会”、“青岛市植物学会”、“青岛市动物学会”、“青岛科技编辑学会”、“青岛市分析测试学会”等。

编辑出版物有《海洋与湖沼》、《海洋科学集刊》、《海洋科学》等中文学术刊物和英文期刊“Chinese Journal of Oceanology and Limnology”等。

长 春 分 院

院　　长：**黄长泉**
地　　址：**长春市人民大街168号**
邮政编码：**130022**
联系电话：**0431-5384195**
图文传真：**0431-5384068**
电子函件：**ccb@ms.ccb.ac.cn**

中国科学院长春地区的科研单位始建于解放初期，历经半个世纪的沿革，作为中国科学院的派出机构，长春分院在吉林、黑龙江的院属科研机构有：长春应用化学研究所、长春光学精密机械与物理研究所、长春地理研究所、黑龙江农业现代化研究所及长春人造卫星观测站。经过50年的发展，中国科学院在吉、黑两省的科研机构已形成理、化、天、地、生等基础科学领域及相应的技术科学领域的综合优势，包括光学物理与工程（发光学、现代应用光学、光学工程、信息显示技术、微纳科学与技术、医用光学、先进加工制造技术）；化学与工程（稀土信息和能源材料、特种结构和功能高分子材料、聚合反应和加工工程、现代分离分析方法和技术）；自然与社会协调发展相关科学与技术（湿地科学、区域经济、环境、生态和农业可持续发展、环境友好化学、卫星动力学与卫星观测、遥感技术及应用）。

长春分院各所、站设有应用光学、国家重点实验室、高分子物理与化学国家重点实验室，以及稀土化学与物理、电分析化学、激发态物理、遥感等一批中国科学院开放研究实验室（站）。此外，以各所、站的研究发展力量为支撑，建立一批产学研结合的工程研究发展中心，如北方液晶研究开发中心（中科院与吉林省共建）、中科院湿地科学中心、长春应用化学研究中心（吉化集团公司、吉林大学、长春应化所共建）。

长春分院共有职工3073人，其中科技人员2791人（高级833人、中级1338人、初级545人）。吉林、黑龙江两省共有中国科学院院士17人，由设在分院的"学部联合办公室长春联络处"负责联络。分院各所、站在学研究生568人（其中博士生、硕士生分别为309人，259人），另有博士后50人，设有博士点10个，硕士点18个，博士后流动站4个。长春分院各所站全年承担课题464个（其中国家级课题333个，地方课题71个，其他课题60个，全年鉴定科技成果66项，获国家、省、院、部级奖励的科技成果21项，申报专利118项，获准授予专利权70项。分院27个较大企业及公司，1999年总产值2.5亿元，实现总收入2.2亿元，创利税6500万元。1999年，分院各所申报并被批准吉林省科技立项32项，获取三项费用284万元。长春分院现有国家级突出贡献专家11人，院、省级有突出贡献专家37人，跨世纪优秀科技人才29人，有5人获中国科学院青年科学家奖，有4人被选入国家"百千万人才工程"，有215位同志获吉林省政府颁发的"吉林英才奖章"，有347位同志享受国务院政府特殊津贴。

长春分院遵循中国科学院办院方针和知识创新工程试点的统一部署，发挥派出机构的宏观调控作用，推进长春光机与物理所以知识创新工程试点为目标的合作改革，支持长春人卫站进入国家天文观测中心，推动院知识创新工程重大项目"东北农业高新技术研究与示范"在吉黑两省的实施。一年来，各所、站力度明显增大，研究所的综合实力得到加强。

1999年，长春分院以地方经济建设和社会发展需求为导向，发挥知识创新和技术创新的整体优势，通过院地共建高新技术产业、共建研究发展中心、共建农业科技示范园区，推进以成果转化和高新技术产业化为中心的院地合作。以中科院和吉林省共建的“北方液晶研究开发中心”为技术依托，吉林省继1997～1998投资2.88亿元建成生产SIN-LCD和TFT-LCD的“紫晶公司”外，1999年又筹资13.2亿元建成生产TFT-LCD的先导工程（彩晶公司）。后者是生产5英寸至16.1英寸高分辨率彩色薄膜晶体管液晶显示屏和显示模块的高科技企业，1999年12月底生产线全线贯通，预计2000年7月开始批量生产（月生产能力10.4英寸×3000片）。长春光机与物理研究所40多名科技人员进入“彩晶公司”和“紫晶公司”，分别担任技术总监、副总经理、分厂厂长和技术开发部门负责人。吉林省已将液晶显示及其下游产品作为该省新的支柱产业和新的经济增长点加以培育。此外，稀土顺丁橡胶在锦州石化万吨级生产线试生产成功，可满足高速公路对子午轮胎的需求；HIPS改性树脂开发了冰柜、电视机、计算机和汽车四大类工程塑料系列产品，在吉林、抚顺、深圳、汕头等地建有8条生产线；半导体泵浦全固体绿激光器（在长春新产业公司）、辐射交联发泡塑料（在青岛开发区）、PVC光可控农膜（在吉林市塑料厂）、LLDPE农膜专用料（在吉化公司）等均已建厂并投产，经济效益显著。

长春分院还以集成的科技投入，以海伦、德惠、柳河为科技示范基地，在吉黑两省开展了中低产田改造、玉米及大豆大面积高产攻关、小流域综合治理、绿色农业产品、农用新材料、高效化肥、玉米、大豆、蓖麻的深加工、农作物产量及农业灾害遥感监测与评估，为东北区域农业生态建设与持续发展作出了贡献，连续9年被地方政府授予“科教兴农”先进单位。

长春分院直属单位和公司有：长春分院分析测试中心、长春分院计量站、中国科学院长春专利事务所、长春分院管理干部学院、吉林广播电视大学长春分院工作站、长春科技设备开发中心、长春分院科技新产品展销公司。长春净月遥感实验站隶属长春分院，吉林省遥感协会挂靠在长春分院。

长春光学精密机械与物理研究所

所　　长：曹健林
地　　址：长春市人民大街140号
邮政编码：130022
电　　话：0431-5687215（总机）
0431-5686367（综合办）
图文传真：0431-5682346
电子函件：dongpr@ciom.ac.cn
网　　址：www.ciom.ac.cn

中国科学院长春光学精密机械与物理研究所（以下简称长春光机所）是1999年在中科院大范围研究所结构调整过程中，根据院党组的统一部署，由中国科学院长春光学精密机械研究所（前身为始建于1952年的中国科学院仪器馆和始建于1953年的中国科学院机械电机研究所）与中国科学院长春物理研究所（前身为始建于1958年的中国科学院吉林分院技术物理研究所）经科学整合而成的。是中国科学院规模最大的研究所。1999年8月，长春光机所成为中科院知识创新工程试点单位，在该年度全院110个研究所的综合评价排名中位列第一。

全所现有职工2558人，其中有中国科学院院士3人，研究员123人，副研究员和高级工程师、高级实验师350人，中级专业技术人员799人。现有博士生导师75人，在学博士研究生146人，硕士研究生99人。另有在站博士后20人。

长春光机所是以知识创新和高新技术创新为主线，从事基础研究、应用基础研究、工程技术研究以及高新技术产业化的多学科综合性基地型研究所。优势学科领域包括：发光学、现代应用光学、光学工程、信息显示技术、微纳科学与技术、医用光学、先进加工制造技术。

长春光机所是国务院学位委员会批准的首批博士、硕士学位授予单位，被确定为中科院博士生重点培养基地，并拥有博士生导师自审批权。现有光学、凝聚态物理、光学工程、机械制造及其自动化学4个博士学位授予权，有光学、无线电电子学等7个硕士学位授予权，有博士后流动站3个。1999年有14位研究生获各类院级奖励。

长春光机所科研工作布局分基础研究、应用基础研究和工程技术研究三个方面。基础研究领域设有激发态物理院开放实验室，主要从事固体中稀土离子的激光光谱学和低维半导体发光物理学的基础研究工作；应用基础研究领域包括应用光学国家重点实验室、发光材料与器件研究室、信息显示技术研究室和微机械与集成光学研究室，主要从事短波光学、衍射光学、光学CIMS、稀土发光材料、平板显示技术等应用基础研究工作；工程技术研究领域包括空间光学研究部、精密机械与特种工艺研究部、光谱技术研究部等10个部/室，主要从事空间光学技术、特种薄膜技术、图像显示技术、微纳机械科学与技术等研究。

1999年是长春光机所改革力度最大、成效最为显著的一年。原长春光学精密机械研究所与原长春物理所在多年不断深化改革的基础上，抓住中科院进行大范围研究所调整和实施国家知识创新工程试点工作的有力时机，全面完成“两所”整合，顺利实现优势互补，整体进入知识创新工程试点单位行列，从而走出了一条以整合促创新、以创新求发展的新型改革发展之路。

结构调整方面，按照“建设集高技术创新研究和高科技企业为一体的长光集团”的发展战略，建立了由创新研究基地和工程技术研究基地组成的富于创新活力的15个研究部/室，招聘了精干、年轻的部/室领导队伍（平均年龄38岁，比调整前降低15岁），合理配置研究力量，凝炼提升10个创新目标；建立了精干高效的管理机构（设立6个处/室，人员总计61人，全所职工总数的2.3%）和逐步社会化的后勤与支撑系统（3个“中心”）；对产业系统各企业进行调整和重组，加大管理改革力度，为下一步“长光集团有限公司”的建立打下基础。

运行模式方面，实行按需设岗、按岗聘用、公开招聘、竞争上岗、流动更新的用人制度；实行全员聘用合同制；建立多指标综合评价为基础的目标考评制度；实行以“三元”工资为基础的绩效挂钩分配制度；实行项目专家负责制；工程技术研究基地实行部/室一级成本核算。

通过按照知识创新工程要求所进行的改革，建立了更为科学合理的体制、机制，有效实现了管理队伍的精干化、年轻化。提高了科研队伍的管理水平和创新能力，增强了后勤服务及产业系统的生存和发展能力。

1999年，长春光机所列入科研计划的项目共277项，比去年增加38.5%，按计划执行252项，计划完成率达90.9%，比去年高出3.9个百分点。其中国家基金项目20项、“863”项目29项、中科院重点项目27项、军工项目129项、其他项目72项。全年共签定合同170项，合同总金额1.25亿元。申请专利65项，获授权专利60项，均创历史最好水平。一大批有重大影响、代表领域发展方向和国家水平的大项目的方案论证、项目承揽、组织管理、研制生产及关键技术攻关等工作取得重要进展。

1999年，长春光机所获国家科技进步奖二等奖1项（高精度光学非球面数控加工技术及非球面数控加工机），国家科技进步奖三等奖1项（高精度测开线样板），院发明奖三奖等1项（玻璃中稀土离子上转换发光研究），院科技进步奖二等奖2项（LCT-5016液晶件参数综合测试仪、活体指纹仪），院科技进步奖三等奖2项（海洋水色CCD成像仪、GJ-141校经纬仪）。全年发表学术论文352篇，其中在国外刊物上发表45篇。

1999年，长春光机所根据“组建长光产业集团”的发展战略需求，按照现代企业制度的具体要求，结合所产业发展的实际对各企业进行了调整和重组，使产业系统在吸纳近百名转岗分流人员的同时实现了跨越性发展。以工厂、新奥公司为代表的传统加工产业实现了收入和利润的突破性增长。以光材部的光学玻璃、电印中心的激光照排机为代表的一些传统产品出现了供不应求的局面。部分高技术企业在增加产值、提高质量、扩大市场等方面取得了可喜的成绩：长春光机所液晶中心为吉林省“九五”一号工程项目——液晶显示器生产线的成功运行（造出了质量达到日本“东芝”同类产品水平的“华夏第一屏”）作出了重要的贡献；新产业公司扩大了生产规模，开发了工业级全固体绿激光器，被国家计委列入产业化示范工程，得到拨款和贷款近千万元；光谱公司开发了激光美容仪等新产品，人均完成产值10万元，比1998年增加1.5倍；希达公司在LED显示技术开发和市场拓展上取得新的成绩，产值和销售额均有一定提高；九龙公司完成了股权转移交接工作，更具实力的新的合作伙伴——大连信托投资公司与我所已初步建立了良好的合作关系；科技总公司半自动生化分析仪在全省医疗器械产品中崭露头角，被省医药管理局、省药品监督管理局命名为吉林省知名医药产品，其中CA958H型在吉林省卫生厅医疗器械政府采购中一举中标；奥玛公司实现了与原11室的整合，增加了固定资产投资，开发了高折射率镀膜材料，市场赢利能力有明显提高；数显中心获得国家科技型中小企业技术创新基金管理中心70万元无偿资助，首批49万元已经划拨到位。

长春光机所还积极利用社会资源，继续推进科技成果产业化工作。与苏州机械控股集团公司、苏州一光仪器有限公司及苏州留学人员创业园合资组建的苏州长光科技发展有限公司已挂牌营业，为在发达地区发挥长春光机所的科技优势开辟了一个窗口，长春光机所激光减肥中心和北京中青旅创格科技有限公司合资，合作方已投入现金100万元，双方科研成果各作价100万元，以此促进激光减肥治疗仪产品的技术开发和市场开拓。1999年，长春光机所产业系统实现产值1.2亿元，创历史最好水平。到1999年底，长春光机所对产业系统的战略性调整已初见成效，实现“组建长光产业集团”的战略目标已为时不远。

1999年，长春光机所的国际合作与交流工作取得了很好的成绩，与美国、英国、法国、德国、俄罗斯、日本、越南、韩国、乌克兰、波兰和我国港澳台等十几个国家和地区建立了广泛的交流合作关系。先后与俄罗斯科学院西伯利亚分院半导体物理所、自动化电计量研究所、激光物理所等单位签订了8项技术合作协议，派出人员参加国际会议、技术考察、学术访问、合作研究达42人/次，邀请来访的国外专家和学者达71人/次。日趋活跃的国际合作与交流活动促进了长春光机所科研开发工作的开展。

人才引进和培养工作也有了明显的进步。落实“百人计划”2人，吸引留学回国人员7人，引进高级访问学者3人，吸纳硕士、博士研究生留所工作5人。全年举办各类工人技师及按质量体系要求对特殊岗位人员的培训班14个，参加培训人员500余人。

长春光机所是中国空间学会机械分部、中国物理学会发光分会、吉林省光学学会、吉林省机械工程学会传动分会、吉林省机械工程学会设计分会、长春市仪器仪表学会等的挂靠单位。编辑出版有《光学精密工程》、《发光学报》、《液晶与显示》、《光机电信息》、《中国光学与应用光学文摘》、《国外科技资料目录——光学和应用光学》等学术刊物。其中《光学精密工程》已实现一刊三版（印刷版、电子版、网上版）全文向国内外发行，并被中国高等院校自然科学学报研究会作为优秀期刊推荐给《英国科学文献》；《发光学报》连续两年被《中国核心期刊要目总览》评选为物理学类核心期刊，并被初选为第三版物理类的核心期刊。长春光机所还与上海光机所合办《光学学报》。

长春应用化学研究所

所　　长：李滨耀
联系地址：长春市人民大街159号
邮政编码：130022
联系电话：0431-5682801（总机）
0431-5687300（所办）
传　　真：0431-5685653
电子函件：ciac@ns.ciac，jl.cn

中国科学院长春应用化学研究所（以下简称长春应化所）是1948年长春解放后，在伪满大陆科学院的基础上建立，隶属于东北行政委员会工业部，称“东北工业研究所”。1949年更名为“东北科学研究所”。1952年8月归属中国科学院，改称“中国科学院长春综合研究所”。1952年12月，与从上海迁至长春的中国科学院物理化学研究所合并，1954年6月命名为中国科学院长春应用化学研究所。历任所长有武衡、吴学周、王佛松、倪嘉缵、汪尔康院士。

全所现有职工1051人，科技人员772人，中国科学院院士5人（倪嘉缵、王佛松、黄葆同、汪尔康、苏锵），第三世界科学院院士2人（汪尔康、董绍俊），研究员99人，副高级科技人员165人，中级科技人员373人；在学研究生276人，博士生140人，硕士生136人，另有博士后18人。

长春应化所的研究领域是高分子材料科学，稀土功能材料，农业和环境友好化学，结构和分析化学。在基础性研究、应用研究、高技术创新和产业化等不同层次开展科技工作，是以高技术创新为主的综合性化学研究所。

长春应化所是国务院学位委员会首批授权培养博士、硕士和博士后流动站的单位之一，1996年被中国科学院批准为首批博士生重点培养基地，享有化学一级学科和5个二级学科（高分子化学与物理、无机化学、分析化学、物理化学和有机化学）硕士和博士学位授予权。

今后发展方向是针对国民经济建设和国防建设的需要，运用化学的基本原理和方法，借助其他学科的最新成果，研究解决材料、信息、能源、生命、农业和环境领域中与化学相关的科学和技术问题，重点发展高分子和稀土新材料在分子，介观、微观等不同层次上阐明材料组成、结构、状态和性能、功能之间的关系，创造有自主知识产权的材料设计、合成、加工和分析的新理论、新方法，为科技先导型企业的创办和大中型企业的技术进步提供高新技术。

目前，长春应化所设立有高分子材料科学部、无机和稀土功能材料部、环境友好化学部及结构和分析研究中心。内含4个开放实验室和3个研究中心。开始实行以专业实验室/中心、研究/项目组为管理、运行和核算的基本单元。

中科院稀土化学与物理开放实验室：1987年10月成立，主任张洪杰博士、研究员，副主任赵大庆博士、研究员，学委会主任徐如人院士。重点研究方向是稀土固体化学、稀土生物无机化学、稀土分离化学。

中科院电分析化学开放研究实验室：1989年4月成立，主任杨秀荣博士、研究员，学委会主任俞汝勤院士。重点研究电分析化学的基础问题、生命科学中的电分析化学研究、电分析化学的高科技应用。

高分子物理国家重点实验室：1989年4月建立，主任徐懋研究员（中科院化学所），副主任周恩乐研究员和何天白研究员，学委会主任姜炳政研究员。1999年在中科院高分子物理开放室基础上升级为国家重点实验室。重点研究方向是高分子凝聚态结构、多组份高分子体系、高分子材料物理和高分子加工中的物理问题。

中科院、中国石化总公司高分子化学联合开放实验室：主任王佛松院士，副主任王利祥博士、研究员、学委会主任洪定一教授级高工。主要研究方向为立体控制的合成和聚合、功能高分子、生物相关高分子。

长春应用化学科学研究中心：1994年7月经吉林省政府批准成立，由吉化集团公司、吉林大学、长春应化所联合组建，是具有“产学研”结合与学科交叉渗透特点的科研中心。主任汪尔康院士，学委会主任沈家骢院士。当前主要结合吉化集团公司生产发展的需要，开展“香兰素新合成路线”、“橡塑加工和应用”、“茂金属催化剂”等重大攻关研究。

国家电化学和光谱研究分析中心：1990年经国家科委批准建立，是国家级的研究分析测试中心。1991年和1996年分别通过国家技术监督局和国家科委组织的计量认证。主任吴明嘉博士、研究员，副主任陈杭亭博士、副研究员，石威副研究员，总工姚金玉研究员。重点研究领域为超纯和痕量分析、ICP-光/质谱分析等。

长春分析仪器研究和技术开发中心：

1996年7月经吉林省科委批准，与吉林大学联合组成。主任朱果逸硕士、研究员，副主任李在雄硕士、工程师，总工钟彩元研究员。当前主要任务是研制和开发高性能电化学综合测试仪及免疫电化学测试仪。

1999年长春应化所主要采取的改革措施和效果：

1. 上半年完成了对管理机构的调整，并实行了经费包干；

2. 3个开放室顺利通过国家评估，高分子物理开放室因连续两次评优，进入国家重点实验室行列；

3. 4个开放室初步完成知识创新工程的重组，被批准进入试点，而后基本完成答辩上岗工作；

4. 4个研究部初步完成结构的调整，正在根据中科院要求按照“三性”标准进行目标的凝炼和提升工作；

5. 长春应化所在院高技术口的基地型研究所排名第三，全院排名第十九（绩效和状态双A）；

6. 综合档案被授予全国档案工作优秀集体；

7. 国内论文发表数继续领先，国外发表论文质量有所提高；

8. 后勤服务中心和幼儿园完成企业法人注册；

9. 在职人员人均经费收入在1996年初基础上增长117.6%，离退休人员人均收入增加74.69%；

10. 通过“三讲”验收，送党校培训积极分子17人，发展新党员18人；

11. 化学合成楼完成主体建设，计算机局域网工程教工验收，规模和设备性能属院内一流水平，财务管理实现办公自动化和上网查询；

12. 新建并完工两栋职工宿舍1.2万平方米，分别被评为省优和市优。

1999年争取主要科研任务65项，其中国家基金21项，国家攻关2项，“973”2项，“攀登计划”项目2项，中科院重大项目4项，地方项目34项。由长春应化所承担的国家“九五”重点科技攻关课题“HIPS改性树脂的工程化技术开发”，1998年通过由中科院组织的验收，并形成了8条工业化生产线，达到2万吨生产能力，产值2亿元以上。2001年将达到7万吨，其产品推广到科龙、万宝、新飞集团、深圳长城计算机公司等几十个企业。主要用于空调制冷行业保温用的“辐射交联聚乙烯发泡管”，是国际上继日本之后第二个拥有同类产品知识产权的高科技产品。已申请专利2项，获权1项。1999年列为吉林省重点产业化项目，并获1999年国家中小企业创新基金支持62万元，长春应化所投资2000万元在青岛建成年产2500万米的生产线，并已正式投产，产品主供海尔、海信集团使用。

1999年长春应化所获院部级奖励3项，鉴定成果12项。专利申请42项，获权19项。获国家杰出青年基金1项，1999年发表论文533篇，国内发表论文数连续第十一年列国内科研机构之首，国际登录和引用也名列前茅。“电化学强吸式气体传感器”与台湾茂发厚生科技股份有限公司签订了120万元，5种气体，17个型号的电化学传感器专利实施许可合同。目前已完成人员培训及技术转移，并已生产出部分合格产品。与锦州石化公司合建的“合成橡胶研究开发中心”，主要围绕稀土橡胶工业化技术开发和新型橡胶品种开发，锦州石化每年提供30万元运转费，项目费用另议。现已在万吨级装置上生产出200吨稀土顺丁橡胶，受到用户好评，2000年将在万吨级装置上进行2000吨的扩试。

截至1999年，长春应化所拥有一批控股、参股、独资或股份合作制企业，如长春热缩材料股份有限公司、长春高祥管道公司、特种化学功能材料厂、长春应化所进出口贸易公司、长春应化实验化工厂等。长春应化所1999年从企业得到的各种回报收入超过1000万元。

1999年，长春应化所承办了第七届国际电分析化学讨论会和国际应用化学研讨会，外宾40多人。继续巩固80年代以来建立的与美、英、德、日等24个国家的43个研究所及高校建立的合作与交流关系。1999年引进项目申请资助42万元，申报院级项目13项，其中日本学术振兴会3项，英国皇家学会2项，德国马普学会6项，意大利CNR项目3项，接待外宾来访227人次，办理出国手续109人次。

在人才培养方面，研究部、研究室主任（或主持工作的副主任）均由年轻的研究员或副研究员担任，大多数同志表现出较高的学术水平和管理能力。一人入选国家杰出青年基金，2人入选“百人计划”长春应化所在经费、实验条件、队伍及家属安排上均予以适当安排。招聘研究员、副研究员15人。按院知识创新工程要求确定一级岗位的初选名单51人，并开始发放岗位津贴。对重点学科方向的研究骨干坚持向国内外实行择优招聘制度，其中“光电连接高分子材料”项目聘任海外科学家程正迪和王植源为首席科学家。重视研究生教育和培养，保持每年招收硕士生、博士生40～50名，博士后10人，继续用好“应化所研究生教育基金”，实行“研究生助研制度”和“在职申请学位制度”人事档案管理通过国家一级验收。

长春市化学会、中国化学会应用化学委员会和分析化学委员会挂靠在长春应化所。受中国化学会委托，编辑出版《分析化学》（月刊）、《应用化学》（双月刊）两个科技核心期刊，其中《分析化学》1999年被列入国家优秀期刊。

长春地理研究所

常务副所长：邓伟（法人代表）
联系地址：长春市工农大路16号
邮政编码：130021
联系电话：0431-5653052
图文传真：0431-5652931
电子邮件：ccig@ms.ccb.ac.cn

中国科学院长春地理研究所是中国科学院设在东北地区的综合性地理研究机构。成立于1958年8月，1998年底共有职工237人，其中研究员29人，副研究员49人，中级64人，现有在学博士生35人，硕士生31人。现设有三个研究中心、一个自费开放实验室和二个野外台站，即湿地过程与环境开放实验室（自费）、遥感与地理信息系统应用研究中心、环境研究室、区域发展研究中心、净月潭遥感实验站、三江平原沼泽湿地生态试验站。其中净月潭遥感实验站为院开放实验站，也是我国唯一的遥感实验站，三江平原沼泽湿地生态试验站为中科院台站网络的29个基本站之一。

1999年，长春地理研究所承担和完成了许多重要的科技任务，为国民经济和社会发展以及国防建设做出了应有的贡献。

长春地理研究所为中国科学院定位试点单位。主要研究方向确定为全国湿地研究和东北区域环境与农业可持续发展研究，重点研究领域为湿地环境与生态、区域农业与持续发展、环境地理学和遥感信息技术应用。在人事制度改革方面，在全院率先实行职称聘任制，打破了职称评定的大锅饭，实行了“按需设岗，按岗聘任，公开招聘，竞争上岗”，一年来，在体制上进行大的改革实践，所里成立了长春地理所“知识创新工程”领导小组，下设综合方案办公室，宣传报道办公室和园区规划办公室，制定了所区发展规划、改革总体方案，创办了《改革与创新之声》，制定了“长春地理所机关与支撑系统改革与调整方案”和“研究系统改革与调整方案”，对机关管理部门、支撑系统和研究系统实行定岗、定编，公开招聘，为进入“知识创新工程”做到了在精神上符合，做法上贴近。为争取下一步按院“知识创新工程”第二期部署进入创新基地，做了必要的前期准备。对机关和支撑系统进行了调整，将原来的4个处室进一步整合为2个处室，即综合办公室、科研计划与财务处。机关人员由原来17人减为10人，支撑系统的人员也进一步压缩。对科研系统实行竞聘上岗，明确每个科研人员的研究方向，严格科研人员考核标准，与此同时，进一步加强了研究生教育管理部门的工作，把研究生作为我所重要的一支流动人才队伍，加强培养和使用。改革使科研人员增强了竞争意识和市场意识，推动了改革的深入，为建立现代研究所制度奠定了基础。

湿地研究是长春地理研究所的突出优势，是定位发展的特色学科。湿地过程与环境自费开放室主持在研的院重大项目1项，自然科学基金项目1项，参加1项院重大项目A1项，参加主持自然科学基金重点项目1项，并参加主持院特别支持湖沼基金三期项目。

目前正在争取的项目有全球环境基金（GEF）项目，长春地理研究所代表中科院湿地研究中心组织有关的研究所积极参与这项工作，并编写了项目建议书，申请有关国际组织资助的工作正在进行。

湿地过程与环境开放实验室自费启动，已与奥地利维也纳大学、瑞典农业大学签订了关于开展湿地国际合作研究与研究生联合培养的协议，正在申请成为院自费开放实验室。

1999年，长春地理研究所在湿地基础研究方面取得很大进展，院特别支持的湖沼三期项目开始启动。自然科学基金重点项目和面上项目，都按计划进行。泥炭综合利用研究取得新的进展，研制出新型的泥炭营养钵，并已申报专利。在湿地评价研究方面，首次制定了中国重点湿地评价标准，并提出了中国重要湿地名录，完成了三江平原湿地景观图和《中国湿地保护行动计划》的系列附图。开展了吉林省湿地现状调查与评价等，并合作编写出版了《中国湿地植被》和《湿地效益评价》等专著。

1999年，长春地理研究所三个农业试验示范基地的科研工作继续深入展开，精心组装各种实用农业新技术，加大攻关与开发力度，在盐碱地综合治理等方面又有新的进展，形成了各自的发展特色，目前承担有国家攻关项目4项，国家农业开发项目2项，并承担中科院重大项目“东北地区农业综合开发试验示范研究”及省重大、重点项目多项。“九五”期间，已落实的农业项目经费超过了1000万元。通过与吉林省外国专家局合作，三个农业开发示范区联合建立了“引智强农”示范基地，并执行了12项农业引智项目。通过外籍专家指导与合作交流，推进了长春地理研究所区域农业工作同国际接轨并向高层次发展，对社会产生更大的科技进步作用。与松辽委水保局共同承担的农业部技术引进“948”项目，已全面实施，引进了美国地下水资源管理专家到试区工作，取得积极进展。落实了院知识创新工程重大项目“建设东北地区稳定商品粮基地的农业技术集成与新技术研究”，并已全面启动实施，取得了阶段性的成果。在科研人员的努力下，三个农业科技试验示范基地建设，都很好地按项目要求推进工作，在院、省农业专家检查评比中，都得到了好评，院、地方主管部门的领导对各试区农业工作表示满意。柳河基地建立了龙头企业——长春大地绿色食品有限责任公司，绿优米产业化开发进展良好，产品在北京、长春市场开拓了销路。在特色山野菜开发方面正在积极向产业化方向推进。德惠基地超额完成玉米高产攻关项目的合同指标，高产攻关田平均单产824.4公斤，最高地块达916.2公斤。大安基地在盐碱地治理和地下水利用管理技术模型等方面的研究有新进展，特别是利用微咸水灌溉试验工作取得满意结果，为盐碱地的开发利用创造了条件，古河道重度盐碱地水稻开发试验也取得进展。

长春地理研究所的区域农业工作，得到吉林省政府的高度赞赏，推进了新的“吉林省与中国科学院农业方面科技合作协议”的鉴定，为省院之间在更深更广的层次开展合作创造了条件。

经济地理研究面向地方经济建设显示良好的发展前景，主持承担了满洲里市城市总体规划、延吉市城市功能定位、长春市净月潭生态旅游区规划和院区域前期开发研究项目“21世纪东北地区智力资源开发与知识经济发展研究”等，完成了“阿尔山市旅游规划”项目。

环境科学是长春地理研究所的主要学科之一，稳定发展这一学科是长春地理研究所的战略目标，今年在抓好环境影响评价研究基础上，依托院重点项目，研究工作有所拓宽，特别是自然保护区旅游与环境可持续发展研究方面有新的拓展。汞排放清单课题的研究在微观机理方面有所深入。在1999年国家环评证书重新登记评定遴选中，长春地理研究所是吉林省第一批拿到甲级证书的单位。在承担国家、中科院研究项目的同时，积极争取地方横向课题，经多方努力，今年共争取并完成地方环境影响评价项目20项，通过鉴定或验收。

1999年长春地理研究所利用遥感信息系统技术为地方国民经济服务工作，有进一步深入，得到了国家领导、中科院及省市领导的高度重视，在土地系统时空动态变化研究、农情速报、汽车导航信息系统软件与电子地图研制等方面取得新的进展。遥感估产数据成为吉林省统计产量的主要依据。

微波研究室紧紧抓住微波高技术应用发展的良好机遇，加强对外联系与合作，并积极开拓有产业化前景的研究项目，承担的院重大项目“地下成像雷达实用化研究”以及微波辐射计应用开发都取得了很大进展。

长春地理研究所发挥多学科综合优势，积极参与地方经济建设服务活动，在吉林省西部生态规划、资源环境遥感调查与评价、向海湿地自然保护区建设规划等方面的工作，得到有关部门的高度评价，密切了与地方的协作关系。

1999年，全所获得成果9项，获中科院科技进步三等奖1项，获长春分院科技进步一、二等奖4项，在国内外刊物上发表论文103篇，出版专著2部，完成申报专利5项，授权的发明专利2项。

长春地理研究所具有良好的技术支撑系统。分析测试部成为国家技术监督局计量认证合格单位。三江平原沼泽湿地生态试验站已成为院生态研究网络的基本站并获得世界银行资助；地图制印工厂承担各种图件和地图集的印制；长春净月潭实验站为院级开放站。

在人才培养方面，长春地理研究所从1978年经国家批准首批设立了自然地理、人文地理、地图学与遥感、环境地理（1990年批准）4个学科的硕士学位点。1996年经国务院学位委员会批准设立环境地理学博士学位点，1999 年招收博士研究生 13 名，硕士研究生 12 名。

在国际学术交流方面，长春地理研究所和 20 多个国家的研究单位开展了有关领域的合作研究，与俄罗斯科学院太平洋地理研究所结为姊妹研究所。1999 年有 29 人次出国参加国际学术交流、考察，接待外国学者来访及合作研究 14 人次，交往的国家有美国、日本、俄罗斯和我国香港、台湾等国家和地区。

吉林省地理学会、中国生态学会湿地生态专业委员会和中国科学院湿地研究中心挂靠在长春地理研究所。编辑出版《地理科学》、《中国地理科学》（英文版）学术期刊。

长春人造卫星观测站

站　　长：**崔斗星**
站　　址：**长春市净月潭西山**
邮政编码：**130117**
联系电话：**0431-4513834**
图文传真：**0431-4513550**
电子函件：**youzhao@public.cc.jl.cn**

中国科学院长春人造卫星观测站（以下简称长春人卫站）始建于 1958 年 2 月，1974 年迁至长春市净月潭西山。现有职工 53 人，其中科技人员 36 人，研究员 1 人，副研究员、高级工程师 9 人，工程师、助理研究员 21 人。博士生 1 人，在读博士生 1 人，硕士生 1 人。

长春人卫站地处我国东北高纬度地区，主要是以对人造天体的精密观测和精密定轨为主要任务，适当开展卫星动力学基础研究。建站 40 余年，先后建立起来光学目视观测系统、双频多卜勒卫星测速系统、时间/频率监测系统、激光卫星测距系统、GPS 定位系统。

到目前为止，长春人卫站卫星激光测距系统（SLR）为“七五”、“八五”、“九五”国家“攀登计划”项目《中国地球动力学研究》提供了大量的、质量较高的观测数据。1995 年以来，长春人卫站卫星激光测距系统的工作成绩一直位于中国激光测距网第一名，1996 年以来，在国际激光测距网中（43 个台站），长春人卫站 SLR 系统的工作成绩一直位于前 10 名，已是一个接近国际先进水平的激光卫星测距站。

GPS 系统和 SLR 系统也是中国“九五”重大科学工程项目《中国地壳运动观测网络》中的 25 个基准站之一。

长春人卫站光学目视观测系统的工作集体是“中科院人卫应用研究中心”的一支技术过硬的观测队伍。19 年来，长春人卫站的工作受到中科院基础局、“中科院人卫应用研究中心”等部门的关注，观测成绩一直位于中科院人卫系统的第一名。1999 年，“我国失控卫星的捕获、长期跟踪和陨落期预报”研究项目获得中科院科技进步一等奖，长春人卫站排名第三。

现在，长春人卫站已经被中科院国家天文中心定位为我国北方天文口的重要观测基地。1999 年，有 3 人进入中科院国家天文中心创新工程“卫星激光测距及应用”研究团组。

为了扩大我站与国际上的影响，学习国际同行的先进技术，1999 年度长春人卫站先后同俄罗斯科学院西伯利亚科学分院、日本、韩国等国家的科技人员进行了关于激光卫星测距技术、GPS 定位技术方面的研讨与交流。

为支援地方经济与资源环境建设，长春人卫站利用 GPS 技术和设备与长春地区等有关部门共同开展了“汽车导航定位”、“长白山火山活动的监测”和“长春旅游经济开发区国土资源管理信息系统”研究项目，并取得数十万元的经济效益。

为实现长春人卫站长远战略目标，对全站行政科研机构进行调整，机关定岗定编，力争精干高效，科研工作突出重点。结合年轻科技人才的培养，抓好跨世纪科技队伍的建设，启用年轻科技人员担任课题组和研究室负责人，为他们提供各种国际、国内间学术交流机会。在天文系统内定向培养研究生、博士生等，加快培养速度。同时，根据站内科技人力不足实际情况，采取边工作边学习的方法，收到良好效果。

长春人卫站共有 2 个公司，从事科研开发工作的一共有 7 人。中科院长春人卫站从 1992 年开始了较大规模的天文科普活动，目前已为 20 余万人开展了各种科普活动，收到了较好的社会效益。

1999年1月与共青团长春市委等单位联合，成功地举办了全国第一届暨吉林省第六届天文科技冬令营，接待了来自黑龙江和吉林省的3000余名师生。1999年7月成功举办了吉林省暨长春市第八届天文科技夏令营，接待营员2000多人次。开展了科普讲座、图片展览、天体观测等各种天文科普活动。长春人卫站1999年12月由中国科协命名为“全国科普教育基地”，1999年12月由科学技术部中共中央宣传部、中国科协、国家教育部联合命名为“全国青少年科技教育基地”，并在1999年12月召开的全国科普工作会议上荣获“全国科普工作先进集体”荣誉称号，1999年10月长春人造卫星观测站的《天文科普和爱国主义教育基地建设与研究》荣获中科院长春分院科技进步一等奖，该成果1999年通过中科院长春分院成果鉴定，申报中科院院级科研成果。

经过几年来的大量活动，收到了良好的社会效益和经济效益，平均年营业额达到近60万元，年平均纯收入达20万元，为科研一线起到了保驾护航的作用，解决了多年来站经费紧张的部分难题，也免除了部分剩余人员分流的后顾之忧，并培养和造就了一批科普专业人才和管理型人才，为我站今后科普工作打下良好的基础。

黑龙江农业现代化研究所

党委书记兼副所长：宋世绵（法人代表）
地　　址：黑龙江省哈尔滨市南岗区哈平路138号
邮政编码：150040
联系电话：0451-6603115-515
图文传真：0451-6603736
电子函件：hiamcas@mail.hrb.hl.cninfo,net
网　　址：www.hljiam.ac.cn
www.hl.CERN.ac.cn

中国科学院黑龙江农业现代化研究所成立于1978年6月19日。1999年底在职职工人数142人（离退休55人），其中科技人员114人，研究员12人，副研究员32人，中级科技人员53人。现有在学博士生2人，硕士生4人。现与东北农业大学合建：作物栽培与耕作学、土壤学、植物病理学三个硕士点，硕士导师3人。

黑龙江农业现代化研究所的主要学科是农业生态学。分支学科方向的设置为作物生理生态学、农畜生态学、土壤生态学。研究领域为黑土农业生态系统、区域农业持续发展、农业资源优化配置、北纬45°为中心的优质高效农业综合研究。科研发展的方向：运用企业生态学的理论和农业系统科学的方法，针对东北黑土区存在的主要问题，重点进行黑土区农业资源优化配置、生态环境保护、农业生产生态、农业产业化等持续发展相关的研究，对土壤-植物-动物-环境系统的演替规律、生态过程、养分和水分循环特征与机制，以及与生产力的关系进行长期定位研究；探索不断优化的示范模式和调控途径，为黑土区优质高效农业可持续发展提供科学依据和配套技术。黑龙江农业现代化研究所机构设置分为四部分，即管理部门：科研计划处、综合办公室、人事教育处、财务室；科研部门：作物科学研究室、动物科学研究室、园艺科学研究室、持续农业研究室、海伦农业生态实验站；支撑系统：网络工程室、编辑与信息室、专利与法律室、监察审计室；公司系统：绿海公司、技术开发公司、物业公司。海伦农业生态试验站有大型科研设备及装置6台（套），在国内有代表地位的有：大型蒸渗仪、水肥耦合平衡场，智能原子吸收分光光度计等。

1999年黑龙江农业现代化研究所在贯彻院知识创新工程方面，比照进入院知识创新工程单位的做法，在确定研究所科学目标的基础上，对现有的研究队伍进行调整，建立了新的用人机制，实行了生活区物业化管理，规范了行政后勤服务。

1999年全所承担课题33项，其中国家攻关课题6项，国家自然基金1项，院重大课题9项，地方科委17项，其中国家攻关海伦试验区大豆高产技术和院特别支持项目《松嫩平原典型黑土农田水分、养分循环与生产力关系及优化模式建设》等课题，在理论上都有所突破，对指导地方经济发展有很大影响。1999年黑龙江农业现代化研究所争取课题8项，其中院课题4项，地方课题4项，1999年鉴定成果3项，获奖成果2项，其中黑龙江省同江市外向型农业产业化课题，对当地经济发展起到了积极的推动作用。

1999 年黑龙江农业现代化研究所与美国、日本开展了 2 项科技合作，主办了“21 世纪中国农业持续性与稳定性发展”的国际学术研讨会，有 5 个国家，70 多位农业专家参加了会议，扩大了所的知名度。在人才培养方面，举办了 3 次农业生态专题讲座，2 次所内学术研讨会，2 人参加国际学术研讨会，9 人参加国内学术研讨会。

编辑出版刊物有：《农业系统科学与综合研究》、《龙农信息》。

下属单位：海伦农业生态实验站。

上 海 分 院

院　　长：汤章城
地　　址：上海市岳阳路 319 号
邮政编码：200031
电　　话：021-64310242（总）
　　　　　021-64315135（办）
图文传真：021-64374915

中国科学院上海分院是中国科学院的派出机构。上海分院所在地区现有 15 个院属研究单位，1 个文献情报中心，4 个与上海市共建单位。有职工 7955 人，其中科技人员 4753 人，中国科学院院士 50 人，中国工程院院士 8 人，高级科技人员 1519 人，中级科技人员 2081 人，博士后 126 人，在学博士、硕士生 1415 人。

上海分院的主要研究领域为：生命科学和生物技术，如分子生物学、细胞生物学、神经生物学、分子遗传学及生物技术；化学和新材料，如有机化学、有机材料、无机非金属材料和金属材料；新兴技术科学，如微电子、激光、红外、核技术等。此外，在天文学方面，以天体测量为主，相应进行天体物理学和天体力学的研究。

1. 围绕中科院的中心工作，配合院部积极推进上海知识创新工程试点工作

1999 年上海分院认真贯彻落实院党组“高目标、高起点、高要求”建设基地的要求，以知识创新试点工作为中心，积极协助院部推进上海两个基地的建设，协助各研究所深化人事制度改革，建立新的体制和机制，为各研究所凝聚和吸引优秀人才提供条件，及时向院部沟通有关信息和情况，做好有关研究所的领导和科技人员的思想工作，认真配好创新基地的领导班子。7 月策划和组织了中科院上海生命科学院成立和上海高技术研究发展基地正式启动新闻发布会，起到了向社会宣传中国科学院知识创新工程试点的作用。

为加速结构调整与改革，在分院的协调下，上海生命科学研究院 8 月进行了上海植物生理研究所与上海昆虫研究所的整合，11 月成立了体现新的体制和运行机制的神经科学研究所，并将上海脑研究所整合至神经科学研究所。为了发展我国的创新药物和生物医药产业，使上海药物研究所建设成浦东张江“药谷”的核心，分院参与了和上海市政府联络协调，商议落实有关上海药物研究所东迁浦东的前期工作。为实现江总书记在院庆 50 周年题词中提出的要求，院领导和有关部门根据上海生命科学研究院各研究所的专业性质，构画了“四所一中心”的设想，分院配合进行了前期的筹备工作及领导班子的调整组建等有关工作。

在创新基地的园区规划方面，分院积极协助上海冶金研究所、上海硅酸盐研究所、上海光学精密机械研究所、上海有机化学研究所、上海植物生理研究所等单位完成了长宁科学园区、上海光学精密机械研究所（西区）、枫林科学园区等总体规划的编制论证和报批。完成了上海冶金研究所综合楼、上海硅酸盐研究所科研楼、上海技术物理研究所流动公寓、上海药物研究所新药筛选实验楼、上海光学精密机械研究所创新实验楼、上海有机化学研究所 3 号实验楼等工程初步设计的审核和报批。

为了在社会上树立科学院良好形象，为知识创新工程试点工作创造良好社会氛围，张劲夫同志的《历史不会忘记他们》文章发表后，分院立即组织上海“两弹一星”的功臣和部分科学家、领导召开座

谈会，利用新闻媒体广泛宣传中科院的历史功绩，宣传中科院在“两弹一星”研制中的管理经验。在庆祝建设院50周年之际，分院系统地向社会各界介绍了中科院上海和福建地区各研究所为我国科技事业作出的世界之最和中国之最的重大贡献及我院知识创新工程试点工作进展情况，有12家媒体作了报道，收到了非常好的宣传效果，为各研究所的改革和发展作了舆论工作。

2. 推进院市合作和共建，促进研究所和院所企业与地方的合作

1999年上海分院的院地合作和共建以浦东为重点，拓展江浙两省，并为其他地区进入上海地区牵线搭桥。在和上海市的合作共建上，在加强技术创新源头建设——基础和应用基础研究；加快技术创新中间环节——应用成果的孵化和转化；加紧高技术产业化发展——高技术企业的共建和合作等方面都有明显进展。较有影响的项目有：上海联创投资有限公司和上海联创投资管理有限公司，上海中科生龙达生物技术（集团）有限公司、上海新代车辆技术有限公司、上海梅山生物技术有限公司、上海世华植物基因工程公司等的建立。与浦东合作共建方面，分院积极支持各研究所参与浦东建设，10月院市签定了《中科院上海药物研究所东迁浦东张江与机制转换合作协议》，双方共同投资2亿人民币，积极协助院部落实中科院和上海市共建“上海光源”有关工作，现已决定落址浦东张江高科技园区，到目前为止，中科院在浦东正在进行的合作项目已有7项，签约项目6项，有意向项目4项，设立了中国科学院-浦东新区高新技术种子基金。

1999年分院积极组织沪区各研究所参加上海、浙江、江苏、深圳、重庆等地的成果展示、洽谈会10余次，加强了宣传，扩大了影响，使企业进一步了解科研单位和科研成果，增加了选择机会。1999年合同金额总计约19 777万元，已到金额总计约15 659万元。有力地促进了与地方经济的结合。

1999年中科院在沪企业共76家（沪内71家，沪外5家），营销金额共42.31亿（沪内11.03亿，沪外31.28亿），四技合同共646项（沪内65%，沪外35%），金额共计约56 045万元（沪内94.5%，沪外5.5%），代理各研究所专利案件127件，占系统专利案的95.4%。

1999年各研究所承担的上海科研项目22个，经费约1300万。组织审报市科技“启明星”计划，12人获得资助共105万元，8人入选上海市优秀学科带头人计划，共120万元。38人获准享受上海市基础性研究特殊津贴，共35.8万元。

由路甬祥院长和徐匡迪市长倡导的东方科技论坛在分院及市科委的组织下，1999年举行了“宽带IP网技术及我国的应用前景”、“胚胎干细胞-细胞核转移-组织工程学”、信息光子学前沿与红外焦平面”、“上海市环境污染与对策”、“小卫星及其在通信、对地观测中的应用”等7次学术研讨会，取得较好效果。

1999年沪区各研究所在研项目约1300项，其中属于国家计划项目800多项，绝大多数完成年度计划。沪区各研究所获国家自然科学奖2项（二等奖1项，三等奖1项）；国家发明奖2项（二等奖1项，三等奖1项）；国家科技进步奖1项。获上海市科技进步奖22项（一等奖2项，二等奖12项，三等奖8项）。获新产品奖2项。

3. 抓好沪区各研究所和分院领导班子的思想建设、组织建设

根据院党组的部署，上海分院党组领导沪区各研究所党组织开展了以“讲学习、讲政治、讲正气”为主要内容的党性、党风教育，通过“三讲”教育使沪区各研究所领导班子和领导干部在思想上有提高，政治上有进步，作风上有转变，纪律上有增强，改革创新有进展。推动“三讲”整改措施的落实工作，得到中央国家工委“三讲”教育办公室的好评。

分院党组认真开展研究所党政班子调整、届中考核和换届工作。1999年有6个研究所的行政班子进行了届中考核，4个研究所的行政班子进行了换届考核，对5个研究所的行政班子进行了调整、充实和任命。完成了3个研究所的党委、纪委换届选举工作。另外，加强了干部廉政教育，完成了4个研究所的所长离任审计工作。

加强对年轻干部的在职培养。对分院系统45岁左右的局级干部开展“四个一”活动，有7位同志

全面完成上党课、写论文、搞调研等任务。向上海市推荐 4 名援疆干部，向中组部推荐 1 名“博士服务团”人员，向院部推荐 10 名科技副职到宁波、嘉兴、苏州、扬州、泰州等地担任领导，为院地合作作出较好成绩，此项工作受到院部的表彰。

4. 加强人才培养，深化制度改革

1999 年沪区研究生招生 516 人（硕士生 299 人、博士生 217 人），进站博士后 59 人。上海进修学院承担了 12 个研究所近 400 名研究生公共学位课程和 8 个研究所 150 多名研究生专业基础课的教学组织工作。配合国务院学位办公室做好首批全国百篇博士论文评选，上海分院系统 4 篇入选。组织了 1999 年度的中科院院长奖学金、刘永龄奖学金、地奥奖学金的评审工作，一批优秀研究生获得了奖励。另外，举办了会计电算化、网络初级班、CISI、GB/T9000 质量管理和质量保证体系培训班等，共有 600 多人参加了培训。

组织各类、各级优秀人才选拔、评审工作及两院院士的推荐申报组织工作。有 7 人当选中科院院士，10 人入选“百人计划”，15 人获国家杰出青年基金资助纳入“百人计划”管理。18 人享受中科院管理突出贡献津贴，4 人评为院优秀青年，1 人获第六届上海科技精英称号。

根据知识创新工作试点要求，对进一步推进人事制度综合配套改革组织上海地区各单位进行了探讨。

5. 组织机关和直属单位努力为沪区各研究所做好服务工作

为减轻研究所负担，分院加强与市财政联系，争取到地方财政补贴 203 万元。为帮助各研究所增加经济收益，分院与区财政和税务协调，按财政一定比例，返回税收 60 多万元。为拓宽各单位用资渠道，上海分院与中国农业银行上海分行签定了合作协议，农行承诺向上海分院提供 2 亿元人民币信贷授信额度，以支持创新工作和高技术产业化。

进一步加强国际学术交流，积极为国际学术交流提供服务。1999 年为 539 人次申办了护照签证，为 75 人次申办了赴港通行证，接待了来自 12 个国家与地区的 160 多人次的访问。协助沪区研究所组织了“第一届亚太地区生态化学大会”等 4 个国际学术研讨会。

1999 年分院为各研究所提供外事活动和出口领用外汇服务共 265 人次，领汇 165.1 万元外汇额度。向市控办争取支持，获审批专控商品 590 件，共 319 万元。为各研究所审批车辆 18 辆，共 276.2 万元。

分院机关和直属单位承担宾客与会议接待、研究生教育管理、物业管理、网络信息、专利、实验动物等多方面为各研究所服务的工作。据统计，1999 年承担大中型会议 48 个，接待约 9000 人次，服务所支付的劳务和物耗成本都在直属单位的经营过程中予以消化。在研究生教育、物业管理、实验动物供应、网络和专利等方面为科研工作提供了良好服务。

分院直属单位在努力做好服务工作的同时，全面实施目标量化管理，整顿、清算科苑房产公司债务，维护分院所有者权益，追索和资产盘活取得进展，降低了资产流失和积压浪费的风险。

6. 做好科研后勤管理工作，为各研究所科研工作创造良好条件

分院及时组织各研究所通报上级领导机关住房制度改革有关精神，商讨实施中青年住房专项方案，完成了上海地区房屋土地信息汇总和建库工作，解决了最后 5 户住房特困户，分院系统 37 户人均 $4m^2$ 以下住房特困户全部解决。

完成了院部下达基本建设投资计划 8059 万元，其中预算内 682 万元，财政专项 6326 万元。涉及 10 个建设单位，27 个建设项目。同时协调了东安路几个研究所的集体宿舍的管理工作，改变了原来的混乱状况。

协助院部在沪开好大型仪器设备研制和改造项目评审会，协助上海原子核研究所争取到上百万元的设备经费支持。协助沪区各研究所申请引进重要仪器装备，经专家论证获得 200 万美元的支持。全年 800 多份订货卡片价值 800 多万美元通过进口审核，上千万美元的仪器设备及试剂受到减免税优惠政策。完成了与上海市文献资源共建共享的高速网络连结，实现了市区各单位与中国科技网的光缆连接。

积极推进“安全单位”的创建工作，健全和完善了各类安全制度，加强了对隐患整改的力度。开展了对“法轮功”邪教组织的专项斗争，对可能影响内部稳定的不安定苗子进行密切跟踪及时掌握动向，配合协助有关单位疏导和化解内部矛盾，及时处理了网上不良信息，保证了内部的稳定和安定。

7．加强分院机关改革和自身建设，提高机关职工思想理论水平

为适应知识创新工程试点的实施，落实分院功能定位的要求，以改变观念，改善结构，提高素质，提高效率为目的，分院机关进行了机构改革和人员分流工作，实行“按需设岗、公开竞聘，择优录用”的新的用人机制，使机关管理线条清晰，部门减少，机关处室由原来11个减为6个，人员从72人减为42人，人员素质有了提高，招聘了部分博士后等专业人员，平均年龄有所下降，拓宽了工作面，实行一人多岗，互相配合，择业观从“要我做”变成为“我要做”。

1999年分院机关进行了“三讲”教育，并请市委党校专题作辅导报告，组织了“改革开放20周年”大型座谈会，机关党委关心职工生活和离退休老同志，组织老同志参观上海国际机场、上海国际会议中心等。及时向老同志通报工作情况，关心他们生活困难。工会开展形式多样的文体、全民健身活动，丰富了职工的文化生活，培养了职工集体主义精神。

上海冶金研究所

所　　长：江绵恒
地　　址：上海市长宁路865号
邮政编码：200050
联系电话：021-62511070（总机）
传真号码：021-62524192
电子函件：simcas@public.sta.net.cn
网　　址：www.sim.ac.cn

中国科学院上海冶金研究所的前身是成立于1928年的国立中央研究院工程研究所。1949年中国科学院成立后，改名为中国科学院工学实验馆。1953年定名为中国科学院冶金陶瓷研究所。在先后分出组建了长沙矿冶研究院（1959年）、昆明贵金属研究所（1959年）、中国科学院硅酸盐化学与工学研究所（1959年）后，改名为中国科学院冶金研究所。1970年定名为中国科学院上海冶金研究所。

上海冶金研究所现有职工817人，其中中国科学院院士3人，中国工程院院士1人，研究员49人，副研究员、高级工程师等110人，中级科技人员248人。现有在学博士生60人，硕士生60人，在站博士后13人。具有凝聚态物理、材料物理与化学、微电子学与固体电子学3个学科的博士学位授予权。设有2个博士后流动站。

上海冶金研究所定位为高技术研究与发展为主的科研基地型综合性研究所。目前全所的学科领域为电子科学与技术、材料科学与工程。科研活动发展主要方向是信息、能源相关的基础技术、材料、器件及其系统。今后的发展目标是用10～15年的时间把上海冶金研究所建设成为一个在电子科学和技术、材料科学与工程领域，对信息、能源所需的新材料、新器件、新技术，特别是相关系统的研究与开发，对相关高技术产业的推动，对研究与开发高级人才的培养有重大贡献的、国内一流、国际知名的研究所。

上海冶金研究所由研究、开发、产业三个基地和一个管理支撑系统组成。

1．科研基地：设有5个研究实验室，即传感技术联合国家重点实验室、信息功能材料国家重点实验室、中科院离子束开放研究实验室、电子器件封装联合实验室、能源科学与技术研究实验室。

2．开发基地：设有6个工程中心，即上海微电子国家工程研究中心、光盘及其应用国家工程研究中心、国家金属薄膜功能材料工程技术研究中心、上海金属腐蚀与防护技术中心、上海冶金研究所-春兰工程中心、上海汽车电子工程中心。

3．产业基地：

（1）漕河泾分部。以集成电路芯片制作、精密制版、光电子器件等经济实体组成的以微电子前道工艺技术为主的新技术产业基地。现已有：上海新微电子有限公司（与春兰集团合作）、上海奥普

光电子器件公司（中外合资）、上海杜邦光掩模有限公司(中外合资)、上海华虹集成电路有限公司。

（2）嘉定分部。以器件封装、软件复制等经济实体组成的以微电子后道工艺技术为主的新技术产业基地。现有以下中外合资公司：上海新康电子有限公司、上海新迪磁电有限公司、上海爱立信-新泰电子有限公司。

（3）研究所本部。设有信茂新技术公司。

管理支撑系统由6个管理职能部门以及信息技术中心、后勤服务中心组成。

上海冶金研究所拥有门类齐全的薄膜材料合成及生长设备：VGV80H气态源分子束外延系统、MBE IV固态源分子束外延系统、金属有机物化学气相沉积（MOCVD）设备、CMS500P双束超高真空薄膜蒸发系统、激光诱导薄膜生长设备、不同能量离子束辅助沉积设备等；拥有器件制备的超净（10级）室及整套工艺线：电子束曝光机、分步重复光刻机、干法刻蚀设备、中束流离子注入机、外延炉、溅射仪等；拥有不同功能的分析测试仪器：S-4100扫描电镜、RI-80参数测试系统、ITS9000MX大规模IC测试仪、2MeV串列加速器、X' Pert-MRD材料研究多功能衍射仪、WTKD/NT-2000表面测量系统、毫米波微探针测试系统、Scan Array 3000芯片分析仪、PS 7500 DNA点膜仪、等离子发射光谱仪、MS 2000全自动激光粒度分析仪、1258 WB电化学综合测试仪、A rbin 48电池测试系统等。

知识创新工程试点工作：

1. 上海冶金研究所根据本研究所的战略定位凝炼并确定了6个创新项目，1999年年终考核6个试点创新项目完成了原定的节点目标。对研究室中创新试点项目之外的存量课题，进行了重新整合，将原有的10多个课题组按研究方向和目标调整为9个课题组，优化了科研工作的组织结构。"973"、国家杰出青年基金等重大项目的争取获得可喜进展。

2. 上海冶金研究所根据战略定位方案的总体构架和中科院知识创新工程试点工作的要求，对管理处室、技术支撑系统、行政后勤进行了结构调整，将全所从7个职能部门合并调整为6个处室，成立了信息技术中心、后勤服务中心作为所的技术、后勤支撑部门。

上海冶金研究所遵照"按需设岗、按岗招聘、竞争上岗、分级管理"的原则，对研究所的6个职能部门、2个支撑中心、6个创新项目组及9个存量课题组进行了定编、定岗的招聘工作。经公开招聘，创新项目组上岗人员平均年龄38.3岁，其中具有本科以上学历者达55.6%；职能部门及信息技术中心上岗人员平均年龄39岁，其中具有本科以上学历者42.4%。

根据创新工程试点工作的形势需要，上海冶金研究所电子器件封装实验室整体转制为"上海新代车辆技术有限公司"。嘉定冶西厂整体改制为独立的民营企业。原机电部调整转移到宁波申江厂的工作取得了初步的成绩。

3. 根据创新工程试点工作的要求，上海冶金研究所在项目、人事和财务管理等制度和机制方面进行了较大力度的改革。在项目、课题中，实行项目经理负责制；在人事管理中，实行"双聘制"，初步建立了按需设岗、双向选择、按岗聘任的进人用人机制，初步建立了合同聘任、考核评审、分级管理、签约聘用责权利明确的目标管理机制，初步建立与实施了收入与贡献挂钩的结构工资制，初步建立了以绩效评价为核心、量化评价为基础的考核机制；在财务管理中建立了新的财务运行模式，严格预算管理，使经费管理在确保安全性的前提下更趋于科学性。

4. "上海长宁科学园区"改造工程奠基、开工仪式

1999年12月26日上午，中国科学院知识创新工程上海高技术研究发展基地"上海长宁科学园区"改造工程奠基、开工仪式在中科院上海冶金研究所和上海硅酸盐研究所举行。中国科学院院长路甬祥、上海市常务副市长陈良宇、中科院副院长陈宜瑜、江绵恒、上海市副市长韩正等领导出席并为"上海长宁科学园区"奠基。

路甬祥院长为"上海长宁科学园区"题词："建一流园区，创一流业绩"。

路甬祥院长、陈良宇常务副市长在奠基仪式上讲话。中科院副院长、上海冶金研究所所长江绵恒代表建设单位讲话。

根据中科院的规划，上海冶金研究所和上海硅酸盐研究所作为首批进行知识创新工程试点的单位，已在重组机构、合理配置人力资源、调整、

优化科研项目、规划具体实施步骤及落实各项配套措施等方面做了大量工作，并抓紧使研究所运行机制尽快适应中科院确定的总体目标和任务的要求，争取尽快在试点工作中取得明显成效。

1999 年上海冶金研究所共有在研课题 128 项，其中新立题 21 项，结题、鉴定 13 项。由上海冶金研究所主持的国家重点基础研究规划项目“集成微光机电系统研究”通过了国家科技部组织的评审，已开始立项实施，王跃林研究员被聘为该项目首席科学家。

1999 年上海冶金研究所获得中科院自然科学三等奖 1 项，科技进步三等奖 1 项，上海市科技进步二等奖 1 项、三等奖 1 项。申请专利 10 项，授权专利 6 项。发表论文 282 篇。1998 年 SCI 收录论文数列全国科研机构第 12 位。

经报请中科院批准，由上海冶金研究所牵头承担的“存储转发通信小卫星”项目研制的小卫星被命名为“创新一号”(CX-1)”，英文名为：CAS-COM。

上海冶金研究所宁波申江厂的“板翅式不锈钢机油冷却器和铝合金散热器的制造”通过了 SQC 质量体系认证（相当于 ISO9002：1994 标准）。

在国内科技合作方面，1999 年 9 月 6 日，由上海汽车工业（集团）总公司、上海市轿车国产化办公室与中科院上海冶金研究所共同组建的“上海汽车电子工程中心”在上海冶金研究所签约，上海冶金研究所所长江绵恒、上海市轿车国产化办公室主任俞国生、上汽工业（集团）总公司副总裁陈因达签订了“共建上海汽车电子工程中心协议书”。“上海汽车电子工程中心”通过共建三方筹备人员的共同努力，初步落实了应用前景十分明确的“LED 高位刹车灯”、“汽车专用集成电路”和“霍尔传感器组件”三项产业化开发项目，并提出了“车用门控制器”、“集成压力传感器”和“毫米波汽车防碰撞雷达系统”三项有明确应用前景和自主创新的长远研究开发项目。“上海汽车电子工程中心”实行管理委员会领导下的经理负责制，管理委员会正、副主任由江绵恒、陈祥麟担任。

1999 年 10 月 28 日，中科院上海冶金研究所与信息产业部武汉邮电科学研究院合作协议签订仪式在武汉举行，上海冶金研究所所长江绵恒和武汉邮电科学研究院院长江廷林分别在协议书上签字。这次合作研究的具体内容为光纤通信用“平面集成 Si 光波导耦合器件”、“长波长高温无致冷量子阱激光器”及“实用化 1×2 微机械光开关”等 3 个项目。双方认为，光纤通信具有广阔的市场前景，双方的合作是一个良好的开端。

国际合作与人才培养：

1999 年上海冶金研究所与 20 多个国家的学术界进行了科研合作与学术交流。有关科技人员在一些国际学术机构中任职：邹世昌院士任离子注入技术国际会议国际委员会委员、离子束材料改性国际会议国际委员会委员；石声泰研究员任国际腐蚀理事会理事；柳襄怀研究员任金属表面离子束改性国际会议国际委员会委员。

1999 年 4 月 6 日至 4 月 9 日，香港大学校长郑耀宗一行访问中科院上海高技术研究发展基地 5 个研究所，由上海冶金研究所主持接待。4 月 7 日中午，上海市市长徐匡迪在衡山宾馆会见了郑耀宗校长一行，宾主就沪港两地开展科研和教育等方面的合作与交流进行了探讨。中科院上海高技术研究发展基地的上海冶金研究所、上海硅酸盐研究所、上海有机化学研究所、上海技术物理研究所和上海光学精密机械研究所等 5 个研究所主要领导与郑耀宗校长一行就香港大学与上海基地 5 个研究所联手进行数码港及药物生产与研制等项目的合作事宜进行了商谈。

1999 年 6 月 28 日至 6 月 30 日，“99’电子器件封装研讨会——高密度电子器件封装会议”在上海冶金研究所举行。该研讨会是上海冶金研究所电子器件封装联合实验室和瑞典生产技术研究所第二次联合主办的电子器件封装领域的国际会议。来自瑞典、德国、美国、日本、新加坡、马来西亚以及国内电子器件封装企业和研发单位的 50 多人参加了会议。研讨会共有近 20 篇特邀报告，内容涉及倒装焊封装工艺、二维封装、移动电话封装技术、高密度印刷电路板、合金焊贴片技术、各向异性导电胶的理论和应用、单极集成封装、材料非线性行为的模拟等较前沿的封装技术。

1999 年 11 月 30 日，由上海冶金研究所与德国戴姆勒-克莱斯勒集团合作 5 年的联合实验室-电子器件封装联合实验室改制为“上海新代车辆技术有限公司”，首开了中科院上海分院系统跨国实验室改制先河。“上海新代车辆技术有限公司”由德国戴姆勒-克莱斯勒股份公司和上海冶金研究所共同投资，主要从事目前国内新兴车辆技术的研究与开发，以期促进我国汽车电子、电子器件封装和铁路技术等相关产业的发展，并向产业界提供产品测试、质量控制服务和技术咨询。

1999年5月31日，在上海市召开的“1999年精神文明建设会议”上，上海冶金研究所被授予“上海市文明单位”光荣称号。自1984年以来，上海冶金研究所已经连续9次荣获上海市文明单位光荣称号。

1999年9月16日在中央文明委举行的“表彰全国精神文明创建工作先进单位电视电话会议”上，上海冶金研究所获得了“全国精神文明创建工作先进单位”光荣称号。

1999年9月18日，中国科学院院士、中科院上海冶金研究所吴自良研究员出席了中共中央、国务院、中央军委在北京人民大会堂召开的“表彰为研制‘两弹一星’作出突出贡献的科技专家大会”。吴自良院士在主席台就座。江泽民总书记亲自为吴自良院士挂上了“两弹一星功勋奖章”，并同吴自良院士亲切握手交谈。

《上海冶金研究所是上海市传感器学会》的挂靠单位。编辑出版《功能材料与器件学报》和《中国腐蚀与防护学报》2种学术刊物。

上海技术物理研究所

所　　长：乐秀海
地　　址：上海市中山北一路420号
邮政编码：200083
电　　话：021-65420850
传　　真：021-63248028
电子函件：sitp@sunm.shcnc.ac.cn
网　　址：www.sitp.ac.cn

中国科学院上海技术物理研究所成立于1958年10月。1999年底全所职工769人，其中科技人员515人，中国科学院院士4人、中国工程院院士1人，研究员47人，副研究员、高级工程师等123人，中级科技人员221人。上海技术物理研究所是博士、硕士培养点，设有博士后流动站，是中科院重点培养博士生基地。1999年在学博士生49人、硕士生63人。另有博士后7人。

上海技术物理研究所以红外物理与红外光电技术为主要研究方向。重点发展先进空间遥感技术及小卫星技术；凝视成像技术；红外焦平面技术及光电功能新材料、新器件；相应的信息处理与网络技术等。上海技术物理研究所现设有红外物理国家重点实验室，红外器件及材料、光学薄膜技术、微型制冷技术、热成像技术、红外和多光谱遥感技术、光电信息技术等研究室。

1999年上海技术物理研究所积极组织推进知识创新工程试点工作，对研究室组进行整合，组织由年轻科研骨干为主的创新队伍，从事前沿性研究工作，取得较明显成效。所有创新项目均按节点目标顺利推进。1999年新成立了功能材料与器件研究发展中心，致力于红外焦平面的创新研究。1999年底已获得128×1元焦平面用优质HgCdTe材料，研制成功128×1元焦平面芯片及读出电路。

上海技术物理研究所1999年的主要科研项目约40项，其中“风云3号”中分辨率成像光谱仪的中标，为上海技术物理研究所科研人员几十年来在成像光谱仪研制方面技术积累的应用提供了机会，将在国家新一代极轨卫星的研制中发挥作用，从而为国家做出新的更大的贡献。

1999年度，上海技术物理研究所共鉴定科研成果21项，获重大科技成果奖13项；申请专利15项，获准专利权15项；发表科研论文263篇。“风云1号”气象卫星10通道扫描辐射计于1999年5月10日发射入轨以来，运行正常。辐射计各项指标全面达到或超过国际同类在轨气象卫星探测仪器的水平，使我国气象卫星进入业务应用阶段。该项目获中科院科技进步特等奖。“863”项目中308课题的机载三维成像仪成功地获取了由总参、国家科技部下达的有关澳门地区形貌航测的影像资料，具有重大的社会经济效益。

上海技术物理研究所积极推进科技与经济结合，努力创办高技术企业。上海技术物理研究所现有科技企业12家（属中外合资的6家），1999年销售总额达3.6亿元，返还研究所利润约1500万元。其中PZT红外传感器占国际市场60%份额；光纤陶瓷接插件销售量居国际市场第四位。

上海技术物理研究所有广泛的交流与合作。1999年中有43批60人次出访美国、德国、法国、英国、加拿大、澳大利亚、意大利、俄罗斯、韩国、越南和我国台湾等国家和地区，进行学术交流或做访问学者，并邀请国外40多名学者来上海技术物理研究所访问交流。

上海技术物理研究所是中国光学学会红外专业委员会、中国空间学会遥感专业委员会和中国宇航学会遥感专业委员会的挂靠单位，受中国光学学会委托，编辑出版《红外毫米波学报》，在国内外公开发行。

上海光学精密机械研究所

所　　长：徐至展
地　　址：上海市嘉定区嘉定镇清河路390号
邮政编码：201800
电　　话：021-59534890（总机）
021-59528896（办公室）
图文传真：021-59528812
电子函件：sytian@mail.shcnc.ac.cn

中国科学院上海光学精密机械研究所（以下简称上海光机所）是我国建立最早、规模最大的激光科学技术专业研究所，成立于1964年，是以探索激光科学的基本理论、发展激光技术并开拓它的应用为目的的多学科、综合型研究所。

上海光机所1999年底职工总数904人，其中科技人员497人，有中国科学院院士5人，中国工程院院士1人，研究员（包括正研级高级工程师）59人，副研究员和高级工程师等139人，中级科技人员261人。现有在学研究生133人，其中博士生70人，硕士生63人。另有博士后11人。

上海光机所定位为高技术创新与应用基础研究为主的综合性科研基地型研究所（含基础与应用基础研究、应用研究、高技术产业三部分），主要学科方向为光学（现代光学、激光与光电子学）。在基础与应用基础研究方面，优先发展强光光学、信息光学二大领域，同时继续发展量子光学和激光物理，逐步形成我国乃至国际的现代光学科学研究中心之一。高技术应用与发展研究以激光与光电子技术及应用工程研究为主体，为促进国家有关高新技术产业的形成与发展做出贡献。

上海光机所设有6个科研机构和4个以市场需求为导向的研究与发展中心。6个科研机构中，3个为基础性研究类：院强光光学开放研究实验室、院量子光学开放研究实验室、信息光学研究实验室；3个为高技术创新研究类：高功率激光物理国家实验室、高密度存储技术实验室、先进激光技术与应用系统实验室；4个研究与发展中心：高功率激光单元技术研究与发展中心、激光应用工程研究与发展中心、激光与光电子功能材料研究与发展中心、光学薄膜技术研究与发展中心。

上海光机所是国内最早获得硕士、博士学位授予权和设立博士后流动站的单位之一，具有物理学和光学工程两个一级学科以及材料学博士学位授予权，是首批中国科学院博士生重点培养基地之一。现拥有博士学位点7个，硕士学位点7个，博士后流动站3个。

1999年，上海光机所进一步凝炼科技创新目标，全力推进知识创新工程试点工作，全面完成10个科研机构的整合重组，优化科研布局，调整管理机构，完成机关职能部门的改革，实施新的用人机制，全面完成试点工作关键岗位成员及固定人员的聘任工作，强化激励机制，使上海光机所走上快速发展的轨道。

1999年上海光机所共承担国家级、院级和上海市重大课题136项，所横向委托课题23项，国际合作项目15项，完成情况良好，1999年获国家、中科院和上海市重大成果奖5项，其中“超短脉冲高功率激光系列新技术”获1999年度国家技术发明奖二等奖。全年申请专利33项，获授权专利29项。1999年科技人员发表论文近400篇，其中国外期刊论文100余篇。

1999年上海光机所有各类经营性企业13个，从事开发的人数为330人，全年营业总额10 094万元，利税总额1333.5万元，较1998年有一定进步。

上海光机所科技队伍进一步优化，45岁以下科技人员占整个科技队伍的57.7%，许多青年科技人员在所、室等科研岗位上担任职务。研究生培养工作也进一步发展，已拥有博士生导师 39 人，其中 45 岁以下 11 人。硕士生导师 100 余人。

1999 年上海光机所国际科技交流合作又上一个新台阶，来所访问的国外和我国港、澳、台地区学者近 100 人，派出参加国际学术会议和合作研究的人员逾 60 人次。与其他国家和地区的合作项目达 10 余项。1999 年上海光机所与韩国原子能研究所共建了中韩光学技术中心，并开展了多方面合作研究。此外，上海光机所成功地举办了国际激光物理和量子光学会议，参加会议的国外代表达 50 人以上，获得了学术交流和国际合作双丰收。

上海光机所受中国光学学会委托，编辑出版《光学学报》、《中国激光》等刊物。

上海硅酸盐研究所

名誉所长：严东生
所　　长：施尔畏
地　　址：上海定西路 1295 号
邮政编码：200050
联系电话：021-62512990
图文传真：021-62513903
电子函件：siccas@sunm.shcnc.ac.cn
网　　址：www.sic.ac.cn

中国科学院上海硅酸盐研究所渊源于 1928 年成立的国立中央研究院工程研究所。1959 年 1 月由中国科学院冶金陶瓷研究所分出独立建所。

截止到 1999 年底共有职工 767 人，其中科技人员 509 人，有中国科学院院士 3 人（其中双院士 1 人），中国工程院院士 1 人，研究员 56 人，副研究员、高级工程师 118 人，中级科技人员 249 人。

上海硅酸盐研究所系博士、硕士学位授予单位，设有博士后流动站。现有在学博士研究生 63 人，在学硕士研究生 57 人，另有在站博士后 11 人。

上海硅酸盐研究所定位于科研基地型高技术创新类研究所，兼有基础性研究、应用发展研究和工程化研究的综合性研究所。上海硅酸盐研究所坚持以先进无机材料科学与工程为主体学科方向，以“国家目标和需求为导向、以任务带学科”为办所方针，通过不断争取外部资源，深化内部改革，优化队伍结构，合理部署力量，着手发展学科前沿基础性研究，大力加强先进无机材料探索和传统无机材料升级换代相关的技术创新研究，推进新材料、新工艺、新技术应用和产业化。

1999 年 5 月 7 日，中国科学院党组正式批准上海硅酸盐研究所列入中科院知识创新工程试点单位的序列。

在知识创新工程试点工作的推动下，上海硅酸盐研究所加快了改革步伐。在组织结构、运行机制调整等方面都取得了较大进展。上海硅酸盐研究所已初步形成了以科研队伍为主体的研究系统、以所属中试基地为主体的工程化研究、中试生产系统以及行使上海硅酸盐研究所外贸经营自主权的上海西卡思新技术总公司的“技、工、贸”体系的构架。同时构建了以基础性研究为主体任务的高性能陶瓷和超微结构国家重点实验室和中国科学院无机功能材料开放实验室；体现“应用基础研究—应用发展研究—工程化研究—中试生产”一体化的各工程研究中心和以工程化研究、中试生产的组织管理为主要任务的中试基地，相互渗透的科研体系。试图为提高科研成果的系统集成度和成熟度，加快科研成果向现实生产力转化进程提供组织保证。

在取得组织结构调整，人事制度改革等初步成果的前提下，上海硅酸盐研究所 1999 年着手实施分配制度改革，新的分配制度体现了以岗位责任为主体，业绩考核为依据的原则。分配制度改革又牵动了考核制度的建立与逐步完善，强化了按需设岗、按岗聘任、竞争上岗、择优录用的用人制度。

队伍建设在 1999 年也取得了良好进展。拓展了应届学士及以上学位毕业生招收和研究生生源渠道同时，从国外和从院外单位引进人才工作也有较大起色。上海硅酸盐研究所作出了较大投入，多方面创造条件，促进青年同志在实践中锻炼成长。全年有 9 位具有博士学位且工作取得成绩的青年科技人员被聘任为研究员；1 人获得中国科学院青年科学家二等奖；6人分别被聘任为部门负责人或助理。

研究生教育又有新的发展。全年共招收硕士研究生29人，博士研究生18人，在读研究生总人数达到120人。同时对研究生导师实行评审和遴选上岗制度。

园区改造工程已于年底开工。待2002年园区改造工程竣工后，上海硅酸盐研究所将出现一个崭新的园区环境面貌。

上海硅酸盐研究所精神文明建设也上了一个新台阶，1999年被命名为上海科技系统文明单位。

1999年，上海硅酸盐研究所承担国家攻关任务，“863”计划项目等27项，国家自然科学基金项目12项。

卤化银 CO_2 传能光纤及医用手术刀取得较好的进展。通过改进光纤导光臂的结构，解决了Φ1.0mm卤化银多晶光纤在临床试用中存在的技术问题，继续进行临床试用；第二台 CO_2 激光手术刀样机进展顺利：0.7mm卤化银多晶光纤的性能亦有提高，传输损耗达0.48dB/m（指标为<0.7dB/m），传输功率>8.7W（指标为8～10W），超前完成了任务合同的指标。

上海硅酸盐研究所在窗体材料、保温材料、温控材料及有效荷载等方面为我国“神舟”号飞船的成功发射作出了重要贡献。

国家自然科学基金项目：“X射线多晶衍射全谱拟合方法在无机材料科学中的应用”和“先进陶瓷材料设计及晶界应力研究”都取得一定突破。

面上基金项目“X射线多晶衍射全谱拟合方法在无机材料科学中的应用”、“用于高档液晶显示的薄膜晶体管的基础研究”、“低成本碳化硅陶瓷成型法中有机反应的研究”、“钛酸钡材料电畴结构的电声成像及机理研究”和“空间制备材料热物性的特异性及其测试新技术研究”在1999年结题，都取得了较好的结果。

“先进陶瓷材料设计及晶界应力研究”项目已成功地制备出致密的三种AlN-多型体（15R，12R，21R）材料，在国际上首次报道了高温强度比室温强度高的发现；提出了陶瓷晶界应力设计的概念，陶瓷的强化与增韧协同效应；设计了Sialon/nm SiCp，可使材料强度维持到1000℃；Y-TZP/TiCp，Y-TZP/Al_2O_3 和 Al_2O_3/SiCp的断裂韧性有30%以上的提高；建立了晶界连续相——基体的晶界结构和晶界应力模型，并作了实验验证。

1999年度完成成果鉴定8项，获奖5项。国家级奖1项，省部委奖4项。其中“强Cherenkov效应 PbF_2 晶体的生长新技术”获国家发明三等奖。1999年度共发表论文394篇，其中SCI收录的论文103篇，I. F. >1收录的论文40篇。完成专利申请17件，批准专利17件，其中发明专利11件，实用新型专利6件，为历年最高。

国际合作研究项目1999年继续保持良好态势，与西欧核子中心合作项目PWO晶体从1999年4月起已进入预生产阶段，生长的晶体95%以上光输出达到8p. e. /MeV以上，其中85%以上晶体的抗辐照能力达到CMS的要求（±10%以内），这些晶体的闪烁性能已全面达到CMS工程的要求，上海硅酸盐研究所已与西欧核子中心（CERN）正式签订了3200根大尺寸PWO晶体的试生产合同，标志上海硅酸盐研究所国际新型闪烁晶体研发主要基地地位的进一步巩固。

PMN-PT晶体，在1999年，优化了籽晶方向，温场条件以及下降速率等生长参数，成功获得压电系数 d_{33}>2000PC/N，机电耦合系数 K_{33}>90%，厚度伸缩机电耦合系数Kt约62%，损耗tgδ约0.9%，尺寸达Φ40×80mm的PMN-PT单晶，这一性能指标和晶体尺寸处于国际领先水平，满足下一代超声成像及高应变驱动器应用对材料的性能要求。

上海硅酸盐研究所中试基地在1999年超额16%完成了年度销售额指标，预计在2000年中试基地不仅销售额将增长50%以上，而且在结构陶瓷、功能陶瓷工程化研究和生产方面将取得突破性进展。

上海硅酸盐研究所成功地举办了1999年古陶瓷科学技术国际讨论会，弘扬了华夏的文明，促进了中国古陶瓷和世界古陶瓷科学技术研究工作的进一步发展，推动了古陶瓷研究与最新现代科学技术的结合和中国与各国学者的学术交往和友谊。

上海硅酸盐研究所编辑出版的《无机材料学报》是中国科技论文统计用刊，一直为CA、EI和中国物理文稿、化学文稿数据库、中国报刊索引

——科技版、中国学术期刊文稿、中国科学引文数据库等收录，从 1998 年 1 月起，又为美国 SCI 所收录引用，在国内外享有良好声誉。

上海有机化学研究所

所　　长：郑崇直
地　　址：上海市零陵路 345 号
邮政编码：200032
电　　话：021-64163300（总机）
　　　　　021-64169166（办公室）
传　　真：021-64166128
电子函件：sioc@pub.sioc.ac.cn
网　　址：www.sioc.ac.cn

1950 年 5 月，在前中央研究院化学研究所（建于 1928 年）和前北平研究院化学研究所与药物研究所合并的基础上，成立中国科学院有机化学研究所。1970 年改为现名。现有职工 979 人，有 11 位中国科学院院士，研究员级 46 人，副研究员、高级工程师 56 人，中级科技人员 165 人。目前在学研究生 187 人，其中博士生 71 人，硕士生 116 人。另有在站的博士后 28 人。

经国务院批准，上海有机化学研究所拥有有机化学、分析化学和高分子化学的硕士授予权和有机化学的博士授予权，建立了博士后流动站。

经中国科学院批准，上海有机化学研究所作为知识创新工程试点单位，进入了上海高技术研究发展基地。上海有机化学研究所知识创新工程的总体目标是：把有机所建成国际一流的有机化学研究机构并成为推动国内医药化工行业发展的国家级研究所。上海有机化学研究所的学科发展方向是以有机化学的基础和应用研究为主绳，把环境友好的有机化学作为研究所的可持续发展战略目标，形成以有机化学尤其是有机合成化学为核心，与生命科学、材料科学及环境科学紧密交叉的学科格局和科研组织结构。确立研究所的高技术研究与开发努力为国民经济发展和国家安全服务的技术创新目标。

基础研究和应用基础将牢牢抓住国民经济发展的战略目标，将在学科发展的国际前沿，培养和吸引一流的人才，发表一流的学术论文，做出一流的科研成果，为应用和开发研究提供发展的源泉。

应用与开发研究在积极完成国家攻关任务、高技术跟踪项目、军工配套以及上海地区经济建设项目的同时，加快科技成果产业化的步伐，形成相应规模的高科技产业，为促进国民经济发展和国家安全作出自己应有的贡献。同时逐步形成完整的知识创新和技术创新体系。

为加强重点学科的力量，按照创新工程的要求，对研究室进行了调整，拆并了 4 个实验室，新组建了体现高技术创新性的现代合成与手性技术研究中心和国防有机化学研究中心，新研究室是紧紧围绕既定的科技目标设置的。调整后的研究室有：

生命有机国家重点实验室、金属有机国家重点实验室、计算机化学与化学信息中心（计算机化学开放实验室）、杂原子化学研究室（含有机氟化学开放室）、物理有机化学研究室、有机新材料研究室、分析化学研究室（含分析测试中心）、手性技术研究中心、国防有机化学研究中心、沪港化学合成联合实验室和三维药物研究中心。

1999 年，上海有机化学研究所获国家自然科学基金资助项目 16 个，其中重点项目 1 项，国家杰出青年基金 2 项。此外，还获得了上海市启明星计划项目 2 项，上海市科技发展基金项目 4 项。在研的“863”国家攻关项目、“九五”国家重点项目、国家“攀登计划”项目以及科学院的重大重点项目取得了较大的进展，氟利昂替代品 F_{134A} 已进入了验收鉴定阶段。

在国家科技部组织的开放实验室评估中，上海有机化学研究所金属有机化学开放实验室以其自身的科研业绩和管理水平，在 29 个参评开放室中名列第二。经科技部批准，金属有机化学开放室从科学院级升级为国家级重点实验室。

1999 年共获得 5 项科研成果奖，其中“以烯烃或炔烃衍生物为原料的合成方法学研究”获得了国家自然科学二等奖，“自由基化学中取代自旋离域参数 σ_{JJ}^{*} 之成功建立和应用”获得了中国科学院自然科学一等奖，“含氟碳-碳重键的新合成方法学研究”获得了上海市科技进步一等奖。

1999 年申请发明专利 22 项，登记计算机软件著作权 1 项。获得授权发明专利 11 项，计算机软件著作登记证书 2 项，商标专利权 1 项。

1999 年发表论文 218 篇，其中外文 163 篇。被 SCI 收录论文列科研机构第四位，被引论文列科研机构第三位。

麻生明研究员荣获了“求是”基金会“杰出青年学者奖”和中国科学院“杰出青年”荣誉称号。

上海有机化学研究所研制的热控涂层成功地应用于多颗卫星和宇宙载入飞船，多次得到有关部门的表彰，为我国的航天航空事业的发展作出了贡献。

上海中科合臣化学公司在前三年连续翻番的基础上，1999 年总产值比去年增长了 5.8%，税后利润比去年增长 7.4%，创汇 1000 万美元，比去年增长了 15.6%。

在过去发展的基础上，上海有机化学研究所高科技产业化结构要实现“二个中心，四个基地”。二个中心即中科院有机合成工程中心和与上海市科委、上海张江高科技园区合作组建的张江药物研究中心。四个基地就是江苏康泰的生物农化基地、张江五洲医药生产基地，金山的氟化学基地和公司本部的精细化工基地。

上海中科合臣化学公司积极准备通过资产重组，改制上市，实现低成本的快速扩张。积极实现“院地合作”。为上海地方经济服务。

1999 年上海有机化学研究所招收了 40 名硕博连读的研究生，招收了 27 名博士生。经过学位论文答辩，授予 19 人硕士学位，同意 20 人由硕士转博士，授予 28 人博士学位。经过推荐、评审，1 人获得了院长奖学金特别奖（邓绍江，导师惠永正），2 人获得了奖学金优秀奖，4 人获得伟华科技奖学金，1 人获得刘永龄奖学金。朱国新入选了“全国首届百篇优秀博士论文”，全国化学学科仅有 5 人入选。同年上海有机化学研究所研究生部被评为“全国学位与研究生教育先进管理集体”和中国科学院招生先进集体。

1999 年，上海有机化学研究所共接待了来自世界各国的专家学者和国际知名大公司的研究工作人员达 62 批，计 173 人次。先后授予台湾清华大学沙晋康教授、台湾大学陆天尧教授、美国 The Scripps Research Institute 的翁启惠教授和 K. C. Nicolaou 教授 4 人为上海有机化学研究所名誉教授。

目前。拥有 600MHz 核磁共振系列仪器和高分辨色质联用仪等国际先进的仪器设备；拥有先进的计算机管理的科技图书情报信息。

上海有机化学研究所受中国化学会委托编辑出版《化学学报》、《有机化学》和《Chinese Journal of Chemisery》。《化学学报》已被 SCI 收录。

上海原子核研究所

名誉所长：张家骅
所　　长：杨福家
地　　址：上海市嘉定区嘉罗公路 2019 号
邮政编码：201800
联系电话：021-59553998（总机）
021-59553630（所办）
图文传真：021-59553021
电子函件：sinr@sinr.ac.cn
网　　址：www.sinr.ac.cn

上海原子核研究所筹建于 1958 年 10 月，1959 年 8 月正式成立。全所现有职工 837 人，其中科技人员 512 人，有中国科学院院士 2 人，研究员、正研级高级工程师 41 人，副研究员、高级工程师 131 人，中级科技人员 227 人。

上海原子核研究所系博士、硕士学位授予单位，并设有博士后流动站。现有博士生导师 18 人，硕士生导师 60 余人；在学研究生 61 人，其中博士生 27 人，硕士生 34 人。另有在站博士后 5 人。

上海原子核研究所是以基础和应用基础研究为主，高技术研究及其产业化为辅的基础研究基地型研究所，以上海同步辐射光源、束线技术和同步辐射应用及其相关领域研究为主要研究方向，同时，继续开展基于低能加速器的核科学基础、应用及其交叉学科的研究。

上海原子核研究所下设 4 个研究室（核物理实验室、核分析技术实验室、应用加速器实验室、辐射化学实验室），3 个研究中心（新技术研究发展中心、放射性药物中心、辐射材料中心），2 个中科院开放实验室（中科院核分析技术开放实验室、中科院辐射化学开放实验室），2个联建的研究发展中心（与国家医药管理局联建的上海放射性药物研究发展中心、与上海市科委联建的上海辐射技术应用推广中心）。拥有国际首创的超灵敏小型回旋加速器质谱计、原子级分辨率的扫描隧道显微镜（STM）和原子力显微镜（AFM）、扫描质子微探针等先进的仪器设备。

1999年，上海原子核研究所进一步明确学科目标、调整学科方向，创建以学科争任务、以任务带学科的学科发展机制，实施点上突破、以点带面的发展战略，取得实质性进展：核分析技术开放实验室以机构形式进入院知识创新工程，“烟气脱硫用超大功率电子加速器的研制”入选院首批知识创新工程项目。

1999年，上海原子核研究所根据院知识创新工程工作会议精神，进行组织结构、人事制度和后勤制度改革。组合党委办公室、工会、纪委、监察室功能，成立党委和群众工作办公室（党群办）；结构调整的同时，完善相关的制度，加强依法治所；根据所的形势发展，撤销了技术条件处的建制，将其职能分解重组。在1998年科研结构调整的基础上，实行设岗聘用制度，共设立研究主管15人，相对于职称高聘3人、低聘4人，充分体现了按需设岗、按岗聘用、竞争上岗的指导思想；同时实施配套的分配制度改革，在分配上向研究生导师和有高学位的新职工倾斜，对承担国家重大（重点）项目的学科带头人和科研骨干的工资做较大幅度的增加，极大促进了上海原子核研究所优秀人才的引进和稳定。改革后勤运行机制，成立研究所后勤服务中心，参照企业方式自主运行、独立核算、自负盈亏，在后勤服务中引进竞争机制，提高服务质量。

1999年，上海原子核研究所按照国家创新体系的大趋势，深入认识本所的客观现状，向院部提出了以上海原子核研究所和在建的上海光源为基础，拟建由4个实验室、5个研究中心和3个主要产业方向的企业群组成的上海核科学技术研究基地（暂定名）的建议。设想建设我国唯一的面向民用的以非动力核技术为学科基础的综合性科学技术研究基地。

1999年，上海同步辐射装置工程预研工作取得实质性进展，1999年1月召开“上海同步辐射装置预制研究动员大会”，工程预研工作全面启动：1999年7月召开工程领导小组第二次会议，决定工程落址浦东张江高科技园区，审议并原则通过7+1条首批光束线站；目前各项预研工作按计划进行。按中国科学院的指示，上海同步辐射预制研究期间挂靠在上海原子核研究所；至1999年底，上海原子核研究所共有70多人加入了预制研究队伍，并在人、财、物等方面与工程指挥部建立了方便高效的工作关系，保证了预制研究工作的正常进行。

1999年，上海原子核研究所在研课题约49项，其中国家基金委16项，“攀登计划”项目子课题4项，国家项目6项，中科院重大、重点及特别支持项目等12项，上海市科委项目7项，企业委托项目1项，国际合作3项。全年申请到国家基金项目4项，院项目3项，地方项目3项，IAEA项目2项。上海原子核研究所凭借20多年研制高压型加速器的技术积累和经验，启动应用于环保的创新项目“烟气脱硫用超大功率电子加速器的研制”，电子束烟气脱硫的原理为用电子束物理激发产生活性自由基，加入氨后生成硫酸氨和硝酸氨，由于它能同时脱除SO_2和NO_x，无二次污染，副产品可用作化肥，整套装置投资少、运行可靠稳定且操作简便。电子束烟气脱硫装置中的关键设备是大功率电子加速器。目前，项目按计划进行研制工作，预计明年建成拥有完全自主知识产权的烟气脱硫用超大功率电子加速器样机。

1999年，上海原子核研究所全年结题科研项目10项，中科院成果登记8项，上海市成果登记6项，4项科研成果获奖：“重质量丰中子新核素的合成、鉴别和研究”（合作）获国家自然科学二等奖；“核衰变和核结构数据的测量评价及其数据库建设”（合作）获国家科技进步三等奖；“极端条件下核行为研究”获中国科学院自然科学二等奖；“临床规模的^{188}W-^{188}Re发生器的研制和应用”获上海市科技进步二等奖。全年申请专利5项，其中4项发明专利，1项实用新型专利。

1999年，上海原子核研究所的科技产业突破紧缩经济束缚，充分发挥自身高科技优势。9家主要企业全年销售总额近1亿元，利润总额约1300万元。面对1997年亚洲金融危机以来不利的经济环境，上海原子核研究所加强对科技企业的宏观管理，完成了对企业的财务审计和干部考核；推进企业体制规范化工作，完成了骨干企业的改制，对其他企业作了准备；加大技术创新和新品开发的力度，取得较大进展：特种变压器公司的UPS供电器远程数据通信演示成功，为公司产品直接打入信息产业领域奠定了基础；日环厂研制的家用及小区防盗保安产品，首批样机已投入试用；日环一厂的SN-6918型HP测试仪已进入中试生产阶段；科盛仪器厂的医用碳-13尿素呼气质谱仪已正式开始研制；科兴公司的铼-188 HEDP等新药研制进展加快；新艺公司持续几年投入较大力量的镍氢电池隔膜取得重大进展。这些措施有效地促进了我所科技企业的健康发展，科兴公司全年销售收入1100万元，比1998年翻一番；新艺公司的碱性电池隔膜已成功打入欧洲市场，出口销量接近历史最高水平；奥瑞恩公司依托产品高质量优势，销售收入同比增长50%以上；日环一厂销售收入增长20%；科盛仪器厂销售收入增长40%，均表现出较强劲的增长趋势。

1999年，上海原子核研究所贯彻本所人才培养和队伍建设工作会议精神，加强人才队伍建设。对外加大推荐申报力度，取得良好的成绩：1人当选中国科学院院士，1人获得中科院青年科学家奖，1人获得上海分院先进青年科技工作者奖；2人获得政府特殊津贴，5人参展上海市回国留学人员成果展。对内加强职工再教育，全所80余人次参加继续教育学习，提高了自身素质；重视研究生教育质量的提高，今年有2人获中科院院长奖学金优秀奖，1人获刘永龄奖。开展广泛的国际学术交流活动，全年接待外国学者20人次，参加国际会议和选派出国留学37人次。

1999年9月28日，上海原子核研究所举行了隆重、简朴的建所40周年庆祝活动。到会的有中国科学院、上海分院、上海市科委、嘉定区、徐行镇和兄弟所领导，李政道博士也热情地发来贺信，中国科学院路甬祥院长借着到沪参加《财富》论坛年会的机会，与上海原子核研究所老同志座谈，对上海原子核研究所的发展方向作出了明确的指示。方守贤院士、杨福家院士分别做了题为“加速器驱动的核能源及散裂中子源”、“冷核聚变十年”的学术报告，受到上海原子核研究所科技人员、研究生的欢迎。为迎接所庆，在所财政有限的情况下，对园区部分建筑和环境进行装修和整理，收到较好的效果。整理了《建所四十周年征文集》，记载上海原子核研究所的发展史；编印了精美的画册，展现上海原子核研究所现在的风貌；并在《科学时报》作了专版新闻报道。庆祝会热烈、隆重，文艺演出喜庆、欢乐，所庆活动圆满成功。

上海原子核研究所是被评为上海市二星级学会的上海市原子核学会的挂靠单位。编辑出版《核技术》、《核科学与技术》（英文版）、《辐射研究和辐射工艺学报》等学术期刊。

上海天文台

台　　长：赵君亮
地　　址：上海市南丹路80号
邮政编码：200030
联系电话：021-64386191
传　　真：021-64384618
电子函件：office@center.shao.ac.cn

中国科学院上海天文台成立于1962年，它的前身是法国天主教耶稣会1872年建立的徐家汇观象台和1900年建立的佘山观象台。全台现有职工人数306人，其中科技人员229人，中国科学院院士1人，中国工程院院士1人，研究员（包括正研级高级工程师）27人，副研究员、高级工程师59人，中级科技人员96人。经国务院学位委员会批准，上海天文台为天文学一级学科博士和硕士学位授权点。现有在学博士生17人，在学硕士生12人。另有博士后4人，外国高级访问学者1人。

上海天文台以天文地球动力学和天体物理学若干优势领域为主要学科发展方向，拥有甚长基线干涉仪（VLBI）、卫星激光测距（SLR）、全球定位系统（GPS）、卫星测速测距仪（PRARE）等多项现代空间天文观测技术，是世界上同时拥有这4项技术的7个台站之一。主要设备有：25m射电望远镜，1.56m光学望远镜，60cm人造卫星激光测距仪，40cm双筒折射望远镜，Reque8100GPS接收机和氢原子钟等。

上海天文台作为中科院知识创新工程首批启

动的国家天文观测中心的重要组成部分，按照创新工程的总体要求，重新安排研究室（中心）的结构及有关课题组人员配备，大胆启用年轻人，并设立固定和流动研究人员。目前进入创新工程有“地球自转变化”、“空间飞行器精密定轨及其应用”、“星团和银河系结构”、“活动星系核的VLBI研究”、“卫星激光测距技术及应用研究”、“射电天体测量与天球参考系”、“宇宙学”等7个研究团组以及VLBI技术实验室和VLBI观测基地。这次入选中科院国家天文观测中心的课题具有更高的研究创新度，旨在应用现代空间天文观测技术研究地球自转与地球各圈层（大气、海洋、地壳和地球内部）的相互作用、动力学机制及其与环境变化的关系，探索地球自转与厄尔尼诺等自然灾害变化的成因，为预测环境变化、防洪、减灾等服务；建立综合处理多颗卫星、多台站、多类型资料的大型软件系统，为我国空间事业服务，使我国的卫星应用进入国际先进行列；将与英、德、法、西班牙、加拿大等国合作，利用高精度观测资料和物理模型，研究星团银河系的结构和演化、星系形成与星系动力学；结合VLBI观测和其他观测，探索活动星系核的各种物理过程；高精度天文参考系的维持和完善；以及VLBI技术研究、氢原子频标和时频技术研究、天文望远镜及光学技术研究等。

上海天文台的科研主体由天文地球动力学中心、天体物理研究室、VLBI研究室、计算信息中心等部门构成。它还是中国科学院光学天文联合实验室总部及佘山观测基地、中国科学院射电天文联合实验室VLBI分部所在地，国际合作项目“亚太地区空间地球动力学研究计划”（APSG）中央局和中国科学院天文地球动力学联合研究中心所在地。上海天文台佘山工作站被中国科协命名为“全国科普教育基地”、被上海市政府命名为“上海市青少年教育基地”和“上海市科普教育基地”。

为促进培养与选拔跨世纪学科带头人，吸引各类优秀青年人才，经中科院批准，成立了与德国马普科学技术促进会共同组建的“马普天文青年伙伴小组”，由国外引进杰出青年人才，组建“宇宙学”研究团组，充分发挥青年人的优势，加强国际竞争力。

上海天文台是首批列入中科院知识创新工程试点的单位之一。根据“九五”期间事业发展规划纲要，结合天文创新工程的要求，在原有的基础上进一步精简管理人员和科研支撑部门，实行人员分流，精干科研队伍，集中力量围绕国家重大科研任务开展科研工作，同时积极努力调动高技术力量为国民经济服务，为了促进人员分流和科研成果的转化工作，于1999年8月成立了天文科技发展有限公司，现已有三分之一以上人员从事技术开发。

1999年度上海天文台承担的主要科研任务有：主持和参加国家“攀登计划”项目“现代地壳运动和地球动力学研究”和“天体剧烈活动的多波段观测和研究”，参加国家大科学工程“中国地壳运动观测网络”和参加国家重点基础研究发展规划项目“大陆强震机理与预测”项目。除以上国家重大科研任务外，还承担中科院重大项目1项，重点项目7项，主持及合作主持自然科学基金委重点项目3项，参加重大重点项目1项，面上项目12项，“百人计划”项目2项，海外青年学者合作基金项目1项；负责中国VLBI网及SLR网的协调和组织落实，参加欧洲网等的联测任务。1999年度上海天文台获得科研成果奖2项，其中“白天激光测距系统的建立”获国家科技进步三等奖、“应用于天球和地球参考架的VLBI观测和研究”获中科院科技进步二等奖。技术开发为上海天文台精干基础研究队伍、人员分流提供了渠道，也为稳定与发展作出了贡献。先进的时频技术、光机电技术、LED显示屏、计算机网络和多媒体、卫星通讯、科普望远镜等技术已在通讯、导航定位、大楼智能化、院校、交通等方面发挥了作用。

上海天文台正在筹建“上海网上天文台”，以网络媒介普及天文知识，满足广大青少年对天文知识的渴求，加强唯物主义和科普知识的宣传教育，增进人们学科学、讲科学、用科学的社会风尚。

上海天文台是上海市天文学会的挂靠单位。编辑出版的刊物有《上海天文台年刊》、《天文学进展》以及《地球自转参数年报》、《地球自转参数公报》、《原子时公报》等。

上海生物化学研究所

名誉所长：王应睐

所　　长：**李伯良**
地　　址：**上海市岳阳路 320 号**
邮政编码：**200031**
电　　话：**021-64374430**
传　　真：**021-64338357**
电子函件：**sbgs@sunm.shcnc.ac.cn.**

中国科学院上海生物化学研究所成立于1958年，前身是中国科学院上海生理生化研究所的生物化学部分。全所现有职工445人，其中技术人员294人，有中国科学院院士7人，中国工程院院士1人，研究员43人，副研究员、高级工程师61人，中级科技人员121人。现有在学博士生126人，硕博研究生71人，硕士生2人。另有博士后5人。

上海生物化学研究所是国家教委和国务院学位委员会首批确定的硕、博士学位授予单位之一，是中科院首先批准的博士生重点培养基地，具有博士生指导老师的自行审批权。现设有生物化学和分子生物学招生专业和硕士、博士学位授予点。

上海生物化学研究所在1997年的定位试点工作以后，从国家战略需求出发，综合学科的发展和现有的基础及条件，凝练和提升了研究所的科研创新目标。并提出重点发展学科和重点研究方向。重点发展学科：生物化学、分子生物学、生物技术以及生物信息等。重点研究方向：1.蛋白质的结构功能和蛋白质组；2.基因组的基因的功能调控；3.RNA和RNA与蛋白质的相互作用；4.细胞活动的分子机制和网络调控；5.生物高技术的发展与创新；6.生物信息学。

上海生物化学研究所现共有35个课题组。1999年7月，上海生命科学研究院正式挂牌成立，按照生命科学院的评审办法和评分标准，上海生物化学研究所第一批有16个课题组研究组长获上海生命科学研究院重点支持。第二批又有16个课题组研究组长通过联合专家组的评审，也获得上海生命科学研究院支持。

分子生物学国家重点实验室是上海生物化学研究所的一个有机组成部分和优化的群体，试行联合、开放、流动的运行机制，在上海生物化学研究所的科研和发展中发挥了非常重要的作用。实验室的研究方向包括三个方面：生物大分子（蛋白质、核酸、酶）的结构与功能、分子遗传和生物膜。目前在7个领域开展工作。

根据中科院知识创新工程精神和上海生命科学研究院的要求，上海生物化学研究所积极推进研究所的结构调整和人事制度改革。积极落实“百人计划”，做好“百人计划”的申报和招聘工作，利用Internet、Fax、E-mail等各种渠道发布信息，进行招聘。1999年上海生物化学研究所从生命科学研究中心引进了1名优秀的年轻学术带头人、课题组长廖侃。与此同时，还十分重视培养年轻科研骨干，制定了《上海生物化学研究所关于进一步加强人才队伍建设的原则意见》、《上海生物化学研究所关于引进优秀年轻科研人才管理规定》、《上海生物化学研究所关于引进年轻科研人才住房补贴的规定》和《引进和认定青年科研骨干的实施办法》等一系列吸引优秀人才制度，加大引进和培养力度。

在实行全员合同制，与个人签定网位合同的基础上，上海生物化学研究所又在后勤服务中心和学会期刊联办试行了经费包干、独立核算的运行机制，让他们享有一定的用人权和分配权。这种运行机制的试行为研究所的整体改革积累了经验。

1999年，上海生物化学研究所发表论文188篇，其中在国外杂志发表47篇。主持国家基金委重大项目2项，承担杰出青年基金5项，重点项目3项，国家基金委面上项目25项；承担国家科技部“八五”延续“攀登计划”项目2项，“863”项目17项（含合作），海洋“863”1项，攻关项目2项（含参加），“921”项目1项，“973”（参加）3项；主持中科院重中之重项目1项，承担院重大项目5项，（其中合作3项），院基础重点研究项目6项，院特别支持项目7项，院应用研究项目19项，人类基因组9项；承担上海生命中心项目1项，上海市新药开发项目4项，上海市科委人才基金项目1项，上海市“启明星”项目3项，上海市农委项目2项，上海联合利华研究与发展基金课题1项，上海分院项目8项。

1999年“蛋白酶质抑制剂结构与功能的研究”获国家自然科学奖三等奖；“转移核糖核酸——结构、功能与合成”获国家科技进步奖（科技著作）三等奖；“具有肿瘤抑制功能的RNA调控元件的发现及其分子机制的研究”、“丙型肝炎病毒分子生物学与非经血传播途径的研究”获上海市科技进步奖二等奖；“癌胚抗原放免分析、放免显像和治疗的基础研究”获上海市科技进步三等奖；“乙型肝炎病毒S基因免疫逃避变异株的研究”获军队科技进步二等奖。

1999年上海生物化学研究所出访派出46项，51人次（其中国际会议24项，合作研究工作22项）；来访79批，190人次。申请国家基金委资助国际合作项目4项、院级国际合作项目14项、院公费项目2项和院人教局王宽诚科研合作项目1项。

1999年12月23～24日，由上海生物化学研究所主办的“迎21世纪生命科学学术研讨会暨上海生物化学研究所1999年学术年会”在中科院上海学术中心举行。国家基金委合作局、生物学部、中科院国际合作局、上海市科委、上海分院的领导以及海内外科研人员400多人参加会议。来自美国、加拿大、德国和香港等国家和地区的学者与上海生物化学研究所的专家和研究生进行广泛、深入的学术交流，取得了良好的效果。

由中国科学院上海生物化学研究所、日本理化学研究所和日本东医齿科大学联合主办的“中日基因、细胞信号传导与肿瘤专题学术讨论会”于1999年11月4～7日在中科院上海学术中心举行。会议就基因与细胞信号传导、基因与肿瘤研究等生命科学的热点领域进行广泛的双边学术交流。中日双方专家、学者约100多人参加会议。本次会议的举行，加强了中日双方科学家的相互了解，为进一步开展中日学术交流打下了良好的基础。

1999年9月16日，中国科学院上海生物化学研究所以7家公司的股权出资与上海双龙高科技有限公司、上海康达医药药材有限公司3家共同组建的上海中科生龙达生物技术有限公司正式注册成立。注册资本为1.1亿。

在开发产品中，注射用重组人粒细胞巨噬细胞集落刺激因子完成二期临床，通过新药评审，获得国家药品监督管理局颁发的生物制品第二类新药证书国药证字（1999）S-39号。并与上海亚欣实业公司共同组建的东昕生物技术有限公司已在浦东张江高科技园区建成占地20 13.3ha，3000m^2的生产厂房，并按生产新药GMP要求装修洁净车间，待通过GMP认证后，即可生产上述新药。

1999年外用重组人表皮生长因子完成了二期临床，并通过了新药评审。眼用重组人表皮生长因子完成了一期临床，进入二期临床。内用重组人表皮生长因子完成了全部临床前研究，已送中国药品生物制品检定所检定。

1999年上海生物化学研究所还积极开展与地方企业合作，分别与江浙沪的有关部门、企业签署了合作开发协议，合同总额400多万元。

1999年上海生物化学研究所申请发明专利11项。“胰岛素前体基因在酵母中的分泌表达和人胰岛素的制备”（专利号ZL9311258.6）获专利授权。

上海生物化学研究所编辑出版《生物化学和生物物理学报》。

上海细胞生物学研究所

所　　长：郭礼和
地　　址：上海市岳阳路320号
邮政编码：200031
电　　话：021-64315030
传　　真：021-64331090
电子函件：cellrj@sunm.shcnc.ac.cn
网　　址：www.cell.ac.cn

中国科学院上海细胞生物学研究所创建于1950年，原名中国科学院实验生物研究所，1978年改为现名。现全所职工总数229人，其中科技人员160人，中国科学院院士3人，研究员19人，副研究员、高级工程师、高级实验师19人。

现有在学硕士生38人，博士生45人。博士后11人。

1998年经中国科学院专家评议组评审，中国科学院认定，上海细胞生物学研究所为基础理论基地性研究所。以基础性理论研究为主导，承担国家任务为主要目标，以细胞生物学为中心学科，以知识创新和社会贡献为追求意向，加强国际学术交流与合作，努力将研究所建成为我国在生命科学研究、人才培养和高科技产业化方面具有世界先进水平的国际性和基地性研究所。分子细胞生物学为上海细胞生物学研究所学科发展方向，下面 5 个研究重点领域为：

基因、基因组和染色体生物学，细胞及细胞间的信号传导，细胞生长、分化和发育的分子机制和遗传控制，细胞识别及免疫，分子细胞生物学的新方法和新技术。

上海细胞生物学研究所设有 19 个科研项目组，是博士、硕士授予点，设有博士后流动站。

上海细胞生物学研究所国际合作实验室有德国马普客座实验室及 2 个青年科学家小组、世界实验室生物技术中心、中法合作血液与血管生物学实验室、美国洛克菲勒生殖调节避孕研究和培训中心。

上海细胞生物学研究所设有院级开放实验室：分子细胞生物学开放实验室。

上海细胞生物学研究所拥有性能先进的科研仪器设备 2104 台件，价值 3948 万元，其中 20 万元以上的仪器设备 34 台件。大型仪器中细胞传感器、生物传感器、荧光细胞分离器已进入上海科技网，还有高效毛细管电泳仪、高压液相色谱仪、快速蛋白液相色谱系统、激光细胞仪、微量纯化系统等大型仪器。

上海细胞生物学研究所的科研管理、人事管理、财务管理、条件管理已进入上海分院 MIS 系统（即管理信息系统）。上海细胞生物学研究所网络主页更新改版。

为组建创新队伍，上海细胞生物学研究所积极组织并推荐优秀学科带头人进入生命科学研究院，经过努力，有 14 个课题组进入，其组长得到生命科学院科研创新经费支持。

1994 年以来，上海细胞生物学研究所在新进人员中试行了聘用合同制度，取得许多成功和有益的经验，单位自主用工，职工自主择业，进出流动都有章可循，初步形成规范。在此基础上，上海细胞生物学研究所又根据中科院的部署，进一步在全体职工范围内实施聘用合同制。职代会讨论通过实施方案后，1999 年 4 月 8 日，由法人郭礼和所长与全所在职在岗（男 60 以下，女干部 55、女工 50 以下）的 157 名同志签订了长短不一的聘用合同，（缓签 5 人），人事管理改革向创立新的用人机制迈出坚实的一步。

1999 年度新开设的各级各类课题 30 项，包括已有的在研项目，1999 年到所的科研经费总额为 2214 万元，实际科研项目经费比 1998 年增长了 38.3%。其中中国科学院项目 28 项：中科院重大项目（主持）3 项，院重大项目子课题 13 项，院重点项目 6 项，院特别支持项目 6 项；人类基因组计划研究项目中上海细胞生物学研究所共有 3 个子课题；中科院“百人计划”2 项；分院择优支持项目 1 项。国家科技部“攀登计划”预研子项目 1 项。国家自然科学基金重大项目（主持）2 项，国家自然科学基金重点项目、面上项目和合作项目共 17 项。上海市科委项目 7 项。国家合作项目 3 项。

1999 年上海细胞生物学研究所获奖成果 2 项：“细胞器的蛋白质组分在细胞周期的动态分布”的研究获 1999 年中科院自然科学奖三等奖（第一完成单位），“空间细胞电融技术研究及高空飞行试验”获 1999 年中科院科学进步奖三等奖（第三完成单位），向中国科学院登记的科技成果 7 项，其中 6 项成果同时向上海市登记。

申请专利 5 项：它们是“筛选防治动脉粥样硬化药物的方法”、“诱导分化治疗的药物及其应用”、“紫杉醇抗肿瘤药物的新用途”、“无内源性免疫球蛋白肝癌鼠源单抗置备方法及应用”、“一种新的 Rb 结合蛋白及其编码序列”。

发表论文、综述 104 篇。进入 SCI 检索期刊上的论文 19 篇。

1999 年，上海细胞生物学研究所科技开发工作及效益情况如下：

加强四技服务的管理工作，开辟本市和外地的市场生长点，扩大影响，签定了 7 份大合同。

加强科技成果转化工作。经宣传、推广，1999 年“免疫奶”技术转化了 3 个省份的 4 个地区（金华、嘉兴、青岛、哈尔滨），获得了较好的社会效益和一定的经济效益。“免疫奶”技术获 1999 年上海市科技博览会金奖和上海市产学研二等奖。

1999 年 12 月 1 日，上海细胞生物学研究所肝癌单抗的项目通过国家新药评审中心的临床批文专家论证会。

1999 年 12 月上海细胞生物学研究所与江苏悦达集团有限公司签定了“生物技术总体合作协

议”，双方协议在今后15年里投资10多亿元完成三个阶段的发展，最终发展成为一个国际知名的集基础研究、应用研究和生物制药为一体的生物工程企业集团。成立了上海赛达生物技术研究中心，该中心的建立，将有利于实验室的阶段成果转化为生产力，将有利于生物药物的进一步开发。

1999年马普青年科学家小组中外专家评审小组对裴钢和胡耿熙博士进行了年度工作评审，中外专家对两个小组的工作非常满意，并决定继续招聘第三轮马普青年科学家小组组长。德国马普学会副主席、外事局局长也出席了评审会，听取了汇报。

1999年上海细胞生物学研究所先后派出12批13人次出国学习、培训与合作研究；先后接待外宾来访34批186人次，其中有德意志研究联合会主席、美国国立卫生院NIH副院长和两位诺贝尔奖获得者。组织外宾学术报告15人/次。其中诺贝尔奖获得者Nusslein教授的专题报告，吸引了各研究所和著名大学的听众近300人，加强了上海细胞生物学研究所与国际的学术交流。

人才培养和人才吸引方面，1999年上海细胞生物学研究所为遴选推荐两院院士开展了积极认真而有成效的工作，裴钢研究员当选中国科学院院士。

为加强科研及二线支撑力量，从生命中心吸引了朱学良博士来所，从生物制品所吸引了李嘉荣硕士来所，还招聘录用大中专毕业生10人、社会招聘录用3人充实了科研一线工作。

1999年度上海细胞生物学研究所共录取硕-博连读生18人。还录取了硕转博学生11人。因招生工作突出，被中科院人教局评为“研究生招生工作先进集体”。有3人进入上海细胞生物学研究所细胞生物学博士后流动站。有19名毕业研究生和2名同等学力者获得学位，其中获博士学位11人，硕士学位10人。5位博士后工作期满出站，2人经所副高职称评定委员会评定，通过副研究员任职资格。

1999年度上海细胞生物学研究所第二届学术研讨会于1999年11月28日至12月1日在上海青浦家化培训中心召开。专家们就上海细胞生物学研究所的5个研究领域，对国内外研究进展及上海细胞生物学研究所今后发展战略进行评述，同时课题组进行了工作汇报交流。

上海细胞生物学研究所是中国科学院细胞库、中国细胞生物学学会和上海细胞生物学学会的挂靠单位。编辑出版《实验生物学报》、《细胞生物学杂志》和《Cell Research》（英文版）等学术期刊。

上海生理研究所

所　　长：杨雄里
地　　址：上海市岳阳路320号
邮政编码：200031
电　　话：021-64370080
图文传真：021-64332445

中国科学院上海生理研究所的前身是中央研究院医学研究所筹备处，建于1944年。全所现有职工205人，其中科技人员141人，有中国科学院院士1人，研究员11人，副研究员、高级工程师等29人，中级科技人员77人。现有在学博士生30人，硕士生28人。另有博士后7人。

上海生理研究所定位为基础性研究所，主要研究方向为神经生物学；主要发展领域为(1)神经信号发生、传递的基本过程；(2)视觉和痛觉信息的加工、调控及其模拟；(3)脑的功能修复及脑的高级功能；(4)神经和精神遗传疾病的基因研究；(5)低氧的适应机制及对策研究。上海生理研究所是国务院学位评定委员会首批批准的硕士、博士生学位授予单位。国家首批博士后流动单位之一。现有13个课题组和一个院级开放实验室：神经生物学开放研究实验室。

上海生理研究所较大型的仪器有：低压氧舱、扫描透射电镜、超速离心机、高速离心机、荧光分光光度计，紫外可见光光度计、液体闪烁仪、高效液相色谱仪、计算机工作站等。

1999年上海生理研究所围绕知识创新工程积极推动神经生物学和低氧生理与高校的合作、共建；积极推进全所的改革与调整，按院部统一部署在条件成熟时进行整合。同时加大力度扶持青年学科带头人，目前第一批进入上海生命科学院创新机制的研究组有 9 个，其中 45 岁以下的研究组长有 5 人。

1999 年上海生理研究所争取和承担的项目共 61 项，其中主持 1 项并承担科技部“攀登计划”项目子课题 5 项，承担国家基金委的重大项目 1 项、重点项目 2 项、杰出青年基金 2 项、专项基金 2 项，面上基金项目 11 项；中国科学院的重大项目 2 项、重点项目 6 项、特别支持项目 3 项；“973”项目 1 项；“863”项目 1 项；“921”项目 1 项，上海市联合－利华基金项目 2 项，其他项目 24 项。以杨雄里院士为首席科学家的“脑功能和脑重大疾病的基础研究”是由科技部资助，中科院上海生理研究所、上海脑研究所、北京医科大学、上海医科大学、第二军医大学、第四军医大学共同参与的国家重大基础研究项目。该项目依托于中国科学院，拟在 1999～2004 年间解决两个关键的科学问题：(1) 在脑的多层次基础研究方面，阐明某些离子通道的结构和功能特性，突触传递主要环节的活动规律，神经元信号转导通路的活动特性，神经元回路信息加工的规律，神经元生长、发育再生的机制以及神经营养因子在其中的作用，某些类型学习记忆的神经机制及汉语语言信息加工过程中的大脑活动规律。(2) 在脑重大疾病的基础研究方面，从若干侧面阐明老年性痴呆、帕金森病的发病机制，探索延缓老年性痴呆、帕金森病进程和治疗第二种疾病的有效药物和方法；研究脊髓损伤修复的机制和脊髓损伤的治疗方法。

1999 年上海生理研究所申报上海市成果登记 5 项，院成果登记 3 项。申请专利 3 项，授权专利 3 项。发表论文、综述 110 篇，其中论文、简报 50 篇；SCI 收录论文 25 篇。出版学术专著 2 部。另外，上海生理研究所 3 位教授参与《神经生物学原理》专著中的多个章节的编写工作。

上海生理研究所现有科技开发公司 6 家，全所有 65 人从事科技开发工作，1999 年总产值 1500 多万元，税后利润 412.6 万元。主要产品有乳珍、乐泰胶囊、脑力健、视力保健仪、肌电假肢等。

1999 年上海生理研究所分别与美国、日本、英国以及澳大利亚等进行 30 余人次的国际学术交流活动，举办了“首届海峡两岸低氧学术研讨会”，来自台湾、香港和大陆的 76 位学者参加了会议；另举办了第一届 21 世纪生命科学新技术讲习班，与会者 150 余人，学员们通过学术报告和实践操作了解了先进的钙离子测定技术。杨雄里院士任亚太地区生理学联合会第一副主席。

上海生理研究所主办《生理学报》(双月刊)和《中国神经科学杂志》(季刊) 二种学术期刊，其中《生理学报》由上海生理研究所负责编辑出版，《中国神经科学杂志》由协办单位上海第二军医大学负责编辑出版。

神经科学研究所

名誉所长：张香桐
所　　长：蒲慕明
地　　址：上海市岳阳路 320 号
邮政编码：200031
电　　话：021-64748700（总机）
021-64746118（办公室）
图文传真：021-64333084
电子函件：hyzhou@ion.ac.cn

中国科学院神经科学研究所 1999 年 11 月 27 日正式成立，现有职工 58 人，其中科技人员 38 人，有中国科学院院士 3 人，研究员 14 人，(博士生导师 11 人)，副研究员、高级工程师等 9 人，中级科技人员 10 人。现有在学博士生 23 人，硕士生 15 人。另有博士后 6 人。

在实施知识创新工程试点中，中国科学院于 1999 年 11 月在上海成立一个新的研究所——中国科学院神经科学研究所。

为了实现上海生命科学研究基地建设总体科技目标和科学发展的部署，中国科学院在上海的生物学研究所的体制将进行一系列改革，包括对部分研究所建制的调整和整合。新建神经科学研究所，同时中国科学院上海脑研究所整合入神经科学研究所，就是其中的一个重要举措。

神经科学(或称脑科学)是用多学科的手段综合研究脑的正常功能和脑疾病机制的一门新的科学。神经科学研究所对揭开脑功能的奥秘、防治老年性痴呆、瘫痪等神经系统疾患、研制新型智能计算机和机器人，以致开发智力、认识人类自我等，都有重大意义。

中国科学院决定对院内神经科学研究力量进行调整、集中和加强，并采纳了美国加州大学圣迭哥分校神经生物学教授蒲慕明等人的建议，在上海建立一个新型的神经科学研究所，同时上海脑研究所整合入神经科学研究所。这也是实现上海生命科学研究基地建设总体科技目标和学科发展的部署之一。新建的神经科学研究所是中国科学院上海生命科学研究院的一个组成单位。

中国科学院聘请蒲慕明教授担任新的神经科学研究所的首任所长。蒲慕明教授是国际著名的神经科学家，在国际神经科学界享有很高的威望。他的研究兴趣包括神经细胞发育、突触形成和可塑性、他是神经轴突生长和突触可塑性研究的国际权威。

神经科学研究所的主要任务是开展神经科学前沿领域的研究。近期研究重点是脑发育、神经营养因子、神经（包括突触）可塑性、学习记忆、脑的整合功能及其影像学研究等。出国际一流的研究成果和人才是神经科学研究所的目标。神经科学研究所目前已从国内外选聘优秀科学家，成立了7个研究组。神经科学研究所是一个按新的体制、新的运行机制建设的新型研究所。神经科学研究所建立一套高效的管理和运行体制。具有管理的自主权、使用经费和用人的充分自主权。精简管理人员、改变工作方式、提高效率。研究所努力集中一批优秀人才，向他们提供能得到最好的研究设备，营造一个互相激励的学术环境，使每个研究组进行令人兴奋的研究工作，以证明在中国能做第一流的科学研究，从而吸引在国外的正在冒尖的年轻人才。神经科学研究所只设立少量的永久性职位，将聘请国外科学家对所有研究人员实行严格、公正的定期考核。总之，神经科学研究所提供有利于深入进行科学探索和学术切磋的学术环境，保障科研人员获取重要科研成果的管理和支撑系统，以业绩为标准的晋升和资助制度以及高质量的年轻人才的教育培训计划，希望在相对低的（和发达国家相比）资助强度下，一流的科学家加上创新的组织管理方式，能在中国做出一流的科学研究。因此，神经科学研究所也是中国科学院探索研究所体制和运行机制改革的一个试点。

中国科学院为神经科学研究所提供较充足的经费和先进的仪器设备。在将来，神经科学研究所将争取国家科技部和上海市的联合支持。

神经科学研究所是中国神经科学学会和上海市神经科学学会的挂靠单位。

上海脑研究所

名誉所长：张香桐
所　　长：吴建屏
地　　址：上海市岳阳路320号
邮政编码：200031
电　　话：021-64748700（总机）
021-64746177（办公室）
图文传真：021-64333084
电子函件：ssw@ion.ac.cn

中国科学院上海脑研究所经国务院批准于1980年正式成立，现有职工56人，其中科技人员45人，有中国科学院院士2人，研究员5人，（博士生导师4人），副研究员、高级工程师等15人，中级科技人员22人。现有在学博士生27人，硕士生7人。另有博士后6人。上海脑研究所吴建屏院士任国际脑研究组织亚太地区神经科学联合会理事、丹麦奥尔堡大学国际博士生院客座教授。

上海脑研究所设有神经生物学博士后站，也是神经生物学博士、硕士学位授予单位和分子生物学硕士学位授予单位。

上海脑研究所学科方向和研究领域是神经生物学，重点研究领域：神经元的整合功能；神经元的分化、发育、生长、损伤和再生；脑的高级功能（行为、学习记忆）和一些相关神经系统疾病的发病机理。

1999年11月27日，根据中国科学院实施知识创新工程试点，中国科学院上海脑研究所整合入新建的研究所——中国科学院神经科学研究所。

1999年，共承担国家基础性重大研究项目、国家攻关项目、国家自然科学基金委员会项目、中国科学院重大和重点项目、上海市科技发展基金等研究项目18项。

中国科学院上海脑研究所完成的《脊髓伤害性信息传递和调制的突触机制》成果获1999年中国科学院自然科学奖二等奖。该获奖成果为进一步了解痛觉的脊髓机制作出了贡献，也有一定的潜在实用价值。

上海脑研究所是中国神经科学学会和上海市神经科学学会的挂靠单位。

上海药物研究所

所　　长：陈凯先
地　　址：上海市太原路294号
邮政编码：200031
电　　话：021-64311833（总机）
图文传真：021-64370269

中国科学院上海药物研究所，前身为国立北平研究院药物研究所，成立于1932年。现有职工361人，其中科技人员262人，有中国科学院院士3人，中国工程院院士1人，研究员35人，副研究员、高级工程师等52人，中级科技人员102人。上海药物研究所现有在学博士生66人，硕士生57人。另有博士后13人。全所有7个研究室：新药研究国家重点实验室、植物化学室、合成化学室、药理一室、药理二室、生物技术室、分析化学室。另有国家新药筛选中心(筹)、图书情报室、实验动物室和《中国药理学报》、《亚洲男性学杂志》编辑部。

上海药物研究所是国务院学位委员会首批批准的有机化学、药理学的硕士、博士学位授予点和微生物学硕士学位授予点，设有博士后流动站，1998年被批准为中国科学院博士生重点培养基地。

1999年全所申请及立项的课题有11项，获纵向科研经费531万元，全年到位的纵向在研项目经费总计达1200万元。由药物所主持的“973”项目“重要疾病创新药物先导结构的发现和优化”，通过专家组评定，从100多个项目申请中遴选出20个子项目和6个培育项目。其中上海药物研究所争取到5个子项目和1个培育项目，并参加了2个子项目的合作研究。1999年CJ-04、87823、ZT-1等三个一类新药的研究工作取得了较好的进展，均已完成原料药及制剂的工艺、质控、稳定性、药理、药效等研究。二类新药丹参多酚酸盐已完成了临床前全部工作，经过预审，已申报临床。

1999年共获得科研成果5项，其中《神经细胞退行性改变过程中一氧化氮作用机理的研究》获中科院自然科学二等奖;《配体与受体相互作用的理论研究和药物设计》获上海市科技进步三等奖。另有4项科研成果申请了国内专利，1项申请了国际专利。并有1项成果获国内专利授权，1项获美国专利授权。

国际合作方面，上海药物研究所与法国Servier公司、德国BII公司、美国史克公司、英国联合利华公司的合作研究工作均取得新的进展，得到外方的肯定。其中抗肿瘤化合物SM617及其衍生物的研究项目与法方续签了合作协议：促智化合物C_1及其衍生物的研究，发现了一种新类型的化合物S_1，活性比C_1更高，引起合作方的兴趣；组合化学合作研究项目，开拓了上海药物研究所国际合作的新领域，史克公司经过年度检查，对上海药物研究所承担的研究工作表示非常满意；天然产物的合作研究在提供样品质量方面也比以往有所提高。全年国际合作的研究到位经费42万美元。

更新观念，面向市场，根据市场需求寻找合作伙伴和新药开发课题是上海药物研究所1999年开发工作的一个特点。随着对开发工作认识的不断深化，越来越多的课题组和科研人员在努力完成纵向科研任务的同时，积极开展开发工作。他们勇于探索，敢冒风险，大胆摸索新的形式与途径。共签订合同40余项，横向研究经费收入863万元，均比1998年有较大幅度增长，开发研究项目进展情况也比较好。已有1个项目准备申报新药证书及生产批文，1个项目已申报临床试验，2个项目取得了临床验证批件，另有8个项目已完成或接近完成临床前研究工作，一批治疗更年期综合症、前列腺增生和抗肿瘤的新药研究也已经启动。上海药物研究所的银杏叶提取物生产新技术荣获1999年度上海市优秀产学研工程一等奖。

1999年上海药物研究所通过遴选和考核接

受了 7 名博士后人员进站工作。有 1 人获上海市优秀博士后称号，1 人在科技部组织的第四届中国新医药博士论坛二等奖，2 人在上海市博士后学术交流中获奖，上海药物研究所博士后流动站还获得上海市博士后活动“优秀组织单位奖”。上海药物研究所还尝试采用引入客座研究员等更为灵活的形式，扩大合作研究领域，促进学术交流。年内组织申报了 2 名“百人计划”候选人，还特批研究员 3 人。1999 年嵇汝运院士获中国药学发展特别奖，蒋华良研究员获中科院青年科学家奖。研究生中有 3 人获院长奖学金，10 人获地奥奖学金，另有 3 人获宝洁奖，2 人获伟华奖，1 人获刘永龄奖。

《中国药理学报》荣获 1999 年首届国家期刊奖。该奖是建国 50 年来首次面向全国，包括社会学和自然科学共同设立的国家级大奖。编辑部荣获上海市总工会 1999 年颁发的红旗班组称号。《中国药理学报》目前已全部英文出版，并已同国际发行商达成协议，2000 年起由外商代理全球发行。1999 年《亚洲男性学杂志》顺利出版 4 期，发表国外来稿 69%，作者包括国际男科学会、亚洲男科学会和中、日、印度等国家男科学会的主席，成为名符其实的洲际学术刊物。2000 年起也由外商代理全球发行。

上海植物生理研究所

所　　长：汤章城（兼）
地　　址：上海市枫林路 300 号
邮政编码：200032
电　　话：021-64042090
图文传真：021-64042385
E-mail 地址：sipp@iris.sipp.ac.cn
网　　址：www.sipp.ac.cn

中国科学院上海植物生理研究所的前身是原中央研究院植物研究所的植物生理室，1944 年 5 月 1 日创建于重庆北碚，1953 年 1 月 23 日独立建所。

截止 1999 年底，全所人员构成及比例情况如下：

在职人员 248 人，其中科技人员 137 人，包括：中国科学院院士 5 人，研究员（包括正研级高级工程师）30 人，副研究员、高级工程师等 28 人，中级科技人员 61 人。在学博士研究生 48 人、硕士研究生 52 人；在站博士后 6 人。

研究所有完整的研究生培养系统，植物生理学、遗传学和微生物学三大学科领域均为国务院学位评定委员会 1978 年首批批准的硕士和博士学位授予点，现有博士生导师资格 22 人、博士后流动站 1 个，1997 年被批准为中科院博士生重点培养基地，研究生教材《植物生理和分子生物学》获 1997 年中科院教学成果一等奖。

全所拥有大量的先进科研设备，现有价值五万元以上的仪器设备 150 台（套），还有一座大型人工气候室，总建筑面积 $3200m^2$，包括人工光照和自然光照两类 22 间条件受控的生长室，温度可控范围 0～50℃，相对湿度范围 30%～90%，人工光照强度达 $600\mu E \cdot m^{-2} \cdot s^{-1}$，适合于广泛条件下的生命科学研究。

我所是一个以基础和应用基础研究为主的综合型研究所，也是一个在国内同行中有较好优势、在国际上有一定影响的多学科研究所。主要在植物生理学、分子遗传学和微生物学等领域承担国家高技术发展计划、国家攀登计划、国家攻关计划、国家载人航天计划、国家自然科学基金重大、重点和面上项目以及地方政府有关科学技术发展计划中的重要项目（常年开展项目有 80 余项）。

研究所科研结构的模式是：按照“流动、开放、一流”的要求，以重点实验室和开放实验室为龙头，以国家任务为主体，以基础研究和科技开发为双翼带动全所的发展。

全所科研机构设置包括：国家级开放实验室——植物分子遗传国家实验室；所级开放实验室——微生物次生代谢分子调控研究实验室、植物环境生物学和受控农业实验室、光合作用实验室；另有植物次生代谢分子生物学青年实验室和植物遗传操作、分子遗传、发育生理 3 个研究室及若干个研究组，并与中科院上海生命科学研究中心共建有黄海、罗达 2 个研究组。

成立于 1988 年 10 月的植物分子遗传国家重点实验室承担了较多的国家和部级科研课题，在基因调控及表达、组培转化以及植物生理的分子生物学等方面的基础研究及部分有关的应用基础研究都取得了较大成绩和新的进展，部分研究成果处于国内外领先水平，在国家基金委组织专家进行的两次评估中分别被评为优秀和优良实验室。近年来，一批年轻的学术带头人也已开展了有成效的工作，植物次生代谢物质分子生物学、植物发育分子生物学等方面的研究已成为重点实验室新的学科生长点。

研究所确定的重点学科领域有：

1. 植物功能基因组研究。包括植物基因表达调控机理的研究、植物基因表达谱的构建、水稻等转座因子插入突变群体、基因转化技术和植物细胞遗传操作四个主要内容。

2. 植物、微生物重要功能的分子机理与遗传控制。包括：植物细胞分化和形态建成等发育研究；植物光合作用研究（原初反应、能量转换和二氧化碳同化等）；植物次生代谢（异戊二烯代谢途径）和微生物次生代谢（生物活性物质合成途径）研究。

3. 植物-微生物的相互作用。包括：植物-病原物的相互作用（抗病性）、植物-固氮菌的相互作用（生物固氮）。

4. 植物与环境的关系及设施农业相关理论和先进技术。包括：以植物对环境胁迫信号的传导和适应为主的适应性研究，设施农业相关理论和先进技术。

1999 年是知识创新工程试点全面开展的关键一年，也是国家开始制定和启动“十五”规划的第一年，对于植生所来说，它是很不平凡的一年，知识创新工程试点为植生所提供了一个难得的历史机遇，在迎来自己 55 华诞的时候，经过全所职工的共同努力，研究所奏出了改革与发展的强音，取得了新的进展，主要情况如下：

作为知识创新工程试点的重要举措，从年初院工作会议提出植生所和昆虫所整合的思路，到 4 月 6 日两所党政领导班子召开首次联席会议，5 月 19 日院部批复同意两所联合，经过紧张筹备，8 月 1 日两所举行了整合仪式，在新世纪来临之际携手共创新的业绩。两所的整合，将有利于分子生理、遗传和生态研究的相对集中，进一步推动学科间的结合、渗透，提高研究所整体综合实力，特别是根据学科交叉发展趋势进一步促进具有鲜明原始创新特色的学科交叉点的形成，增强相关领域基础理论和应用研究的创新能力，从而提升研究所的竞争和发展能力。

在整合过程中，我们还进行了科研学术交流、管理部门合署办公及机构改革方案制定、园区规划设计与论证等大量配合整合主旋律的工作，为真正实现一体化、充分显示整合的优势而稳步前行，11 月 9 日，陈宜瑜副院长来所听取“知识创新试点工作”汇报后，代表院党组对原两所在上海生命科学研究所中率先迈出坚实步伐给予高度评价。

枫林科学园区是知识创新工程试点一期工作中经院部批准的、以上海植物生理所/上海昆虫所和上海有机化学研究所为主体的大型建设项目，年内整体设计等前期准备工作已有在快速开展。根据规划，园区中属于植生所/昆虫所的主要建设内容有：新建一幢 10000m^2 的现代化综合科研大楼、异地重建一幢 4700m^2 的现代化大型人工气候室和一幢 2000m^2 的昆虫标本馆，拆除 10000m^2 的陈旧建筑，并配以高比例的绿化等，项目总概算投资 6300 万元。

整个园区建设将在三年内完成，届时，“枫林科学园区”将成为一个布局合理、设备完善、环境优美的与国际水平接轨的科学园区，实现国家对中科院“一流的研究机构要有一流的园区环境”的要求。其良好的显示度，加上人工气候室和标本馆的科普社会效应，有望成为上海这个国际大都市的一道新的风景线。

经过广泛征求意见和认真准备，5 月顺利进行了聘用合同制签约，在三天时间内，除出国、生病等原因暂缓签约者外，实际共有 210 位职工签订了聘用合同，占应签约人数的 98%，为深化人事制度改革奠定了必要的基础。10 月，作为机构改革试点，成立了两所统一的招聘委员会，进行了信息部负责人和重庆南路园区综合办公室人员的公开招聘，取得了良好效果，为全面推进人事制度改革、实行竞争上岗提供了具有可操作性的模式。

在科研方面，1999 年继续毫不松懈地组织争取国家、中科院和地方各级各类科研项目，加强在研项目管理和成果转换，并启动“十五”准备工作。全年共落实科研项目 23 项，获资助经费 1337 万元，其中有：中科院项目4项90万元、国家自然科学基金面上项目5项65万元、杰出青年基金1项80万元、上海市6项93万元、国家科技部7项1125万元。全年共发表论文84篇、专著2本，登记成果10项，“立柱式无土栽培系统的研制和在蔬菜生产上的应用”获上海市科技进步二等奖，“空间细胞电融合技术研究及高空飞行试验”获中国科学院科技进步三等奖，“新的缓释放防霉保鲜方法及装置”、“组合式阳台蔬菜花卉栽培柱”、“水稻胚乳组织中专一表达的启动子及其应用”、“一种新的基因定位方法及试剂盒”、“含有戊二酰-7-氨基头孢烷酸酰化酶基因的工程菌”等5项成果申请专利。此外，中国科学院院士洪孟民、沈善炯分别荣获1999年度何梁何利基金科学与技术进步奖和生命科学奖，薛红卫博士入选“中国科学院百人计划”，并与罗达博士作为“知识创新工程”首批引进的“国外杰出人才”获得国家财政部资助。

两所整合后，及时调整研究所学科方向，根据整合优势初步确定了新的重点领域：昆虫和植物之间的信息交流、传递机制及协同进化规律研究；土壤动物在土壤物质能量循环中的作用及其与植物生长发育的关系研究；现代农业的基础与应用研究。

科技开发方面，国家一类新药——注射型重组葡激酶研发工作进展顺利，已进入二期临床，该项目是本所当前最有潜力的成果转化项目。

上海市“九五”重中之重项目“现代农业示范工程”是本所目前参加的最有影响的项目，“上海型智能化温室”、立柱式栽培技术和薄膜滴灌技术等都已通过专家的鉴定，得到各方面的首肯，形成了较为系列化的自有知识产权，取得的多项成果正在与企业联合进行推广和产业化，应用范围继续扩大，已产生了比较大的社会效益和一定经济效益。特别是年底在中央警卫局河北固安基地大型玻璃连栋温室工程中，我所的计算机监控系统、立柱式无土栽培及平面水培系统、CO_2气调设备均被选中，验收时得到了水利部、中科院、中警局领导的充分肯定。

尤其值得自豪的是，工厂化高效农业示范工程在全国引起了很大的新闻效应，单上海的示范基地就先后接待了国内外上至书记、总统，下到普通群众、中小学生在内的来宾5万人次参观，如：李瑞环等5位中央政治局常委，荣毅仁、吴邦国、彭佩云、姜春云等；科技部朱丽兰、邓楠以及中科院许智宏等部委领导；黄菊、左焕琛、冯国勤等上海市领导，还有其他12个省市的书记、省长以及班禅。同时，中央电视台金土地、上海电视台科技博览、新华社、解放日报、新民晚报等重要媒体也做了多次报道。由于我所的立柱栽培、温室控制、滴灌、保鲜技术等在整个工程中占有很大比重，又具有良好的观赏性，因而对提高整个工程的显示度起了重要作用，也对增强我所乃至我院的社会知名度有积极效果。

此外，上述成果还在97年新加坡亚太地区高科技博览会、99年中国云南昆明国际园艺博览会、上海市科技交流会及其他省部级成果展览会上展示过风采。

1999年，我所与日本明治乳业株式会社、上海中医药大学合作共同研制了以冬虫夏草菌丝体为主要原料的保健食品——三方虫草菌丝体发酵口服保健食品，对人体血糖具有明显的平衡作用，对高血糖和糖尿病患者有较好的辅助疗效，该产品已于当年获得卫生部颁发的生产批件并投入小批量生产。

1998年以项目技术入股与企业合作成立世华植物基因工程有限公司后，对转基因棉花的研究取得了良好进展，目前，该项目的产业化工作正稳步推进。

我所有许多科学家在国际学术机构和组织中担任职务。如沈允钢院士任国际光合作用研究委员会委员；许智宏院士任国际植物组织培养协会国家通讯员（1988—今）、UNESCO人与生物圈中国委员会主席（1993—今）、第三世界科学院院士（1995年当选）；焦瑞身研究员任国际微生物学会联合会（IUMS）应用和经济微生物学专业委员会委员（1986—今）、美国微生物学会荣誉会员（1996—今）；余叔文研究员任国际植物病理学会大气污染与植物效应委员会委员（1985—1997）、国际生物监测委员会委员（1989—今）。

在对外学术交流方面，全年共接待了来自美国、英国、德国、法国等19个国家和地区的来宾43批82人，办理出访30人次。此外，1999年还成功举办了联合国教科文组织委托的“植物分子生物学和生物技术”国际培训班、“第二届明治乳业生命科学奖”评选等工作。

中国植物生理研究所是中国植物生理学会的挂靠单位，学会刊物《植物生理学报》和《植物生理学通讯》编辑部设于所内。

根据国家科技部下达的统计项目，中国科技信息所对我国主要1284种科技期刊1998年的数据统计结果显示：《植物生理学通讯》的总被引频次排在第10位，并获得中国科技信息所颁发的“被引频次最高的科技期刊前20种之一”的证书；《植物生理学报》的总被引频次排在第27位；《学报》、《通讯》的影响因子分别排第61位、第192位；在生物类期刊中，《学报》、《通讯》分别排第4位、第13位。

国外著名仪器公司Beckman公司与我所合作建有离心技术和生物技术两个示范实验室，其他如科尔·帕默公司在我所设有工作点。

上海昆虫研究所

常务副所长：丁德诚（主持工作）
地　　址：上海市重庆南路225号
邮 政 编 码：200025
电　　话：021-63282039
图 文 传 真：021-63284924
电 子 函 件：sie@ms.shb.ac.cn
网　　址：www.sie.ac.cn

中国科学院上海昆虫研究所是中科院唯一以“昆虫学科”命名的研究所，有近40年的历史，前身为中国科学院昆虫研究所上海工作站，1959年成立上海应用昆虫研究所，1962年改名为中国科学院华东昆虫研究所，1979年定为现名。1999年根据中科院知识创新工程试点工作的总体部署，积极参与了上海生命科学研究院的组建。全所现有职工160人，其中科研人员106人，有中国科学院院士1人，研究员13人，副研究员、高级工程师等28人，中级科技人员45人。现有在学博士研究生10人，硕士研究生10人；是博士、硕士学位授予点。

上海昆虫研究所长期以来从事昆虫学领域内与资源、环境、生态和农业相关的基础和应用研究，是以社会公益性研究为主的综合性研究所。通过长期以来在昆虫学领域的基础和应用研究，上海昆虫研究所已形成一支具有综合性优势的科研队伍。主要研究领域涉及以无翅亚纲为主的昆虫系统分类、以杀虫剂和环境有害物质毒理及昆虫抗药性机理为主的环境毒理、以昆虫信号化合物和激素调控为主的昆虫生理和化学生态以及昆虫与植物协同进化等领域。其中无翅亚纲分类和演化的研究处国际领先地位，其他一些主要领域亦与国际水平相接近或在国内领先。根据昆虫学国际前沿的趋势，结合我国发展的需要和上海昆虫研究所自身的实际情况，上海昆虫研究所的重点研究领域为：环境杀虫剂毒理、城市昆虫生态和昆虫系统分类。

上海昆虫研究所现有2个研究中心、3个实验室和1个开发基地，即昆虫与环境协同作用研究中心、环境杀虫剂毒理研究中心（含中德联合毒理实验室）、系统昆虫学实验室、昆虫分子生物学实验室、农业虫鼠害综合治理国家重点实验室上海分部（化学生态实验室）及以所科技开发公司为主体的开发基地。上海昆虫研究所还有一个馆藏丰富的昆虫学专业图书馆和标本数量居全国第二的昆虫标本馆，该馆藏有30个目的昆虫和螨类标本110余万号，并有1个昆虫科普展示厅。

上海昆虫研究所标本馆的前身是创建于1868年的上海震旦博物院昆虫馆。有着悠久的历史。目前，馆内收藏着采自全国各地的昆虫标本近110万号，其中模式标本700余种，已定名标本5000余种。收藏规模位居国内第二，并有一个集昆虫的生活、昆虫的多样性、昆虫与人类的关系、昆虫与艺术和观赏昆虫的展示厅，有着开展科普教育得天独厚的优势。1999年7月被定为上海市科普教育基地。

形形色色的昆虫是世界上最昌盛的动物类群，占整个动物界的80%。它们与人类有着密切地联系，在振兴中华的科普活动中，普及昆虫知识有着积极的社会意义。1999年在揭批“法轮功”的斗争中，为充分发挥科技人员和科普基地在社会上的作用，全面落实中央和市委、市府的有关指示精神，让更多的人了解丰富多彩的昆虫世界和科普知识，推进社区精神文明建设，本着资源共享，相互促进，共同提高的原则，8 月 30 日上海昆虫研究所与上海市文明社区五里桥街道签定科普共建协议。双方携手在五里社区开展科学普及及宣传教育活动。

1999 年上海昆虫研究所申请到国家自然科学重点基金“寄生蜂与寄主昆虫的协同进化”项目 1 项。该项目以螟长距茧蜂，赤眼蜂和亚洲玉米螟寄生体系为主要研究对象，研究它们之间的化学通讯机制，寄生免疫反应和寄生蜂对寄主免疫的适应及生长发育的调节、寄生蜂和寄主各自发育方式和生物学特性。并选择几组不同寄生类型的体系进行对比研究。阐明它们之间协同进化的机理及对特殊寄生方式形成的影响，各自系统发育过程及其相互关系。该项目创新性明显，研究内容属国际前沿。

“973”国家重点基础研究发展规划项目“土壤质量演变规律和持续利用”1 项。该项目重点研究我国主要耕地土壤（水稻、红壤、潮土、黑土）的肥力质量、环境质量和健康质量指标的筛选和标准划分；土壤质量评价的指标体系、评价方法及评价模型，土壤质量综合指标的集成与验证；我国主要耕地土壤质量的国家标准建议方案；土壤质量指标数据及土壤质量综合评价的咨询系统。

上海昆虫研究所科技开发公司从 1993 年起一直是上海市高新技术企业办公室审核认定的市高新技术企业。该公司除液体蚊香产品外，又开发了如灭蟑灵、灭蚁净、防蛀剂和微生物培养基等系列产品，产品投放市场后，深受各省市用户的欢迎，产销均已形成规模。目前，该公司又在积极开发新的产品，进一步拓展市场。

由上海昆虫研究所和江苏省东台市农药厂共同开发了低毒高效防治抗性棉铃虫的复配新农药——华农 1 号，该项目被江苏省列入 1999 年“星火计划”。1999 年该产品新增产值 1140 万元，新增利税 311 万元。并被江苏省乡镇企业管理局授予科技进步二等奖。

上海昆虫研究所会同上海市蔬菜科学技术推广站、上海电子光学技术研究所等单位联合攻关，采用敏感酶系攻克高毒禁用农药甲胺磷、呋喃丹、氧乐果等农药残留检测难关，成功地根据酶抑制法研制成 CL-I 型残留农药测定仪，200 台已投放上海市场。用于各蔬菜交易市场、各大配菜中心、超市和蔬菜种植场。该仪器检测灵敏度高，性能稳定可靠，农药检测下限：甲胺磷 0.8mg/kg，呋喃丹 0.002mg/kg，氧乐果 1.2mg/kg。此创新技术达国内领先水平。

1999 年初上海昆虫研究所的化学生态实验室与云南大学化学系云南新联化工厂等单位共同组建了云南新联生态科技有限公司，旨在将实验室的研究成果完全产业化。

1999 年上海昆虫研究所“防蛀组合物”、“防蛀纸卡”、“防蛀涂料”3 项发明获专利授权。

1999 年 11 月上海昆虫研究所受亚太地区化学生态国际协会委托，与中国生态学会生态专业委员会联合主办了“第一届亚太地区化学生态学术讨论会”。中科院上海分院院长汤章城，上海生命科学研究院副院长赵国屏、亚太地区化学生态学会主席 Kenji Mori、美国科学院院长 K.L.Rrolofs、中国生态学会理事长王祖望和中国昆虫学会秘书长李典谟等专家出席了会议。所领导丁德诚、许政恺等到会表示祝贺。参加研讨会的代表有来自美国、法国、德国、日本、韩国、瑞士、瑞典、斯里兰卡、印度、澳大利亚、加拿大、肯尼亚、匈牙利、以色列、新西兰、荷兰等 10 多个国家的 90 多名院士、教授和学者；国内有来自中科院、北京大学、南开大学、浙江大学等 20 多个单位的 50 多名学者。此次学术会议在有关化学生态领域的八个方面进行了学术交流，旨在促进亚太地区化学生态领域的发展和国际合作。

上海昆虫研究所是上海市昆虫学会和中国生态学会化学生态专业委员会的挂靠单位。

上海文献情报中心

主　　任：徐如涓
地　　址：上海市岳阳路 319 号
邮政编码：200031
电　　话：021-64336650（总机）
传　　真：021-64375762
网　　址：www.slas.ac.cn.

中国科学院上海文献情报中心成立于 1953

年，原名为中科院图书馆上海分馆，1958年改名为中科院上海分院图书馆，以后曾更名中科院华东分院图书馆。1970年改称上海科技图书馆，1978年重新归属中国科学院后，改名为中科院上海图书馆。1987年改为现名，是中科院上海地区文献情报中心及中国科学院生物科学文献情报中心。

1999年，上海文献情报中心在职职工89人，其中研究员1人，副研究馆员15人，馆员35人。上海文献情报中心在1998年实施聘用合同制的基础上，完成了全员岗位聘用工作。

上海文献情报中心主要从事生物、医学、化学、农学等学科文献信息的收集、加工、开发和服务。为科研工作提供国内外信息咨询、调研和专题信息服务。

上海文献情报中心是中科院上海地区的科技查新咨询检索单位和上海市市级科技成果查新单位。1999年接受上海市高新技术成果转化认定办公室的委托，完成15项成果转化的咨询。

1999年，上海文献情报中心订购各类中文期刊1300种，国外科技期刊1000种，外文图书742种，中文图书1264种。引进生物学文摘(Biological Abstracts)、医学文献(Medline)和科学引文索引(Science Citation Index)等光盘数据库，基本满足了生命科学研究的信息需求。全年接待读者51 000余人次，书刊流通87 000余册次。

自1999年5月起，上海文献情报中心对外开放的时间为：
周一至周五：上午8:00至下午17:00；周六：上午9:00至下午4:30。

上海文献情报中心采用北京邮电大学开发的图书馆计算机管理系统软件，解决了原有的计算机管理软件中的千年虫问题，顺利度过到2000年。并与Uncover公司合作为50位科学家提供了网络化专题信息服务。

1999年上海文献情报中心完成了中国科学院出版图书情报委员会有关“中科院文献情报系统综合评估”和“国外生物制药产业现状与中科院发展对策”的情报课题调研。

上海文献情报中心重视职工业务素质的提高，举办“英语阅读”培训班，参加培训285人次。全年发表论文16篇，派遣高访学者1人赴英国进行短期访问，3人赴泰国参加第65届IFLA（国际图书馆协会）年会。

1999年，上海文献情报中心邀请Biosis公司（生物科学信息系统）和IFII（国际资讯整合联盟）的有关领导人来中科院上海分院，就中国科技期刊如何进入Biosis系统进行了专题研讨。

上海文献情报中心与中科院文献情报中心、中科院生物学文献情报网合办，由上海文献情报中心编辑出版的《中国生物学文摘》（月刊）ISSN 1001～1900，每期发行量1500份；与中科院生物技术局、国家自然科学基金委员会生物学部合办，由上海文献情报中心编辑出版发行的《生命科学》（双月刊）ISSN 1004～0374，每期发行量1300份。

国家基因研究中心

主　　任：洪国藩
地　　址：上海市漕宝路500号
邮政编码：200233
电　　话：021-64822885
图文传真：021-64825775
电子函件：panjp@newnetra.ncgr.ac.cn
网　　址：www.newnetra.ncgr.ac.cn

中国科学院国家基因研究中心成立于1992年6月12日，挂靠在中国科学院上海分院，实行计划单列。参照国际上研究机构模式，实行精干、高效、流动、开放的运行机制和管理体系。人员规模为70人，其中固定编制33人，流动人员约40人（包括国内外客座研究人员、博士后、研究生等）。1999年职工总数28人，其中科技人员24人，有中国科学院院士1人，研究员1人，高级工程师1人，中级科技人员4人，初级科技人员17人。1999年在学博士生2人，硕士生4人。

国家科技部根据我国的国情和未来农业发展的需要，于1992年8月21日向国际上正式宣布我国实施《水稻基因组计划》，列入国家“863”特别支持项目。1993年开始正式运行，研究和管理工作一切从零开始，研究人员分散在上海生物化学研究所、上海细胞生物学研究所、上海有机化学研究所和上海生物工程研究中心。采取边筹建边开展研究工作。1997年7月3日，由中国科学院和上海市人民政府联合投资建设的国家基因研究中心实验大楼在上海生物工程研究中心大院内建成并正式交付使用。由上海市投资建立的上海基因信息计算机工作站，其硬、软件升级得到科技部、中科院和上海市共同资助。同时，国家基因研究中心购置了一批先进的生物仪器设备，为开展水稻基因组研究创造了良好的条件和环境。

国家基因研究中心以基因组研究为主要方向，侧重于结构基因组和比较基因组研究。研究重点是构建水稻基因组物理全图、测定基因组DNA序列和找出农业上与理论上重要的基因，为在理论上揭示植物生命奥秘和实践上培育出高产、优质、抗逆的水稻新品种作出贡献。国家基因中心机构设置有基因图谱组、测序组、基因研究组、基因信息组及综合办公室。

在国家科技部、中国科学院和上海市的大力支持下，国家基因研究中心全体人员经过3年多的顽强拼搏，同时得到英国Sanger中心科学家的帮助，于1996年6月率先在国际上构建成功水稻基因组第一张BAC——指纹物理图。1997年初到1998年中，建立了测定基因组完善DNA序列所需的技术和解读DNA的计算机体系，并成为由中国、日本、美国、英国和法国等组成的水稻基因组测序委员会的成员。我国宣布独立测定水稻第四号染色体。

《水稻第四号染色体测序与重要基因的研究》作为中科院知识创新工程重大项目，同时上海市科委也把《水稻基因组第四号染色体测序及重要基因的开发》列为上海市科技发展基金项目。在1999年后半年，国家基因研究中心已获得300万核苷酸的完善DNA序列。同时，为了完善和精化物理图，建立了荧光原位杂交技术和利用新获得的特异性探针填补物理图上的空隙，使物理图在水稻比较基因组和功能基因组的研究中加以广泛应用。

1999年，由洪国藩组织撰写的《水稻基因组工程》一书出版发行。该书介绍了有关基因组研究的原理和当前的进展，并着重阐述了我国在水稻基因组研究中取得的成果。此书获上海市优秀图书特等奖。

1999年，国家基因研究中心与国际、国内进行了广泛的基因组合作研究与交流，如1998年10月，与法国利马集团签订了通过水稻基因组物理图寻找玉米基因的“水稻与玉米基因组研究”。1999年6月25日，该集团总裁、副总裁、董事长、总经理等组成的代表团到国家基因研究中心与洪国藩院士交流这个合作项目的进展情况。澳大利亚国家工业科学院代表团和香港大学校长、教务长组成的代表团到国家基因研究中心进行了学术交流，探讨合作项目。另外，国家基因研究中心与复旦大学生命科学研究院签订了“水稻（广陆矮4号）基因的研究”项目合作协议书。同时，还向中科院发育生物学研究所提供水稻基因组BAC杂交膜等。

上海生命科学研究院

院　　长： 吴建屏（院士）
地　　址： 上海市岳阳路319号
邮政编码： 200031
联系电话： 021-64310242-5359
021-64313335
图文传真： 021-64338347
网　　址： www.sibs.ac.cn

中国科学院上海生命科学研究院（以下简称“上海生科院”）于1999年7月3日正式挂牌成立。上海生科院由中国科学院上海生物化学研究所、上海细胞生物学研究所、上海药物研究所、上海生理研究所、上海脑研究所(现为中国科学院神经科学研究所)、上海植物生理研究所、上海昆虫研究所和上海生物工程研究中心等8个生命科学研究单位为基础组建而成。

上海生科院是国家知识创新工程试点单位，其目标是建设成为具有世界水平的生命科学研究基地。它的任务是围绕和瞄准国家战略目标和国际科技前沿，研究当代生命科学重大前沿课题，提高我国生命科学基础研究的水平；发展生物技术、创新药物和现代农业技术研究，为提高我国高技术创新的总体水平和发展我国生物医药高技术产业作出贡献；培养优秀的年轻人才，造就一批高素质、有创新意识的学科带头人和科研骨干，为承担国家重大任务提供高级科技人才储备。

1. 基本情况

上海生科院总人数为1899人，其中科技人员总数为1250人，有中国科学院院士23人，中国工程院院士3人，研究员164人，副研究员和高级工程师（含高级实验师）242人，中级科技人员560人，在学博士研究生370人，已授于博士学位145人，在学硕士研究生290人，已授于硕士学位136人，有国务院学位评定委员会批准的博士学科专业点12个，硕士学科专业点13个，博士后流动站11个。

上海生科院目前主持国家级重大科研项目3项，包括“国家重点基础研究发展规划”项目2项：(1)“重要疾病、创新药物先导结构的发现和优化”，首席科学家陈凯先院士；(2)“脑功能和脑重大疾病的基础研究”，首席科学家杨雄里院士。“921”项目1项。

上海生科院有3个国家重点实验室：分子生物学国家重点实验室——主任林其谁研究员，植物分子遗传国家重点实验室——主任许政凯研究员，新药研究国家重点实验室——主任胡国渊研究员。

2个中国科学院开放实验室：分子与细胞生物学开放实验室——主任严缘昌研究员，神经生物学开放研究实验室——主任杨雄里院士。

上海生科院在1999年发表的论文、获得的专利和成果见下表：

单　位	论文	国外	专著	专利申请	专利授权	成果登记	获奖
植生所	87	13	2	5	0	5	2
昆虫所	57	1	1	0	3	0	0
药物所	152	66	2	5	2	4	2
生理所	110	50	1	3	3	5	0
生化所	188	50	0	11	0	15	3
细胞所	104	24	4	5	0	6	1
脑　所	8	2	0	0	0	0	1
生工中心	32	2	1	3	0	3	0
基因中心	1	0	1	0	0	0	0
总　计	739	208	12	32	8	38	9

获奖成果9项，分别为：

生化所：国家自然科学三等奖1项，国家科技进步三等奖1项，上海市科技进步二等奖1项。

细胞所：院自然科学三等奖1项。

药物所：院自然科学二等奖1项，上海市科技进步三等奖1项。

植生所：院科技进步三等奖1项，上海市科技进步二等奖1项。

脑　所：院科技进步二等奖1项。

2. 实施知识创新工程简况

(1) 成立中国科学院神经科学研究所：1999年11月27日中国科学院神经科学研究所正式挂牌成立，与此同时中国科学院上海脑研究所整合入神经科学研究所。国际著名的神经科学家、华裔美籍教授蒲慕明先生受路甬祥院长聘请，出任该所第一任所长。这是中国科学院对院内神经科学研究力量进行重新调整和部署的具体步骤，是上海生命科学研究基地建设总体科技目标和学科发展部署的重要组成部分和实施国家知识创新工程试点工作的重要举措。该所的成立有助于中国科学院在神经科学领域开展创新性、前瞻性、多学科交叉的研究，为揭开脑功能的奥秘和防治神经系统疾病多作贡献。

中国科学院神经科学研究所的主要任务是开展神经科学前沿领域研究，近期研究重点是脑发育、神经营养因子、神经（包括突触）可塑性、学习记忆、脑的整合功能及其影像学研究等。

出国际一流的研究成果和人才是该所的目标。目前该所已从国内外选聘优秀科学家，集中一批优秀人才，成立了7个研究小组。该所只设立少量的永久性职位，聘请国内外科学家对所有研究人员实行严格、公正的定期考核。

神经科学研究所是一个按新的体制、新的运行机制建立的研究所。该所不具有独立法人地位，但具有管理、使用经费和用人的充分自主权。行政管理不设处室，实行秘书制。

(2) 研究所的整合：1999年8月1日中科院上海植物生理研究所与中科院上海昆虫研究所合并挂牌合署办公。10月1日起，筹备两所财务合并，经费统一调配，两所领导统一分工，两所行政各职能部门合而为一。

(3) 成立第一届学术委员会：1999年9月23日，上海生科院第一届学术委员会正式成立并举行了第一次会议。学术委员会由31位科学家组成，学术委员会主任：林其谁，副主任：洪孟民、杨胜利、蒲慕明，学术秘书：吴家睿。

(4)确定重点支持研究组：截止1999年12月31日，中科院上海生命科学研究院经过严格评审，确定了两批重点支持的研究组，第一批重点支持的有60个研究组，第二批重点支持的有53个研究组，加上新成立的中科院神经科学研究所的7个研究组，共计120个研究组得到知识创新工程经费的重点支持。

(5)争取国家级重大项目：①以上海生科院的科学家为首席专家组织申请的两个“国家重点基础研究发展规划”项目：“高等植物生殖发育分子机理的研究”和“脑功能和脑重大疾病的基础研究”已得到批准。前者包含11个研究课题，通过项目的实施，将在若干高等植物生殖发育调控的分子机理研究方面取得实质性进展，为我国农业的持续稳定增产提供新的理论依据和操作手段，同时为丰富植物发育生物学理论作出具有我国特色的贡献。后者设有9个研究课题，应用多学科技术，在不同层次上对神经活动基本过程的细胞和分子机制以及脑高级功能机制进行研究，以便形成有特色的创新理论；同时进行有关老年性痴呆、巴金森氏病和中枢神经系统损伤修复的基础性研究，提出新的防治对策。②以上海生科院为第一申请单位，国家人类基因组南方研究中心为第二申请单位的国家高技术研究发展计划（“863”计划）项目“生物信息学数据库及应用平台的建设”已于去年完成组织送审工作。该项目的意义在于建立一个面向生物学工作者的计算环境，提供二方面的功能：一是建立我国自己的生物信息数据库；二是建立基于Internet的生物信息学集成应用平台。它的目的是建立一个以收集“中国基因”为目标的综合数据库系统，以满足国内广大生物学工作者的需求。

(6)院市合作：①中科院上海药物研究所准备东迁浦东张江高科技园区。1999年10月27日中国科学院与上海浦东新区管委会就中科院上海药物所东迁浦东张江高科技园区正式签订了合作协议书。中科院上海药物所与上海浦东张江高科技园区开发公司签订了合作协议书。上海市和中国科学院为此各投入1亿元资金。②上海生科院加强所属各研究所与上海市有关高校、研究机构的合作和联合。如与上海第二医科大学全面合作共建健康科学研究中心，继续进行与上海交通大学和上海大学等已开展的合作，与上海肿瘤研究所建立联合实验室，为上海地区的社会发展作出应有的贡献。

(7)科企联合探索新路：①1999年10月18日上海中科生龙达生物技术(集团)有限公司正式成立。该公司由中科院上海生物化学研究所、上海双龙高科技开发有限公司和上海康达药材医药公司三方共同投资人民币1.1亿元组建而成，是产、学、研三者在发展高科技产业中建立的利益紧密型的战略联盟。集团公司在浦东张江高科技园区注册，将充分利用浦东新区良好的发展环境，依托上海生化所的技术力量，作为创新项目的来源和后盾。②1999年12月26日中国科学院上海细胞生物学研究所与江苏悦达股份有限公司就生物技术总体合作正式签署协议。双方争取在今后15年里投资10多亿元完成三个阶段的发展，最终成为一个国际知名的集基础研究、应用研究和生物制药为一体的生物工程企业集团。合作第一阶段建立一个研究开发公司和一个符合GMP标准的生物制药公司，总投资1.3亿元。这种合作形式是科研机构同企业结合的有益尝试和发展高科技产业的大胆探索。

3. 国际合作

(1) 神经生物学和信号转导研究进展日新月异，为及时了解国际上的最新研究进展，1999年8月20～21日上海生科院和美国吴瑞学会联合举办生命科学前沿讲习班。参加这次讲习班的有在神经生物学和信号转导研究中作出突出贡献的国内外华人学者20人，其中国外专家12人，国内专家8人。他们分别介绍了各领域的最新研究成果和信息，参加会议的有100多名专家学者和研究生。

(2)应中国科学院和上海市人民政府邀请，以美国科学院秘书长Kenneth Fulton为团长的美国科学院代表团部分成员，在参加北京举行的第二届“中美前沿科学研讨会”后，于1999年8月23～24日访问上海，由上海生科院负责接待。通过访问加深了双方的相互了解，客人对上海的科研情况和上海城市的发展留下了深刻印象。

（3）上海生命科学研究中心研究员饶毅于1999年7月在《自然》杂志上发表长篇论文，报道他们发现“指导神经细胞迁移方向的导向分子”。这一发现是神经发育生物学领域的重要突破，也是中国大陆的地址第一次以现代生命科学研究的贡献在《自然》杂志的长篇论文中出现。这一研究在美国的实验室完成，论文的第一和第三作者是中国科学院上海生命科学研究中心的吴伟和陈锦辉。此前不久，他们已在《细胞》杂志上发表了同一分子也是神经轴突生长导向分子的论文。

福建物质结构研究所

名誉所长：卢嘉锡（院士）
所　　长：黄锦顺
地　　址：福州市鼓楼区杨桥西路155号
邮政编码：350002
电　　话：0591-3714517
传　　真：0591-3714946
电子函件：fjirsm@ms.fjirsm.ac.cn

中国科学院福建物质结构研究所（以下简称福建物构所）创建于1960年，它的前身是中国科学院福建分院筹建的技术物理研究所、应用化学研究所、电子学研究所、数学力学研究所、自动化研究所、稀有金属研究所和生物物理研究室。1961年调整合并为理化研究所，1962年改名为华东物质结构研究所，隶属于中国科学院华东分院。1973年定名为中国科学院福建物质结构研究所。

福建物构所现有职工376人，其中有中国科学院院士3人，研究员27人，副研究员66人。所学术委员会主任张乾二为中国科学院院士。福建物构所是首批被国家批准建立博士后科研流动站的单位之一，是国务院学位委员会批准有权授予博士硕士学位的单位，也是有权认定博士生导师资格的单位，现有博士生导师9人，博士研究生10人，硕士研究生33人，博士后2人。

福建物构所是以基础研究为主的综合研究机构。主要从事新型化合物的晶体和分子结构及其与宏观性能（即化学性能、物理性能和生物活性）之间的相互关系，并重视研究其可能的潜在应用。以无机化学、金属有机化学和物理化学前沿领域的金属簇化学及新技术晶体材料为主攻方向，进行系统的基础研究和应用研究。同时适当开展生物大分子（包括金属酶）的晶体结构和分子结构研究，紧密结合国家经济建设和社会发展的需要，开展新技术晶体材料、催化剂、金属腐蚀与防护的应用与发展的研究。在科研方法上，重视实验与理论、化学与物理、结构与性能、静态与动态、基础与应用的“五重”双结合，形成综合优势。

福建物构所是我国主要的结构化学综合研究机构之一，设有结构化学国家重点实验室、结构化学研究室、晶体材料研究室、应用化学研究室及金属腐蚀与防护研究室（即厦门二部）。1993年首批被国家授予自营进出口权的福建晶体技术开发公司（简称福晶公司），是福建物构所全资创办的。

1999年，根据中国科学院21世纪的发展战略目标和实施知识创新工程试点的要求，福建物构所始终把科学创新和进入中科院创新工程试点的目标凝炼在学科优势方向上，福建物构所积极组织有关部门就全所的创新目标、结构调整、人才状况和资源储备等方面进行认真的分析和研究，积极探索适应创新工程试点和以国际接轨的科技运行机制，结合原有基础，瞄准国家目标，在学科方向和研究内容上逐步拓展为多学科交叉，以有应用背景为目标的基础性、战略性、前瞻性、综合性的研究，做到了方向明确、重点突出、布局合理，形成了较为明确的实施知识创新工程试点的总体方案和发展战略目标。1999年顺利通过了中科院组织的对福建物构所分类定位的评估论证，以及国家基金委对结构化学国家重点实验室的评估检查。中科院已确定福建物构所为基础研究基地型研究所，并批准结构化学国家重点实验室正式启动进入知识创新工程试点。同时，福建物构所吴新涛研究员当选中国科学院院士。这都将为福建物构所在2001年启动进入院第二阶段创新试点和将福建物构所在新的世纪中建成一个在知识创新能力上符合科技国家队品位的综合研究机构，起到巨大的推动作用。

1999年，福建物构所充分发挥全所的优势和潜力，多渠道争取科研任务，尤其是争取国家科技任务，并取得较好成绩。全所在研课题(任务)190项，其中国家课题25项、国家“863”课题5项、国家“攀登计划”项目1项、国家“973”项目1项、国家杰出青年基金项目1项、中科院重大、重点和青年项目10项、中科院“百人计划”项目2项。

1999年，全所共发表学术论文234篇，其中科技论文217篇。据中国科技信息研究所对中国科技论文统计与分析报告最新公布，1998年，福建物构所科技论文被SCI收录42篇，居全国科研机构第二十位。论文被引用87篇，居全国科研机构第十位。

在科研成果方面，名誉所长卢嘉锡院士荣获1999年何梁何利基金科学与技术成就大奖。迄今为止，我国化学界只有唐敖庆和卢嘉锡院士获此殊荣。

经中国专利奖评审委员会评审，世界知识产权组织和国家知识产权局授予福建物构所“用三硼酸锂单晶制造的非线性光学器件”为中国发明专利金奖。

由福建物构所厦门二部承担的福建炼油厂“厂区地下管网、装运油码头贮罐区域性外向电流阴极保护工程”，获中国石化总公司科技进步奖三等奖。

1999年，全所共申请专利15件，其中发明专利13件，实用新型专利2件。

福晶公司是福建物构所经济收入的主要来源，1999年公司面对国内外激烈的市场竞争，以所里雄厚的物力和智力资源为依托，把深化改革和加强科学管理有机地结合起来，不断提高公司在国际市场上的综合竞争能力。在全体员工的共同努力下又取得出口创汇的历史最好水平，创汇额达433.3万美元，人均创收42.6万元人民币，向所上交财政金额1312.4万元人民币。为福建物构所的科研和发展再次做出突出贡献。福晶公司不愧为在国际光学领域集科研、开发、生产、销售于一体的一流高科技公司，也是国内为数不多，很有发展前景的外向型高技术企业之一。

福建物构所还积极组织催化、分析、金属腐蚀与防腐学科的科技人员为国民经济建设服务，先后与地方政府和十几个厂矿企业建立了密切的合作研究关系，并提供引进项目的消化吸收、分析测试、技术咨询等服务。尤其是厦门二部充分发挥开展亚热带海洋环境中腐蚀科学的基础研究与材料防腐蚀保护技术的地理和学科上的优势，为福建和厦门经济特区的发展做出了重要贡献。

福建物构所坚持把加快优秀青年人才的培养作为全所工作的“重中之重”来抓，各方面积极创造条件，加快优秀青年人才培养的节奏，并取得可喜成绩。在结构化学学科，基本形成了以中青年科技人员为骨干，具有朝气和活力的研究群体。1999年，经过专家评议、考核、遴选，增选了4名中青年博士生导师(平均年龄41岁)，不仅增强了研究生导师队伍的力量，也增强了研究所学科的活力。

福建物构所共有科研设备3140台，总价值6179万元，50万元以上的仪器设备有18台，其中结构化学国家重点实验室拥有3台X射线四圆衍射仪，一台X射线面探仪，一台PPMS物理性能测试系统，一台500兆超导核磁共振谱仪和红外喇曼谱仪等，是目前国内结构测试手段比较完善的单位。

在国际交流方面，福建物构所与世界多个国家和地区的科研机构、高等院校和技术公司建立了广泛学术交流、科技合作和商务联系。1999年福建物构所选派参加国际学术交流、合作研究、商务考察的科技人员共16批、29人次。接待来访的国外学者和商务人员共12批、24人次。

福建物构所编辑出版的刊物有中英文版《结构化学》。

福建物构所的下属单位，福建物构所二部，地处厦门经济特区，主要从事金属腐蚀与防护学科的研究与开发应用。

上海生物工程研究中心

副主任、党委书记：杜冬余（主持工作）
地　　址：上海市漕宝路500号
邮政编码：200233
电　　话：021-64700892（总机）
传　　真：021-64700244
电子函件：chjiang@srcb.ac.cn

中国科学院上海生物工程研究中心，1983年开始筹建，1991 年 11 月 28 日建成通过国家竣工验收。1999 年底在职职工 196 人，其中科技人员 109 人，有中国工程院院士 1 人，研究员 6 人，副研究员、高级工程师 16 人，中级科技人员 59 人。在学博士研究生 17 人，在学硕士研究生 19 人。

上海生物工程研究中心是我国第一个国家级现代化的生物技术中试基地，1993 年中心被批准为硕士学位授予单位，设立生物化学与分子生物学招生专业。其研究方向是以生物工程中、下游技术为主，开展基因工程、微生物工程的应用技术、工艺、工程技术、中间试验研究，同时也在细胞工程和酶工程方面开展有特色的研究。1998 年，经过中国科学院评审，上海生物工程研究中心定位为“以生物高技术创新为主导，以生物技术与工程的研究开发为核心，以强化转化、服务与孵化功能，推动生物技术产业化为重要目标的高新技术研究基地型科研单位”，确定以“基因资源与基因组工程、基因调控和基因工程、蛋白质功能与蛋白质工程、微生物代谢和代谢工程、生化工程”为五大重点研究发展领域。1999 年 9 月，经上海生命科学研究院同意，上海生物工程研究中心的重点发展学科为生物技术、生物工程，重点研究方向为基因组功能与基因工程、蛋白质功能与蛋白质工程、微生物代谢和代谢工程、生化工程。1999 年，上海生物工程研究中心对研究室和课题组及时进行了调整，设立 7 个研究室（组）：基因资源与基因组工程研究室、基因调控和基因工程研究室、蛋白质功能和蛋白质工程研究室、生化工程研究室、微生物代谢和代谢工程研究组、生化仪器研究组、生理活性物质和保健品研究组。

上海生物工程研究中心拥有相当数量能进行生物技术研究开发、产品检测的先进仪器设备，如程控发酵罐，大规模制备型层析色谱系统，超高速低温离心机，不同功能的高压液相色谱仪，核酸、蛋白质检测分析仪等。

1999 年，上海生物工程研究中心遵照知识创新工程试点和中国科学院工作会议的要求，按照上海生命科学研究院深化改革的部署，结合上海生物工程研究中心 1998 年分类定位后的实际，积极开展生物高技术的创新研究，推动生物高技术研究开发与市场的结合，强化生物技术的转化与产业化，取得了一定的成绩。

1. 制订新的体制改革方案

为进一步深化改革，增强内部活力，开展创新的科研、管理工作，提高人的素质，做出新的成果，上海生物工程研究中心在 1998 年分类定位的基础上，按照上海生命科学研究院的要求，制定了新的体制改革方案。

(1)进一步明确改革的思路：①逐步整合一支生物高技术创新研究的一流队伍；②加强与社会要素的联合，形成生物技术产业推动力；③提高生物技术工程化、产业化研究的能力，为上海生命科学研究院各所及社会提供良好的服务。

(2)进一步明确科研方向：重点发展学科和重点研究方向参见本文第二段。

(3)组建创新科研队伍：①固定编制内的研究组 6 个，30 人。②流动科研人员，1999 年：研究生 38 人，客座研究人员 34 人；2000 年：研究生 38 人，博士后 1 人，客座研究人员 31 人。

(4)调整中试工厂：根据上海生物工程研究中心发展和建设生物技术产业孵化基地的需要，中试工厂要采取争取拨款、贷款、自筹资金和合资等形式，建立适当规模的 GLP 实验室和开发实验室，以解决科研成果的规模放大、工艺稳定、产品指标质量等问题，为加快生物技术成果转化，加速工程化、产业化研究进程，进行批量生产成套技术开发；提高开发成果、技术的附加值，创造良好的基础和条件；进一步提高中试工厂人员的技术水平和管理能力，确立先进的生产线，使中试工厂成为以中试批量生产为主的内部企业，实行企业化管理，建立新的运行机制；根据任务和发展，通过聘任和更新，逐步扩大人员规模，做到与孵化基地同步发展。使之成为上海生物工程研究中心工程化、产业化研究开发的主要部分。

(5)职工的精简与更新：对上海生物工程研究中心职工进行必要的精简和更新，提出了 2000 年上海生物工程研究中心人员结构设想和管理、后勤部门人员调整以及人员分流的计划和措施。

(6) 对上海生物工程研究中心所办公司实现转制。

2. 做好研究、开发、中试和管理工作

(1) 及时进行科研管理的结构调整：1999 年初，上海生物工程研究中心根据分类定位和体制改革的要求，在充分发扬民主制定实行聘用合同制各项制度的基础上，全面实施聘用合同制。根据科研、开发和管理等工作的实际与发展，设置3处1室行政管理机构，重组研究室（组）；通过考察考核，对所设置行政管理部门、研究室（组）以及中试工厂、综合服务中心，聘用了负责人；依靠部门负责人重新制定部门的职责范围，明确实际工作岗位；通过按需设岗，双向选择，按岗聘任，与138名职工签订了聘用合同和岗位合同，实现了人事配置相对合理和精简，也为在新形势下上海生物工程研究中心进一步深化结构性改革打下了基础，提供了经验。

（2）积极申请承担国家任务，争取横向科研项目，努力完成年度计划：①申请承担国家任务，争取横向科研项目。1999年，由于早作准备，科技人员和科技管理人员密切配合，通过各种渠道申请了研究课题24项，落实9项，其中国家自然科学基金面上项目3项，“863”计划项目2项，国家新药基金项目1项，国家人类基因组南方中心基金项目1项，上海市白玉兰基金1项，明治乳业奖学金1项；此外，还洽谈横向科研课题10项，已签协议3项。②努力完成年度计划。1999年在研课题39项，其中国家自然科学基金项目3项，“863”计划项目10项，中科院重大、重点、特别支持（人类基因组）、院长基金等课题14项，“百人计划”项目1项，上海分院择优项目2项，国家攻关项目2项，上海科技发展基金项目1项，南方基金项目1项，联合利华项目1项，横向项目2项，所支持项目2项。所获得的科研经费，按一线科研人员计算，人均为7.4万元，是“九五”期间最高的一年。

3. 取得的主要成果

（1）成果统计：经过上海生物工程研究中心职工，特别是科技人员的辛勤工作，39项课题，均按计划完成了年度科研工作任务，取得了较好的成绩；5项课题结题；1项通过鉴定；申请专利3项，正在申请专利1项，提请专利实审2项，获得专利授权1项。上报成果3项。全年在各类期刊上共发表论文32篇，发表译著1篇，在各学会编辑的论文集上发表的论文5篇。转让成果1项。

（2）“基因工程鱼生长激素”开发成功：为了培育出生长快、产量高的优质养殖鱼类，给人们提供丰富的鱼类蛋白，上海生物工程研究中心于90年代中期自筹资金，自选“基因工程鱼生长激素”研究项目，开展基因工程鱼生长激素的研究及其在水产养殖中的应用。上海生物工程研究中心的科技人员，经过几年的辛勤工作，取得了满意的结果。他们选择鲢鱼生长激素cDNA开展基因工程鱼生长激素的研制，从鲢鱼的脑垂体中分离出生长激素cDNA片段，测定其核苷酸序列，构建鲢鱼生长激素基因表达质粒，然后在大肠杆菌系统中进行高效表达，其蛋白表达量为20%。经过基因工程菌发酵，破啐菌体，包涵体收集、洗涤和溶解，重组蛋白复性，离子交换柱层析纯化等，获得纯度达到80%以上。并用重组鲢鱼生长激素为关键成分开发出促长素系列产品。用促长素系列产品对金鱼、黑鲷幼苗采取浸泡处理，对河鳗、甲鱼、对虾进行饵料饲喂，在中国水产科学院东海水产研究所和苏州市华夏甲鱼养殖技术研究所试验使用。试验使用结果表明促长素能使个体生长速度明显加快，在相同的饲养时间段内平均增重10%以上。促长素系列产品不同于化学合成类激素，它是外源性蛋白类激素，不会影响和刺激鱼体自身的生长激素分泌，它属于蛋白类，易溶于水，能很快代谢，不会残留在鱼体内，因而对人体没有不良影响。促长素系列产品均不含任何毒性物质，对养殖对象无任何毒副作用。

该项成果于1999年9月15日通过了由上海市科委组织的专家鉴定。专家委员会认为，“基因工程鱼生长激素”这一成果，研究目的明确，依据充分，实验设计合理，技术先进，结果可靠，达到国内领先水平；该项成果具有很好的推广应用前景，对于提高我国水产养殖水平，增加水产养殖的产量具有重大意义；建议尽快开展成果转化工作。

（3）中试工厂开始进入良性循环：1999年，面对市场疲软，购销不旺，养猪受影响，兽药市场不景气的情况，中试工厂职工毫不气馁，他们一方面抓好生产，满足现实市场需求，一方面抓新产品开发和技术攻关。通过大家辛勤工作，新产品开发项目SS生长抑素经过小试即将转入中试，$K_{88}K_{99}$的技术攻关有新的突破；核苷酸的纯化令人满意，产销前景看好；同时，对中试工厂的设备改建、实验室装修在有序地进行；在管理上实行全成本核算。这些都表明中试工厂开始进入良性循环，为进一步发展生产，也为上海生物工程研究中心的生物技术研究开发成果实现工程化、产业化，奠定了基础。

南 京 分 院

院　　长：严寿宁
地　　址：南京市北京东路 39 号
邮政编码：210008
电　　话：025-7713709
图文传真：025-3362239
电子函件：bgs@njbas.ac.cn

中国科学院南京分院是中国科学院的派出机构。1950 年，中国科学院接管原中央研究院在南京的科研单位，成立中国科学院华东办事处；1969 年撤消，全部业务交江苏省科委主管部门管理。1978 年 11 月，经批准建立中国科学院南京分院，下辖紫金山天文台、南京地质古生物研究所、南京土壤研究所、南京地理与湖泊研究所、南京天文仪器研制中心。1993 年接受江苏省植物研究所为江苏省人民政府和中国科学院双重领导，以地方领导为主。至 1999 年末，南京分院系统在职人员 1619 人，其中科技人员 1121 人，有中国科学院院士 15 人，中国工程院院士 1 人，研究员 165 人，副研究员、高级工程师 402 人，中级科技人员 402 人。现有在学研究生 179 人，其中博士生 115 人，硕士生 64 人。另有博士后 32 人。南京分院机关在职人员 45 人，其中科技人员 19 人，研究员 1 人，高级工程师 10 人。

中国科学院在宁单位侧重于基础研究和应用研究，在我国地学和天文学研究领域占有重要地位。

1999 年南京分院坚持在改革发展上抓“创新”、在管理工作上抓“有序”、在支撑服务上抓“优质”，通过分院全体干部职工的共同努力，各项工作均取得新的进展。

科研工作得到较好落实，取得了一批重要成果。全年完成 32 项重要成果上报登记，协助各研究所完成成果鉴定 8 项。有 12 项成果获得国家、院省级奖励。另外，各研究所在国内外共发表科技论文 808 篇，其中在国外核心刊物发表的有 77 篇；出版专著 26 部。组织各研究所积极向省、市申报科研项目，共落实 10 项，获得经费支持 92 万元。分院院长基金拨款支持课题立项 3 项，择优资助 36 万元；在研课题 11 项。年初，在南京成功地召开了“长江流域跨世纪农业可持续发展研讨会”，来自南京、武汉、成都 3 个分院 16 个相关研究所的 70 多位专家参加了研讨，有 110 多篇论文参与交流，在推进建设“长江流域生态环境研究基地”上又跨进了一步。这项工作得到了院、省有关领导的肯定和支持。

南京分院对外科技合作交流日益广泛，所属各研究所与世界上 40 多个国家和地区建立了研究合作关系。南京分院与德国合作开展了江宁土地利用可持续发展研究，它对于南京地区防洪环境建设、土地开发具有重要价值，目前正按计划推进。

为加强院省合作牵线搭桥，成绩比较显著。1999 年，由南京分院组织参与地方科技经济对接活动 16 次。在此期间，签订了一批富有前景的院地合作项目。其中南京分院系统 1999 年承担为地方服务和共同开发的项目有 53 项，合计金额 1702 万元，到位金额 1523 万元。宁外研究所的大批成果也相继在江苏“落户”。6 月份，南京分院组织宁区院属有关研究所，赴宜兴市考察了 8 个农业示范区，签订 6 项合作协议，其中南京土壤研究所与宜兴关于“开发阳羡紫笋茶”的重点项目，已在种子快速繁殖等实验方面取得重要进展。根据地方需求，南京分院还支持研究所积极参与“设施农业工程中心”、“滩涂开发利用”、以及“太湖综合治理”等研究工作，充分发挥宁区技术优势，推进院省合作项目的组织和实施。

1999 年，在江苏地区的其他院省合作项目同样得到落实。院省共建古生物博物馆的建设资金基本落实，有关各方就拆迁规划已签定协议，规划设计正在进行之中。紫金山天文台近地天体探测望远镜观测站选址在江苏盱眙县，得到当地政府高度重视，决定无偿提供约3.4ha（50亩）土地用于建设，并保证“三通”及提供后勤保障。

此外，南京分院一如既往，积极组织科技力量为地方经济建设和社会发展提供咨询服务。继续重视发挥在苏中科院院士的优势，精心组织一系列咨询、评议和科普活动，同时派出一批专家学者参加地方经济与社会发展咨询机构，不定期提供决策参考意见，受到地方政府高度重视。

坚持开展党建和精神文明建设，为研究所改革与发展奠定良好的思想基础和工作环境。“三讲”教育是1999年党建工作的头等大事，根据院党组安排，南京分院自去年5月份开始，集中3个月时间，认真部署并开展此项工作。南京分院及各研究所领导成立了领导机构，明确了第一责任人，明确了工作目标、制度和要求。南京分院机关及各研究所均按照计划认真组织学习，进行班子剖析和领导成员自我剖析，广泛听取意见，召开了高质量的专题民主生活会，积极开展批评与自我批评，最后各单位形成了整改方案并加以反馈和落实。通过这次全面深入的学习教育，各单位领导班子的工作得到了加强，领导干部的思想政治素质得到了提高，尤其是通过解放思想、统一认识，加快了研究所改革进程，各项科研和开发任务得到了比较好的落实。

在完成“三讲”教育的同时，南京分院结合年内若干政治热点问题，在干部职工中深入开展现实的爱国主义和社会主义教育。一是在机关和各研究所召开声讨会，声讨美国为首的北约袭击我驻南使馆，揭露“法轮功”的邪教本质，并与省科协联合举办全省科技系统会议，在面上开展宣传教育。二是因势利导，组织宁区干部职工认真学习中央领导同志的讲话，传达有关文件精神，组织有关专家运用天文学、生命科学等科技知识，严厉批驳“法轮功”的歪理邪说，在报刊、电视等新闻媒体上进行集中宣传，旗帜鲜明地反对伪科学，坚定地捍卫科学尊严。

南京分院坚持在系统内长期开展文明单位创建活动，并形成了规范的创建工作机制。1999年，通过组织交流检查和评比，评出地质古生物研究所为南京分院系统文明单位，地理与湖泊研究所、紫金山天文台为创建工作先进集体。国庆和院庆50周年期间，按院、省要求，南京分院机关与各研究所组织了一系列座谈会、报告会，并参加了院、省的文艺演唱活动，均获得了表彰和奖励。为加强思想政治工作和精神文明建设的理论研讨，经充分筹备，于12月份成功地召开了政研会第五次年会，对年会交流文章组织了汇编。

南京分院专利工作也取得较好成绩，全年完成代理申请专利76件，代理专利诉讼案件3件。宁区各所领导和科技人员的知识产权意识也在不断加强。

南京地质古生物研究所

所　　长：沙金庚
地　　址：南京市北京东路39号
邮政编码：210008
电　　话：025-7711556
图文传真：025-3357026
电子函件：ngb@nigpas.ac.cn
网　　址：www.nigpas.ac.cn

中国科学院南京地质古生物研究所于1951年5月7日在南京正式成立，其前身为1920年建立的前中央地质调查所和1928年成立的前中央研究院地质研究所等机构的古生物室（组）。

1999年底在职职工246人，离退休职工157人，各类科技人员204人，有中国科学院院士6人，博士生导师25人，研究员级科技人员52人。现有在学博士生21人，硕士生8人。另有在站博士后6人。

南京地质古生物研究所主要进行无脊椎古动物学、古植物学、孢粉学、分子古生物学、地层学和沉积学的研究。研究地球历史进程中生命的起源，生物的发生、繁衍、分布、绝灭和复苏的规律；

植物和无脊椎动物以及微体生物系统分类；从事古生态系统演替和古生态学、古气候学、古地理学的综合研究，探索生物与环境的关系。地质年代的确定；各纪地层的划分与对比；全球地层界线层型剖面的综合研究；沉积学与沉积矿产的研究。

今后将着重于古生物学及地层学的基础理论研究，开拓新学科领域和新的学科生长点，争取在本学科前沿领域作出若干独创性、突破性、有重大国际影响的科研成果。加强学科领域的积累性基础研究，以地质历史时期的生物及遗迹的分类、生物区系、门类古生物系统总结等为基础，探讨地球历史进程中全球生物与环境的关系和生物演化的规律；开展高精度地层学研究；建立与完善古生物学与地层学资料数据库。发挥学科优势，积极采取多种形式为国民经济建设和社会发展服务，为国家能源、矿产资源的勘探开发、远景评估和环境保护服务，积极普及古生物学知识。在21世纪初建成一个面向世界、富有特色、具有国际先进水平的古生物学研究中心（科研中心、信息资料中心、标本收藏中心）。

全所科研工作分为6大领域：古无脊椎动物学、古植物学和孢粉学、微体古生物学、分子古生物学及化石生物学、地层学。现设有3个研究室和1个开放实验室，即古植物学与孢粉学研究室，古无脊椎动物学研究室，微体古生物学研究室和现代古生物学与地层学开放研究实验室。现代古生物学与地层学开放研究实验室（Lab. of Palaeobiology & Stratigraphy）以理论古生物学、早期生命演化、全球地层界线层型、生物的绝灭与复苏、分子古生物学为主要研究方向。南京地质古生物研究所为博士、硕士学位授予点，建有博士后科研工作流动站。

所内建有亚洲最大的古生物学专业图书馆，收藏26万余卷（册）专业图书、期刊，中外文期刊杂志2000余种，与54个国家（或地区）300多个研究或出版机构有出版物交换关系。设有供研究工作需要的实验室，大型仪器有JSM6300扫描电镜、Devex X射线能谱仪、MRC-1000激光扫描显微镜、HP5890全自动氨基酸分析仪、CDS-1000热裂解分析仪、PCR及DNA测序设备等。标本室收藏有15万件模式标本，建有面向社会公众开放的化石陈列馆。为全国科普教育基地、江苏省科普教育基地、南京市中小学生校外科技教育基地和南京市玄武门社区科普教育基地。

1999年是南京地质古生物研究所知识创新工程试点工作正式启动及实施的第一年，初步完成创新队伍组建、人员招聘、机构调整、人员分流等项工作，为知识创新、机制创新、管理创新和文化创新的深入和研究所的改革与发展，奠定了良好的基础。

在知识创新工程试点工作中实施中，南京地质古生物研究所首先按高起点、高水平知识创新的要求进一步凝炼科技目标，确定了“积极参与国际合作与竞争，力争在古生物学、生物地层学前沿领域作出若干独创性、突破性、有重大国际影响的新成果”的总目标，以“地史时期的生物进化”和“全球年代地层系统与全球界线层型”为知识创新的主要领域。围绕科技目标和主要知识创新领域，按照“建立开放、流动、竞争”的用人机制和“按需设岗、竞争上岗、按岗聘任”的原则，年内完成了知识创新队伍的组建，聘任了进入知识创新机制研究系列、技术条件支撑系列和管理系列的人员。以有利于知识创新为原则，将8个研究室（含开放实验室）调整为4个研究室（含开放实验室）。进一步推进后勤服务社会化，精简了管理部门以建立“精干、高效”的管理机制。抓紧制订各项规章制度，如“知识创新基金管理规定”、“奖励办法”等。

1999年度全所在研课题108个，包括国家攀登计划项目、国家科技攻关项目、国家自然科学基金项目（含重点项目）、中科院重大重点科研项目及产业部门委托项目等。1999年立项启动的课题中，有国家自然科学基金面上项目7项、重点项目1项。“九五”国家重点科技攻关项目“塔里木盆地石油天然气”在前3年工作成果验收后，后期（2年）工作在年中启动，继续承担新疆塔里木盆地重点地区、重点层段地层的研究工作。在国家“973”项目中，南京地质古生物研究所负责“青藏地区新特提斯的最后闭合、海水的最后退出和快速隆升的时代及环境效应”、“中国典型叠合盆地油气形成富集与分布预测”2个项目的古生物学、地层学的专题研究。“中国古生物志及各门类化石编研”、“中国典型地层剖面的立典研究”、“重点及重要地质遗址的保护研究”已列入国家科技部基础性工作项目。

1999年南京地质古生物研究所的研究工作作出了许多独创性、突破性和有重大国际影响的新成果。全所在国内外发表190多篇论文，其中被SCI收录的有30篇，出版9部专著。在国家“攀登计划”项目“澄江动物群与寒武纪大爆发”研究中，陈均远研究员等在12月2日出版的国际著名科学刊物“Nature”上报道了昆明海口早寒武世帽天山页岩中发现的有头脊索动物——海口虫，这一发现将脊椎动物的最早记录追溯到早寒武世早期(5.3亿年前)，改写了脊椎动物起源的历史，对揭示脊椎动物祖先群落的特征、进一步探讨脊椎动物的起源及早期演化有重要的意义。此项发现在国际上引起重大反响，被评为“人类重塑地球生命历史的一项惊人成就”。该项成果被科技部评为1999年十大科技新闻。

1999年南京地质古生物研究所为国民经济建设服务的研究项目取得了显著成就。承担的“九五”国家重点科技攻关项目“塔里木盆地石油天然气”中的3个二级专题“塔里木盆地寒武—奥陶纪地层划分与对比”、“塔里木盆地志留—泥盆纪地层划分与对比”和“塔里木盆地中、新生代地层划分与对比”于3月份通过国家计委和科技部验收。在1999年度承担的“中国东部油田深部地层研究”、“塔里木盆地寒武—奥陶纪、白垩—第三纪海相微体生物地层及生油环境”等11项部门委托项目中，“塔里木盆地奥陶纪地层精细对比”、“吉林油田伊通地堑白垩—第三纪微体化石及地层”等5项已通过有关单位的评审验收。这些应用型基础研究成果，对于解决油气勘探生产中的难题及生（油层）储（油层）盖（层）和勘探目的层确定都发挥了重要作用，生产部门给予了高度评价。

1999年南京地质古生物研究所的“澄江动物群与寒武纪大爆发”研究成果被评为’98南京十大科技成果。主持或协作的“青海可可西里地区地质、环境与生物多样性”获中国科学院自然科学奖二等奖、“生物成矿作用和成矿背景研究”、“西北显生宙地层”、“青藏高原西北部地层古生物研究”“华南及其临近地区泥盆纪介形类豆石介科类的综合研究”等4项成果获中国科学院自然科学奖三等奖。

1999年度南京地质古生物研究所国际合作与学术交流活动频繁，全所有54人次赴英国、美国、德国、俄罗斯、加拿大、澳大利亚、南非、意大利、荷兰、日本、朝鲜、巴基斯坦、摩洛哥等国家出席国际会议、从事合作研究、做访问学者。有5人次赴香港、台湾地区做合作研究。英国、德国、美国、澳大利亚、西班牙、瑞典、芬兰、法国、波兰、俄罗斯、日本、巴西、阿根廷等国家的近130余人来所做合作研究项目或出席南京地质古生物研究所主办的“动物构型方案及其化石纪录”（1999.6，昆明）、“第八届国际刺丝胞大会野外现场会议”（1999.8，桂林）和“第七届国际化石藻类会议”（1999.10，南京）。

南京地质古生物研究所现有30余位科学家在国际古生物协会（IPA）、国际地层委员会等国际学术组织中担任职务。

南京地质古生物研究所是中国古生物学会及下属20个专业委员会、专业组和江苏省古生物学会的挂靠单位。编辑出版《古生物学报》、《地层学杂志》、《微体古生物学报》、《中国科学院南京地质古生物研究所集刊》、《南京地质古生物研究所丛刊》、“Palaeontologica Cathayana”、“Palaeoworld”、《古生物学文摘》等刊物。

南京地质古生物研究所设有科技开发部及科技开发咨询公司、东方化石标本中心、雅石公司等，主要从事石油天然气等沉积矿产中古生物学、地层学、沉积相等领域的咨询服务以及化石展览、化石工艺品的开发等业务。

南京土壤研究所

名誉所长：李庆逵
所　　长：周健民
地　　址：江苏省南京市北京东路71号
邮政编码：210008
电　　话：025-3610462
图文传真：025-3353590
电子函件：iss@issas.ac.cn

中国科学院南京土壤研究所成立于1953年，其前身是1930年创立的中央地质调查所土壤研究室。现有职工330人，其中专业技术人员263人，有中国科学院院士5人，研究员43人，副研究员、高级工程师等95人，中级科技人员99人。现有在学博士研究生32人，硕士研究生24人。另有在站博士后20人。

南京土壤研究所的战略定位是，以土壤学为主学科，以土壤圈物质循环、土壤资源与利用、土壤肥力与施肥和土壤生态与环境为主要研究领域，推动土壤科学的发展，为我国21世纪粮食安全保障、农业可持续发展和环境质量的改善提供决策依据和关键技术，成为我国土壤科学研究中心和高级人才培养基地。到2010年建成世界一流水平的土壤科学与技术研究中心，在国际土壤科学研究领域占有一席之地。

南京土壤研究所是农业资源利用一级学科博士学位与硕士学位授权点，同时还具有生态学、水土保持及荒漠化防治的硕士学位授予权，并设有农业资源利用一级学科博士后流动站。

目前南京土壤研究所按学科分支设有7个研究室，分别为土壤圈物质循环开放研究实验室、土壤资源与遥感应用研究室、土壤-植物营养与肥料研究室、土壤物理与盐渍土研究室、土壤化学与环境保护研究室、土壤生物与生化研究室、农业生态与区域发展研究中心，其中农业生态与区域发展研究中心包括中科院生态系统研究网络土壤分中心、中科院封丘农业生态开放试验站、中科院鹰潭红壤生态开放试验站、常熟农业生态试验站、中科院三峡工程生态环境秭归试验站。以上这些分支研究机构中，开放实验室、封丘站、鹰潭站为中国科学院院级开放研究室、站。该所图书馆是联合国粮农组织的特约藏书图书馆；土壤标本陈列馆陈列有全国不同类型及部分国家和地区的土壤标本；土壤与环境分析测试中心是国家技术监督局认定的国家计量认证合格单位，拥有近20台大型分析仪器。南京土壤研究所还是中国科技网南京端口所在地。

1999年南京土壤研究所进行了四年一度的所领导班子换届工作，一批年富力强、充满朝气的青年骨干走上各级领导岗位。在年初被中国科学院确定为资源环境领域基地型研究所后，南京土壤研究所根据定位目标并结合换届工作，对全所的机构开展了进一步的调整，由此使得研究系统组织结构更加趋于优化，技术支撑系统的支撑服务功能更加趋于完善，管理系统的机构设置和人员进一步精简，开发系统逐步开始向转制过渡，由此为全所下一步争取进入知识创新工程试点行列奠定了良好的基础。

1999年南京土壤研究所共有在研项目189项，其中“九五”国家科技攻关项目7项；国家自然科学基金项目43项，其中重大项目二级课题4项，重点项目4项，面上项目19项；中科院项目29项；省、部、委及地方委托课题49项；国际合作项目28项。当年到所科研经费1600万元。经过全所上下的努力工作，各项在研课题均较好地完成了年度工作计划。

1999年南京土壤研究所有7项重要科技成果申报登记；有3项科研成果获得奖励，其中于天仁院士等完成的“土壤电分析化学的建立与发展”成果获得国家自然科学三等奖，刘多森研究员等完成的“土壤中有机化学品微生物降解的动力学建模与相似性”成果获得中科院自然科学二等奖，苏渝生研究员等完成的“农业和环境工程中的电化学传感器、测量仪器和监控系统”成果获得中科院科技进步二等奖。此外，1999年南京土壤研究所专利工作又得到进一步发展，有10项专利获得授权，又有5项专利提出申请。1999年南京土壤研究所共出版学术专著和论文集6部，发表论文279篇。

经过近2年的艰苦努力，1999年10月由南京土壤研究所牵头提出的国家重点基础研究发展规划“973”项目建议“土壤质量演变规律与持续利用”获得科技部批准正式立项，国家将在今后的5年内资助该项目研究经费3300万元，南京土壤研究所曹志洪、周健民2位研究员被科技部聘为项目首席科学家。此外，南京土壤研究所土壤圈物质循环开放研究实验室也被中科院批准先期进入知识创新工程试点工作行列。

1999年南京土壤研究所的国际交流与合作工作仍然十分活跃。除了频繁的出访和来访，以及开展了一批国际合作研究项目外，又先后主持举办了“第十二届国际化学与环境保护国际学术讨论会”、“香根草生物工程技术保护水土与工程国际学术研讨会”和“农田养分循环、平衡与管理国际学术研讨会”等3次国际学术会议，均获得圆满成功。此外，南京土壤研究所与香港浸会大学共同建立的“土壤与环境联合开放实验室”喜获香港查氏家族500万港币和中科院、江苏省530万元的匹配支持，用于建设一座现代化的联合实验室“惠联大楼”。

1999年南京土壤研究所继续加强了人才培养工作，经过严格的考核和评定，特批晋升3位45岁以下的研究员，使得全所45岁以下的研究员已达18人，又一位“百人计划”入选者进所工作。与此同时，南京土壤研究所进一步加大了研究生和博士后培养工作的力度，在不断提高培养质量的同时，积极扩大招生规模，当年招收硕士研究生10人，博士研究生11人，11名博士后进站工作。目前，研究生及博士后已成为南京土壤研究所科研工作的一支重要生力军。

在科技开发工作方面，1999年南京土壤研究所除了进一步发挥和拓展多年来形成的肥料生产技术的转让与服务外，又研制开发了土壤肥力速测仪、水质测定仪等一批社会需求的测试仪器，并初步走向市场。

南京土壤研究所是中国土壤学会和江苏省土壤学会的挂靠单位，全球土壤修复网络亚洲中心也设立在南京土壤研究所。编辑出版“Pedosphere”、《土壤学报》、《土壤》等学术期刊。

南京地理与湖泊研究所

所　　长：虞孝感
地　　址：南京市北京东路73号
邮政编码：210008
电　　话：025-3616936
传　　真：025-7714759
网　　址：www. niglas. ac. cn
电子函件：bhli@niglas. ac. cn

中国科学院南京地理与湖泊研究所的前身是中国地理研究所，于1940年8月在重庆北碚建立，1947年6月迁到南京。1953年成立中国科学院地理研究所。1958年10月大部分人员迁往北京，留在南京部分组建成中国科学院南京地理研究所。1987年10月改用现名。中国科学院院士任美锷、周立三曾先后担任所长、名誉所长，施雅风院士任学位委员会主任。南京地理与湖泊研究所现有职工227人，其中科技人员191人，有中国科学院院士1人，研究员24人，副研究员和高级工程师73人，中级科技人员71人。在学博士生35人，硕士生16人，“百人计划”1人。另有在站博士后2人。

南京地理与湖泊研究所以湖泊科学和区域地理学为学科发展方向，通过对湖泊及流域的资源、环境和经济发展的系统研究，在水陆复合生态环境系统中主攻系统的结构、功能的动态变化过程及相应的物质迁移与能量转换规律；在自然与人文复合系统中主攻协调人-地关系，实现流域可持续发展。将我所的湖泊科学和区域地理学两大优势学科逐步交叉、渗透，形成以流域为单元的综合研究优势。具有博士流动站、自然地理学博士和自然地理、人文地理硕士授予点。

南京地理与湖泊研究所科研系统现设有：现代湖泊科学研究中心、流域科学管理与模拟开放实验室、院湖泊沉积与环境开放实验室、CERN太湖湖泊生态系统研究站，支撑系统现设有：遥感与地理信息系统和专题制图研究室、期刊编译和图书情报室、生活服务中心。开发系统现设有：科技开发公司、技术劳动服务公司、防水工程公司、区域开发与整治咨询中心。管理系统现设有：党政办公室、科研处、人事教育处。

南京地理与湖泊研究所主要仪器设备：用于沉积物测年的四路α谱仪、γ射线分析系统、旋转磁力仪和低本底体闪烁计数仪及C、N、S元素分析仪；用于物理湖泊学研究的遥测气象仪器、野外辐射仪、水下照度仪、测流自动仪；用于水化学研究的原子吸收分光光度计、等离子发射光谱仪、总机碳分析仪、高效液相色谱仪、紫外可见光分光光度计；用于水生物研究的倒置显微镜、荧光显微镜、BOD自动测定仪以及气象卫星接收、遥感图像处理的设备。南京地理与湖泊研究所设有地理与湖泊专业图书馆，馆容面积为1400m^2，阅览座位为40个，计算机为6台，藏书40 363种、187 952册（其中图书24 686种，49 864册，期刊1106种、93 360册）。古籍孤本有近10种，其中有康熙二十六年浙江瑞安县志、广东顺德县志、湖南新宁乡志等。

1999年，南京地理与湖泊研究所进一步加大改革力度，坚决按照定位方案实施，被中科院批准为科研基地型研究所。这对全所职工是极大的鼓舞，增强了凝聚力。干部职工深刻认识到有了定位方案仅是第一步，按照方案逐步实施才是关键，更艰苦的工作还在后面，好在道路已经打开，改革的切入口已经找到。南京地理与湖泊研究所成立了改革领导小组，按照管理先行逐步深入的思路，分期进行改革：第一步对管理部门、第二步对科研机构、第三步对科技开发体制进行改革的步骤。同时，制定并实施相应的配套政策措施，扎扎实实地进行改革。创造条件，为南京地理与湖泊研究所早日启动知识创新工程奠定良好基础。

1. 精简管理部门，提高工作效率。以“按需设岗，竞争上岗、双向选择、组织决定”为原则，机构由原来的2办3处（党办、所办、科研处、人教处、国资处）整合为现在的1办2处（党政办公室、科研处、人教处），人员由原来的26人精简到现在的14人，精简后的管理部门真正做到了一岗多能，工作量饱和了，人浮于事的现象减少了。通过近一年的运转磨合，基本达到了精简人员，提高工作效率的目的。改革到位后，及时增加了管理人员的绩效津贴，提高了积极性。

2. 按创新研究领域整合研究室。遵照江总书记“有所为，有所不为”的战略思想，为突出我所湖泊科学和区域地理学及两大学科联合的综合优势，加强对环境湖泊和流域科学管理学的创新研究，打破了传统学科分类划分研究室的格局，将原有的8个研究室的骨干力量整合为4个研究单元，即2室1站1中心（现代湖泊科学研究中心、流域科学管理与模拟开放实验室、院湖泊沉积与环境开放实验室、CER太湖湖泊生态系统研究站）。现代湖泊科学研究中心由原来的湖泊水文水资源、湖泊环境化学、湖泊生物生态等方面的科研力量整合而成，以全球变化中的现代湖泊过程基础研究、湖泊环境治理中的应用基础和应用研究为主，将湖泊与流域相结合，针对亟待解决的湖泊环境恶化问题（污染与富营养化、淤积围垦与洪涝灾害、咸化与萎缩等），开展湖泊环境演变趋势与机理研究，为解决国家心腹之患提供科学依据与创新治理技术。流域科学管理与模拟开放实验室由原来的经济地理、自然地理研究室及部分其他室的骨干组建而成，今后重点以江河湖泊的流域为研究区域单元，尤其以长江流域为重点，研究流域（包括湖泊）资源、环境演变与社会经济发展规律及其人类活动相互作用的定量关系及其调控措施，进行流域优化开发和科学管理模式的基础理论研究。1999年10月，新组建的现代湖泊科学研究中心和流域科学管理与模拟开放实验室已正式挂牌成立，并确定了首批学术骨干，所需科研创新人员将逐步招聘到位。南京地理与湖泊研究所从所长基金中分别给予了20万元启动资金的优先支持，进一步凝练科技目标，进行基础性、战略性、前瞻性课题的启动，目前运行良好。

通过整合，南京地理与湖泊研究所将各个学科优势有机地融合在一起，互相配合、互相促进、共同发展，大大加强了系统综合研究的优势。计划在2000年上半年完成进入知识创新工程所必需达到的机构改革目标，下半年按照知识创新工程的机制运作，最终形成80人左右的创新研究队伍，流动人员逐步达到1∶1的规模。

1999年，南京地理与湖泊研究所在研项目有126项（其中新开课题56项，到所经费858万元，创建所以来最高纪录），有24个课题按期结题，报中国科学院登记成果5项，取得了一些研究的阶段成果。由施雅风院士、王苏民研究员牵头的“中国湖泊、海面上升与古气候变化研究”获中国科学院自然科学一等奖；由赵锐主持的“长江三角洲卫星遥感动态决策研究”获中国科学院科技进步三等奖；参与主持的“东部沿海可持续发展研究”获中国科学院自然科学二等奖。出版专著12部，其中7部如《中国湖泊志》、《青藏高原晚新生代隆升与环境变化》、《太湖生态环境地图集》、《江苏地理志》、《中国环境与资源遥感应用》等由南京地理与湖泊研究所主编。发表论文187篇，其中“SCI”收录10篇，核心刊物收录74篇。陈志明研究员的《亚洲1∶800万地貌图及说明（中、英文对照）》被国家自然科学基金委批准为优秀研究成果专著出版基金资助项目，《亚洲地貌图及其动力学概论：全球地貌例析》获得国家自然科学基金委出版基金资助。《太湖生态环境地图集》获中国科学院出版基金资助。1999年度批准专利2项，授权4项。湖泊沉积与环境开放实验室于1999年11月已进入中国科学院知识创新工程。

1999年，南京地理与湖泊研究所共接待了来自法国、德国和日本等国家的外宾14批81人次（其中所级项目7批65人次）。举办了3次国际学术会议，即“中国湖泊演变及其水汽循环动力学过程会议”、“国际地理学会城市发展生活委员会议”和“中法太湖流域遥感学术会议”。21批31人次的出国或赴港澳台。1999年新接收毕业研究生2人、博士后1人，调进调出各1人，办理退休职工12人，离岗安置11人，毕业博士生8人、硕士生4人，新招博士生8人、硕士生8人，留学回所9人。晋升高研1人、副高7人、助研5人。

1999年，南京地理与湖泊研究所重视科技成果转化，科技开发公司取得了前所未有的成绩，全年共完成销售额1400多万元，比1998年增加近10倍，超过公司自1985年成立至1998年止14年销售额的总和。同时向国家缴纳各项税额达200万元。劳服公司扩充了队伍，今年完成营业额90万元，比1998年增加10倍。同时向国家缴纳各种税额3万元。中科防水工程有限公司提高了信誉，扩大了经营规模，全年完成营业额80万元，增加10万元资本积累。

1999年，南京地理与湖泊研究所的实验手段、办公条件、野外装备、职工住房有了明显改善，集中采购并安装了94台春兰空调，计人民币34.2万元，基本解决了夏季防暑和冬季取暖问题。购置了三菱吉普车1辆，计人民币44万元，改善了所野外考察的工作条件。又添置了30台计算机和计算机辅助设备，计人民币53.3万元。目前，南京地理与湖泊研究所计算机已上网的达82台。28号住宅楼竣工，按分房条例，有33户职工住进了新房，96户职工居住条件得到了改善。南京地理与湖泊研究所又拿出40万元支持22号住宅楼扩建工程，待22号住宅楼扩建竣工后，南京地理与湖泊研究所将有60户家庭扩大居住面积。

南京地理与湖泊研究所是中国地理学会长江研究会、中国科学院减灾中心南京分中心、江苏省地理学会、江苏省海洋湖沼学会、江苏省遥感学会和遥感中心、江苏省科技咨询协会自然资源和区域发展专业委员会的挂靠单位。编辑出版《湖泊科学》、《中国科学院南京地理与湖泊研究所集刊》、《中国地理文摘》（英文版）等学术期刊。

紫金山天文台

台　　长：陆本魁
地　　址：南京市北京西路2号
邮政编码：210008
联系电话：025-3303921
图文传真：025-3301459
电子函件：Pmoo@pmo. ac. cn
网　　址：www. Pmo. ac. cn

中国科学院紫金山天文台的前身是成立于1928年2月的国立中央研究院天文研究所。1999年底，紫金山天文台有在职职工318人，其中科技人员248人，有中科院院士2人，研究员33人，副研究员、高级工程师99人，中级科技人员79人。现有在读博士生20人，在读硕士生8人。另有博士后4人。

紫金山天文台是国务院学位委员会授权的天体物理，天体测量和天体力学两个学科的博士、硕士学位授予点，并设有博士后流动站。

紫金山天文台以天体物理研究和天体力学应用基础研究为两个并重的主学科。以毫米波、亚毫米波天文方法和技术研究及其与之密切相关的星际分子云与恒星形成研究，天体物理基本理论及其前沿课题研究，太阳系自然天体和人造天体动力学研究为三个主要研究领域。根据学科发展及科研工作开展的需要，紫金山天文台科研机构设置为：射电天文实验室、空间天文实验室、天体物理研究部、天体力学研究部、技术研究中心、天文信息中心。中科院射电天文联合开放实验室挂靠在紫台。

紫金山天文台装备了具有国际先进水平的13.7m毫米波射电望远镜。有藏书6万多册（卷）的东亚地区最大最全的天文图书馆。

在1999年由中科院4个天文台、2个天文站和天文仪器研制中心组建的国家天文观测中心中，紫金山天文台9个研究团组参加35个团组的竞争均获成功。另有毫米波和亚毫米波实验室和青海德令哈观测基地也进入了国家天文观测中心。这样紫台共有91个人员进入了创新工程。另外，紫台、上海台、南京大学、中国科技大学组建的华东天文和天体物理中心亦已正式成立，并进入国家天文观测中心。

1999年紫金山天文台在研课题计65项。其中国家“攀登计划”项目1项，国家自然科学基金项目13项（含2项杰出青年基金项目），“863”、“921”及国防重大军工项目8项，中科院、国家科技部、海外捐资及中科院和江苏省院省合作项目1项（近地天体探测望远镜建造），中科院“九五”重大、重点项目及“百人计划”项目9项。国家“攀登计划”项目“天体物理剧烈活动的多波段观测和研究”是当前天体物理研究中一个最活跃和最富挑战性的前沿领域。天体剧烈活动的各种现象，往往发生在天体演化发生“质变”的关键阶段，成为研究天体和宇宙起源与演化的首要的和关键的问题；天体剧烈活动又往往发生在宇宙中各种极端物理条件之下，这些极端的物理条件是地球上任何实验室都望尘莫及的，这就为我们的研究和探索迄今还不清楚、还不了解的自然规律打开大门；天体的剧烈活动伴随着巨大能量的急剧释放，是通常的核反应怎么也达不到的，因此研究和探索引起天体剧烈活动的机制，将为我们发现和认识对人类未来发展至关重要的新能源提供了可能性。

1999年度，紫金山天文台全年发表论文90篇，其中SCI文章21篇，经学术委员会评议，重要成果有5项，其中4项属基础理论成果，1项为应用研究成果。申请专利9项，获专利授权16项。“13.7m毫米波射电望远镜”项目获国家科技进步二等奖，“我国失控卫星的捕获长期跟踪和陨落期预报”获中科院科技进步一等奖。由年轻研究员史生才负责的“90-115GHZ超导SIS接收机”通过了院级鉴定，这是我国低温超导SIS技术的首次实际使用，是我国毫米波和超导应用技术的重要发展。由年轻研究员杨戟负责的中日合作项目“移动式亚毫米波望远镜”已按期研制完成，并投入了观测，开辟了我国亚毫米波天文学这一领域。

1999年，紫金山天文台的科技开发克服各种困难，在市场开拓、技术开发、产品质量、经营管理等方面都取得了进步。全年完成营业收入1500多万元，上交返还总额270余万元。除科普部收入稳定增长，并被中国科协确定为“全国科普教育基地”外，星河公司推出了数模兼容型ZB1型集中报警器及其数据分析系统，并顺利地通过了铁道科学院的型式实验，取得了合格证。在众多竞争对手中占有明显优势。此外，该公司还大力开展技术创新，研制了“智能化火灾报警器”等7种新产品，推向市场。

1999年，紫金山天文台出访任务19项，计29人；接待来访8项，计15人。在山东潍坊召开了“太阳射电爆发和等离子体物理国际研讨会”，与会外宾8人。紫金山天文台研究员曾琴与德国马谱射电天文研究所C. HenkeL博士联合培养紫金山天文台博士生1人，完成博士论文并通过答辩。

紫金山天文台是中国天文学会的挂靠单位。编辑出版《天文学报》季刊。主要下属单位有：紫金山天文台青海德令哈射电天文观测站、青岛观象台、赣榆太阳观测站。

南京天文仪器研制中心

主　　任：王永
地　　址：南京板仓街188号
邮　　编：210042
电　　话：025-5411776-2225
图文传真：025-5411830
电子函件：office@nairc.ac.cn

中国科学院南京天文仪器研制中心成立于1958年12月。原名为中国科学院南京天文仪器厂。1991年10月中科院根据国务院机构改革的精神，报国家人事部批准将中国科学院南京天文仪器厂更名为中国科学院南京天文仪器研制中心。以研制大、中型天文观测仪器为主，兼顾光、机、电、计算机一体化仪器的研制基地。

南京天文仪器研制中心1999年度在职人数453人，其中科技人员166人（占中心职工人数的36.6%），有中国科学院院士1人，中国工程院院士1人，研究员12人，副研究员、高级工程师51人，中级技术人员63人，初级技术人员40人。

南京天文仪器研制中心是国家学位委员会确

定的天体物理博士、硕士学位授予点。现有博士生导师 7 人，硕士生导师 16 人，目前在读研究生 18 人，其中博士生 8 人，硕士生 10 人。

1999 年，南京天文仪器研制中心有部分科技人员率先进入创新工程，组建天文光学新技术实验室，集中优秀人才从事天文观测仪器高技术跟踪研究，另有大部分人员转向国民经济的主战场，从事天文科普仪器的制造及其他光、机、电产品的开发，主要有天文科普望远镜、天文圆顶、光栅编码器、电子显示屏、数表显等。为南韩制造口径 1m 天文望远镜，1999 年度安装结束，并通过验收。

目前南京天文仪器研制中心的科研人员正在承担着国家大科学工程“大天区面积多目标光纤光谱望远镜”的研制工作（LAMOST）；国家自然科学基金重大项目“太阳磁场速度场和空间太阳望远镜”方案的研究工作；国家自然科学基金重点项目“高精度大口径天文望远镜镜面磨制技术”等一批重点项目。同时还承担着“863”项目及国防、航天等方面的研制课题，并取得了较好成果。

南京天文仪器研制中心 1999 年度科研成果获国家及院级奖励 3 项。“13.7m 毫米波射电望远镜”获国家科技进步二等奖（第二完成单位）。“折轴阶梯分光仪”获国家科技进步三等奖；“拼接镜面主动光学实验系统”获中科院科技进步二等奖。

南京天文仪器研制中心开发研究的“可调速限流启动异步电动机”1999 年度通过省科委成果鉴定。

南京天文仪器研制中心中国科学院院士苏定强 1999 年获何梁何利奖。

1999 年度中科院院长路甬祥、副院长许智宏分别来南京天文仪器研制中心视察，对南京天文仪器研制中心的科研、开发及创新工作给予充分的肯定，对进一步搞好创新提出指导意见。

南京天文仪器研制中心全体职工在中科院及南京分院的领导下，奋力拼搏努力创新，勇于开发。争取在新世纪到来之际取得更加辉煌的成绩。

合　肥　分　院

院　　长：王绍虎
地　　址：合肥市蜀山路350号
邮政编码：230031
电　　话：0551-5591236
图文传真：0551-5591270
电子函件：hsb@ma.hgcas.ac.cn

中国科学院合肥分院1978年11月成立，本部总人数361人，其中管理人员66人，高工以上50人，中级技术人员89人。

1999年合肥分院各研究所处以上干部认真开展“三讲”教育，“三讲”教育的主要收获：

提高了学习邓小平有中国特色社会主义理论的自觉性，加深了对中央在改革开放和社会主义市场经济条件下各项方针政策的理解，强化对实施知识创新工程，建设国家创新体系的认识，进一步意识到社会进步，经济发展对科技需求和科研机构的宽大使命，从而站在更高起点，思考、深化各方面的工作。找准抓住了党性、党风方面存在的突出问题，进行深入剖析并提出整改措施、明确了前进的方向。贯彻边整边改的方针，谋划了科学岛的未来，组织拟草合肥科教基地及科学岛发展规划建议材料，推进分院机关机构改革和用人制度的改革，加强了各研究所领导班子和干部队伍建设。完成了对合肥智能机械研究所、固体物理研究所领导班子的换届及安徽光学精密机械研究所所长离任审计等工作。

全力支持研究所进入知识创新二期工程前期准备工作。1998年合肥分院3个研究所完成分类定位后，合肥分院一直围绕各研究所的发展，筹划如何进一步根据国家需求支持、协助研究所凝炼科技创新目标，推进创新，争取进入二期创新工程。为此，多次组织各研究所领导、专家座谈讨论，11月上旬又召开“科学岛发展研讨会”，进一步对凝炼学科创新目标进行讨论，谋划科研基地发展蓝图，形成了“中国科学院合肥科教基地及科学岛发展规划建议”正式上报中科院党组。

省院共建为地方经济建设服务取得进展。

1999年4月中国科学院严义埙副院长与安徽省张平副省长共同签订了共建科学岛协议。之后又完成了下列几件事：一是制定了对省院共建作业贡献的科技奖励条例，落实奖励基金60万元；二是与省计委共同组织科学岛各研究所的科技信息发布会，会上共签订7项合作意向书；三是落实了一批省院共建、为地方经济建设服务的项目。

1999年合肥分院组织鉴定的科技成果3项，上报成果15项；1998年上报项目获奖3项，申报专利登记手续15项。有2项被列为国家产学研项目。合肥分院组织参加6次较大规模的信息发布和成果交易会。

合肥分院1999年人事制度深化改革，全部实行了全员聘用合同制，机关人员竞争上岗，编制由原来的52人精简为24人，处室由8个，精减到4个。

机关机构改革同时，后勤服务系统为确保科研基地水、电、暖、交通正常运行提供了有力的保障，基建项目进展顺利，职工住宅、校舍、菜场大棚交付使用；子弟学校、科技学校办学水平有所提高；职工医院继续推进医疗改革，努力为职工医疗服务发挥了职工医院的作用。计生工作连续5年无超生。园区治安环境良好，多年没有发生刑事案件及火灾事故，被安徽省公安厅记集体三等功一次。

安徽光学精密机械研究所

所　　长：胡欢陵
地　　址：合肥市西郊董铺（1125信箱）
邮政编码：230031
联系电话：0551-5591539
图文传真：0551-5591572
电子函件：afo@aiofm.ac.cn

中国科学院安徽光学精密机械研究所（以下简称安徽光机所）成立于1970年10月20日，1999年底在职职工人数为770人，其中科技人员416人，研究员34人，副研究员、高级工程师118人，中级科技人员208人。现有在学博士生69人，硕士生95人。另有博士后3人。

安徽光机所主要学科方向为：大气光学、环境光学与环境监测技术、新型激光器技术及其应用。以激光大气传输和环境监测原理和技术的研究为主攻方向，大力加强环境监测中的光谱学、新型激光器技术研究、新晶体材料、激光大气探测技术、环境遥感和辐射校正、激光医疗仪器以及相应的光电子技术应用。是国家光学专业、大气物理学与大气环境专业的硕士学位授予单位以及光学专业的博士学位授予单位，设有国家光学专业的博士后流动站。全所设有11个研究室（其中1个国家“863”计划大气光学重点实验室，1个中科院激光光谱学开发实验室，2个实验室于1999年7月被批准进入中科院知识创新工程试点实验室），和1个光学工程部，1个激光工程中心，1个图书情报室和8个所属公司。建有1个设备齐全的激光传输试验场、怀特池及遥感辐射定标和校正装置，已建有国内最大的平流层气溶胶激光雷达、紫外差分吸收激光雷达和航空光谱仪器。

1999年安徽光机所根据国家需求、学科发展趋势和市场需要，认真进行了学科调整和内部结构调整。所的定位、院知识创新工程试点实验室的进入，已经形成清晰的三大体系。

1. 大气光学、环境光学和环境监测技术研究体系，以知识创新为重点、瞄准国际前沿开展研究、推动这些学科的发展、提高我国这些领域在国际上的学术地位、主要办好2个知识创新工程试点实验室。

国家“863”计划大气光学重点实验室（中科院知识创新工程试点实验室）主要从事高分辨率大气气体分子吸收光谱、激光大气传输的湍流和热晕效应及补偿，气溶胶光学特性和激光大气探测、激光环境探测的理论和有关技术等方面的研究。

中科院激光光谱学开放实验室（中科院知识创新工程试点实验室）充分利用光谱学高灵敏度、高分辨率、高选择性的特点以及实时、快速、动态、可遥感、长程等优点，开展环境中污染机理的研究；开展环境微量成分的高灵敏度、实时、动态、多组分检测方法研究；同时还开展辐射定标、校正方法研究。

2. 以技术创新为体系，努力发展激光技术、新激光晶体材料、光电子技术，推动它们在医疗仪器、工业和环境监测中的应用。

3. 以市场为导向，以经济效益为中心体系，适时将应用成果和高技术成果转化为产品，进行以产品为核心的高技术创新，为我国激光和光电子技术产业、环保产业的发展作出贡献。

1999年安徽光机所在争取和落实重大科研项目中进展良好、相继启动的项目有“863”-308领域的“测污激光雷达和测量研究”、“863”-2领域的“空基Mie散射激光雷达样机”、国家科技部科仪攻关项目“激光喇曼法汽车尾气综合监测仪”、科技部APEC产业化项目“中日韩等多边环境监测技术中心”、“进口飞机激光测量装置修复”等。承担国家、中科院及省、部级研究项目47项，进展情况良好，较好地完成了本年度计划。1999年度有4项成果通过专家鉴定；1项科研成果获院科技进步二等奖；申请专利14项；授权16项；发表论文129篇。

1999年安徽光机所高技术创新和开发工作，在探索新的管理机制、努力开发适应市场需求的新产品方面取得成绩。国家“九五”重点攻关项目“橡胶部件激光在线检测系统”，1999年获中科院科技进步二等奖。省科委“九五”科技攻关课题“激光在线测径装置”，于1999年8月通过省科委组织的成果鉴定，填补了国内CCD激光成像大尺寸在线测径装置的空白，达到了国际同类仪器产品研制的先进水平。环境监测仪器研制进展良好，产品开发与企业合作开展顺利，已引起国家环保总局的重视。射频激励二氧化碳激光器已经在江阴开始产业化。激光牙科治疗仪获得了国家医药管理局颁发的生产许可证。安徽光机所承担的国家产学研工程项目“激光制备氮化硅超细粉末中试工程”于1999年8月通过国家经贸委主持的专家验收，粉体各项技术指标达到设计要求，表明这一装置由实验室放大到中试规模的工程技术路线是成功的，为今后批量生产奠定了基础。

1999年全所经济收入总量和人均年收入实现了预定目标。1999年全所经济收入比1998年增长35.5%；全所职工人均年收入比1998年增长23.7%；纵向科研经费比1998年增加26%，横向科研开发合同年收入比1998年增长了45%。

1999年安徽光机所加大了年轻人才的培养力度。设立创新基金，对新进入安徽光机所的大学本科以上年轻人予以一定经费支持，提高了他们的待遇，营造了一种事业留人的环境。1999年选拔推荐申报国家特殊津贴3人，院管理津贴1人。招聘激光光谱学学科的中科院“百人计划”人员1人。1999年招收博士研究生25人，硕士研究生29人，授予博士学位6人，硕士学位18人。博士后流动站进站1人。

1999年安徽光机所广泛开展了国际交流和合作。“中日韩等多边环境监测技术中心”得到批准；安徽光机所共派出参加国际会议、开展合作研究、访问进修14批22人次；接待美国、日本、德国、俄罗斯等国家外宾11批13人次；签署合作研究协议1项；聘请国外研究员1人，取得了较好效果。

安徽光机所胡欢陵研究员任第十六至十九届国际激光雷达大气研究合作委员会（ICLAS）委员；胡欢陵研究员、周军研究员为国际激光雷达会议（ILRC）组织委员。

安徽光机所编辑出版的《量子电子学报》和《光电子技术与信息》都进入了中国学术期刊（光盘版），成为该电子出版物的源刊；其中《量子电子学报》已由科学出版社出版，《光电子技术与信息》成为中国光学学会光电子专业委员会的会刊。

等离子体物理研究所

所　　长：万元熙
地　　址：安徽省合肥市1126信箱
邮政编码：230031
电　　话：0551-5591309
传　　真：0551-5591310
电子函件：cy@mail.ipp.ac.cn
网　　址：202.127.204.27

中国科学院等离子体物理研究所成立于1978年9月，前身是1973年成立的中国科学院安徽光学精密机械研究所受控热核实验站。1999年底，全所职工总数504人，其中科技人员427人，研究员32人，副高级科技人员97人，中级人员121人。现有在学研究生113人，其中博士生55人，硕士生58人。另有博士后6人。

等离子体物理研究所以高温等离子体物理和核聚变技术研究为主要学科方向，利用超导托卡马克HT-7和正在建设的超导托卡马克HT-7U开展稳态等离子体物理和托卡马克装置先进运行模式的研究，使我国的核聚变研究进入世界前沿。现已形成以核聚变为主要学科方向和离子束生物工程研究、强磁场科学和技术研究、应用等离子体研究及高技术开发多学科发展的格局。等离子体物理研究所设有2个博士点、6个硕士点和一个博士后流动站。

全所分为10个研究室和机关职能部门、技术保障系统及高技术开发公司4个部分。拥有我国第一个超导托卡马克聚变实验装置和全国最大的低温液氦系统；拥有总功率200 000kW的脉冲发电机；拥有全国最高场强的200 000Gs混合磁体和10MW高稳定度直流电源；拥有世界首台离子束生物育种专用装置。

1999年，经全所职工团结协作，努力奋斗，等离子体物理研究所HT-7物理实验取得历史性突破，获得稳定可重复的准稳态等离子体，放电时间长达10.71秒。实验的成功标志着我国磁约束核聚变研究的综合实力和科学技术达到国际水平。

实验中，科技人员对真空、电源、低温、控制、波加热、波驱动、诊断等分系统进行了卓有成效的改进，提高了装置运行的整体性能，为高水平实验奠定了基础。尤其是在诊断系统的改进中，与俄罗斯科技人员合作研制成功的快速扫描电子回旋辐射测量系统和汤姆逊散射系统，达到了国际先进水平。

国家“九五”重大科学工程HT-7U超导托卡马克建设进展顺利，通过了国家计划发展委员会委托科学院召开的HT-7U初步设计评审会，圆满完成了国家环保总局要求的HT-7U环保评估及国家卫生部要求的辐射防护与放射性卫生评估报告，即将进入全面施工建设阶段。完成了CICC导体中心螺管实验模型线圈的绕制等一系列预研工作。物理设计也有重要进展。

混合堆研究开展了混合堆清洁核能系统的可行性研究，努力开拓聚变能的早期应用途径，在国内产生了重要影响，对促进聚变研究的发展将起到重要作用。

离子束生物工程研究获得重大进展。已完成从美国引进的5.5MV加速器的改造任务，成功地引出外束，为开展中国的单粒子束精确定位实验奠定了基础。利用离子束生物技术，育成了高蛋白小麦、银杏杂交西瓜、抗病（虫）转基因水稻、AA脂肪酸新菌种等一批优良品（菌）种或育种材料。基础理论研究方面也获得重大突破，一位博士生在国际上首次进行单粒子束照射细胞核、细胞质诱变实验，发现细胞质也是细胞中诱发突变的目标，这一结论得到了国际同行的高度评价。1999年底，离子束生物工程研究顺利通过由国家科技部和科学院组织的“九五”验收。

1999年，等离子体物理研究所继续深化改革。在上一年完成全员聘用的基础上，建立了新的分配激励机制。在年底分房工作中，打破了过去论资排辈的分房办法，突出个人在科研或其他工作中的业绩，使大部分中青年科研骨干和部分中老年科研人员分到了较为满意的住房，激发了职工的积极性。

固体物理研究所

名誉所长：葛庭燧
常务副所长：崔平（主持工作）
地　　址：合肥市西郊董铺岛
邮政编码：230031
电　　话：0551-5591415
图文传真：0551-5591434
电子函件：office@mail.issp.ac.cn

中国科学院固体物理研究所于1982年3月正式成立，现有职工128人，其中科技人员110人，有中国科学院资深院士1人，研究员15人，副研究员和高级工程师31人，中级科技人员28人。现有在学博士生53人，硕士生30人。另有博士后3人。

固体物理研究所主要从事凝聚态物理和新材料的制备与物理的实验和理论及计算凝聚态物理的研究，设有凝聚态物理的硕士点，博士点和博士后流动站，现有4个研究室和1个固体微结构分析实验室。主要研究领域有纳米材料与纳米结构、机械振动吸收能谱学、计算凝聚态物理理论和计算材料科学、氧化物的电子输运等。内耗与固体缺陷实验室是中国科学院首批对外开放的研究室，是国际上公认的内耗与固体缺陷研究中心之一，主要通过固体材料的机械振动吸收谱(内耗谱)来研究固体材料的结构和缺陷组态及其动力学过程。当前正在研究的课题有非线性滞弹性内耗的理论和实验、过程内耗、金属阻尼材料的制备及其阻尼机制、大分子材料内耗谱、新材料和内耗谱在高新技术领域中的应用。纳米材料和纳米结构实验室是国内最早开展纳米材料研究的单位之一，目前，作为首席科学家单位之一，主持着“973”国家重点基础项目“纳米材料与纳米结构”。主要在纳米结构体系的设计与合成、准一维纳米材料(纳米丝和纳米电缆)、各种低维阵列体系、异质纳米颗粒/介孔固体组装体系及其他人工超结构体系、介孔组装体系的表面和界面热力学、电子结构、界面耦合等方面获得了很有特色的研究成果。计算物理近年来在理论计算方法、材料设计及稀土过渡族新材料的电子结构等研究方向做出了高水平的工作，引起了国内外同行的注意。氧化物巨磁电阻获得了院重大项目的支持，在降低饱和磁场，提高巨磁电阻材料工作温度方面做出了卓有成效的工作，在机理方面也有较大的突破。通过纳米掺杂在 Bi 系银包套带材内引入磁通钉扎中心取得了较大进展，使 Bi 系带材的 Jc 在磁场下有较明显地提高。

固体物理研究所经过 10 多年的发展，已在凝聚态物理和纳米材料科学若干前沿热点领域形成了特色，拥有一系列特殊材料的制备装置和一批用于材料的力学、电学和热学的物性测试及固体微结构分析的大型仪器设备，拥有国际一流的频谱齐全、温度范围宽的内耗测量装置。1995 年底固体物理研究所用中科院设备专项资金购买 3 台世界上先进的仪器设备（Cary…5E 分光光度仪、Omnisorp 100cx 比表面与孔隙分析仪、扫描探针显微镜 Spm cp）以及现有的 PW1700 型 X 线衍射仪等，它们都为固体物理研究所在纳米材料的研究中发挥了巨大的作用。1999 年底固体物理研究所购买了最新型的带有计算机控制的 JEM-2010 型高分辨电子显微镜。

在 1998 年中科院定位固体物理研究所为基础研究基地型研究所的基础上，1999 年固体物理研究所围绕院知识创新工程试点的要求进行了结构性调整和学科定位，正式起草了知识创新工程试点实施方案。今后，固体物理研究所拟在体制和学科布局上进行进一步改革和创新。

1999 年全所共争取和承担的主要科研项目共 40 个，其中"973"国家重点基础研究项目 3 项，主持 1 项，参加 2 项。除此之外，有国家杰出青年基金项目 1 项，国家自然科学基金面上项目 13 项，院重大项目 2 项，院重点项目 3 项，"863"超导攻关项目 1 项，安徽省"九五"科技攻关项目 1 项，院仪器设备升级改造项目 4 项，研制项目 1 项，大型仪器功能开发项目 1 项等。

1999 年固体物理研究所在正式出版物上发表论文 116 篇，其中被 SCI 收录的论文有 77 篇。根据中国科技论文统计与分析，1999 年固体物理研究所在全国科研机构中，论文被 SCI 收录排名在 15 位，论文引证排名在 18 位。有 1 项成果获得了国家发明奖四等奖，有 3 项成果向院申报。在应用研究方面，建立了纳米材料研究制备中心，从横向争取相当数量的科研经费。全所申请专利共 3 项，已授权 7 项。

1999 年固体物理研究所的科技开发工作也有新的起色，所办公司的当年营业额总计达 1900 多万元，创利税近 200 多万元。

1999 年固体物理研究所国际交流合作取得了可喜的成绩，共办理出访项目 23 个，出国 26 人次，外宾的来访共 4 次，6 人。

固体物理研究所是中国物理学会内耗与超声衰减委员会的挂靠单位。

合肥智能机械研究所

常务副所长：梅涛（主持工作）
地　　址：合肥市科学岛
邮政编码：230031
电　　话：0551-5591136
图文传真：0551-5592420
电子函件：iim@mail. iim. ac. cn
网　　址：www. iim. ac. cn

中国科学院合肥智能机械研究所建于 1979 年，主要学科方向为传感技术与智能材料、农业智能信息系统研究、信息技术与工业自动化研究。重点研究领域包括：敏感元件与智能材料，工业传感器与特种传感器，先进制造技术，自动化检测仪表，人工智能与模式识别，专家系统等。国家传感技术开放实验室厚膜网点和"863"机器人非视觉传感器实验室设在合肥智能机械研究所，面向全国开放。研究机构有传感系统工程研究中心、农业知识工程研究室、检测仪表与技术研究室、信息与工业自动化研究室、计算机应用和网络研究室等。

1999 年适逢建所 20 周年，全所组织了形式多样、富有实效的庆祝活动。组织各研究室负责人赴深圳参加"高交会"，发布科技信息；利用《科学时报》等新闻媒体大力宣传合肥智能机械研究所成就，扩大影响；约请了科学院老院长、全国人大副委员长周光召和科学院院长路甬祥题词，给全所职工以很大鼓舞。

合肥智能机械研究所努力跟踪国际最新科技发展潮流，不断深化科技体制改革和结构性调整，通过 20 年的努力，现已建设成为我国传感技术和智能技术的研究基地之一，建立了一支能够承担国家重大科研任务、善于打硬仗的科研队伍。建所以来，承担了一大批国家科技攻关、“863”高技术、国家基金、中科院和安徽省的重大科技项目，共取得80多项科研成果，在科学技术转化为现实生产力方面做了大量工作，为国家、社会贡献了自己的力量。1999年，合肥智能机械研究所在职职工160人，其中具有高级专业技术职称的科学家50人，工程师70人。当年科研经费到款387万元，有7项国家和省部级课题通过验收或鉴定，2个项目获得奖励（“智能化农业应用系统开发环境”获中科院科技进步二等奖，“胶体敏感膜气敏元件和传感器”获中科院发明三等奖），国家产学研和“863”计划项目“前移式多向高架堆垛叉车”提前研制成功。广大科技人员不断加强与外界的联系和合作，加速成果转化，全年与国内企业签定了3000多万元的合作意向协议。合肥智能机械研究所与四川托普公司合作，通过招标承担了安徽省社会保险信息管理系统项目，总经费500万元，是建所以来获得的最大的一个项目。1999年合肥智能机械研究所还承担了省科技馆项目10项，总经费168万元，以独特的创意为合肥智能机械研究所赢得了声誉，社会反响很好，是合肥智能机械研究所为加强成果转化力度、为国家和社会科普事业作出的一大贡献。1999年，全所还获得专利授权10项，发表论文论著近70篇。1999年11月合肥智能机械研究所主办了全国农业信息技术联合学术会议，安徽省王怀忠副省长、科技部韩德乾副部长先后出席了开幕式和闭幕式，对合肥智能机械研究所在农业专家系统研究方面取得的成绩给予了充分肯定。

合肥智能机械研究所是以应用研究和技术开发为主的科研所，重视科学研究与国民经济的结合。全所现有所办公司3个，当年技术开发收入达到1063万元，利润122万元。天安消防电子设备厂正式加入中国科大创新股份公司，正在准备上市，合肥智能机械研究所成为该股份公司的第三大股东。目前，全所开发的主要高技术产品有智能测漏仪、心血管功能测试仪、火灾报警控制系统、测长仪、IC卡煤气抄表系统、电梯加速度测试仪、电梯限速器、图像处理系统、六维腕力传感器、智能油耗仪、智能化胎儿检测仪等，这些产品由于其质量可靠、服务周到而广受用户欢迎，它们在国防、科教、化工、机械、医疗、农业、轻工等行业得到广泛应用，不少企事业单位特别是一些大中型企业竞相来该所洽谈合作。

1999年合肥智能机械研究所认真贯彻国家和科学院关于科技体制改革的精神，不断深化改革。年中所领导班子换届，年富力强的科技骨干陆续挑起大梁，全所工作显示出蓬勃的发展态势。合肥智能机械研究所根据院关于在知识创新试点二期工程中建设合肥科教基地的设想，经过认真研究和讨论，对所的学科方向和发展目标进一步进行凝练，提出了建设“智能化传感控制系统研究中心”和“信息农业研究中心”的设想，合肥智能机械研究所将继续加强与合肥分院和中国科技大学的合作，深化体制改革和各研究中心的科学目标和运行机制。下半年合肥智能机械研究所还建立了“科源传感系统工程有限公司”，是合肥智能机械研究所为加速成果转化和高技术产业化实行的一项重要改革，采取职工入股和所投资入股的方式筹资，按现代企业制度运行，实行总经理年薪制，职工收入随岗位和效益而定，彻底打破“大锅饭”。合肥智能机械研究所有一支训练有素、责任心强、廉政高效的管理队伍。合肥智能机械研究所重视研究生教育，现有1个博士点和2个硕士点，1999年招收博士生、硕士生共10人，当年在读研究生共25人。职工住房得到较大改善，收入逐年提高，办公条件和科研设备也较好。合肥智能机械研究所还不断加强国际间科技合作，与美国、日本、俄罗斯等国家和我国台湾、香港地区建立了科技合作关系。合肥智能机械研究所受中国自动化学会委托编辑出版《模式识别与人工智能》学术杂志，其引用率位于国内工程技术类刊物前列。

武　汉　分　院

院　　长：叶朝辉
地　　址：武汉市武昌小洪山
邮政编码：430071
联系电话：027-87883790
图文传真：027-87881080
电子函件：Whb@ms. whb. ac. cn

中国科学院武汉分院于1956年开始筹建，1958年7月正式成立，1961年与广州分院合并成立中国科学院中南分院，武汉分院调整为中国科学院中南分院武汉办事处，1970年该办事处撤销，1978年经国务院批准恢复中国科学院武汉分院建制。

武汉分院系统现有独立机构10个，分布在武汉、长沙两地。武汉地区有分院机关、武汉物理与数学研究所、武汉病毒研究所、水生生物研究所、武汉植物研究所、武汉岩土力学研究所、测量与地球物理研究所、武汉文献情报中心；长沙地区有长沙大地构造研究所、长沙农业现代化研究所。另外，代管水利部、中国科学院水库渔业研究所。共有正式职工（含合同制工人）2092人（不含水库渔业研究所），其中专业技术人员1396人，有中国科学院院士7人，工程院院士1人；高级专业技术人员504人，中级专业人员592人。现在读博士生150人，硕士生220人。另有在站博士后20人。

按照院结构性调整和知识创新工程有关要求，分院与各研究所领导一起，结合分院系统实际情况和学科特点，多次召开会议，研究发挥武汉分院系统学科优势，深化改革，抓住机遇，积极进行结构性调整，争取尽早进入院基地型研究所及“知识创新工程”试点。经过努力，到目前为止，分院系统已有武汉物理与数学研究所、水生生物研究所、武汉病毒研究所、武汉岩土力学研究所、测量与地球物理研究所、武汉植物研究所进入院基地型研究所。有5个实验室（即2个国家重点实验室、1个院开放和2个院青年实验室）、12个青年科学家小组（即水生生物研究所7个，武汉病毒研究所3个，武汉植物研究所2个）进入了院知识创新工程试点，这些为各研究所的发展创造了条件。同时，积极争取建立中科院武汉创新人才培养基地。将创新人才培养基地工作列入重要议事日程，先后多次召开院士、专家、所领导、教育干部会议，进行深入的探讨与研究，达成共识。在广泛征求意见的基础上，分院提出了“中国科学院武汉分院创新人才培养基地”方案，报院后得到了人事教育局的批准，各项工作进展顺利。

继续做好武汉、成都、南京三分院联合开展的“长江一线”创新项目立项工作，组织分院各研究所参加了分别在南京、成都举办的长江一线资源、生态、环境、农业、灾害、区域地理等学术研讨会。召开了3次有关单位专家参加的工作会议，对“长江一线”生态环境研究方案作了多次修改，积极争取将此项目列为2001年第二批创新基地上报院领导审定。

1999年武汉分院组织8个研究所50多名科技人员比较好地完成了“四湖”地区农业项目的年度计划。主要是扩大生产示范优质水稻约334ha（5000余亩），获显著成效，湖北省科委组织专家现场考察后确定大面积快速推广；示范种植优质油菜品种“湘油15号”约67ha（1000亩），获得成功，每亩增产15.20kg；组织科技人员在洪灾区进行速生蔬菜的种植，异地品种移栽等工作取得直接经济效益100余万元，为灾区人民尽快摆脱洪灾困难发挥了积极作用；中小型水面高效生态渔业技术示范效果显著，1999年示范区渔业产值为205.46万元，投入产出比达到1：4.5，获较好经济效益；湖区资源高效利用型畜牧规模化养殖技术得到广泛运用，新型饲料配方养殖比传统养殖成本下降10%左右；日光温室高效经营技术与蔬菜品类结构优化初见成效；涝渍低产田水肥调控技术示范获得较高产量，每亩稻谷较往年增产100～120kg，米质达到1～2级部颁标准。

与洪湖蓝田公司合作进展顺利。组织科技人员与洪湖蓝田水产品开发有限公司，在水产养殖、水生经济植物种植、优质水稻品种的大面积推广示范等方面开展了广泛的合作。在渔业优质品种的繁殖、大规模示范养殖、鱼病防治和池塘高效立体套养等各方面取得了良好的经济效益。低湖高效综合开发模式示范方面，今年优质藕籽莲、湘莲扩大种植约3334ha（1万余亩），并已成为蓝田公司生产的“野藕汁”、“野莲汁”原料生产基地，鱼藕共生、鱼莲共生示范种植200ha（3000亩）。同时组织水生生物研究所、武汉植物研究所有关专家，联合洪湖蓝田水产品开发公司起草了湖泊渔业产业化技术国家“十五”攻关项目建议书，已呈报湖北省和国家科委。

加强院地、院校合作，不断拓宽合作领域。分院组织各所参加了在海南、北京、青岛、南京、深圳、重庆、武汉等地组织的全国性及地区性的科技交流与洽谈会，共签订20多项意向合同，合同金额近亿元，这些合作项目正在进一步落实；组织分院各单位积极参加了由国务院扶贫开发领导小组、科技部、农业部、湖北省、中央电视台联合举办的全国“1999科技下乡”活动，精选了20余项实用技术参加展览、咨询，发放技术资料和书籍2.6万份，签订了“功能性茶叶”、“名优鱼养殖技术”合作开发协议；经过多次接触和洽谈，于5月7日，分院及测量与地球物理研究所、武汉植物研究所与中国地质大学（武汉）及其地学院、资源学院分别签订了联合共建协议，开始了双方全面合作共建。

1999年，武汉分院组织各研究所申报湖北省、武汉市科委各种科技项目23项，已批准落实12项，获项目经费80.5万元。组织鉴定科研成果1项，登记上报成果28项。申报湖北省科技成果进步奖6项，获奖4项。

在专利代理及技术市场工作方面，1999年武汉分院申请量创历史最好水平，共接受专利申请116项，其中分院系统42项（水生生物研究所10项，武汉物理与数学研究所9项，武汉岩土力学研究所6项，武汉植物研究所5项，长沙农业现代化研究所5项，武汉病毒研究所5项，测量与地球物理研究所2项）；专利授权73项，其中分院系统20项（武汉物理与数学研究所6项、测量与地球物理研究所6项、武汉岩土力学研究所5项、长沙农业现代化研究所2项、武汉植物研究所和水生生物研究所各1项）。

1999年，武汉分院协助各研究所抓住机遇，经过努力争取，新增加博士后流动站2个；博士学位授予点2个和硕士授予点1个，使分院系统现在博士后流动站4个、博士点10个、硕士点22人，增强了分院研究生培养的实力。为了加大人才培养力度，扩大生源，武汉分院继续组织和统一进行招生宣传，参加了中科院在西安和北京两地的研究生招生宣传咨询工作，取得成效，1999年度武汉分院系统共招收博士生51人，硕士生54人。

武汉岩土力学研究所

所　　长：白世伟
地　　址：武汉市武昌小洪山
邮政编码：430071
电　　话：027-87869251（办公室）
027-87863386（图文传真）
电子函件：irsm@dell.whrsm.ac.cn

中国科学院武汉岩土力学研究所成立于1958年10月，建所时从事空气动力学研究，1962年改为从事岩土力学研究。是中国科学院专门从事岩土力学应用基础研究和具有强烈工程应用背景为特征的综合研究机构。现有职工264人，其中科技人员199人，有中国工程院院士1人，研究员19人，副研究员、高级工程师57人，中级科技人员67人。现有在读研究生64名，其中博士研究生43人，硕士研究生21人。武汉岩土力学研究所学科方向为岩土力学和岩土工程，研究领域是应用基础研究、工程应用研究和工程测试技术研究。设有固体力学、岩土工程博士学位、硕士学位授予点以及博士后流动站，今年首次吸引博士后人员进站工作。

1999 年武汉岩土力学研究所以中科院研究所分类定位为契机，深入进行了结构性调整，进一步明确了研究所战略定位、研究方向、发展目标和模式，从而确立了中科院高技术应用科研基地型研究所的地位。

武汉岩土力学研究所复杂岩土介质力学性质及应用开放实验室为学术研究、学术交流、出成果、出人才的基地，形成了岩石力学、土力学、岩石动力学三大系列试验室群的完整支撑体系，以青年博士群体的中青年科研骨干为主，以经验丰富教授专家为后盾的精干队伍，结合流动的国内外客座研究人员和生气勃勃的在读研究生群体构成一支基础性研究的攻坚力量。选择“岩体施工过程力学”、“岩体断续介质特性研究”、“岩土工程数值分析新方法”和“岩土环境工程”等优势领域和学科生长点重点支持，逐步形成有我所特色的学术思想。中国岩土工程研究中心抓住岩土工程科研、勘测、设计、施工一体化和高新技术仪器设备研制开发两个方向，发展新技术、新方法、新产品。稳步发展岩土工程检测中心，以技术服务的方式进行二次开发，推广、应用岩土工程检测新理论、新技术，创造良好的社会与经济效益。三大部分逐步成为武汉岩土力学研究所国家级科研基地同强大的工程研究中心紧密结合的互补结构的格局。

面向 21 世纪知识经济的到来，时代呼唤知识创新体系的建立，武汉岩土力学研究所作为重要的国家科研机构，力争在知识创新、知识传播和知识转移的各个环节扮演越来越重要的角色。1999 年武汉岩土力学研究所完成了国家科技部组织的“科技发展十五计划和 2015 年远景研究”前期专题：工业领域重大科技问题研究能源领域的修改意见和建议；完成了院高技术局“关于建设院能源高技术基础的纲要”的修改补充意见；“武汉岩土力学研究所知识创新工程科技目标”及“院知识创新工程能源领域重大项目建议”等各项工作，为 21 世纪的大发展打好坚实基础，步入良性循环的轨道。

1999 年武汉岩土力学研究所共有在研课题 33 项，其中基础研究课题 10 项，应用研究课题 13 项，课题经费收入为 835 万元。上述项目含国家“攀登计划”课题 1 项；国家攻关课题 5 项；国家自然科学基金课题 6 项；中国科学院重大、重点课题 8 项；与台湾、香港地区及新加坡合作研究课题 4 项。

1999 年武汉岩土力学研究所科技人员共撰写各类科技论文 133 篇，其中在国际上发表 17 篇。

1999 年武汉岩土力学研究所共获科技成果奖 3 项，其中“三峡工程临时船闸和升船机之间隔墩岩体力学性状研究”和“武钢矿业公司金山店张福山矿矿床地下采矿陷落角、错动角研究”获湖北省科技进步二等奖。同年向中国科学院申报登记成果 7 项，其中已推广应用成果 5 项。1999 年度专利申请受理数 6 项，专利授权数 5 项。

1999 年武汉岩土力学研究所科技开发与横向创收工作稳定发展，全年签订技术合同 425 项，合同金额 2460 万元。主要体现了中国岩土工程研究中心和岩土工程检测中心优势作用的发挥并取得了较好的经济效益和社会效益。

1999 年武汉岩土力学研究所在人才培养方面，取得了较为明显的进步，共招收研究生 20 人，其中博士生 11 人。研究生毕业共 13 人，其中博士生 5 人，为院内外输出了人才。武汉岩土力学研究所将在 2000 年以前增列“防灾减灾工程及防护工程”、“检测技术与自动化装置”专业的硕士点和“环境工程”博士点，已分别向省学位办申报立项。1999 年全所共有 8 名科技人员晋升高级专业职务，8 名科技人员晋升中级专业职务。

武汉岩土力学研究所是国家一级学会中国岩石力学与工程学会的挂靠单位之一，同时是中国岩土工程研究中心挂靠单位。编辑出版《岩石力学与工程学报》、《岩土工程学报》、《岩土力学》等重要学术刊物。

武汉物理与数学研究所

常务副所长：詹明生（主持工作）

地　　址：武汉市武昌小洪山

邮政编码：430071
电　　话：027-87882543
图文传真：027-87872238
电子函件：wipm@wipm.whcnc.ac.cn

中国科学院武汉物理与数学研究所于1996年3月由中国科学院武汉物理研究所（成立于1958年）和中国科学院武汉数学物理研究所（成立于1979年，前身是1956年成立的中科院武汉数学研究室及1959年成立的中国科学院数学计算技术研究所）合并而成。全所现有职工326人，其中科技人员224人，研究员28人，副研究员、高级工程师61人，中级科技人员101人。现有在学研究生70人，其中博士生33人，硕士生37人。另有在站博士后5人。

中国科学院武汉物理与数学研究所主要从事核磁共振波谱学、原子分子物理、电离层空间物理、数学物理、声学与原子频标等领域的研究。无线电物理（波谱与量子电子学）、原子分子物理和空间物理学专业具有博士、硕士、学位授予权；应用数学、基础数学、系统科学和管理工程、声学和理论物理等专业具有硕士学位授予权；建有一个物理学博士后流动站，一个"波谱与原子分子物理国家重点实验室"和电离层物理、数学物理2个院青年实验室。科研机构设置为：磁共振波谱学、原子分子物理、电离层物理、声学和技术、原子频标、数学物理方程、近代分析与系统科学、计算机网络中心等8个研究室，另设有1个出版"数学物理学报"和"波谱学杂志"的编图室，6个高技术产业公司。

武汉物理与数学研究所的发展方向是以"基础立所，两翼腾飞"为创新发展思路，围绕创新和出成果、出人才、出效益，创建宽松、活跃的学术环境；建立一套健全、积极、竞争、向上的科研与开发创新机制和精干高效的管理体制；造就一支在国际前沿有较大影响的科技队伍和在院内具有高素质的管理队伍；把武汉物理与数学研究所建设成为具有国际影响的科学研究基地、优秀人才培养基地、高技术成果转化基地和学术交流中心。基础研究继续发展在固体高分辨核磁共振波谱技术方面的优势，开展以核磁共振为主要实验手段的量子计算和物理基础研究，探讨量子计算的其他物理方法及相关理论。继续将原子强外场效应、囚禁离子物理、瞬态分子光谱及惰性气体磁共振成像和铷原子激光囚禁、量子计算机和飞秒相干成像等前沿研究工作推向深入，围绕分子光谱和高分辨核磁共振波谱开展创新性研究。利用在电离层综合观测、模拟研究和理论分析等方面的现有优势，开展电离层结构与扰动研究以及电离层与磁层、电离层与中低层大气相互耦合的研究，特别是涉及我国独有地区特性方面的研究，在电离层有关领域的基础研究中取得重大突破。以研究非线性偏微方程和复调和分析及函数空间理论为主，重点研究非线性位势理论和非线性方程等非线性椭圆型方程的重要问题及非线性双曲型方程（组），力争在这些方面有突破性进展。做好波谱与原子分子物理国家重点实验室建设，做出国际领先的研究工作，形成特色，确立在国内外的学术地位，争取在全国实验室评估中取得好成绩。高技术创新和产业方面，以原子频标技术、超声波无损检测技术和核磁共振技术、无极灯等为基础，大力开展技术创新，加强应用科技成果的转化和产业化步伐，对产业加快改造转制工作，建立现代化企业制度。

武汉物理与数学研究所国家重点实验室、中科院青年实验室拥有200MHz、400MHz和500MHz核磁共振谱仪，活体波谱成像仪，核与电子双共振谱仪，多台脉冲和连续波激光器，光谱测试和谱分析仪，美国SGI、DEC和SUM公司多台先进图形数据处理工作站等先进设备和实验条件。并设有中科院武汉分院计算机网络中心。

武汉物理与数学研究所1999年在知识创新试点工作中，首先落实了波谱与原子分子物理国家重点实验室和电离层物理、数学物理2个青年实验室的创新工程试点工作；二是制订了全所创新方案，为争取整体所进入创新试点工程进行了申报工作。经过全所努力，波谱与原子分子物理国家重点实验室、电离层物理和数学物理2个青年实验室被中科院批准进入创新工程试点，这将为推动武汉物理数学研究所科研工作的发展，稳定科研队伍，提高科研创新能力，改善科研条件，带动学科发展有着十分重要的作用。随着三个实验室创新工程的实施，全所的基础研究学科均已进入院创新工程试点，武汉物理数学研究所抓住机遇，对学科方向和管理模式进行调整和改革，对课题进行分类，进一步明确学科方向和学科重点，成立研究组，公开招聘择优选拔研究组长。对暂时还没有进入创新工程试点的学科、高技术及产业，按照创新工程试点的标准，凝炼目标，力争在优势领域开展自费创新工作，以达到创新工程试点的整体效应，为武汉物理与数学研究所整体进入创新工程试点创造条件。

武汉物理与数学研究所1999年争取到国家科研项目8项，其中“973”项目子课题1项，国家杰出青年基金1项，国家自然科学基金项目6项；在研项目109项，其中国家“攀登计划”项目2项，杰出青年基金项目3项，院“百人计划”项目3项，国家自然科学基金重大项目子课题1项，国家自然科学基金重点项目2项，重大国防预研项目1项，国防重大型号装备项目1项。全年获得到位总经费1674.6万元。

武汉物理与数学研究所1999年发表论文162篇，其中SCI收录的论文在全国科研机构排名第十八位，SCI引用排名第二十位；全年有10项专利获得受理，6项专利获得授权，登记院级成果2项；所领导班子获中科院进步奖；邓风博士获第四届“中国科学院优秀青年”称号，刘买利、周焕松博士获湖北省“有突出贡献专家”称号，邓风博士获湖北省人民政府特殊津贴。

武汉物理与数学研究所1999年高技术产业全年完成营业额为1312.6万元，利润总额189.7万元；开发新产品9项，其中“KK30型智能超声波探伤仪器”获国家重点新产品证书；“KK40型复合材料胶接质量检测仪”通过了空军技术评审；“500数字化探伤仪”获国家经贸委新产品证书，并获得30万元资助费；“无功动态补偿装置”通过了省级鉴定，获得湖北省经贸委入网证；IC卡电表获得型号使用证书。

武汉物理与数学研究所与美国、英国、德国、日本、芬兰和澳大利亚等20余个国家的著名大学和科研机构建立了良好的国际合作与人才培养关系；1999年执行国际合作项目22项，其中院留学基金项目6项，院级合作项目6项。武汉物理与数学研究所1999年成功地举办了“量子信息与量子计算研讨会”和“第一届中国青年学者原子分子物理国际研讨会”。为开展“量子物理与信息”的深入研究和争取重大项目打下了良好基础。

武汉物理与数学研究所编辑出版《数学物理学报》和《波谱学杂志》，二刊均为中国自然科学核心刊物。

武汉物理与数学研究所下属的重要机构有：波谱与原子分子物理国家重点实验室、中科院电离层物理青年实验室、中科院数学物理青年实验室、武汉波谱公司、武汉汉理新产业股份有限公司、武汉科声技术公司、武汉汉威技术公司、武汉科理技术公司、武汉数理科技开发公司。

武汉病毒研究所

所　　长：何添福
地　　址：武汉市武昌区小洪山中区44号
邮政编码：430071
电　　话：027-87869117
传　　真：027-87641072

中国科学院武汉病毒研究所始建于1965年，当时称中国科学院武汉微生物研究室，1961年更名为中国科学院武汉微生物研究所，1979年改为现名。

全所现有职工209人，各类专业技术人员156人，其中正高职科技人员13人，副高职42人，中、初级科技人员101人，在读硕士、博士43人。

武汉病毒研究所主要从事病毒学、微生物学和分析生物技术领域的研究。为适应知识创新工程战略的需要，1999年将科研机构设置调整为3个研究室，将原来的病毒保藏室调整为中国普通病毒保藏中心，科研服务机构有：中心实验室、实验动物室和图书编辑室。

武汉病毒研究所的研究领域涉及病毒分类与保藏、昆虫病毒、动物病毒、分子病毒、水生动物病毒、植物病原、昆虫病原学及微生物杀虫剂、微生物代谢产物和发酵微生物育种、微生物肥料、环境微生物学、分析生物技术（包括基因芯片及探针、生物传感、酶的蛋白质工程等），主要致力于通过发现、利用、改造微生物，为人类的生存与发展做出更大贡献。

注重人才培养，大力引进学科带头人。继1998年之后，1999年武汉病毒研究所又招聘“百人计划”人员1人；继续加大在职称的评聘上、政策上，向中、青年科技骨干的倾斜力度，1999年评聘为高职和副职员人员中，除1人外，其余都在40岁以下；继续加大经费投入，资助中，青年科技骨干出国深造，参加国际性学术会议。

1999年武汉病毒研究所在巩固开展“研究所分类定位工作”已取得的成绩上，并按照院进入“基地型研究所”的体制要求，进一步明确了重点发展学科和重点研究领域，集中优势开展创新研究，历经2年的努力，武汉病毒研究所顺利进入“基地型研究所”。开展“分类定位”工作后，调动了科研人员的积极性，促进了科研工作的全面发展，1999年度武汉病毒研究所到位科研经费是1996年的4倍，71项科研课题均按计划完成任务，有5项成果获奖和通过鉴定，申报专利8项，2项授权，6项初审合格。

积极拓展国际合作空间，不断提高学术水平。1999年武汉病毒研究所与10余个国家开展合作研究，邀请23位外国专家来所进行学术交流，举办各类学术报告会、国际高级研讨班、培训班17场、期，参加人员计730余人次。各研究室不定期开展1～2次学术研讨会，通过这些途径启迪和开拓了科研人员的思路，提高了科学研究层次和水平。1999年武汉病毒研究所发表有学术价值的论文83篇，其中被SCI收录论文8篇，有4篇发表在国际刊物上，获各类奖项论文4篇，出版专著3部。

开展创新研究，不断完善创新体系。1999年武汉病毒研究所成立了以3位青年科学家为首的创新小组，开展的“耐药性结核分支杆菌基因芯片”的研究，在病毒和微生物基因操纵方面获得了大量经验，建立和发展了一系列分析生物技术的新方法和技术，获得了一批创新成果；棉铃虫昆虫病毒的研究一直是武汉病毒研究所的强项，但成果应用在客观上受到一定制约，根据这一现实情况，青年科学家小组分离筛选到具有优良杀虫性能的病毒，并成功地进行了商品开发，同时开展研究病毒与宿主的相互作用，并以“杆状病毒诱导的细胞凋亡及其抑制机理研究”为突破口，进行基因重组病毒的构建，分析其功能，以上研究具有重大意义，是十分理想而独特的全新探索，由于其研究思路清晰和具有前瞻性，已被院评审通过批准。

武汉病毒研究所积极与企业、地方政府密切合作，建立科学技术研究与高技术产业化的有机结合机制，形成创新格局，使研究所的科技发展与社会经济发展更加紧密结合。在市场中不断增强竞争和自我保护能力，目前全所共有6个公司，1999年度向所上交利润231万余元。

武汉星辰公司合作开发β胡萝卜素已正式投产，已投资2000万元，目标产值3～5亿元，技术占股20%；武汉绿泰生物技术有限公司是与湖北省石化厅合作开发微生物杀虫剂，完成了前期的准备工作，并占股85%，并使武汉病毒研究所无形资产得到大幅度增值；科元公司与武汉春天集团签订了双方长期合作协议，第一项合作开发项目——基因芯片的研制合作正在协商；所属绿泰公司与贵州智诚集团签订了长期科技合作协议，针对森林害虫的治理，成立了昆虫病毒开发公司，先期开发经费40万元已经到位；与武汉市政府共建的“生物新剂型研究与开发中心”已经挂牌，先期研制经费70万元已经到位，第一个开发产品干扰素增效剂已正式生产并投入市场。

经过近几年的摸索，已具备了开发应用的科研成果能够较为顺利地进入企业，形成产品，开拓市场的能力，今后几年将有更大的发展。

武汉病毒研究所是湖北省暨武汉市微生物学会的挂靠单位。该学会连续8年被省、市科协评为先进学会。武汉病毒研究所编辑出版《中国病毒学》，该刊为国内核心专业刊物向国内外公开发行。

测量与地球物理研究所

所　　长：朱耀仲
地　　址：湖北省武汉市武昌徐东路174号
邮政编码：430077
联系电话：027-86783855（办公室）
027-86783962（计划处）
图文传真：027-86783841

电子函件：sywc@asch.whigg.ac.cn
网　　址：www.whigg.ac.cn

中国科学院测量与地球物理研究所（以下简称测地所），前身为1950年建于南京的中国科学院地理研究所大地测量室，1958年迁武汉成立中国科学院测量制图研究所，1961年调整为测量与地球物理研究所。1970年划归地震局领导，1978年在邓小平同志的直接关怀下，由中国科学院批准恢复重建。截止1999年底人员总数143人，其中科技人员76人，有中国科学院院士1人，研究员（包括正研级高级工程师等）13人，副研究员、高级工程师25人，中级科技人员21人。现有在学研究生36人，其中博士21人，硕士生15人。另有博士后1人。

测地所是一个从事大地测量学、地球物理与环境科学的基地型研究所，主要利用高精度的地面和空间技术，研究地球整体与局部运动及其动力学机制；湿地系统的结构功能及其开发与保护；为资源环境及减灾防灾提供高科技服务。今后发展方向：以动力大地测量学这一前沿交叉学科研究为主体，以大地测量学、地球物理学和天体测量学为支撑。在地球重力场与固体潮汐、空间大地测量学、地球自转变化三个优势领域开展创新性研究。

测地所是国务院批准的首批博士和硕士学位授予单位之一。有测绘科学与技术博士后流动站1个，博士学位授予点2个：大地测量学与测量工程、固体地球物理学；硕士学位授予点3个：大地测量学与测量工程、固体地球物理学、自然地理学。现设有动力大地测量研究室、动力大地测量中心实验站和环境国土研究室3个研究室（站），以及中国科学院动力大地测量学开放研究实验室（院级）、国家卫星定位系统工程技术研究中心（简称GPS工程中心，合建，国家级）、天文地球动力学联合研究中心（合建）及中国科学院江汉平原小港湿地生态站，湖北省计委、中国科学院武汉分院环境与国土研究中心，湖北省21世纪议程管理中心等。

拥有国内唯一一台FG5型绝对重力仪、国内唯一一台TT-70型超导重力仪、第三代人卫激光测距仪、全球定位系统接收机（Rogue GPS，ASHTECH GPS等）、拉柯斯特重力仪（LCR-ET型、LCR-G型等）；原子频标系统、遥感图像处理与地理信息系统、计算机工作站、海洋重力仪等国际先进设备。

研究所定位认定是科学院结构性调整的一项重要举措，根据中科院的统一布署，测地所进一步明确了战略定位和创新目标，制定了切实可行的定位认定试点方案，经院党组批准，已正式认定为院资源环境基地型研究所之一。

1999年是中科院知识创新工程实施的第二年，在第一批创新基地启动的基础上，动力大地测量学开放研究实验室依靠开放室的学科优势、良好的国际合作及人才优势，制定了开放室的创新工程试点方案，经过院专家组的评议，院党组批准，开放室已正式进入院创新工程试点。

为进一步促进我国天文地球动力学研究的深入发展，巩固和加强我国在此领域中的学术地位，发挥学科交叉的优势，经院批准，与上海天文台、同济大学联合成立了“天文地球动力学联合研究中心”。

1999年测地所争取和承担的主要科研任务和项目共计64项，其中新开题13项，延续项目51。包括参加国家大型科学工程重大项目“中国地壳运动观测网络”，“攀登计划”项目“现代地壳运动和地球动力学研究”专题7项，“921”专题1项，海洋“863”专题1项，攻关专题2项，国家自然科学基金重点项目2项、面上项目18项，中科院创新项目专题1项，中科院重大项目专题8项，中科院重点5项，中科院院长基金，中科院特别支持项目和省科委项目等。在研项目在全体科研人员的辛勤工作下，取得了出色的成绩。

1999年测地所获奖成果5项，分别为：作为主持单位的“测量误差理论的拓展拟稳平差和测量抗差估计理论”项目获国家自然科学三等奖，“地球自转变化及其地球物理机制研究”项目获中国科学院自然科学二等奖；作为参加单位的“国家土地资源及生态环境背景遥感宏观调查与动态研究”项目获国家科技进步二等奖，“基于网络的洪涝灾情遥感速报系统”项目获中科院科技进步一等奖，“全国县级农业土地资源遥感调查”项目获全国统计科学技术进步特等奖。1999年出版专著2部，参加编著图书5部。1999年全所公开发表论文质量明显提高，全所发表论文100余篇，其中发表在SCI、EI、ISTP等刊物上20余篇。1999年专利授权6项，受理2项。

1999年，测地所科技开发工作发展势头良好，GPS产业化又向前推进了一步，国家GPS工程中心的首批经费到位；与苏州电子工业有限公司合资成立了“苏州华星公司”；并与武汉东湖新技术开发区的长通公司达成一致意见，组建并注册长江产业集团：卫星导航通讯有限责任公司；与邮科院合作的“数学同步网定时设备的开发”项目已调试成功，部分指标明显优于国内现有的产品，即将在省和部队的试验网上投入使用。

测地所积极开展国际学术交流，1999年参加由国际大地测量和地球物理联合会组织的国际合作计划“全球超导重力仪用于地球动力学研究计划（GGP计划）”、国际大地测量学会国际合作计划“亚太地区空间地球动力学计划（APSG）”、“国际岩石圈计划（Ⅱ-4）”、“西太平洋人卫激光观测网计划（WPLTN）”、“NASA的固体地球研究计划（DOSE）”、“地潮的理论模拟和观测计划”、“全球重力变化监测网计划（G-gramophone）”及与英国、美国的四家院校开展了湿地系统研究等。全年派出进行国际合作研究及参加国际会议14人次，接待来访外国科学家16人次，派往南极越冬考察1人。许厚泽院士任国际大地测量刊物编委。

研究生教育是培养高层次人才的重要环节，为了把研究生的培养管理工作向更深层次迈进，1999年测地所着力抓了以下四个方面的工作：一是走进高校，积极拓宽生源，建立较稳定的优秀生源基地；二是把研究生工作的重心放在提高研究生培养质量的管理上，根据实际的有效举措，成效较为突出；三是加强了导师队伍的梯队建设，开展了2000年上岗博士导师的遴选工作，增加了45岁以下的博士导师，培养了一支年轻有为的导师后备队伍；四是改善了研究生的生活环境和条件。

与开放实验室联合举办了主题为“地球动力学系统的重力场和角动量变化”的中青年专家高研班，共有15个单位60余位专家代表到会，特别有日本京都大学、意大利克里亚特大学的外国专家学者到会并作了学术报告，内容丰富，讨论热烈，代表们对该研讨班具有颇高的评价。

测地所是国家首批甲级测绘资格单位之一，挂靠学会有湖北省地球物理学会、湖北省天文学会、湖北省自然资源研究会。

水生生物研究所

名誉所长：刘建康（院士）
常务副所长：桂建芳（主持工作）
地　　址：湖北省武汉市武昌珞珈山
邮政编码：430072
联系电话：027-87883482
图文传真：027-87875132
电子函件：ihb@ihb.ac.cn

中国科学院水生生物研究所的前身是1930年1月在南京成立的国立中央研究院自然历史博物馆，1934年7月改名为中央研究院动植物研究所，1944年5月又分建成动物研究所和植物研究所，中国科学院成立以后，于1950年2月将原中央研究院动物研究所的主体、植物研究所和山东大学的藻类学研究部分以及北平研究院的部分研究人员合并组建成了中国科学院水生生物研究所（上海），1954年9月由上海迁至武汉。1999年底，全所共有职工357人，其中科技人员262人，有中国科学院院士5人，研究员27人，（博士研究生导师20人），副高级科技人员65人，中级科技人员114人。在学博士生为54人，硕士生50人。另有博士后5人。

水生生物研究所的主攻方向是内陆水体生态学，重点进行淡水生态系统管理、水生生物资源可持续利用和渔业生物技术等相关领域的研究。立足于长江流域，面向全国七大水系，顺应国际科学发展趋势，在本领域的知识创新中解决国家和区域性的水生生物资源与水环境可持续利用的关键问题，为重大决策提供科学依据，为经济建设和社会发展服务，推动内陆水体生物学的发展。根据学科发展趋势、国家保护淡水资源的迫切需求和水生生物研究所的学科潜力，水生生物研究所将在发展上述三大重点学科的同时，迅速壮大水污染生物学的研究力量。在此基础上，争取在21世纪初期形成代表国家水平的系统进化与资源生物学研究中心、渔业生物技术研究中心、内陆水体生态学研究中心和水污染生物学研究中心。近年来，随着学科的发展，形成了三个新的学科增长点：水体修复生态学、鱼类细胞与分子生物学和流域生态学。

水生生物研究所目前设有7个研究室（鱼类学、鱼类遗传育种学、鱼病学、淡水生态学、藻类学、水污染生物学、淡水豚类学）和中国科学院东湖湖泊生态系统开放试验站，并拥有淡水生态与生物技术国家重点实验室、1个所级开放实验室——淡水鱼类进化与生物地理学开放研究实验室和国家养殖工程中心。此外，设有中国科学院生态系统研究网络水体分中心、中国生物多样性水生生物分中心，有亚洲最大的鱼类博物馆、藻类标本室、中国淡水藻种库、淡水无脊椎动物标本室、鱼类寄生虫标本室等，通过长期积累形成了国内无可替代的基础研究支撑设施。

设有生物学博士后流动站，水生生物学专业、遗传学专业2个博士学位点（有博士学位授予权和博士生导师自行审批权），水生生物学、环境科学、遗传学3个硕士学位点。1999年获得了招收、培养港、澳、台和国外研究生的权利。

水生生物研究所目前拥有10万元以上大型仪器设备58台套，价值1986.6万元，这些仪器有色质联用仪、定氮仪、离子色谱仪、高效液相色谱仪、扫描电镜、蛋白紫外鉴定系统、原子吸收光谱仪、恒化仪、氨基酸分析仪、激光扫描共聚焦系统、元素分析仪、同位素质谱仪、DNA测序仪、中压蛋白纯化系统、液体闪烁仪等。这些先进仪器主要服务于国家重点实验室的国际前沿性研究课题和各研究室的重要研究任务。

1999年水生生物研究所采取的主要改革措施及其效果：

1. 根据社会公益型研究所的性质和特点，进一步明确水生所的总体发展战略。即以国家和社会需求为导向，以科学化，民主化的管理为保障，以应用基础研究为主体，以基础研究和科技产业为两翼，围绕淡水资源的可持续利用这一中心议题，在资源、生态与渔业，水环境保护及生物技术等领域解决国民经济发展中具有战略意义的重大问题。攀登世界科学技术的高峰，把水生生物研究所建成具有较高学术地位和独特功能的国家级重点研究所。

2. 在分类定位工作的基础上，以中科院对知识创新工程试点单位人事人才工作要求为导向，全面推进人事制度综合配套改革。1999年侧重改革和完善职称、职级评聘办法，绩效考评和分配制度。同时为2000年全面实施人事制度综合配套改革做好了政策和法律文书方面的准备工作。按照建立现代企业制度要求，积极探索后勤服务企业化管理新模式，为实现国有资产和人力资源合理配置，促进研究所改革、稳定和发展发挥重要作用。

3. 教育工作取得了显著的成绩。高度重视研究生招生宣传工作，生源状况良好，报考和招生比例一直保持在10：1左右，生源质量较高，现有在学硕士研究生50人，博士研究生54人，在职研究生14人；在站博士后5人。1999年12人获得博士学位（含在职申请博士学位1人），5人获硕士学位（含在职申请硕士学位1人）。研究生培养质量也稳步上升，1999年获中科院院长奖学金优秀奖1人，中科院地奥奖7人，获中科院刘永龄奖学金1人。全国百篇博士优秀论文1篇。5名管理人员考取行政管理大专升本科业余班。

5. 制定了“水生生物研究所1999年度文明单位、文明小区建设工作计划”、“水生生物研究所创建省级最佳文明单位十项措施”，设立了“水生生物研究所双文明建设先进集体和先进个人奖”。水生生物研究所被评为“1996～1999年度省级文明单位”。争取2000年实现“省级最佳文明单位”的目标。

1999年水生生物研究所承担国家“九五”科技攻关项目9项，“863”计划项目2项，海洋“863”计划项目2项，“921”工程计划项目1项，国家自然科学基金重点项目5项、杰出人才项目2项，面上项目28项，国家三峡项目4项，中科院重大项目7项、重点项目12项，中科院知识创新青年科学家小组项目7项，国际合作项目7项，其他各类项目42项，共计128项。

1999年度水生生物研究所取得的科研成果及其获奖情况：“鱼类生长变异的生物能量学机制”获国家自然科学奖三等奖，“螺旋藻规模生产与应用技术开发研究”获湖北省科技进步三等奖，

"滇池凤眼莲、蓝藻资源化和水生生物净化技术半工业性试验中重要资源参数与资源配置研究"获云南省科技进步三等奖。"鲤鱼人工雌核发育及建立人工多倍体单性克隆鱼的研究"及"中国淡水鱼类粘孢子虫类的研究"于1999年通过成果鉴定。

水生生物研究所科技开发内容主要包括水生动物品种、养殖、饲料、病害防治技术及其药品,微藻工厂化生产与加工,水环境综合治理、监测以及工业废水处理技术等四个方面。主要技术产品有:养殖系列品种、饲料系列、水生动物防治药品系列和螺旋藻系列产品等。

1999年水生生物研究所有下列国际科技合作项目:

1. 中德合作项目"中国典型地区多氯化二苯并二噁英及呋喃类化合物的来源、归宿及沉积规律研究";

2. 欧洲联盟第四个总结规则(1994～1998)中与发展中国家科技合作项目"热带亚热带区域水质改善,回用与水生态重建的生物工艺学对策研究";

3. 中法合作项目"水华藻类的生物技术控制和淡水湖泊的管理对策";

4. 中英合作项目"不同鱼类补偿生长的比较能量学研究";

5. 中日合作项目"亚洲微生物研究网络";

6. 中日合作项目"江豚、白鱀豚的声能力比较研究";

7. 中挪合作项目"藻类多糖研究"。

在人才培养方面,1999年水生生物研究所经中国科学院特批破格晋升研究员4人;入选中科院1999年度"百人计划"1人;获院、省级突出贡献专家称号和专项津贴共3人(次);获院、省级优秀青年科技奖2人。

水生生物研究所是中国海洋湖沼(动物)学会鱼类学分会、中国动物学会原生动物学会、中国水产学会鱼病研究会、湖北省海洋湖沼学会、湖北省动物学会、武汉动物学会和中国环境科学学会环境生物学专业委员会的挂靠单位。编辑出版《水生生物学报》。

武汉植物研究所

常务副所长:黄宏文(主持工作)
地　　址:武汉市武昌磨山
邮政编码:430074
联系电话:027-87510126
图文传真:027-87510251
电子函件:Botany@ rose. Whiob. ac. cn
网　　址:www. whiob. ac. cn.
(159. 226. 163. 4)

中国科学院武汉植物研究所始建于1956年9月,当时名为中国科学院武汉植物园,属中国科学院领导。1961年1月改称为中国科学院华南植物研究所武汉植物园;1970年领导体制变更,下放湖北省,属湖北省科委领导,改称湖北省植物园;1972年9月改为湖北省植物研究所。1978年回归中国科学院领导,改为现名。全所现有职工194人,其中科技人员126人,研究员15人,副研究员、高级工程师22人,中级科技人员58人。现有在学研究生23人,博士生2人,进入博士后流动站1人。

武汉植物研究所主要学科方向为:亚热带(重点是中亚热带、北亚热带)植物资源多样性研究与可持续利用,在资源、环境和农业等领域面向国家和社会发展的需求,为解决国民经济建设中相关领域的重大问题,为我国植物学研究的发展作出应有的贡献。研究区域定位:立足华中地区,辐射长江流域(重点为长江中下游地区)重点研究学科为植物保育遗传学、水生植物生物学、复合农林生态学。重点研究领域:(1)植物保育遗传学原理与方法、植物遗传资源的编目、评价及保育策略。(2)水生高等植物群落生态、生理生态及水生植被恢复与重建;抗逆性品系的选育。(3)农林复合生态系统的物种(品种)筛选,结构优化及应用技术的研究。武汉植物所具有植物学专业和生态学专业硕士学位授予权。

武汉植物研究所设有4个研究室、1个开发中心、1个植物园,即:植物分类生态研究室、水生植物研究室、资源植物研究室、经济微藻研究室、植物资源开发研究中心、武汉植物园。武汉植物园具有我国最大的水生植物引种栽培中心和世界上最大的猕猴桃种子基因库。武汉植物园引种栽培植物4000多种，1999年被中国科协、国家科委、国家教委等8个部委誉为国家科普教育基地和全国青少年科技教育基地。

武汉植物研究所1999年承担了47个科研课题的研究，科研经费较1998年增长了40%；1999年度科研经费来源分布以所分类定位两大优势学科项目为主、占全所科研经费的60%。争取国家自然科学基金通过了2项，区系、仪器更新、分析测试基金BRIM贷款、国际交流、省自然科学基金等科研常规项目的申请都较往年有所突破。2人通过了中科院“青年科学家小组”评审，常务副所长黄宏文排名全院第一，并牵头执笔院“十五”规划遗传多样性研究课题。武汉植物研究所参与编写该规划中农业种植业高新技术、复合农林生态系统等项目专题以及中科院长江流域二期创新工程预研项目。在三峡珍稀物种保护、生物多样性和生态环境研究中提供了完整的项目建议书。

成果开发应用和高新技术研究课题，1999年武汉植物研究所启动了泡泡果试验种植研究、猕猴桃优良品种推广示范、郁金香种球繁育及商品化生产开发研究，四湖地区子莲种植、猕猴桃示范等课题，并取得显著成绩。

武汉植物研究所1999年申报专利5项，获发明专利权1项，发表科研论文77篇，其中国家级核心期刊27篇、国外发表6篇，论文进入全国排位前100个杂志的有20余篇，3篇被SCI收录。

“宜昌大老岭国家森林公园植物多样性保护工程”课题通过由三峡总公司及有关专家的评审，被鉴定为：整体达到国内领先水平，在珍稀濒危树种遗传多样性研究及保护方面处于国际先进水平。

1999年中科院通过了对武汉植物研究所的分类定位，定位为基地型研究所。武汉植物研究所进一步明确了主要研究方向和战略定位，围绕和解决与国民经济发展相关的资源和环境重大问题、重点开展华中地区植物资源的合理利用和有效保护研究。为国家和区域的社会繁荣与经济发展作出了一定贡献。

武汉植物研究所与国内外合作日趋活跃，1999年度出国考察和国际合作8余人次，国外学者、专家来所进行学术交流达20人次，组织了8项2000年国际合作项目。积极开展院校合作与中国地质大学签订了全面合作协议。先后接待上级领导、专家40人次，进行学术交流20人次。

入选“百人计划”人员1人，又得到中科院支持，获得1999年度“百人计划”招聘指标，并已完成招聘答辩工作。开展了所校联合办学工作，与华中理工大学、华中农业大学、中山大学联合培养博士研究生。

做好基础性管理工作，清理修订《武汉植物研究所规章制度汇编》。结合科学院开展的全员合同聘用制，认真做好人员竞聘上岗的组织准备工作。

管理机构实行目标责任制，执行了专利申请费用配套支持和奖励政策。后勤工作为进一步走向社会化奠定了基础。

武汉植物研究所是湖北省暨武汉市植物学会的挂靠单位。编辑出版的学术刊物有《武汉植物学研究》，该刊已进入“湖北省50佳工程重点创建期刊”行列。

武汉文献情报中心

主任（馆长）：张万萍
地　　　址：湖北省武汉市武昌区小洪山西25号
邮 政 编 码：430071
联 系 电 话：027-87876657
027-87881202
图 文 传 真：027-87881202
电 子 函 件：opac@ mail. whlib. ac. cn
网　　　址：www. whlib. ac. cn

中国科学院武汉文献情报中心，又名中国科学院武汉图书馆，成立于1956年6月。现有在职职工85人，其中高级专业技术人员18人（正高级专业技术人员3人，副高级专业技术人员15人），中级专业技术人员32人，初级专业技术人员18人。现有在学硕士研究生3人。

武汉文献情报中心是中国科学院直属的地区科技文献信息服务机构和中科院授权的院(部)级科技查新咨询检索定点单位。设有采访编目部、典藏流通部、信息发展部、计算机网络部、编辑出版部和图文部等6个业务部门。武汉文献情报中心以基础科学、应用科学和高新技术领域的文献为收藏重点，并特别注重长江流域资源与环境文献的收藏。截至1999年底止，累计馆藏文献155 358种/1 860 839册，其中中外文图书145 881种/209 604册，中外文期刊9477种/1 651 235册；中外文现刊3700多种，其中外文期刊1558种。

1999年，为了适应知识创新试点工程和科学院“长江一线”科研基地建设的需要，武汉文献情报中心进一步加强了网络环境下文献资源建设，从整体上形成较强的文献保障体系，有效地适应了科研、经济建设和社会进步发展的需要。建立了中科院武汉各研究所副研以上科技人员联系网，使文献搜集更有针对性。利用网络推荐新书，在网页上推出了“好书请你读”专栏，及时报道入藏新书。

1999年，开馆290天（其中周六49天），坚持中午不闭馆；接待院内外读者共50 277人次；文献流通量12.4万册次。充分利用馆藏文献优势，开展SCI、EI、ISTP、ISR检索等工作。全年共完成查新项目64项，课题检索1300余人次。为分院及省科委领导提供专题咨询报告4份。与即将上市的大型企业湖北省安琪集团宜昌酵母基地等单位建立了长期信息服务业务关系；与湖北工学院签定为期5年的检索协议，同时与华中师范大学、海军工程学院、湖北大学、武汉交通科技大学和外省广西大学、广西师范大学等10多个单位团体建立长期合作关系，为其提供论文收录与引用的检索服务。与中国地质大学图书馆签订了“文献资源共享协议书”，在文献资源共享、优势互补等方面作了探索。

实现了信息采集、加工、存贮、检索以及人事、财务、外事、计划等工作的计算机管理和网上信息资源共享。数据库开发研制取得新进展，完成了“长江流域资源和环境文献数据库”的建库工作，录入数据1.5万多条，并上网试运行；完成了“长江流域自然灾害数据库”的建库工作，录入数据约1.4万条，约50万字。目前网上馆藏中西文书目数据已达9万多条，中外文期刊数据达1万多条，加上联网的“全国中西文期刊联合目录”等10多个数据库，以及具有学科特色的“长江流域资源与环境科学文献数据库”等数据库，可为读者提供简易、快捷的查询检索，深受科研人员的欢迎。

1999年，武汉文献情报中心完成研究课题5项，在研课题2项，申报课题2项，其中已获省科委批准1项。中心与武汉市东湖高新技术开发区合作，完成了“建立促进武汉知识经济发展的创新体系研究”课题，并通过鉴定。专家认为该课题对推动和促进武汉市知识经济发展的创新体系的建立有很好的指导作用和实用价值。“长江流域资源与环境科学文献数据库管理系统的完善及开发研究”课题，获分院院长基金资助开发了具有自主版权的WINDOWS版检索软件，该数据库初步实现了商品化。

《长江流域资源与环境》杂志是国内第一份专门研究长江流域资源与生态环境的综合性学术刊物，获中国科学院出版资金资助，由科学出版社出版，国内外公开发行，被美国的《工程索引》(EI)、俄罗斯的《文摘杂志》及国内外其他10多种检索刊收录。1999年，该刊又被中国地质文摘、中国期刊网、中国学术期刊（光盘版)、中国期刊综合评价数据库、中国科学引文数据库收录。并被国家科技部列入中国科技论文统计源期刊，进入了核心科技期刊的行列。1999年刊用国家自然科学基金项目及院、省部级以上重大项目论文占总报道量80%。该刊坚持了刊物出版多元化的方向，印刷版、光盘版、网络版全面发展。经网易站点追踪调查，《长江流域资源与环境》杂志网络版与主页的访问率，一直“榜上有名”，保持在百名之内。

1999年，武汉文献情报中心共撰写学术论文35篇，公开发表18篇。共有172人次分别参加国内外各种学术会议和学术交流活动。有7篇论入选院第十一届图书情报科讨会，2篇论文参加国际会议。举办了“网络实用技能培训班”，编辑印刷了约11万字的《网络实用教程》，参加培训班的学员43人。接待美国、英国同行4人。武汉文献情报中心有2人到美国俄亥俄大学图书馆考察访问，1人出访日本。

1999年，武汉文献情报中心参与的“中国科学院网上文献信息共享系统工程(一期)”课题，获得了中国科学院1999年科技进步二等奖；武汉文献情报中心参与的“四湖地区湿地农业持续发展研究”课题项目，获中科院1999年科技进步三等奖。

1999年，武汉文献情报中心按照中科院知识创新工程基础性、战略性、前瞻性的要求，结合本单位实际，拟定了“中国科学院武汉文献情报中心知识创新工程试点方案”、“中科院武汉地区文献信息系统结构调整方案”、“中科院武汉文献情报中心特色化服务方案”和“中国科学院武汉文献情报中心十五发展规划”等。

长沙大地构造研究所

名誉所长：陈国达（院士）
所　　长：林　舸
地　　址：湖南省长沙市桐梓坡96号
邮政编码：410013
联系电话：0731-8912701（综合办公室）
　　　　　8912650（科技计财处）
传　　真：0731-8912637
电子函件：csig@ms.csig.ac.cn

中国科学院长沙大地构造研究所的前身是中国科学院中南大地构造与地球化学研究室，成立于1961年。现有在职职工89人，其中科技人员62人，有中国科学院院士1人，研究员12人，副研究员、高级工程师18人，中级科技人员23人。在读研究生31人，其中博士生24人，硕士生7人。

长沙大地构造研究所是一个以大地构造学基础理论研究为主的研究所。其学科方向是大地构造与成矿构造学。重点研究中生代以来中国大陆的构造变动、盆山耦合过程及其动力学机制，以岩石探针、构造-热演化、动力学模拟实验研究为主要研究方向，继承、发展、创新活化构造理论，实现创新目标。

长沙大地构造研究所是国务院首批授权的博士硕士点之一。目前拥有1个构造地质学博士学位授予点和构造地质学、地球化学2个硕士授予点。

1999年，长沙大地构造研究所围绕着知识创新工程试点工作进行改革：(1)根据研究所的特点，明确了长沙大地构造研究所的总体发展战略。即继承、发展、创新具有国际影响的活化构造理论（地洼学说），把研究所建设成为大地构造学基础研究基地和我国大地构造学高层次人才培养基地；既承担为国家战略目标服务的资源能源勘查中的基础性、前瞻性和战略性的重大研究课题，又为解决地方经济建设和社会可持续发展所提出的资源环境问题作贡献。(2)初步建立了人员流动，公平竞争，择优支持，评价从严，动态优化的新机制。全面实行按需设岗，公开招聘，竞争上岗，契约管理，转岗分流，动态更新的人事制度。坚持“高效、精干、发展”的原则，对全所管理机构进行调整精简，内部机构由原有的4个处室11人精减为2个处室7个岗位，即综合办公室与科研计划财务处，研究系列由原有的3个调整为2个，即大地构造研究室和成矿学与资源开发研究室。(3)组建了开发与公共事业部，统一管理全所开发与后勤服务，安置转岗分流人员，并实行项目承包制，对内有偿服务，逐步向社会化企业管理过度。

1999年，长沙大地构造研究所获准科研课题9项，其中国家自然科学基金项目2项，省市科研项目及地方委托项目7项，争取到位经费202万元。承担国家自然科学基金项目8项，国家科委科技攻关项目3项，中科院重大重点项目6项，院省合作项目1项，地方委托项目2项。

国家重点攻关项目“阿尔泰变质变形及流体作用研究”取得了新的进展。基本查明研究区造山系变形构造格局，变质带类型与分布，变形变质过程与流体作用，成矿作用的关系，特别是岩石与流体反应的相互作用、流体传质作用和同位素交换作用动力学的研究，提出了流体主要运移型式和阿尔泰型构造成矿域的理论框架。对提高找矿预测能力，加速西部矿产资源开发具有重要意义。中科院重点项目“湖南龙山金矿规律及找矿勘查综合研究”及“江西洋鸡山金矿成矿条件研究及找矿预测研究”取得显著的经济效益，得到生产单位的高度赞扬。

1999年，长沙大地构造研究所在中国科学院人教局的支持下，举办了“固体地球科学未来10

年青年学术研讨会”；为庆祝中国科学院建院50周年，在长沙举办了在湘院士座谈会，湖南省委副书记吴向东、副省长潘贵玉出席了座谈会。

1999年，长沙大地构造研究所发表科研论文65篇，编写出版科研专著1部。

在国际合作方面，继续保持与澳大利亚和德国马普学会的合作与交流。全年出访8人次，接待来访6人次。特别是澳大利亚科学院院士、著名构造地质学家Bruce Hobbs教授及其助手来所进行相关领域的合作研究时，愉快的接受了长沙大地构造研究所聘请他为名誉教授的聘书，并表示将加强与长沙大地构造研究所动力学模拟实验研究的合作。

长沙大地构造研究所是湖南省地质学会构造专业委员会、非金属专业委员会的挂靠单位。编辑出版《大地构造与成矿学》（中、英文版）学术刊物。

长沙农业现代化研究所

常务副所长：王克林（法人代表）
地　　址：湖南省长沙市东郊马坡岭
邮政编码：410125
电　　话：0731-4615204
图文传真：0731-4612685
电子函件：csiam@ms，csiam.ac.cn
网　　址：www.csiam.ac.cn

中国科学院长沙农业现代化研究所创建于1978年6月，原名中国科学院桃源农业现代化研究所，1979年改为现名，所址从湖南省桃源县迁入长沙市。现有职工130人，其中专业技术人员86人，高级专业技术人员47人，中级专业技术人员25人，初级专业技术人员14人。现有在读硕士生6人，博士生2人。有生态学硕士授予点1个。

配合研究所的机构调整和学科定位，对长沙农业现代化研究所20年的工作积累和基础进行了总结和回顾。全所对发展战略定位于区域农业生态研究的思路基本达成了共识。举办了“我国不同类型区域农业现代化建设”全国性学术研讨会。完成了全员聘任合同制的聘任工作，管理部门由原来的5个整合为2个，人员由16人精简到10人，所后勤、开发部门转变机制，合并组建为企业性质的物业管理与产业发展中心。经济实体有“长沙灭鼠杀虫高新技术开发公司”、“湖南三尖饲料高新技术公司”、“桃花源职工休养所”和“桃源科技开发公司”四个股份制企业。研究室站负责人全部为45岁以下青年骨干。聘任研究员9人，45岁以下研究员占78%。

科研机构设置为3室1站：区域生态与农业发展研究室，农业生态工程研究室，动物营养调控研究室及桃源农业生态系统综合观测试验站。

1999年全所在研课题42项，其中国家攻关11项，国家自然科学基金项目1项，中科院项目16项，地方项目14项，全年实际到位经费较上年增长20%。国家科技攻关“水稻耐不良土壤因子Fe^{2+}（亚铁）新材料”研究取得重要进展。课题组在“七五”、“八五”研究工作的基础上，从1200多份材料中，筛选出了19份耐Fe^{2+}毒害的材料，选育出2个品种，创制出耐Fe^{2+}毒能力强的育种新材料、新种质3份；这些新材料衍生出丰富的育种后代，可望从中培育出耐Fe^{2+}毒能力强的水稻新品种和配制出强优势的杂交组合。

1999年全所共有7项成果通过鉴定或验收。增效敌鼠钠盐可溶性液剂研究与开发、高效无公害鸭饲料研制与开发、现代集约可持续农业发展战略与试验示范研究等7项成果分别通过湖南省科委、武汉分院组织的成果鉴定或验收。

1999年长沙农业现代化研究所有4项成果获奖，其中“稻田生态系统甲烷产生转化及机理研究”获得中国科学院自然科学一等奖（长沙农业现代化研究所排名第二）；“四湖地区农村庭院经济开发技术与高效模式研究”获中国科学院科技进步三等奖。

1999年全所完成成果登记5项。申请专利5项，获得授权专利3项。1999年全所共发表科技论文90篇。

长沙农业现代化研究所是湖南省生态学会、湖南省农业系统工程学会、湖南省微量元素与食物链研究会的挂靠单位。长沙农业现代化研究所与中国科学院农业研究委员会联合主办并编辑出版《农业现代化研究》（双月刊）。

广 州 分 院

院　　长：耿安松

地　　址：广州先烈中路 100 号大院

邮政编码：510070

联系电话：020-87765256

传　　真：020-87775791

电子函件：gzb@ms. gzb. ac. cn

网　　址：gzbnic. net. cn

中国科学院广州分院筹备于 1956 年，成立于 1958 年，从 1961 年开始与武汉分院合并成立中国科学院中南分院，1969 年中南分院撤销。1978 年 5 月复建广州分院。现管理南海海洋研究所、华南植物研究所、广州能源研究所、广州电子研究所、广州地球化学研究所等 6 个研究所。1999 年底广州分院在职职工 2015 人，其中各类专业技术人员 1466 人，有中国科学院院士 1 人，俄罗斯科学院外籍院士 1 人，欧亚科学院通讯院士 1 人，高级专业技术人员 428 人，中级专业技术人员 511 人。现有在学博士生 63 人，硕士生 118 人，在站博士后 18 人。

广州分院研究领域涉及热带亚热带植物资源、热带海洋环境资源、有机地球化学、矿物学、纤维素化学、高分子化学、电子技术、新能源和节能技术。现有博士点 4 个、硕士点 17 个。

1999 年广州分院按照中科院总体定位与发展战略来指导研究所的改革，所属各研究所已基本完成定位工作。经中科院批准，华南植物研究所、南海海洋研究所、广州地球化学研究所、广州能源研究所进入科研基地型研究所行列；广州电子技术研究所、广州化学研究所定位为技术开发型研究所，其转制工作正在加紧进行。

广州分院有广州地球化学研究所的有机地球化学国家重点实验室、广州化学研究所的中科院纤维素开放重点实验室，1999 年广州能源研究所新增广东省新能源与可再生能源研究开发与应用重点实验室，还有南海海洋研究所的大亚湾海洋生物综合试验站、华南植物研究所的鹤山丘陵综合开放实验站。它们各具特色，在各自的学科领域发挥不可替代的作用。

华南植物研究所的标本馆是国内第二大的标本馆，藏有植物标本 80 万号。该馆 1999 年获中科院千余万元的建设费，为发展壮大打下良好的基础。广州分院有万元以上科学仪器设备 1895 台，其中南海海洋研究所用于地质方面的多波束测深系统和用于水文方面的方向浪潮流仪、广州化学研究所用于生物分子结构测定等方面的 400 兆超导核磁共振波谱仪、用于水溶脂性高分子测定的 GPC 凝胶渗透色谱、广州地球化学研究所用于微量元素及同位素测定分析的电感耦合等离子体质谱等达到 90 年代中期国内或国际先进水平。

1999 年广州分院按照中央、中科院和广东省有关机构改革的总体要求，进行了相当力度的改革。分院机关带了头，在 1998 年酝酿的基础上，1999 年 3 月完成机构调整和人员分流任务。分院机关（与省科学院机关同为一体）职能处室由 14 个重组为 8 个，精简人员比例达 46%，并对分流人员妥善安置，使管理与服务分开，提高了工作效率。广州分院各研究所也按有所为有所不为的原则，精简二线人员，凝炼科技目标，突出学科重点，对国家、院、省重点实验室、重点台站加大支持力度，力争进入中科院二期知识创新工程。

1999年，广州分院在历年与韶关、梅州科技经济合作的基础上把科技经济合作的重点放在与广东较发达地区的合作上，已与湛江、汕头、肇庆、广州的荔湾区、番禺市以及西藏林芝地区签订了科技经济合作协议，其中与番禺市共建珠江三角洲可持续发展高效农业示范区的具体项目已实施，与该市南沙技术开发区共建博士后工作站已获国家人事部的批准。

1999年，广州分院投入科研经费0.84亿元，在研研究课题646项，其中基础研究240项，应用研究332项，试验发展研究53项，研究与试验、发展成果应用8项、科技服务12项、生产性活动1项。

1999年，广州分院共取得科研成果51项，获各级各类奖励的22项；其中获国家级奖励的4项；获中科院、广东省奖励的17项；其他奖励1项；专利申请54项，为历年之最多。

广州地球化学研究所承担的国家“攀登计划”预选项目“寻找超大型矿床有关的基础研究”，在超大型矿床形成的地球化学动力学背景研究方面取得了重要进展，确定了青藏高原钾岩浆活动的分期和地幔源区的富集事件，初步建立了超大型沉积矿床的层序地层格架，确定了地球物理梯度关系的平行位与交错位对大型——超大型矿床的控制，发现了华南一条重要的燕山期北东向富碱侵入岩带，提出了富碱岩浆岩对超大型矿床的控制机理，获得了超大型矿床精确定位的新成果。

华南植物研究所在长期定位研究的基础上，在植被动态学的基础理论、应用基础理论和应用研究方面均取得突破性的进展。在基础理论方面，对植被恢复的过程、机理技术和方法均有发展创新；在应用研究方面，通过示范取得30多亿元的社会效益。在此基础上为长江上游的植被恢复和环境整治向国家提出建议并为朱总理所肯定，为国家的决策提供了依据。

广州分院共有研究所办公司25个，1999年科技开发总产值1.96亿元，税利为0.28亿元。产值超3000万元的2个研究所是广州电子技术研究所、广州化学研究所。

1999年，广州分院接待了23个国家和地区的科技界人士162批430人次，广州分院派出到23个国家和地区的科技人员119批183人次，参加国际学术会议87人次，主持召开的国际和地区学术会议各1次。1999年，广州分院执行国际合作或开发项目34项，这些项目进行情况良好，进展顺利。

广州分院注意发挥分院与广东省科学院的整体优势，注重在资源、环境等有特色的领域抓好重大项目的组织、实施、积极推进院、省共建广州分院。作为院、省共建的举措之一1999年广州分院积极筹建资源环境领域研究生培养基地，为广东省培养高层次科技人才。同时继续与高校联合招收和培养研究生，并采取多种措施改善科技人员的工作、生活环境。

广州分院是中国科学院科技政策与管理研究会广州分会、广东省科学院科学与科技管理研究会的挂靠单位。编辑出版《科技管理研究》杂志（双月刊）。

南海海洋研究所

副 所 长：施　平（主持工作）
地　　址：广州市新港西路164号
邮政编码：510301
电　　话：020-84451335（总机）
020-84452227（办公室）
图文传真：020-84451672
电子函件：SCSIO @ ns. SCSIO. ac. cn.
网　　址：www. SCSIO. ac. cn

中国科学院南海海洋研究所（以下简称南海所）成立于1959年1月。全所现有职工525人，其中科技人员368人，船员88人，有研究员34人，副研究员、高级工程师98人，中级科技人员147人。有博士26人，硕士70人。有中科院“百人计划”入选者1人，博士生导师13人，硕士生导师20人。具有博士和硕士学位授予权。是中国科学院定位认定的科研基地型（资源环境基地型）研究所。现有在学博士生10人，硕士生27人。另有博士后9人。

南海所根据我国实施“科技兴海”战略和维护海洋权益的需求，以南海区域海洋过程的理论创新为重点，推动海洋应用技术的重大突破，开展海洋矿产资源勘查、海洋生物资源开发利用、海洋工程环境与军事环境评价和预测等方面的社会可持续发展的重大科学问题研究，并促进应用开发和成果转化，为国家发展海洋经济和维护海洋权益作出战略性和综合性的重大贡献。其主要学科方向的设置为：(1) 热带海洋环境动力过程；(2) 边缘海地质演化；(3) 热带海洋生物资源可持续利用。同时，积极开展近海工程环境和工程地质调查与灾害评估，海洋养殖技术与水产病害防治，海洋保健食品与药物等应用研究和科技开发服务工作。

全所设有物理海洋、海洋环境与生态、海洋构造地球物理、海洋地质环境、应用海洋生物 5 个研究室，并设有热带海洋环境动力学、边缘海地质与古环境 2 个(所级)开放实验室和所海洋科技开发中心，还设有 4 个临海实验站（分别位于湛江、汕头、大亚湾和海南三亚)，其中大亚湾海洋生物综合实验站分别于 1990 年和 1993 年由中国科学院批准为开放实验站和中国生态研究网络重点实验站，海南热带海洋生物实验站于 1999 年被国家科学技术部列为国家重点野外台站试点站。另还设有海洋信息服务中心、海洋仪器与测试中心以及图书馆和海洋生物和标本馆等支撑系统。

重要的科研设施及装置有：在海洋科学调查方面，配置了设备先进的 1000 吨级“实验 2”号地球物理考察船和 3000 吨级“实验 3”号海洋科学综合考察船，并配置了 MX-1102 舰船导航设备、Sea Bat 8111 型多波束测深系统、GEOCHIRP 中/浅地层剖面仪、1090E 1100E 声学释放系统、SanPlus 微量连续流动分析系统、2700 海洋气象仪、CTD 温盐深仪、WLR7 自动记录水位仪、S_{4ADW} 方向浪潮仪、1156 波浪仪、SC300 海流剖面仪、Ficldpro-V全球定位系统等科学调查仪器，在海洋科学实验分析方面，配备了 EPM-810Q 型电子探针、ARL-3580 型等离子发射光谱仪（ICP)、SRPP10-PC 型水下辐谱仪、DX-10Dionex 型离子色谱仪、HP5890 Ⅱ 型气相色谱仪、PE24000 Ⅱ 型元素分析仪、DMLS 荧光生物显微镜、SUN20 工作站（遥感数据处理系统)、SUNs20/71 生态网络数据处理系统、COMPAQ300 网络计算机、DSM-1 数字旋转磁力仪、Aquacheck 多功能水质分析仪等近百台（部）具国际国内先进水平的物理海洋、海洋生物和地球物理勘探等学科的实验分析仪器设备。同时，还持有“海域使用可行性论证资格证书（甲级)”和“建设项目环境影响评价资格证书（甲级)”，以及 ISO9002 质量体系认证证书。

1999 年南海所根据中央和科学院深化改革的精神和知识创新工程的战略部署，结合本所的实际，凝练了所的优势学科方向和创新点，开展了研究室和所机关的结构调整，对机关主要处室实行了“按需投岗，按岗聘任，竞争上岗”，完成了全员聘用合同制工作，经过科学院认定该所进入科研基地型研究所。

1999 年南海所列入科研项目年度计划的课题 154 项，其中基础研究 107 项，应用研究 39 项，试验发展工作等 8 项。“南沙群岛及其邻近海区综合科学考察”是“九五”国家科技专项，已完成了“九五”该项目的海上考察任务，在我国南沙考察史上取得了如下几个方面的突破：首次在南沙海区进行岩石拖网采样，取得了 20 多公斤具有重要科学研究价值的岩石样品；在南沙大陆坡和深海区（1080m）进行底栖生物拖网，获得了大量的底栖生物标本；采用自行设计制造的可拆装浮筏在珊瑚礁泻湖和礁坪进行工程地质钻探，解决了珊瑚礁泻湖和礁砰钻探的技术问题；首次在南沙考察过程中进行全程 4900 海里声学多普勒流速剖面仪（ADCP）测流，获得整个航次的海流资料；在永署礁采集了 24 个活珊湖芯和 59 个古珊瑚芯，对珊瑚记录的环境信息的研究将起到关键的作用；在诸壁礁进行了连续 9 天的岛礁生态环境调查和研究。共发表论文 140 多篇，其中在 SCI 收录刊物上 9 篇，在国内核心刊物上 42 篇。国家“863”课题“海面和海水层光学测量技术”已基本完成了研制任务。样机研制包括：12 波段上行/下行光谱辐照度、7 波段上行光谱辐亮度、3 波段海水光谱透过率、光合有效辐射、叶绿素荧光、海水温度、盐度等传感器，以及数据采集、通讯系统和操作平台，各波段的光谱带宽 10nm，中心波长精度达 $\pm$1nm，具有 10^6 的动态范围；关键技术突破了多波段辐照度和辐亮度传感器的小型化，它们的直径仅为 50nm 和 45nm，大大减少了自阴影效应的影响；解决了数据采集、实时通讯和多参数测量同步性问题；完成了水下光辐射场的后向

Monte Carlo 模拟，并主要解决了船体阴影、仪器自阴影效应的估算及校正以及浸没因子、余弦响应特性的测试和测试装置、方法等。申请了 3 个专利，2 个获得授权，1 个已受理。“珠母贝多倍体育种及养殖研究”课题进行了中试实验，获得了 2000 多万三倍体种苗，超额 10 倍完成了课题的预期目标，初步具备三倍体育苗工厂化生产的条件；进行了四倍体培育，第一次获得了珠母贝四倍体成贝。

1999 年南海所取得重要科研成果 11 项；获奖成果 9 项，其中：国家科技进步二等奖 2 项、三等奖 1 项，中科院自然科学三等奖 1 项，林业部科技进步二等奖 1 项，广东省自然科学二等奖 1 项，三等奖 3 项。

1999 年南海所的科技开发工作在紧紧抓住科技力量面向市场经济，搞好高新技术产品开发为主题的指导思想下，动员全所科技力量，开拓科技开发市场，取得了好成绩。全年的科技开发工作和技术咨询服务项目（课题）47 项，创税利 160 万元。这些项目包括海洋工程勘探、海洋监测、海洋环境保护与评价、水生生物养殖技术与病害防治、人类健康的功能性保健品与海洋药物技术转让、咨询服务等，取得了较好的社会、经济效益。

南海所非常重视开展国际合作与学术交流活动，目前已与世界 40 多个国家和地区建立了学术联系和技术合作。1999 年南海所共接待国外及我国港、澳、台地区的学者、专家和科技人员 23 批 73 人次（其中 3 批 6 人次属院级的接待项目），派出国外及我国港、澳、台地区进行合作研究、考察访问及学术活动的 17 批 29 人次（其中 6 批 9 人次属院级派出项目）。南海所参加的“毛蟹 *Eriocheir Sinensis* 进化与群体遗传学研究”项目是与香港中文大学海洋研究所和台湾海洋大学生物系共同申请获得香港研究基金委员会资助的课题。毛蟹是中国水域渔业和水产养殖重要种类，长期以来其分类学一直没有很好解决。通过 PCR 分析及线粒体 DNA 设法阐明毛蟹种系发生及其他毛蟹种类的关系，弄清其遗传微分及物种形成。该项目成果对毛蟹这一重要生物资源的可持续利用及保护有决定性意义，并可应用于解决其渔业和养殖等实际问题。南海所主持举办的“中国及邻近海域海洋科学讨论会”，使海峡两岸海洋科学家第四次坐在一起讨论大家所关心的海洋科学问题和研究课题。海峡两岸海洋科学家积极支持并踊跃参与，收到论文摘要 160 余篇，与会代表 138 人，其中台湾省 25 人，美籍华人 3 人。会议对促进两岸学者的交流、合作和友谊，对加强海洋科学前沿问题的研究，推动海洋经济的可持续发展和今后共同进步起到了积极的作用。

南海所重视人才培养工作，1999 年招收硕士研究生 10 人，博士研究生 6 人；培养毕业的硕士生 8 人，博士生 2 人；接收毕业分配来所工作的博士、博士后各 1 人。为加快高层次人才的培养工作，新增博士导师 4 人。南海所十分重视青年学术交流活动，通过多种形式，积极引导和支持青年学术活动。环境动力开放实验室是青年科技人员较集中的部门，大多具有硕士、博士学位，他们的学术思想活跃，对他们的学术活动要求，所里都给予支持，使他们能持之以恒，基本保持了每周能有一次学术活动，既提高了他们的学术水平，又凝聚了他们的团结协作精神，稳定了这支队伍。

南海所是广东省海洋湖沼学会和广东海洋学会、中国海洋学会海洋物理学会、中国第四纪研究委员会珊瑚礁分委员会、广州欧美同学会留苏分会的挂靠单位。编辑出版《热带海洋》（学报级）、《南海海洋科学集刊》（学报级）、《南海研究与开发》3 种学术期刊。

华南植物研究所

所　　长：梁承邺
地　　址：广州市乐意居
邮政编码：510650
电　　话：020-85231711
图文传真：020-87701031
电子函件：Scib@.Scib.ac.cn
网　　址：www.scib.ac.cn

中国科学院华南植物研究所的前身是国立中山大学农林植物研究所，建于 1929 年。1954 年隶属中国科学院，易为现名。现在职工 397 人，其中科技人员 250 人，研究员 19 人，副研究员、高级工程师 42 人，中级科技人员 104 人。现有在学博士生 25 人，硕士生 25 人。

华南植物研究所科研工作的主攻方向是热带亚热带植物类群、群落、生态系统的起源、演化、维持与绝灭机理的研究（国际学科前沿），为生物多样性保护、资源持续利用与战略贮备和退化生态系统恢复与重建(国家中长期发展战略目标)提供理论依据和决策方案；同时，在农业和资源植物开发利用上做出重要贡献。战略布局：以两个优势学科为龙头的基础性研究——系统演化植物学、植物生态学，以为区域经济与社会发展为主要目的的应用性研究——农业与资源植物学。区域定位：立足中国华南热带亚热带（含港、澳、台）地区，面向东南亚。华南植物研究所具有博士、硕士学位授予权。

华南植物研究所经过整改，把研究机构调整组建为 3 个研究中心和 1 个保育中心，并将科研支撑系统分二级组织建设。下属 2 园、3 个台站、1 个中心。其中鹤山站为中科院开放站；华南植物园占地面积 300ha，引种国内外热带亚热带植物 5000 余种，1995 年被评为全国最大的南亚热带植物园，1999 年又被评为："全国青少年科技教育基地"和"全国科普教育基地"；鼎湖山树木园（国家级自然保护区）占地面积 1133ha，内有野生高等植物 1843 种、栽培植物 673 种，1999 年落实全园岗位责任制，完善考勤制度，调整中层机构，提高了工作效率。植物标本馆有 70 年的历史，收藏植物腊叶标本 100 万份。

1999 年华南植物研究所在管理工作方面，修改制定了研究所的定位认定试点方案，并根据该方案要求有计划有部署地积极进行整改，实施按需设岗和按岗聘任，选拔好学术带头人，尤其是青年学术带头人；强化激励竞争用人机制，逐步引导部分人员合理转岗分流；因此，于下半年制定了"华南植物研究所聘用合同制的实施细则"已报院批准，与职工签约。认真领会中科院的有关文件精神，做好华南植物研究所的创新工程工作。1999 年华南植物研究所植物标本馆顺利进入院一期创新工程；有 2 个小组批准进入院创新青年科学家小组；目前正在为植物园进入二期创新工程积极作准备。1999 年 7 月院生物局组织研究所定位认定评议专家组对华南植物研究所进行定位认定评议，会上评议组肯定了所的工作，院生物局通过了研究所的定位认定方案，12 月被院批准认定进入科研基地型研究所行列。1999 年华南植物研究所已全面完成计算机信息网络系统从 NT4.0 到 NT5.0 的升级换代；Web 服务器到 IIS4.0 的升级改造。下半年组织制定了"华南植物研究所未达标房改房换购、补购、住房差额货币补贴的实施方案"并马上组织实施。积极开展政务信息、宣传与保密工作，在电视台，各种报刊上大力宣传华南植物研究所的科研成果和有关信息。严格履行保密守则，认真做好各项保密工作。经过努力，华南植物研究所在处理与周边乡镇土地纠纷中，积极争取地方政府的支持，解决了广州元岗村民强圈植物园土地，岑村村民在该园倾倒大量淤泥等事件，广州"华南路"问题亦得到妥善解决；妥善处理好树木园边界土地纠纷的遗留问题并收复 3ha（45 亩）土地的管理权。

1999 年华南植物研究所共组织申报国家、省、市项目共 95 项，获批准项目 32 项，总经费 939 万元，实到科研经费 755.5 万元，另标本馆建设专项经费 1020 万元。正式列入 1999 年计划项目 133 项，比 1998 年增加 7 项，其中基础研究 108 项，应用研究 16 项，试验发展研究等 9 项，已按年度计划完成 127 项，完成率为 95%。积极组织申报国家、院长基金项目，获资助 2 项；组织申报国家、中科院的科研项目，获资助 10 项，其中"四倍体亚种间杂优利用研究"被列入国家"863"计划；"博优 210 水稻品种获农业部九五第二批主要农作物新品种"后补助经费资助；申报"中科院生物学创新青年科学家小组"有 2 个小组入选；获得 1999 年度院长基金、中科院新药开发基金、中科院特别支持项目等 6 项资助。

1999 年度全所共出版专著 8 卷（册），发表科学论文 158 篇，在国际刊物发表 12 篇；通过鉴定的成果 2 项；获授权专利 1 项，申请专利 1 项；获奖科研成果 7 项，奖励 12 项次；其中获院奖励 2 项，广东省奖励 5 项。

1999 年全所外事工作和国际合作项目较多。共派出国（出境）人员 41 批 52 人次；参加国际学术会议 21 批 25 人次；接待来自世界 13 个国家和地区的专家学者 43 批 154 人；进行国际合作项目 13 项。

1999年度的工作是华南植物研究所工作较好的一年，涌现一批学术水平较高，影响较大的科研项目如：（1）由华南植物研究所主持的中科院“九五”重大研究项目“热带亚热带退化生态系统的恢复与重建”，很好地完成预定目标，1999年度该项目与之相关的研究分别获得中科院科技进步一等奖和广东省自然科学一等奖。（2）1998年2月华南植物研究所与香港渔农处签署“对香港标本馆馆藏标本进行专家审定”合作协议，于1999年10月已基本结束了对香港馆藏植物标本34 000号的鉴定工作，将完成香港100多年来几乎从未鉴定过的植物标本的鉴定工作，澄清了很多历史问题，为香港为我国的植物学研究作出了应有的贡献。（3）与香港大学合作的“植物细胞骨架在植物细胞中的结构与功能的研究”是国际植物学新兴热点课题之一，近几年已取得突破性的进展，该项成果已在国际上首次报道。（4）今年度完成《广东植物志》14科，112属，344种，插图72幅的编写任务，其中白玉簪科为我国分布新记录，且为新种、新属。（5）“两系法杂交水稻研究”今年新组合示范约5340ha（8000亩）。参加省区试和省级鉴定。

在科技开发方面，继续拓展水稻“三系”、“二系”杂交良种的推广示范工作，面积累计约达5340ha（80000多亩）。1999年度开发总产值850万元，利税150万元。

积极创造有利条件，吸收培养青年人才：（1）1999年华南植物研究所共接收毕业研究生5人，本科生2人。（2）招收在读博士、硕士研究生23人，比去年增幅43.7%，是广州分院系统在读研究生最多的单位之一。（3）1999年华南植物研究所培养的毕业研究生并授予4人为理学博士学位，5人为理学硕士学位。（4）认真做好青年科学家的晋升工作。华南植物研究所具有高级职称人员61人，其中45岁以下青年38人，占据62.3%；所领导班子人员中45岁以下的有1人，并具有高级技术职称。（5）积极向国家教委和院申报增加生态学博士和遗传学硕士学位授权点各1个；严格遴选了3个45岁以下的青年博士生指导教师。（6）选派2名青年科技人员出国留学深造。此外，成立研究生会，健全自我管理机制；努力为研究生创造良好的工作和生活条件，如新建的研究生楼1999年已经全部入住。

华南植物研究所是广东省植物学会、广东省植物生理学会、南方棕榈协会的挂靠单位。编辑出版《热带亚热带植物学报》。

所下属两园：华南植物园，地址：广州龙洞，电话：85231993，邮政编码：510520；鼎湖山树木园（国家级自然保护区），地址：广东省肇庆市鼎湖区，电话：0758-2621116，邮编：526070

广州化学研究所

所　　长：陈鸣才
地　　址：广州市天河区乐意居
邮政编码：510650
联系电话：020-85231230
图文传真：020-85231119
电子函件：bgs@mail.gic.ac.cn
网　　址：www.gic.ac.cn

中国科学院广州化学研究所建立于1958年10月，当时名为中国科学院广州应用化学研究所，职工约20人。1961年中科院决定把长春应用化学研究所有关纤维素化学学科转来广州并和武汉化学研究所、武汉技术物理研究所合并成立中国科学院中南化学研究所。1969年因“文革”体制下放，改称广东省化学研究所，职工222人。1978年又收归中国科学院管理并改名为中国科学院广州化学研究所，职工322人。1999年有职工340人（编制控制数373人），其中科技人员281人，研究员10人，副研究员和高级工程师58人，中级专业技术人员105人。1958～1991年属国家全额拨款事业单位；1992年改为国家差额拨款事业单位至今。

1999年广州化学研究所共接收毕业生13人（主要是博士、硕士）；办理工作调动进所8人，为学术骨干、博士家属解决后顾之忧。1999年招收硕士13人，合招博士6人，目前在读研究生47人；毕业答辩10人，授学位12人。另外，接受1999年硕士生报考44人。

学科方向及研究领域：（1）纤维素化学——开

展植物资源的洁净转化与综合利用的科学基础与创新技术的研究。纤维素开放实验室的宗旨是紧紧围绕和瞄准国家战略目标和国际科技前沿，研究植物资源的洁净化学转化与综合利用中的重大前沿课题，发展植物资源的化学转化与生物转化技术。(2)高分子材料科学与技术——研究二氧化碳资源化学和减少环境污染及其应用技术、以二氧化碳为介质的合成技术、化学灌浆材料及特种粘合剂研制。(3)天然产物有机化学——研究华南丰产植物及林化资源化学高值，南海海洋生物活性有效成分分离、结构鉴定、该类有效化合物的修饰。

目前设有高分子化学物理、有机化学及应用化学 3 个硕士点。

广州化学研究所的科研机构设有中科院纤维素化学开放实验室、广东省化学灌浆工程技术研究与开发中心、天然有机化学研究室、高分子研究室和测试分析研究室。

1999 年广州化学研究所围绕组织知识创新工程试点进行的改革和效果：纤维素化学研究开放实验室积极调整学科结构，凝聚科技目标，经评议合格，进入知识创新试点，在 2 年试点期间将给予经费支持 320 万元。其余研究室加大科技成果转化工作力度，根据各自的特点和院“关于在知识创新工程试点单位实行结构工资的指导意见”建立了绩效挂钩的分配制度，突出了岗位津贴和绩效津贴的特点，鼓励争取项目和开展创收，打破了以往的平均主义和大锅饭的分配方式，通过岗位津贴方式合理拉开了差距，并制定了严格的考核条件，有效地调动和激励了各类人员的积极性和创造性，取得了明显的成效。科研口收入 715 万元，开发系统实现利润 355.6 万元、后勤系统为解决职工福利住房末班车问题，完成 5 栋共 9090m^2 总建筑面积的新宿舍楼建设。

1999 年广州化学研究所财政收入 2046 万元，比上年增加 39%(1998 年收入为 1490 万元)。1999 年职工年人均收入为 2.86 万元，比上年增长了 39%。

积极鼓励创新，形成广州化学研究所知识产权，并通过专利加以保护；鼓励在国内外高水平的学术刊物上发表论文。大分子胆甾型液晶相的结构特征、超临界 CO_2 流体中高分子化学反应试探、CO_2 共聚物合成及材料研究、高分子固态相变材料亚稳态结构及相变性质、抗肿瘤海洋生物新药等工作进展较好，有的发表了学术水平较高的论文，有的在经济、社会效益方面有较好的显示度。

1999 年广州化学研究所鉴定科技成果 6 项，获省三等奖 2 项，申报专利 33 项，授权专利 8 项。1999 年广州化学研究所争取和承担项目共计 74 项，按研究类型分：应用基础研究 20 项，应用研究 49 项，试验发展研究 5 项。

在重点抓科技成果转化方面，1999 年广州化学研究所投入资金启动了“废旧塑料合成水泥减水剂”中试项目，解决了工艺放大过程中的问题，顺利实现产业化。QMS 变性松香项目在去年已有的工作基础上，与高明公司合作建成年产 5000 吨的工厂，当年投产并产生良好的经济效益和社会效益，得到广东省科委的高度评价，同时引起高层政府部门领导的重视。

1999 年广州化学研究所科技企业总产值 2400 万元，实现利润 355 万元，比上年增加 43% 以上。

在人才培养方面，1999 年广州化学研究所招聘“百人计划”人员 1 名。

编辑出版《纤维素科学与技术》和《广州化学》2 种学术期刊。

广州电子技术研究所

所　　长：陈衍仪
地　　址：广州先烈中路 100 号大院
邮政编码：510070
联系电话：020-87775947
传　　真：020-87753247
电子函件：suoban@giet.ac.cn
网　　址：www.giet.ac.cn

中国科学院广州电子技术研究所 1970 年成立，当时称广东省七〇一研究所，1978 年归属中国科学院。易名中国科学院广州电子技术研究所。现人员总数：271 人，其中科技人员：231 人，研究员 9 人，副研究员 53 人，中级科技人员 81 人。

中国科学院广州电子技术研究所以信息处理与传输为学科方向。主要发展领域：多媒体技术、信息系统集成技术、智能建筑集成技术、激光数字全息技术、超硬材料研究开发技术。在上述领域从事研究与开发，与国际及国内的高新技术企业合作，推动珠江三角洲高技术带和广东省的技术和经济发展，消化吸收国际 IT 的先进技术，开发专用检测控制设备和高科技产品，用以替代进口设备填补国内空白，并组织实施信息网络系统的建设项目。科研机构设置：(1)综合通讯网络研究室、计算机系统集成研究室、电子系统研究室、光电技术研究室；(2) 广州晶体材料开发公司、智城楼宇电子信息工程有限公司；(3) 技术开发部。

1999 年是广州电子技术研究所深化改革至关重要的一年，作为中科院的开发型研究所转制试点单位，在结构调整、机制改革和分配制度等方面进行了新的尝试。为 2000 年全所整体转制大改革做了思想准备、政策准备和组织准备。

1. 深化改革：

(1)在中科院大力支持和推动下，组织了全所骨干多次讨论形成整体转制实施方案，经职代会审议修改后，已上报科学院。

(2)晶体公司转制为有限责任公司，已经院批复及有关评估机构资产评估，正在财政部待确认。

(3)组建了智诚科技有限公司，向国家建设部申办并取得了智能化建筑系统集成资质证书，提高市场竞争力。

(4) 研究室经过结构调整和调动年轻科技人员的积极性，一举突破自 1996 年以来徘徊在全年横向科技经费五、六百万元的局面，跃过了千万元大关。

(5) 广东省资助光电研究室的以高技术孵化项目宽幅激光复合包装材料为基础，展开工业性生产准备工作，场地、设备、资金均已到位，拟以有限责任公司的形式进入市场。

2. 技术创新：

广州电子技术研究所作为技术开发型研究所，重点在于技术创新层面。为广东省的“外向型经济”“科教兴粤”“可持续发展”三大发展战略提供技术支撑服务。除组织高新技术的工业化生产，还参予大企业在线设备升级，和替代进口的设备研发生产，并努力将高新技术实际应用到地方政府、院校、企业中去。

3. 人才培养：

1999 年，选送 2 名年轻室主任到国外完成培训和考察。经过多方努力，年底引进 1 名年轻的研究员。在住房和资金配套方面已尽力作好引进人才的准备。对现职的年轻科技骨干，在分配和福利各方面给予政策倾斜，让他们得到实惠，留住现有人才共同发展。

广州电子技术研究所列入 1999 年度科研计划的课题 30 项，均为试验发展研究，完成率 100%。其中包括国家自然科学基金课题“分形点阵全息图的研究”，广东省基金课题“混沌和分形在数字全息图中的应用”、省重点项目：“ISDN 用户交换机及网络接口技术”和“激光肿瘤治疗仪的研制及推广应用”，省孵化项目：“宽幅激光全息产品产业化”，中科院和地方基金项目“智能三表产品的开发”等。

1999 年广州电子技术研究所鉴定成果 6 项，获得专利授权 9 项（其中发明专利 1 项）。

1999 年全所总收入 4542 万元。

1999 年广州电子技术研究所编辑出版国内外发行的高级学术刊物《电路与系统学报》4 期。

广州能源研究所

所　　长：陈　勇
地　　址：广州市先烈中路 81 号大院
邮政编码：510070
联系电话：020-87778642
020-87670252
传　　真：87779767
电子函件：wangls@ms. giec. ac. cn
网　　址：www. giec. ac. cn

中国科学院广州能源研究所的前身是广东省地下热能研究室，1978 年归属中国科学院并改为现名。1991 年，为加强科研与开发工作，更好地为地方服务，经广东省政府批准为“广东省能源高新技术研究开发中心”，实行一个机构两块牌子。

1998年4月，根据中科院结构调整、优势互补的精神，原中国科学院广州人造卫星观测站并入广州能源研究所。1999年，广州能源研究所为密切院地合作关系，参与地方经济建设，再次争取获得广东省政府支持，与广东省共建广东省新能源和可再生能源研究开发与应用重点实验室，并成立“广东省新能源生产力促进中心”。现全所职工总数为233人，其中专业技术人员162人，高级职称人员18人，副高级职称人员36人，中级职称人员67人，初级职称人员38人。广州能源研究所是国务院学位委员会审核批准的硕士学位授权单位，已培养硕士研究生83人。为联合国教科文组织属下的联合国大学培养各国沼气技术专业人才13人，现正与其他单位共同培养博士研究生。现有在学博士生10人，硕士生13人。

1999年，广州能源研究所继1998年全面改革的启动，紧紧把握中科院知识创新的契机，以建设现代研究所为目标，在凝炼科技目标，强化“三性”研究；改变管理机制，提高办事效率；加强人才培养，加速队伍建设；创办高新产业，促进成果转化；转换后勤机制，提高服务质量；建设精神文明，发展创新文化等方面，开展多方位、多层次的工作，将改革推向实质与具体运作，使研究所出现改革与创新，科研与精神文明建设齐头并进的可喜新局面。

广州能源研究所是从事新能源工程科学领域的高技术研究与发展的研究所。广州能源研究所的科研工作把科学领域前沿的创新研究与为国民经济主战场服务紧密结合，确定了以新能源板块(太阳能、海洋能、地热能、生物质能、氢能、能源信息)和能源环境板块(固体废弃物利用、水气治理、工业节能、低温余热利用、交通导航、工艺控制)为研究所中长期发展的重要方向，从事相关领域的“基础性、前瞻性、战略性”研究工作，承担国家重大科技项目，解决相关领域的关键技术问题；同时探索、开发社会急需的新能源与环境技术及产品，应用于广大农村、边远城镇、海洋岛屿和城市绿色小区。

广州能源研究所是中科院能源领域的高技术研究与发展基地型研究所，也是联合国教科文组织东南亚及太平洋地区“能源技术网”中国联络点，并具有太阳能研究领域“中华之最”称号。1999年，广州能源研究所围绕知识创新工程目标，根据凝炼的科技目标和学科发展方向，进行了整体配套改革。所区由黄花岗园区、五山园区、博罗园区构成，分别具备了科研基地、产业化基地和成果转化基地的功能。形成了以2.5∶4∶0.5∶3比例的科学研究——高技术产业＋后勤服务——行政管理——所内流动人员四大模块设计的全新结构和布局。

科研模块：撤消了原有的研究室，根据学科方向设置了11个固定研究方向的和若干个由项目牵动的自选方向。每个方向设立相应的由首席科学家领导的实验室。1999年首批有8名首席科学家（其中1人为自选方向的首席科学家）竞争上岗。

8个由首席科学家负责的研究实验基地为：太阳能利用实验室，海洋能实验室，生物质能实验室，固体废弃物能利用实验室，工业节能实验室，地热热泵与地热能综合利用实验室，水、气治理实验室，以及低温余热制冷实验室。

同时还设有信息文献中心、计算机网络中心、耗能产品检测中心、广东省新能源和可再生能源研究开发与应用重点实验室（结合首席科学家团队运行），广东省新能源生产力促进中心，设有所控股九能高技术工程有限公司、科凌高技术有限公司等全企业化运作的成果转化、产业化基地。

1999年在中科院和广东省的支持下，科研基础条件获得较大改善。全所新增各类仪器设备共92台件，其中“元素分析仪、色-质联用仪”为国际先进水平的大型仪器设备，各学科实验室及计算机网络中心的工作条件得到较大的改善、仪器设备的现代化程度大为提高。

管理模块：以工作总量进行量化设岗，建立了由党政办、科研开发处和财务处组成的精干高效运转的管理体系。

后勤模块：成立了进入社会竞争的“后勤服务中心”。

流动模块：建立了所内流动人员新体系。

人事改革：1999年，按中科院的要求，全所实行了全员聘用合同制，共有198人签订了全员聘用合同，其中无固定期为64人，有期限合同134人。有28人为流动人员，解决了人员能进能出问题。

在人员使用上，全所按学科方向和工作实际，实行了“按需设岗、公开招聘、竞争上岗、强化考核、优胜劣汰、动态更新”的动态定位新机制。

全所各级建立了优胜劣态，并与绩效挂钩的考核新机制，实行人员分级考核制度。

工资改革：推进全所结构工资改革，完善分配机制和分配方式。在全所规范了各个模块的工资结构，实行了新型的基本工资＋岗位工资＋绩效津贴的绩效优先的部分年薪制。侧重强调岗位，突出绩效，打破以往按工龄、职称分配的工资方式，合理地拉开了岗位工资的差距，实行了绩效津贴与年终考核挂钩的新机制。

队伍建设与人才培养：在改革创新中，“以人为本”，加强了科研队伍的建设与人才的培养，并取得可喜的成绩。通过竞争上岗，造就了一批年青的高素质的科研与管理人员上岗。广州能源研究所以客座研究员、访问学者、年轻科研人员以及博士生、硕士生、实习本科生及所外招聘人员为主体的流动型队伍初具规模，已形成一支老中青相结合，以中青年为主体的梯队清晰、坚强有力、充满活力、具高素质、有可持续发展力的科研与管理人才队伍。

1999 年广州能源研究所队伍建设及人才培养方面的工作主要有：

(1) 科研队伍中有 8 位首席科学家竞争上岗，45 岁以下的占 75%以上，最小的 34 岁。有 26 人进入首席科学家团队成为固定人员，承担全所重点课题。其中有博士学位的 7 人，硕士学历的占 80%，研究员 11 人，副高级职称 12 人，高级专业人员平均年龄 44.8 岁。形成了一支精干的以中青年为主体、结构合理的高素质的科研队伍。

(2) 管理队伍中有 3 名高层次的年青处长竞争上岗，担负全所 3 个行政部门的管理工作。管理部门处长平均年龄为 36 岁，并有 1 名博士后。通过逐级竞争聘任，使管理岗位精简、人员精干，形成一个以中青年为主体的进行分级管理的高素质的管理队伍。

(3) 在专业技术职务的资格晋升和聘任中，新聘任研究员 7 人，副研究员 5 人，高级工程师 1 人，中级职称 6 人，并有 4 名职员晋升。

(4) 完成了 1 名“百人计划”人员的招聘上报工作，聘请了 4 名客座研究员。

(5) 培养在学研究生共 22 人。研究生的招生工作由以往的 5 人增加到 10 人，招收硕士生 7 人。与高校和其他科研单位共同培养博士生 9 人。有 3 名研究员被科技大学聘为博士生导师，并正在积极申报“工程热物理”博士点和地化所共同申报“环境工程”博士点。

(6) 在职培训方面，有 4 名科技人员出国培训（其中 1 人攻读博士学位），1 名管理人员出国培训，并组织了部分人员的在岗提高培训。

1999 年全所申请纵向项目共 85 项，获资助 38 项，20 个项目在审批中。其中申报国家自然科学基金项目 14 项，获全额资助 3 项，占申请项目的 23%；以主要学术骨干参与国家“973”项目 1 项；获国家科技部重点攻关项目 2 项；获中科院“百人计划”项目资助 1 项；获广东省政府专项基金项目 3 项；广东省“百项工程”项目资助 8 项，有重大项目 3 项（包括省重点实验室），面上项目 5 项，广东省孵化基金项目 1 项；此外，还有省环保项目 3 项、广州市科委重点项目 2 项及中欧能源网络项目等。

1999 年全所承担的各类科研项目 73 项，后续项目 22 项。所重点抓了国家、中科院和广东省的重大科研项目和各类科研任务。有 20 个科研项目完成结题，完成科研计划 100%。国家“九五”攻关项目“1MW 循环流化床气化发电系统”和“太阳能空调及供热综合示范系统”通过了国家验收。

1999 年广州能源研究所有 2 项成果获奖，其中“大型游泳池水质高效净化系统及相关产品研制”获中科院科技进步二等奖，“大规模高智能木材干燥成套技术设备“获广东省科技三等奖。同时“T409 木柴干燥专家系统”被列入国家新产品计划。“大型游泳池水质高效净化系统及系列产品”项目，主要技术指标及质量达到国外同类产品的先进水平。该产品填补了我国空白，打破了高级宾馆和涉外旅游度假区的泳池设备需要进口的局面。

申请、受理专利 10 项，其中发明专利 5 项，实用新型专利 5 项。授权专利 14 项，其中发明专利 1 项，实用新型专利 13 项。并获中科院专利择优金 1 万元。

1999 年全所共发表各类科技论文 116 篇，比

1998年增加1.81倍。其中核心刊物37篇，国外刊物5篇，国际会议10篇，SCI、EI收录14篇（1998年为0篇），其中有2篇同时被SCI、EI收录。

1999年全所开发和成果推广工作，在实施知识创新工程中，其工作重点由多层面、广泛性的推广、交流转向侧重支持重点，重大项目成果转化的尝试阶段，使科技开发成果推广工作呈现新局面。全年共签订开发技术合同43项，总经额达1192.6万元，创下新高。其中水质净化、热管、余热制冷、生物质气化4项重点成果推广应用合同总额达800多万元。例：由该所最年轻的首席科学家吴创芝研究员主持的"生物质气化"课题，继完成国家"九五"项目——1MW循环流化床发电系统，取得良好示范后，加大转化力度，又获得企业投资合作，在海南三亚建设一座1MW生物质气化发电电站，该站已进入发电运行调试阶段。项目的研究、开发顺利进行，预示其技术先进完善，市场前景乐观

企业作为广州能源研究所知识创新工程的一部分，为加强科研成果的孵化和转化的力度，1999年以太阳能热水器和干燥设备中心及原服务中心经营部为基础，组建了由所控股，科技人员持股的"科凌新技术有限公司"，按规范化的企业管理方式运作，以研究所技术成熟，市场前景好的产品和技术进入企业，研究所以匹配股份的方式鼓励有关科技人员进入企业，形成了规范化、规模化、质量化地将科技成果转化的新局面。

目前，公司已获准进入广州高新技术开发区天河科技园，并获得"新办高新技术企业"证书。全所进入企业的在编职工35人，1999年公司实现合同额共789万元。纯利润约150万元。

利用社会资源、资本、人才力量等与博罗九天观集团合办由所控股的"九能高新技术有限公司"作为研究所科研成果的转化和产品生产基地，已对广州能源研究所的科研项目"生物质气化炉"，"垃圾焚烧炉"及热管的配件等进行"以销定产"的加工生产。

1999年广州能源研究所在实施知识创新工程中，学术交流与国际合作活跃。共执行国际合作交流项目9项。共向日本、韩国、巴基斯坦、美国、比利时等国派出科技人员12批25人次。国际合作与日本科技界交往最为频繁，共出访日本5批11人次。国外专家来访共28批73人次，并首次成功地完成1项与東中国际合作总公司签订的15万元人民币、研制1000kg/h型上吸式气化炉合同，完成了其研制、建设、调试、运行任务。

1999年广州能源研究所文献信息中心加强了文献信息为知识创新工作的服务，及时准确地提供了各类文献信息，做好了14.1万册文献资料及书刊的管理、借阅。1999年出版双月刊《能量转换利用研究动态》6期，共报道国外信息256条约20.2万字，《能量转换剪报资料》12期；并制作了电子版上网，加强了网上检索工作，每周提供网上检索"科技信息"共52期1397条，"招标招商信息"40期136条，自建馆藏书数据库。

计算机网络中心提供并完善所内网络服务，开通了"中国科技网"和开展"中国新能源网"的国家重点攻关的工作，同时完成了"中欧能源网络"的合作项目建议书。

在改革创新中，广州能源研究所技术生活服务中心做到自负盈亏，和向所上交利润的新局面，还积极为研究所的各项科研活动做好后勤保障工作。

1999年广州能源研究所注意加强研究所环境的建设，大力改善所的环境面貌，建设了与国立研究机构相适应的优美优良的科技园区。给科技人员创造了一个良好的创新环境和形成了一个良好创新文化氛围。

广州能源研究所是中国海洋工程学会海洋能专业委员会、广东省太阳能协会、太阳能学会生物质能专业委员会的挂靠单位。

广州地球化学研究所

名誉所长：涂光炽（院士）
副 所 长：夏　斌（主持工作）
地　　址：广州市天河区五山白石岗
邮政编码：510640
联系电话：020-85290702
图文传真：020-85290130
电子函件：gisof@.gig.ac.cn

中国科学院广州地球化学研究所是1986年从中国科学院地球化学研究所（原中国科学院贵阳地球化学研究所）搬迁部分研究室、学科以及学科带头人，在原中国科学院广州地质新技术研究所的基础上重组而成。1994年经中国科学院和国家编制委员会批准改用现名。1999年经中国科学院党组批准为资源环境基地型研究所。

现有在职职工254人，其中科技人员207人（占全所职工总数的81.5%），有中国科学院院士1人，俄罗斯外籍院士1人，研究员47人（共占科技人员总数的22.7%），副研究员、高级工程师63人（占科技人员总数的30.43%）。中级科技人员97人（占科技人员总数的46.85%）。正在执行中的“百人计划”人员2名，获国家杰出青年基金4人。现有在学博士生35人，硕士生19人，在站博士后21人。

广州地球化学研究所以近代地球化学和矿物学为主要学科，学科定位为：优先发展有机地球化学、同位素年代学与地球化学和固体矿产资源与区域可持续发展研究，积极开拓海洋有机地球化学和海洋同位素地球化学。为解决我国社会发展所面临的资源、能源、环境和灾害等重大问题提供知识基础；在应用和发展研究方面，以上述优势学科为依托，应用知识创新成果直接为国家经济建设和区域可持续发展服务，建立固体矿产资源、卡林型金矿的开发利用、饮用水净化处理和灾害防治研究、开发与推广技术体系，同时建立经济高速发展地区区域可持续发展、资源承载力和环境容量等评价指标研究，为区域可持续发展和社会发展做出重要贡献。

经国家批准，设置有地球化学、矿物学、岩石学、矿床学博士点，地球化学、矿物学、岩石学、矿床学、环境科学硕士点和地质学博士后流动工作站。

广州地球化学研究所现设有有机地球化学国家重点实验室、广东省环境资源利用与保护重点实验室、广东省矿物物理与矿物材料研究开发重点实验室以及同位素地球化学、天体化学、有机地球化学、岩石与矿床地球化学、元素地球化学、区域可持续发展、第四纪地球化学、矿物物理与材料、理化分析测试、地球物理与勘察、遥感地质与应用和图书出版等研究室。

广州地球化学研究所现拥有TSQ70B气相色谱-质谱-质谱仪，Voyager CDS200型热解-色谱-质谱联用仪，Plateform Ⅱ 色谱/质谱联用仪，Isochrom Ⅱ色谱——同位素比质谱，HP5972MSD台式质谱，GC-AED色谱-原子发射光谱及HP5890、HP6890型气相色谱，共聚焦激光扫描显微镜，MPV-3显微分光光度计，傅里叶变换红外光谱，吹扫捕集色谱/质谱联用仪，TeckmarDoman 8000型TOC分析仪，超临界抽提-HP6890气相色谱仪，PCR扩增仪，VG-354高精度固体质谱仪，MM-1200稀有气体同位素质谱，ELAN-6000等离子质谱仪，S-3500N扫描电子显微镜（带微区成分分析系统），MPV-SP显微分光光度计，PE1725X傅里叶转换红外光谱仪，ESC106电子顺磁共振波谱仪，RTI-30激光喇曼光谱仪，JL-1155型激光粒度分布测试仪，比表面积测试仪；X射线衍射仪；LCT-2高温微分差热天平等。

拥有国内地学界最大、最先进的超净化学实验室，以及计算机工作站。

在1998年被中国科学院批准为资源环境基地型研究所，1998年广州地球化学研究所所有机地球化学国家重点实验室已经进入了知识创新工程试点。全年工作的重心是争创新优势，争取迟早进入中科院第二批知识创新试点工程研究所。

按照创新工程试点研究所的标准，在充分调查研究的基础上，瞄准国际一流水平，并结合所里实际情况，对广州地球化学研究所优先发展的有机地球化学、同位素年代学与地球化学、固体矿产资源与区域可持续发展等优势学科的学术带头人，按照严格的遴选标准，实行了公开招聘、竞争上岗。对全所科研力量进行了优化和重组，初步形成了一支平均年龄在40岁以下，具有以高学历、高素质人才为主的跨世纪科研队伍。

初步建立了知识创新体制的“绩效”考核标准。全所完成了全员合同制的身份聘任工作。

按照管理与服务公开的原则，重点对二线进行了调整，按照“精干、高效”的原则对管理职能部门进行了改革，将原有的7个处办精简为4个，管理人员也进行了大幅度的精减。对管理职能部门和服务部门实行了分类管理，按照行政和企业两种模式运行。

从原管理部门分流出来的人员，大部分通过

竞争上岗按排在服务中心，服务中心实行了对内有偿服务、对外经营服务的运行模式，目前服务中心有职工30人，已实现自主经营，自负盈亏的转变。

建立了个人收入与绩效挂钩的分配制度，拉开了分配差距，优化了全所的资源配置。建立和健全了管理工作的规章制度，把全所管理工作初步纳入了制度化、规范化的轨道。

1999年列入科研计划的课题共214项，进所科研经费942.87万元，其中基础研究121项，应用研究75项，试验发展研究18项，国家攻关课题14项，国家“攀登计划”预选项目1项，省部级攻关课题9项。争取到国家“973”课题5项。

列入科研计划的214项课题，全部按计划完成，其中国家“攀登计划”预选项目“寻找与超大型矿床有关的基础研究”在超大型矿床形成的地球化学动力学背景研究中取得了重要的进展，确定了青藏高原高钾岩浆活动的分期和地幔源区的富集事件，初步建立了超大型沉积矿床的层序格架，并确定了地球物理梯度关系的平行位与交错位对大型-超大型矿床的控制，发现了华南一条重要的燕山期北东向富碱侵入岩带，提出了富碱岩浆岩对超大型矿床的控制机理，获得了超大型矿床精确定年的新成果。

1999年广州地球化学研究所鉴定成果20项，比1998年增加了9项。其中国家攻关项目“中国海相盆地碳酸盐岩大中型气田的形成”、国家“攀登计划”B项目“华南-扬子边界Pb同位素急变带Cu、Au隐伏大矿同位素化探研究”等成果的学术水平达到或部分达到了国际先进水平。

国家“攀登计划”B项目“华南-扬子边界Pb同位素急变带Cu、Au隐伏大矿同位素化探研究”通过大量的岩石化学、微量元素和同位素分析综合研究，建立了化探同位素应用于大型-超大型矿床区域战略预测、找矿靶区宏观预测的理论方法，其中在隐伏矿深部预测的理论模型等方面的研究成果达到了国际先进水平。

国家攻关项目“中国海相盆地碳酸盐大中型气田的形成”根据我国碳酸盐盆地的主要特征，开展了地质地球化学、有机与无机、流体与固体、温度与压力、空间与时间等方面的综合研究，探讨了我国碳酸盐盆地生烃、演化、运移和积集成藏规律及其气田形成关系，该成果在生产中有广泛的应用前景，部分达到了国际先进水平。

1999年广州地球化学研究所获奖成果有“低温地球化学”，获中国科学院自然科学一等奖；“生物成矿作用和成矿背景研究”，获中国科学院自然科学三等奖；“地质体分子标志物的研究”，获国家自然科学三等奖；“同位素体系填图与地球化学省划分研究”，获广东省自然科学二等奖；“饮用水深度处理组合新工艺”，获广东省科技进步三等奖；“藻类、细菌、真菌及其有机质（腐殖质）成矿作用模拟试验”，获教育部科技进步三等奖。

1999年广州地球化学研究所共发表学术论文182篇，其中在国外刊物上发表15篇，国外SCI刊物13篇，编写出版专著6部。

科技开发工作全年完成产值331万元，实现税利38万元，其中广州地球化学研究所科技开发骨干企业——广州中科地化工程勘察有限公司，经过几年的艰苦创业，现已初具规模，并在竞争激烈的广州工程勘察市场中占有了一席之地。1999年承接并完成勘察工程产值125万元，实现税利25万元，与其他公司合作完成了基坑支护工程产值169万元，实现税利6万元。

广州地球化学研究所1999年招收研究生18人，其中硕士研究生7人，博士研究生11人，博士后7人。

1999年广州地球化学研究所共接待9个国家和地区来访的专家学者28批共56人次，向15个国家和地区派出访问学者30批共48人次。参加国际学术会议11次，执行国际合作项目共10项。获各种出访的经费资助约人民币25.5万元、美元6.55万元、港币50万元。

广州地球化学研究所是广东省矿物岩石地球化学学会、广东省可持续发展研究会的挂靠单位。编辑出版《地球化学》，按1997年度影响因子排序，该刊名列中文地学类核心科技期刊第三名。

成 都 分 院

院　　长：姚汉民
地　　址：四川省成都市人民南路四段9号
邮政编码：610041
电　　话：028-5223719（院办）
028-5229774（党办）
传　　真：028-5223719
电子函件：bgscdb@yeah.net

中国科学院成都分院成立于1978年3月，前身系1958年11月成立的中国科学院四川分院。成都分院系统除分院机关外，有5个研究所：光电技术研究所、成都生物研究所、成都有机化学研究所、成都山地灾害与环境研究所、成都计算机应用研究所；2个中心：成都科学仪器研制中心、成都文献情报中心。共有在职职工3406人，其中科技人员2104人，有中国科学院院士1人，中国工程院院士2人，研究员（含同级其他职称人员）145人，副研究员（含同级其他职称人员）458人，中级科技人员817人。科技人员中博士（含博士后）42人，硕士294人。现有博士点5个（其中岩土工程博士点与西南交大联合建立），博士后流动站2个，外国留学生招生单位1个，硕士点19个，在读博士生50人，在读硕士生189人。

成都分院系统拥有一批具有国内先进水平的国家级、院级和联合创办的重点实验室、工程中心、野外台站。1999年共承担各类科研项目403项，争取科研经费9500余万元，取得科研成果43项，获国家级和院级成果奖14项。申请国家专利41件，获国家授权专利32项，在各类刊物上发表科研论文431篇。

1999年成都分院系统科技开发和第三产业产值10.84亿元，其中销售额9.16亿元，利税3.28亿元，纳税额达到国家拨给分院系统基本事业费的3倍以上。其中地奥集团全年产值达10亿元，销售额8.7亿元，利税3.2亿元。

1999年，成都分院按照中国科学院和四川省委、省政府的总体部署，围绕“知识创新工程”的要求，有效地履行派出机构的各项职能，积极推进院属成都地区各单位的结构调整、创新基地建设和转制工作，在科研、开发、人才培养、科研基地建设和精神文明建设等方面取得了明显的进展。

成都分院努力推动系统各单位深化改革、加快发展，积极进行结构调整，紧紧围绕知识创新工程大做文章，使之适应国家和中国科学院知识创新体系总体要求，取得了可喜的成绩：成都生物研究所和光电技术研究所的3个国家重点实验室进入了中科院知识创新工程试点行列。在转制工作方面，成都分院积极推进应用开发型研究所整体转制为公司制企业，取得突破性进展：成都计算机应用研究所、成都有机化学研究所、成都科学仪器研制中心被中科院确定为1999年首批转制试点单位。

1999年成都分院按照党中央的部署和中国科学院党组的具体按排，认真开展了以“讲学习、讲政治、讲正气”为主要内容的党性党风教育。成都分院成立了“三讲”教育领导小组，并结合成都分院系统的实际制定 了“三讲”教育实施意见及具体方案，先后举办了所级领导干部、离退休处以上干部和机关处以上干部“三讲”教育“小集中”学习班；配合中科院“三讲”巡视组完成了对成都生物研究所、成都山地灾害与环境研究所及其他各所、中心“三讲”工作的协调指导；督促各单位按规定的程序和要求抓好“三讲”教育各阶段工作的实施。成都分院党组坚持以“三讲”精神搞“三讲”教育，边整边改取得了明显成效。

领导班子建设和干部队伍建设方面，1999年成都分院组织完成了对光电技术研究所、成都生物研究所、成都计算机应用研究所和成都山地灾害与环境研究所4个研究所领导班子的换届考核，进一步规范了所级领导班子换届考核工作程序，推荐了一批年纪轻、学历高的优秀年轻干部进入了所级领导班子。坚持院、所（中心）联席会议制度，组织研讨解决院属成都地区各单位改革和发展中的重大问题。狠抓科技人才的培养，加快科技队伍建设的步伐，通过名种渠道推荐优秀科技人才参与国家、院、省各类人才计划项目的评选，1999年“西部之光”项目评出3项，得到中科院项目支持经费40万元；李伯刚被评为首届四川省科技杰出贡献奖，获得40万重奖；彭宇行获四川省杰出青年科技人才奖。1999年新增博士点2个。

积极推进院地合作和科技成果转化，协调各研究所、中心为地方经济建设和社会发展服务，进一步将合作重点集中到长江上游地区生态环境保护与建设和高新技术转化上，集中到四川、重庆的重点产业带及重点企业，集中到成都分院优势技术的转化和重大项目的组织；在方法上进一步强化了技术集成项目对接和对重点合作对象的渗透。全年先后组织成都分院系统成果转化人员60多人次到成都高新技术产业带的成都、德阳、绵阳及内江四地与企业进行项目洽谈对接；与院产业局联合组织中科院29个单位与重庆市企业进行项目洽谈；组织研究所有计划地同长虹、川化、嘉陵等重点企业的合作洽谈；参加了深交会等全国性高交会；继续开展了与江苏、浙江、云南等地的合作项目。全年成都地区院属单位与地方开展的各种合作金额达到3443.8万元。吸引中科院其他地区研究所到川、渝两地开展合作项目金额达到1943万元。1999年度较有影响的合作项目有：由四川省科委组织川滇黔青渝五省市20多家科研单位、高校及政府部门参加、中科院成都生物所作为第一主持单位完成的“西部（长江上游）生态环境建设科技行动方案”；成都生物所的农业新品种推广及地奥公司参与国家（四川）中药产业化基地建设；成都有机化学研究所参与院地合作攻关项目“丝绸后整理技术”及与地方企业组建“成都迪康中科生物医学材料有限责任公司”；以成都计算机应用研究所为技术依托单位的涪陵成都卷烟厂、剑南春酒厂国家863/CIMS应用示范工程推进实施；光电技术研究所以技术入股参与组建四川省重点扶持的高科技上市企业“四川九洲电子科技股份有限公司”、成都山地灾害与环境研究所与西藏交通厅合作完成的“川藏公路山地灾害勘察规划”等。另外，成都分院参与推动的沈阳自动化研究所33台焊接机器人在嘉陵集团摩托车生产线的应用项目在重庆地区产生了较大影响。

1999年成都分院完成分院机关改革并取得显著成效。按照中国科学院关于结构调整的总体部署和机制创新的要求，本着有利于更好地履行中科院赋予成都分院的主要职能，有利于适应本地区院属各单位对成都分院工作的客观要求，积极推进分院机关改革。通过这次改革，分院机关的职能部门由原来的13个调整为5个，职能部门人员由原来的70人精减到33人，其中处级干部由原来的23人精减为11人。通过改革，精简了机构，精干了队伍，理顺了管理关系，提高了工作水平和效率，增强了机关活力和职工的竞争意识。

抓好园区规划和建设，为科研、生产和生活创造了良好的环境。基建规划中44 000m^2集资住宅建设进展胜利；完成了部分供电系统改造；对水电气收费进行了收支核算；制定并启动了华西坝大院安全保卫工作改革方案；分院1999年度荣获成都市安全生产单位和成都市跳伞塔辖区安全先进单位。

积极推进精神文明建设。1999年成都分院制定了精神文明建设23项重点工作目标，现已全部完成。窗口单位服务水平和质量进一步提高。国庆前又成功地举行了“三庆”系列活动和文娱演出，并创作、遴选优秀节目到北京参加院庆50周年文艺演出，获表演二等奖和创作奖，受到院领导好评；同时参加四川省“科技之光”文艺调演，并荣获二等奖和创作奖。

对外宣传和信息工作有所加强，注意发挥《中国科学报》四川记者站和分院《简报》的作用，全年共出《简报》19期，记者站在各类报刊上发稿40多篇，沟通了与省市有关部门的联系。

成都有机化学研究所

所　　长：彭宇行
地　　址：成都市人民南路四段9号
邮政编码：610041
电　　话：028-5222143
图文传真：028-5223978
电子函件：rdcioc@cioc.ac.cn
网　　址：www.cioc.ac.cn

中国科学院成都有机化学研究所成立于1958年11月。现有职工382人，其中科技人员334人。在科技人员中，高级科技人员112人（占33.5%）；中级科技人员142人（占42.5%）。有博士学位人员13人，硕士学位人员107人；有中国科学院“百人计划”人才2人，“西部之光”人才2人；有博士生导师14人；享受国务院政府特殊津贴的专家11人。

成都有机化学研究所设有2个研究室：不对称合成联合开放实验室和高分子化学研究室；6个中心：皮革化工材料工程技术研究中心、催化与环保技术研究发展中心、天然气转化工程研究中心、手性技术工程研究发展中心、功能材料研究开发中心和中国科学院成都分院分析测试中心。

1999年，实际到位科研经费672万元，技术转让、服务、咨询和分析测试收入103万元，科技企业完成销售收入2540万元，比上年分别增长17.9%、18.4%和5.4%。

完成科研成果4项，其中中科院、四川省级成果鉴定2项、成果验收2项；获奖成果5项。

作为技术开发型研究所，成都有机化学研究所在积极承担并努力完成国家、中科院重点科研任务的同时，不断探索科研机构企业化的新路子。瞄准国家、社会需求，调整研究工作重点，面向社会，进入市场，按照市场经济的模式，促进科技与经济的结合，加快技术创新，加强高科技成果商品化、产业化进程，圆满完成了全年的科研任务。

积极筹建中国科学院院级中心——中国科学院皮革化工材料工程技术研究中心，已于1999年12月12日通过了中科院高技术局组织的论证，并开始启动试运行。该中心的主要任务是：以国民经济建设和市场需求为导向，研制开发我国皮革行业急需的高档皮革化工材料；针对制革业的环境污染问题，开发绿色皮革工程。该中心将持续不断地为具有重要应用前景的科研成果进行系统化、配套化和工程化创新性研究开发及系统集成，为适应企业规模生产提供成熟配套的技术，促进皮革化工材料和制革工艺技术向产业化转化，推动相关企业向高科技产业发展。

国家攻关项目“锂离子电池电极材料研制”取得重要阶段性进展。碳负极材料已启动中试和产业化准备工作，目前已开始向用户小批量供货。正极材料研究进展顺利，与TCL公司的合作正在洽谈之中。

中科院重中之重项目“低温低压液相合成甲醇联产甲酸甲酯新工艺的开发”，找到了固体催化剂的活性与催化剂寿命的关系，在催化剂寿命方面有较大改进，已完成100小时寿命试验。

国家“863”计划立项项目“超高分子量聚-DL-乳酸骨折内固定器”，以现有实验室阶段研究成果转让给四川迪康药业股份有限公司，并与该公司共同组建“成都迪康中科生物医学材料有限责任公司”，进行项目的后续科研工作及产业化开发。此项合作采用了先将实验室“青苗”成果商品化，再合作产业化的模式。预计将建成国内首套5吨/年医用聚乳酸生产装置，年产20万套件可吸收骨折内固定器械。

在中科院、江苏省科委、常州市科委和吴江丝绸集团公司共同组织的“丝绸后整理技术联合攻关”项目中，成都有机化学研究所承担了“生丝增强剂”和“真丝绸无甲醛抗皱整理”2个子课题，研究进展显著，有所突破。目前，此项目已进入产业化前期准备阶段，并正在积极争取进入国家“十五”攻关计划。

“碳纳米管的制备和应用研究”，采用沸腾床催化工艺制备碳纳米管和碳纳米管用作微波吸收材料的吸收剂，属于创新内容，目前进展良好，已进入中国科学院知识创新工程项目。

在“中国科学院-江苏省高新技术产业合作交易洽谈会”（1998年·苏州）上，作为重大科技合作项目正式签约的、由成都有机化学研究所与常州常茂生化公司共同组建的江苏省手性技术联合开放研究发展中心，被列为江苏省省级中心。目前已完成江苏省科委和常州市科委下达的“10吨/年D-(-)-酒石酸”工业性小试研究和向厂方的技术移交。

“手性药物奥美拉唑的拆分制备”项目，已成功地通过了厂方验收。此项技术已转让给常州四药公司。

完成了香港理工大学“拟肾上腺素药物的工业性试验”及四川省科委和计委下达的“天冬甜肽中试”试验。

开发了厨房油烟催化净化器，并获得专利权。已研制出样机在现场试用，效果明显。经进一步完善后即可生产推广应用。

成都有机化学研究所设有化学博士后科研流动站、有机化学博士点，以及有机化学、物理化学、高分子化学与物理、应用化学、分析化学等5个硕士点。

1999年成都有机化学研究所共招收研究生33人，其中博士生16人、硕士生17人；授予学位20人，其中博士学位4人、硕士学位16人。有8名研究生分别获得了中国科学院奖学金、中国科学院宝洁优秀博士生奖学金等各种奖学金。被中国科学院评为“研究生招生工作先进集体”。

化学博士后流动站招收博士后流动人员1人；新增博士生导师4人，其中青年博士生导师3人；接收高级访问学者1人。

有“四川省学术技术带头人”1人，后备人选1人；获“四川省杰出青年科技人才奖”1人，“四川省青年五四奖章”1人；有“四川省突出贡献优秀专家”1人。

1999年成都有机化学研究所发表论文153篇，其中SCI论文27篇，CSCD论文80篇，比上年分别增长3.8%和60%；参加国际国内学术会议交流论文78篇。申报发明专利23项，获授权专利8项，比上年分别增长109.1%和100%。被中科院成都分院评为“专利工作先进集体”。

在国际合作学术交流方面，成都有机化学研究所1999年接待外宾来访讲学11人次，派出访问学者和留学生18人次；签订国际及港台合作研究项目14项；组织了“第二届国际绿色化学高级研讨会”和“第七届全国青年催化学术会议”等大型会议。

目前成都有机化学研究所拥有20 000余平方米的实验大楼和价值数千万元的较为配套齐全的大型仪器设备；图书馆藏书40 000余册，中外文科技期刊1300余种，藏有美国化学文摘（CA）自1907年创刊以来的全部期卷。

成都有机化学研究所是四川省化学化工学会分析专业委员会的挂靠单位。

编辑出版“Journal of Natural Gas Chemistry”和《合成化学》学术期刊，向国内外公开发行。其中“Journal of Natural Gas Chemistry”在四川省省级期刊质量考评中，被评为质量一级期刊和省优秀科技期刊；《合成化学》首次进入中国科学引文数据库（CSCD），进入1998年CA千名表，列中文期刊第五十三位。

成都生物研究所

所　　长：李伯刚
地　　址：四川省成都市人民南路四段9号
邮政编码：610041
电　　话：028-5220920
传　　真：028-5222753
电子函件：swsb@mail.cib.ac.cn
cascib@mail.sc.cninfo.net
网　　址：www.cib.ac.cn

中国科学院成都生物研究所成立于1958年11月，曾先后定名为中国科学院四川分院农业生物研究所、中国科学院西南生物研究所、四川省生物研究所，1978年启用现名。1999年底正式职工371人，其中科技人员282人，研究员（包括正研级高级工程师等）25人，副研究员、高级工程师等73人，中级科技人员135人。现有在学博士研究生6人，硕士研究生34人。

成都生物研究所是以应用基础和基础研究为主的社会公益性研究所，围绕生物资源的发掘、利用与有效保护，开展知识创新和技术创新研究工作。优势学科领域：天然产物化学、两栖爬行动物学和退化生态系统与生物多样性研究。以天然产物化学为主要发展方向，主要研究先导化合物构效关系，同时加强先导化合物的筛选及结构优化研究。两栖爬行动物研究重点进行分类、系统演化、生物多样性与生境的关系、重要物种的繁殖行为学和保护生物学研究，保持并发展在国内的优势地位，争取达到国际先进水平。退化生态系统与生物多样性研究重点围绕退化生态系统的恢复与重建，开展山地生态系统的退化机理和退化过程中人为干扰对生物多样性影响机制的研究，推动恢复生态学学科的发展与完善。还将充分利用在环境治理及环境工程、农业高新技术育种方面已有的科研优势和技术储备，开展环境微生物学的基础、应用基础研究和治理技术创新，开展农业高新技术育种研究新技术、新方法、新材料及种质资源创新。发展目标：基础研究达到国际同类研究先进水平，应用基础和应用研究达到国内同类研究领先水平，成为我国资源生物学、环境生物学领域重要的知识创新、知识转移和人才培养基地。

成都生物研究所设有天然产物化学研究中心、退化生态系统恢复与重建研究中心、两栖爬行动物研究室、环境研究室和农业高新技术育种研究室，自费建立了“天然药物开放研究实验室”。具有动物学、植物学、微生物学、环境科学4个硕士学位授权点，并与其他单位联合培养博士生。“国家天然药物工程技术研究中心”在成都生物研究所及成都地奥制药集团有限公司挂牌运行。两栖爬行动物、植物标本馆被命名为全国青少年科技教育基地和四川省青少年科技教育基地。

拥有液闪计数器、毛细管电泳仪、激光共聚焦图像系统、万能研究照相显微镜、L-8800氨基酸自动分析仪、300MHz超导核磁共振仪器等一批大型仪器；5个野外生态站及2个试验农场；图书馆文献馆藏及阅览室面积约700m^2，收藏范围以生物学为主，包括植物学、两栖爬行动物学、微生物学、环境科学、农业科学以及天然产物等学科专业图书6.8万册，期刊12.8万册；动植物标本35万余份，其中两栖爬行动物标本的种类和数量居中国之首、亚洲第二，植物标本25万号以长江上游特别是横断山的标本为特色。

成都生物研究所在中国科学院关于“进行国家知识创新工程试点”精神的鼓舞下，抓住机遇，锐意改革，调整科技创新目标，深化内部体制和运行机制的改革。综合配套改革和结构性调整基本到位，知识创新工程试点第一阶段的工作已经启动。成都生物研究所作为组成单位之一，其天然产物化学研究中心、两栖爬行动物研究室、退化生态系统与生物多样性青年科学家小组正式进入中国科学院知识创新工程试点西南生物资源与生物多样性保护发展研究基地。

围绕知识创新工程西南基地的建设，成都生物研究所在管理、机制、选项上加大工作力度，相继设置了研究员岗位招聘委员会、首批研究员招聘委员会分会、知识创新工程激励机制起草小组、两栖爬行动物、植物标本馆网络科学工程建设项目管理委员会及其办公室等机构；在天然产物化学、两栖爬行动物、退化生态环境恢复与重建等3个研究领域建立了7个学科组，实行按需设岗、按岗聘任的运行机制，完成首批相关学科科研骨干的招聘工作；完成职能部门的调整，部门调整为6个，管理人员精简至所职工总人数的7%，职能部门负责人及所有工作人员均竞争上岗、签约管理；新制定科研经费匹配、成果、论文、专利奖励、人才培养、岗位绩效津贴、各类人员考核等一系列激励机制以及离岗退养等配套改革措施，有效地保证了西南基地工作的正常推进和研究所改革的不断深入以及人员转岗分流的平稳过渡。

围绕研究所进入知识创新工程西南基地开展条件建设，提供载体和基础平台。相继完成4813m^{2}综合楼建设项目、茂县生态站改造项目以及两栖爬行动物标本馆、植物标本馆的改造立项，并与成都地奥集团签订“共建成都生物研究所两栖爬行动物、植物标本馆的协议”。

顺利完成“九五”科研项目年度计划，取得部分成果。1999年成都生物研究所共有79个课题列入科研计划，其中国家“九五”攻关项目16项，国家自然科学基金重点项目2项，中科院和有关部委项目40项，省市项目15项，国际合作项目3项，企业委托项目3项。其中基础研究项目占29.11%；应用研究课题占58.23%；发展课题占10.13%。有21项课题已按期结束。3项课题通过了成果鉴定。1999年在正式学术期刊上发表论文88篇，会议交流论文30篇，出版专著3部；申请专利8项，授权2项。

敖栋辉研究员主持的国家攻关、院重大、四川省育种攻关课题“高产优质抗病小麦新品种选育”育成的“高产优质抗病小麦新品种川育12”，1999年获中国科学院科技进步一等奖。该品种以其早熟、高产、优质、抗病和适应性强等特点先后在四川、重庆、陕西、贵州和甘肃等地累计推广面积约1 911 334ha（2867万亩），增产小麦5.8亿公斤，新增产值7.23亿元，取得显著的社会经济效益。

成都生物研究所主持的国家“九五”重点攻关项目“长江上游环境变迁、生态重建示范与流域可持续发展研究”项目组已完成长江上游生态建设总体规划，提交的“西部（长江上游）生态环境建设科技行动方案”，12月23日通过由国家科技部农村与社会发展司组织的验收，为“十五”立项奠定了坚实的基础。

国际合作交流项目取得新进展，外事管理工作更趋规范。继续执行国际合作协议8项；新签署国际合作交流协议3项；派出科技、管理人员赴美国、德国、日本、尼泊尔、澳大利亚、孟加拉、韩国、泰国、荷兰等国访问、考察、培训、出席国际会议等共31人次；接待日本、英国、美国、瑞士、法国、加拿大、荷兰、尼泊尔（国际山地中心）等国及台湾地区来访客人14批22人次；吴宁研究员获洪堡基金会资助赴德国柏林自由大学进行合作研究；法国巴黎国家自然博物馆与成都生物研究所合作编研《中国两栖动物》专著。

成都生物研究所所刊《应用与环境生物学报》1999年改为双月刊，形成新装帧、新版面结构和新参考文献规范。该刊获四川省质量一级自然科学学术期刊，正式进入CA，并通过清华光盘、国家科技部“万方”数据库检索，在成都生物研究所上网。

成都生物研究所主办的1999年“中国化工学会生物化工专业委员会年会”及与四川大学联合主办“国际第二届绿色化学会议”，广泛开展学术交流，扩大学术影响，收到良好效果。

成都地奥集团核心企业进行股份制改造实现重大突破，集团核心企业中科院成都地奥制药公司正式改组为“成都地奥制药集团有限公司”。1999年集团实现产值10亿元、利税3.2亿元、销售收入8.7亿元；地奥大厦已竣工。李伯刚所长获首届“四川省科技杰出贡献奖”，中共四川省委、四川省政府予以奖励40万元；李伯刚所长被中华全国总工会授予五一劳动奖章。

赵尔宓研究员任亚洲两栖爬行动物学会副秘书长、世界自然保护联盟物种生存委员会中国两栖爬行动物专家组主席、“Asiatic Herpetological Research”杂志主编、美国加州科学院荣誉院士、美国Sigma Xi自然科学荣誉学会会员等。王跃招研究员任世界保护同盟物种生存委员会两栖类物种种群监测行为组（DAPTF）中国主席和物种生存委员会执行委员。唐亚研究员任国际山地综合发展中心（ICIMOD）高级官员。吕荣森研究员任国际沙棘研究培训中心成员。

成都生物研究所是四川省动物学会的挂靠单位。

编辑出版《应用与环境生物学报》。

下属单位有：中科院成都生物所生物技术开发公司、中科院成都生物所劳动服务公司、成都科进技术开发公司、成都科生装饰服务公司、成都成生技术服务部、成都科成物资供销公司。

成都山地灾害与环境研究所

常务副所长：崔鹏（主持工作）
地　　址：四川省成都市人民南路四段9号
邮政编码：610041
电　　话：028-5228816
传　　真：028-5222258
电子函件：sdb@imde.ac.cn
网　　址：www.imde.ac.cn

中国科学院·水利部成都山地灾害与环境研究所（以下简称山地所）于1966年2月成立，前身为中国科学院地理研究所西南分所，1989年8月启用现名。现有职工277人，其中科技人员200人（占全所职工总数的72.2%），研究员29人（占14.5%）；副研究员、高级工程师55人（占27.5%），中级科技人员78人（占39%）。获博士学位的16人，博士后3人，现有在读博士生3人，在读硕士生15人。

山地所主要从事山地灾害学和山地环境学的应用基础研究及其应用技术与发展的研究。山地灾害学和山地环境学应用基础研究的内容分别为：泥石流形成及滑坡发生机理和以泥石流为主的山地灾害运动过程与成灾机理；亚高山生态系统变化的环境效应和脆弱生态区生态环境退化过程与机理。山地灾害学和山地环境学应用技术与发展研究领域分别为山地灾害工程和山地生态工程，其研究内容分别是：泥石流和滑坡灾害监测与预测及山地灾害工程勘测、设计、治理和管护科学技术体系；退化生态系统恢复与重建技术、流域生态建设与减灾和旱坡地降雨径流的调控与高效利用。

现有自然地理学博士点1个，岩土工程学博士点（与西南交通大学联办）1个；有自然地理学、土壤学、人文地理学和灾害防治学（与西南交通大学联办）硕士点共4个。

在中科院院属研究所定位认定与改革基础上，山地所今后的发展方向为：瞄准国家战略目标和学科发展的国际前沿，以山地灾害及其防治和山地生态环境建设科学理论与技术为主攻方向，以西南地区山地为重点，针对国家加快中西部地区发展的重大决策与山区社会经济发展面临的重大任务，开展山地灾害防治和山地生态环境建设与可持续发展重大科学技术问题的研究，为国家山地灾害防治和山地生态环境建设战略目标的实施提供科学依据，为西南山区经济发展提供技术支撑。

在科研机构改革与调整中，山地所已组建创新体系的山地灾害研究中心和山地环境研究中心；创新支撑体系的综合信息室；组建了以面向国民经济主战场、为地方经济发展服务的科技开发队伍，分属于山地农业与土壤研究室、国土开发与整治研究室和“3S”技术应用研究室；山地所建有国际先进水平的院对外开放台站——东川泥石流观测研究站和当今世界规模最大、设计合理的泥石流模拟实验室，现场观测与室内模拟实验的有机结合，为泥石流运动学和冲淤规律的深入研究提供了良好的研究条件；已进入院级《中国生态系统网络》台站的贡嘎山高山生态系统观测试验站和盐亭紫色土农业生态观测试验站，拥有开展生态系统观测及数据采集、分析、储存和传输的国际一流水平的设备和仪器，与山地所的万县生态与环境试验站、元谋水土保持生态试验站及九寨沟景观生态观测研究站相衔接，构成国内领先水平、布局合理的长江上游生态环境观测试验与研究基地网络。

1999年通过对中科院工作会议精神的贯彻落实，对山地所的定位和创新目标及深化改革进行了深入讨论。几经反复，最终提出了山地所定位认定与改革方案，并于1999年10月16日在北京顺利通过了院资环局组织的专家组的评审。1999年12月30日，经院务会议研究决定，认定山地所为资源环境基地型研究所。

山地所的改革分结构性调整和知识创新体制的建立两个阶段进行。通过半年多的艰苦努力，取得了改革的阶段性成果：1999年8月结构性调整后的研究体系，由原来的13个研究室（站、中心）压缩到5个，重新组建了山地灾害研究中心、山地环境研究中心、山地农业与土壤研究室、“3S”技术应用研究室和国土开发与整治研究室；支撑体系由原来的5个减少到1个，成立了综合信息室；将后勤服务与管理职能分离，管理体系由原来的13个缩减为3个，成立了所长办公室、科技处和组织人事处。这三大体系的人员比原来减少了51.2%。

与科研体系改革相适应，山地所还建立了新的运行机制：实行研究所和部门的两级管理模式；按需设岗、公开招聘、合同管理、绩效考核的开放式用人机制；基本工资＋岗位津贴＋绩效奖励的分配模式；物业化管理和社会化服务的后勤管理模式。制定了一套行之有效的规章制度和条例。同时，积极稳妥地做好未聘人员的转岗分流工作。

规划中的知识创新体制，由研究、支撑和管理三个体系组成。研究体系包括山地灾害研究中心和山地环境研究中心；支撑体系有综合信息室和“3S”应用室；管理体系只设立综合办公室。知识创新体制的固定编制为80人，其中研究系统65人，支撑系统8人，管理系统7人，流动人员暂定为80人。人员将在结构性调整的基础上再减少41.6%，仅占改革前的25%。知识创新的总目标是：揭示不同尺度的山地表生过程特征及其规律，完善山地灾害与山地环境学科体系，在2010年初步建成具有国际水平的山地灾害与山地环境学科研究中心、知识创新基地和高级人才培养基地。

1999年山地所共承担国家攻关项目、国家自然科学基金项目、中科院重大项目、国际合作及地方委托重大项目等科研任务 116 项；登记成果 8 项，获奖成果 4 项，其中院、省、部级科技进步二等奖 1 项，三等奖 3 项；此外，由钟祥浩等著的《长江中上游防护林建设研究》获国家新闻出版署颁发的 1999 年“全国优秀科技图书奖”暨“科技进步奖（科技著作）”三等奖，同时还获得四川省新闻出版局颁发的 1998 年度四川省最佳图书奖；专利申请 5 项；出版专著 4 部。

“泥石流危险度和危险范围的研究”是国家自然科学基金资助项目。在实地考察和现场模型实验基础上，创造性地提出了泥石流危险度的多因子综合定量判定模式和计算公式、泥石流危险范围的模型实验预测模型和流域背景预测模型、泥石流危险区划的系统理论和定量方法；解决了泥石流减灾防灾非工程措施的若干关键基础理论问题，1993 年被专家组鉴定为总体上达到国际先进水平的创造性成果。

在其后 5 年的成果处理和跟踪应用过程中，被国家自然科学基金委评为优秀研究成果并获资助出版专著《泥石流危险性评价》；在国际刊物上发表的 5 篇英文论文被国外同行来函索取和引用，其中 3 篇为 SCI 检索论文；发表的 15 篇代表性论文和出版的专著被 10 多个省、市、自治区的 51 位专家引用；成果在西南三省及北京、辽宁等地的泥石流危险区划和减灾防灾规划中得到广泛应用，体现了较高的科学价值和实用价值。该成果获 1999 年度四川省科技进步二等奖。

4 个已结题的国家自然科学基金项目均取得有显示度的成果。如“颗粒在黏性泥石流中力学作用的试验研究”，通过 11 项观测试验，取得 1 万多个数据和几十个数学物理表达式，首次揭示了气体对黏性泥石流体减阻作用，阐明了黏性泥石流颗粒悬浮、剪切稀化、高速低坡运动的力学机理等；“干热河谷岩土性质、土壤水分与植物生长”项目，填补了我国干热河谷区土壤水分及其与植物生长关系研究的空白，将在西部大开发中对干热河谷退化环境的综合整治起到重要指导作用，部分研究成果已被云南省林业厅列入“云南省天然林资源保护工程科技支撑规划”在干热河谷区推广；“紫色岩钾素风化动态及其生物有效性研究”对紫色母岩风化过程的系统定量研究，紫色母岩养分与钾素的风化释放研究、紫色土地区母质侵蚀与重力侵蚀机理、因工程建设裸露母岩造成的土壤侵蚀强度研究等，在国内外均属首次，对水保规划及生态环境建设有重要指导意义；“四川盆地紫色山丘坡坎生态子系统特征及开发前景研究”测得该区有坡坎地 512 320ha（768.48 万亩），占全区未利用土地总量的 67.08%，为人多地少的山丘区挖掘出开发潜力巨大的土地资源。选出的 10 项分型指标，为坡坎利用提供了理论依据，设计的生物、工程措施为坡坎发挥水保和经济的双重效益提供了技术支撑。

1999 年，山地所先后有 11 名科技人员 14 次出访日本、美国、尼泊尔等国及我国香港、台湾地区，并进行项目考察、合作研究等科技活动，7 批次邀请了日本、德国、意大利、西班牙等 14 个国家的 58 位学者和项目官员来所进行学术交流、合作研究或项目培训。

山地所是中国地理学会山地分会、四川省地理学会、中国水土保持学会泥石流滑坡专业委员会和中国第四纪研究委员会应用第四纪专业委员会的挂靠单位。编辑出版的主要刊物有《山地学报》(原名《山地研究》，由山地所与中国地理学会山地分会共同主办)。该刊为我国山地学综合性学术刊物、中国自然科学核心期刊之一，现已由季刊改为双月刊，并已入编《中国学术期刊》光盘版，与国内外 200 多个相关专业的科研单位、大学及其期刊建立了密切联系。

光电技术研究所

所　　长：姚汉民
地　　址：四川省成都市人民南路四段 9 号
邮政编码：610041
南郊科研开发基地：四川成都市双流 350 信箱
邮政编码：610209
电　　话：028-5100341
028-5223143
028-5100112
图文传真：028-5100070
028-5223143

电子函件：sb@ioe.ac.cn（所办）
网　　址：www.ioe.ac.cn

中国科学院光电技术研究所（以下简称光电所）始建于1970年，是中国科学院在西南地区规模最大的研究所。前身是国防科委1969年筹建、由长春光学精密机械研究所分迁的三线科研单位。1975年划归中国科学院。光电所分市内和南郊两部分。

光电所由科研部、科技开发部、光电总公司以及质量控制部、物业中心等组成，具有光机电技术的综合优势和配套齐全的生产制造、开发能力。科研部主要由从事应用基础研究和高技术创新研究的国家实验室以及从事工程系统研究的研究室组成，其中微细加工光学技术国家重点实验室、国家"863"计划自适应光学实验室、国家"863"计划光束控制实验室已进入中国科学院知识创新试点同时还建有光电工程、应用光学、电视应用技术、光电探测、光电精密测试、光电传感技术、薄膜光学等10个研究室；科技开发部主要从事科研项目试制加工和新产品开发工作，建有六个加工试制部；光电总公司包括科奥达有限责任公司、四川光电公司等8家公司，拥有长光栅、编码器、激光应用技术、光学元件、医用光电仪器等独立运行的产品开发生产部门。物业中心由条件后勤服务系统组成。挂靠在光电所的"中国科学院成都几何量及光电精密机械测试实验室"，可向社会提供具有法律效力的公证数据。

全所现有职工1437人，其中科技人员612人，有中国工程院院士2人，研究员47人，副研究员、高级工程师等150人，中级科技人员210人。光电所现有光学工程博士后流动站和博士学位授权点以及光学工程、物理电子学、检测技术与自动化装置、测试计量技术与仪器4个硕士学位授权点。现有在学博士生、硕士生近百人。

光电所主要方向是从事工程光学和光电系统的应用研究与开发。其主要领域是：应用光学、自适应光学、微细光学技术与设备、光电跟踪测量技术与系统、激光光束技术、精密测试技术等，涉及图像处理、自动控制、光电技术、电子技术等若干相关的高新技术。三个优势学科进入中科院"百人计划"招聘学术带头人，目前已有2人到位。光电所在国内外都有很强的学术和技术优势。

1999年安排科研试制任务125项，其中高技术领域4个主题7个专题，17个课题。各类国家和中科院科研项目35项，各类科学基金项目38项，其他开发项目35项。

光电所本着为国民经济、国防建设和科技进步作出重大贡献的原则，充分发挥全所的整体优势，坚持以重大项目牵头，科研开发并举的办所方针。1999年在主要优势领域取得显著进展。在微细光学技术与装备研究领域主要从事亚微米线条的形成与传递、光电自动对准与精密定位、深紫外光刻和同步辐射X射线光刻、相移掩膜及衍射光学元件等技术研究。"九五"院重大项目"0.35μm投影光刻机关键技术研究"取得了多项技术突破和创新，已通过院组织的验收评议，为申请国家攻关项目"0.15μm X光投影光刻机"的研制奠定了良好的基础。深紫外曝光系统和离线对准扫瞄工件台均已进入连调总检测阶段。微细加工光学技术国家实验室在研究工作、人才培养和实验室建设等方向都取得很大的进展，开展微透镜阵列、折衍混合成像系统以及红外探测器耦合技术研究与应用在国内已有很大影响，得到了集成微透镜阵列PtSi256×256探测器实验芯片，为我国大面阵凝视焦平面器件提高水平指明了方向。光电所在国内开创了自适应光学领域研究工作，目前主要研究动态波前的实时测量、波前复原和波前误差校正，并用于天文望远镜、激光光束诊断系统。1999年"863"重点项目61单元自适应光学系统与1.2m望远镜在国内首次进行了自适应光学成像补偿校正试验，在可见光波段拍下的自适应光学校正后的单星和双星的图像，与未校正相比，分辨力有显著提高。自适应系统回路的工作极限星等为5.5，精密跟踪回路系统成功实现稳定闭环工作，工作星等高于7.1，取得了可贵的试验数据。光电所在光电捕获跟踪测量技术研究和光电工程研制领域有很强的综合技术实力，1999年承担研制的空间目标观测系统及中型光电经纬仪等多台测量设备均陆续出所，并取得了外场试验的良好结果。在弱小目标的探测成像、信号实时处理、多目标识别、高精度快速跟踪测量方面取得很大的进展，研制出具有国际先进水平的冷光学系统和国内领先的机载光电测量稳定系统等。激光光束技术领域主要研究激光稳定净化、变换发射、诊断补偿及光束方向控制等技术问题。1999 年进行了 9905 实验，光学质量明显改善，光稳系统，测距能力以及粗精电视探测能力均有提高，完成了预定的实验目标。国家“863”计划光束控制重点实验室大楼竣工并进行实验室挂牌。

建所 29 年来，光电所已获得包括国家科技进步特等奖在内的 400 余项科研成果。1999 年获得国家科技进步三等奖 2 项（激光上行跟瞄与传输补偿技术集成装置及实验，0.8～1μm 分步重复投影光刻机），中科院科技进步一等奖 1 项（2.16m 高分辨率望远镜红外自适应光学系统），二等奖 2 项（机载视轴稳定平台和冷光学系统），发明奖三等奖 1 项（排列互比法用于超精测角研究）。1999 年光电所申请专利 21 项，授权专利 21 项，期刊上发表论文 123 篇，各种学术会议上发表论文 69 篇。

1999 年光电所通过了 ISO9001 质量体系认证，并被国家技术监督局评为“全国技术监督先进单位”，这对于完善我所质量管理，推进全所创新起到了促进作用。

光电所加快科技成果转化与科技体制改革，1999 年完成了科川公司的股份制改制工作，目前正陆续对其他所办公司进行改制。开发部门装备有光学仪器及光学玻璃连熔线等生产线，开发生产多种适应市场需要的高新技术产品如：长光栅与数显表、光电轴角编码器、激光标记机、手术显微镜和观靶镜、各种棱镜、透镜等光学元件、空调制冷设备等。

近几年来，国际交往和学术、科技交流不断扩大。1999 年光电所派出参加国际技术讨论会、考察、培训和学术活动 19 人次；接待国外学者讲学、访问、技贸洽谈等活动 12 人次。目前同美国、日本、德国、法国、加拿大、俄罗斯、等国家及我国香港地区建立有交流与合作关系。

编辑出版的主要刊物有《光电工程》。该刊已被美国国际工程索引（EI）收录，成为国内外有影响的刊物。

成都计算机应用研究所

所　　长：张海盛

地　　址：四川省成都市人民南路四段 9 号
邮政编码：610041
电　　话：028-5217501
传　　真：028-5229357
电子函件：jssbgs@mail.sc.cninfo.net
网　　址：www.cica.cdb.ac.cn

中国科学院成都计算机应用研究所（以下简称成都计算所）成立于 1958 年 11 月。建所之初为中国科学院四川省分院数学研究所，1960 年更名为中国科学院四川省分院计算技术研究所，1981 年启用现名。1999 年全所职工 328 人，其中科技人员 268 人，有中国科学院院士 1 人，研究员（包括正研级高级工程师等）16 人，副研究员、高级工程师等 39 人，中级科技人员 125 人。现有在学博士生 8 人，硕士生 33 人。

成都计算所主要从事计算机应用系统集成化、智能化研究与开发，同时开展计算机科学与数学理论的应用基础研究。研究开发领域涉及计算机科学理论、人工智能、计算机软件、软件工程、网络与通讯、办公自动化、工业自动化、计算机集成制造、大型科学与工程计算以及数理科学等。

研究开发部门设有 4 个研究开发部、2 个研究中心和相应的实验室。即办公自动化系统研究开发部、工业计算机应用研究开发部、集成信息系统研究开发部、计算机综合应用研究开发部、计算机科学与数学研究中心和计算中心。有与联合国大学软件所联建的“自动推理与程序生成实验室”。

所办公司为用户提供计算机应用服务。计算机应用培训学校面向社会培养计算机应用人才。

成都计算所设有计算机软件与理论专业博士学位授予点和计算机应用技术、计算机软件与理论、应用数学 3 个硕士学位授予点，同时还与高校联合培养应用数学专业博士生。成都计算所先后向国外派遣访问学者 60 余人，与世界 20 多个国家和地区的科研机构、大专院校有学术交流、合作关系。1999 年继续加强对外交流与合作，派员赴美国、法国、加拿大、韩国和我国香港地区进行交流学习。

成都计算所拥有包括 IBM3081 大型计算机在内的各种科研设备。

1999 年成都计算所列入计划的科研项目 58 个，其中“攀登计划”、“863”、“973”、国家自然科学基金等纵向项目 6 个，横向合同项目 42 个。上述项目中新开项目 38 个，延续项目 20 个。1999 年结题、鉴定、验收的 32 个，取得科技成果 32 项。获院部级奖 2 项，申请专利 4 项、授权 1 项，发表论文约 50 篇，出版专著 4 部。

1999 年成都计算所科技开发工作稳定持续发展。

基础与应用基础研究取得新的进展。承担的“973”项目、国家自然科学基金项目、中科院基础研究特别支持项目等都较好地完成了年度计划。其中“973”项目在不等式机器证明及定理发现、微分方程求解、机器人反运动学问题等方面取得重要成果；国家自然科学基金“基于区域分解的有限元分裂外推”的研究成果被评价为“有应用前景的国际领先水平成果”。据不完全统计，全年累计在核心期刊和会议上发表有关基础和应用基础研究方面的论文有 30 多篇，出版专著 2 部。

应用开发取得新的业绩。以成都计算所作为技术依托单位的涪陵卷烟厂、成都卷烟厂和剑南春酒厂“863”/CIMS 应用示范工程顺利推进，由此带动了一批工程实施项目的争取和新行业的开拓。国家“九五”重点攻关项目“全汉字系统平台开发”、行业重点项目“印钞质量在线监测系统”等获得重要进展。气井水锥数字模拟研究、医院管理系统等一批应用开发项目也较好地完成了合同任务。

产品开发应用取得新的成果。全面完成了 10 个智能教育软件的开发任务，已有 5 个软件通过教育部的审定，市场潜力很大。ERP 软件产品化、商品化工作成效显著，并在一些大中型软件工程项目中成功推广应用。能源计量与管理系统、生产数据实时采集系统、工业电视系统等在卷烟厂继续得以改造升级和推广应用。计算机会议系统又推广应用于上海、武汉和佛山等市，并为地方提供了多次会议服务。电视台管理系统、大屏显示系统、立体车库管理系统、烟叶收购机等项目成果的推广应用又取得了较好的社会经济效益。

根据中科院的统一部署，成都计算所将从事业体制整体转制为现代企业。在中科院的支持和指导下，开展了一系列转制准备工作，中科院批示整体转变为有限责任公司。与此同时，积极推进人事综合配套改革，为 2000 年实施全员合同聘任、按需设岗、按岗聘任作了准备。还继续推进医疗统筹、养老保险储备金、住房制度改革等社会保障工作。

成都计算所是中国计算机学会西南学会、四川省计算机学会的挂靠单位。编辑出版《计算机应用》。该刊为我国科技核心期刊。

成都文献情报中心

常务副主任：王俨（法人代表）
地　　　址：四川省成都市人民南路四段 9 号
邮 政 编 码：610041
联 系 电 话：028-5224282
图 文 传 真：028-5220439
电 子 函 件：jh@clas. ac. cn
网　　　址：www. clas. ac. cn

中国科学院成都文献情报中心（又名：中国科学院成都图书馆）是中国科学院设在西南地区的文献情报中心，始建于 1958 年。现有职工 79 人，其中科技人员 58 人，研究员和研究馆员 5 人，副研究员和副研究馆员 13 人，中级科技人员 23 人。现有在学硕士研究生 6 人。

成都文献情报中心具备现代化综合信息服务功能，研究领域主要是：文献情报基础理论、信息检索与调研分析、现代信息管理技术，与四川大学信息管理系一起拥有图书馆学硕士学位授予权，是四川省科委批准的“四川省科技成果查新咨询服务分中心”和中科院指定的“中国科学院成都科技查新咨询中心”。

成都文献情报中心馆藏总量现为 200 万册（件），其中科技期刊 1.23 万种 121.5 万册，图书资料 23.4 万册（包括两套大型会议录 SPIE 和 IEEE），电子期刊 3100 种，专利文献 65 万件，检索光盘 683 张，缩微平片 8.9 万张，音像制品 904 张，已形成以天然产物、生物多样性、化学、环境科学、光学与计算机科学为重点的，以科技期刊、检索工具和会议文献为主干的馆藏结构。

成都文献情报中心负责管理成都分院计算机网络建设二期工程。工程从1998年9月开始，至1999年初完成，建立了中国科技网（CSTNet）成都卫星地面站，使成都节点通过卫星联入国际互联网，广域网带宽达到上行独占64K，下行共享2M。1999年9月，网络建设通过中国科学院综合计划局验收。

成都文献情报中心建筑面积8139m^2，另有建筑面积约3000m^{2}的新书库楼即将完成建设。现设中外文自然科学图书阅览室、中外文社会科学图书报刊阅览室、专利文献阅览室、检索工具书阅览室、中文科技期刊阅览室、外文期刊阅览室，所有阅览室均实行开架管理。文献业务工作采用TOTALS图书馆自动化系统管理。

成都文献情报中心的业务部门分为基础服务和信息开发两部分，前者包括图书部和期刊部，后者包括信息咨询部、网络工程部、编辑出版部、综合经营部；职能管理部门为党政办公室、计划财务处、院地合作办公室和后勤处。

成都文献情报中心与院属其他文献情报中心协调一致，积极拟定创新方案，确定为科研事业、经济建设和西部大开发服务的方针，并逐步按照创新要求进行业务工作和组织结构等各方面的调整，积极争取进入中科院知识创新工程。

1999年成都文献情报中心承担的主要科研课题涉及国际互联网、知识经济、天然药物、新药研究、专利信息、业务管理、文献信息网络、发展战略研究等领域。“中国实用天然药物数据库”课题研究已取得阶段性重大进展，近期内可上网提供服务。完成了成都文献情报中心内部计算机网络建设，完成了成都分院计算机网络升级改造方案，解决了网管中心所有服务器和图书馆自动化管理系统的2000年问题；初步完成中心网站建设，初步完成“全球图书馆导航系统”建设，并已逐步开展针对西部大开发的信息服务。

1999年，成都文献情报中心成立院地合作办公室，选派的干部被四川省授予“优秀科技副县长”称号，并获中国科学院“科技副职一等奖”。“SPIE二次文献数据库”获四川省科技进步三等奖，之后继续补充更新数据，开发出SPIE数据转换规范程序。

成都文献情报中心重视国际学术交流，先后与美、英、德、泰、俄等国建有交流关系。

成都文献情报中心是中科院科技情报研究会成都地区工作委员会、四川省图书馆学会成都地区科学院系统工作委员会、四川省情报学会理论方法委员会的挂靠单位。编辑出版《天然产物研究与开发》（1999年由季刊改为双月刊，与成都地奥集团和国家天然药物工程中心合办）和《世界科技研究与发展》（双月刊，与中科院学部联合办公室、中国工程院学部工作部、中科院计划财务局合办）2种公开发行刊物；另有与四川省经贸委等合办的《四川企业科技信息》（月刊）内部刊物1种。

另外，信息咨询和期刊编辑工作进一步深化，经济收益超额完成当年创收指标，社会影响也日渐显著。成都文献情报中心负责的文献情报协作网有：中科院西南地区文献情报协作网和中科院成都地区文献情报协作网。

成都文献情报中心下属单位有：成都高新技术产业开发区信息中心，并投资控股京川软件有限责任公司。

成都科学仪器研制中心

主　　任：丘希仁（法人代表）
地　　址：四川成都锦绣路33号
通 讯 处：成都421信箱
邮政编码：610041
电　　话：028-5211071
传　　真：028-5211071

中国科学院成都科学仪器研制中心（以下简称成都科仪中心）成立于1959年9月，其前身为中国科学院西南分院金工厂。1977年更名为中国科学院成都科仪厂，1991年后用现名。现有在职职工345人，科技人员102人，高级工程师14人，工程师55人，初级科技人员33人，职员46人，技术工人197人。

成都科仪中心是一个以光电引导技术，数字采集技术，精密模具加工技术为基础导向，以光、机、电及其一体化产品的开发、生产、经营为依托的科学仪器和大型设备研制、生产的基地。

成都科仪中心下设军工所及由中心投资成立的应用技术开发公司、中科精密模具公司、成都科星物质装备公司、四川万达光电仪器有限公司、数采部、成都棕北生活服务部六个独立核算、自主经营、自负盈亏的经济实体。并与香港协励行合资成立了成都麦克奥迪光电仪器有限公司。

成都科仪中心拥有一批先进的进口电子测量仪器及精密机加设备，其中有从日本、美国进口的G18座标磨床，CM-3数控铣床，SC-52F深切磨床，H-DS02N电火花加工机床等高精设备。

成都科仪中心从20世纪80年代起一直从事体视显微镜。瞬态波形存储器，电子数字毫秒表及烟支测量仪等系列产品的生产和开发，设计加工各种电子器件塑封模具和其他精密模具，取得了较好的经济效益和社会效益。90年代初又成功地研制了含光、机、电一体化军工技术的“886”工程项目及JSX-1精密砂轮修整器等产品。

昆 明 分 院

院　　长：张壮鑫

地　　址：昆明市护国路 22 号

邮政编码：650021

电　　话：0871-3146835

图文传真：0871-3146783

电子函件：kmb@ms. kmb. ac. cn.

中国科学院昆明分院作为中国科学院在云南的派出机构，现代院管理 5 个研究单位：昆明植物研究所、昆明动物研究所、云南天文台、西双版纳热带植物园、贵阳地球化学研究所，分属生物、天文、地学三大基础学科。

昆明分院机关职工总数 83 人，各类专业技术人员 14 人，其中高级科技人员 4 人，中级科技人员 5 人，初级科技人员 5 人。

云南地处中国西南，由于复杂多样的地理环境，使其境内繁衍着从热带、亚热带、温带、寒温带到寒带的丰富多彩的生物种类，成为举世瞩目的生物资源宝库，为进行生物学研究提供了优越的环境及条件。由于它特殊的地理位置，它还是理想的天文测试地区。同时，它还具有丰富的矿产资源，随着国家开发矿产资源的战略布局向西南三江（金沙江、怒江、澜沧江）地区的转移，可为国家乃至西南地区的矿产资源开发提供优良的条件。

根据国家发展战略的要求，以及中国科学院面向 21 世纪提出的“知识创新工程”总体布局，依托云南的自然资源优势，昆明分院将逐步发展成为中科院西南生物资源及生物多样性保护研究基地和国家天文观测中心实测基地以及地球化学研究基地。

1999 年，昆明分院按照中科院的要求，组织昆明植物研究所、昆明动物研究所、西双版纳热植园及成都生物研究所，进行知识创新工程西南生物资源及生物多样性保护研究试点基地的方案准备工作，该基地将立足西南，面向国内外，充分利用西南的地域优势和生物资源优势，探讨生物多样性的起源、演化、保护和生物资源可持续利用的基础理论，提示生物多样性的发生、发展规律和濒危机制，发展种质资源保存和利用，推动大农业技术和退化生态系统的重建，加强天然药物研究、开发及产业化，建设国际一流的生物资源与生物多样性保护研究的中心，为社会经济可持续发展和国家知识创新做贡献。该基地方案已于 1999 年 6 月获院部批准通过，现正在逐步实施。

自 1995 年中国科学院与云南省签订长期、稳定、全面科技合作协议以来，昆明分院积极协调，中科院大批研究机构和科技人员投入到云南社会和经济发展密切相关的任务中，截至 1999 年底，已开展合作项目 35 个，院省合作总经费达 3600 万元，涉及到中科院研究单位达 25 个。项目的实施，将为云南省的社会和经济发展、生态环境保护等作出重要贡献。

1998 年 12 月，在院省合作的基础上，中科院与云南省进一步签订了共建中科院昆明分院的协议，内容包括共建西南生物多样性研究中心、国家天然药物工程中心，并以植物化学开放实验室、细胞与分子进化实验室、灵长类生物学研究室为依托共建云南天然药物化学重点实验室、云南省畜禽分子生物学重点实验室、云南省动物生殖生物学重点实验室等三个重点实验室，并探讨共建研究生联合培养基地。

在人才队伍培养方面，目前昆明分院系统各研究所实验室主任、副主任几乎全部由 45 岁以下的人员担任，70%的课题也由45岁以下人员担任组长或副组长。迄今为止共获得国家人事部有突出贡献专家称号5人，获云南省有突出贡献的中青年专家26人，中科院“百人计划”7人，获国家人事部突出青年基金4人，七部委千百万人才培养规划5人，获中科院青年科学家奖5人，入选云南跨世纪人才培养规划20人，列为中科院西部之光人才培养规划14人。

根据院部的要求，昆明分院各处室进行了机构改革，现有：党政办公室、科技处、人事教育处、国有资产管理处。

昆明动物研究所

所　　长：季维智
地　　址：云南省昆明市教场东路32号
邮政编码：650223
电　　话：0871-5190390（总机）
传　　真：0871-5191823
电子函件：liaolq@mail.kiz.ac.cn

中国科学院昆明动物研究所始建于1959年，1963年改名为中国科学院西南动物研究所，1970年下放云南省，改名为云南省动物研究所，1978年重新收归中国科学院，恢复原所名。全所现有职工266人，其中科技人员218人，研究员20人，副研究员、高级工程师55人，中级科技人员85人。设有一个博士点和3个硕士专业的学位授予点。现有博士生34人，硕士生32人。并于1996年批准建立博士后工作站，本年度有7人进站工作。

1999年7月，作为中国科学院“西南生物资源和生物多样性研究基地”的主体研究所之一，昆明动物研究所的创新工作全面启动，根据科学院批准的研究所分类定位和基地的任务与方向，昆明动物研究所拟围绕进化生物学、资源与动物学、保护生物学三个重点学科方向，积极承担国家和地方社会发展及经济建设紧密相关的基础性、关键性、综合性、战略性和前瞻性的重大研究课题，把创新工作与区域特色有机地结合起来，促进地方经济转型调整和高技术产业化；扩大国际影响，成为现代动物科学研究基地。争取15～20年内把昆明动物研究所建成：国际上的影响的进化生物学研究中心、中国西南和东喜马拉雅地区资源的可持续利用与生物多样性保护的研究中心、国际灵长类生物学研究中心之一，我国乃至面向国际高层次动物科学人才培养的基地。

依据上述目标，1999年昆明动物研究所启动完成了第一批14个学科组（含百人计划2个新兴学科组）及人员的招聘、管理岗位人员的设置、科研辅助和技术支撑岗位的设置；并与第一批招聘的14个学科团组学术带头人签订了“知识创新工程西南生物资源与生物多样性保护与发展研究基地昆明动物所学科团组试点任务书”，探索制定了研究所对招聘学科团组的考核评价体系及“昆明动物研究所知识创新工程试点专项经费管理实施细则”等，并逐步付诸实施；同时为保证和支持基地学科团组完成任务，完成了实验动物房的建设及研究所中心实验室的组建，大型实验仪器设备的公管共用制开始实施。

昆明动物研究所现设有系统动物学研究室、遗传与进化研究室、灵长类生物学研究室、动物毒素研究室、保护生物学中心、中国科学院典型培养物保藏委员会昆明细胞库等6个研究机构。另有中科院细胞与分子进化开放研究实验室1个，与美国威斯康星大学联合建立的所自费开放实验室——灵长类生物学联合实验室，中国科学院与云南省共建的动物生殖生物学重点实验室和畜禽分子生物学重点实验室。昆明动物研究所动物标本馆珍藏各类动物标本50余万号，模式标本300余种，是我国西南地区最大的动物标本馆，与世界13个国家和地区建立了标本交换关系。

1999年昆明动物研究所共承担各类科研项目155项，其中主持136项（重大、重点项目28项），合作主持、参加和协作的19项（其中重大、重点项目10项）。国家、云南省、中科院项目共计136项，占全部项目的87.7%；基础研究79项，占全部课题的51%；应用研究51项，占32.9%；开发研究25项，占16.1%；全年实际到位研究经费924.05万元。

1999年昆明动物研究所共发表各类科技论文94篇，其中SCI收录15篇，学报（包括SCI）论文59篇；主持及合作编写出版专著各3部：《中国云南野生动物》、《生物多样性研究丛书遗传多样性研究的原理与方法》、《中国动物志 硬骨鱼纲鲇鱼目》、《白臀叶猴和仰鼻猴的自然历史》、《寄生甲壳动物》、《草鱼生物学与疾病》。1999年申报云南省自然科学奖4项："中国西南地区洞穴鱼类的分类和趋同演化"、"涡鞭毛虫（甲藻）及其进化地位的研究"获云南省自然科学三等；"茶叶茸毒蛾生物学和综合防治技术"获云南省科技进步三等奖。

昆明动物研究所的国际合作与交流近年来日益增强，现已于30多个国家和地区建立了长期、稳定、高层次的合作与交流关系，并取得了较大的成效。1999年9月昆明动物研究所成功主办了"'99青年学者生命热点问题研究和发展研讨会"来自全国科研院所、高校及国外的留学人员共40余人（包括部份外国学者）参加了本次研讨会。在美国麦克阿瑟基金会的资助及委托下，昆明动物研究所今年组织开办了招收东南亚国家保护生物学专业人才的研究生培训班，旨在为东南亚国家培养这方面的高级人才，今年招收了来自越南、老挝的外国留学生4人。开设了英语口语、阅读与写作、听力、中文及各类专业基础课，目前各方面培养工作进展顺利，为国际间的合作交流作出了新的探索和贡献。

昆明动物研究所是云南省动物学会、云南省昆虫学会、云南省细胞与生物学会、云南省免疫学会的挂靠单位。出版学术刊物《动物学研究》。

昆明植物研究所

名誉所长：吴征镒（院士）
所　　长：郝小江
地　　址：云南省昆明市黑龙潭
邮政编码：650204
联系电话：0871-5150660（总机）
图文传真：0871-5150227
电子函件：kib@mail.kib.ac.cn
网　　址：www.kib.ac.cn

中国科学院昆明植物所的前身是1938年成立的云南省农林植物研究所。现有在职职工281人，其中科研人员242人，有中国科学院院士2人，研究员31人，副研究员、高级工程师等42人，中级科技人员81人。现有在读博士生48人，在读硕士生53人。另有在站博士后1人。

昆明植物研究所紧紧围绕植物资源的合理开发和有效保护这一中心，开展多学科综合研究，包括宏观和微观的结合，不同层次和多种技术手段的结合。主要学科包括：(1)植物区系地理学，植物分类学，植物系统学；(2)植物化学，天然有机化学；(3)植物生理学，植物生物技术，植物生物化学；(4)民族植物学；(5)保护生物学，植物引种驯化。

现设有5个研究室，即植物分类与植物地理研究室（所级生物多样性与生物地理开放研究实验室）、植物化学研究室（同时为中国科学院院级植物化学开放研究实验室、云南省药物化学重点实验室）、植物生物技术研究室、民族植物学研究室、昆明植物园。

昆明植物研究所通过定位，进一步明确了其研究方向为植物的物种多样性及其可持续发展。研究区域重点为云南及西南，面向东南亚。重点学科为植物区系地理学和植物化学，配套学科为保护生物学和民族植物学。重点基础研究领域：植物分类区系地理及系统演化，植物次生代谢产物及其生物学意义。重点应用和发展领域：植物资源的合理利用，生物技术与生物工程。

昆明植物研究所具有博士、硕士学位授予权，设有博士后流动站。

昆明植物研究所具有国内一流的植物标本馆。馆藏有种子植物、孢子植物（包括蕨类、真菌、苔藓、地衣等）标本120万份。其中，许多重点地区的标本（如青藏高原、横断山地区等）在国内都是保存最好的。全所还具有大型仪器中心，500兆核磁共振仪、高分辨质谱仪、高分辨电子显微镜、激光共聚焦显微镜和DNA全自动测序仪等都具有国际先进水平。

1999年，昆明植物研究所知识创新工程试点工作全面展开。

（1）建立了按需设岗、按岗聘任、公开招聘、择优上岗、合同制目标管理的用人模式。

（2）分级聘用、分层次管理。研究所重点考虑学科结构和研究组的设置，学科带头人的遴选。可以“高职低聘”和“低职高聘”。

（3）严格考核，能上能下，制定研究组和管理岗位的考核办法，根据聘任合同严格考核。

（4）建立合理的激励机制，包括分级设定岗位津贴和绩效津贴，根据发表论文、成果、专利及在产业化中做的贡献给予奖励。

创新试点工作到位时间虽然不长，但其积极效果已开始显示。科研和管理工作都有了更好的发展。

1999年，全所新争取科研项目27项，其中国家自然科学基金项目3项（包括重点项目1项）、省基金项目12项（包括重点项目1项、主任基金1项）、省学术带头人基金项目3项、中科院分类区系专项2项、国家“973”专题1项、国际合作项目4项、省热区项目1项。

1999年，共组织鉴定并登记成果8项。共有4项成果获奖，其中孙航等的“雅鲁藏布江河谷地区植物区系”获院自然科学二等奖；武素功主持的“可可西里综合科学考察”获院自然科学二等奖；胡忠等的“马槟榔甜蛋白的综合研究”获院自然科学三等奖；李存信、李树云等人的“蒙自万亩吨粮田综合丰产技术”获云南省科技进步三等奖。本所与版纳植物园主持的“'99昆明世博会大温室项目”获金质贡献奖。中科院资深院士、昆明植物研究所名誉所长吴征镒先生获“COSMOS”国际大奖，并出席在日本举行的颁奖仪式。

1999年，昆明植物研究所共申请发明专利11项，授权专利4项。在国内外学术刊物上发表论文163篇，出版学术专著7部。

1999年昆明植物研究所和德国、日本、美国、英国的科技合作继续进行。举办了“人与自然国际学术讨论会”、“生物多样性保护与持续发展”等大型国际学术会议。现全所有国内外访问学者40人。

昆明植物研究所是云南省植物学会的挂靠单位。编辑出版《云南植物研究》学术期刊。

云南天文台

常务副台长：罗国权（主持工作）
地　　址：云南省昆明市东郊凤凰山
邮政编码：650011
联系电话：0871-3347087（综合办公室）
图文传真：0871-3358437
0871-3911845
电子函件：Ynao@Public. Km. Yn. Cn

中国科学院云南天文台的前身是原中央研究院天文研究所，几经改制和易名后，于1972年经国家批准正式成立。1975年破土动工，1982通过国家验收。云南天文台地处四季如春的昆明东郊凤凰山，东经102°45′，北纬25°02′，最高点海拔为2022m，占地约34ha（约500亩），是一个历史悠久而又新兴的天文台。

云南天文台是一个以天体物理为主的实测南方天文台和创新工程研究团组加南方基地的综合性科研机构。下设4个分支学科：非太阳天体物理分支学科、太阳物理学分支学科、天体测量与天体力学分支学科和天文新技术分支学科。在恒星演化理论、活动星系核、地面高精度天体位置测量、人造天体高精度跟踪定位等方面的基础理论研究和实测工作在国内外都有较大影响。云南天文台现有职工273人，其中科技人员237人，有中国科学院院士1人，研究员23人，副研究员、高级工程师61人，中级科技人员98人，初级科技人员54人。有博士导师15人，硕士导师23人。在读研究生有36人，其中博士生26人，硕士生10人。另有在读博士后1人。

云南天文台设有天体物理学（含天体物理方法）博士学位授予点，天体物理学（含天文仪器与方法）硕士授予点，天体测量与天体力学（含天文仪器与方法）硕士授予点，天文学博士后流动站。现设有中国科学院天文光学开放实验室昆明1m天文望远镜基地。

国家科技部、中国科学院、云南省人民政府及国家天文观测中心的各级领导，对建设我国南方天体物理实测研究基地十分重视。1999 年 5 月 22 日国家科技部邓楠副部长一行视察了南方基地丽江高美古天文观测站址，并作了重要指示；1999 年 9 月 24 日中科院陈宜瑜副院长一行四人视察了南方基地丽江高美古天文观测站址，陈副院长对今后丽江高美古天文实测研究基地 2m 级望远镜的建设和整体布局规划作了重要指示；1999 年 9 月 29 日中科院许智宏副院长又前往丽江高美古进行视察。目前国家天文观测中心南方天体物理实测研究基地丽江高美古 2m 级望远镜、澄江抚仙湖红外太阳望远镜建设的前期工作正顺利进行。

由 6403 机架改造而建成的 1.2m 望远镜激光测距系统，系国内唯一的大口径激光测距望远镜。该仪器自 1998 年底投入常规观测，并参加了中国大科学项目“中国地壳运动监测网络工程”。其观测资料得到“国际卫星激光测距资料中心”EDC 和 CDDIS 的好评。1.2m 激光测距系统，在国内首次观测到距地球 20 100km 的 GPS-36 卫星。该系统圆满完成预定的指标，达到国际第三代同类设备的先进水平。

低纬子午环是按云南天文台研究员冒蔚同志的新思想、新方法而设计研制的大中型天文望远镜。该仪器系国内国际首创，由中科院上海天文台设计，中科院南京天文仪器研制中心等单位加工，于 1996 年在云南天文台安装，经过两年多的调试、修改和完善，1998 年投入试观测。1999 年 10 月，国家天文观测中心专家组对该仪器的测试结果进行了评估。专家组一致认为：云南天文台子午环是在冒蔚同志提出的新的观测原理下研制的，新型子午环对各种仪器误差能够实现实时测定，它避免或削弱了传统子午环所具有的难以消除的误差影响。其试观测数据是可信的，已达到国际上中等水平的子午环所达到的精度；待解决了该仪器的各种不稳定因素后，云台子午环的观测精度有希望达到国际一流子午环（La Palma 子午环）的水平，即单个星位精度优于 0・・.10。

中科院知识创新工程试点工作启动后，云南天文台已有 5 个研究团组共 48 人第一批进入了天文知识创新试点。乘天文知识创新试点工作的东风，首先对研究所进行了定位评估，重新确认了总体定位与发展方向；并对整个学科布局进行了全面调整。以知识创新工程的研究团组为核心对研究组进行了精简合并，把原有的近百个课题组，精简合并为 12 个研究组，形成了以天体物理和实测天文为主，应用天文为辅的新的学科布局。同时，提拔任用了一批青年科学家为学术带头人。撤销或合并了大部分机关职能部门，把原来的 5 个处、室（办），2 个党群机构和两个直属科，改建为 3 个处、室（办）。行政管理人员由原来职工总数的 10％精减到 5％。通过天文创新工程研究团组科技人员的招聘和行政管理及科研辅助系统岗位的招聘，以及学科布局的调整，基本上完成了科研及行政管理上新老人员的交替。在创新工程的 5 个研究团组中，4 位首席专家的年龄都在 36 岁以下，且均有博士学位，其中 2 人系从英国留学回国工作的博士。

1999 年云南天文台仍承担着国家“863”计划项目，国家“攀登计划”项目，国家自然科学基金重点、面上项目，中科院基础研究重点项目，中科院天文项目，云南省自然科学基金项目等科研课题共 183 项。1999 年云南天文台获中国科学院自然科学二等奖 1 项，中国科学院自然科学三等奖 1 项，云南省自然科学二等奖 1 项，中国科学院科技进步一等奖 1 项（云南天文台为参与单位），黄润乾研究员当选为中国科学院院士，谢光中研究员领导的研究工作被国家科技部评为中国十大科技新闻，韩占文研究员获中国青年科技奖。据不完全统计，1999 年云南天文台共发表论文 83 篇，其中 SCI 等收录的论文有 21 篇，被引用 39 次。

科学普及教育工作对提高全民族的科学文化素质，促进社会的安定团结有着十分重要的作用。云南天文台系中宣部、科技部、教育部、中国科协、云南省人民政府和云南省科协授牌的中央及地方的科学普及教育基地，肩负着为云南 4200 万各族人民进行科普教育的重任。云南天文台广大科技人员不仅承担着天文观测研究的重任，而且还将科普教育工作视为自己不可推卸的责任。1999 年组织科普小分队到云南省昭通和思矛地区，举办科普讲座 10 余场。还结合所谓“九星连珠”、“九九大劫难”，进行数百场讲座批判李洪志法轮功的歪理邪说，受到中央领导同志的好评。一年来在各种报刊杂志上发表科普文章近百篇，为电台电视台制作科普节目和专访百余次。出版了 7 本科普书籍，一套6本的《探索宇宙的奥秘》，此书在国内及港澳台地区供不应求。云南天文台的科普教育工作，对提高全民族的科学文化素质，促进云南边疆的繁荣昌盛起到了积极的促进作用。

云南天文台是云南省天文学会的挂靠单位。编辑出版学术刊物《云南天文台台刊》。

西双版纳热带植物园

园　　长：许再富
地　　址：云南省西双版纳州勐腊县勐仑镇
邮政编码：666303
联系电话：0691-8715071
图文传真：0691-8715070
电子函件：zjw@bn.yn.cninfo.net
网　　址：www.xtbg.ac.cn

中国科学院西双版纳热带植物园（以下简称西园）地处我国西南边陲，建于1959年，占地面积约900ha，是我国面积最大的植物园。在其发展的40年中，经历了数次的体制调整，西园于1996年从昆明植物研究所划出、与原昆明生态研究所合并成为中科院的一个独立研究机构。经中科院确认，西园以保护生物学和森林生态系统生态学为其学科发展方向，以热带植物资源开发和生物多样性保护为主要科研任务。1999年底，全园在职职工309人，其中科技人员174人，研究员8人，副研究员15人，高级实验师5人，中级科技人员60人。在中科院和昆明分院的直接领导与指导下，在云南省省委及各级政府的关心与支持下，西园以“建设世界一流植物园”为目标，深化改革、开拓创新、团结协力、努力拼搏，使1999年的科学研究、园区建设、科普教育和科技开发等各方面都获得了新的进展，为地方经济建设做出了积极的贡献。

知识创新工程试点工作初见成效。1999年下半年，西园获中科院批准，成为中科院知识创新工程试点基地单位，首批启动的有植物濒危机制与有效保护、稀有濒危植物和生态系统关键类群植物的回归、重要资源植物的引种驯化与持续利用、森林生态系统的结构功能与动态、过渡带森林群落多样性与替代规律、物种相互作用与重要类群协同进化、民族森林文化与生物多样性管理、退化与受损森林生态系统的修复与重建等8个研究群体。研究群体和实验室的负责人均实行公开招聘、其他人员则实行双向选择，已于1999年9月份完成，其中引进了3名高层次的科研人员（研究员、博士后和博士各1人）。首批进入基地的全为中青年，平均年龄35岁，各个科研群体都已按要求开始了知识创新工作。

1999年下半年，西园又获院省共同支持的“万种植物”计划立项，该项目要求至2004年，把西园引种、栽培保存的植物4000种增至10000种。后来该项目又经中科院决定，作为中科院植物园进入二期创新项目“国家战略植物资源网络建设”的一个先期启动的试验项目。为了使该项目能尽快起动，西园在1999年的第四季度进行了引种植物的清理，完成了“植物园栽培植物名录”(4000种)，对新引种的植物进行调研，完成了“拟引种植物名录”(7000种)；也新建了一个由59名职工组成的“园林与科普教育部”，对进入该部的人员实行公开招聘和人员双向选择。

1999年西园在研课题97人，其中新增21个，到位科研经费520.85万元（不包括创新基地经费），达到历史最高水平、争取到国家自然科学基金、中科院重大专题、中科院特别支持项目4个。在新增的项目中，有国家自然科学基金项目“混农林系统豆科固氮树木的供氮效应和磷素有效性研究”、“西双版纳望天树异质种群动态的研究”和中科院重大专题“西双版纳土地利用动态信息管理系统”以及中科院特别支持项目“西双版纳热带雨林中食果动物对木本植物种子传播机制的研究”等项目。西园编著出版的《稀有濒危植物迁地保护的原理与方法》一书获“全国优秀科技图书暨科技进步奖”三等奖。西园申报的“稀有濒危植物迁地保护的原理与方法”科研成果获中科院自然科学奖三等奖。1999年西园发表研究论文88篇，其中在核心刊物发表33篇，被SCI收录1篇。在世博会的大温室布展项目中，西园获中共云南省委、云南省人民政府颁发的'99昆明世界园艺博览会特别贡献奖。

园区建设和科普教育获得新进展。为了改善

职工尤其是科技人员的工作、生活环境和为了迎接'99昆明世博会的召开，西园在1999年加大了植物园和园区建设的力度。1999年，西园自筹1000多万元，在西园本部和昆明分部完成了10959.5m² 的职工住房建设，使106户职工搬进了新居，绝大多数职工改善了居住条件；投资282万元(自筹175万元)从7.12公里外引进山泉水，结束了40年来职工吃浑水的历史，也保证了科研和生产的用水；自筹投入了100多万元建设了科学家活动中心的配套设施游泳池和网球场，丰富了职工的文体内容；自筹投入150多万元，采购、匹配了大型仪器，建立了昆明分部局域网络，并改善了其他实验条件；也投入约200万元，拆除9幢妨碍景观的旧建筑物约5000m²，退房屋为绿地，新建国际名树名花园和奇花异木园和改造原有的一些植物专类园区，使植物园的园林景观得到较大的改善；以西园筹措的资金为主，以“人与自然”协调发展为科普内容的西双版纳“热带雨林民族森林文化博物馆（2000m²）也于1999年动工建设。

由于西园在1999年加大了园林景观和科普设施的建议与改造，而且西园刚出版的《热带雨林漫游与民族森林文化趣谈》一书的发行和刚摄制完成的《走进热带雨林》100集科普节目在世博园和云南电视台等的播放，提高了西园的知名度。也借'99昆明世博会举行之光，1999年进入西园观光旅游、接受科普教育的人数创历史最高记录，突破60万人（次)，促进了地方旅游业的发展，收到很好的社会效益。1999年，西园获国家民委和云南省政府授予的“民族团结模范单位”称号和获国家科技部等四部委“全国科普工作先进集体”的称号，也由中国科协命名为“全国科普教育基地”和由国家科技部等四部委命名为“全国青少年科技教育基地”。

以人才为本的深化改革迈出新的一步。西园地处滇南边陲小镇，多年来一直遇到高水平科技人才引进与保持稳定的难题。但也由于西双版纳具有进行生物学研究的优越自然条件，一些有志于边疆科学事业的人也都取得了高水平的科技成果，成为国内外知名的专家。1996年原昆明生态研究所并入西园，并在昆明设立了分部以后，人才引进和稳定的情况有了较大的改善。1999年，西园获准进入了中科院西南生物资源和生物多样性保护知识创新基地，而作为中科院知识创新二期工程——植物园的“国家战略植物资源网络建设”项目也在西园先期启动。所以，在1999年，西园以进入院的创新基地为契机，以人才为本进行了深化改革，在建立新的管理运行机制上迈出了新的一步。

在科研业务方面，撤消了原来的5个研究室，建立了创新基地办公室和园林科教部，分别对一期知识创新研究群体和二期创新的“万种植物”计划的专业组进行管理；而全园的党政管理机构也进行了相应的调整，精减了人员，提高了效率。对于人员的招聘，西园分别对科研、园林、开发和管理4部分，公布定岗定编，公开招聘，其中对知识创新群体和实验室的负责人实行对内对外公开招聘，其他则对内招聘。植物园分别组织招聘委员会，对管理部门和园办企业的负责人以及知识创新群体的首席研究员进行答辩和招聘；而其他人员则分级考核招聘，至1999年年底，已有约70%的职工通过招聘，实行新的组合。同时，对已招聘的职工实行基本工资、岗位津贴加上绩效工资的新制度，尊重人才、尊重知识，按不同岗位，分别加大了人的投入，也为了鼓励职工到边疆工作，适当提高在版纳工作的职工的待遇。这样，1999年，西园从国内引进了研究员(中年)1人、博士1人、硕士1人，从国外引进博士后1人，并进入了中科院“百人计划”，使科技人员的学历结构有一定的改善。

西园根据中科院对职工实行年度考核的要求，在1999年进一步完善考核制度，奖勤罚懒、奖优惩劣，抓两头带中间，把考核的结果与工资晋升、奖金发放和人员去留联在一起，辞退了连续3年考核不合格的职工。此外，在庆祝建园40周年时，奖励了有突出贡献的科技人员和管理干部，表彰了在边疆坚持工作30年以上的职工。这样，以人才为本的深化改革已使西园在人才引进和为人才脱颖而出，以及推动人才合理的流动等方面迈出了新的一步。

对社会进步和经济发展做出新的贡献。西园作为一个社会公益型研究机构，把为社会进步和经济发展服务当成自己的重要任务。除了开展参与与社会进步和经济发展有关的项目、发表有关的论文、出版有关的学术专著外，由于推广新的经济植物如西番莲和版纳柚等约 6667ha（10 万亩），1999 年又为社会经济贡献 1 亿多元的 GDP；由于研制的民族药——血竭，在国内约有 10 个药厂生产，1999 年的销售额约 5000 万元；由于发展与生态旅游结合起来的科普教育，西园成为西双版纳的“龙头景区”1999 年进园观光旅游人数 60 多万人，估计为地方增加 3～4 亿元的 GDP。此外，西园的园办企业和科普教育等经营，1999 年就为国家和地方财税上交了 140 多万元。

西园在 1999 年加大了科普教育的力度，并与有关单位尤其各种传媒合作，开展了全方位的科普教育活动。1999 年，以植物园为基础，就对来自国内外的 60 多万名游客进行了植物学、生态学和“人与自然”协调发展的有关科学思想、科学知识的宣传；为地方举办了“热带植物资源可持续发展”的两期培训班，一期对师专的学生，一期对当地的少数民族村社农民，也为当地城镇举办了一期的“热带园艺”高级技工培训班，为社会进步服务。1999 年，西园负责的’99 世博园大温室布展工程如期于 4 月 30 日完成，被评为优秀工程，成为世博园的“龙头展馆和闪光点”，为近千万国内外观光者普及了“人与自然——共同迈入 21 世纪”的科学思想，为我国争了光。1999 年，西园与云南、陕西和中央电视台等合作，分别播放了“走进热带雨林”、“走进植物园”和其他内容的科教录相，扩大了科普教育的范围，收到较好的社会效果。

地球化学研究所

名誉所长：涂光炽（院士）
所　　长：刘丛强
地　　址：贵阳市观水路 73 号
邮政编码：550002
电　　话：0851-5895095（办公室）
图文传真：0851-5891982 5895095
电子函件：zzg@. ms. gyig. ac. cn

中国科学院地球化学研究所成立于 1966 年 2 月，由北京地质研究所的地球化学部分、昆明地质工作站和贵阳化学研究所合并组成。1999 年底在职职工总数 337 人，其中在职科技人员 249 人，有中国科学院院士 2 人，研究员 44 人，副研究员 64 人，中级科技人员 92 人，初级科技人员 47 人。现有在学博士生 48 人，硕士生 39 人。另有博士后 19 人。

地球化学研究所以资源、环境科学问题为主要研究内容，以矿床地球化学、环境地球化学、行星地球物质演化及地质流体作用地球化学为主攻方向，主要研究地球物质循环的地球化学过程及其与矿产资源形成分布和人类生存环境变化的内在联系以及这一过程在地球历史中的演化规律。现设有地球化学、矿物学博士点，应用地球化学、地球化学、矿物学硕士点和地质学博士后流动站。

研究机构现设有：中国科学院矿床地球化学开放研究实验室、环境地球化学国家重点实验室、国土资源整治和灾害预测遥感开放中心、地球与行星物质演化研究部以及流体作用地球化学研究部。

科技开发方面现有 2 个公司和 2 个中心，即新技术开发公司、科技开发公司和非金属材料研究开发中心以及超临界 CO_2 萃取研究开发中心。

重要的科研设施及装置有：X 荧光光谱实验室、电子探针实验室、高分辨离子-体质谱实验室、分析电镜实验室、包裹体成分实验室、岩矿鉴定实验室、稳定同位素实验室、放射性核素实验室、同位素质谱实验室、元素分析实验室、分子光谱实验室、原子吸收光谱实验室、化学分析实验室、微生物检测室、X 衍射实验室、红外光谱实验室、构造地球化学实验室、成岩成矿实验室、深部地质高温高压实验室。

围绕“知识创新工程”，1999 年地球化学研究所根据调整后学科方向和近期发展目标，进一步加强和深化改革，调整机构、分类管理实行量化考核，实行绩效分配制度，突出自己学科特色，集中科研力量，完成了 1999 年科研任务。

1999 年地球化学研究所共有在研项目（课题）138 个，经费 909.964 万元。其中国家攻关与攀登计划项目（课题）22 个，国家自然科学基金项目 47 个，院重大与重点项目 17 个，贵州省和云南省科学技术基金项目 18 个，国际合作项目 4

个，部门委托课题15个，博士后课题5个，开放室3个，所长择优支持基金7个。1999年新增课题共38个，经费1000万元。其中有国家基础研究发展规划项目1个；国家自然科学基金面上项目8个；国家杰出青年基金项目1个；国际科技部专项项目1个；中科院“西部之光”项目1个；贵州省和云南省项目5个；国家“863”项目子专题1个；国际合作项目2个；其他项目2个。

1999年地球化学研究科研人员分别在《中国科学》、《科学通报》、《自然科学进展》、《矿物学报》、《地球化学》、《环境科学》等国内国外重要的75种学术期刊发表学术论文315篇。外文期刊发表130篇，其中国外学术期刊发表12篇。被《SCI》收录的论文有103篇。出版著作4部，168.90万字，其中专著3部，论文集1部。

学术活动与国际合作交流方面，1999年地球化学研究所共派出11批14人次前往美国、加拿大、英国、日本、比利时等国家进行学术交流和合作研究。接待了来自美国、加拿大、英国、日本、俄罗斯、德国、朝鲜等国家的专家、学者9批20人次到我所进行学术交流和合作研究。邀请国内专家、学者来所作学术报告和讲座20余次。

1999年地球化学研究所招收博士生16人，硕士生15人。博士后进站7人。

地球化学研究所是中国矿物岩石地球化学学会和科学时报贵州记者站的挂靠单位。编辑出版“Chinese Journal of Geochemistry”、《矿物学报》、《地质地球化学》和《矿物岩石地球化学通报》。

西 安 分 院

院　　长：安芷生
地　　址：西安市小寨东路3号
邮政编码：710061
联系电话：029-5242688
图文传真：029-5244651
电子函件：xab@ms.xab.ac.cn
网　　址：www.xab.ac.cn

中国科学院西安分院是中科院在陕西的派出机构：与陕西省科学院合署办公，“一套机构，两块牌子”。中科院西安分院成立于1978年11月，前身是中国科学院西北分院。

中科院西安分院目前管理的单位有西安光学精密机械研究所，陕西天文台，中科院、水利部水土保持研究所，地球环境研究所（原中科院西安黄土与第四纪地质国家重点实验室）。并建有瞬态光学技术国家重点实验室、黄土高原土壤侵蚀与旱地农业国家重点实验室、黄土与第四纪地质国家重点实验室、国家节水灌溉工程技术研究中心、国家水土保持工程技术研究中心、国家授时中心。重点的学科领域主要有光电子学、光学与精密机械、瞬态光学、空间光学技术、全球环境、土壤学、水土保持、旱地农业、农业水土工程、第四纪地质、高精度授时技术与授时服务、电子学、计算技术。在黄土及全球环境变化研究、瞬态光学技术研究，水土保持科学研究，高精度授时等研究领域在国际、国内有一定的特色。

西安分院现有在职职工1696人，其中科技人员1043人，有中国科学院院士3人，中国工程院院士2人，国家级有突出贡献专家7人，省部级有突出贡献专家16人，高级研究人员316人（研究员86人），中级科技人员482人。现有在学博士生69人，硕士生153人。另有博士后3人。设有博士后流动站2个，博士点5个，硕士点10个。

1999年西安分院各研究所共承担国家和陕西省的科研项目176项，其中“攀登计划”项目1项，国家自然科学基金项目26项，“百人计划”项目4项，“西部之光”项目3项，陕西省自然科学基金项目16项。1999年共获省、部级以上科技成果奖12项。

西安分院在为研究所做好服务工作的同时，积极开展为地方经济建设服务。把组织协调分院系统研究所发挥整体优势，突出地方特色，加强与企业的技术合作，作为自己的重要工作职责。通过广大科技人员的共同努力，取得了显著的成绩，在促进院地合作，发挥科技优势，为区域经济发展做贡献方面发挥着不可替代的作用。

1999年西安分院充分利用与地方科学院合署办公便于组织协调两院科技队伍的优势，积极组织“西安地区环境颗粒物的污染控制”、“陕西省安塞县生态建设规划”、“网络授时服务”、“西安高新技术产业开发区低频时码发射台和低频时码技术”“X射线影像增强器”“生物基因芯片的研发及相关设备配套”等直接为地方经济建设服务的科研项目。为陕西省的社会经济、科学研究发展与“山川秀美”工程和西部大开发提供了大量决策性科学依据和可供示范、借鉴和推广的科学模式。西安分院还积极组织所属研究所的科技工作者到陕北、陕南地区开展科技扶贫工作。同时还与苏州、无锡、宁波、银川、威海、厦门等10多个城市建立了经常性的信息交流、成果通报、难题咨询等形式的科技协作关系。

在中国科学院知识创新工程试点工作中，水土保持研究所和地球环境研究所知识创新工程试点工作已经启动，西安光学精密机械研究所定位工作已经完成，陕西天文台作为中科院第十二个知识创新工程试点单位，将目标定位为逐步建立成国家授时中心，目前其定位工作已通过专家评审，创新试点在2000年启动。

按照中国科学院的要求分院机关在下半年根据自身的实际情况对机构进行了改革。改革后机关处、室由原来的6个处、室，2个中心，精简为5个处、室，1个中心，管理人员由原来的68人精减为28人（其中分院编制16人），在此基础上年底施行了全员聘任制。1999年西安分院各研究所和分院机关均在人事制度工作上做了较大力度的改革，精减了人员，提高了效率。

西安分院在科技开发、科研成果转化方面利用科研成果注册公司或以研究所技术入股的公司和产业1999年已达到11个，产值达3000多万元（人民币），130多万（美元）。西安分院积极组织并参与“'99中西部经贸洽谈会”、“杨凌农博会”“深圳国际高新技术成果交易会”等活动，参加展出交流的项目95项，成交项目32项。同时还与山西省长治市和江苏省苏州市建立了长期科技协作关系、与无锡、银川、威海、厦门等10多个城市建立了经常性的信息交流、成果通报、难题咨询等形式的科技协作关系。

西安分院1999年累计接待外国及我国港、澳、台地区专家32批，106人次，组织大、中型国际学术报告5场次；组织承办了“中日黄土高原生物生产持续发展合作研究学术研讨会”1次。

由西安分院与日本东京大学、冈山大学等单位共同组织的“中日黄土高原生物生产持续发展合作研究”项目已顺利开展了5年，1999年中日双方共同就“黄土高原丘陵沟壑区农作物水肥利用”、“土壤养分与水肥关系和有机物分解对土壤结构的影响”、“适应黄土高原丘陵沟壑区的主要农作物优良品种的选育”、“小流域气象因子对于植被的影响比较”等研究内容，与日本东京大学等单位合作出版大型论文集1册，对合作项目进行了阶段性的总结。

西安分院代管的单位有中国科学院西安专利事务所和科学时报陕西记者站。

西安光学精密机械研究所

常务副所长：相里斌（主持工作）
地　　址：陕西省西安市友谊西部234号
邮政编码：710068
电　　话：029-8498706
029-8484376
图文传真：029-8484473
电子函件：office@optics.opt.ac.cn
网　　址：www.opt.ac.cn

中国科学院西安光学精密机械研究所（以下简称西安光机所）于1962年3月由原中国科学院原子能研究所大部、原中国科学院陕西分院光学研究所大部、机械研究所的全部及自动化研究所的部分合并组建而成立。截止1999年底全所在职职工756人，其中科技人员414人，有中国科学院院士1人，中国工程院院士1人，研究员30人（博士生导师21人），副研究员、高级工程师148人，中级科技人员159人。40岁以下、大本以上学历科技人员占全所科技人员总数的45%。现有在学博士生41人，硕士生45人。另有博士后4人。现有1个博士后流动站，2个博士学位授权点，5个硕士学位授权点。

西安光机所1998年被科学院定位为基础性科研基地型研究所。总体上看是我国一流的光学研究所，在主要学科方向上形成以院士领头的坚强科研群体，研究人员有较大的自由度和自主权、主动性，创造性易于发挥。近期重点学科方向与研究领域为瞬态光学与光电子学、空间光学、光电工程、信息光学。在瞬态光学及光电子学研究方面属国内领先，处不可替代的位置，在国际上有相当的影响；空间光学、光电工程、信息光学等方面在国内有一定地位，多数为国内先进。目前研究室基本上按所设学科领域布局，新学科开拓争取任务能力较强，科研风气较好。

在理顺学科方向的同时，西安光机所不断加

强高新技术创新与开发工作，目前以光纤传感技术、医学光电仪器及生物医学光学作为近期的开发方向。

(1)在瞬态光学与光电子学方面，瞬态光学技术国家重点实验室根据中国科学院知识创新工程试点工作的要求，通过学科凝练、调整结构、改革运行模式与机制，使其成为从事基础性、战略性、前瞻性的科研实体。1999 年 11 月初进入知识创新工程试点。承担的自然科学基金与院重点项目已做出有显示度的工作，特别是中国科学院重点课题“全光纤飞秒激光脉冲产生理论与实验研究”已经鉴定。

(2)在空间光学领域，空间光学研究室承担的“863”-2 详查、普查结合型侦察系统已全面进入装调，进展很好；“九五”国防预研小卫星 CCD 多光谱相机通过验收和鉴定，获得专家高度评价；“863”-2 轻型高稳定度干涉成像光谱仪原理样机研制成功，引起有关部门重视。拥有自行研制成功的国内最长焦距（20m）平行光管、进口数字波面干涉仪等先进设备的空间光学技术实验室已经投入使用。

(3) 光电工程方面，1999 年提供各用户、基地的光电测试设备价值 900 多万元，以光电工程为主的 ISO-9000 质量认证体系建设、认证工作正在抓紧进行，完成了调查研究、培训学习、编制文件、计量检测的工作。1999 年签定的军工任务合同额 1478.5 万元。

(4) 在信息光学领域、光纤传感技术、梯度折射光学、磁光玻璃材料及其器件等方面都有较大进展，梯度折射率光学在“八五”工作的基础上获得“863”-307 立项。

(5) 高新技术开发方面，1999 年通过内引外连，加速科技成果转化工作，有数项科技成果已转化成产品，走出实验室。“光纤传感器”、“水下电视摄像系统”两项成果荣获 1998 年国家级新产品证书，1999 年开始批量生产，“光纤传感器”的销售额已超过 100 万元。1999 年度取得较大进展的还有“激光等粒子碎石机”，具有 4 项国家专利，填补了国内空白，现正联系临床实验。

西安光机所 1999 年度总收入 4700 万元，比上年度增长 15%，达到历史最高。经济势态与资金运行情况良好，能为科研生产提供有力的保证。

在创新改革方面，1999 年西安光机所成立了所知识创新工程领导小组，年底前完成了对所里机关、技术服务支撑系统、所属工厂的调整与改革。机关部门由原来的 12 个整合为综合处、人教处、科技处、财资处 4 个处，人员由 64 人精减至 37 人。技术服务支撑系统整合为物业管理服务中心、计算中心、网络信息中心、研究生部 4 个部门。工厂划分为精密机加工、光学加工、总装联调三大部分。目前各部门不断调整运行机制，加强管理，工作效率明显提高。为稳定科技队伍、吸引优秀人才，出台了有力政策，同时加强工作区面貌和办公环境的改善，整洁清雅园区、文明办公环境已初现形貌。引进、借鉴企业形象识别系统（CIS），开展西安光机所创新文化建设，在增强凝聚力、提高竞争力、稳定队伍、积极导向方面取得可喜收获。

1999 年获中国科学院科技进步奖二等奖 1 项、三等奖 2 项，专利授权 21 项。

1999 年外事方面接待来访 23 人次，组织学术报告 8 次，向朝鲜出口 4 套设备。此外，还与伊朗、巴基斯坦、加拿大洽谈项目进一步扩大国际合作交流，拓展合作形式。

一支优秀的年青的科技队伍不断扩大，继 1998 年之后，1999 年 1 名“百人计划”人员获中科院批准，1 人获中科院盈科优秀青年学者奖，1 人获中国科学院优秀青年，1 人获全国专利先进工作者。目前，西安光机所承担的国家重点项目、大型军工任务有很多由青年科技骨干担任负责人。

西安光机所是中国光学学会所属高速摄影与光子学专业委员会、纤维光学和集成光学专业委员会、陕西省光学学会、硅酸盐学会和物理学会的挂靠单位。编辑出版《光子学报》(月刊)。

陕西天文台

台　　长：李志刚
地　　址：陕西省西安市临潼区书院东路
邮政编码：710600
电　　话：029-3890326
传　　真：029-3890196

电子函件：csao@ms. sxso. ac. cn

中国科学院陕西天文台始建于1966年。1999年底有职工578人，其中科技人员275人，研究员15人，副研究员、高级工程师37人，中级科技人员105人。目前在读博士生4人，硕士生7人。另有博士后1人。

陕西天文台是我国唯一的授时中心。承担着我国标准时间的产生、保持和发播任务，开展时间频率领域的基础研究和应用基础研究，授时系统是国家不可缺少的基础性技术工程和社会公益设施，被列为国家财政部专项运行维护费支持的国家重大科学工程之一。

陕西天文台的重点研究领域有：守时理论与方法，精密时频测量与控制，时频传递与同步，授时技术与方法，国际间远距离高精度时间传递与比对，国防、国民经济建设与科学研究中的时间应用等。

陕西天文台具有天体测量与天体力学专业的博士学位和硕士学位授予权。

陕西天文台今后发展方向为：在时间频率研究和应用领域积极进行创新，保证和满足国家发展对不同精度特别是高精度授时的需要，为国民经济发展、国防建设和国家安全提供全方位、多层次、多手段的先进授时服务支撑；从国家战略需求出发，瞄准学科前沿，开展应用基础研究和相关基础研究，在新的高精度时间频率研究方面达到国际先进水平；与国内各有关实验室进行合作，建立统一的国家法定的时间标准，使陕西天文台成为我国时频基准、时间极限计量研究、授时新技术研究的创新和发展基地，使我国授时服务、时间频率研究工作整体跻身于世界先进行列。

陕西天文台目前主要科研机构有短波授时台、长波授时台、时频基准实验室、时间发播控制实验室、时频技术应用研究室、时频信号处理青年实验室、时频测量方法和技术开发研究室等。

具有国内领先水平的科研设施有：短波授时系统：每天24小时连续不断的以4个频率同时保证三种频率发播标准时间、标准频率信号，覆盖半径3000km，授时精度为毫秒量级。长波授时系统：每天定时发播高精度时间频率信号，作用距离覆盖我国陆地和近海海域，定时精度为微秒量级。具有国际水平的精密时间测量与比对系统：采用GPS和卫星双向时间传递比对（TWSTT）方法与国际上进行高精度时间比对，由6台铯原子钟保持的时频基准在参加国际原子时（TAI）计算中，自1998年9月起有5台连续获得国际原子时系统最高权，已跻身于世界先进行列。

1999年继续围绕知识创新工程试点工作和改建国家授时中心进行的改革及其效果为：精干科研队伍，减少事业编制，进行结构调整，集中力量加强时频工作前沿研究工作，围绕授时中心工作，培养、吸引人才，组织课题。积极探索和实行新的体制和运行机制。在中科院及其主管局领导下，认真准备研究所评估工作，于5月正式通过中科院组织的专家组评估，于1999年12月在北京召开了有军方、科技部、信息产业部、国家自然科学基金委、北京大学、中科院及其他用户专家参加的建设国家授时中心的方案研讨会。与会专家对时间频率工作对国民经济建设、国防建设、国家安全的重要性达到了共识。会议对建立和加强我国统一的时频服务机构起到了积极的促进作用。

1999年陕西天文台争取和承担的主要科研任务和项目：1999年圆满完成了国家授时任务，长短波共计发播12 073小时。完成卫星发射、战略武器试验等重大授时任务6次，其中包括我国第一个载人航天器“神舟”号飞行试验的授时保障任务，均收到总装备部或由总装备部转发的国务院、中央军委贺电表彰。在时频基准的保持方面，1999年全球50个参加TAI的时间实验室中，对TAI的贡献陕西天文台排于第八位。中日卫星时间比对项目，共获得216组数据，试验数据表明系统的精度为0.2～0.3μs，达到世界先进水平，低频时码授时系统基本建成，并举行了新闻发布会，引起了传媒及公众的广泛关注和反响。其他在研授时项目也不同程度取得进展。网络授时技术已通过了西安分院组织的专家鉴定。卫星授时工作项目，已与有关方面商定，在陕西天文台建设“北斗一号”时间标校站；与海军“长河二号”工程协作项目——建设授时导航系统，已制定出数种方案，制作了部分设备，力争2000年上半年对其主台完成定时工作。其他研究项目也取得了显著成果，如国家重点项目“夏商周断代工程”的22项突破性成果中，天文成果42项，其中3项由我台负责（天再旦、代王伐纣、仲康日食）。1999年陕西天文台争取和承担的纵横向科研任务有22项。在各类学术刊物上正式发表论文53篇，其中在SCI刊物发表3篇，国内一级刊物发表13篇。获中科院科技进步三等奖1项，获批专利1项，申请专利2项。

陕西天文台的科研开发工作，主要方向是时频技术服务领域。1999年为总装备部、各有关基地、"921"工程、总参、电力等部门、行业研究完成40余台（套）专用时频设备，总合同额达235.9万元，并开展了各种不同用途的定时定位设备的研制、试验。其他产业经营实现销售营业收入317万元。

国际合作方面，执行院级项目2项，所级项目11项。与日本合作的"中日卫星双向时间传递系统"项目，经过一年的运行，实验数据已达国际先进水平，并在国内外学术讨论会上发表了初步结果。与俄罗斯合作的光电等高仪观测项目，在继续常规合作观测的基础上，1999年编篡出第二本无赤纬盲区的等高星表，同时编选了第三部观测纲要，并投入了观测。

陕西天文台是中国天文学会时间专业委员会负责单位、中国GPS技术应用协会授时与时间专业委员会负责单位、国际电联第七组科学业务组国内对口研究组负责单位、陕西省天文学会的挂靠单位。编辑出版的定期刊物有《陕西天文台台刊》和《时间频率公报》。主要下属单位有陕西天文台二部、西安市高新技术开发区天琴技术发展总公司，中科院临潼休养所。

水土保持研究所

名誉所长：朱显谟
所　　长：田均良
地　　址：陕西省杨陵示范区西农路26号
邮政编码：712100
电　　话：029-7012411
传　　真：029-7012210
电子函件：office@ms.iswc.ac.cn
mailto：office@ms.iswc.ac.cn

中国科学院、水利部水土保持研究所的前身是1956年2月成立的中国科学院西北农业生物研究所。1998年进入中科院基地型研究所，1999年3月经中科院批准为知识创新工程试点第一批启动单位，为中科院"西北资源环境可持续发展研究基地"组成部分。截止1999年底共有职工293人，其中科技人员186人，有中国科学院院士1人，中国工程院院士1人，研究员29人，副高级科技人员61人，中级科技人员55人，设有土壤学博士点，土壤学、生态学、水土保持学硕士点，建有农业资源利用博士后流动站。1999年，在学研究生65人，其中博士生33人，硕士生32人。另有博士后4名。

水土保持研究所的战略定位为：面向全国，以黄土高原为重点，开展半干旱半湿润地区水蚀环境中的水土保持科学研究，解决生态环境建设中的重大科学技术问题，建设成为国家水土保持科学研究与知识创新基地、高级人才培养基地，确立国家水土保持研究中心地位，进入国际同类研究机构先进行列。同时作为中科院"西北资源环境可持续发展研究基地"的重要组成部分，积极参与杨陵地区科教单位的联合共建，为西北地区社会和经济可持续发展及生态环境建设提供科技支撑和决策依据。

1999年，水土保持研究所围绕知识创新试点总体方案，进一步突出应用基础、基础资料积累、政策性、示范性和应用发展研究等特色，构建起新的水土保持知识创新体系，即：黄土高原土壤侵蚀与旱地农业国家重点实验室、流域生态与管理研究室、区域水土保持与环境研究室、国家节水灌溉工程技术研究中心（联合共建）、国家水土保持工程技术研究中心（联合共建）5个研究单元。在管理机构方面，1999年将原来4个职能部门整合为1个综合办公室，初步形成与创新工程相适应的精干的管理队伍。为强化技术支撑体系，组建了技术信息部，逐步建立了"开放、共享、高效、激励"的新型运转机制。

按照"按需设岗、公开招聘、竞争上岗、签约管理"新的用人机制，水土保持研究所首批招聘知识创新稳定支持人员76人，其中研究员17人，副研究员25人，助研13人，初步形成了一支以青年科技人员为主，具有较强创新能力的研究梯队。76

人平均年龄 36.8 岁，其中具有博士学位 14 人，硕士学位 13 人，在职博士生 13 人，45 岁以下的占 80.3%。体现“绩效优先、按劳分配”的原则，实施新的分配机制，使科研与管理骨干的收入有较大幅度的提高。水土保持研究所从 5 月份起实行结构工资，进入创新稳定支持人员的工资由基本工资、岗位津贴、绩效津贴三部分组成。科研人员绩效津贴按争取任务、承担项目、人才培养、科技成果几个方面独立核算，上不封顶，下不保底，奖优罚劣、拉开差距。新的分配机制在凝聚科研力量，调动人员的积极性方面已显示了积极作用，将有利于完成既定创新目标的实现。

在后勤改革中，进一步实现管理与服务的分离，实行“封闭式管理、开放式运行”的管理体制，后勤服务中心与所管理部门之间以服务合同为纽带，新的运行机制正在逐步形成。

园区改造工程，在中科院的关心下，水、电、暖、道路改造已基本完成，职工生活区面貌焕然一新，环境优美整洁。

在科技创新目标的实现方面，按照“重点瞄准国家需求，为国民经济发展作贡献”的思路，取得了明显的进展。

首先，根据党中央“再造一个山川秀美的西北地区”和加快西部大开发的伟大号召，结合 1999 年 8 月朱镕基总理视察水土保持研究所时，为水土保持科学研究提出的要求和期望，水土保持研究所抓住这一历史机遇，一方面组织职工深入学习与领会中央领导的指示精神，一方面充分发挥 40 余年学科优势和科学积累，及时组织力量参加中科院向国务院建议报告的编写，参与陕西省及延安市、等地方政府生态环境建设规划，为国家和地方政府决策提供咨询、服务。

承担国家科技攻关任务的各试区及野外站与地方政府结合的更为密切，科技人员直接参与到固原、安塞、长武、延安的生态建设的组织与实施中，以更新的面貌进入生态环境建设主战场，科技人员直接进入政府的生态环境建设领导小组，进一步加强了院地合作关系。固原上黄试区建设生态环境的模式、理论与技术体系得到了地方政府及人民群众的充分肯定，宁夏自治区毛如柏书记今年 6 月视察试区后给予了高度评价，《宁夏日报》头版头条作了宣传报道，固原县委下发文件要求推广上黄经验。固原试区的研究与示范已被列为我所知识创新试点强化支持，为政府在 200km^2 范围内全面推广上黄试区科技成果，提供适度超前的实体模式和技术支撑。安塞试区正协助安塞县制定全县“山川秀美”建设规划纲要，制定了近期、中期、远期目标及总体布局和建设重点，以保障全县山川秀美工程的顺利实施。长武试区与当地各级政府部门紧密配合，针对当地粮、果等生产中出现的问题于 9 月上旬举办了一次大型农业科技宣传培训活动，以实际行动落实科教兴陕战略。结合陕西省山川秀美工程的启动，水土保持研究所最近已与延安市政府联合向陕西省提交了建立陕西省山川秀美工程延安试验示范区的建议书，拟在 650km^2 区域内创造经验，树立样板，以科技为先导，带动全省山川秀美工程建设。

与此同时，按照创新目标要求，经过所学术委员会审议，全面启动了知识创新科技项目。在“九五”承担国家科技任务基础上，集中力量抓紧、抓好一批具有显示度的项目的组织实施，以争取在黄土高原生态环境建设若干重大科学问题研究、黄土高原生态环境恢复技术、土壤侵蚀及黄土区 SPAC 中物质运移及调控机理研究等方面取得突破性进展。

1999 年水土保持研究所在研课题 73 项，其中新开课题 25 项，主持国家科技攻关专题“黄土高原水土流失防治与农业持续发展中重大共性关键问题研究”、“陕北丘陵沟壑区（安塞）水土保持型生态农业持续发展研究”、“长武高原沟壑区高产高效农业持续发展研究”、“人工汇集雨水利用技术研究”等 9 项，国家自然科学基金项目“利用稀土元素示踪法研究小流域泥沙来源”等 14 项，中国科学院重大、重点 5 项，中科院“百人计划”项目 3 项，中科院“西部之光”项目 2 项，另有国际合作、“攀登计划”、陕西省攻关等项目。重点项目均努力面向知识创新目标，取得了重要进展。

1999 年水土保持研究所进一步广泛开展国际合作与交流，扩大国际影响。8 月与甘肃省水利厅、兰州沙漠研究所、台湾中兴大学联合举办了“第四届海峡两岸水土保持学术研讨会”。全年共派往日本、俄罗斯、瑞典、荷兰、英国和澳大利亚等国留学、参加国际会议、科研考察、合作研究等共 17 人次。全年共接待来自美国、澳大利亚、日本、蒙古等国外宾15批155人次。目前正在进行的国际合作项目除中日、中欧、中澳合作、“948”引进项目、国家外专局引进国外技术人才项目等10项外，另有5个待执行项目。

1999年水土保持研究所获省部奖励4项，其中省部级一等奖1项，二等奖2项，三等奖1项。由陕西省科学院推荐陕西省科技进步一等奖5项，成果登记2项；申报发明专利2项；出版专著3部；为国家和省、地、县政府部门提供科技咨询建议20多项，被采纳14项。

水土保持研究所是中国土壤学会土壤侵蚀专业委员会、陕西省土壤学会、陕西省核农学会、陕西省水土保持学会土壤侵蚀专业委员会和陕西省地理学会杨陵分会的挂靠单位。编辑出版《水土保持学报》、《水土保持通报》、《水土保持研究》3种学术刊物。

地球环境研究所

所　　长：安芷生
地　　址：西安市西影路22号副2号
邮政编码：710054
联系电话：029-5524775
传　　真：029-5522566

中国科学院地球环境研究所是在黄土与第四纪地质国家重点实验室的基础上，经中国科学院批准，于1998年年底成立。1999年5月研究所整体进入中科院知识创新试点工程。1999年在编人员30人，其中科技人员22人，研究员11人，副研究员、高级工程师等6人，中级科技人员5人。现有博士点1个，硕士点2个，在学研究生20人，其中博士研究生11人，硕士研究生9人。

地球环境研究所以当今人类生存与发展中最为迫切的重大科学问题——“地球环境”为中心，从地球整体环境系统（大气、大陆、海洋和冰雪子系统等）和圈层（岩石圈、水圈、生物圈和大气圈）各因子相互作用和耦合过程的角度，在全球和区域层次上开展东亚大陆环境系统大尺度时空变迁规律和机制的研究。在学科设置上，以“地球环境”这一新型交叉学科为主体，以“第四纪地质与全球变化”、“同位素地球化学”、“粉尘地球化学”、“树木年轮学和气候学”及古气候模拟为支撑，在“黄土与季风变迁”、“构造隆升与气候环境事件”、“粉尘与大气环境”和“短尺度气候环境序列与预测”四个优势领域开展创新性研究。

地球环境研究所以黄土与第四纪国家重点实验室为中心，设立有环境演变、近代环境过程、粉尘与环境、生物地球化学和古气候数值模拟五大研究室。重要的实验室和科研仪器及设施有：^{14}C年代学实验室（常规、小样品、AMS制样系统和Quanthhrs-1220、1220-002低本底液闪仪）、热释光/光释光年代学实验室（Daybreak 9900、1150型TL/OSL系统），树轮实验室（Relmax宽度仪，Image-1/AT密度测量系统），环境磁学实验室（MOLSPIN型交变退磁仪，MMID1型热退磁仪，MS2磁化率仪，MINISPIN型旋转磁力仪），稳定同位素实验室（MAT-251质谱仪），沉积物分析实验室（Sedigraph-5000X衍射粒度分析仪和A22型、MAM5004型激光粒度分析仪），粉尘地球化学实验室（ICP-MS，SOLA等离子体质谱仪与PE-3030B原子吸收光谱仪），孢粉实验室（AXIOSKOP型、AXIOSKOP20型生物显微镜），古气候模拟与信息网络实验室（INTERNET，局域网及计算机多台）。

研究所成立初期，严格按照院创新工程的要求运行。在管理模式上，坚持“开放、流动、竞争、联合”的原则，实行所长负责制和首席研究员制度，简化一般行政管理，加强学术与科研项目管理。其中所长负责研究所日常管理、决策、人员聘用和总体发展规划的制度、制定。首席研究员负责所属学科科研规划、项目争取、国内外合作研究、有关人员的聘用及其相关事务。

在国内外合作方面，通过不同层次科研项目的组织和实施，把国内外不同学科的高水平科学家吸引和组织起来，团结在研究所周围；在系统的科研活动中形成全方位交流与合作的格局。积极主办或参与主办国际、国内学术会议，广泛邀请国内外科学家来我所讲学，介绍国际上进行的一些重要研究工作和研究进展。重视和鼓励研究人员参加国内外学术会议，把参加会议作为了解科研信息，介绍科研成果的一个重要内容。1999年，主办和主持国内学术会议4次。包括1999年6月在北京举行的“黄土高原生态环境综合治理与可持续发展”、7月在西安举行的“风成沉积与青藏高原隆升学术讨论会”、9月在西安举行的“第七届全国气溶胶学术会议”和12月在西安举行的“中科院中日沙尘暴合作研究专家会议”。全年外事接待30余人次，派出学者四批13人次，分别与美国、澳大利亚、日本和荷兰等16个国家建立了良好的合作关系。

1999年，研究所人才培养的重点也作了调整，在适当扩大数量的同时，强化人才质量的提高。通过创新工程招聘研究员7名，其中国外1名，所外1名，副研究员4名，其中所外1名，助研及其管理人员共8名，招收博士研究生3名，硕士生4名。完成了“百人计划”招聘工作，兰州大学方小敏教授入选。

1999年获得多项国家级、省部级和其他项目。包括：与中科院大气物理所共同主持的国家973项目“我国生存环境演变与北方干旱化趋势预测研究”，其中我所主持和参与二级课题两项；院创新重大项目“最近2000年敏感带的气候环境变化与可持续发展对策研究”；院重大项目二级课题“辽宁抚顺晚古新世和始新世植物群、山西繁峙渐新世和太谷上新世植物群研究”及多项国际合作项目等。主报“中国黄土与东亚古季风”成果获1999年国家自然科学奖三等奖，主报“西安大气颗粒物污染及控制”成果获1999年陕西省科技进步奖一等奖。

兰 州 分 院

院　　长：程国栋

地　　址：甘肃省兰州市天水路340号

邮政编码：730000

电　　话：0931-8825318

图文传真：0931-8849855

电子函件：Lzb@ms. Lzb. ac. cn.

网　　址：www. Lzb. Ac. cn.

1999年，中国科学院兰州分院按照中科院党组的要求，以实施知识创新工程试点工作为重点，以深化改革为主线，在领导干部中开展了以“讲学习、讲政治、讲正气”为主要内容的党性党风教育，努力提高领导班子和领导干部的政治素质和领导能力，有力地推动了各项工作，在思想上有了明显提高，政治上有了明显进步，作风上有了明显变化，纪律上有了明显增强，改革创新上有了明显进展。

1. 创新建设、以点带面、成效显著

根据全院实施知识创新工程工作的总体部署，兰州分院紧紧抓住一期试点中建立“西北资源环境与可持续发展研究基地”的机遇，积极推进“西北基地”的启动与建设工作。在前两年工作的基础上，为进一步凝炼“西北基地”的科学目标和创新目标，从1999年初开始，在分院院长程国栋院士的主持下，陆续组织了十二场学术报告会，在达成共识的基础上编写出“西北基地”建设及知识创新试点方案，经在兰州分院网站公布后广泛征求了国内外专家及同行的意见，修改后已报院审批。

与此同时，兰州分院下大力气抓紧了作为“西北基地”核心部分的兰州冰川冻土研究所、兰州沙漠研究所、兰州高原大气物理研究所三所整合的方案制定。由于整合不仅牵涉各研究所的集体利益，也牵动着每个职工的个人利益，各类人员心态不一、疑虑众多，在合与不合的问题上，矛盾较为突出，思想认识反反复复。兰州分院一方面采取各种形式，召集不同层面的人员展开学习、座谈，做思想转化工作和说服沟通工作，另一方面围绕三所整合后的科学目标的确定，进行认真的学术研讨，反复凝炼，为了探索新的管理体制和运行机制，还派专人赴上海、北京和东北有关研究所进行了调研。在这些工作的基础上，分院组织的整合方案编写小组按照创新工程试点要求，提出了三所整合及知识创新试点方案，经过不同类型的会议和计算机网广泛征求院内外专家和相关所不同层次科技人员的意见，反复论证修改，于1999年6月14日该方案得到院党组的批准，至此，由三所整合而成的“中国科学院寒区旱区环境与工程研究所”知识创新工程工作正式启动。之后，兰州分院又积极配合中科院人教局对整合后新所的领导班子进行了组建，及时组织对三所财务状况进行了审计，并配合院综合计划局完成了三所的财务清算工作，以及参与了中层管理队伍的考核和组建等。

同时，全院实施的知识创新试点工作也激励和调动着兰州、西宁院属其他各研究所的积极性，各单位都在凝炼科技目标、结构调整、队伍精干、分流转制等方面做了大量工作，分院适时进行了政策引导、信息沟通、组织联络和协调帮助等，督促各所克服等待、观望情绪，积极主动地按院党组的要求做好本单位的事情。经过研究所与分院机关的共同努力，兰州地区已有3个国家重点实验室作为院知识创新一期试点工作的组成部分已经启动；近代物理研究所“冷却储存环”大科学工程也纳入创新试点；西北高原生物研究所“名贵传统藏成药的现代化”、“高寒草甸生态系统对全球变化的响应与反馈”、“春小麦品质研究与改良”等3个青年科学家研究小组进入创新工程试点之列；资源环境科学信息中心一直在积极争取情报信息系统的创新试点，除多次向院进行汇报外，已经做了充分的前期基础准备工作。

另外，兰州分院在协助中科院抓好所在地园区规划，搞好园区建设，加快后勤改革和创新工程基础设施建设，营造一流的工作、生活环境方面还做了大量的工作。兰州分院根据兰州各研究所中心的学科目标和现状，按照实施知识创新工程试点的思路，对环境治理和资源利用进行了统筹规划，认真抓了宁卧庄科研园区的总体规划工作，成立规划小组，加强协调与管理，这次园区改造将打破所界、拆除所际围墙、实行统一物业管理，由此实现资源共享。尤其是在已经启动创新试点工作的寒区旱区环境与工程研究所的小区规划上，分院在自身基建任务繁重的情况下仍集中人力、财力为其编制小区建设规划，草拟可行性研究报告，多次与中科院沟通，争取建设投资等，目前，该所已获得园区改造总投资1400万元。整体园区规划中拟建一幢6000m^2的客座专家公寓的有关前期工作也已完成，获得总投资864万元。按照统一规划，兰州分院还加快了园区改造步伐，完成了多处50年代危旧房屋的拆迁安置工作，耗费大量精力时间解决了过去的房地产交叉纠纷，达成多项统一布局、合作建房协议，有的正在实施，可以预计，全部付诸实现后大家不仅得益改善住房，整个园区环境也会有大的改观。另外，兰州分院对生活园区实行了物业管理，除保证水、暖、电、卫生、绿化、保安等基本服务外，还开展其他多种服务，并实行有偿承诺。还对园区内的主干路进行了全面翻修，敷设了电缆沟，更新了供水干管等。总之，在环境的改善和管理上下了不少功夫，物业管理逐步规范，园区环境日渐美化。

由于兰州分院是个基地型分院，办好中小学也是营造一流工作、生活环境的内容之一。1999年科中在兰州市中考中，6科平均成绩在48所厂矿学校中排名第一，并有1名学生成为全市中考状元，从而在社会上引起很大反响，驻地附近小学毕业生纷纷慕名报考科中。这一历史性的突破，标志着科中的初中教学质量迈上一个新台阶，迎来了新的发展机遇。针对“三讲”中科技人员反映的科中高中教学质量亟待提高的意见，兰州分院及时进行了整改，选拔调入了6名教师解决师资不足的问题，同时使教师队伍的年龄和专业结构得到改善。尤其值得一提的是，兰州分院想方设法从甘肃省高考状元县——会宁县引进了1名重点中学的校长充实科中领导班子。也还为教学质量稳定的科小补充了6名教师。可以预测，科中、科小的前景会更美好，兰州分院在创新基地建设中的作用会更加充分地发挥出来。

2．院地共建、广开视野、前途光明

1999年，兰州分院在推动院省合作、加强院地共建、促进科技成果转化方面，无论从合作范围、共建内容和形式上较以往都有大的实质性进展。

与青海省的合作，按照前3次院省合作领导小组确定的内容进行实施，其中“东台吉乃尔盐湖矿年产50吨碳酸锂试验项目已完成盐湖区域地质初步勘查、盐田设计选址和修建辅助设施等，开展了提锂工艺进一步放大和优化试验，进展良好。

为促进甘肃省经济、社会的发展，加快实施“科教兴省”战略，中国科学院与甘肃省政府于1999年3月在北京签定了科技合作协议，5月4日在兰州召开了第一次院省合作协调领导小组会议，会后，按照会议精神抓紧落实了第一批8个项目和有关的准备工作，当年进展如下：“兰州市大气污染及对策研究”项目的实施方案、计划进度及经费均通过了专家论证，省计委已予批复，需甘肃省筹措的200万元经费已拨付100万元，各项准备工作正抓紧进行。“甲烷氧化偶联制乙烯中试放大研究”项目院高技术局已列入“九五”项目予以支持，到位15万元经费用于开展前期研究，近期组织专家论证后，省科委将拨付已列计划的45万元经费。由兰州分院牵线搭桥引进院沈阳生态所的科技成果——“合作开发6万吨长效尿素生产线”项目，已在张掖化肥厂开花结果，于12月初完成技改工程，并投料开车试生产成功，省经贸委于12月16日对该项目组织了验收鉴定，之后，张掖行署召开了推广现场动员会，为明年春播时大面积推广应用打好基础。为加速科技成果转化，兰州分院与省科委、兰州大学签定了共建“甘肃省技术交易大厅”协议，成立了相应机构，三方投入的人员、经费均到位展开工作，皋兰生态农业实验站围绕实施“甘肃省高效生态农业创新示范中心”的建设，与省农业厅等单位积极合作，一边争取国家“863”项目，一边开展“日光温室高效栽培专家系统研究”。近代物理所与甘肃长城电工集团达成“加速器用于电厂烟气脱硫脱氮处理技术的开发”合作协议，并注册成立了有限责任公司，研制工作即将开始。院地联合进行的“西部之光”人才培养计划，地方政府给予了足够的重视，被纳入地方人才培养计划，给予相应经费匹配，已有2个团组1999年受到中组部、中科院联合表彰和奖励，有4个研究项目获得后续经费支持。首批项目中“AF-100阻焦剂产业化开发”项目尚待进行协调。

兰州分院与张掖地区的合作1999年可谓大见成效。“长效碳铵”这一中科院高科技成果经兰州分院搭桥帮助引进后，1998年开始在张掖六县（市）试验示范推广，至1999年已累积推广近60000ha（90万亩），出现产品供不应求的喜人景象。也正是由于长效碳铵肥料赢得的信赖，使得张掖化肥厂又自筹资金大胆实施了“合作开发6万吨长效尿素生产线”的项目。沙坡头沙漠试验站的独龙棚架超短枝葡萄技术已在张掖石岗墩高效农业示范园形成了约14ha（200亩）示范基地，即将挂果。皋兰农业实验站的脱毒马铃薯新品种已筛选出适合张掖地县的几个品种，并在山丹县建设千亩种薯基地，这个项目将带动该县种植结构的调整和促进农产品加工产业的发展，得到了县委、县政府的好评，极大地激发了当地农民群众科学种田的热情。近期“21世纪张掖地区农业生态环境分析”、“张掖地区农业产业化前景研究”2个项目将很快启动。应张掖地区要求，分院为其选派的7名科技副职近日到位。兰州分院与白银市的合作1999年全面展开。在兰州化学物理研究所与白银市白银区政府签订共建“精细石油化工中间体工程中心白银生产基地”协议的基础上，通过兰州分院和白银市双方领导充分商议，就加强院市合作达成共识，于1999年11月2日，在欢庆中国科学院建院50周年的活动中，白银市委、市政府组织了5县（区）及有关部门负责人参观了兰州分院各研究所，正式签订了合作协议，成立了协调领导小组，商谈了合作的领域和有关事项。至12月底，兰州分院向白银各县（区）推荐选派的5名科技副职已到位开展工作，靖远县真空冻干生产技术的引进正在进行前期准备，兰州分院与白银市共同设立的共建合作基金正在制订管理制度，将为合作项目提供必要的条件。

兰州分院与张掖、白银两地区的密切合作在一定程度上促进了院省合作的深入与持久，更加集中展示了院省合作的成效，对院省合作健康发展起着相辅相成的作用。

3. 机关改革、率先进行、成绩突出

为了保证知识创新工程试点工作中“西北基地”的实施，加强现代科学管理，提高科学院的整体运行效率，兰州分院按照中科院党组对分院机关的功能定位，以及“精减机构、精干人员、提高工作层次和工作水平”，“优化分院的职能设计、改善机关的工作方式，面向地方、面向基层，做好两个服务，建立科学、高效、和谐的运行机制和‘绩效优先、兼顾公平’的分配及激励机制”等具体改革要求，兰州分院本着积极改革、勇于创新的精神，从1998年11月开始进行分院机关的改革，这在中科院12个分院中算是起步较早的。经过1999年一年的努力，机关的改革基本完成，主要做了三件事：调整机构、重新设置岗位，竞争上岗人员实行全员聘用合同制契约管理，建立新的分配制度——结构工资制。

近代物理研究所

所　　长：詹文龙
地　　址：甘肃省兰州市南昌路363号
邮政编码：730000
电　　话：0931-8854834（办公室）
传　　真：0931-8881100
电子函件：LIMP@NS. LZB. AC. CN
网　　址：IMP. LZB. AC. CN

中国科学院近代物理研究所1956年成立于北京，1957年迁至兰州。1999年年底职工总数698人；其中科技人员543人，有中国科学院院士1人，研究员47人，副研究员、高级工程师135人；中级科技人员178人。现有在学博士生43人，硕士生62人。另有博士后3人。

近代物理研究所以原子核物理基础和应用研

究为主，是世界上中、低能重离子物理研究中心之一，在世界上享有较高知名度。主要研究领域是远离稳定线新核素合成及其衰变性质和核结构研究；放射性束物理研究；中、低能重离子碰撞和热核性质研究；重离子束在材料科学和生命科学中的应用研究；原子、分子物理研究和核技术开发及加速器物理和技术研究。设有原子核物理专业博士、硕士学位授予点、博士后流动站和重离子加速器物理与技术、核电子学及核探测技术工学专业硕士学位授予点。

今后发展方向：在兰州放射性束装置（RIBLL）上较系统地开展放射性束物理这一最具活力的前沿领域之一的研究工作，并深入开展远离核合成和热核性质研究及放射性束应用研究，取得一批具有国际先进水平的成果；于下世纪初在兰州重离子加速器（HIRFL）上建成重离子冷却储存环（CSR），以满足未来一、二十年我国重离子物理和相关交叉学科国际前沿高水平、多学科的实验研究需要，成为世界上具有更高知名度的中、低能重离子物理研究中心。

近期发展目标：争取第二批进入中科院知识创新基地，将充分发挥在重离子物理及交叉学科基础和应用研究、加速器物理及技术、核技术开发等领域的装置、人才和知识积累的综合优势，特别是具有大科学装置的优势，瞄准国际科技前沿和国家科技发展目标，确保一个中心——兰州重离子冷却储存环大科学工程的建设，确保按期保质完成 CSR 的设计建造，并完成对科学目标的优选；实现两个创新——（1）实现放射性束物理及相关交叉学科前沿领域的科学创新，强调系统性、开拓性，实现自主创新，形成独有特色，取得一批具有国际先进水平的研究成果，保持和发展我国在国际上已经占有的一席之地，把近代物理研究所建设成为具有国际先进水平的重离子科学知识创新基地；（2）围绕 CSR 设计建造、HIRFL 升级改造和加速器技术推广应用，实现技术创新，解决 CSR 建设中的关键技术问题，满足物理前沿实验研究发展及 RIBLL 和 CSR 对 HIRFL 束流条件的要求，加快推广核技术、加速器技术为主的高科技产业化进程，建立一批符合国家和市场需求的机制灵活、形式多样、管理规范的高科技产业。在 CSR 大科学工程的建设和两个创新的实现过程中，使近代物理研究所成为培养优秀高科技人才的基地。

近代物理研究所包括重离子物理及应用、加速器、CSR 工程、技术开发、管理和服务中心 6 个部分，共有 20 个研究室和 4 个技术开发公司。“兰州重离子加速器国家实验室”向国内外开放，该实验室设有青年物理室、原子核物理研究中心。成立了国家重大科学工程项目——兰州重离子冷却储存环项目管理委员会和项目工程指挥部。

近代物理研究所现有重要的科研设施及装置：兰州重离子研究装置（HIRFL）、兰州放射性束流线（RIBLL）、2×2MV 串列静电加速器、200kV 重离子注入机、600kV 高压倍加器和 ECR 离子源等。

1999 年围绕知识创新工程工作近代物理研究所制定了“一个中心、两个创新”的发展战略目标，进行了机构调整和运行机制改革，实行了按需设岗、公开招聘、竞争上岗的激约机制，调动了各类人员的积极性。

国家重大科学工程项目兰州重离子加速器冷却储存环建设的可行性报告获国家发展计划委员会批准后，于 1999 年 12 月 10 日隆重举行了奠基仪式。

“九五”重大项目新核素合成、高激发热核和放射性束物理研究实现新的创新和发展。在“质子滴线区（新）延发质子先驱核的合成和研究”中，首次巧妙地利用高灵敏度缓发质子——伽玛符合和氦喷嘴带传输的独特技术，将测量灵敏度相对提高了 50 倍，从而一次实验就合成了半衰期仅为 1 秒钟左右的 6 种新核素，并测量了它们的半衰期和缓发质子谱，特别是首次鉴别出理论预言的该核区质子滴线核^{128}Pm，还建立了 5 种核素的衰变纲图，同时还取得了非常丰富的核谱学重要信息。这项成果被评为“99 国家基础研究十大新闻”之一，并被甘肃省评为 1999 年十大新闻之一。

核反应和核结构实验研究有新的重要发现。利用 HIRFL 提供 30～35MeV/u 的^{36}Ar 和^{40}Ar 束流，在进行热核衰变性质同位旋效应实验研究中发现：α 粒子发射的能谱和产生额与碰撞系统有关，这使得传统的热核温度测量将受到测量粒子种类的影响。

放射性束物理实验研究获得重要结果。用

HIRFL 提供的 69MeV/u 的^{36}Ar 束流轰击 Be 靶和 Ni 靶，经 RIBLL 分离，获得了通过弹核碎裂反应产生的 80 余种同位素，并首次在中能区通过穿透法同时对这些核素的反应总截面进行了测定；用 HIRFL 提供的 55MeV/u 的^{40}Ar 和 69MeV/u 的^{36}Ar 稳定束轰击初级靶 Be，用分别产生的丰质子和丰中子次级束轰击 Si 靶，测得了 S、P、Si、Al 和 Ag 等同位素的反应截面。

"九五"重点项目重离子束在材料科学、生命科学等学科的应用研究进一步深入。"快重离子电子能损效应研究"完成的"1.4GeV ^{40}Ar 在固体材料中的电子能损效应"的辐照实验中，用红外、紫外吸收光谱、Raman 光谱、X 射线光电子谱以及微分扫描量热计等技术，分析了辐照引起的种种效应，首次观察到，在吸收计量达到 6.4Mgy 时，聚脂（PS）膜中炔基（C≡C）产生，并确定 PS 膜中产生炔基的阈电子能损为 0.8keV/nm。还得到了重离子束在 PEI 和 PC 膜中主效应与能量沉积密度和电子能损相关等一些重要数据。

用 HIRFL 提供的 50MeV/u-75MeV/u 的^{12}C 束为国家科技部"九五""攀登计划"B 项目子课题"重离子治癌技术的研究"进行了最后一轮实验，测定了^{12}C 束对荷癌小鼠的抑瘤率、控制率及控制计量值。并用自己研制的乙酰甲喹和喹乙醇两种重离子治癌的增效药物在荷癌小鼠身上取得了好的抑瘤率和控制率。此课题以突出的成果通过了专家验收，结题总评为"优"。

1999 年近代物理研究所，登记科技成果 22 项，其中重要成果 16 项；获奖 4 项，其中"重质量丰中子新核素的合成和研究"获国家自然科学二等奖。该项目是近代物理研究所和上海原子核研究所的科技人员，立足国情，在重质量丰中子新核素的合成和研究中，提出了独具特色的物理思想和生成、分离鉴别技术路线，利用兰州重离子加速器、上海 1.2m 回旋加速器和其他实验装置，先后在世界上首次合成和研究了^{202}Pt、$^{208.209}$Hg、$^{185.186}$Hf、^{237}Th、^{239}Pa 和^{175}Er 共 8 种重质量丰中子新核素，占同期同一质量区国际上合成新核素总数的一半，并研究了它们的性质，建立了部分衰变纲图对缓发中子衰变模式和低位能级结构开展了理论研究。这些成果实现了我国在新核素合成领域零的突破，在国际上该重要基础前沿领域占有了一席之地；"兰州重离子加速器放射性束流线的研制"获中科院科技进步一等奖，该项目是采用中能重离子弹核碎裂和裂变，产生 500 多种放射性同位素的大型先进实验装置，其特点是：(1) 采用初始束在初级靶前的强聚焦，使之具有较大的收集能力；(2) 改变初始束入射角可得到部分极化 RIB；(3) 创新设计的两极双消色差反对称结构，既提高了 RIB 纯度，也使 RIBLL 具有 0°磁谱仪功能。这在相当程度上克服了目前国际同类装置束流离散大、实验精度低的缺点，并使得 RIBLL 能产生多种短寿命的 RIB，还能进行有较高精度的短寿命放射性束物理实验。该装置达到了 90 年代国际同类装置的先进水平，它的建成和投入运行，为我国在放射性束物理这一国际核物理研究极具活力的前沿领域占有一席之地创造了有利条件。

1999 年近代物理研究所科技开发完成销售总额达 1474 万元，利税 53 万元，全年签订销售合同额 2345 万元。改制成立了 3 个有限责任公司。

1999 年近代物理研究所共接待来访、工作和参加会议的外宾 80 人（次），派出 37 人（次），举办了"国际核反应讲习班"等 4 个国际会议；成立了由来自德国、日本、瑞典、俄罗斯等国 7 位国际著名加速器专家组成 CSR 工程国际顾问委员会。

在人才培养方面，入选"百人计划"3 人，"西部之光"1 人；招收硕士生 20 人、博士生 9 人、博士后 2 人；一批优秀拔尖青年人才成为主要科研领域和技术岗位的骨干，在研究室正、副主任中，45 岁以下的年轻人占 36.2%，

近代物理研究所是甘肃省物理学会、甘肃省核学会的挂靠单位。近代物理研究所编辑出版并在国内外公开发行的刊物有《原子核物理评论》、《高能物理与核物理》的核物理部分、《中国科学院近代物理研究所和兰州重离子加速器国家实验室年报》（英文版）。

兰州化学物理研究所

所　　长：薛群基

地　　址：甘肃省兰州市天水路 342 号

邮　　编：730000

电　　话：0931-8277585（所办）
传　　真：0931-8277088
网　　址：std@ns.lzb.ac.cn
licp@mis.lzb.ac.cn

中国科学院兰州化学物理研究所始建于1958年，其前身是中国科学院石油研究所兰州分所，1962年启用现名。1999年底职工总人数434人，其中科技人员302人，中国科学院院士1人，中国工程院院士1人，研究员42人，副研究员、高级工程师93人，中级科技人员110人。在学博士生80人，硕士生73人。另有博士后2人。

兰州化学物理研究所是一个以应用研究和应用基础研究为主，兼顾技术开发的综合性研究所。在建所40年间，为国家经济建设，特别是为我国石油化工和“两弹一星”做出了重大贡献。经过四十多年发展，现已成为我国战略性高技术与基础研究、基地型的多学科综合性研究所。形成了以催化科学与技术、润滑防护材料与摩擦化学、分离分析和结构化学、有机功能材料及应用研究学科方向。其中，催化选择氧化、润滑材料和摩擦化学与物理的研究具有国际先进或领先水平；均相络合催化、不对称催化合成和毛细管色谱处于国内领先地位。建有羰基合成与选择氧化和固体润滑两个国家重点实验室和一个精细化工中间体国家工程研究中心。是我国物理化学、分析化学专业博士学位和物理化学、分析化学、有机化学专业的硕士学位授权单位，并设有物理化学、分析化学专业博士后流动站。

兰州化学物理研究所经过结构调整，按照研究领域和学科发展的总体目标和节点目标对研究室进行大力度的重新组合，将原12个研究室，优化重组为7个研究室（中心），包括羰基合成与选择氧化国家重点实验室、固体润滑国家重点实验室、精细石油化工中间体国家工程中心三个国家级研究单元，环境与应用催化研究室、润滑与防护材料研究开发中心、分离分析与应用波谱研究室、有机含氧化合物催化合成实验室。重组后的研究单元，不仅研究方向更趋凝炼，而且应用目标更加明确。这些研究领域的创新目标，将紧紧围绕国家目标、西部大开发和西部资源综合利用，具有重要的现实意义。

1999年，是兰州化学物理研究所改革与科研发展的重要一年。在这一年里，羰基合成与选择氧化国家重点实验室在国家组织的评审中取得良好成绩，固体润滑实验室晋升为国家重点实验室，经过目标凝炼和有效的准备工作，两个实验室获准进入了院知识创新工程试点，为争取整所进入院创新试点迈出了重要一步。

羰基合成与选择氧化国家重要实验室围绕深入开展低碳烃活化与定向转化、络合催化的定向控制理论、催化新材料合成中的组合化学的基础性研究工作，实现低碳烃的定向催化转化、络合催化控制技术、催化新材料制备中的分子设计与选择性合成的自主知识创新，形成拥有我国自主知识产权的低碳烃催化转化、清洁催化反应、精细化工催化新工艺与耦合技术，为实现我国油气资源的优化与综合利用中的环境友好催化与技术中的新材料、新技术与新工艺方面提供战略性与前瞻性的科学基础这一创新目标，积极开展工作。在已获准“973”“天然气炼厂气综合利用的催化基础”项目中，有四个课题为参研单位；MMT中试项目、与中油集团合作项目正在按计划进行，院地合作“天然气直接催化转化制乙烯”项目，已列为甘肃省经贸委合作开发项目，由甘肃省和我所共同申请国家十五立项。

固体润滑国家重点实验室基于材料科学和摩擦学的国际发展趋势及国家对润滑防护材料的需求，提出了在材料的结构与性能关系、材料磨损损伤、润滑材料的分子设计、极端条件下的摩擦学、摩擦化学与物理等领域保持和发展国内外的优势地位，形成较系统完整的摩擦化学理论体系，成为国际一流的摩擦学研究中心之一和领导我国材料摩擦学、解决我国战略性摩擦学问题的重要基地。解决国家安全、航天、航空、信息、微型机械、家电、核能利用、建筑等领域中的关键性摩擦学问题，研究和发展可满足国家安全及高技术工业需要的先进润滑、防护材料与润滑、抗磨技术的创新目标。其室承担的“十号工程”“斯贝工程”数十种配套材料的研制任务，已达到国外同类材料的先进水平。承担的国家重点基金、国家杰出青年基金、省部委课题都取得了重要进展。承担的“921-3驱动机构和展开锁定机构用润滑及防冷焊薄膜体系的研究”成果成功应用于“神舟”号载人飞船的首次飞行实验，保证了上述机构的正常运转，受到使用单位的好评。与西安城建局、云南红塔集团、清华大学、中国石油天然气总公司等有关单位合作研究开发工作进展良好，并取得了较好效益。

1999年兰州化学物理研究所共承担国家攀登、“九五”攻关、国家重点军工项目课题13项，重点基金项目1项，杰出青年基金1项，“百人计划”1项，国家自然科学基金面上项目12项，院重大、重点项目13项，“西部之光”项目3项，军工项目16项，国际合作7项，另外争取到作为参加单位进入3项“973”任务，争取到2项催化学科国家重点基金和1项润滑学科青年基金，同时发展了与云南红塔集团、石油集团、甘肃奇正集团及甘肃省的友好合作。

以羰基合成与选择氧化和固体润滑两个国家重点实验室为基地的应用基础研究工作进展良好。固体润滑国家重点实验室刘维民研究员承担的国家杰出青年基金项目“极端条件下的摩擦学研究”工作，发展了多篇高水平的学术论文，同时，得到中科院资助正在建立“极端条件下摩擦学试验系统”。国家重点基金项目“纳米摩擦学的应用基础研究”通过了国家自然科学基金委的中期评估，专家认为达到国际领先水平。重点军工项目低速谐波齿轮自润滑薄膜材料和自润滑保持器成功地用在神舟号太空飞船上，为我国的航天事业做出了重要贡献。国家攀登预选项目子课题“加压下甲烷氧化偶联反应的应用基础”，由于工作有特色，现已进入“973”项目“天然气、煤层气催化转化的应用基础”中。“百人计划”项目“环境友好催化清洁工艺”的研究已在离子液体清洁催化、原子经济催化反应等方面取得了很好进展。其他对国民经济和国家安全有重大意义的科研项目也取得了预期的结果。

1999年研究所发表学术论文共297篇，其中国外刊物93篇，国内刊物204篇。SCI收录的论文和引文数列全国科研机构10名左右。申请专利20项，授权专利11项。获甘肃省科技进步一等奖1项，甘肃省科技进步二等奖1项，上报登记成果11项。2人获院长奖学金优秀奖；1人获中科院“刘永龄奖”；5人分别获“韦华”和“宝洁”奖；陈建敏研究员获院青年科学家一等奖和甘肃省先进工作者称号，吕功煊研究员获院优秀青年人才称号。

兰州化学物理研究所积极开展科技开发工作并取得了良好社会、经济效益。研究所同浙江省宁波鄞县人民政府就建立“中国科学院兰州化学物理研究所（宁波）高技术研究与发展中心”达成了全面科技合作协议，为研究所科技成果转化寻找到了新的发展点，研究所与甘肃省白银市化学试剂厂共同投资2500万元成立了“白银希科高技术发展有限责任公司。与甘肃奇正藏药集团共同成立了“藏药与天然药物联合实验室”。研究所投资60万元设立“所长成果转化基金”，积极促进所内成果转化。兰州化学物理研究所技术开发性企业主要有：化工试验厂、技术咨询公司、金环公司。其中化工试验厂从事科技开发人员24人，开发主要产品（1）气调果蔬保鲜膜；（2）毛细管色谱柱；（3）催化剂。全年销售额560万元左右，年利税总额50余万元；技术咨询公司从事开发工作人员15人，年创产值350万元，利税16万元；金环公司从事开发工作人员7人，年创产值28万元，利税3万元。

1999年兰州化学物理研究所协办国际会议一次。与美国、波兰、日本、英国等国家的研究机构就“薄膜与涂层的摩擦接触力学”、“汽车用摩擦材料研究”、“润滑油添加剂摩擦化学与环境友好润滑剂”、“纳米摩擦学与摩擦化学”、“生物酶催化反应与作用机理研究”等领域的工作进行了广泛的合作与交流。

在人才培养方面，通过竞争、考评、择优选拔，两个国家重点实验室聘用了七位责任研究员和八位研究员，平均年龄38.5岁。有十几位同志被选聘为研究室正副主任，其中绝大多数是青年同志。几十位青年同志被选聘为题目组正副组长，承担起了科研第一线重任。同时，一批既有科研背景又有市场意识的年轻同志进入了科技开发领域。

经过竞争上岗和优化组合，强化了科研管理工作，在精简高效的前提下，将原60人的机关管理人员，精干为28人，管理人员占职工总数的6%。研究所管理系统有：科技处、人事处、所办、党群办、财务处。支撑系统有：研究生部、后勤服务中心、图书情报室、技术与质量管理中心。

兰州化学物理研究所是甘肃省化学会挂靠单位。编辑出版《分子催化》、《摩擦学报》和《分析测试技术与仪器》3 种学术刊物。同时还是中科院兰州分析测试中心的挂靠单位。多年来，依靠国家、中科院的投资和自筹资金等多种渠道，添置了大量现代化的仪器设备，且配套齐全，具有国内一流的分析测试与实验条件。兰州化学物理研究所现代化学分析测试部和固体润滑材料分析测试部是国家技术监督局认证通过的计量认证合格单位，可以对外承担分析测试任务。

寒区旱区环境与工程研究所

名誉所长：施雅风
所　　长：程国栋
地　　址：兰州市东岗西路 260 号
邮政编码：730000
电　　话：0931-8875129
图文传真：0931-8821894
电子函件：Careeri@ns. 1zb. ac. cn
网　　址：www. casnw. net

中国科学院寒区旱区环境与工程研究所是 1999 年 9 月由原兰州冰川冻土研究所、兰州沙漠研究所、兰州高原大气物理研究所整合后成立的。现有职工 200 人，其中科研人员 131 人，有中国科学院院士 3 人，研究员 55 人，副研究员、高级工程师 53 人。现有博士生 92 人，硕士生 65 人。另有博士后 13 人。

寒区旱区环境与工程研究所是我国专门从事干旱沙漠、高寒、极地环境与工程研究的国家级研究机构，是“西北资源环境与可持续发展研究基地”的核心组成部分。现有 3 个博士点，4 个硕士点。

寒区旱区环境与工程研究所将瞄准国家发展的战略目标和学科发展的国际前沿，以占国土面积三分之一的西北地区为重点，针对国家加快西部地区发展的重大决策和西北地区生态环境建设面临的重大科学问题，开展干旱、沙漠、高寒和极地特殊自然条件下环境变化、生态恢复、农业发展的基础性、战略性、前瞻性、综合性研究，为国家解决西北地区在人口、资源、环境、农业等领域的重大问题，提供科学依据，为西北地区可持续发展提供技术支撑。

寒区旱区环境与工程研究所从国家目标和长远发展战略出发，重组与建设 6 个研究室。它们是 (1) 冰冻圈与全球变化研究室；(2) 沙漠与沙漠化研究室；(3) 高原大气物理研究室；(4) 冻土与寒区工程研究室；(5) 水土资源研究室；(6) 生态与农业研究室。技术支撑系统包括野外实验研究站，3S 室、分析测试室、计算机网络室和图书情报室。

1999 年寒区旱区环境与工程研究所围绕知识创新工程试点工作，重点进行了以下工作：

1. 人事制度改革方面，围绕建立和完善现代研究所的基本人事制度，实施“按需设岗、公开竞争、择优聘任、契约管理、严格考核”的用人机制，组织完成首批创新人员招聘工作。目前，已有 40 余位研究员、50 余位副研究员、14 位管理干部聘任上岗。

2. 在后勤服务系统改革方面，为进一步推进转岗分流工作，组建物业服务中心、科考服务中心、保安服务中心、文秘与会展服务中心、科研器材服务中心、投资开发中心。通过虚拟的、模拟市场的过渡期，以便进一步加强后勤服务系统社会化步伐，推进转岗分流。

3. 在园区建设方面，寒区旱区环境与工程研究所坚持科学布局、统一规划的原则，制定了科研园区建设组织实施方案，启动了一批装修改造工程。

1999 年寒区旱区环境与工程研究所承担的科研项目大约 200 项。承担国家科技攻关项目 18 项，国家“攀登计划”项目 14 项，中科院重大、重点项目 26 项，国家自然基金项目 42 项，其中“冻土的强度与变形研究”获中科院自然科学二等奖；“雷电物理与人工引发雷电研究”获中科院科技进步二等奖。

1999 年寒区旱区环境与工程研究所列入计划执行的国际合作交流项目 9 项，人员交流 52 人次，其中派出 27 人，来访 25 人次。

寒区旱区环境与工程研究所是中国科学院减灾中心西北分中心，中国气象学会大气物理专业委员会雷电物理监测与防护分会，中国冰川冻土学会、中国地理学会沙漠分会的挂靠单位。编辑出版《冰川冻土》、《高原气象》、《中国沙漠》等学术刊物。

兰州地质研究所

所　　长：王先彬
地　　址：甘肃省兰州市东岗西路 324 号
邮政编码：730000
电　　话：0931-8414435（办公室）
传　　真：0931-8418667
电子函件：xbwang@ns. lzb. ac. cn

中国科学院兰州地质研究所正式成立于1960年2月18日，其前身是1956年7月建立的中国科学院地质研究所下属的兰州地质研究室。1970年与原中科院兰州地球物理研究所等单位合并组成兰州地震大队，转搞地震科学研究，1976年以其中石油连为主的部分科技人员从兰州地震大队分出，成立甘肃省石油地质研究所，划归甘肃省燃化局，至1978年中国科学院将甘肃省石油地质所收回，恢复并重新组建了兰州地质研究所。研究所位于我国古丝绸之路重镇——兰州市的科研文化和高新技术产业开发区内。1999年底全所共有职工118人，87名科技人员中，有研究员（包括正研级高级工程师）19人，副研究员和高级工程师21人，中级科技人员15人，初级科技人员5人。1998年底被中国科学院认定为科研基地型研究所。

根据国家对科技体制改革和中国科学院知识创新工程的要求，1999年兰州地质研究所将原来按单一学科设置的多个研究室整合成“气体地球化学国家重点实验室”和“地壳流体资源与环境研究室”两个研究室、并调整和凝练了科研方向和目标，以进一步适应国民经济发展的新要求和学科发展的新动向。

兰州地质研究所的气体地球化学国家重点实验室是在中国科学院1985年首批批准的开放室之一的“生物、气体地球化学开放室”的基础上，于1991年5月经国家计委批准成立的。国家重点实验室的研究方向是：发展气体地球化学，探索地史过程和各圈层中气体的赋存状态、地球化学行为和动力学过程；深入开展天然气资源、环境和全球变化、地球各圈层的演化和地质—地震灾害等领域的气体地球化学基础研究与应用基础研究。实验室自成立以来，始终瞄准国际学科发展前沿，结合我国资源、环境、灾害领域，开展了卓有成效的研究工作，取得了一系列重要成果。1999年经中国科学院批准该室的知识创新工程试点工作正式启动，这无疑是给实验室的发展创造了新的机遇，注入了新的活力。

新组建的“地壳流体资源与环境研究室”，凝聚了我所沉积学、层序地层学、构造地质学、有机地球化学等方面的学科优势和科研积累，其研究方向定位于：发展地壳流体地质学，探索油、气资源的形成和分布规律；发展石油、天然气地质基础理论，开拓勘探新领域；研究流体和岩石的相互作用及动力学过程，开展与油气形成、运移、聚集规律相关的流体地质作用研究；探讨石油、天然气开发、利用过程中的环境问题。为促进和带动这个新组建的研究室发展，研究所决定利用自身的力量，采取一系列有效措施从科研课题、经费和其他方面给予支持。

学科调整和体制改革后的兰州地质研究所将以石油天然气地质地球化学基础和应用基础理论研究为主体，发展气体地球化学，探索地壳流体地质作用，在石油天然气成因新理论、勘探新领域、新技术，固体地球各圈层气体地质地球化学作用的基础理论问题，沉积盆地流体地质作用及其动力学过程研究等方面取得具前瞻性，全局性和带动性的创新成果，为寻找新的油气资源和解决重大的地学科研问题提供基础和理论依据。

兰州地质研究所不但有一支实力强大的研究队伍，还有一支技术精湛的实验技术队伍。经过多年的努力，各学科研究室均有本学科相应的实验室，组成了10个分析测试系列。尤其是气体地球化学国家重点实验室，在国家计委和中科院的支持下，配备了具有世界先进水平的完整的气体分析设备，如稳定和稀有气体同位素、微量气体组分等方面的分析仪器及其测试技术在国内外均可居前列。去年引进的MM—5400稀有气体质谱仪，运转正常、状态良好，使该实验室的气体分析设备得到了进一步的加强。由兰州地质研究所16个机组组成的兰州分院分析测试中心地球化学分析测试部，经过国家技术监督局全面严格的考核，顺利通过了计量认证（换证复查）。

兰州地质研究所是经国家学位委员会批准的博士和硕士学位授予单位，现有地球化学专业博士学位授权点和矿物学、岩石学、矿床学专业，地球化学专业及构造地质学专业等3个硕士学位授权点，至1999年底已招收博士生32人，硕士生116人，现有在读博士生10人、硕士生16人。毕业的研究生均已成为所在单位的科研、教学或生产上的骨干力量。

1999年是国家“九五”计划的末期，兰州地质研究所在顺利完成“九五”承担的大量科研项目，并取得一批重要科研成果的前提下，仍有各类在研课题24项，科研工作进展顺利，科技人员工作量基本饱满。

1. 进一步完成了“九五”前期兰州地质研究所承担的国家科技攻关项目中的2个一级专题及其下属的17个二级专题的总结工作，在中国典型含油气盆地地球化学场研究和中国大中型气田分布区形成的构造动力学研究方面取得了新的重要成果。在此基础上经科技部批准，“九五”后期我所继续承担了国家科技攻关项目中的1个二级专题。

2. 国家自然科学基金1999年在研8个项目进展顺利。1999年新获准国家自然科学基金项目4项。

3. 经过全所科研人员的努力，兰州地质研究所在国家重点基金研究发展规划项目（即“973”）“中国典型叠合盆地油气形成富集与分布预测”中负责1个二级课题，并参与了另外3个二级课题的科研工作。

4. 兰州地质研究所作为负责单位之一的甘肃省重点科研项目“兰州市大气污染及对策研究”，是院省合作为治理兰州大气污染、提高环境质量、促进地方经济发展的重点科研项目，经院省多次协商后已于今年正式启动。

5. 兰州地质研究所承担的2个中科院重大和重点项目，3个国际合作项目及一批横向课题亦进展良好，分别取得了阶段性的科研成果。

6. 1999年兰州地质研究所上报科研成果3项，发表论文75篇，出版专著2部。申请（已被授理）专利2项。

党的十五届四中全会《决议》做出了“西部大开发”的战略部署，兰州地质研究所地处祖国大西北，并有40多年在西北的科研积累，因此，兰州地质研究所责无旁贷地将西部大开发的有关科技问题列入所里知识创新工程目标之中，努力为西部大开发做出自己的贡献。

兰州地质研究所在承担国内众多研究课题的同时，还积极开展国际学术交流与合作，先后与澳大利亚、新西兰、日本、美国、英国、德国、意大利、俄罗斯等国家的研究机构和大学开展了国际合作研究或互派学者等学术交流活动，1999年出访和来访专家学者10人次，举办了国内和国际学术研讨会2次，为兰州地质研究所科研工作的国际交流开辟了广阔的道路。

兰州地质研究所是中国矿物岩石地球化学学会甘肃省分会、甘肃省地质学会石油地质专业委员会及青年地学工作委员会的挂靠单位。编辑出版的学术刊物有《沉积学报》及《气体地球化学国家重点实验室年报》，还与外单位合作并主办《天然气地球科学》。

资源环境科学信息中心

现任主任：孙成权
地　　址：兰州市天水路342号
邮政编码：730000
联系电话：0931-8823628
图文传真：0931-8825743
电子函件：lcgi@ms.lzb.ac.cn
网　　址：www.llas.lzb.ac.cn

中国科学院资源环境科学信息中心成立于1955年10月，前身是中国科学院图书馆兰州分馆，后曾几易其名。1997年9月13日经中央机构编制委员会办公室批准使用现名，对外保留使用“中国科学院兰州图书馆”的名称。资源环境科学信息中心系中国科学院地学情报网牵头单位。现有职工105人，其中科技人员73人，有研究员（研究馆员）3人，副研究员（副研究馆员）和高级工程师12人，中级科技人员35人。现有在学博士生2人，硕士生2人。挂靠中科院文献情报中心（学位授予点）招收科技情报研究生。

资源环境科学信息中心作为中国科学院图书情报系统在西北的区域性中心，是服务于科学研究的文献情报信息支撑机构，是立足西北、面向全院、服务全国、对外开放的资源环境科学信息收集、开发、研究、传播与交流中心；同时也是负责兰州分院各研究所科技文献保障的科技图书馆。其发展方向是建成面向全国、面向国际、对外开放的国家资源环境信息中心和中国西北地区最大的科技图书馆。

1999年，根据中央领导同志和国家有关部门对知识创新和信息工作的指示精神，结合中科院知识创新工程的进展，提出了资源环境科学信息中心的知识创新工程试点方案。同时，相应进行了业务结构调整和机构调整，后勤服务工作实现整体转制，纳入科技开发与社会服务系列。在职工内部全面推行合同聘用、岗位聘任的双聘制度，实行“按需设岗、公开招聘、竞争上岗、择优聘用、签约管理”的机制，调动了职工的主人翁意识和工作主动性。中心现设管理部门2个（党政综合办公室、业务处）、业务部门3个（文献工作部、网络建设与信息开发部、情报研究部），下属经济实体2个（信达科技信息开发部、印刷厂）。

资源环境科学信息中心馆藏以地球科学、资源环境、化学化工、物理学、电子技术等为重点，兼收其他综合性科技文献，各类工具书及检索书刊较为齐全。截止1999年底，资源环境科学信息中心馆藏文献157.1万册（件），其中科技图书28.7万册，科技期刊13 087种（现刊2926种）115.5万册，其他科技文献12.8万册（件）。引进有关经济、商务、科技成果、科技文献等数据库（光盘）23个，自建“中国地球科学家数据库”等数据库15个。

1999年资源环境科学信息中心承担和争取科研任务12项：其中国家“九五”科技攻关项目专题1项，中科院“九五”重点项目1项，中科院“九五”重大项目三级专题1项，中科院“西部之光”项目1项，中科院院长基金项目1项，兰州分院择优支持项目2项，甘肃省科委软科学项目1项，自选课题2项。另外，还有资源环境科学信息中心主任基金课题和工作项目15项。

在情报研究方面，1999年编译出版了《全球变化研究网络信息资源指南》（24.5万字）；向甘肃省和中科院有关部门提供《生态经济与生态建设富民工程》、《可持续发展：进展与趋向》、《中国科学院资源环境类研究所科技论文与引文统计（1990～1998）》、《在甘肃省发展天然气工业市场前景广阔》等科技研究报告23篇，40.7万字。此外，还发表科技论文65篇（其中公开发表33篇，内部刊物发表32篇），翻译科技资料32万字。获奖成果共3项：“中国科学院网上文献信息共享系统”（参加单位）获中国科学院科技进步奖二等奖；“文献情报自动化与网络化建设”获甘肃省第六次社会科学“兴陇奖”二等奖；“甘肃省张掖地区科技兴区信息咨询服务”获甘肃省科技信息成果三等奖。《地球科学进展》荣获“第二届全国优秀地理期刊”奖。

资源环境科学信息中心编辑出版《地球科学进展》（双月刊）、《黄金科学技术》（双月刊）、《遥感技术与应用》（季刊）、《天然气地球科学》（双月刊）和《资源生态环境网络研究动态》（季刊）等5种科技期刊。

青海盐湖研究所

所　　长：马培华

地　　址：青海省西宁市新宁路18号

邮政编码：810008

电　　话：0971-6304306

图文传真：0971-6306002

电子函件：isl@isl.ac.cn

网　　址：www.isl.ac.cn

中国科学院青海盐湖研究所于1965年在西宁成立，是以当时的中科院西北化学研究所为基础，与北京化学研究所、兰州地质研究所、天津化工研究院、上海化工研究院等单位的盐湖专业组合并搬迁组建而成的。1966年6月，经国家科委批准，在西宁刚组建的化工部盐湖化工综合利用研究所并入青海盐湖研究所。

1999年底青海盐湖研究所共有职工320多

人，其中科技人员 220 人，有中国科学院院士 2 人，研究员 20 人，副研究员、高级工程师 50 人，中级科技人员 92 人。科研人员中，有硕士学位的 25 人，博士学位的 4 人。现有在学博士研究生 5 人，硕士研究生 17 人。另有博士后 1 人。在国外攻读博士学位的有 6 人，入选“百人计划”1 人。

青海盐湖研究所是中国唯一专门从事盐湖资源开发利用研究的科研机构，是一个以应用研究和发展为主，兼有基础研究，社会公益性研究的综合性研究所。青海盐湖研究所的学科方向为盐湖资源综合利用、成盐元素资源化学和材料科学、盐湖地球化学与盐湖生态环境科学。主要研究内容包括盐湖资源丰产元素锂、钾、镁、钾、硼无机盐的分离提取新方法、新技术、新工艺、放大过程、关键设备和工程化以及资源综合利用；盐湖丰产元素精细化、高值化系列化工产品和新功能材料的开发研究和产业化；盐湖资源成盐演化规律和可持续开发利用，西北干旱区气候、环境演变、荒漠化机理和环境整治。研究领域涉及无机化学、分析化学、分离提取技术、化学工程、自然地理、地球化学、材料科学等多种学科。

青海盐湖研究所根据学科特点和发展方向，设有 3 个研究室，即盐湖地球化学研究室、盐湖资源开发利用研究室、无机材料与应用技术研究室。在青海东台吉乃尔盐湖矿区建有盐湖资源综合利用研究与产业化基地，该基地同时也是中新（西兰）合资公司“青海锂业公司”的科研生产基地。在西宁建有专供盐湖资源分离提取工艺和资源高值化研究进行中间实验的盐湖化工中试车间。

青海盐湖研究所有博士生导师 4 人，具有无机化学、分析化学、地球化学硕士授予权和无机化学博士授予权。1983 年以来共培养硕士研究生 44 人，博士研究生 5 人。

青海盐湖研究所具有国内外先进水平的大型仪器设备有：VG-354 固体同位素质谱仪，GBC-908 原子吸收光谱仪，MAT-251 气体同位素质谱仪，TG TAD/92 DSC-111 热分析仪。

青海盐湖研究所建有收藏和展示盐湖无机盐天然样品、标本、图片和钻探岩心以及盐湖科技发展的专业特色展览室。

1999 年青海盐湖研究所围绕进入中科院知识创新工程试点，明确了科技目标：“瞄准当今世界迅速发展的盐湖科技前沿，针对制约我国盐湖资源综合开发利用和可持续发展的重大问题，研究和开发综合利用盐湖钾、锂、镁、硼资源的关键技术和产业化系统工程，实现盐湖资源产品的精细化、高值化，形成中国盐湖资源综合利用和可持续发展的科学技术体系”。进行了包括结构调整、体制改革和环境建设等方面的工作。根据学科规律的不同，建立相应的研究和技术队伍结构，实行按需设岗，上岗人员面向国内外公开招聘，加大流动人员和客座人员比例。将原有的管理机构合并调整为 3 个职能处室和西安二部综合办公室，完善所长负责制，实行所长、党委、学术委员会和职代会四位一体的管理机制。将后勤服务中心、汽车队、基建办公室整合成立物业服务中心，对内提供优先有偿服务，对外进行开发创收的社会化服务，3 年内将走向独立经营的法人实体。用调整改革压缩和节省下来的一些开支，进行所园环境整治。通过学习、讨论、相互带动和领导以身作则的带头作用，积极开展创新文化建设，调动了广大科研人员和管理服务人员的工作热情，初步建立起一个团结协作、勤奋上进、务实创新的人文环境，为进入中科院知识创新工程打下了良好的基础。

1999 年青海盐湖研究所共有科研项目 33 项，其中国家“九五”重点科技攻关项目 4 项，国家自然科学基金项目 5 项，中科院重点项目 3 项，中科院和青海省、陕西省各类合作项目 13 项，横向委托项目 4 项，国际合作项目 1 项，自选项目 3 项。青海省和中科院省院合作项目“东台吉乃尔盐湖科研与生产可持续发展基地建设”项目，对同类型盐湖综合开发利用将提供师范和样板，为青海地方经济发展作出贡献。印度国家海洋研究所 Shirodkar 教授来青海盐湖研究所肖应凯课题组合作研究 6 个月，挪威外宾顺访青海盐湖研究所西安二部，在西安和青海盐湖研究所科研人员进行了学术交流活动。

1999 年青海盐湖研究所向中科院上报登记重要成果 1 项，出版专著 1 部，发表论文 63 篇，其中国外刊物发表 21 篇。新申请国家专利 3 项，获授权专利 4 项。以马培华研究员等的研究成果“碳同位素选择性激光分离化学”，获中国科学院自然科学二等奖。

青海盐湖研究所所属的“兰州分院盐湖化学

分析测试部”于1999年11月通过4年一次的国家质量技术监督局组织的计量认证复查。

青海盐湖研究所是青海化学会的挂靠单位。编辑出版《盐湖研究》,该刊物属国内核心期刊,并是青海省优秀期刊。

西北高原生物研究所

名誉所长:夏武平
所　　长:张宝琛
地　　址:青海省西宁市西关大街59号
邮政编码:810008
联系电话:0971-6143530
图文传真:0971-6143282
电子函件:nwipb@ms.nwipb.ac.cn

中国科学院西北高原生物研究所成立于1962年,是一个以主要从事青藏高原生物科学研究(包括基础理论、应用基础和应用开发研究)为主的公益性综合研究所,其前身是中国科学院青海分院生物研究所,隶属中国科学院西北分院,1970年改由青海省科委领导,更名为青海省生物研究所,1979年重新收归中国科学院领导,恢复所名“中国科学院西北高原生物研究所”。

全所现有职工总数为176人,其中科技人员121人(占69%),有中国科学院院士1人(占0.57%),研究员19人(占11%),副研究员、高级工程师36人(占20%),中级科技人员42人(占24%)。现有在学博士生17人(其中6人为联合培养)、硕士生21人。另有在站博士后2人。

为使西北高原生物研究所成为国内外高原生物学研究基地,按照中科院整体结构性调整及知识创新工程的要求,现将学科发展方向调整为:(1)高原生态学及区域可持续发展;(2)藏药现代化;(3)春小麦遗传育种及旱区生态农业。

今后的发展方向是:围绕新的学科定位方向开展:(1)高原生态学及区域可持续发展研究。瞄准全球变化及可持续发展的国际生态学研究前沿,侧重研究高寒草甸对全球变化的贡献与响应、高原生物物种的进化适应、高寒草甸群落生产力的形成机制及高寒草地畜牧业可持续发展等若干重大理论和应用问题。

(2)藏药现代化研究。瞄准市场经济发展,根据青藏高原国民经济建设的需要,重点着眼于藏药现代化的深入研究和藏药资源的深层开发,提高现有藏药理论研究水平,积极开发具有较大市场占有率及开发前景的新、特藏药品种。(3)春小麦遗传育种及旱区生态农业研究。在已有研究工作的基础上,以春小麦作为重点研究对象,采用染色体工程、细胞工程、基因工程等生物技术与常规技术结合培育超高产优质抗旱春小麦新品种、并结合种植业生产发展和区域农业经济可持续发展的需要,以发展节水农业和效益农业为核心,综合开发有关基础、应用推广方面的研究与示范工作。

围绕三大主要学科方向的需要,整合组建了:生态学与可持续发展研究中心、藏药现代化研究中心、春小麦遗传育种及旱区生态农业研究中心。除此,还建有中国科学院海北高寒草甸生态系统开放实验站(该站系中国科学院重点开放台站和重点网络台站,1999年列入国际冻原研究计划野外台站)、兰州分院测试中心生物化学测试部(该部获国家计量监督局的计量认证,并评为中国科学院系统计量认证先进集体,1999年通过考核换证)和环境影响评价室(具有国家环保局批准认定的乙级环评资格,1999年通过考核换证)。

通过发展和努力,经国家学位委员会批准,西北高原生物研究所现设有动物学、植物学、生态学硕士授予点,动物学博士授予点,生物学博士后流动站。现正在申请生物学博士点。

按照知识创新工作要求,结合研究所的实际,西北高原生物研究所积极进行学科定位及结构性调整等改革。经过努力,西北高原生物研究所的学科定位认定工作已获科学院的最终认可,被批准为基地型研究所,3个青年科学家小组进入院知识创新工程试点,为进入院第二批创新工程试点单位奠定了较好的基础。采取措施较好地解决了各类人员职称,高级职称中中青年比例明显上升。实行按需设岗、换岗聘任,使机构设置趋于合理。通过公平竞争,精干队伍,工作效率得到提高。合理分流富余人员,实现人尽其才,人尽其用。制订配套规章制度,加快了规范管理化进程。科研经费争取明显提高,年增长率为39.69%。职工住房条件得到改善。同时，为迎接客座专家到来也作好准备。藏药现代化研究中心主体成立，为进一步发展科研单位与企业的结合，迈出了实质性的一步。

1999 年西北高原生物研究所争取各类项目 27 项，承担了国家攻关课题、国家自然科学基金重大项目子课题和面上项目、国家“攀登计划”专题、国家开放实验室子课题、中科院重大重点项目课题和专题、“西部之光”人才培养计划项目、生物科学研究与技术特别支持项目等，以及地方其他部委、企业委托等项目共计 72 项。

西北高原生物研究所承担的国家攻关课题“柴达木盆地可持续发展重大问题研究”，针对柴达木盆地资源开发及可持续发展和农牧业生产模式等重大问题进行研究，为柴达木盆地丰富资源的大规模开发和社会经济的可持续发展、保持生态环境的相对稳定和不断完善起到了积极的示范意义。中科院重点项目“传统藏药配方挖掘及新藏药开发研究”是在传统藏药配方基础上，利用现代化手段，通过对 3 个新药的研制，促进藏药产业化起到积极作用。中科院“西部之光”人才培养计划项目用细胞工程和常规育种相结合的方法培育抗旱丰产优质小麦新品种可为西北乃至北方春麦区农业的持续发展做出贡献。

1999 年西北高原生物研究所共取得科研成果 5 项，其中应用研究 2 项，应用基础 3 项。有 3 个项目获奖，均为青海省科技进步奖。

国际合作方面有了新的进展，与美国加利福尼亚大学合作开展了“青藏高原高寒草甸生态系统对全球变化的贡献与响应”的研究，由此中国科学院海北高寒草甸生态系统开放实验站被列入国际冻原研究计划的野外台站。人才培养方面主要是注重对年轻人才的培养。重视“西部之光”人才培养计划的组织和申报工作，1999 年获批准的项目在兰州分院排名第一。组织科学家小组赴高校进行宣传引导，扩大生源；积极争取研究生经费，扩大招生规模；采取多种培养方式，促进人才的培养；密切同青海省政府联系，努力争取对科技骨干和管理骨干的培训支持；提高研究生生活娱乐条件，组建研究生会，制定研究生管理条例，使研究生管理规范化。通过以上积极措施，人才培养工作取得较好的成绩。

西北高原生物研究所设有以收藏青藏高原动、植物标本的青藏高原生物标本馆，经过几十年的努力，现已积累收藏鸟类、兽类、鱼类等动物标本 15.45 万号、植物标本 27 万号，在国际、国内均有一定影响。

西北高原生物研究所编辑出版的学术刊物有《兽类学报》和《高原生物学集刊》，其中《兽类学报》为中国科技核心期刊。

新　疆　分　院

院　　长：周俊林

地　　址：乌鲁木齐北京南路 40 号

邮政编码：830011

联系电话：0991-3835430

图文传真：0991-3835229

电子函件：office@ms. xjb. ac. cn

网　　址：www. xjb. ac. cn

中国科学院新疆分院是在中国科学院综合考察队的基础上，1957 年经全国人民代表大会常务委员会批准成立。“文革”中曾一度下放地方，1978 年经中国科学院和新疆维吾尔自治区党委向中央建议，由邓小平同志亲自批准恢复中国科学院新疆分院。

新疆分院经过 40 多年的建设发展，现已建成具有一定规模和学科上具有特色的自然科学综合研究基地。研究机构有：新疆生态与地理研究所、新疆物理研究所、新疆化学研究所、国家天文观测中心乌鲁木齐天文站。分院地区院属单位共拥有 8 个野外工作站，国家天文观测中心乌鲁木齐天文站已经进入中科院知识创新工程，其所属的南山甚长基线站（VLBI）也已进入国家射电天文开放试验室。吐鲁番沙漠植物园已成为国家植物园系列中一个重要组成部分，成为国际植物园保护组织的成员单位。新疆分院直属单位有：文献信息中心、科学仪器研制中心、后勤服务中心、子弟学校和幼儿园等。科学仪器研制中心已实行改制，建立起现代企业运行机制的有限责任公司。

“加强学科建设，加速高层次人才培养，改善综合环境，最大限度发挥人才作用，培养、吸引和采取多种形式加强各类人员的在职培训，把人才工作作为一项面向 21 世纪的系统工程。”是新疆分院人才培养的策略。新疆分院拥有 14 个民族的在职人员 1300 人，其中科技人员 797 人，高级职称的科技人员 227 人，中级职称的科技人员 360 人，分别占科技人员总数的 29%和 45%。现在已有 3 个硕士学位授予单位、10 个硕士授予点，与外单位联合培养博士生 49 人，其中毕业 24 人，毕业后留所工作 14 人，培养硕士生近 300 人。

新疆分院根据知识创新工程试点的指导思想，在深入领会中科院对分院机关职能和改革要求的基础上，制定了“新疆分院管理系统竞聘上岗办法及程序”和“新疆分院机关机构、网位设置及职责”。分院机关通过此次竞争上岗，机关管理人员减至现有的 19 人，初步形成一支“精干、高效、有序”的管理队伍。改革后的分院机关，将会进一步做好管理和服务工作，同时也要做好院地联系工作，做好组织和协调工作，更好得为地方国民经济服务。

新疆分院系统列入科研计划执行项目 192 项，其中国家科技计划项目 27 项、国家自然科学基金项目 16 项、中科院项目 68 项（包括“西部之光”和棉花特别支持项目）、省（自治区）部委合同项目 59 项、分院择优支持项目 15 项、国际合作项目 7 项。全年争取到科研经费 3359 万元。按科研计划进度完成的项目，占科研计划总数 97%以上，组织上报科研成果 32 项，完成鉴定、验收和函评成果 20 项。取得各类奖 11 项，其中获中科院自然科学二等奖 1 项，科技进步三等奖 1 项；获自治区科技进步三等奖 2 项，四等奖 1 项。发表论文 143 篇。申报专利 15 项，授予专利 11 项。

科技扶贫工作由过去单纯经费扶贫转向着重项目扶贫。不仅连续 4 年为对口扶贫的岳普湖县，筹措扶贫专款帮助该县建房，而且捐赠2套卫星接收天线系统。同时还与当地政府、县委协商确定新疆化学所“秸秆微生物饲料的开发”和新疆生态与地理研究所“石冬5号耐盐碱小麦品种推广”2个项目作为科技扶贫项目，其中“秸杆微生饲料的开发”项目获自治区科技扶贫办公室批准立项，得到80万元专项贷款支持经费。对这2个项目进行了较大规模推广，目前，已取得良好效益。

国际合作总交流量135人次，交流范围涉及14个国家和我国香港及台湾地区。新疆分院为来访科技人员和专家提供方便，积极充分当好参谋和助手；并为各研究所出访人员做好牵线搭桥、组织协调工作。1999年9月4日至9月20日新疆分院组成以副院长阿帕尔·克里木为团长的6人科技代表团赴中亚4国（哈萨克斯坦、乌孜别克斯坦、土库曼斯坦、吉尔吉斯斯坦）科学院、科技委访问。双方就两国科技项目合作、人员交流、互派高级访问学者、进修生、研究生、交流科研文献、期刊、专著、论文等签定了合作意向书。还在大型设备的优先使用、技术成果转让、推广、试验、应用等方面达成合作意向。通过此次出访，加强了新疆地区各研究所与中亚4国科技系统的联系，为今后的合作奠定坚实的基础。

结合贯彻落实中央关于“西部大开发”的战略布署，新疆分院还在进一步研究西部大开发的新思路。新疆分院已在西部大开发的工作领域和重大项目的准备、启动方面做了大量工作。现正为配合西部大开发提出了进一步加强合作共建的基本思路和工作计划。

新疆分院机关下设综合办公室、人事教育处、科技开发处、财务基建处4个职能处室。附设支撑系统是公安处和地区联合审计室，以及咨询调研室和后勤服务组。

新疆物理研究所

常务副所长：任迪远（主持工作）
地　　址：乌鲁木齐市北京南路40号附1号
邮政编码：830011
电　　话：0991-3835823
图文传真：0991-3835823
电子函件：xjwls@ms.xjb.ac.cn

中国科学院新疆物理研究所成立于1961年11月，前身为中国科学院新疆分院物理研究所。现有专业技术人员163人，是由维、汉、蒙、哈萨克、锡伯、回、僮、满等9个民族组成。其中研究员、正研级高工9人，副研究员、高级工程师38人，中级科技人员71人。新疆物理研究所设有微电子学与固体电子学和计算机应用技术2个专业的硕士学位授予点。现有在学硕士研究生12人，有委培或代培博士生4人。

经过研究所结构调整和学科优化，新疆物理研究所现有3个学科专业方向：(1) 固体辐射物理，主要面向航天和国防、军工行业，重点开展半导体材料与电子器件的辐射效应、损伤机理研究。通过观测和研究各类射线粒子与材料相互作用中的物理效应，发现和阐明新的效应机制，为电子器件的抗辐射加固提出新方法、新技术、新型介质材料，为航天和军工领域与新型器件的应用开发奠定科学理论基础。(2) 材料物理和敏感材料技术，主要面向国内家电行业，重点开展功能陶瓷材料的微结构和特性研究。通过对纳米功能材料和纳米薄膜制备技术的研究、开发新型传感器材料，为新疆物理研究所高新技术产业发展提供技术支撑。(3) 计算机信息与控制工程技术，主要面向新疆地区国民经济建设，为石油、建材、交通、金融等行业服务，重点开展大型管理信息与控制工程设计，运用新型控制方法与综合自动化技术，为新疆经济腾飞做出贡献。

1999年，新疆物理研究所充分挖掘内在各方面的优势，组织力量多层面、多渠道地进行项目的申请，从国家科委、信息产业部、国家自然科学基金委、国防科工委、航天部、中国科学院、新疆科委争取到位课题项目经费242.96万元，其中国防预研项目2项；国防基金项目3项；“863”-2军工项目2项；“863”民用项目1项，中科院重点研究项目1项；新疆分院择优支持项目3项；产学研工程项目1项，“西部之光”项目3项，新疆科委项目2项，国家“九五”攻关项目1项，中科院功能开发项目1项，航天部等横向研究项目10项，全部按计划要求完成了研究任务，绝大部分执行情况良好，完成率达到97%，比1998年略有提高。1999年列入成果鉴定计划10项，9项通过鉴定验收，另有2项计划外成果通过鉴定验收，成果数达到11项，计划鉴定成果和鉴定成果均比1998年增长10%。其中3项成果分别获得新疆维吾尔自治区人民政府颁发的优秀科技成果二、三等奖和科技创新奖。4篇论文获自治区优秀论文奖，其中二等奖2篇，三等奖2篇。加大了自有知识产权保护工作的力度，申报国家专利10项，占“九五”期间申报总数的31%，其中实用新型专利1项，是建所以来申报专利最多的一年。同时获准专利授予权也达到10项，其中发明专利6项，实用新型专利4项，也是历年来和“九五”期间获准专利最高的一年。

1999年，新疆物理研究所开发工作紧紧围绕市场和效益开展工作。各公司加强了内部管理，健全规章制度，理顺各种关系，探索新的运行机制，保证了公司稳步、健康的发展。新疆热缩材料有限公司进一步理顺了与长春热缩材料股份有限公司的股权关系，修改完善了公司章程和有关管理制度，成立了新的公司领导机构。完成了吐哈油田、乌鲁木齐石油化工厂等工程项目，自行设计开发了“架空绝缘线头盒”新产品，已批量投入使用。新疆计算机工程控制公司完成了自治区建设银行120个点的技术安全防范工程，在优质完成乌鲁木齐国际机场航材、机务处计算机综合布线工程项目后，又落实承担了“新疆红雁池第二电厂计算机网络系统”和“新疆医学院信息管理系统二期工程”。新疆大通电子高技术公司完成了昌吉州多项教学网络系统、电话报警系统、税务管理网络系统等工程项目。新疆传感器仪表公司与中国科学院科技物资中心合作建立了“传感器销售中心”，初步拓展了我国北方的传感器市场；投入几十万元更新和添置了新设备，公司整体生产能力和产品质量都大大提高。全所高新技术科技企业1999年完成销售及工程总收入2330万元，较1998年增长58%，实现利税总额357万元，较1998年增长58.1%。

1999年，经过理性的思考，实事求是地认识自我，新疆物理研究所认真地汇集了各方面的意见，提出了“分类定位和创新工作的基本意见”和“行政管理人员聘用合同制和聘任责任制实施办法”，明确了研究所自身的定位、发展方向和目标。从全面实施全员聘用和聘任工作入手，整体推进全所创新目标的实现和行政管理机构改革，实现行政管理部门与后勤服务的剥离和富余人员的分流。行政管理部门通过定岗位、定人员、定职责范围，在全所范围内公开竞聘、答辩的基础上，由所“全员聘用与岗位聘任审定委员会”审定聘用处室领导和职员。行政管理部门，处室由4个精简为3个，人员由21人精减到13人，达到中科院要求的比例。对公费医疗管理办法进行了改革，医疗费开支比上年度节省近50%。调整了精神文明奖发放办法，使精神文明奖分配更趋合理，更有效地起到了激励作用。完成了与新疆大学联合申请“计算机应用技术”专业博士点的上报工作。完成招收硕士研究生5人，授予4名硕士毕业生硕士学位。初步建立起了研究所管理MIS系统，提高了工作效率和质量。完成了“敏感材料工艺实验室”加固维修工程。集中力量编撰了建国50周年研究所大型资料汇编，完成了“职工住房状况调查”报告。

所党委将“三讲”教育列入1999年的中心工作，根据分院党组的部署和安排，紧密结合我所的实际，制定出“三讲”教育实施方案。“三讲”教育围绕研究所的改革与发展，坚持批评与自我批评，充分发动群众，坚持开门搞“三讲”，边学边改，边整边改。采取集中学习、讨论与自学相结合的方式，找准问题，认真进行整改，并及时解决了职工反映强烈的一些问题，“三讲”教育达到了思想提高，政治进步，作风转变，纪律增强的目的，也有效地推动着研究所科研、开发工作的发展。

新疆化学研究所

所　　长：李维琪
地　　址：乌鲁木齐市北京南路40号附2号
邮政编码：830011
电　　话：0991-3838819
传　　真：0991-3838957

中国科学院新疆化学研究所成立于1961年，

前身为中国科学院新疆分院化学实验室。1972年曾改名为新疆维吾尔自治区化学研究所。1978年恢复中国科学院新疆分院建制时，新疆化学研究所正式启用现名。现有职工137人，其中科技人员108人，研究员5人，副研究员、高级工程师25人，中级科技人员53人，初级科技人员24人。现有博士生3人，硕士生19人。新疆化学研究所设有有机化学专业硕士学位授予点。

主要学科方向和研究领域：

1. 油田化学和天然气化学技术

(1)先进采油技术中的化学过程研究、油田化学的研究与开发。国家“攀登计划”复合驱强化采油技术中重大基础性研究项目“廉价高效驱油剂及多元组分的超加和效应研究”，完成了对复合驱用表面活性剂的配伍规律、产生低界面张力的机理、复合驱体系的流变形、色谱分离效应、驱油效率等诸多方面的研究工作，圆满完成了合同要求的各项任务。该项目有望获得国家“973”项目批准。

(2)天然气化学加工——油田轻烃综合利用。“年加工20 000吨凝析油生产BTX工业示范装置”项目，通过专家的评议。该项目在实验室典型管试验中，对Dg159中试实验数据进一步优化，提供完备的数据要求。最终要与项目合作共同筹建“年加工20 000吨凝析油生产BTX工业示范装置”项目执行基地建设以及技术支撑和保证。

2. 大农业开发中的化学及生化研究

(1)“小麦特殊种质分子标记育种”课题1999年取得以下进展：①再次证实大赖草DNA中含有一种易于转化及整和的成分，能够明显提高小麦的产量及品质。经考种获得了大穗稳定品系，特别是千粒重在40g以上的有47个品系，占总品系的79.7%。②确认了转化株中确实有大赖草的插入片段，并已将片段克隆后还在进行序列分析。③发现大赖草种子蛋白中含有与世界优质面包小麦相似的谷蛋白亚基，它的转移会显著改善烘烤品质。

(2)“棉花培育抗病（虫）的高产优质新品系”项目，1999年针对新疆棉花枯萎病危害棉花生长，病虫害高发区造成大面积减产的难题，开展了棉花品系枯萎病抗性的实验室检测研究。建立起高效快速的检测方法，避免了田间病圃检测不准确、花费大、时间周期长，且病易扩散的弊端。现已对自治区“九五”攻关的70余个品种进行了抗病筛选。

(3)新疆民间药用植物的研究，对“一支蒿”和“紫草”的有效组分进行了分离提取和结构鉴定，并对其结构进行了修饰合成，有望获新一代药品。“中草药用护膝”的研制成功，为从研究、药理、临床实验的基础上迈向产业化，走出了一条新的探索性路子。

3. 开发工作进展情况

1999年新疆化学研究所积极组织了生物、生化产品的再开发，以及孕马激素、秸杆饲料等几个较大项目。

(1)“制备孕马雌激素PREMARIN”项目一直是新疆化学研究所重点支持、重点攻关的开发项目。现已获得外商投入资金45.6万元。1999年经中科院高企局推荐，该项目又得到“中科院上海浦东新区高新技术种子基金”项目的立项资助，并已对该项目进行了中期检查验收。该项目正在与上海医药集团洽谈后续开发的联营协议。

(2)秸杆微生物发酵饲料的开发，是新疆化学研究所引进的一项实用技术。该技术经过几年大范围的推广，取得较好地效果，1999年又取得突破性的进展。经过几年工作的努力和经验的积累，获得中央对喀什地区岳普湖县的扶贫专项贷款80万元项目的立项批准。该项目得到了地方政府的高度赞扬和评价。

新疆化学研究所拥有电子显微镜、红外光谱仪、原子吸收光谱仪、核磁共振仪、色质联用仪等一批大型设备，为科研、分析、测试工作提供了重要条件。

1999年是中科院经中央批准的创新工程试点的第二年，作为技术开发类研究所的试点单位，新疆化学研究所在结构性调整的深化和改革力度方面迈出了较大地一步。对科研人员进行了成本核算，将改革的压力和紧迫感传递到每一个科技人员。对在所的科研人员制定了“科研开发项目技术经济目标责任书”，以课题组、项目组为单元全部签定了该责任书。对组建新公司以及现有的下属公司或持股公司的管理，提出了相应的措施和步骤，对于专业技术职称任职资格评审法及改革行政管理体制等方面也提出了相应的改革思路和步骤。同时为企业化运行做好准备。

1999年新疆化学研究所组织全所科研人员向国家基金委、中科院、自治区科委、新疆分院等部门通过多种渠道申请项目共计30余项，登记成果4项，申请专利5项，发表论文10余篇。“Dg159反应器”中试项目于1999年2月4日顺利通过鉴定。

新疆化学研究所公司今年内也有一定的发展，销售额共计284万元，目前发展前景良好。

1999年由中科院资助公派1名科研人员赴美国学习。

新疆化学研究所是新疆化学学会、新疆生物化学学会、新疆生理学会的挂靠单位。

新疆生态与地理研究所

所　　长：宋郁东
地　　址：乌鲁木齐市北京南路40号附3号
邮　　编：830011
联系电话：0991-3837420
0991-3835453
传　　真：0991-3835459
电子函件：bsdr@ms.xjb.ac.cn
网　　址：www.xjb.ac.cn.生地所

中国科学院新疆生态与地理研究所（以下简称新疆生地所）成立于1998年7月7日，由1961年成立的中国科学院新疆生物土壤沙漠研究所（曾用名新疆水土生物资源综合研究所、新疆生物土壤沙漠研究所）和1965年成立的中国科学院新疆地理研究所（曾用名新疆地质地理研究所）合并组建而成。至1999年底有职工376人，其中科技人员294人，研究员22人，副研究员、高级工程师等81人，中级科技人员141人。现有在学研究生50人，其中博士生18人，硕士生32。另有博士后6人。

新疆生地所学科方向为：以荒漠环境研究为大背景，以绿洲生态过程和生态系统管理的研究为中心，促进资源开发和区域可持续发展；以绿洲生态学为主体，发展荒漠环境学和干旱资源学，促进研究所特色建设，在新疆社会、经济可持续发展中做出有显示度的工作。发展目标为：瞄准国际前沿，建成具有国际水准的干旱区绿洲生态研究中心和绿洲生态建设、荒漠环境治理、资源合理利用、区域持续发展的应用基础和应用示范的国家级重要研究基地。重点研究领域为：绿洲生态与绿洲农业、荒漠化防治与环境演变、干旱区资源开发与区域持续发展。下设5个研究室和4个野外定位站：绿洲生态系统研究室、荒漠环境研究室、水土资源与绿洲农业研究室、生物资源研究室、区域发展研究室和阜康荒漠生态系统观测试验站（院开放站）、策勒沙漠研究站、阿克苏水平衡试验站、吐鲁番沙漠研究站（与沙漠植物园实行园 站合一）。附设有建筑面积4500m²，以干旱区资源与环境为特色的标本馆。有总价值3000万元的仪器设备，地理信息系统设施在国内具先进水平。研究所所属“干旱区资源与环境科普教育基地”被科技部、中宣部、中国科协命名为100个“全国青少年科技教育基地”之一，并被中国科协命名为首批200个“全国科普教育基地”之一。

1999年，新疆生地所在知识创新工程基地建设方面进行了积极努力，编写出初步方案，根据院党组创新布局，决定在近期先作必要项目性支持。研究所在凝聚目标、凝炼精神方面做了大量工作，并对二线、三线进行了过渡性改革调整。职能处室分流人员三分之一，文献中心分流人员近一半。并为全面推行全员合同聘任制完成了准备工作。

1999年，新疆生地所执行课题135项（含分解课题），其中国家科技计划项目12项、国家自然科学基金项目13项、中国科学院项目60项、省部委计划项目10项、横向合同项目32项、国际合作项目6项。总合同经额2830万元。其中当年新开课题52项，合同金额864万元。作为依托单位的“中国西部干旱区生态环境演变与调控研究”通过了国家重点基础研究发展规划项目的终审，为新疆首次争取到国家重点基础研究项目，在西部干旱区和新疆的大开发中将发挥重大的影响，提供科技的支撑，项目经费达3000万元；作为主持单位的“渭干河绿洲生态环境建设与农业可持续发展模式研究与示范”，被纳入国家“九五”科技攻关后期项目“西北山川秀美科技行动”作为一个专题，执行期2年，经费额度130万元，为“十五”

参与国家西部大开发的科技行动奠定了地位。执行的项目中，中科院院长基金特别支持项目“新疆棉花可持续优质高产综合技术集成示范工程”的策勒示范区，在1998年创中国棉花高产记录基础上，1999年在约1.25ha（18.7亩）的三块试验地上突破皮棉亩产250kg，其中在约0.36ha（5.3亩）的新垦沙荒地创造了亩产皮棉257.8kg的记录，成为新高，达到世界领先水平，创造了以增株为主的技术路线和“双株双层”棉花栽培新模式，在国内植棉界引起震动，自治区党委王乐泉书记和中国科学院路甬祥院长都批示给予高度评价。棉花项目的渭干河灌区示范区，创造的在棉田周围配置苜蓿带的棉田虫害防治生态模式，生物防治效果突出，又推动了农区畜牧业发展，生态、经济效益显著，受到新疆生产领导部门高度重视支持。

1999年，新疆生地所鉴定验收成果6项，登记成果7项。在鉴定验收的成果中，新疆生地所主持的国家“九五”攻关计划专题“塔里木河流域整治与生态环境保护研究”，在以往研究基础上取得重大新突破，取得许多新论、新认识，达到国际先进水平，为国家实施对塔里木河的治理奠定了重要基础，全国政协副主席钱正英院士评价说“提出了一个很有价值的研究成果”，为全国政协、中国工程院提交中央的咨询报告提供了基本素材。新疆生地所主持的自治区横向课题“新疆头屯河水库泄空冲刷清淤的调度控制研究”，在解决干旱区山溪性泥沙河流水库排沙清淤上取得突破性进展，为实现水库的持续利用提供了先进的技术和手段，经鉴定达到国际先进水平。

1999年，新疆生地所获省部以上成果奖8项，含国家级奖2项，其中国家科技进步三等奖1项（排名第一）、二等奖1项（排名第十、十三，为原两所排名）。省部级奖6项，新疆生地所主持4项，包括科技进步二等奖1项、科技进步三等奖2项、科技进步四等奖1项；参与2项，包括科技进步特等奖1项（排名第八）、科技进步三等奖1项（排名第三）。获国家科技进步三等奖的“塔克拉玛干沙漠综合科学考察”是该区域历史上规模最大、范围最广、时间最长、学科专业较齐全、科学内容最丰富的一次综合科学考察，总体达到国际先进水平，考察除获得沙漠资源、环境第一手丰富科学资料外，也为沙漠腹地油气勘探、油田基地和沙漠公路建设、周缘地区沙漠化防治和开发提供了充足依据，在该项成果基础上召开的“塔克拉玛干沙漠国际科学大会”取得重要国际影响。

1999年，新疆生地所对所办公司进行了调整、清理和整顿，以稳定求发展。保留4个公司，对有关公司使用的专利技术进行了资产评估，对公司改制进行了前期准备工作。4个公司现有职工72人，其中在编职工42人。1999年度营业收入382.1万元，利润总额7.4万元，上缴税金4.5万元。优势产品为无籽西瓜制种、PG磷活化剂系列产品。与新疆屯河集团、木垒县联营共建的“新疆木垒阿魏菇产业有限责任公司”运营良好。

1999年，新疆生地所国际合作交流总量为44批93人次，交流国为16国。向外派遣工作有突出进展，达32批37人次，较往年有成倍增加，这标志新疆生地所的国际合作交流进入了一个新的时期，向建成具有国际水准的绿洲研究中心的目标跨出了重要一步。在国际合作交流中，在继续保持与日本国科研单位密切合作同时，与欧盟国家、中亚和西亚国家的交流有较大进展，在实现“东联西出，向西开放”的目标，扩展在干旱区研究领域的合作方面做出了实质性努力。在合作项目上，与日本在JICA项目“草炭绿化荒漠研究”上的合作取得了阶段性重要成果，顺利通过由中日双方组成的专家评估组的验收；与欧盟合作项目开端良好，进展顺利；与阿联酋合作项目签订第二阶段合作协议；与日本在沙尘暴发生及传输机制的大型合作研究已框架初定，即将启动。在美国举行的第五届沙漠工程技术国际会议决定第六届会议2001年在中国新疆举行，由新疆生地所承办。

新疆生地所现设有自然地理、人文地理、环境科学、土壤学、动物学、植物学等6个硕士授予点。1999年，根据国务院学位委员会《关于制订学科建设与发展规划的意见》要求，编制了新疆生地所《学科建设与发展规划》，目标是2002年前建设自然地理学和环境科学2个博士点，2004年前建设水土保持与荒漠化防治、地图学与地理信息系统、生态学和植物营养学等4个硕士点。在人才培养方面，1999年度开始招聘“百人计划”人员，1人已获批准。“西部之光”新入选项目3项，1个青年团队被评为“西部之光”优秀课题组。为适宜西部大开发形势，吸引优秀人才，加速人才培养和成长，新疆生地所提出“绿洲学者计划”设想，得到中科院、自治区有关领导的肯定和支持，正在创造条件尽快启动。

新疆生地所是新疆土壤肥料学会、新疆地理学会、新疆植物学会和新疆遥感专业委员会的挂靠单位。编辑出版的学术刊物有《干旱区研究》、《干旱区地理》(季刊)，以及同名维文版刊物。

新疆生地所下设所办公室、党办人事处、科研计划处3个职能处室，另设服务部门有国际交流中心、后勤服务中心、公司董事会办公室、文献信息中心。附设机构有环境评价部、遥感与地理信息系统应用开发中心、旅游资源开发与规划研究中心、诚信土地定级估价事务所、科考探险部、沙漠工程勘测设计事务所，拥有国家乙级环评资格证书、B级土地定级估价证书、丙级沙漠工程勘测证书和丙级沙漠工程设计证书。

乌鲁木齐天文站

站　　长：张　晋
地　　址：新疆乌鲁木齐市北京南路40号
邮政编码：830011
电　　话：0991-3838007
传　　真：0991-3838628
电子函件：uao@ms.xjb.ac.cn

中国科学院乌鲁木齐天文站的前身是中国科学院乌鲁木齐人造卫星观测站，始建于1957年，1987年10月改为现名。到1999年底全站有职工66人，其中科技人员51人，研究员1人，副高级科技人员12人，中级科技人员23人。现有在读博士生1人，硕士生3人。

乌鲁木齐天文站以射电天文为重点发展方向，拥有25m射电望远镜系统，人卫目视跟踪打印经纬仪，太阳色球望远镜和GPS测地系统。

1999年乌鲁木齐天文站与科学院其他天文台站一齐首批进入中国科学院知识创新工程试点单位。25m射电望远镜被列入知识创新工程国家天文观测中心5台望远镜之一。

1999年9月完成了25m射电望远镜系统的验收鉴定工作，顺利地通过由院基础局主持的院级鉴定。鉴定委员会认为本课题中有以下难度大、水平高或有创新的技术点：

(1) 乌鲁木齐25m射电望远镜系统是一台多波段、多功能的望远镜、由于科学思想和总体设计的正确，很好地实现了一项高新技术集成的系统工程；(2) 高精度指向和稳定跟踪的天线系统；(3) 稳定的自动换馈系统；(4) 具有国际水平的多架致冷低噪声HEMT接收机；(5) VLBI记录终端MK-Ⅲ型到MK-ⅢA型的升级；(6) 脉冲星到达时间观测系统；(7) 国际上首例采用声表面波频谱仪作射电天文观测；(8) 各种控制、处理软件的成功创建、引进和改造。课题组采取了自行研制为主，充分开展国内国际合作，不仅研制成功了数套先进设备，又培养了一批有独立工作能力的年轻高技术人才。

乌鲁木齐天文站广泛的开展国际合作，作为欧洲甚长基线干涉网(EVN)、全球VLBI测地网(IVS)和以俄罗斯射电望远镜为主有多国参加的低频VLBI网(IFVN)的成员，参加了全球固体地球动力学计划(DOSE)、亚太地球自转计划(IRIS-P)、空间甚长干涉计划(VSOP)、亚太空间天文地球动力学计划(APSG)和美国宇航局地球自转的连续观测记计划(CORE)等国际合作计划的科研观测，成为其中引人注目的台站。作为中国科学院射电天文联合开放实验室之一。还承担了攀登计划“现代地壳运动和天文地球动力学的观测研究”和“中国大陆地壳运动观测网络”大科学工程的科研观测。

1999年，乌鲁木齐天文站南山VLBI观测基地25m射电望远镜有效观测时间为1717.5小时，已得到反馈的VLBI观测，其成功率>97%。完成了与国家天文观测中心签定的合同规定的观测任务。

1999年，乌鲁木齐天文站国际合作课题“利用乌鲁木齐25m口径射电望远镜，在18cm波段上进行脉冲星到达时间的观测研究”取得了突破性的进展，乌鲁木齐天文站年轻科技人员在澳大利亚的完成降频转换器的制作并按期带回，保证了脉冲星工作的顺利进展，在18cm波段上使用常温接机，观测到了4mJy的脉冲星；同时还开展了在 92cm 波段上对脉冲星的监测和多波段的观测研究。

乌鲁木齐天文站利用声表面波频谱仪进行星际分子的观测已实现对外的开放。1999 年有站外 3 位科学家的观测课题利用这个系统进行了观测。

乌鲁木齐天文站人卫目视观测组系中科院人卫观测网成员之一，承担了“863”等观测任务。1999 年乌鲁木齐天文站共收到各种观测预报 4522 站圈，取得了 1663 站圈的观测资料，创历史最好成绩。

由乌鲁木齐天文站为第二完成单位的“936”项目荣获中科院 1999 科技进步一等奖。

太阳色球望远镜投入了太阳 23 周峰年观测，每月在 SGD（国际太阳地球物理资料中心）和 CSGD（中国太阳地球物理资料中心）发布色球耀斑资料。

1999 年乌鲁木齐天文站科研计划内课题 9 项，其中承担中科院天文口“七五”“八五”重大科研工程 1 项（已验收鉴定）；中科院基础研究“九五”重点课题 1 项；中科院射电天文联合开放实验室项目课题 2 项。

1999 年，乌鲁木齐天文站积极开展国际学术交流活动，共接待国外科学家 4 批 13 人次；派出 4 批 5 人次，分别到日本、英国、意大利、澳大利亚和法国进行工作访问和学术交流。

1999 年 9 月乌鲁木齐天文站以地方组织委员会主席的身份承办了 9 月 20～25 日在乌鲁木齐市举行的第五届中国科学院-德国马普学会高能天体物理学术讨论会，来自德国马普学会和中国的 42 位专家学者参加了研讨会。

1999 年 12 月，乌鲁木齐天文站被国家科学技术部、中共中央宣传部、中国科学技术协会授予全国科普工作先进集体荣誉称号。25m 射电望远镜观测站被首批列入全国科普教育基地。全年接待中小学生 2000 余人开展科普活动。11 月 17～18 日狮子座流星雨观测时，中央电视台派报道组专程到乌鲁木齐天文站南山站进行了 2 天的采访，在中央电视台“走进科学”栏目中的“天山之星”播出。

在国家科技部、中国科学院和乌鲁木齐市政府的大力支持下，乌鲁木齐天文站南山站通信光缆与乌鲁木齐市接通。实现了电话和数据传输。

乌鲁木齐天文站是新疆天文学会（现有会员 124 人）的挂靠单位。

院 直 属 企 业

中科实业集团（控股）公司

董 事 长：张云岗
地　　址：海淀路80号中科大厦B座5层
邮政编码：100080
电　　话：010-62628283
传　　真：010-62628079

中科实业集团（控股）公司是中科院所属大型高技术企业集团，成立于1993年6月。注册资金为2亿元人民币。其宗旨是利用中科院在我国科技领域的综合优势，加速高科技成果产业化。1997年底转制为中科实业集团（控股）公司。经过6年多的努力，中科实业集团（控股）公司已进入健康、稳定的发展阶段。

目前，中科实业集团（控股）公司拥有以大恒、三环、希望、科仪中心、上海中科、中科大洋、中科恒业中自为骨干的成员企业40余家，主要从事电子信息、计算机设备、医疗仪器设备，以及新材料、新能源、生物制药等方面的研制、开发、生产及其销售。此外，还从事房地产开发、经营及技术咨询业务。集团共有员工2500余人，其中专业技术人员占70%，管理人员占12%。

1999年是中科实业集团（控股）公司创办以来业绩最突出的一年，各方面的工作都取得了比较大的进步，可以说是全面丰收的一年。

超额完成了1999年经营指标：中科实业集团（控股）公司1999年实现技工贸收入22.7亿元，比1998年实际完成数18.3亿元超额了24%。中科实业集团（控股）公司1999年实现利润总额1.17亿元，比1998年实际完成数9117万元增长了28%。

重点企业再创佳绩，品牌战略又获成效：(1) 中国大恒公司1999年经营业绩比1998年又有了进一步的增长。公司实现销售收入8.4亿元，实现利润总额3422万元，获得了北京市第四届“科技之光”优秀企业称号，在海淀区经济二十强企业评比中，大恒公司名列第九。(2) 北京三环新材料公司的钕铁硼主导产品在1999年为公司业绩增添了更加明亮的光彩。他们克服了金融危机给产品出口带来的不利影响，通过大力开展技术创新、加强企业管理、进行内部挖潜和技术改造等方式，有效地提高了产品的市场竞争力，全系统实现销售收入3.2亿元人民币，出口创汇3400万美元，实现利润总额3200万元。(3) 希望公司在1999年实现销售收入2.2亿元，完成利润总额489万元，利润总额比1998年实际完成额实现了较大增长。希望图书和电子出版物在市场上的影响依然强劲。(4) 上海中科1999年实现技工贸收入6.7亿元，完成利润总额900万元。ZKXZ—80X射线医疗诊断装置是正在培养的利润增长点。(5) 1999年是中科大洋生产和销售收入保持持续增长超过50%的第五个年头，公司的品牌产品突破亿元大关，利润总额突破千万元大关。目前公司的视频产品已占领了广电市场50%的份额，并开始走向国际化。(6) 成都地奥、上海尼赛拉、深圳工业园及中国希格玛公司已成为中科控股稳定的投资收益中心。这些公司几年来一直保持着健康迅速的发展势头，并在一定程度上支持了中科实业集团（控股）公司的向前发展。

资本运营工作成效显著，取得了经验，锻炼了队伍：中科实业集团（控股）公司在1998年初明确提出了“以实业为基础，加强资本运营”经营策略后，1999年资本运营工作取得了突出成效。北京三环新材料公司进行了全面改制，成立了“北京中科三环高科技股份有限公司”，已于2000年3月股票上市。中科实业集团（控股）公司积极帮助中国大恒公司与中国新纪元公司的股权转让和增资扩股工作，又积极借助新纪元股票上市机遇，改制成立了“中国大恒新纪元股份有限公司”，现已通过中国证监会的第二次审核，有望在2000年股票上市。希望公司改制工作也取得实质性进展，已完成改制方案并获得董事会的批准。希望公司目前正在加紧增资扩股和股份制工作进程。

坚持现代企业制度，不断完善企业管理规范：(1) 建立符合现代企业制度要求的目标管理体系。中科实业集团（控股）公司总部在实施目标管理过程中，对事业部实行总经理年度经营目标责任制，并通过总经理年薪制和年终考核落实奖惩等措施，严格落实目标、责任、奖惩“三到位”。对中科实业集团（控股）公司的全资、控股和参股企业则主要通过派出董事进行监控管理，并对派出董事进行资格审核、培训、年终述职考核的方式，使派出董事认真履行职责，积极发挥管理作用。(2) 加强人才培养、考核，努力提高干部素质。中科实业集团（控股）公司成员企业共有30名高级管理人员在1999年参加了中科院与北京大学共同举办了企业高级经理MBA研修班，对加速提高管理人员素质，充实管理理论发挥积极作用。中科实业集团（控股）公司总部通过“人评会”对员工进行年终考核，增加了部门经理和员工的紧迫感，激发了工作热情，从整体上提升了公司的管理水平。(3) 坚持做好内部审计工作，积极防范经营风险。

调动社会和中科院两种资源的经营策略有了实质性进展，取得很大成功：(1) 1999年12月中科实业集团（控股）公司从北京商业银行获得2亿元授信额度。路甬祥院长出席了签字仪式，并对此事予以了充分的肯定。他说。中科实业集团（控股）公司与北京商业银行今天走的一小步，是面向未来的一大步，它代表了中国发展高科技产业的方向”。与北京商业银行建立银企合作关系，显示出中科实业集团（控股）公司在社会上拥有良好声誉和企业实力，为中科实业集团（控股）公司的事业发展提供了更加有力的资金保障。(2) 全力支持北京科仪中心改制并加盟中科实业集团（控股）公司取得圆满结果。中科实业集团（控股）公司看准科仪中心拥有较强的产品开发队伍和机械加工能力，可与中科实业集团（控股）公司在经营管理方面优势形成互补，抓住契机积极争取科仪中心加盟。(3) 与自动化所合作成立了“北京中科恒业中自公司”。中科院自动化研究所的中自集团是中关村最早崛起的企业之一，曾经辉煌一时，但由于受研究所管理体制的束缚和影响，公司一直未有大的发展。中科实业集团（控股）公司经过与中科院自动化研究所和中自集团的主要领导充分沟通后，对以中自集团部分业务组建“中科恒业中自”达成共识。新组建的有限公司主营项目有音乐喷泉、变频控制工程、数字化仪表及电子元器件贸易等。市场前景良好。

以企业文化建设为中心，党、团、工、青、妇工作有活力：中科实业集团（控股）公司的企业文化建设在1999年依然保持着蓬勃朝气。中科实业集团（控股）公司党群办组织各企业党支部书记召开企业文化建设专题研讨会，积极探讨企业文化建设的新思路。为配合企业文化建设，党群办还策划组织了大型春节团拜会、集团成立6周年文艺汇演、庆祝建国建院50周年集团联谊会、集团第一届趣味及田径运动会等多项活动，为增强企业的凝聚力发挥了积极的作用。

联想集团控股公司

总　　裁：柳传志
地　　址：北京市海淀区科学院南路10号
（北京8758信箱）
邮政编码：100080
电　　话：010-62509029
传　　真：010-62561056

联想集团控股公司成立于1984年，是一家以研究、开发、生产和销售自有品牌的计算机系统及其相关产品为主，在信息产业领域内多元化发展的大型企业。联想集团有限公司于1994年在香港联合交易所挂牌上市（编号992）的市值在1999年达到约900亿港币左右，位居香港股市十大上市公司之列。联想集团有限公司包括两大子公司：联想电脑公司、联想神州数码有限公司。

从一间小平房里起家、仅有 11 个人的联想集团，目前拥有员工 10，000 余人；在北京、上海、成都、西安、沈阳、深圳等地设有地区总部，在全国各地建有数千家代理分销网点；在欧洲、美洲、亚太设有海外平台；1999 年实现销售收入 203 亿元人民币，连续两年位居全国电子百强第一名；销售联想电脑 125.8 万台，连续四年位居中国市场第一，在亚太地区的市场占有率上升到第一；联想集团是国家 120 家试点大型企业集团之一，国家技术创新试点企业集团之一，成为国内最具影响力的高科技公司之一。

在过去的十几年里，联想集团始终致力于为中国用户提供最新最好的科技产品，推动中国信息产业的发展。联想集团的业务涉及到个人电脑、服务器、主板、外设、信息家电等 INTERNET 接入端产品、信息服务、软件、系统集成以及以电子商务为核心的网络局端产品等多方面，各类产品和技术已成为中国政府、金融、交通、邮电、商品流通等许多重要领域必不可少的信息技术手段。

在技术竞争日趋激烈的今天，联想集团积极调整发展策略，提出了“打破应用瓶颈，促进信息产业发展”的口号。1998 年，联想与中国科学院计算技术研究所共建联想中央研究院，加大前瞻性技术研究；并通过进军软件产业，提高技术附加值；联想集团提出了面向 INTERNET 的新战略，全面进军数字化领域；全面发展信息服务业，积极开拓宽带网络业务，为发展二十一世纪联想科研开发新体制做充分的准备。

目前，联想拥有已经申请和正在申请的上百项技术和产品的国家专利，开发出包括奔月商用电脑和天禧家用电脑在内的多个系列、一百余种型号的个人电脑产品，以及自有品牌激光打印机、MODEM 和其他网络产品，基于 LOGOEASY 和 SECURITYEASY 等多项 EASY 技术的主板产品，基于 ACE 和 POWERLINK 技术的集成解决方案，联想还在积极研制开发满足家庭和个人需求的消费类信息产品，1998 年，中国第一台中文掌上电脑诞生在联想。

面对 INTERNET 经济的挑战，2000 年 4 月，联想集团主动应变进行大规模业务重组。从原来的以事业部为核心的体制向以子公司为核心的体制转变，形成两大子公司，分别为：向客户提供全面的 INTERNET 的接入端产品、信息服务的联想电脑公司和为客户提供电子商务为核心的局端产品及全面系统集成方案为主的联想神州数码有限公司，从而开创了联想集团全面进军网络时代与创造新经济的全新企业格局。

多年来，联想集团的决策层一直致力于制定联想的发展战略、贯彻联想的管理理念、保持并发扬联想的企业文化，力争使联想集团成为一个长久的、有规模的高科技企业。

发展现代高科技是中国面向二十一世纪的必然趋势，为了更好地将先进技术服务于中国信息产业的发展，联想集团将在推进国民经济信息化建设的进程中发挥更加重要的作用。

中国科技国际信托投资有限责任公司

董事长、总裁： 张钢（法人代表）

地　　址： 北京市朝阳区北辰东路 8 号 北京国际会议中心四层

邮　　编： 100101

电　　话： 010-64933341

传　　真： 010-64933341

电　　传： 210607 CSTC CN

互联网主页： www.csitic.com

电子信箱： csitic@csitic.com.cn

1999 年是中国科技国际信托投资公司十年发展历程中最具挑战性的一年，也是公司激流勇进、奋力拼搏的一年。信托行业的整顿、第一部《证券法》的实施，给中科信以及全国信托机构的生存和发展带来了前所未有的挑战，同时也对全国证券行业产生了积极而深远的影响。面对更加激烈的竞争，中科信人同舟共济、精诚团结，在全体员工的共同努力下，公司证券经纪、证券投资、证券发行、投资咨询四大证券主业齐头并进，财务顾问、代客理财、风险投资、产业研究等投资银行业务逐步展开；同时公司积极改善资产结构，努力提高资产质量；在“科技与金融相结合”的发展方针的指引下，公司坚持为科技机构服务、为科技企业服务，在证券市场上树立起中科信的科技品牌。

证券及投资银行业务：

一年来，中科信证券经纪业务稳步发展，二十多家证券营业部有序运营，新的营业部的设立和收购工作也在逐步展开。1999 年，股票基金交易额达到 567 亿元，名列全国证券经营机构第 29 位，全国信托公司第 7 位。其中 A 股交易量为 533 亿元基金交易额 34 亿元。

由于全国信托业整顿，中科信发行业务受到冲击。全年完成了汉川钢绳的 A 股主承销、内江峨柴的配股主承销商工作，担当了升华拜客、西藏药业、华东医药 3 家 A 股的上市推荐人，共计参与承销了 24 家企业的股票发行。但公司企业债发行承销业务迅猛发展，顺利发行承销了 1.5 亿元岷江水电债券和 2.3 亿元福建南纸企业债，分别与神马实业、杭昱公路建设公司签署了神马二期企业债和杭昱线公路建设债的主承销协议，承销金额达 2 亿元。

公司针对发行业务面临的不利因素，积极转变业务方向，与中科院信息咨询中心密切合作，开展了高科技企业上市评审的财务顾问业务，辅导升华拜克、海正药业等 10 家企业通过了中科院和科技部的高科技企业评审，同时成为株州所、浙江水晶等 10 家企业的科技财务顾问。

1999 年是全国证券研究工作快速发展的一年。证券市场的变化和发展使新业务、新品种、新方式不断出现，对公司的研究创新能力提出了新的挑战，对证券研究水平提出了更高的要求。中科信研究发展中心坚持科技品牌战略，在高科技产业和上市公司研究、咨询业务、科技投融资机制的研究等方面取得很大的成就，成为多家证券投资基金公司的市场研究顾问。同时未雨绸缪，积极尝试香港创业板市场、风险投资、产业基金等业务领域的创新，为公司进一步的发展奠定了基础。

传统金融业务：

近几年，中科信在稳步发展传统金融业务，压缩资产规模，改善资产质量；有效地防范了金融风险。公司积极开展金融中介业务，设计了资产托管、委托投资等新型业务品种，取得了较好的经济效益和社会效益。

1999 年，公司继续加大清欠力度，成立了由公司领导直接指挥的专门清欠小组，加强人员的配备，通过催收、资产置换、债权债务的转让、债转股以及法律手段等形式对公司资产进行清理整顿，大大改善了公司的资产质量，保证了公司资产的安全性、流动性。全年共清收欠款 25917 万元，置换资产 15434 万元。

实业投资业务：

1999 年中科信的实业投资业务继续发展。中科信实业总公司围绕信托业整改，在几年前就已开展内部清理整顿的基础上，继续压缩长期投资规模，整顿附属企业，规范财务制度，调整管理机构，加大稽核力度，完善监控系统。一年来，公司对下属实业公司进行深入调研，了解实际情况，通过资产置换、清理债权债务、债权转股权等形式，逐步理顺了产权和债权债务关系，对基础差、不具备发展条件的投资项目采用关停并转等形式给予彻底清理，对经营规范、体制健全、有发展潜力的企业给予积极的扶持，并重点将资金投向网络、生物医药等高科技领域。经过一年的清理整顿，公司既了解了实业的经营状况，又显著改善了资产质量，并为进一步的清理工作奠定基础。

东方科学仪器进出口集团公司

总　　裁：王津
地　　址：北京市西城区三里河路 52 号（法人地址）
北京市海淀区阜石路 67 号银都大厦（经营地址）
邮政编码：100036
电　　话：010-68729913
传　　真：010-68726610

东方科学仪器进出口集团公司（以下简称科

仪集团公司）经国务院批准，于1980年3月27日成立。1985年10月18日，经国家经贸委批准成立了以东方科学仪器进出口集团公司为核心企业的东方科工贸集团。现有员工500余人，其中大专以上学历人员占85%。

科仪集团公司设有5个职能部门和8个业务部门，现有各类子公司和办事处19个。

科仪集团公司下属企业有：东方科学仪器上海进出口有限公司、东方科学仪器大连进出口公司、东方科工贸广州进出口公司、浙江东方科学仪器进出口公司、天津港保税区东仪国际物流有限公司、东方国际招标有限责任公司、北京三高科技公司、北京海淀东星计算机公司、北京东方科进技术服务中心、北京东方集成机电装备有限公司、北京东方科技公司、北京东颐东方科技有限公司、美国斯凯泰公司、泰国东方科技开发有限公司、香港豪赛克科学仪器有限公司等。

科仪集团公司企业宗旨：以知识经济为依托，高科技进出口贸易为龙头，积极发展相关的国内贸易及实业，建立一个贸工技一体化的综合性企业集团，为科教兴国和经济建设服务。

科仪集团公司企业精神：以人为本，追求卓越。

主要经营范围：自营和代理各类商品及技术的进出口业务，国家规定的专营进出口商品和国家禁止进出口等特殊商品除外。经营进料加工和“三来一补”业务，开展对销贸易和转口贸易。

经营情况：1999年进出口总额达到了1.95亿美元，实业和国内贸易完成销售额1.97亿人民币，连续3年创历史记录。在中国外贸企业500强排行榜上，从上一年度的322位攀升到了184位。在实业发展方面，1999年科仪集团公司紧紧抓住了中科院实施知识创新工程和大中关村开发的历史机遇，与拥有产业化前景项目的院内各研究所开展了广泛的接触，在中科院基础局领导的大力支持下，科仪集团公司与理化研究所和物理研究所就共同利用在永丰乡投资建成的生产基地，实施创新工程产业化项目达成共识。目前，已有2个项目准备入驻永丰产业园区，即：物理研究所的分子束外延与理化研究所的激光晶体项目。1999年科仪集团公司的出口部门和部分子公司在利用自己的优势，建立出口产品基地，对外投资合作方面做了一些尝试，取得初步成效。

1999年12月6日，中国科学院下发了“关于东方科学仪器进出口集团公司体制改革的决定”，将东方公司整体改制为有限责任公司。

为全面推进集团体制改革，尽快建立现代企业制度，东方集团将2000年确定为“改革创新年”。为按时完成集团的整体改制工作，集团成立了改制领导小组，确定了各阶段改制工作的任务和计划。集团改制工作领导小组下设5个工作小组，分别负责改制具体方案的组织和实施。

深圳科健集团有限公司

总　　裁：侯自强
地　　址：广东省深圳市蛇口沿山路43号
邮政编码：518067
电　　话：0755-6692740
传　　真：0755-6676959
电子函件：szkjjt@public.net.cn

深圳科健集团有限公司（以下简称科健集团）于1992年11月7日在深圳市工商局正式注册成立。科健集团所属10家成员公司有员工近1000人。深圳市在科健集团安科公司设立了博士后工作站。

科健集团现已形成医疗电子、数字式消费电子、计算机通信三大产业方向，为推动我国信息产业的发展做出了突出的贡献。

经过几年的调整，经过全公司上下齐心努力，1999年科健集团经营收入达到了历史最好水平，生产总值为7.7亿元，比上一年度增加了75%，几乎翻了一番。

科健集团骨干企业中国科健是国家指定的9家手机定点生产企业之一，在番禺新建了2条高效率移动电话生产线，已达到年产100万台的生产能力。科健集团注重企业形象的塑造，一方面强化市场观念，利用新闻发布会、电视、报纸等媒体和展销活动全方位地推广和宣传公司产品，另一方面坚持执行ISO9002标准，确保产品的一次开箱合格率达90%以上，从而提高了“科健”的知名度，使“科健手机”成为中国自己的移动电话的知名品牌。“科健手机”正受到国人的肯定和信赖，并在国内销售市场上占有一席之地，1999年5个月内实现销售手机30余万部，全年实现销售收入6亿多元，使科健股票每股收益0.406元，创科健集团历史最高水平。

安科公司：1999年是安科公司实现“三年三大步”中期目标的最后一年，通过全公司上下共同奋斗，克服了资金紧缺，供货渠道不畅等重重困难，取得了近几年以来的最佳业绩，全年实现销售收入1.3亿元，以1998年有明显的增长。

1999年4月份安科公司作为条件较好的高技术企业候选对象得到了深圳市政府的推荐，经过几个月的努力，先后通过了科技部和中科院分别组织的严格评审，11月份得到了中国证监会和深圳市政府的正式通知。目前安科公司正在进行股份制改造和上市前的各种准备工作。

科健信息公司：是与美国数据集团（IDG）合资成立的公司。在短短的一年多的时间里，科健信息公司进军IT行业，在系统集成项目的实践中，针对不同客户应用的不同需求，建立了一整套需求分析、工程推动和应用培训的工程规范与项目经验。从党政机关办公自动化、政府上网工程、宽带城域综合信息网、医疗和卫生防疫综合信息管理系统、企业生产管理信息系统、电子商务到卫星数据通讯、远程医疗系统、教育网和远程教育系统、视频会议等方面，承接了深圳市委、市政府办公自动化，《深圳商报》社网络系统、广电宽带IP城域网等多项工程，成为国内一支独具特色的优秀软件产品供应商和信息服务商。1999年12月顺利通过了ISO9001质量体系认证，并荣获深圳市“文明企业”光荣称号。

北京广通联公司：是与广电总局网络中心共同投资创办的公司，也是国内首家倡导、推广IP技术的公司。在宽带IP技术被国内业界接受并开始流行的1999年，广通联公司在推进广电行业数据市场的发展上取得了较好的成效，先后承接了上海信息港、邯郸市有线台、淄博有线台、潍坊市有线台、武汉政府网等多个工程，在业界树立了较好的高技术公司形象。

科健集团编辑出版《中国医学影像技术》刊物。

中国科技促进经济投资公司

董 事 长：李致洁
总　　裁：冒桂发
通讯地址：北京市2706信箱（中关村路乙12号）
邮政编码：100080
电　　话：010-62561233
010-62571292
010-62546290（均为总机）
综 合 部：总机转214
图文传真：010-62561689
电子函件：cicstd@public.fhnet.cn.net

中国科技促进经济投资公司宗旨是以推动科技成果和高新技术的产业化为目标；经营范围包括：科技成果产业化投资、投资资产的管理与经营、受托进行企业管理、投资咨询与评估、企业诊断与企业技术创新服务、企业经营与管理人才的培训等。

公司经过两年多的运营，完成了以贷款业务为主体到以投资银行业务为主体的经营方针的转变。公司利用中科院院内外现有成熟应用技术，有市场前景的科技成果，通过对国有企业的现有资产存量进行技术改造，并按现代企业制度，进行机制改革，通过技改+体改的运作模式，实现科技成果的产业化经营战略调整全过程。

公司按照董事会提出的“立项要慎重，立项报告要规范，要进行认真的可行性论证，最大限度地降低投资风险。投资是否立项要看市场前景和公司的能力”的原则，寻找了相当数量的项目，共审查了89个拟投资科技项目，其中76项与中科院的研究所直接或间接相关。

1999年完成了对超细活性氧化锌（纳米级）项目的投资。该项目是中科院化冶所“八五”的科研成果，是一个填补国内空白的、有市场的、能够产业化的、可产生经济效益的高科技项目。

投资公司在支持这个项目上做到了当年投资、当年建厂、当年投产。这是目前亚洲最大的超细活性氧化锌（纳米级）生产厂，厂址建在原料丰富的西北地区，对带动该地区的经济发展有重要意义。

公司继续对历史留下来的投资的企业进行风险锁定，在不对总公司构成大的追溯风险的情况下，该停的停，该关的关。

公司继续加强内部管理。根据董事会决定和院的要求，公司设立了公司审计部门，对三个下属企业的经营、财务状况等进行了审计。为了激励公司职工的工作积极性，规范了公司的劳动工资及奖励制度。

1999年公司完成各种收入4205万元，其中销售收入3846万元，实现净利润552万元。1999年度公司总部人均创净利30万元，利润完成年度计划的208%。

华建集团公司

总　　裁：**陈肇雄**
地　　址：**北京市海淀区学院路30号科群大厦**
邮政编码：**100083**
电　　话：**010-62312200**
传　　真：**010-62312212**
电子邮件：**huajian@cclie.com**

华建集团公司成立于1997年，是一家面向大型行业应用、通用工具软件系统、大型网络应用软件系统，袖珍移动产品应用系统的集计算机软件研究、开发、生产、销售于一体，并在软件产业全方位发展的大型软件集团企业。目前，华建集团公司拥有员工300余人，其中，硕士、博士占30%以上。华建集团公司已从成立之初的100万元注册资本发展到目前拥有1个10亿元（中关村软件集团公司）、2个亿元（香港盈科华建公司1亿、华建机器翻译公司1亿）、6个4000万元以上净资产（香港华威公司8000万元、广州联通华建公司5700万元、上海世贸通公司5700万元、深圳科智公司6000万元、鲁能信息公司5000万元、北京金桥译港公司4000万元）等合资子公司，是中关村地区投资最少、发展最快、人均效益最好、技术收入比例最高的高科技企业之一。自成立以来，华建集团公司保持超高速发展，公司净资产每年平均以10倍的速度增长。

华建集团公司为适应21世纪数字化、信息化、网络化社会的需要，提高工作效率和生活质量，致力于以机器翻译为核心的计算机语言信息处理技术的发展，并将其融入到计算机软件、电子产品、家用电器、网络建设及信息服务中，为社会提供畅通无阻的语言交流环境。

华建集团公司秉承“最少投入、最短时间、最高产出、最好质量”的管理目标，通过以“全面地了解员工、科学地使用员工、客观地评价员工、积极地培养员工”的以人为本的管理原则，形成了一批以博士、硕士为主的员工队伍和以年轻博士为主的科研和企业管理团队，创造了团结协作的工作氛围，保持了技术上领先、实现了产品开发和市场开拓的不断突破、效益呈指数增长的产学研相结合的新型高科技企业发展模式。

在网络化和经济全球化趋势加强的今天，以信息处理，网络应用，袖珍移动为特点的应用及产品具有巨大市场需求，同时，相关技术的国际竞争日趋激烈，而保持技术领先是公司发展的根本。为此，华建集团公司作为中国科学院计算机语言信息工程研究中心的依托单位，公司与工程研究中心在研究、开发、销售及人才培养方面互相支持，已形成良性循环。工程研究中心坚持技术领先，市场导向的研究方针，在以机器翻译为核心的计算机语言信息处理领域、大型企业管理系统、网络应用系统、嵌入式应用系统方面进行了卓有成效的理论技术研究和产品开发，取得了一系列成果，其中包括30多项专利版权和国家科技进步一等奖。工程研究中心还承担着国家基金和国家部委攻关项目，博士和硕士研究生培养任务。

展望未来，全球科技在迅速发展，中国软件产业的发展必将与世界软件发展趋势密切相关。华建集团公司将在与国际大公司的相互竞争和相互碰撞过程中，加强与国内外企业的合作，坚持以人为本的企业文化，坚持自己的发展特色，以国际化发展为目标，发展以改善人与计算机更为和谐应用为宗旨的软件系统及其相关产品，为中国软件产业的发展作出新的贡献。

院直属单位

山西煤炭化学研究所

名誉所长：彭少逸
所　　长：钟　炳
地　　址：太原市桃园南路 27 号
邮政编码：030001
电　　话：0351-4041627
图文传真：0351-4041153
电子函件：Sxicc@ms. Sxicc. ac. cn.
网　　址：www. Sxicc. ac. cn.

中国科学院山西煤炭化学研究所于 1954 年 10 月在大连创建，命名为中国科学院煤炭研究室。1961 年迁至太原并扩建为中国科学院煤炭化学研究所。1963 年改名为中国科学院山西煤炭化学研究所。1965 年至 1978 年间曾改名为燃料化学研究所。1979 年恢复到现名。

现有在职职工 591 人，其中科技人员 371 人，有中科院院士 1 人，研究员（包括正研级高级工程师等）34 人，副研究员、高级工程师等 95 人，中级科技人员 162 人。现有在学研究生 125 人，其中博士生 82 人，硕士生 43 人。另有博士后 2 人。

山西煤炭化学研究所是中科院认定的高技术研究与发展基地型研究所之一。其科技目标是：以洁净煤高技术的知识创新为主，同时重视新型炭材料和精细化工技术的研究与发展，三者相辅相承，协调发展。以满足国家可持续发展、环境保护和能源安全的科技需要为对象，探索建立洁净煤利用和环境友好能源技术系统新的模式，形成强大的科技战略储备，带动相关传统产业结构的重大技术变革；在新型炭材料高技术产业的发展方向方面，建立强有力的技术支撑平台；在精细化工方面，面向企业，推动有可观积存的科研成果转化为现实的生产力，为经济建设做出应有的贡献。

主要学科为：煤化学化工、催化化学、新型炭材料和化学工程。科研组织结构设置为：煤转化工程研究中心、炭材料研究室、化工研究开发部、工程咨询中心、文献网络信息中心以及气化室、液化室、气体研究中心等。初步形成了从基础研究、应用研究到过程开发较为完备的科研与开发结构体系。

拥有我国唯一的煤转化国家重点实验室和煤炭能源化工中试基地。煤转化国家重点实验室于 1995 年通过了国家验收正式对外开放以后，1999 年通过了国家评估，成绩优良，经中科院认证，已纳入院知识创新工程试点当中；煤炭能源化工中试基地具有煤转化技术过程放大研究与开发的较完备公共设施、多个中试装置和便利的试验技术条件，向国内外开放。

经国务院学位委员会批准，“物理化学”和“化学工艺”专业具有博士学位授予权，并于 1999 年被山西省科委命名为基础性研究重点学科；“物理化学”、“有机化学”、“化学工程”、“化学工艺”和“材料学”专业具有硕士学位授予权。

在完成了研究所分类定位的基础上，1999 年，山西煤炭化学研究所紧紧围绕中科院知识创新工程试点精神及各项要求，加大了结构调整、机制转变的力度，在进一步明确科技目标和实施调整学科方向、科研组织和队伍结构等措施方面，取得了明显成效。当年完成的主要工作如下：

1. 着力拓展优势学科领域，凝练科技目标。在洁净煤高技术领域，加强了对基础研究工作的组织和系统化集成，择优支持了争取承担国家重点基础研究项目，开展了对具有关键性、前瞻性、战略性重大课题的研究；按既定的科技目标，对部分研究室和课题组进行了整合，其中炭纤维第一、二研究室合并，通过联合产生了科研知识结构互补和人员结构趋于合理的效应，提高了综合创新能力，为建设新型炭材料技术平台奠定了坚实的基础，军工科研工作取得了突出的业绩；成立了气体研究中心，使长期从事气体净化和特种气体制备、但各自为政的课题组集中起来，有利于在该领域里突出其雄厚的技术基础。

2. 实行全员聘用合同制。扎实的前期准备工作，使新制度出台之后，为职工所普遍接受。以签约的方式，通过法律程序，明确了单位与个人之间的聘用关系以及双方的责任、义务和权力。在充分体现双向选择的原则下，对各类人员实行了动态管理。

3. 积极推进“按需设网、竞争上网、按岗聘任”新的用人机制。按重点学科，重新设置了副高以上科研人员创新岗位。同时，注重加快青年学术带头人的成长，保证青年高级科研人才队伍的适当规模和合理比例。先后通过两批评审工作，确定了上网的人选，第一批上岗的研究员和副研究员等分别为25人（其中2名为资深研究员）和37人，第二批分别为7人和23人。上岗人员实行了包括档案工资、岗位津贴、绩效津贴的结构工资制。

4. 完成管理部门的初步改革。所机关管理机构由原来的9个处室，整合为现在的7个，对处室负责人实行了公开招聘，处室其他人员竞争上岗，富余人员向中心和公司分流。精简后的处室明确了职责，提高了服务意识和工作效率。

5. 按院党组的部署，在5月23日至8月15日期间，开展了“三讲”教育活动，工作深入、扎实，取得了阶段性成果。通过“三讲”教育，加强了对各级干部的思想政治教育，提高了所领导班子的号召力、凝聚力和战斗力，制定了具体措施解决存在的问题。

6. 继续重视优秀青年学术带头人的吸引工作，招聘了1名国外留学博士回所担任研究室主任，并组织申报了“百人计划”人员。

7. 加大了与地方的合作力度，煤转化国家重点实验室与山西省焦化集团共建“煤转化高技术联合实验室”，首开国家重点实验室与地方企业合作之先河，现双方瞄准市场需求，开展了实质性工作，此举加速了人才、科技成果和科研设施转化到为国家战略需求和地方经济建设服务的轨道上的进程。

8. 继续推进机关服务中心的社会化物业管理和所属公司的转制进程。进一步严格了中心、公司下属各部门的内部成本核算，加强与社会资源的全面融合。

1999年，山西煤炭化学研究所承担科研任务共113项，其中国家科技攻关项目5项，国家“863”计划项目5项，国家“攀登计划”项目1项，国家自然科学基金重大、重点、杰出青年、面上项目16项，国家军工项目3项，中科院重大、重点项目25项，国际合作项目1项，省市自然科学基金、大中型企业委托等项目33项，院、所计划等其他项目24项。

新申请专利52项，其中发明专利43项，实用新型9项，新获授权专利24项。迄今，山西煤炭化学研究所共申请专利250余项，获国家授权的专利95项。

目前，山西煤炭化学研究所与日、美、英、德、俄等许多国家的著名大学、科研单位、公司等机构建立有长期合作关系。1999年，与俄罗斯、日本等国进行了实质性的合作。同国际间进行了广泛的科技合作与学术交流，共派出19批38人次，外宾来访及合作研究19批42次。

1999年3月5日，德国驻华使馆参赞魏瀚慈先生专程访问山西煤炭化学研究所，代表洪堡基金会向山西煤炭化学研究所留学回国博士王建国研究员捐赠了价值150万元人民币的SGI工作站和’98版大型分子模拟软件。

1999年9月12～17日，山西煤炭化学研究所成功地举办了第十届国际煤科学大会。大会收到论文近500篇，有300余位有关专家学者参加了会议，其中包括来自世界28个国家的约200名外国代表。该会议是国际煤科学界最高级别的大会，由国际能源署（IEA）主办，每2年举办一次，往届均在其所属成员国举办。这次首次在其成员国外举办，能达到了如此的规模和水准，充分显示了山西煤炭化学研究所在国际煤科学界作为我国主要代表之一的地位及影响，正在得到进一步的加强。

山西煤炭化学研究所图书馆现有阅览室4个，书库面积600余平方米；共藏书5万余册，中外期刊800余种，馆藏期刊15万册，与国外10多个国家和国内近200个单位建立了期刊、文献资料长期交换关系；出版有内部刊物《桥》，定期向科技人员发布大量文献信息。

山西煤炭化学研究所编辑出版《燃料化学学报》和《新型炭材料》2种学术刊物。

石家庄农业现代化研究所

所　　长：刘昌明（院士）
党委书记、常务副所长：田魁祥（法人代表）
地　　址：河北省石家庄市槐中路 286 号
邮政编码：050021
联系电话：0311-5814521
电子函件：mwm@ms. Sjziam. ac. cn

中国科学院石家庄农业现代化研究所于1978年6月18日成立，原名为中国科学院栾城农业现代化研究所；1979年5月更名为中国科学院石家庄农业现代化研究所。

1999年底在职职工总数140人，其中科技人员122人，有中国科学院院士1人，研究员18人，副研究员、高级工程师等40人，中级科技人员35人。在学博士生8人，硕士生10人。现设有生态学硕士学位授予点。

1999年12月30日石家庄农业现代化研究所被中科院正式认定为科研基地型研究所，目前的研究方向和目标为：以农业水资源高效利用为中心，农业高新技术为手段，发展精准农业新学科；优势研究领域是：作物生产耗水机理和以节水调控机制为主要内容的生态生理、以微灌技术为主要内容的节水工程技术、以水资源管理和作物信息为主要内容的信息技术、以抗性育种为重要目标的细胞工程育种技术，最终实现以农业高新技术集成创新为支撑的缺水地区农业高产高效的可持续发展。

科研机构设有农业资源与生态工程、信息农业和生物新技术3个研究室，食品和农业工程技术2个实验室，以及太行山山地生态、栾城农业生态系统、南皮生态农业和海岸带综合开发等4个试验站。

1999年改革及其效果：按照中科院知识创新工程精神和深化改革、调整结构、转换机制、建设基地的要求，为加快研究所定位、建立新的运行机制，逐步建立适应国家知识创新体系要求的国立科研机构，努力创造条件，积极探索，进行了一系列改革：

（1）根据中科院对研究所定位工作的要求，并结合石家庄农业现代化研究所建所20年来的学术积累和科研队伍的现状，对研究所的学科方向和重点研究领域进行了适当调整。确立了以精确农业为学科方向、以农业水资源高效利用为重点研究领域的科研格局。在此基础上，1999年12月被中国科学院正式认定为科研基地型研究所。

（2）为配合研究所的改革和定位工作，1999年底前完成了全员合同聘任，为实施按需设岗、按岗聘任的全员合同聘用制做好了准备。

（3）按照中科院定位试点方案的要求，对研究所物业管理中心、中心化验室、《生态农业研究》编辑部、科技开发中心等部门负责人进行了公开招聘。除科技开发中心实行自收自支承包经营外，其他部门均实行事业费包干。承包管理采用合同制方式。这为研究所后勤与技术条件支撑系统最终完成全面社会化服务的管理方式奠定了坚实基础。

（4）进一步加快人才培养，其主要措施：一是积极鼓励在职青年科技人员攻读学位或进修。1999年共有4人在职攻读博士学位，3人在职攻读硕士学位，分别占当年在读博士、硕士学位人数的50%和30%。二是改革研究员的评聘制度。在认真考核青年科技人员创新思想、创新能力的基础上，结合他们目前所承担的科研任务，大胆地聘任部分青年骨干为研究员。目前在全所研究员中40岁以下人员已占总数的50%。三是结合国际合作和承担的重大项目，组织以青年学术带头人为主的参加各种学术活动。1999年共派出33人次到不同的国家和地区进修、学习、进行短期合作研究或参加学术会议，同时，先后组织对黄河中上游地区、河南偃师、新乡等微灌节水示范区进行综合考察，开阔了视野，增强了科技骨干的宏观意识和战略思想。

1999年，石家庄农业现代化研究所共开展各类研究课题59项，其中国家“九五”科技攻关课题10项，国家自然科学基金课题3项，院部级课题21项，河北省科委及企业委托课题18项，国际合作课题3项，其他课题4项。

与河北飞龙集团公司共同申报的国家计委1.5亿元“微灌节水关键技术和成套设备研制开发”项目，已进入实施阶段。石家庄农业现代化研究所承担的新产品开发和节水技术示范项目总经费为3000万元。

1999年石家庄农业现代化研究所有9项课题结题，其中4项通过鉴定、验收，申报专利5项。石家庄农业现代化研究所承担的国家“九五”科技攻关项目、中科院重大项目和省重点课题顺利通过了有关部门组织的中期评估。

染色体工程课题组培育的高优503优质小麦已推广到我国11个省区，面积达40万多公顷(600多万亩)；抗病、抗逆、优质专用高产小麦亲本材料的创制，大豆新品种培育、薯类脱毒及组培苗工厂化、罗非鱼坑塘养殖双千系统工程等项目均取得重要进展。

开发工作本着稳中求进，扬长避短的原则，努力开拓进取。食品实验室研究的第二代胡萝卜保健饮料已研制成功。与河北饶阳喜奥饮料公司签定了技术转让合同，技术转让费60万元；同时与中化河北公司达成了技术转让意向。

在“高优503”小麦产业化方面，课题组与河北省柏乡县、河南省新乡市合作，在当地已经形成优质面粉龙头企业，带动了从种植到系列产品深加工的产业化，受到地方政府的高度赞誉。

1999年，石家庄农业现代化研究所共承担中澳、中日合作项目4项，从国外获得年度科研经费、仪器、野外设施建设费、野外装备费等，共计160万元。改善了研究所的实验设施，提高了技术水平，取得了多项科研成果，社会效益和经济效益显著。其中中日合作项目“盐碱地持续发展与提高生物生产力技术开发研究”于1999年8月在西安召开了研究成果国际研讨会。该项目从世界各地适种范围内，引种了10600多种麦类资源，通过混播和系统选择，筛选出了3种抗旱小麦品种、2种适生优质小麦品种，这些品种在盐碱荒类型区具有重要的推广价值。

1999年石家庄农业现代化研究所共接待来自日本、澳大利亚、丹麦、美国等国的专家学者51人次。派出进修、学习、短期合作和参加国际学术会议人员33人次。

广泛的国际合作与人员交流，不仅培养锻炼了人才，对于提高石家庄农业现代化研究所科研水平、改善实验条件、引进资金等诸多方面起到了积极作用，而且为进一步深入开展国际合作打下了良好的基础。

所长刘昌明院士任IGBP/BAHC执行委员会委员。

石家庄农业现代化研究所是河北省农业系统工程学会的挂靠单位。与中国生态经济学会联合主办、编辑出版《农业生态研究》，该刊是全国唯一的生态农业研究学术刊物。

中国科学技术大学

名誉校长：周光召
党委书记：汤洪高
校　　长：朱清时
地　　址：安徽省合肥市金寨路96号
邮政编码：230026
电　　话：0551-3602184
0551-3601000
图文传真：0551-3631760
电子函件：woo@ustc.edu.cn
网　　址：www.ustc.edu.cn

中国科学技术大学是中国科学院所属的理工结合、兼有文管的综合性全国重点大学。1958年9月创办于北京，1970年迁至安徽省合肥市。1999年，全校有教职工3890人，其中教师1830人，有中国科学院院士和中国工程院院士11人，教授377人(博士生导师219人)，副教授826人，博士后研究人员44人。校本部有在校学生11250多人，其中博士生640余人，硕士生1430多人，本科生8470多人，专科生710多人。各类成人高等学历教育在学学生5600余人。

学校在合肥和北京分别设有研究生院，与中科院合肥分院联合成立了中国科大高等研究院，在北京设有管理学院。校本部设有8个学院和少年班，2个公共教学部；40个本科专业，59个硕士点，39个博士点；有9个博士后流动站，具备培养学士—硕士—博士的完整教育体系。有13个国家和中国科学院重点学科，3个国家重点实验室和国家高性能计算中心（合肥），5个中科院开放研究实验室和中科院热安全工程技术研究中心等一批重点科研机构。校本部校园总面积137万平方米（2055亩），建筑面积65万余平方米。教学科研仪器设备总值达3亿多元，图书馆藏书136万多册，建成国内一流水平的高校校园计算机网络。

1999年7月25日，中国科学院、教育部、安徽省政府签署重点共建中国科学技术大学的协议，决定共同支持科大在21世纪初建成世界知名的高水平大学。根据协议，三方在1999～2001年3年内，除正常的经费安排之外，分别向科大各投入建设经费3亿元人民币，并在2001年后，根据学校建设与发展的情况，继续给予必要的支持。目前，中国科大创建世界知名高水平大学工作进入实施阶段，部分建设资金已到位。

学校积极探索高等教育管理体制改革，大力推进结构性调整，不断完善校、院、系三级管理体制。经中国科学院和国家烟草专卖局研究决定，并报教育部批准，原合肥经济技术学院整建制并入科大，成立了中国科技大学经济技术学院；与解放军总装备部政治部签署了关于培养军队干部的协议。继续推进院系建设和学科结构调整，先后成立了信息科学技术学院、科技史与科技考古系和现代艺术中心等。

1999年，学校大力推进面向21世纪课程体系和教学内容改革。重新修订了本科生教学计划和研究生教学大纲，形成了以学院或学科专业为主体的新型教学计划；正式启动了在全国首创的大学生研究计划。进一步完善了“四二三分流培养制”和硕博连读制；电子与信息工程、计算机技术领域被国务院批准培养工程硕士并行使工程硕士专业学位授予权。数学、物理学、力学3个国家理科基础科学研究和教学人才培养基地在教育部组织的验收评估中获全优，是全国唯一一家全部被评为优秀的高校；世界银行贷款“高等教育发展”项目已正式启动实施。扩大了本科生和研究生的招生规模，并在部分省市试行了网上招生；本科生源质量继续保持全国高校前列水平。

全年科研经费到款9532万元，其中纵向3395万元，横向1716万元，中科院知识创新工程试点经费1341万元。国家自然科学基金申请工作又创新高，有75个项目获得1518万元经费资助，其中重点或重大项目11项，获资助经费全国排名第四。1998年发表科技论文及被引用率继续居全国高校前列，被SCI收录篇数排名第三，EI收录篇数排名第四，ISTP收录篇数排名第六；论文被引用篇数排名第五。影响因子大于3的论文148篇。范洪义教授被SCI收录论文24篇，个人排名全国第一，论文被引证数名列全国第二。获国家自然科学奖和科技进步奖各1项，中科院科技进步奖3项（一等奖1项）和自然科学奖1项，教育部科技进步奖3项；完成专利申请35件，获专利授权17项。国家同步辐射实验室二期工程按计划顺利进行；火灾科学国家重点实验室和结构分析、选键化学、内耗与固体缺陷开放研究实验室，以及量子通讯与量子计算开放实验室等进入中科院知识创新工程试点。在加强校企联合和产学研合作、促进成果转化与应用，以及校办企业规范化管理等方面，也取得了新的进展。科技产业销售收入达1.2亿元。

1999年，学校又有9个学科获准设置“长江学者奖励计划”特聘教授岗位，共有12个学科获准设置特聘教授岗位；有3人获中科院“百人计划”、12人获“引进国外杰出人才”专项经费支持，经费总额达2660万元。改革调整校部机关机构，机关机构精简至18个部处。在本科及以下新进毕业生中试行了人事代理制度。吸引、招聘了20余名优秀留学人员来校或回校工作。

全年聘请了200余人次外籍科技文教专家来校访问讲学，接待了9个境外大型代表团来访；继续参加环太平洋地区和东亚研究型大学校长协会会议。共派出教师300多人次出国访问、进修或开展合作研究，成为允许接受政府奖学金留学生的高校。主办或承办6个国内外大型学术会议，聘请了世界著名数学家丘成桐等48位名誉教授、客座教授和兼职教授。

中国科学技术大学是亚澳火灾科学技术学会、中国科技考古学会的挂靠单位。学校编辑出版的重要刊物有《中国科学技术大学学报》、《教育与现代化》、《化学物理学报》、《低温物理学报》、《实验力学》、《火灾科学》等。

新乡科学仪器研制中心

主　　任：孙燕玲
地　　址：河南新乡市北干道西段
邮政编码：453002
电　　话：0373-2621415
图文传真：0373-2621418

中国科学院新乡科学仪器研制中心（以下简称新乡科仪中心）成立于1970年3月，原名中国科学院七一三厂，1991年启用现名。现有职工443人（含离退休），其中各类专业技术人员83人，高级职称8人，中级职称42人。

通过10多年的改革、发展、积累、壮大，新乡科仪中心的发展已初具规模。目前主要以电子应用技术为基础，以液晶显示技术、红外技术为研制发展方向，研制生产的主要产品有：

YN系列液晶显示器。该产品的生产是国内最早从美国成套引进的液晶生产线的专业厂家，技术成熟，设备工艺完善。该产品在1989年被机械电子工业部推荐为替代进口产品；YNW系列远红外辐射元件，是国家重点推荐的节能产品，被广泛应用于食品烤制、工业烤漆、干燥以及医疗、保健等行业；LN·ZF系列空调用热交换器，热交换效率高，接触热阻小，主要应用于空调、制冷等行业；LLQ型远红外宽频带治疗仪，对各种软组织损伤、烧伤、伤口愈合、关节炎、肩周炎、四肢麻木、骨质增生及各种神经痛等有明显效果；大屏幕彩色（视频）图文显示系统也在许多行业得到了广泛应用。

近年来，市场大环境对新乡科仪中心的发展形成了很大冲击，改革的道路举步维艰，尽管如此，在新乡科仪中心领导的带领下，全体员工团结一致大胆探索，积极进取。1999年，新乡科仪中心结合本单位的实际情况，对人事、劳动、工资等方面采取了不同程度的改革措施，出台了一系列有利于新乡科仪中心发展的政策和规定，收到了很好的效果。

在拥有质量过得硬产品的同时，新乡科仪中心还十分重视产品开发和技术改造。产品新型号、新规格不断增加，而且质量日趋稳定；在强化内部管理、增收节支、强化销售上也下了很大功夫。

面对改革的大趋势，新乡科仪中心正在审时度势地选择符合自身特点的发展道路，并为此做了大量的调查、研究，在横向联合、技术更新、多渠道融资等方面正在做新的尝试。

开封印刷厂

厂　　长：靳玉芝
地　　址：河南开封市苹果园北路
邮政编码：475002
电　　话：0378-2854868

中国科学院开封印刷厂是中国科学院下属的综合性印刷企业，前身为开封日报印刷厂。1956年由6个私营印刷厂合并而成，1978年7月归属中国科学院领导。1999年全厂在职职工661人，其中中级职称人员18人，初级职称人员29人。

开封印刷厂始终坚持为科研、地方出版事业服务的办厂方针，承印科学出版社、省出版社的图书及地方的印刷工作。胶彩印生产线拥有激光照排系统和四色、双色胶印机、新增环保复膜生产线，特别是装订实力和精装、胶订水平闻名全省，拥有一定的综合生产能力。

1999年，开封印刷厂采取了改革措施，对中层干部在全厂内公开招聘，经民主评议，按照干部聘任程序，择优聘任，并对聘任的中层干部实行动态管理，对干部的工作每半年进行民主评议，每一年考核政绩，通过干部公开招聘，调动了干部职工的积极性。

1999年开封印刷厂多方筹集资金，更新设备，购进对开双面胶印机1台，无线胶订机2台。

开封印刷厂近几年在全省质量评比中仍居先进行列，以质量求信誉，1999年印制创优品种92个，并获全市新闻出版系统先进集体，在1999年被市工行认定为双A信用企业。

ISBN 7-03-008987-1